한국사

19

고려 후기의 정치와 경제

국사편찬위원회

자문위원

민 병 하　　변 태 섭

편찬위원

박 용 운　　최 병 헌　　홍 승 기

집필(고려 후기의 정치와 경제)

고 혜 령　　권 영 국　　김 광 철
김 동 철　　김 윤 곤　　박 용 운
박 천 식　　박 한 남　　변 태 섭
오 종 록　　위 은 숙　　이 정 희

기획 · 편집

신 재 홍　　변 승 웅　　이 근 택

고 혜 령　　고 성 훈　　나 애 자

박 한 남　　윤 병 희　　최 원 식

복간 간행 : 김 용 곤 · 장 득 진

한국사 간행취지

우리 겨레가 앞으로 어떻게 살아갈 것인가 하는 문제는 우리들은 물론 우리와 더불어 살아가는 세계인들의 관심사일 것이다. 이에 대한 해답은 과거에 어떻게 살아왔는가 하는 우리 역사에 대한 인식을 통해 찾을 수 있을 것이라고 생각된다.

본 위원회에서는 이미 1970년대에 『한국사』 25권을 간행하여 해방 이후 한국사의 연구성과를 집대성함으로써 한국사에 대한 인식을 새롭게 한 바 있다. 그 이후 한국사회는 놀라운 성장과 발전을 이루었고 역사학계도 상당한 연구성과를 축적하였다. 이러한 변화에 발맞추어 한국사학계는 새로운 『한국사』 편찬의 필요를 느끼게 되었다.

이에 본 위원회는 일차적으로 한국사 연구지원비를 마련하여 역사학계로 하여금 1980년대 중반까지 연구성과가 미진하다고 생각되는 분야를 연구할 수 있도록 하였다. 이어서 1989년부터 1990년까지의 준비를 거쳐 1991년에는 '신편 한국사 편찬위원회'를 따로 구성하고 총 60권에 달하는 새로운 『한국사』를 편찬하기로 하였다. 그리고 다음과 같은 『한국사』 편찬의 목표를 세웠다.

① 한국의 역사와 문화에 대한 객관적 인식의 토대를 제공할 수 있는 한국사를 편찬한다.

② 민족의 창조적 문화활동과 민족사의 내재적 발전을 드러내는 한국사를 편찬한다.

③ 최근까지의 연구성과를 체계화하고 새로운 영역을 개척함으로써 한국사 연구의 지평을 넓힌다.

④ 한국사 연구와 관련하여 고고학·인류학·사회학·경제학 등 인접학문의 연구성과를 수용하여 한국사 인식의 폭을 넓히는 데 기여한다.

새로운 『한국사』를 펴내면서 우리 모두가 바라는 바는, 민족의 통일에 대비해야 하고 급격히 변화하는 시대상황 속에서, 한국사 연구자의 깊이 있는 연구를 도와주고 독자들의 역사인식을 드높일 수 있는 길잡이 구실을 할 수 있었으면 하는 것이다.

국사편찬위원회 위원장

목 차

개 요

I

무신란(의종 24년; 1170)의 성공으로 수립된 무신정권 100년은 고려의 정치·경제·사회 등 모든 면이 크게 동요, 변질되는 변혁기였다. 그런데 이 무신정권이 채 끝나기도 전에 대륙 북방의 蒙古族이 침입하여 고려는 수 십 년간 전쟁을 치르며, 끝내는 그들에 복속되어 다시 많은 시련을 겪어야 했다. 14세기 후반에 들어와 공민왕이 즉위하여 反元改革政治를 단행하나 뜻한 만큼의 성과를 거두지 못하고 그로부터 얼마가 지난 공양왕 4년(1392)에 고려왕조는 결국 종언을 고하고 말지마는, 고려 후기로 일컬어지는 이 기간은 그처럼 변혁과 고난의 시기였다.

이 책에서는 당시 정치와 경제의 변화된 모습을 살펴보려는 것인데,《高麗史》撰者들은 그것을 부정적인 시각에서 파악하고 있다. 즉 성종 때 새로이 정해지고, 문종 때 얼마간의 增損을 거쳐 잘 정비된 3省 6部를 근간으로 하는 官制가 고려 후기에 크게 문란해지고 있으며, 입법의 초기에 질서가 잡히고 조리가 있던 科擧나 銓法 역시 마찬가지인가 하면, 경제문제에 있어서도 田柴科 등 '祖宗의 法制'가 이 때에 들어와 무너짐으로써 나라도 따라서 망하였다는 것이다. 이러한 관찰은 대체적으로 사실과 부합된다는 점에서 비교적 정확한 시각이라고 할 수 있다. 그러나 한편으로 살피면 고려 후기라 하여 단순히 혼돈만을 거듭하며 멸망해 가는 과정이 아니라 그와 상반되는 모습도 엿보이는 등 그 나름으로의 역사성을 지니고 있었다. 그러므로 우리는 당시의 실상을 차분하게 검토해 볼 필요가 있는 것이다.

그런 취지에서 우선 고려 후기 정치의 중심기구가 되는 都評議使司와 여러 차례 개편되는 중앙의 官制 및 監務의 증치와 文武交差制 등에 따른 지방 통치체제의 변화, 科擧制·蔭叙制 등 관리 등용제도의 변질과 군제의 재편에 대하여 알아보기로 한다. 이어서 당시의 정치적·사회적 지배세력인 이른바 '權門世族'과 '新進士大夫' 문제가 당연히 주목의 대상이 되며, 이들에 의해 추진된 충선왕대 이래의 개혁정치도 크게 관심을 끄는 대목들이다. 그리고 경제구조에 있어서는 새로 성립되는 農莊과 祿科田制 및 租稅·貢賦·徭役 등 수취제도의 실태와 農業技術·手工業·鹽業·商工業·貨幣 등이 검토의 대상이 되겠거니와, 이하에서 그들 내용에 대한 개요를 간략하게 언급해 보기로 하겠다.

II

고려 후기에 들어와 정치체제상의 가장 큰 변화는 무엇보다도 종래의 中書門下省 중심에서 都評議使司(都堂) 중심으로 바뀐 점이다. 이것은 특별히 임명된 일부의 宰樞들이 국방·군사문제를 전문으로 다루던 임시적 회의기관인 都兵馬使가 충렬왕 5년(1279)에 이르러 개편된 것으로 그 구성과 기능이 크게 확대·강화된 데 따른 것이었다. 즉 과거와는 달리 재추 전원과 함께 三司의 정원과 商議까지 合坐하여 그 구성원이 대폭적으로 늘어났고, 관장사항 역시 군사문제뿐 아니라 국가의 모든 大事에 미치고 있으며, 또 임시기관에서 상설기관으로 변함과 동시에 庶務를 직접 관할하는 行政機關이 되었다는 점이다. 그리하여 중앙의 諸司는 말할 것 없고 지방의 각 官署들도 都堂의 통제하에 행정을 보았으며, 심지어는 王旨까지 그를 경유하여 실행케 됨으로써 도당은 일원적인 최고 정무기구가 되었다고 이해되고 있다. 그러나 복잡하면서도 어려운 당시 상황에서 국왕 스스로도 왕권의 강화에 노력하여 必闍赤[필자적; 비칙치]이나 內宰樞制 등을 마련하고 있어서 그와 같은 견해에 다소의 의문이 제기되기도 한다. 이 중 필자적은 충렬왕이 동왕 4년(1278)에 측근인물들을 그에 임명하여 禁中에서 '機務를 叅決케'한 데서 비롯하며, 內宰樞制는 공민왕이 그의 14년(1365)에 宰臣과 樞密 가운데에서 역시 자신과 밀착된 일부 인원을 선발하여 宮中에서 국가의 중대사를 처리케 한 변칙적인 제도로 알려져 있거니와, 이는 당시에 크게 성행했던 側近政治의 소산물로 왕권의 강화와 깊은 관련이 있음은 다시 말할 필요가 없는 것이다. 이런 몇몇 측면을 염두에 둘 때 도평의사사의 기능을 지나치게 강조하는 것은 문제가 없지 않다. 따라서 양자의 관계는 앞으로 좀더 면밀한 검토가 있어야 할 과제로 생각된다.

새로운 도평의사사의 대두 이외에 종래의 3성 6부를 근간으로 하던 정치제도도 여러 차례 바뀐다. 그 원인은 주로 元과의 관련에서 말미암는 것으로, 우선 충렬왕 원년(1275)에는 저들의 강요에 따라 관제의 격을 낮추어 3성은 僉議府, 6부는 4司로 고치는 등의 개정이 있었다. 이어서 동왕 24년에 충선왕이 즉위하여 다시 개정하지만, 그가 불과 몇 개월 뒤에 퇴위하면서 관제 역시 이전 상태로 되돌려졌다가, 복위함에 미쳐 密直司의 승격 등을 내용으로 하는 또 한 번의 개정이 이루어졌다. 그 뒤 공민왕이 반원개혁정치를 펴면서 전통적인 '文宗舊制'로 바뀌었다가 그것이 여의치 않게 되어 다시 新制로 돌아가는 등 몇 차례의 반복을 거듭하거니와, 이런 과정에서 관제의 문란은 피하기가 어려웠다.

부가하여 이 시기에는 인사행정에서도 상당한 난맥상을 드러내고 있다. 우선 과거제와 음서제가 편법으로 운영되는 면이 많아 문제가 잇따라 발생하였고, 權臣에 의해 政房이 설치된 이래로 銓法도 크게 문란해져 '黑冊政事'라는 비판이 나올 정도였다. 이러한 결과는 관원 수의 대폭적인 증가로 나타났다. 그런데다가 공민왕 3년(1354)에는 添設職이 설치되고, 그에 앞서 納粟補官制까지 시행되어 이러한 현상을 한층 가중시켰다. 이에 따라 정치기강은 해이해지게 마련이었고 그것이 곧 고려가 멸망하는 한 요인이 되기도 하였다.

지방 통치조직에 있어서의 변화는 文武交差制의 시행이나 監務의 增置, 鄕·所·部曲의 해체 등을 지적할 수 있을 것 같다. 그 중 문무교차제는, 예컨대 使가 文臣이면 副使는 武人을 선발한다는 식의, 글자 그대로 문·무신을 교차하여 지방관에 임명하도록 한 제도로서 이는 다시 말할 필요도 없이 무신정권의 소산물이었다. 원래 外官은 文班의 仕路였지만 이 때 와서 무인들의 요구에 따라 그 반수 가량은 이들로 채워지게 된 것이거니와, 그로 인해 외관 사이에 갈등이 빚어지는 등 지방행정에 많은 차질을 초래하였다. 반면에 감무는 최하위이기는 하지만 그 동안 외관이 없던 屬郡·縣에다가 예종대 이래로 줄곧 파견하여 그곳 백성들의 流移를 막고 安集시키는 등의 긍정적 기능을 담당한 제도였다. 하지만 이들 역시 무인들이 집권하는 명종조에 대폭적으로 늘어나는 데서 알 수 있듯이 그들에 대한 권익의 보호나 세력기반의 강화와 밀접한 관련을 가지는 것이었다. 그러나 이러한 가운데서도 계속되는 고려 후기의 정치적·경제적·사회적 변화 속에서 일반 군현에 비해 낮은 처지에 놓여있던 특수행정조직인 향·소·부곡이 점차 해체의 길을 밟은 것은 주목할 만한 현상의 하나였다.

軍制도 고려 후기에는 전통적인 중앙의 2軍 6衛와 지방의 州縣軍 조직이 거의 무너진 상태였으므로 새로운 개편이 있게 되었다. 그런 가운데에서 먼저 조직된 것이 三別抄를 포함한 別抄軍으로서, 이들은 對蒙抗爭에서 혁혁한 공훈을 세우기도 하였으나, 몽고와 강화하려는 고려 조정에 반기를 들었다가 해체되고 말았다. 그 뒤 원간섭기에 접어들면서 군제 역시 저들의 영향을 많이 받았지마는, 대내외적으로 계속되는 시련에 당면하고 있던 고려는, 요컨대 광범위한 농민층을 중심으로 하여 될 수 있는 한 많은 軍戶를 확보하여 무력장치를 삼으려 노력하였다. 그 중 翼軍의 설치와 같은 것은 그 기간이 그렇게 오랫동안 지속된 것은 아니라 하더라도 제도적으로 마련된 무력장치로서 커다란 의미를 지니는 것이었다.

중앙군의 지휘체계는 2군 6위하의 上將軍 등이 그대로 존재했으나 다시 都元帥와 三軍萬戶 등이 설치되기도 하고, 또 都統使 이하의 직위가 등장하는 등 자주 변화가 있었다. 그리고 지방에는 都巡問使 등이 있어 군사의 책임자로 기능하였다.

Ⅲ

고려 후기를 이끌어간 정치적·사회적 지배세력을 우리들은 흔히들 '權門世族'으로 이해하여 왔다. 이들의 재편성이 일단락되는 것은 14세기 전후였는데, 대체적으로 前期 이래의 門閥貴族家門과, 무신정권시대에 무장으로 득세하여 성장한 집안 및 무신란 이후 '能文 能吏'의 新官人層으로 대두하여 성장한 가문, 그리고 새로운 對元關係의 전개 속에서 신흥세력으로 등장한 집안 등 네 갈래로 구성되어 있었다. 충선왕 복위년(1308)에 왕실과 혼인할 수 있는 15가문의 '宰相之宗'이 지정되지마는, 이들이 바로 그들의 대표적 존재였다. 그리하여 이들 구성원은 고위 관직을 차지하고 음서제를 이용하여－科擧에도 적극 적응하였지만－자손을 벼슬시켜 그와 같은 지위를 이어가는 한편으로, 왕실 또는 閥族과 중첩되는 혼인을 맺어 혈연의 범위를 한정시켜 가면서 가문의 중요성을 내세우기도 했다. 말하자면 그들은 새로운 귀족들로서 親元的 성향이 짙었으며, 경제적으로 사적인 대토지소유자인 農莊主였고 사상적인 면에서는 불교와 깊은 인연을 맺고 있는 것으로 파악하여 왔던 것이다.

그런데 근자에 이들을 지칭하는 '權門世族'이란 용어는 사료에 나타나지 않을 뿐더러 그 의미로 보아서도 부적절하다는 지적이 있었다. 사례에 의하면 각각 '權門'과 '世族'으로 나타나고 있는데, 전자는 가문과 관계가 없이 권력층을 뜻하는 말이었으며, 후자만이 사회적 지위를 누리고 있던 문벌가문을 지칭하는 의미로 쓰였다는 것이다. 그렇기 때문에 종래의 '권문세족'보다는 오히려 단순히 '세족'이라는 용어를 사용하는 편이 좋겠다는 견해이거니와, 논자는 여기에서 한걸음 더 나아가 그 세족들도 다시 "체제모순을 방치하는 가운데 오히려 이를 이용해 더 많은 기득권을 누리려는 집단과, 국가재정이나 민생문제의 해결 등 일정하게 체제정비를 해나가는 속에서 기득권을 유지하려는 세력집단으로 분화되어 있었다"는 견해까지 밝히고 있다. 이러한 분석은 복잡하게 얽혀있던 고려 후기의 지배세력을 그 성격에 따라 명쾌하게 구분하여 주고 있어서 당시의 사회를 이해하는 데 크게 도움을 줄 것으로 짐작된다. 그리하여 本書도 주로 이 견해에 입각하여 서술되고 있지마는, 그러나 '권문'이 단순히 '權臣'·'權貴' 등과 동일한 뜻을 지니는 말이었는지는 좀더 천착해 볼 여지가 없지 않은 듯싶고, 또 이들이 세족과 함께 고려 후기 사회에서 커다란 비중을 차지했던 세력인 만큼 보다 다각적인 분석이 필요하지 않을까 하는 생각이 든다.

한편 당시에는 사회의 일각에 이들 세족·권문과 성격을 달리하는 일군의 세력이 성장하고 있었다. 그들은 보통 '新進士大夫'라 불려지고 있지만 논자에 따라서 '新進士類' 또는 '新興士族'·'新進官僚'·'新興儒臣' 등 다양한 명칭으로 부르고 있거니와, 이들은 주로 하급관료나 지방향리의 자제들로 가문적 배경은 그렇게 좋은 편이 아니었으나 '能吏'의 바탕 위에 '能文'의 실력까지 갖추어 과거 등을 통해 이미 무신정권기부터 대두하고 있었다 한다. 이후 점차 세력을 키워온 신진사대부들은 공민왕대의 혁신정치와 더불어 크게 성장하여 정계의 한 부분을 차지하며, 결국에는 고려를 무너뜨리고 조선을 건국하는 데 주체가 되는 세력으로, 유교적 소양을 알아 예의 범절을 지키고 청렴을 표방하면서, 그렇지 못하여 여러 가지 불법과 부정을 저지르는 세족·권문을 비판하며 대립되는 위치에 있었다.

이들 신진사대부들의 성장은 방금 지적했듯이 고려 후기에 계속되는 개혁정치와 밀접한 관련을 가진다. 사실 무신정권기를 거치고 다시 원간섭기가 지속되면서 정치적 사회경제적 모순은 크게 심화되어 있었다. 정치가 파행적으로 운영되는 때가 많았고 국가의 재정은 매우 어려운 상태였으며 백성들의 생활은 그것대로 궁핍해지는 등 모순이 한계점에 도달하여 있었던 것이다. 그리하여 고려 조정으로서도 어떠한 조처가 불가피하였고, 이에 따라 충선왕의 개혁정치에 이어서 충숙왕·충목왕·공민왕 등이 연달아 개혁을 추진하였다.

결국 개혁정치가 이처럼 여러 차례 표방되었다는 것 자체가 그때마다 성과가 그리 많지 않았다는 사실을 뜻하지마는, 기본적으로 그들 개혁은 모순의 가장 중요한 요인이기도 했던 元의 종속구조하에서 이루어진 데다가 그 추진 세력이 일정한 한계성을 지니고 있었고, 또 그것이 정치적 목적으로 이용되기도 하여 고려 후기사회가 안고 있는 본질적인 문제를 해결하는 데 실패하고 만다. 그러나 어떻든 개혁사업은 자주 추진되었고, 그에 따라 현실비판적이며 혁신적 성격이 강했던 신진사대부들은 거기에 참여하면서 자기의 성장을 거듭하였던 것이다.

그런데 한편으로 보면 개혁사업이 추진된 일정한 시기까지도 이들이 차지하는 비중은 그렇게 큰 편이 아니었다. 오히려 실제로 거기에는 앞서 설명한 바 世族層 가운데서 '국가재정이나 민생문제의 해결' 등에 관심을 가진 개혁적 성향의 인물들이 다수 참여하고 있는 것이다. 그러므로 이 책의 논자는 "사대부가 신흥관료만이 아니라 세족출신을 포함하여 관료 일반을 포함한다"는 이해 아래 이들을 '世族士大夫'라 지칭하면서 개혁사업이 그들과 신진사대부가 함께 펴 갔다고 서술하고 있어서 주목된다.

성장을 거듭해 온 신진사대부들은 이미 지적한 바와 같이 공민왕대의 반원개혁정치를 거치면서 정계에서 상당한 위치를 점하게 된다. 그 뒤 우왕 때에는 얼마동안 시련을 겪기도 하지만 신흥무장세력 李成桂와 손을 잡은 이들은 마침내 威化島回軍으로 정계를 주도하는 세력이 되거니와, 이후 그들은 당시의 현안문제였던 私田改革이나 공양왕의 옹립 및 왕조교체 등을 둘러싸고 온건개혁파와 급진개혁파로 역시 분화되었다. 이 중 조선 건국의 중심세력이 된 것은 다시 말할 필요도 없이 후자였다. 고려왕조는 외부로부터 밀려오는 어려움도 있었지만 근본적으로 자신이 안고 있던 정치적 사회경제적 모순을 스스로 해결하지 못하여 결국 종말을 맞고 말았던 것이다.

Ⅳ

고려 후기에는 토지지배관계도 커다란 변화가 있었다. 전기 이래 田柴科體制는 자체가 안고 있던 모순 위에 사회생산력이 발전함에 따라 결국 무너지고 農莊이 성립하였다. 농장은 農場 또는 農庄·田莊 등 여러 명칭으로 불리는 사적인 대토지지배의 특수한 형태로서 토지겸병의 현상이 크게 일어나면서 생겨난 것인데, 무신란을 계기로 본격화되어 원간섭기가 시작되는 원종 11년(1270) 이후에는 한층 심화되었다.

농장이 형성되는 데는 開墾과 奪占을 비롯하여 寄進·買得·長利·賜牌·投托 등 여러 가지 방식이 동원되었다. 그리하여 권세가들이 큰 것은 '山川으로 標를 삼고(山川爲標)' '州에 차고 郡에 걸치는(彌州跨郡)' 정도의 대토지를 겸병하게 된 것이지만, 그것들은 성격상 所有權에 입각한 농장과 收租地集積型 농장의 두 종류로 나눌 수가 있었다. 개간과 매득 등을 통해 획득된 토지는 더 말할 나위 없고 비록 불법적인 탈점에 의했더라도 합법을 가장하는 절차를 거쳐 농장주들이 그것을 자기의 소유지로써 지배한 것이 전자의 경우이며, 자기에게 賜與된 收租地를 世傳할 뿐 아니라 타인의 수조지까지도 탈점하는 등의 방법을 통하여 토지를 집적한 것이 후자의 경우였다. 농장주들은 이곳에 관리의 거점으로 莊舍 또는 農舍를 설치하고 庄主 내지 莊頭로 불리는 대리인을 파견하여 경영하였다.

이 두 양식의 농장 가운데에서 어느 것이 지배적인 형태였느냐에 대해서는 논자에 따라 견해가 다르다. 즉 어떤 연구자는 소유권에 입각한 농장이 중심이었다고 보기도 하고, 또 다른 연구자는 수조지집적형 농장이 월등하게 많았다고 이해하고 있는 것이다. 이 책에서는 후자의 견해를 취하고 있지마는, 동시에 그것들은 경작자의 구성에 있어서도 차이가 났다는 의견이 개진되어 주목된다. 전자는 주로 노비들이 경작을 담당했던 데 비해 후자는 주로 良人佃戶들에 의해 경작되었다는 것이다.

농장주들은 불법을 자행하여 국가에 조세를 납부하지 않았을 뿐더러 농장에 집중되어 경작에 종사하는 양인전호인 處干들이 부담해야 할 庸·調까지도 포탈하고 있었다. 그리하여 국가의 재정은 파탄의 지경에 이르게 되었으므로 이를 바로잡으려는 노력이 여러 차례 시도되었다. 하지만 번번이 실패를 거듭하다가 위화도회군으로 이성계와 신진사대부세력이 집권한 이후에야 사전·농장의 혁파가 단행되었다. 그러나 이 때에도 그 대상은 수조지집적형 농장이었고 소유권에 입각한 농장은 소멸되지 않고 조선조로 이어졌다는 견해까지 밝히고 있다. 앞으로 좀더 면밀한 검토가 필요한 대목이 아닌가 한다.

전시과체제가 무너지고 농장이 확산됨에 따라 문무관료들은 토지를 지급받지 못했을 뿐 아니라 祿俸도 제대로 받지 못하였다. 《高麗史》 권 80, 食貨志 3, 祿俸條 서문에, "고종·원종 이후 국가가 多故하여 倉廩이 비었으므로 祿秩을 원래의 科等대로 주지 못하여 宰相의 녹봉도 數斛뿐이었다"는 기사가 이러한 당시의 상황을 잘 말해준다. 세족·권문과 같은 권력자들은 대소의 농장을 차지하고 있어서 그에 크게 구애될 필요가 없었지만 그렇지 못한 관료, 특히 신진의 하급관료들에게 이것은 매우 심각한 문제였다. 그러므로 국가에서는 그 하나의 해결방법으로 문무관료들의 부족한 녹봉을 보충하여 주기 위해 祿科田이라는 명목의 토지를 지급하게 되었다.

"토지를 분급해 祿俸을 대신케(分田代祿) 하자"는 논의는 이미 고려의 조정이 몽고를 피하여 江華에 천도해 있던 고종 44년(1257)에 시작되어 그 때 給

田都監까지 설치하였다. 하지만 곧바로 시행하지는 못한 것 같고, 그로부터 얼마의 시기가 지나 開京으로 還都를 하고 京畿 일원에 대한 통치력이 회복된 원종 12년(1271)에야 비로소 실행에 옮겨진 것으로 생각된다. 그리하여 문무관료들은 직위에 따라 경기 8縣의 墾地를 녹과전으로 지급 받았던 것이다. 물론 이 祿科田制도 그 후 권세가들의 심한 토지침탈로 인해 몇 차례 再折給되는 우여곡절을 겪었다. 그러나 이러한 어려움 속에서도 그것은 고려말까지 존속하면서 자기의 기능을 수행하였다. 녹과전은 비록 부족한 녹봉을 보충하여 준다는 취지에서 지급된 토지지만, 田柴科體制下에서의 兩班科田과 같은 職田의 분급이 이루어지지 않았던 당시에 그것을 대신하였다는 점에서 이 제도가 지니는 의미는 컸다고 할 수 있다.

다음 고려 후기에는 수취제도에도 여러 가지 변화가 일어났는데, 먼저 租稅에 있어서는 量田制가 隨等異尺制로 바뀌면서 종래에는 同積異稅였던 것이 異積同稅로 변모된 점을 지적할 수 있다. 고려 때에는 오랫동안 單一量田尺이 사용되어 結의 면적을 고정시켜놓고 田品에 따라 收稅額을 달리하는 제도였다. 그것이 고려 후기의 어느 시기－아마 충숙왕 원년(1314) 경－부터는 結當의 수세액을 고정시켜 놓고 토지의 비옥도에 따라 量田하는 尺度의 길이를 달리해 면적의 廣狹을 조절하는 제도로 바뀌었던 것이다. 수등이척제에서 채택한 양전척은 장년 농부의 手指를 표준으로 한 指尺이었다.

특산물을 내던 貢賦에 있어서의 변화는 代納이 확산된 사실에서 볼 수 있다. 그리하여 '謀利之人'·'貨殖之徒' 등으로 불린 공물대납업자까지 등장하였다. 고려 후기에 들어와 현물세로 생각되는 常徭·雜貢이 부가되는 것도 이와 관련이 깊었다고 이해되는 것이다. 한편 노동력을 부담하던 徭役 역시 변화가 초래되어 일반백성들도 物納이 가능해지게 되었다. 아울러 이들 양자의 부과기준이 人丁의 多寡에서 토지의 다과로 바뀌어간 사실도 확인할 수 있다. 이러한 여러 변화는 다시 말할 필요도 없이 당시의 변모된 사회경제적 여건을 배경으로 하는 것이었다.

그밖에 고려 후기에는 水利施設이 확충되고, 施肥法이 발전하는가 하면 새로운 稻種이 도입되었다. 그리고 木棉의 전래에 의해서도 많은 변혁이 초래되지마는 당시의 변화된 사회경제적 양상은 이처럼 여러 면에서 찾아진다.

V

수공업 분야는 고려 후기에 있어서도 官廳手工業이 중심을 이루었다. 그리하여 繕工寺·軍器寺 등의 각 관서에 기술자인 工匠들이 소속되어 왕실이나 관청 등에서 필요로 하는 물품을 생산하였지만, 고려 전기에 비하여 그렇게 발달하지는 못하였다. 반면에 民間手工業은 크게 번성하여 조공품·생필품 등 각종 물품의 생산활동이 활발하였는데, 그들 민간수공업자 중에는 전업적인 일에 종사하는 사람도 상당히 많았다. 鍮銅匠·錦匠·羅匠·綾匠·冶匠·陶器匠 등이 그런 수공업자들로서, 이러한 민간수공업이 발달한 이면에는 종래 특수행정집단을 이루고 특정의 물품을 생산하던 所手工業의 붕괴와도 관련이 깊었다. 고려 후기에 들어와 소 수공업이 이처럼 쇠퇴하는 데 비해 寺院手工業은 계속 활발하여 우수한 물품들을 생산하였다.

우리의 식생활에 없어서는 안 되는 소금의 생산과 유통도 관심을 끄는 대목의 하나인데, 처음에는 생산자인 鹽戶가 생산물 가운데 일정액을 鹽稅로서 국가에 납부하고 나머지는 처분하여 생계를 꾸려 가는 형태였던 것 같다. 都鹽院은 아마 이 당시 그 관계의 일을 맡아본 관부가 아니었나 짐작된다. 그러다가 충선왕이 그의 복위 원년(1309)에 이르러 전매제인 榷鹽制로 바꾸었다. 즉 모든 鹽盆은 民部(戶部)에 소속시켜 관리하도록 하고, 도시에서는 鹽倉에 가서 소금을 매입케 하는 한편, 군현민은 주로 本官의 官司에 布를 납입하고 소금을 받아가도록 하였던 것이다. 이는 鹽法을 바로잡고 국가의 재정도 확보하려는 취지에서 마련된 정책으로서 의미있는 조처였다. 하지만 이 제도는 그 뒤 다시 문란해져 많은 문제를 야기하였다.

다음 상업의 경우 국내상업에 있어서는 여전히 開京의 市廛이 중심이었다. 고려 후기에는 그 규모가 더욱 확대되어 희종 4년(1208) 7월에는 大市의 左右長廊을 改營하였는데 廣化門으로부터 十字街에 이르는 곳까지 그들의 수가 1,008楹이나 되었다고 하며, 충렬왕 33년(1307) 6월에는 충선왕이 市街의 양쪽에 다시 長廊 200칸을 營造토록 하여 이듬해 8월에 완성시키고 있다. 시전의 중개축은 이후에도 계속되고 있거니와, 도시상업은 그만큼 활발하였음을 알 수 있다. 개경에는 이밖에도 일정한 장소에 시장이 서서 전기와 마찬가지로 도시인들이 생활용품을 매매하였으며, 지방에서는 역시 場市를 통하여 교환이 이루어졌고 지역을 순회하면서 장사를 하는 行商과 船商의 활동도 있어서 상업을 촉진시키는 데 한몫을 하였다.

대외무역은 元나라와의 특수한 관계로 인하여 주로 이들과 행하여졌다. 그러나 조공무역은 저들의 요구에 대하여 우리가 일방적으로 희생을 강요당하는 방식이어서 종래 대륙의 다른 국가와는 매우 다른 형태의 것이었다. 하지만 잦은 인적 왕래를 통한 사무역과, 그리고 使行의 수행원들 사이에서 흔히 행하던 밀무역은 양국간에 비교적 활발하게 이루어졌다. 이 밖에 여말에는 明이 건국되자 그들과도 무역을 하였고, 또 日本은 고려에 대하여 進奉貿易을 행하였으나 두 나라 사이에는 정식적인 국교가 없었을 뿐더러 倭寇의 여파 등으로 교역은 제대로 이루어지지 않았다.

교환수단이 되는 화폐는 전기 때의 물품화폐인 布貨와 금속화폐인 銀瓶 등이 고려 후기에도 계속 사용되었다. 그 중 은병은 워낙 고액의 화폐였으므로 충혜왕 때에는 小銀瓶을 만들어 썼으며, 또 한 때 碎銀이 화폐로 기능했는가 하면 銀錢을 주조하여 쓰기도 하였다. 그리고 원나라와의 깊은 관계하에서 저들의 지폐인 寶鈔가 유입되어 고려에서도 통용되었고, 그 영향으로 공양왕 때에는 楮貨를 발행하여 쓰도록 한 일도 있었다. 하지만 이 시기까지도 화폐의 유통이 그렇게 활발한 편은 아니었다.

Ⅵ

이상에서 고려 후기의 정치와 경제에 관련된 주요 주제들, 즉 도평의사사 등의 정치조직 및 지배세력인 세족·권문과 신진사대부의 문제, 그리고 농장과 조세·공부·요역의 변화상, 농업기술, 상공업과 염법, 화폐 등에 대하여 필자들의 논지를 중심으로 간략하게 살펴보았다.

원래 이 책은 지금까지의 연구성과를 정리하고 집대성하여 일반에게 소개하는 데 목적이 있다고 알려져 있는 바와 같이 대부분은 그 취지에 맞게 서술되었다고 생각되며, 개요를 작성한 筆者로서도 그 점에 특히 유의하였다. 그러나 집필자 나름으로 견해가 없을 수 없는 데다가 또 의견이 엇갈려 학설이 맞서있는 경우 어느 한편에 좀더 기울어질 수도 있다고 이해된다. 따라서 독자와 견해를 달리하는 부분도 없지 않을 듯 싶은데, 역시 각 논지는 집필자의 책임하에 이루어진 것이므로 이 점 양해하고 읽어주기 바란다.

〈朴龍雲〉

Ⅰ. 정치체제와 정치세력의 변화

1. 정치조직의 변화
2. 권문세족과 신진사대부
3. 고려왕조의 멸망

Ⅰ. 정치체제와 정치세력의 변화

1. 정치조직의 변화

1) 중앙 통치체제의 변화

(1) 도평의사사

고려 후기 중앙 정치제제의 변화 가운데 가장 중요한 현상은 역시 都堂, 즉 都評議使司 중심체제로 개편된 점이다. 원래 고려는 3省 6部를 기간으로 한 정치체제였는데 후기에는 도평의사사 중심으로 전환되었으니, 이는 고려 통치체제의 일대 변화를 뜻하는 것이었다. 都兵馬使의 후신인 도평의사사에 대한 구체적인 설명은 생략하고[1] 여기서는 고려 후기 정치체제상 도평의사사의 위치에 대하여만 논급하기로 하겠다.

처음 兩界兵馬使를 중앙에서 통령하는 일원적 기구로 출발한 도병마사는 변경·군사문제를 다루는 회의기관이었으나 마침내는 일반 민사문제까지도 관여하는 宰樞會議機關으로 승격하기에 이르렀다. 고종 말년에 도병마사가 '都堂'으로 불리게 된 것은 이제 도병마사가 재추로 구성된 중앙의 최고기구로 변화하였음을 나타내는 것이다. 이러한 변화는 도병마사가 도평의사사로 개칭되는 한 요인이다.

도병마사는 충렬왕 5년(1279) 도평의사사로 개정되었다. 이 개정은 元의 간섭에 의한 타율적인 것이 아니고 고려 스스로의 의사에 따른 조치였다. 국사 전반을 회의 결정하여 도당으로 불리는 최고기관을 종전과 같이 도병마사로

---

1) 邊太燮, 〈高麗都堂考〉(《歷史敎育》 11·12, 1969 ; 《高麗政治制度史硏究》, 一潮閣, 1971).
———, 〈중앙의 통치기구〉(《한국사》 13, 국사편찬위원회, 1993), 65~75쪽.

부르는 것은 적절치 못 하였는데 대하여 도평의사사는 모든 국가 정무를 평의한다는 뜻이어서 그 기능에 알맞은 명칭이라고 하겠다. 이제 도평의사사는 그 명칭상으로도 실제 최고 정무기관의 기능을 표현하게 되었던 것이다.

고려 후기 도평의사사의 변화는 宰樞의 회의기관이 되었다는 점이다. 도병마사 때에도 회의기관인 점에서는 다름이 없었지만 그 때에는 재추 외에도 副使·判官 등도 회의원이 되었으나 이제는 재추만이 회의원으로 되었다. 재추란 宰臣(中書門下省의 고관)과 樞臣(中樞院의 고관)을 가리킨 것으로, 이른바 고려의 '宰相'이었는데 이들이 도평의사사의 회의원이 되었다는 것은 그만큼 그 위상의 격상을 뜻하는 것이 된다. 더욱이 이들 재추의 수는 시대가 내려갈수록 증가하여 처음에 5宰·7樞였던 것이 고려말에는 실직이 아닌 商議까지 포함되어 그 수가 70~80명까지 이르렀다. 이는 도평의사사가 권력의 집중기관임을 나타낸다. 고려 후기의 도평의사사는 수십 명의 재추를 회의원으로 하는 비대한 합좌기관으로 중요 국사를 의논 결정하였다는 점에 커다란 변화를 이루었다고 할 수 있다.

그러나 무엇보다도 도평의사사의 커다란 변질은 그것이 회의기관의 성격을 갖는 동시에 새로이 행정기구의 기능도 갖게 된 점이다. 즉 도평의사사는 국사를 회의할 뿐 아니라 여기서 결정된 사항을 실제로 시행하는 집행관서가 되었던 것이다. 공민왕 20년(1371)의 敎에서는 "百僚·庶務는 都堂에서 摠斷하게 되었는데, 근년에 諸司가 公事를 직접 諸道나 州縣에 下牒하는 경우가 있으니, 이제부터는 반드시 도당을 통하라"고 명한 것은[2] 도평의사사가 중앙 최고기관으로 지방관에 명령하였음을 표시하는 것이다.《高麗史》百官志 서문에서 고려말에 도평의사사가 專權을 장악함으로써 6部는 그저 虛設이 되고 말았다고 하였으며, 실제로 공양왕 때는 各司가 受稟할 일은 6曹(6部)를 통하지 말고 도당에 직접 보고하게끔 법제화되었던 것이다.[3]

이와 같이 고려 후기의 도당이 행정기능을 갖게 됨에 따라 이들 행정사무를 담당할 실무요원이 필요하게 되었다. 원래 도병마사에는 甲科權務로 임명된 8명의 錄事가 記事 등 25명의 이속을 통솔하고 있었다(文宗官制). 그러나

2)《高麗史》권 84, 志 38, 刑法 1, 職制 공민왕 20년 12월.
3)《高麗史節要》권 35, 공양왕 4년 4월.

고려 후기에는 도평의사사에 6色掌이 설치되고 이들은 창왕 때 吏·禮·戶·刑·兵·工의 6房錄事로 개칭되었으니, 이들이 도평의사사에서 6部의 행정을 담당하였음을 알 수 있다. 이 때 6방녹사 외에도 또한 知印 10명과 使外하는 임무를 띤 宣差 10명을 두었으니, 이들은 도당에서 중앙·지방의 일을 담당하였던 것이다. 이러한 사무요원의 증가는 마침내 사무관청인 經歷司의 설치를 보게 하였다. 공양왕 때 사무처인 경력사가 설치되고 여기에는 3·4품의 經歷과 5·6품의 都事가 임명되어 6방녹사 등 堂吏를 통할하였다.4) 공양왕 때 새로 건립한 도평의사사 廳舍에 중앙의 使司廳 좌우에 首領官廳이 달린 것은 바로 이들 經歷司의 사무처였던 것이다.5)

위에서 본 바와 같이 고려 후기의 도평의사사는 70~80명이나 되는 많은 재추가 국가의 모든 중요사를 회의·결정하였을 뿐 아니라 실제로 6부가 관장한 행정사무까지 집행하고 중앙의 諸司와 지방의 諸道·州縣까지 직접 통첩하는 일원적인 최고정무기관이 되었으니, 이는 고려의 정치체제의 일대 변화를 의미하는 것이었다. 이것은 종래의 3성 6부 중심체제에서 도평의사사 중심체제로 개편되었을 뿐 아니라 도평의사사의 일원적인 권력집중이란 점에서 커다란 변화라 할 수 있다. 이제 도당은 百僚·庶務를 총단하게 되었으니 趙浚이 도당을 百揆를 총령하고 號令을 반포하였다고 한 것은6) 이를 표현한 것이었다.

(2) 충렬왕대의 관제격하

고려의 3성 6부를 기본으로 한 정치제도는 武臣政權期에도 그대로 유지되었다. 武人執政은 비록 重房이나 敎定都監 등 스스로의 집권기구를 통하여 무신정치를 실시하였으나, 법제적인 3성 6부 및 諸寺·監 등의 관서는 변함없이 존속시켰다. 그러나 몽고에 굴복한 후에는 그들의 강요에 따라 관제를 격하하지 않을 수 없었으니, 그것은 충렬왕대의 개정으로 나타났다.

충렬왕 원년(1275) 원에서는 고려의 관제가 참월하다 하여 사신을 보내 무

---

4) 《高麗史》 권 77, 志 31, 百官 2, 諸司都監各色 都評議使司.
5) 鄭道傳, 《三峯集》 권 4, 記 高麗國新作都評議使司廳記.
6) 《高麗史節要》 권 34, 공양왕 원년 12월 大司憲 趙浚等 上疏.

릇 省·院·臺·部의 관명과 爵號가 그들의 것과 비슷한 것은 개정하도록 명하였다. 이에 고려는 관제를 개정하여 中書門下省과 尙書省을 합하여 僉議府라 하고 門下侍中을 僉議中贊으로 고쳤으며, 尙書 6部는 吏部·禮部를 합하여 典理司로 하고 兵部를 軍簿司, 戶部를 版圖司, 刑部를 典法司로 하며 工部는 폐지하여 4司로 축소시켰는데 이 때 4사의 장관도 尙書에서 判書로 격하해 불려졌다. 동시에 樞密院(中樞院)은 密直司로 개정되고, 御史臺는 監察司, 翰林院은 文翰署, 寶文閣은 寶文署, 國子監은 國學, 閣門은 通禮門, 司天監은 觀候署로 격하 개칭되었다.[7] 또한 충렬왕 2년(1276)에는 몽고 達魯花赤[다루가치]의 힐난에 따라 왕의 宣旨를 王旨, 朕을 孤, 赦를 宥, 奏를 呈으로 개칭하였으며,[8] 이 밖에도 陛下를 殿下, 太子를 世子라 부르고 왕의 廟號도 祖·宗 대신에 王을 칭하였는데 앞머리에 '忠'을 붙이게 하였다.

충렬왕 원년의 관제 개정은 몽고의 압력에 의해 할 수 없이 단행된 것이었다. 황제의 上國에 복속된 王侯國으로 참월하다는 이유로 격하시킨 개정이었던 것이다. 그러나 이 때 개정된 정치기구는 상층부서에만 해당되었다는 사실을 잊어서는 안된다. 즉 3성 6부와 중추원·어사대 등 모두 9개 관서에 불과하고 그 밖의 諸司는 그대로 존속하였다. 따라서 충렬왕대의 관제개혁은 상부 관청의 개편에 불과하고 그 밖의 省(殿中省 등)·寺·監 및 署·局의 하부 관서는 그대로 변함이 없었던 것이다. 또한 개칭된 관부의 명칭은 대부분 '司'로 일원화되었으니, 6부가 4사로 되고 중추원이 밀직사, 어사대가 감찰사로 바뀌었으며 그 후에도 도병마사가 도평의사사로 개칭되었다. 원래 사는 唐制에 따르면 6부 밑의 屬司였는데 이 때 고위 관부를 모두 사로 개칭한 것은 하나의 특징이라 할 수 있다.

이 때의 관제개정은 3성이 첨의부로 단일화되고 6부가 4사로 축소되었을 뿐 전반적인 정치체제나 권력구조에는 변함이 없었다. 오히려 정치체제상의 변화로 본다면 전술한 바 도평의사사가 권력 확장에 의해 일원적인 최고정부기관으로 대두한 점이었다. 도병마사는 원나라 관제에는 없었기 때문에 충렬왕 원년의 기구명 개칭에는 무관하였지만 충렬왕 5년 고려 자체의 의지에

7) 《高麗史》 권 76, 志 30, 百官 1.
8) 《高麗史》 권 28, 世家 28, 충렬왕 2년 3월 갑신.

따라 도평의사사로 격상 개정된 것이다. 따라서 충렬왕 원년의 관제 개정은 정치체제상에는 본질적인 변화를 주지 않았으며, 오히려 충렬왕 5년의 도평의사사의 부상이 커다란 의미를 갖게 되었던 것이다.

충렬왕대의 정치제도 변화에서 자못 중요한 것은 원의 職制에 따른 관부가 설치된 점이었다. 그 중에서 가장 커다란 권력기관은 바로 征東行省이었다. 원은 충렬왕 때 일본정벌을 위한 전방사령부로 고려에 정동행성을 설치하였는데 일본정벌을 단념한 후에도 그대로 존속시켜 고려 내정에 관여하였다. 정동행성의 정식 명칭은 征東行中書省이었는데 '征東'이란 일본정벌을 뜻하는 것이고 '行中書省'은 지방 파견관을 뜻하였는데 그저 정동행성으로 약칭되었다. 정동행성은 제2차 일본정벌의 준비를 위해 충렬왕 6년에 처음으로 설치되었으며 일본정벌이 실패하자 곧 폐지되었다가 충렬왕 9년 다시 설치되었다. 그러나 이것도 곧 폐지되고 세번째로 동왕 11년에 설치된 후 고려말까지 존속되었다.

정동행성은 고려가 원에 예속된 관계의 표징이었으나 실제로는 형식적 기구로서 원에 賀正使를 파견하는 일 등의 의례적인 일만 맡았을 뿐이었다. 구성원에서도 그 장관이라 할 수 있는 丞相은 고려왕이 임명되었고 그 하부관리도 고려인으로 채워져 있었다. 충렬왕 25년(1299) 韓希愈事件이 발생하였을 때 원은 濶里吉思를 정동행성의 平章政事, 耶律希逸을 右丞에 임명하여 고려의 내정을 직접 간섭한 일도 있었으나 이것도 곧 폐지되어 정동행성의 형식적 기구로서의 성격은 변함이 없게 되었다. 오히려 정동행성의 하부기구인 理問所가 사법기관으로 반원세력을 억압하고 부원세력의 부패를 방조하는 전횡을 저질러 고려인의 원성의 대상이 되었다. 따라서 정동행성은 엄연히 고려에 설치된 원의 지방관청의 지위에 있었던 것은 사실이지만 실제로는 고려의 내정을 감독하지는 못하였다고 보아야 할 것이다.[9)]

이상과 같이 충렬왕대에는 원의 간섭으로 관제가 격하되었으나 그것은 상부 관서에 한하였고, 고려 정치체제나 권력구조에 영향을 미치지 못하였다. 또 원의 관부라 할 수 있는 정동행성이 고려에 설치되었으나 일반적으로는

9) 高柄翊, 〈麗代 征東行省의 硏究(上·下)〉(《歷史學報》 14·19, 1961·1962; 《東亞交涉史의 硏究》, 서울大 出版部, 1970).

형식적·의례적 기구에 불과하였다. 오히려 충렬왕대에는 그 전부터 도당으로 불렸던 도병마사가 도평의사사로 개편됨에 따라 그 정치적 지위가 보다 확대, 강화되었다는 사실이 중요한 정치체제상의 변화라 하겠다.

(3) 충선왕대의 관제개혁

충렬왕 24년(1298) 讓位를 받아 즉위한 충선왕은 여러 가지 개혁정치를 추진하였는데 그 가운데 가장 중요한 것이 관제개혁이었다. 충선왕은 관제개혁에 즈음하여 敎를 내렸는데 그것은 재상의 수가 너무 많으니 줄일 것, 충렬왕 원년의 관제개정에 미흡한 점이 많으므로 개정할 것, 중국 역대의 관직을 살펴서 원의 관제와 무관한 것은 채용할 것 등이 포함되었으며, 그날로 대대적인 인사 발령을 단행하였다. 이 때 임명된 34명 중 대표적인 사람들의 관직을 보면 새로운 직명이 사용됨을 알 수 있다.[10)]

趙仁規 — 司徒·侍中·參知光政院事
洪子藩 — 左僕射·參知光政院事
洪　奎 — 守司徒·領景靈宮事
鄭可臣 — 司空·右僕射·修文殿大學士·監修國史·參知光政院事
印　侯 — 光政使·參知機務
金　琿 — 檢校守司徒·領奉常寺事
車　信 — 檢校司徒·資政院使
李之氐 — 檢校司徒·資政院使

충선왕 즉위년(1298) 5월의 관제개혁의 첫째 특징은 충렬왕 원년 관제의 司를 폐지한 점이다. 최고정무기구인 都僉議使司와 都評議使司는 그대로 존속시켰으나 4사와 밀직사·감찰사가 6曹·光政院·司憲府로 바뀌어 많은 사가 소멸되었다. 이것은 충렬왕의 관제개혁에서 都僉議使司－典理司－考功司와 같은 세 단계의 관부들이 모두 사를 칭한 기형적인 관계를 시정한 것이었다.[11)]

---

10) 《高麗史》 권 33, 世家 33, 충렬왕 24년 충선왕 즉위 5월.
11) 이익주, 〈충선왕 즉위년(1298) 관제개편의 성격〉(《14세기 고려의 정치와 사회》, 민음사, 1994).

둘째로 사에 대신하여 院이 출현한 것도 새로운 특징이었다. 즉 光政院·資政院·詞林院이 설치된 것이다. 원래 원의 관제에는 院의 명칭을 가진 고위 관부가 많았는데 충선왕은 이러한 원나라 제도를 본 따서 세 개의 중요 관부를 원으로 칭한 것이다.

셋째로 주목되는 것은 광정원의 부상이다. 광정원은 밀직사(종래의 중추원)를 개칭한 것인데 '政'의 명칭이 붙음으로써 군사기능이 아닌 정무기능이 명시되었다. 충선왕 즉위년 5월의 관직임명에는 수상인 趙仁規가 시중으로 참지광정원사가 되고, 亞相인 洪子藩이 좌복야로 역시 참지광정원사가 되었으며, 우복야인 鄭可臣도 참지광정원사가 되어 시중과 좌우복야 3인이 모두 참지광정원사를 겸하였다. 이 밖에도 광정원사·동지광정원사·광정원부사·첨광정원사가 임명되어 광정원의 樞臣職이 5직·8명이나 되어 그 지위가 높았음을 알 수 있다.12)

넷째는 새로운 資政院이 출현하여 재상 관부가 된 점이다. 자정원은 도첨의사사나 광정원보다 하위였으나 2명의 資政院使와 2명의 同知資政院事가 임명되어 역시 정치기무에 참여하였다. 자정원의 기능에 대하여는 확실한 설명이 없으나 그 관부명칭으로 보아 정치의 자문역할을 담당하지 않았나 추측되며 이런 점에서 역시 재상 관부로 봄이 옳을 것이다.

다섯째는 국무 담당기구가 다시 6典體制로 환원된 점이다. 충렬왕 원년에 4司로 축소된 6部는 이 때 銓曹·兵曹·民曹·刑曹·儀曹·工曹의 6조로 환원되었다. 비록 부 대신 조를 칭하였으나, 6전체제로의 복구는 그 장관을 判書에서 尙書로 환원한 것과 함께 복고적인 것이라 할 수 있다. 이 때 僉議府에 종래의 시중과 좌·우복야를 복구한 것도 그와 맥락을 같이하는 것으로 보인다.

이 밖에도 詞林院을 신설하여 왕명 출납을 담당케 하는 변화가 있었는데, 이 때의 관제개혁은 충렬왕 원년의 기형적인 개정을 정상화시키려는 데 주안점이 있었으며, '사' 대신 元制에 따른 '원'을 설치하고 6전체제로 환원하는

---

12) 이 때 주목할 것은 새로이 參知機務란 관직이 생긴 것이다. 모두 4명이 참지기무를 겸하였는데 그 가운데 3명이 光政院職을 가진 사람이었음이 나타난다. 그만큼 광정원이 국가 기무에 관여함이 많았음을 나타내는 것이다.

등 복고적인 경향을 띠었다. 충선왕의 정치개혁을 혁신적이며 반원적인 성격으로 규정하는 것이 일반적인 견해이지만 관제개혁의 측면에서 본다면 반원적이라기보다는 원제를 모방하면서도 자주적인 면이 있었다고 봄이 타당할 것이다.

이러한 점은 충선왕 즉위년(1298) 5월의 인사발령에서도 나타난다. 이 때 임명된 고관에는 전대 충렬왕파도 포함되고 종래의 권문세족도 있으나 새로이 충선왕 측근의 신진관료가 부상하였다. 수상인 도첨의시중·참지광정원사로 임명된 趙仁規는 충렬왕파이면서 충선왕 즉위에 협조한 친원세력이다. 충선왕 자신도 원 공주의 소생이면서 역시 원 공주를 왕비로 맞이하고 원에서 자란 사람으로 그 체질상 반원적일 수 없었다. 따라서 충선왕의 개혁정치와 관직임명은 반원적이라고 규정할 수는 없을 것 같다.

또한 충선왕의 개혁정치 자체도 역시 한계성을 지니고 있었음을 인정하지 않으면 안된다. 충선왕의 개혁정치가 충렬왕 측근정치의 모순과 권문세족의 부패를 그 대상으로 하였지만 충선왕정권에는 詞林院을 중심으로 한 개혁세력에 대비되는 충렬왕파와 권문세족도 다수 잔존하고 있었기 때문에 거기에는 당연히 제한된 개혁에 그칠 수밖에 없는 한계가 있었다. 따라서 충선왕의 개혁은 당시의 사회경제적 폐단에 대하여 근본적인 해결책이 되지 못하고 주로 운영상의 문제를 개선하는 데 그치고 말았다.[13]

그러나 충선왕 즉위년 5월의 新官制는 3개월 만에 복구되고 말았다. 즉 8월에 다시 관제를 개정하여 洪子藩을 三重大匡·僉議中贊·判銓曹事, 印侯를 重大匡·僉議侍郎贊成事·判兵曹監察司事, 金琿을 僉議侍郎贊成事·判民曹事로 임명하는 등 35명의 관직 발령을 내린 것이다.[14] 이 때의 관제개정은 첨의부의 시중과 좌우복야를 다시 중찬·시랑찬성사 등으로 복구하고, 6조상서를 판서로 격하해 호칭하고, 광정원을 밀직사, 사헌부를 감찰사로 환원한 것이었다. 그러나 5월에 신설된 자정원과 사림원은 그대로 존속되었고 6조도 변함이 없었다. 그러니까 이 때의 개정은 역시 충선왕대에 개정했던 자주적 관제명칭을 원의 간섭으로 다시 격하시킨 데 초점이 있었던 것으로 보인다.

13) 이익주, 앞의 글.
14) 《高麗史》 권 33, 世家 33, 충렬왕 24년 충선왕 즉위 8월 무술.

다만 이 때 6조에 재상 判事制가 부활된 점은 주목할 일이라 보인다.

충선왕은 충렬왕 34년(1308)에 復位함에 따라 다시 관제를 개정하였다.15) 이 때의 커다란 변화는 6조제의 개정이었다. 종래의 이조·병조·예조를 병합하여 選部라 하고 여기에 選軍·堂後·衛尉의 일도 포함케 하였으며, 민조를 民部라 하고 여기 三司·軍器·都塩院의 일을 병합케 하였고, 형조를 讞部라 하고 여기에 監傳色·都官·典獄의 기능도 병속케 하였으며, 그 장관인 판서를 典書로 개칭하였다. 이제 6전체제는 무너지고 3부의 기형적 모습으로 바뀌는 동시에 다른 부속 기능을 병합케 할 만큼 비대해졌다. 단, 조에 대신하여 부를 칭한 것은 이 때 감찰사를 다시 사헌부로 환원한 것과 함께 주목할 점이다.

다음은 密直司의 승격이다. 《고려사》 百官志에 의하면 충선왕 2년(1310)에 밀직사를 陞秩하여 僉議府와 함께 兩府로 칭하게 되었는데 《高麗史節要》에는 보다 상세한 내용이 실려 있다. 즉 충선왕 2년 8월 나라의 중대사를 관장한 式目都監에 僉議政丞·判三司事·密直使·僉議贊成事·三司右左使·僉議評理 이상을 判事로 하고 知密直 이하는 使로 삼으며, 밀직사를 2품 관부로 승격하여 첨의부와 함께 양부로 부르게 하였다는 것이다. 고려 전기부터 재·추를 양부라 칭하였는데 이 때 굳이 양부를 칭하였다는 것은 그 동안 밀직사의 지위가 낮았는데 이제 다시 원형으로 환원되었다는 것으로 풀이된다. 충선왕 복위 원년에 판밀직사사를 둔 것도 이러한 밀직사 승격의 전조로 생각된다.

(4) 공민왕대의 관제개혁

고려의 정치제도는 공민왕대에 이르러 또 한 번 커다란 변화를 겪게 되었다. 대륙에서의 漢族의 궐기와 원의 쇠퇴는 고려에도 영향을 끼쳐 공민왕은 자주적인 개혁정치를 단행하였으니 이는 관제개혁에도 나타나게 되었다. 즉 공민왕 5년(1356)에 첨의부를 고쳐 종래의 3성인 중서문하성·상서성을 복구하고 4司制를 6部制로 환원하였으며 다시 밀직사를 추밀원으로 고쳐 '文宗舊制(文宗官制)'를 실시하였던 것이다.16)

15) 《高麗史節要》 권 23, 충렬왕 34년 5월. 이 때 관제를 개정한 듯하다. 충선왕 복위 후인 9월에는 이미 새 관제인 讞部가 보이고 있다.

이러한 공민왕 5년의 관제개혁은 충렬왕 이후 원의 강요로 격하된 정치제도를 원래의 명칭으로 환원한 것이었다. 奇轍 등 부원파의 숙청과 정동행성 이문소의 혁파, 雙城摠管府의 옛 땅의 수복, 원 연호의 폐지 등 일련의 반원적인 공민왕의 혁신정책이 관제복구로 나타난 것이다. 중서문하성에 侍中·平章事 등 5宰가 임명되고 상서성에 左右僕射, 추밀원에 判事·使 등이 설치되었으며, 이·병·호·형·예·공의 6부에 尙書가 두어지게 되었다. 이 때 御史臺·翰林院·史館·國子監 및 秘書監·閣門 등 諸司도 옛 제도로 복구되었으니, 이제 고려는 원래의 정치제도로 정상화된 것이다.

그러나 공민왕의 의욕적인 반원적 개혁정치는 아직도 대륙에서 여력을 가지고 있던 원의 압력에 의하여 좌절되는 운명을 맞이하였으며 이는 관제의 환원으로 구체화되었다. 문종 구제로 개정된 지 6년 후인 공민왕 11년(1362) 다시 관제가 개정되었으니 이것은 다시 충렬왕대의 제도로 회귀된 것이었다. 즉 중서문하성에 대신하여 都僉議府가 설치되고 시중이 右左政丞으로 바뀌었으며 상서성 대신 다시 三司가 복구되었다. 6부는 典理司·軍簿司·版圖司·典法司·禮儀司·典工司의 6사로 바뀌고 상서도 판서로 격하되었다. 이 때 추밀원은 밀직사로 되돌아갔으며, 어사대는 監察司, 한림원은 藝文館, 국자감은 成均館, 그리고 각 사도 역시 前制로 환원되고 말았다.[17] 모처럼 공민왕에 의해 단행된 반원적이며 자주적인 문종 구제의 실시는 수포로 돌아가고 말았던 것이다.

그러나 원제의 모방과 압력에 따른 격하가 점차 원래의 모습으로 복구되는 것은 어쩔 수 없는 하나의 추세였다. 비록 공민왕 11년에 도첨의부가 되었으나 이듬해에는 우좌정승이 左右侍中으로 개칭되었으니, 시중의 호칭이나 원제에 따른 「右」의 상위제에 대하여 원래와 같이 「左」가 상위로 바뀐 것은 그 하나의 표현이었다. 드디어 공민왕 18년에는 다시 많은 관제가 원형으로 개정되었으니, 도첨의부가 門下府로 개정되고 그 장관도 門下左右侍中이라 개칭되었으며, 6사도 選部·摠部·民部·理部·禮部·工部의 6부로 환원되고 판서를 다시 상서로 격상 호칭하였다. 이 때 밀직사 및 몇 개의 관부명은 그

---

16) 《高麗史》 권 39, 世家 39, 공민왕 5년 7월 정해 및 권 76, 志 30, 百官 1.
17) 《高麗史》 권 40, 世家 40, 공민왕 11년 3월 갑자 및 권 76, 志 30, 百官 1.

대로 존속되었으나 감찰사가 사헌부로 되고 비서감·각문 등 諸司도 복구되었다. 문하부와 시중, 6부와 상서 등 대체로 문종 구제로 환원되어 자주성이 짙어졌던 것이다.

그 뒤 공민왕 21년에 6부가 다시 典理司 등 6사로 되고 상서가 판서로 격하되었으며, 그 밖의 제 사도 역시 11년 관제로 되돌아갔으나 문하부는 그대로 존속되었다. 공양왕 원년(1389)에는 6사가 다시 이조·병조·호조·형조·예조·공조의 6曹로 개칭되었으나 그 밖의 관제에는 큰 변함이 없었다. 이렇게 보면 공민왕 이후 고려의 정치제도는 자주적인 원형으로의 복구와 원제에 따른 격하의 악순환이 연속되다가 결국은 양자의 중간적 모습으로 정착되었다고 볼 수 있다.

(5) 고려 후기 정치체제의 성격

고려 후기 정치제도의 가장 커다란 특징은 첫째, 원의 간섭으로 그 원형이 훼손된 점이다. 충렬왕 원년(1275)에 원의 강요로 첨의부·밀직사·4사 등으로 격하된 후 그 골격이 고려 멸망 때까지 계속되었던 것이다. 따라서 충렬왕 이후 고려 후기의 정치제도는 기형적인 형태로 구성되었음이 중요한 특징이라 할 수 있다.

고려의 기본적인 정치제도는 이른바 文宗官制로 일컬어지는 3省 6部, 7寺·諸監 등의 형태이다. 이 문종관제는 성종 때부터 형성되기 시작하여 문종 때 그 형태가 정착되고 충렬왕 이전까지 계속되었던 고려 관제의 원형이었다. 성종 이전까지는 이른바 廣評省體制라 할 수 있는 태봉의 구제를 답습한 임시적 정치제도를 채용하였는데 성종 이후 관제를 기본으로 한 3성 6부체제로 정비되기에 이른 것이다. 그런데 몽고에 굴복한 이후 고려가 상국의 제도를 그대로 쓴다는 것은 참월하다는 원의 간섭에 의하여 바꾸지 않을 수 없었다.

충렬왕 이후 변개된 관제는 상국인 원의 제도를 피하고 한 단계 격을 내린 것이었다. 3성을 첨의부로 통합하고 6부를 4사로 축소하여 그 장관인 侍中·尙書도 中贊·判書로 격하시켰으며 추밀원도 밀직사로 바꾸었다. 이러한 고려 관제의 격하는 고려말까지 몇 차례의 개정에도 불구하고 대체로 그대로 계속되었다. 이와 같은 외부의 압력에 의하여 고려의 전통적인 관제가 개정되었다는 것은 고려 후기 정치제도의 특징으로 들어야 할 것이다.

두번째 특징은 고려 후기 정치제도가 대외적·대내적 요인이 복합되어 여러 번 개정되었다는 점이다. 충렬왕 원년에 개정된 관제는 그 후 수차례 개정되는 과정을 밟았고 특히 충선왕·공민왕 때에는 커다란 변혁을 겪었는데, 그것은 특히 이들 양왕의 '개혁정치'와 밀접한 관계를 지니고 있었다. 충선왕대의 관제개혁은 결코 반원적인 것은 아니었으나 거기에는 元制의 채용에 따른 자주적인 성격이 있었으며 특히 충렬왕의 구세력을 억제하고 그의 측근 혁신세력으로 하여금 '개혁정치'를 추진하려는 의도가 반영된 것이었다. 충선왕 즉위 직후의 관제개정과 인사발령은 이러한 '개혁정치' 추진의 포석으로 풀이된다. 밀직사의 광정원 승격과 자정원 및 사림원의 신설이 곧 그것이었다. 더욱이 충선왕 2년(1310)에 종래의 도첨의사사에 대신하여 식목도감이 나라의 중대사를 관장하는 도당으로 바뀐 것도 정치세력의 변화를 기하고자 한 처사였다.[18)]

이에 대하여 공민왕의 관제개혁은 혁신적인 요인과 반원적인 요인이 함께 작용한 것이었다. 공민왕은 즉위하자마자 李齊賢을 등용하여 개혁정치에 착수하고, 원년에 政房을 혁파하여 文武의 銓注를 典理司·軍簿司에서 관장케 하고 田民辨整都監을 설치하여 권세가들이 점탈한 토지와 인민을 바로잡게 하였다. 공민왕 5년(1356)의 관제개혁은 이러한 개혁정치의 일환으로 이루어진 것이었다. 즉 공민왕은 대내적으로 부원세력인 권문세족을 제거하고 왕권의 강화와 사회경제적 모순을 시정하기 위하여 신진세력과 친왕적 중신을 등용하고 정치제도의 개혁을 단행하였다. 이 때 공민왕은 원의 압력으로 기형화된 관제를 문종 구제로 복구하여 자주적인 정치체제로 환원하였는데, 이는 그의 일련의 반원운동의 일환으로 추진한 것이었다. 이렇게 보면 공민왕의 관제개혁은 대내적인 개혁정치와 대외적인 반원정책이 복합된 결과라 할 수 있다.

고려 후기 정치제도의 셋째 특징은 역시 도당의 대두에 따른 정치체제의 일대 변동이다. 원래 고려는 3성 6부를 기본적인 형태로 한 정치체제로, 여

18) 邊太燮, 〈高麗의 式目都監〉(《歷史敎育》 15, 1973).

기에 중서문하성과 중추원의 宰·樞 양부가 권력의 중핵을 형성하고 있었다. 그러나 고려 후기에는 도평의사사가 도당으로 불리는 일원적인 최고기관으로 개편되었다. 처음 도병마사는 군사문제를 다루는 隨時的인 회의기관으로 재·추 중에서 임명된 判事·使와 그 밑의 副使·判官도 회의원이었다. 이에 대하여 후기의 도평의사사는 군사뿐 아니라 국가의 모든 중대사를 의논하는 상설적인 회의기관으로 재·추 전원이 참여하게 변질되었을 뿐 아니라 이제는 6色掌(후의 6房錄事)을 갖춰 행정사무까지 관장하게끔 그 기능이 확대되었던 것이다. 이리하여 도당은 百僚·庶務를 총단하여 趙浚으로 하여금 "本朝의 제도는 도당이 百揆를 총관하고 號令을 내린다"고 하였던 것이다.[19)]

이러한 都堂權의 대두는 종래의 정치체제를 완전히 변전시키고 말았다. 《고려사》 백관지 서문에 처음에는 재상이 6부를 통할하고 6부는 寺·監·倉庫 등 百司를 통할하여 행정체계가 잘 유지되었으나 후기에는 도평의사사의 대두로 6부는 그저 虛設이 되고 그 아래의 모든 관부도 그 계통을 잃게 되었다고 쓴 것은 바로 이런 현상을 표현한 것이다. 도당의 권력집중으로 모든 정치기구는 정상적인 기능을 행사하지 못하였으니, 이제 고려의 정치체제에 커다란 변화가 일어난 것이었다.

넷째로 들어야 할 고려 후기 정치제도의 특징은 관제의 문란이다. 충렬왕 원년(1275)에 몽고의 간섭으로 정치기구가 개정되어 원래의 모습이 훼손된 후에도 고려는 수많은 개정을 되풀이하였다. 특히 충선왕·공민왕대에는 개정과 복구의 악순환이 계속되었고 그 외에도 많은 임시적인 관부가 설치되었다가 소멸되었으니, 그것은 《고려사》 백관지 諸司都監各色條에 열거된 내용으로 알 수 있다. 가령 전민변정도감을 보면, ① 원종 10년(1269) 置, ② 충렬왕 14년(1288) 又置, ③ 동왕 27년 又置, ④ 공민왕 원년(1352) 又置, ⑤ 우왕 7년(1381) 又置, ⑥ 동왕 14년 又置라 하여 여섯 번이나 설치, 폐지가 되풀이된 것으로 쓰여 있다. 이와 같이 고려 후기에는 관제의 개정이 계속되었고 또 임시적인 都監과 各色이 설치되고 또 혁파되기도 하여 혼란이 심하였다.

이러한 관제개정에 따른 혼란은 정치기구의 기능 자체에도 영향을 끼쳤다.

---

19) 《高麗史節要》 권 34, 공양왕 원년 12월 大司憲 趙浚等 上疏.

원의 압력에 따라 새로이 성립한 정치제도는 그 상하 체계에 불협화음이 나타나게 되었으며, 특히 도평의사사의 대두는 전술한 바와 같이 6부를 허설화시켰다. 百司도 자기의 직무를 수행치 못하고 '渙散無統'의 관계로 혼란을 일으키고 말았다. 결국 고려 후기의 관제는 그들 기구의 기능을 제대로 행사하지 못하고 행정체계를 유지하지 못하게 되었던 것이다.

더욱이 고려 후기에는 官爵의 濫授로 冗官이 넘치게 되었다. 재신과 추신 중에 商議라 하여 職事가 없는 관원이 많아 도당에 합좌하는 재추가 증가하여 고려말에는 70~80명까지 되었다[20] 하니 가히 관직의 문란을 엿볼 수 있다. 이 밖에도 역시 직사가 없는 檢校職과 同正職이 함부로 수여되어 관제의 혼란은 극에 달하였다.

다섯번째의 특징은 권력구조의 변화이다. 고려 후기 이후 국왕권이 쇠퇴하고 재상권이 강화된 것이다. 고려 전기에는 모든 정치기구가 본래의 기능을 행사하고 정치체제가 정상적으로 운영되었으며 이는 국왕권에 유리하게 작용하였다. 그러나 반면 門閥貴族들이 재·추의 요직을 차지함으로써 재상권은 왕권과 균형을 이루었다고 할 수 있다. 국무의 분담기구인 尙書 6부가 각기 국왕에 직결되어 국왕권의 강화를 초래하였으나 또한 6부에는 재상이 각각 각 부의 判事를 겸하는 제도로 양자는 조화를 유지하였다. 다시 말하면 고려 전기에는 정치제도가 건전하게 운영되어 국왕권의 강화와 재상정치의 양면이 균형과 조화를 이루었다고 할 수 있다.[21]

그러나 고려 후기에는 재·추들의 합좌기관인 도평의사사가 일원적 최고정부기관으로 대두하면서 6부를 비롯한 정치기구는 그 기능을 행사하지 못하고 권력구조에 변화를 야기시켰다. 재상권이 강화된 반면 국왕권은 위축되고 말았던 것이다. 도당에 합좌하는 재상이 증가하여 그들의 발언권이 강화되었고 王旨나 국왕에게 올린 상소문도 도당에 내려 의논·결정케 하였다. 고려 후기는 도당을 중심으로 한 재상권의 강화와 이에 반한 국왕권의 약화가 나타났던 것이다.

---

20) 《高麗史》 권 75, 志 29, 選擧 3, 銓注 공양왕 원년 12월 門下府郞舍 具成祐等上疏.

21) 邊太燮, 〈高麗의 政治體制와 權力構造〉(《韓國學報》 4, 1976 ; 《韓國史의 省察》, 三英社, 1976).

이상과 같이 고려 후기의 정치제도는 여러 면에 변화를 초래하였다. 충렬왕 때의 원의 간섭에 따른 관제개정 이후 끊임없는 변경이 되풀이되었다. 이에 따라 정치제도가 문란해졌으며, 도평의사사의 부상에 따라 정치체제의 변화가 야기되어 종래의 정치기구는 정상적 기능을 행사하지 못하고, 또 재상권의 강화에 따른 국왕권의 위축이 나타났던 것이다. 이제 고려 후기의 정치제도는 파탄에 직면하였으며 이는 결국 고려 멸망의 하나의 요인이 되었던 것이다.

〈邊太燮〉

2) 지방 통치체제의 변화

(1) 감무제의 확산과 농촌사회의 변화

고려 후기에 들어 집권세력과 그에 결탁한 수령 및 향리들의 대토지겸병이 나타나 대읍중심의 군현제와 전시과제도는 더 이상 유지될 수 없는 지경에 이르렀고 농민의 離村流亡이 두드러지게 되었다. 이미 仁州李氏의 세도정치하에서 농민들의 避役抵抗·抗租運動·유망 등이 격화되기 시작하였다. 문종대에 "逋民 13,000호가 발생했다"거나 "諸衛軍人의 亡命者가 아주 많다"는 지적이 있었고,[1] 예종대에는 "유망이 서로 이어 열에 아홉 집이 비었다"고 할 정도였으며, 구체적으로 谷州·峽溪·儒州·安岳·長淵, 그리고 牛峯·兎山 등 24개 屬邑의 유망현상 등이 지적되었다.[2] 또 인종대에는 이들이 무리를 이루어 강도나 도적으로 바뀌어져가는 상황이 야기되었다.[3] 이와 같이 逋戶·流民·盜賊 등 농민의 저항이 계속되었고, 또 봉기의 양상이 시대가 내려올수록 더욱 격렬해졌다. 여기에서 유망과 관련된 다음의 조처를 주목해 보기로 한다.

---

1) 《高麗史節要》 권 4, 문종 원년 10월.
 《高麗史》 권 81, 志 35, 兵 1, 兵制 문종 25년 6월.
2) 《高麗史》 권 12, 世家 12, 예종 즉위년 12월 갑신.
 《高麗史節要》 권 7, 예종 원년 3월·4월.
3) 《高麗史》 권 85, 志 39, 刑法 2, 盜賊 인종 2년 判 및 권 79, 志 33, 食貨 2, 農桑 인종 6년 3월.

> 詔를 내려 말하기를, '요전에 서해도의 儒州·安岳·長淵 등 縣의 인물이 유망하여 비로소 監務官을 차정하여 안무케 하였더니 드디어 유민이 점차 돌아와 산업이 날로 성하게 되었다. 지금 牛峯·兎山 등 24현의 인물 또한 점차 유망하니 유주의 예에 따라 감무를 두어 招撫하라'고 하였다(《高麗史節要》 권 7, 예종 원년 4월).

즉 유주·안악·장연 등 현의 농민들이 유망하여 처음으로 監務官을 파견했다는 것이다.[4] 그리고 그 감무가 유민을 안무하였더니, "마침내 유민들이 점차 돌아와 산업이 날로 성하게 되었다"고 했다. 이로써 감무제의 시행은 '농민의 유망'으로 인한 것임을 분명히 알 수 있다. 따라서 감무관의 설치지역이 확대되었다는 것은 유민의 수가 증대되었다는 것을 의미한다.

위 기록에서 예종은 우봉·토산 등 24현의 농민들이 점차 유망하고 있기 때문에 이들을 초무하기 위해 감무를 둔다고 했다. 그러나 그 24현의 지명을 구체적으로 언급하지는 않았다. 그런데 《高麗史》 世家 예종 원년(1106) 4월 경인조에는 그 군현명이 모두 기록되어 있다. 즉 우봉·토산·積城·坡平·沙川·朔寧·安峽·僧嶺·洞陰·安州·永康·嘉禾·靑松·仁義·金城·堤州·保寧·餘尾·唐津·定安·萬頃·富閏·楊口·狼川 등의 군현이 바로 그것이다. 이로써 당시 감무관이 설치된 군현이 거의 전국에 산재해 있었음을 알 수 있다. 예종 원년부터 동왕 3년에 이르기까지 경기 12, 충청 25, 경상 7, 전라 7, 강원 3, 황해 12, 평안 1 등 모두 67읍에 감무관이 파견되었다는 사실에서[5] 시간이 지나면서 점차 전국적으로 그러한 현상이 증대되어 감을 알 수 있다.

12세기 이후 대읍중심의 군현제 속에 편재된 일반민들이 피역저항, 항조운동과 더불어 유망을 하게 됨으로써, 종래의 농촌사회 질서는 붕괴의 길로 접어들었다. 이는 기본적으로 권문세족들의 대토지겸병으로 인한 전시과제도의 붕괴에 따른 사회경제적 모순에서 비롯되는 것인 동시에, 부세수취와 力役동원의 단위체인 군현제도가 더 이상 사회발전에 적합하지 못하였기 때문이다.

---

4) 《高麗史》 地理志에서 고려초에 洪州의 驪陽, 古阜의 大山·仁義 등지에 감무관이 설치되었다고 하였지만(《高麗史》 권 56, 志 10, 地理 1, 楊廣道 洪州 驪陽縣 및 권 57, 志 11, 地理 2, 全羅道 南原府 古阜郡), 이것은 誤記임이 분명하다(李樹健, 〈朝鮮初期 郡縣制整備와 地方統治體制〉, 《嶺南史學》 1, 1971).

5) 李樹健, 위의 글, 19쪽 〈감무관설치표〉 참조.

특히 여기서 주목되는 것은 농민의 유망이 주로 속읍에서 집중적으로 나타나고 있다는 점이다. 이것은 그간 主邑에 의한 속읍 수탈로 나타난 현상인지 알 수 없다. 대읍중심의 군현제도는 외관의 극소화, 향리층의 수적 극대화 속에서 국가와 재향세력을 축으로 하는 대농민 지배방식을 채택하였기 때문에 국가와 재향세력의 민에 대한 불법적 수탈이 용이할 수 있는 구조적 모순을 안고 있었다. 또한 속읍보다는 주읍, 그 주읍 가운데에서도 대읍에 권력집중을 초래하여 속읍 및 향·소·부곡 등에 부세수취의 부담이나 역역의 부담이 가중될 수밖에 없었다. 속읍의 주민들은 경제적으로 뿐만 아니라 신분적으로까지 차등적인 처우를 받는 등 불리한 여건에 처하게 됨으로써 그 지방민의 이탈현상이 상대적으로 많이 나타났던 것이 아닌가 생각된다. 사정이 이러했음에도 불구하고 속읍과 주읍과의 관계는, 마치 신하와 임금, 자식과 아버지, 비천하고 연소한 자와 지체 높고 나이 많은 자, 아내와 남편 등의 사이처럼 비유되기도 하였던 것 같다. 이와 같은 사실은 이 당시의 '東京'이란 노래에서 어느 정도 간취할 수 있다.[6]

군현제의 모순에 따른 속읍지역 및 부곡지역의 민들이 일단 유망하면 그 지역의 남은 민들에게 族徵·隣徵 등의 형태로 부담이 가중되었다. 나아가 주읍에까지 그 부담이 돌아오게 되어 이제 이들마저 소농으로서의 기반을 잠식당하고 저항하게 되는 구조적 모순에 빠져들게 되었다. 그 결과 국가와 재향세력을 축으로 민에 대한 직접적 지배를 관철하려는 국가적 수취질서와 그 매개체로의 대읍 중심의 군현제는 더 이상 농민층을 장악할 수 없게 되어 농민층의 離村流亡을 가져오게 되었다. 이에 고려정부는 감무제의 시행을 통한 대읍중심의 군현제의 개선을 도모하지 않을 수 없었던 것이다.

그와 더불어 국가에서 감무제의 확대시행과 함께 그 동안 농민에게 가장 큰 질곡이 되어온 병폐부터 제거해주는 유화정책을 실시하지 않을 수 없게 되었다. 예컨대 예종 3년(1108) 2월에 여러 주현의 公私田이 陳田으로 변하여 耕種을 할 수 없게 된 지경에서 만약 관리가 그 佃戶·諸族類·隣保人에게 稅粮을 징수할 때 侵害作弊者가 있으면 이를 금지케 한 조처가 바로 그것이

6) 《高麗史》 권 71, 志 25, 樂 2, 三國俗樂 東京.

다.[7] 그러나 이 안무책을 유의해 보면 그것이 기만적 술책임을 곧 발견할 수 있다. 이 조처는 단지 관리들이 전호 및 제족류·인보인 등에게 각 주현의 진전의 세량을 징수할 때 침해작폐를 하지 말라는 뜻이지, 세량을 징수하지 않겠다는 것이 아니요, 또 족징·인징의 제도를 폐지하겠다는 것도 아니다. 각 주현의 공·사전 중에서 '川河漂損'·'樹木叢生' 등으로 인하여 耕種도 할 수 없는 진전에, 그 전호 및 제족류·인보인 등에게 세량을 계속 징수하겠다는 것은 가혹한 수취이며, 기만책인 것이다. 따라서 농민의 유망은 계속 확산될 수밖에 없었다.

농민의 유망으로 인하여 공부의 수납액이 계속 줄어들자 국가에서는 권농정책으로 그것을 보충하려고 시도하였던 것 같다. 예를 들면 인종 23년(1145) 5월에는 輸養都監에서 각 도의 주·현으로 하여금 地品, 즉 토질에 따라 뽕나무·밤나무·옻나무·닥나무 등을 재배하도록 勸課하자고 건의하고 있으며,[8] 명종 18년(1193) 3월에는 왕이 節候에 맞추어 각종 곡식을 재배할 것을 명하였다.[9] 두 경우의 시간적 간격은 약 50년일 뿐이다. 그러나 전자는 '지품'에, 후자는 '절후'에 각각 초점을 맞추어 영농할 것을 권장하고 있다. 다시 말하면 '지품'에서 '절후'에 이르기까지 영농방법의 개선을 권장하고 있다는 것은, 그 사이의 발전상을 반영해주는 것이다. 아울러 堤堰의 수축과[10] 荒蕪地의 개간을 장려하기도 하였다.[11]

이와 같이 감무제의 확대 실시를 통한 지방군현제의 개편은 속읍민의 유망·저항을 안무 방지하기 위한 것임은 이미 언급한 바 있다. 이와 아울러 족징·인징의 완화와 지품·절후에 맞추어 영농할 것을 권장하거나 제언의 신축과 수축, 그리고 황무지의 개간장려 등의 정책은, 그것의 또 다른 수단인 동시에 농민의 유망으로 인하여 발생한 貢賦의 결손을 보충하려는 대책이었을 것이다. 고려정부의 의도가 어디에 있었던 간에, 군현제의 개편과 권농정책의 개선을 통하여 영농방법의 발전을 이루었음은 분명한 사실이다. 이

7) 《高麗史》 권 78, 志 32, 食貨 1, 租稅 예종 3년 2월.
8) 《高麗史》 권 79, 志 33, 食貨 2, 農桑 인종 23년 5월.
9) 《高麗史》 권 79, 志 33, 食貨 2, 農桑 명종 18년 3월.
10) 《新增東國輿地勝覽》 권 28, 慶尙道 尙州牧 山川 恭檢池.
11) 崔 瀣, 《拙藁千百》 권 1, 送安梁州序.

것은 당시 농촌사회의 진보를 말해주는 것이다. 속읍에 현령·감무가 파견됨으로써 향리층의 재량권은 그만큼 축소되기에 이르렀고, 주읍에 의한 속읍의 수탈은 어느 정도 배제될 수 있었다. 그러한 과정에서 속읍의 전반적인 성장이 가능하였으니, 그러한 성장은 곧 속읍민들의 투쟁에 의한 산물이었다고 볼 수 있다.

이처럼 고려 중기에 오면 대읍중심의 군현제도하에서 속읍이 성장하였지만 무신정권이 성립된 후, 대규모 토지겸병의 성행으로 인해 전시과제도는 거의 유명무실한 상태에 이르게 되었고, 농촌사회의 일보 전진이라는 시대적 상황에서 도리어 국가 및 지배층은 세액의 증대 등을 통한 수취강화를 시도하였다. 이는 결국 군현제도의 커다란 변화를 수반하였다. 첫째 예종대에 비롯된 감무제를 더욱 확립케 함으로써 대읍영속관계의 구조적 변천을 촉진케 하였으며, 둘째 文科출신의 仕路였던 이른바 '州縣外補'를 '文武交差制'의 시행 등을 통해 무신들이 지방관직을 점유하는 한편, 이로 인한 지방관간의 갈등이 표출되어 군현제도가 크게 이완되었다는 점이다. 우선 전자의 경우부터 살펴보고, 후자의 경우는 항을 달리하여 그 내용을 알아보기로 한다.

무신란 직후인 명종 2년(1172)부터 동왕 6년까지 전국의 군현 중에서 감무를 파견한 곳은 58읍이나 되었으며, 이와 같은 추세는 계속되어 고려말의 공양왕 3년(1391)에 이르러 전국의 속읍은 161읍만이 남게 되었다.[12] 성종대의 10道 관할 580여 개의 州郡 가운데[13] 73곳만 外官이 파견된 것에[14] 비하면 그 동안 얼마나 많은 변천이 있었던가를 짐작할 수 있다. 이처럼 속읍이 전국적으로 감소되었다는 것은, 고려 전기의 대읍중심 군현조직의 구조적 변질을 뜻하는 것이다. 이 군현조직의 구조적 변질은 각 지방에 縣令·감무 등을 새로 파견함으로써 속읍이 감소했다는 것과, 그 현령·감무 등이 이웃의 다른 속읍까지 겸임함으로써 새로운 '주읍-속읍'의 조직체계를 형성하였다는 것이다. 이에 따른 예로써 대읍중심의 군현조직이 변질되기 시

12) 李樹健, 앞의 글, 23쪽 참조.
13) 《高麗史》 권 56, 志 10, 地理 1, 서문.
14) 邊太燮, 〈高麗前期의 外官制〉(《高麗政治制度史研究》, 一潮閣, 1971).

작한 예종대부터 고려 말기에 이르기까지의 군현조직체계 변질의 대강을 살펴보기로 한다.

경상도의 경우 고려 초기에서 예종~공양왕에 이르러 東京留守官 관내의 35속읍 중 24읍에 知州·郡事, 현령, 감무 등이 새로 파견되어 '無守令' 속읍은 11개만 남게 되었다. 그리고 같은 시기에 尙州牧 관내의 53속읍 중에 총 30곳에 지주·부사, 현령, 감무 등이 새로 파견되어 무수령 속읍은 23개만이, 晉州牧 관내의 28속읍 중 11읍에 지군사·현령·감무 등이 새로 파견되어 무수령 속읍은 17개만이 각각 남게 되었다. 더욱이 비록 무수령 속읍이라고 하더라도 모두 고려 초기의 영속관계가 고려말에 이르기까지 그대로 변함없이 지속된 것은 아니다. 즉 무수령 속읍 중에서도 예종~공양왕 시기에 이르러 종전의 유수사·목사·부사·지주사 등의 직접적 지배를 받지 않고, 그 사이에 각 지방에 파견된 현령·감무 등의 통치를 받게 된 속읍들이 19읍이나 되었다. 이러한 '移屬'의 경우 상주목의 속읍이었던 多仁縣이 安東府 관내의 基陽縣으로, 합주의 속읍이었던 加祚縣이 巨濟縣으로 각각 이속된 것처럼 종래와 동일한 관할구역에 있지 않고 다른 관할구역의 군현으로 이속된 경우도 있다.

한편 전라도의 경우 全州牧 관내의 39속읍 중 19곳에 현령·감무 등이 파견되어 20속읍이 남게 되었고, 羅州牧의 경우 48속읍 중 17곳에 현령·감무 등이 파견되어 31속읍만이 남게 되었다. 그리고 楊廣道의 경우 淸州牧의 50속읍 중에 31곳에 현령·감무가 파견되어 19속읍만이 남게 되었으며 忠州牧의 13속읍 중에 8곳에 현령·감무가 파견되어 5속읍만이 남게 되었다. 특히 廣州牧의 경우 7속읍 모두가 주읍이 됨으로써 속읍은 하나도 남지 않을 정도였다. 속읍에서 주읍으로 된 지역 가운데 다시 속읍이 된 경우가 있기 때문에 이상의 통계는 약간의 가변성이 있지만 속읍의 주읍화는 역사적 추세였다.

요컨대 예종~공양왕의 기간에 전국 각 지방의 지주·군사, 현령, 감무 등의 설치는 고려 초기 대읍중심의 군현조직체계의 양상을 크게 바꾸어 놓았다. 이러한 영속관계의 변화는 국가가 농민의 逃散을 방지하기 위해서 부득이 취한 조치였다. 그러나 《고려사》 지리지를 비롯한 각종 사서에서 지주·군사, 현령, 감무 등을 설치한 이유를, 그 지방 출신의 유력자의 공로에 의한 것처럼 기록해 놓은 경우가 있다. 예컨대 淸道郡과 河陽縣의 경우에 다같이 지군사 혹은 감무 등의 설치가 마치 그 지방 출신의 유력자의 작용에 의하여 승격되었던 것처럼 기술하고 있다.[15] 그것이 비록 사실이었다고 하더라도 유력자의 작용은 그 지방민의 요구에 부응하기 위한 것이라 하겠다.

다음 원종 4년(1263)에 청도 감무로 부임한 閔宗儒의 아래와 같은 활동을 주목해 보기로 한다.

> 청도읍은 大姓이 많다. 그런데 감무의 관질이 낮아 모두 더불어 함께 할 수 있다고 여기고 무례함이 많아 평소 다스리기가 어렵다고 이름나 있었다. 공(閔宗儒)이 나이 젊고 경륜이 없을 것으로 여기고 사람들이 처음에는 가벼이 여겼다. (하지만) 그 莅任에 미쳐 請謁을 받지 않고 일체 법으로 다스리니 감히 저항하지 못하였으며 잘 다스린다고 알려졌다(崔 瀣, 《拙藁千百》 권 1, 有元高麗國故重大匡僉議贊成事上護軍判摠部事致仕謚忠順閔公墓誌).

위의 사례를 통하여 당시 지주·군사, 현령, 감무 등의 파견이 大姓, 즉 토착세력의 농민에 대한 불법적 수탈을 방지하려는 데 그 목적의 하나가 있었음을 알 수 있다.

속읍의 主邑化 조처 등의 군현제 개편은 모두 위와 같이 국가적 의도와 필요에 의에서만 이루어지게 된 것은 아니다. 특히 무신이 정권을 장악한 직후 鄭仲夫가 西海道 군현을 자기 본관인 海州牧에 이속시키고, 李義方이 그 外鄕인 金溝에 현령을 둔 것이나[16] 무신집권 초기에 50여 현에 일시적으로 감무를 신설한 경우가 이에 해당한다. 예종·인종시기의 감무 파견이 유망민의 안집과 중앙집권화의 확대의 의도로 전개된 것과는 달리, 무신집권 초기의 감무파견은 호구의 다소와 면적의 광협에 관계없이 그들의 세력기반 구축에 그 뜻이 있었다. 무신정권은 이를 통해 자기 세력의 지방 布置와 함께

---

15) 청도군의 경우 충혜왕 복위 4년(1343)에 郡人 上護軍 金善莊의 '有功'으로 知郡事로 승격되었으며(《高麗史》 권 57, 志 11, 地理 2, 慶尙道 淸道郡), 하양현의 경우 縣人 上將軍 吳仁穎의 공로로 인하여 감무를 두게 되었다(《慶尙道地理志》 河陽縣).

16) 《高麗史節要》 권 11, 의종 24년 10월.

신설된 감무를 통해 지방의 조세·공물의 징수와 역역자원을 확보함으로써 자신의 정치적·경제적 기반 구축이 가능했던 것이다. 특히 명종 2년(1172) 한해 동안 일시에 50여 명의 감무를 파견할 때에는, 이들의 대부분이 당시 집권무신들의 휘하나 문객 중에서 발탁되었던 것이며, 동왕 8년에는 무산계에 간단한 시험을 거쳐 외관에 보임하였다. 이들은 대개 탐오한 외관이 되기 마련이어서 당시 농민봉기의 한 원인이 되기도 하였다.[17]

원간섭기부터는 수령의 임용제도가 더욱 문란해져서 '秩卑人微'한 諸司胥吏·參外·權務까지 현령·감무에 충당되었으므로, 지방의 豪强들을 제대로 통제하지 못해 군현이 잔폐해 갔다.[18] 이러한 非士流 출신의 감무 진출은 왕권 대행자로서의 수령의 권위를 실추시키는 것이며, 따라서 중앙집권화를 약화시키는 한 요인이 되었다. 공민왕은 이러한 폐단을 덜기 위하여, 그 2년(1353)에는 京官 7품을 현령·감무에 충당하고 동왕 8년에는 이들을 安集別監으로 고쳐 5, 6품으로 승격시켰으나, 그 후 첨설직 남발과 함께 폐단은 여전하였다.[19]

이러한 수령임용제의 문란은 고려말에 올수록 더욱 심하여, 집정권신의 私用人을 현령·감무에 충당하였기 때문에 목민관으로서의 소임을 다하지 못하고 단지 자기를 발탁해준 권신들에게 '求媚媒進'하기 위하여 농민을 침어·상납하는 데 주력하는 실정이었다.[20]

고려 중기 이후 군현제도상의 변천은 새로운 외관의 파견으로 인한 지배조직면에서의 변화뿐만 아니라 鄕·所·部曲의 해체·성장에 따른 군현화 현상 및 이속화현상, 그리고 직촌화현상의 변화까지 포함한다. 향·소·부곡이 군현으로 승격된 예를 살펴보면, 加也鄕은 충렬왕 때 護軍 金仁軌의 功으로 春陽縣으로, 德山部曲은 충선왕 때 敬和翁主의 本鄕이라 하여 才山縣으로, 또 退串部曲은 충혜왕 때 宦者 姜金剛의 공으로 奈城縣으로 각각 승격된 것이다. 이것의 공통점은 충렬왕에서 충혜왕 시기, 즉 원의 간섭이 본격화된

17) 李樹健, 《韓國中世社會史硏究》(一潮閣, 1984), 370쪽.
18) 《高麗史》 권 75, 志 29, 選擧 3, 銓注 選用守令 공민왕 8년.
19) 위와 같음.
20) 《高麗史》 권 75, 志 29, 選擧 3, 銓注 選用守令 신창 즉위년 8월.

시기라는 점이다. 이 시기에 비단 위의 향·소·부곡만이 아니라 거의 전국적으로 수를 헤아릴 수 없을 정도로 많은 향·소·부곡이 현으로 승격되었다. 예를 들면 梨(利)旨銀所의 경우, 그 지방 출신인 那壽와 也先不花가 원나라 궁중에서 사환하여 공로를 쌓았다는 이유로 至元 後元年(충숙왕 후4 ; 1335)에 현으로 승격되었고, 이에 따라 그 지방민들은 '稅白金'의 부담을 감면받게 되었다.[21] 나수와 야선불화 등은 이지은소의 거주민들에게 큰 은혜를 베풀어 준 결과가 되었으며, 또한 그 거주민들은 숙원을 풀게 된 셈이다. 당시 현으로 승격된 향·소·부곡의 거주민들이 일률적으로 이와 같은 혜택을 입었다고 단정할 수 없으나, 현으로의 승격은 그들의 숙원이 해결된 것으로 볼 수 있을 듯하다. 향·소·부곡의 상태보다 독립의 현 단위로 승격됨에 따라 각종 행정적 편의를 제공받을 수 있었기 때문이다.

(2) 문무교차제의 시행과 외관간의 갈등

무신정권 성립 후, 현령·감무의 계속적인 증파로 인한 대읍영속관계의 구조적 변천과 더불어 문과출신의 仕路였던 이른바 '州縣外補'에 '文武交差制'의 시행으로 말미암아 외관간의 갈등이 표출되어 군현제도가 크게 이완되었다는 점이 커다란 특징으로 나타난다. 외관의 '문무교차제'란 지방행정관리의 補任에서 한 지방의 장·차관을 반드시 文武同數로 한다는[22] 뜻이다. 이와 같은 제도가 성립된 배경부터 먼저 살펴보기로 한다.

정중부 등의 무신들이 쿠데타를 일으켜 집권한 직후인 명종 3년(1173) 10월의 制에서 "3京·4都護·8牧으로부터 郡·縣·館·驛의 직임에 이르기까지 武人을 幷用한다"[23]라고 한 바와 같이, 무신들은 3경·4도호·8목뿐만 아니라 군·현·관·역의 직임까지 차지하였던 것이다. 이러한 상황에 이르자 집권무신들 중에도 자성론이 대두되어[24] 약간 완화된 것이 바로 외관 문무교차제이다.

---

21) 崔 瀣, 《拙藁千百》 권 2, 永州梨旨銀所陞爲縣碑.
22) 李佑成, 〈高麗朝의 「吏」에 대하여〉(《歷史學報》 23, 1964).
23) 《高麗史》 권 19, 世家 19, 명종 3년 10월 임술.
24) 行伍출신인 左僕射 洪仲方이 "西班散職 差任外官 固非先王制也"(《高麗史節要》 권 12, 명종 9년 5월)라고 한 것은 그 일례이다.

무신집권기에 문무교차제가 실제로 어떻게 운용되었던가를 한 예를 들어 살펴보자. 大學博士 盧寶琠가 蔚州防禦副使로 되자, 참지정사 宋有仁이 "외관은 문무교차하는 것이 成法으로 되어 있는데 현임 울주판관이 문관이니 또 노보여를 제수할 수 없다"고 하여 告身에 서명하지 않았다. 노보여는 결국 울주에 부임하지 못하였을 뿐만 아니라, 그 여파로 당시 명주부사, 관성현령 등이 모두 부임하지 못하고 말았다.[25)]

그러나 외관의 문무교차제 창안은 실상 무신들이 그 직을 차지하기 위한 것이었다. 무신들은 겉으로는 외관 문무교차제를 주창하면서도 실은 그들이 외관을 독점하려 하였다. 예컨대 "庚癸 이래 權臣이 국정을 장악하여 文武交差之例를 주창하면서도 매양 무관을 외직에 보임하였다"[26)]라고 한 것에서 그것을 알 수 있다. 고려시대에 있어서 '주현외보'는 문과출신의 사로에서 반드시 경유해야 하는 것이며, 이를 거치지 않고서는 중앙관료로서의 진출이 매우 곤란하도록 제도화되어 있었던 것이다. 이같이 중요한 외관직을 무신들에게 빼앗긴 뒤에 문관의 사로가 막혀서 이들의 사환이 순탄하지 못하였던 것이다. 李奎報가 趙太尉에게 관직을 구하는 편지를 올리면서 文吏의 横出銳進者 중에서도 前路가 막혀 30년, 혹은 28, 29년이 되어도 등용되지 못하는 실정이라고 한 것은 그 예이다.[27)]

무신정권시대에 외관 문무교차제의 실시로 인하여 나타난 외관 사이의 갈등으로 행정상의 기능이 마비되는 일까지도 있었다. 충주목 副使 于宗柱와 判官 庾洪翼 사이의 알력은 그 대표적인 예이다. 충주부사 우종주와 판관 유홍익은 번번이 簿書 처리를 둘러싸고 사이가 나빴는데, 몽고병이 장차 이를 것이라는 소문을 듣고 守城策을 의논할 때도 서로 의견이 달랐으며, 또 서로 시기하였다. 그 결과 충주는 부사와 판관의 갈등으로 외적의 침입에 능동적으로 대처하지 못한 채 蒙兵에 의해 유린되고 말았으며, 결국 그들의 분열대립은 戰後 官奴들의 반란까지 초래하였던 것이다.[28)]

---

25) 《高麗史》 권 128, 列傳 41, 叛逆 2, 鄭仲夫 附 宋有仁.
26) 《高麗史》 권 75, 志 29, 選擧 3, 銓注 選用守令 충렬왕 원년 6월.
27) 李奎報, 《東國李相國集》 권 26, 上趙太尉書.
28) 《高麗史節要》 권 16, 고종 19년 정월.

부사와 판관의 분열 대립, 외관 상호간의 의견 충돌과 시기 등은 비단 충주목에만 국한된 특수 현상은 아니다. 몽고병의 침입에 대비한 山城修築을 둘러싸고 安東都護副使 庾碩과 判官 申著가 알력을 보인 것과[29] 이규보가 전주목의 司錄·掌書記로 있을 당시 통판(판관)과의 대립 갈등 속에서 결국 면직을 당한 것[30] 등에서 알 수 있듯 당시 외관간의 갈등은 일반적인 현상이었다. 이 점에 있어서 고종 43년(1256)의 '諸縣尉'의 혁파 조처는 주목하지 않을 수 없다. 이 때 현위를 모두 혁파하게 된 사정은 분명히 알 수 없으나, 그들 사이의 분열 대립으로 인한 군현행정의 난맥상을 시정하려는 의도였을 것이다. 각 지방의 현위를 혁파한 까닭이 설사 현령과의 분열 대립을 종식시키기 위한 것이 아니었다고 하더라도 군현조직 재정비의 일환이었던 것만은 분명한 사실이다.

외관 상호간의 분열 대립이 전 시기에도 없었던 것은 아니지만, 무신정권 시기에 가장 많은 사례가 발견된다는 것은, 이 시기의 외관 임명의 방법이 바뀐 것에서 기인하는 것이라고 볼 수 있다. 무신정권기에 외관 임명의 가장 큰 변화는 문무교차제의 실시이다. 문무교차제의 실시로 인해 새로이 외관에 보임된 무인들은 자신과 중앙의 집권무신들의 입지와 경제적 기반의 구축을 위해 노력하였을 것이고, 이로 인해 다른 외관과의 대립 갈등이 크게 노정되어 군현통치의 난맥상을 가져와 농민항쟁의 격증을 가져오는 요인으로 발전하였을 것이다. 더욱이 몽고의 침략을 받게 되자 군현이 전쟁수행을 위한 비상조직으로 전환하지 않을 수 없었기 때문에 무인출신의 외관이 그 품계의 상하와는 상관없이 영향력을 증대시켜 나갔을 것이기 때문에 외관 상호간의 대립 갈등이 증폭되었을 것이다.

무신정권이 무너진 후에도 외관 문무교차제의 유제는 계속 남아 있었다. 이것은 문무 양자 사이의 이해관계의 대립으로 인하여 혁파할 수 없었기 때문이었다. 충렬왕 원년(1275) 6월의 다음의 기록은 그것을 잘 말해준다.

---

29) 《高麗史》 권 121, 列傳 34, 良吏 庾碩.

30) 金晧東, 〈高麗 武臣政權時代 地方統治의 一斷面-李奎報의 全州牧 '司錄兼掌書記'의 活動을 중심으로-〉(《嶠南史學》 3, 嶺南大, 1987).

> 충렬왕 원년 6월에 왕이 수령을 무관으로 교체하려고 하였다. 承宣 李汾成이 말하기를 '무인으로서 백성을 다스릴 수 있는 사람이 적습니다. 만일 재능이 문과 무를 겸하고 너그럽고 당찬 것이 조화된 사람이 있다면 문무반을 물론하고 수령을 시킬 수 있습니다'라고 하니, 왕이 이를 받아들였다. 庚癸以來 權臣이 국정을 장악하여 문무교차제를 주창하면서 항상 무관으로 외직을 보임하였다. 朴恒이 銓注를 장악함에 미쳐 왕에게 아뢰기를 '外寄는 東班의 벼슬자리입니다. 그러므로 동반은 반드시 외직에 보임된 연후에야 중앙관리로 임명될 수 있는 것이요, 西班은 순서에 따라 진급하는데 어찌 반드시 外寄를 구하겠습니까'라고 하여 드디어 무관을 외직에 보임하지 않게 되었는데, 이 때에 와서 무관들이 (왕의) 좌우에 청탁하여 이를 회복시킬 것을 청하였다(《高麗史》 권75, 志 29, 選擧 3, 銓注 選用守令).

여기서 外寄, 즉 지방 수령의 자리를 두고 문·무 상호간에 첨예한 대립 양상이 빚어지고 있었음을 알 수 있다. 이들의 대립은 그 자신들의 이해관계 때문이며, 농민층의 이익을 위한 대립은 결코 아니었다. 그들의 대립으로 인하여 군현제도는 이완되어 농민층의 유망은 확대일로에 놓이게 되었고, 국가 재정은 상대적으로 파탄의 경지로 빠져들게 되었던 것이다.

더욱이 외관들의 수평적 야합을 예방하고 서로 격앙, 분발하게 하여 견제와 감시를 위해 당초 官秩이 낮은 按察使와 이보다 높은 京牧의 界首官을 상하관계로 했던 당초의 의도는, 후대에 이르러 도리어 많은 폐단을 불러일으키게 되었다. 그것은 창왕 즉위년(1388) 7월에 조준이 "안렴사, 즉 안찰사들이 능히 黜陟·賞罰의 典法을 엄히 하여 軍民의 爲政을 떨치지 못하는 것은 외관이 모두 正順(정3품 상)·奉順(정3품 하)의 관원이요, 또한 兩府의 大臣·奉翊(종2품)의 達官이기 때문이며, 그가 王人의 大體로서 생각하지 않고 도리어 '秩卑小節'로서 혐의로 삼아 기강을 떨치지 못하고 있다"고 한 데서 잘 알 수 있다. 결국 이로 인해 안찰사 명칭의 잦은 변경을 가져오게 되었고, 이의 보완을 위해 중앙정부는 察訪使·勸農使·計點使 등을 파견하였다. 그러나 이들의 중첩적 파견은 군현 행정의 불협화음을 더욱 노정시킬 따름이었다.[31]

〈金潤坤〉

31) 金潤坤, 〈麗代의 按察使制度 成立과 그 背景〉(《嶠南史學》 1, 1985).

3) 관리 등용제도의 변질

(1) 인사행정의 문란과 관원의 수적 증가

고려 후기는 무신정권과 몽고간섭의 시기를 거치면서 정치기강이 문란하여져 인사행정도 난맥상을 드러낸 시기였다. 이 점에 대해서는 무엇보다 《高麗史》 권 73, 選擧志 서문에서 구체적으로 지적하여 고려 전기에 조리있고 질서 정연했던 選取와 銓注의 법이, "權臣이 사사롭게 政房을 설치한 때로부터 인사행정이 뇌물에 의해 이루어짐으로써 銓法이 크게 무너지고 科目에 의한 取士도 또한 따라서 범람해져서, 이에 黑冊의 비방과 粉紅의 비난이 일시에 전파되어 고려의 業은 드디어 쇠하여졌다"고 말하고 있다. 여기에 보이는 정방은 잘 알려진 대로 武人執政인 崔瑀(怡)가 고종 12년(1225)에 인사의 처리를 위하여 자기의 私邸에 설치한 기구였는데, 그 이후로 인사가 뇌물에 의해 이루어짐으로써 전법이 크게 무너져 '흑책의 비방'이 일어날 정도였다는 것이다. '흑책'이란 아동들이 두꺼운 종이에 검게 칠하고 기름을 먹여 글씨 쓰는 연습을 하던 것인데, 인사의 批目이 내려오면 用事者들이 다투어 서로 지우고 고쳐 써넣어 朱色과 黑色을 분별하기 어려울 지경이 되었기 때문에 당시 사람들이 그것을 가리켜 '黑冊政事'라 일컬은 데서[1] 나온 말이었다. 인사행정의 문란상을 잘 보여주는 단적인 예라 생각된다.

다른 하나는 科擧制가 문란해졌다는 것인데, 그로 말미암아 '紛紅의 비난(紛紅之誚)'이 있었다 한다. '분홍의 비난'이란 과거의 主試者가 합격자를 공정하게 선발하지 않고 대부분 勢家의 젖비린내 나는 아동들을 뽑은 사실을 두고 당시인들이 '紛紅膀'이라 기롱한 데 따른 것으로, 그것은 아동들이 분홍옷 입기를 좋아한 데서 나온 말이라고 전하고 있다.[2] 가장 중요한 관리 등용방식의 하나였던 과거제 운영의 난맥상을 지적한 예로 이해된다.

이 과거제 문제에 대해서는 뒤에 다시 설명하겠지만, 이러한 전기 이래의

---

1) 《高麗史》 권 75, 志 29, 選擧 3, 銓注 選法 충숙왕 16년 9월.

2) 《高麗史節要》 권 32, 신우 11년 3월.

관리 등용방식 이외에도 후기에는 몇 가지 비정상적인 방법이 추가로 설치되었다. 그로 말미암아 인사행정은 한층 어지러워졌으며, 그 결과로 표면에 드러난 현상이 관원 수의 대폭적인 증가였다. 이 점은 《고려사》 권 76, 百官志 서문에서도 지적되고 있지만, 특히 공양왕 원년 12월의 郎舍 具成祐의 다음과 같은 상소를 통해 그 실상을 분명히 알 수 있다.

> 名器와 爵祿은 賢人을 양성하고 士를 대우하기 위한 것으로써 관직에는 스스로 定制가 있고 銓選에도 또한 成法이 있습니다. 우리 태조께서 삼한을 통일한 초기에 '省五 樞七'을 설치하였음은 國人이 傳聞해 온 바 元을 섬긴 이후로부터 省樞의 合坐가 시작되고 添設職이 배로 많아져서 동·서 각품 모두 繁冗하지 않음이 없게 되었습니다. 불행히 갑인년(공민왕 23;1374) 이래로 奸臣이 擅政하여 蒼赤·田宅을 뇌물로 바치면 사람의 어짐과 不肖함을 논하지 않고 省樞로 발탁하니, 뇌물 바치는 자는 많고 관직의 수가 적으므로 마침내 商議까지 칭하여 그 수가 70~80에 이르렀습니다. 성추가 된 자는 비록 합좌라는 명목은 있으나 나그네같이 進退하여 국정에 참여하지 못하는 사람이 많았으니, 이에 명기는 混淆되고 官爵은 문란해졌습니다(《高麗史》 권 75, 志 29, 選擧 3, 銓注 選法 공양왕 원년 12월 門下府郎舍 具成祐等 上疏).

본래 재추(성추)는 '宰(省)五·樞七'이라 하여 12職 17명이 정원이었다. 그런데 그 수가 고려말에는 70~80명에 이르렀다고 말하고 있지만, 이와 같은 현상은 비단 최고직인 재추에 한한 것은 아니었다. 그 이하의 동·서반 각품계에도 첨설직이 설치되어 원래 정원 수의 2배가 되고 있다는 것이다. 그러면 이러한 고려 후기의 관제 문란을 주로 관리 등용제도의 측면에서 좀 더 깊이있게 추구하여 보기로 한다.

(2) 과거제와 음서제 등의 변질

앞에서 설명하였듯이 고려시대의 가장 중요한 관리 등용방식은 科擧와 蔭敍였다. 이들은 고려 일대를 통해 줄곧 시행되었는데, 후기에 들어와서는 운영상에도 좋지 않은 방향으로 변질되어 갔다. 과거제에 대해서부터 살펴보면, 우선 앞에서 지적했던 바 선거지 서문에도 나오는 내용으로, 분홍 옷 입기를 좋아하는 세가의 젖비린내 나는 아동들을 합격시키는 일이 많았다는 사실을 들 수 있다. 이 점은 공민왕이 "監試에서 취하는 바는 으레 모두 童蒙들이요, 經明·行修의 선비가 아니어서 국가에 이익됨이 없다"[3]고 한 언급을 통해서 다시 확인할 수 있지만, 구체적인 사례로 충혜왕초의 權臣 崔安道가 배움이 별로 없는 어린 아들 璟을 감시에 이어 禮部試에까지 급제토록 했다가 간관의 탄핵을 받은 사실도[4] 보이고 있다. 그런데 실제로 이 최경의 예를 제외한 다른 사례들에 의하면 감시의 경우에 최하 13세로부터 14, 15세 이상의 나이에서 합격하고 있었으며, 고려 전 기간의 평균 연령은 18세가 넘고 있었다. 그리고 이 연령은 예부시의 경우 훨씬 더 올라가고 있거니와,[5] 따라서 사실 '乳臭之童' 또는 '童蒙' 등으로 표현하고는 있지만 보다 근본적인 문제는 나이 그 자체가 아니라 그들의 배움이 아직 科試에 합격할 만한 수준에 이르지 못했다는 데 있었던 것 같다.[6] 그러므로 이들의 합격에는 권력과 부정이 따르게 마련이었고, 바로 이 점이 더 문제였던 게 아닌가 생각된다.

원나라 공주를 따라와 충렬왕 때 위세를 부리며 권신이 되었던 印侯와 張舜龍에게 아부코자 어느 試官이 不學無才인 그들의 아들 印承光과 張瑄을 모두 합격시킨 것과,[7] 우왕 11년(1385) 4월의 科試를 주관했던 廉國寶와 鄭夢周가 역시 魚魯를 분별하지 못할 정도로 무식한 懿妃의 동생 盧龜山을 中場에서 불합격시켰다가 우왕의 노여움을 사서 할 수 없이 급제까지 시킨 것은[8] 권력에 해당하는 예라고 할 수 있다. 또 위에 든 최경과 같이 남의 글을 빌려 써서 급제한 것과,[9] 친구의 對策을 훔쳐 써서 급제한 文允慶,[10] 남

---

3) 《高麗史節要》 권 28, 공민왕 17년 2월.

4) 《高麗史》 권 124, 列傳 37, 嬖幸 2, 崔安道.

5) 朴龍雲, 〈高麗時代 科擧의 考試와 體系에 대한 檢討〉(《韓國史硏究》 61·62, 1988; 《高麗時代 蔭敍制와 科擧制 硏究》, 一志社, 1990, 168~170쪽).

6) 이 점은 위에 든 공민왕의 발언과 崔璟의 예에서도 드러나고 있지만, 또 李穀과 같은 이도 "與陽川君許伯掌試 取金仁琯等 穀伯徇私 多取世家不學子弟 憲司彈之 不出新及第依牒" 이라고 한 데서도 엿볼 수 있다(《高麗史》 권 109, 列傳 22, 李穀).

7) 《高麗史》 권 123, 列傳 36, 嬖幸 1, 印侯.

8) 《高麗史節要》 권 32, 신우 11년 4월.
《高麗史》 권 117, 列傳 30, 鄭夢周.

9) 《高麗史》 권 110, 列傳 23, 韓宗愈.

의 손을 빌려서 會試에 합격했다고 생각되는 王康[11] 등은 부정의 예에 속하는 것들이다.[12] 공민왕 14년(1365) 10월에 李仁復과 李穡이 건의하여 수험생들이 책을 끼고 科場에 들어가는 것을 금하고, 試卷을 易書해 채점하여 假濫을 방지케 하려는 조처를 취하였는데,[13] 이 역시 당시 과거의 문란상과 무관하지 않다고 생각된다. 물론 고려 전기라 하여 과시에 부조리가 없었다고 말할 수는 없지만 특히 고려 후기에 들어와 그로 인한 문제가 집중적으로 발생하고 있는 데서 과거제 운영상의 변질된 모습을 볼 수 있을 것 같다.

과거와 관련하여 고려 후기에 또 문제가 된 것은, 위에서 제기된 것과 좀 차원이 다른 내용이긴 하지만, 향리 및 그 자제들의 활발한 진출로 인한 鄕役 부담자의 결핍현상이었다. 이러한 사실은 먼저 공민왕 12년 5월에 왕명으로 "근년에 外吏들이 本役을 면하기 위하여 잡과로 出身하는 자가 많으므로 鄕邑이 彫廢케 되고 있으니 지금부터는 단지 正科에 赴擧하는 것만 허락하고 諸業에는 참여하지 못하게 하라"고 한 데서 알 수 있다.[14] 또 우왕 9년 2월에 左司議 權近 등이 "나라의 안위는 州郡의 성쇠에 달려 있는데 근년 이래로 外方 주현의 吏輩들이 본역을 면하고자 꾀하여 明書業·地理業·醫業·律業을 한다고 칭하나 모두들 재주는 없는데도 출신하여 면역하기 때문에 향리가 날로 줄고 공무는 유지되기 어렵습니다…"고 하자 "東堂雜業과 監試明經은 예전처럼 시행토록 하고, 향리의 경우는 三丁 가운데 한 아들만 赴試를 허가하도록" 지시하였다.[15] 이와 같은 몇몇 사료를 통해 확인할 수 있듯이 향리들은 비교적 급제하기 쉬운 잡과를 주로 이용하여 관리로 진출하였다. 어떻든 그로 인해 향역을 부담할 향리의 숫자가 감소하였고 그에 따라 군현이 피폐해졌으므로 말썽이 된 것이지만, 이는 職役체제의 불균형이라는 면에서뿐 아니라 관리 수의 증가와 그로 인한 인사행정의 난맥상과도 복잡하

10) 주 8)과 같음.
11) 《高麗史》 권 116, 列傳 29, 王康.
12) 이에 대해서는 曺佐鎬, 〈麗代의 科擧制度〉(《歷史學報》 10, 1958), 147~148쪽·158쪽에 비교적 자세하게 언급되어 있다.
13) 《高麗史》 권 73, 志 27, 選擧 1, 科目 1.
14) 《高麗史》 권 75, 志 29, 選擧 3, 銓注 鄕職.
15) 위와 같음.

게 얽혀 있는 문제로서 주목할 필요가 있는 것이다.

다음으로 蔭叙制에 있어서 고려 후기에 이르러 전기와 비교하여 많이 달라진 것으로는 初蔭職의 위계가 크게 높아진 점을 들 수 있을 것 같다. 전기에는 실무와 관계없는 品官同正과 吏屬同正이 주류를 이루고, 거기에 얼마간의 吏屬職(胥吏職)과 權務職·品官職 등 實職이 주어졌던 것에 비해, 후기에는 그와 반대로 권무직과 무반의 品官實職이 대부분이고 동정직을 초음직으로 준 예는 극히 일부분에 지나지 않기 때문이다.[16] 이처럼 고려 후기에 들어와 초음직이 上級職位로 변환됨에 따라 음서출신자들이 고위직으로 진출하는 기간도 그만큼 단축되었을 것이 예상된다. 더구나 음직은 대체적으로 이른 나이에 주어지던 것이므로 더욱 그러하였으리라 생각되는데, 이는 당시의 정치적·사회적 주도세력인 '권문세족'의 의도와 결코 무관하지는 않을 것이며, 그에 따른 인사행정상의 어려움도 대략은 짐작할 수가 있다.

《고려사》 권 73, 선거지 서문에는 名卿大夫와 같은 고위직으로 올라가기 위한 入仕路로서 위에서 설명한 과거·음서 이외에 遺逸의 薦擧와 成衆愛馬의 選補, 南班을 통한 陞轉, 雜路를 통한 승전이 거론되고 있다. 이 중 後三者는 고려 후기의 상황을 두고 한 말인 것 같다.[17] 성중애마의 경우 고려 전기에는 內侍·茶房 등 일련의 宮官들을 成衆官이라고만 일컬어 왔었으나 뒤에 몽고와의 관계가 긴밀해지면서 숙위 임무를 맡은 愛馬와 합쳐져 성립된 칭호이다. 또 남반은 왕명의 전달·殿中의 당직 등을 맡은 內僚職으로 7품을 限職으로 하고 있었고, 잡로는 말단이속인 注膳·幕士 등 雜類의 仕路로서 역시 品官線을 상한으로 하고 있었다. 따라서 이것들은 명경대부로 진출하는 방식이 되지 못했었는데 고려 후기에 접어들어 관제의 문란과 함께 신분제가 동요되면서 비로소 그것이 가능해졌기 때문이다. 그러므로 남반·잡로를 통한 승전이 명경대부로 올라가는 길의 하나였다는 선거지 서문 자체의 기술이 고려 후기 인사행정의 문란상을 보여주는 한 자료라 할 수 있다. 이처럼

16) 朴龍雲, 〈高麗時代 蔭叙制의 實際와 그 機能(下)〉(《韓國史硏究》 37, 1982 ; 앞의 책, 53~72쪽).

17) 朴龍雲, 〈관리 등용의 여러 방식〉(《한국사》 13, 국사편찬위원회, 1993), 365~367쪽.

전기 때의 여러 관리 등용방식이 동요·변질되면서 관인들의 충원제도는 혼란을 면치 못하게 되었던 것이다.

(3) 첨설직제와 납속보관제의 신설

고려 후기 인사행정의 난맥상은 비단 전기 이래의 관리 등용방식이 동요·변질된 데 있는 것만은 아니었다. 임시변통의 비정상적인 방법으로 관원이 추가되고 관직도 신설되어 그것을 한층 가중시켰던 것이다. 添設職制와 納粟補官制가 바로 그러한 것들이었다.

그 중 첨설직은 "공민왕 3년(1354) 6월에 政曹를 제외한 6부의 判書와 摠郞을 모두 두 배로 첨설하고 각 司의 3~4품 역시 모두 첨설하였으며, 또 42都府의 每領마다 中郞將과 郞將은 각 2인씩, 別將과 散員은 각 3인씩 첨설하여 제수하게 하였는데 그것을 일컬어 賞軍政이라 하였다. 첨설직은 여기에서 비롯되었다"고[18] 하였듯이 처음 설치된 것은 공민왕 3년이었고, 그 목적은 軍功이 있는 사람들에게 관직으로 상을 주기 위해서였다. 즉 공민왕 3년 원나라에 구원병을 파견하여야만 했는데, 이것을 계기로 첨설직이 설치되었다.[19] 그 후 倭寇나 紅巾賊 등의 잦은 침입으로 인해 군공을 세우는 사람들이 다수 배출되는데 비하여 국가 재정은 고갈되고 또 관직에도 定數가 있었으므로 새로이 첨설직을 설치하여 그것으로 상을 주게 되었던 것이다.[20] 그리하여 처음에는 문반의 경우 인사를 담당하는 이부와 병부, 즉 정조를 제외한 4部의 판서(정3품)와 총랑(정4품) 및 각 사의 3·4품관과 무반의 中郞將(정5품) 이하 산원(정8품) 이상에 첨설직을 두었다. 하지만 시간이 경과함에 따라 첨설직은 더 많이 필요했던 듯, 공민왕 12년 윤3월에는 이부와 병부·대간을 제외하고 동반 3품 이하 6품 이상, 서반 5품 이하의 職額을 증치하였으며, 다시 동왕 20년 12월에는 左承宣 金興慶이 문관 3품·무관 5품 이하 관리의 직위를 늘려 군공에 대한 상으로 줄 것을 건의하였다.[21]

---

18) 《高麗史》 권 75, 志 29, 選擧 3, 銓注 添設職.
19) 《高麗史節要》 권 26, 공민왕 3년 6월.
20) 鄭杜熙, 〈高麗末期의 添設職〉(《震檀學報》 44, 1978).
　　───, 〈高麗末 新興武人勢力의 成長과 添設職의 設置〉(《李載龒博士還曆紀念 韓國史學論叢》, 한울, 1990).

그 뒤 우왕 2년(1375) 정월에 "첨설직으로 군사에게 상을 주는데 奉翊·通憲으로부터 7, 8품에 이르기까지 헤아릴 수 없을 정도였으므로 당시인들이 車에 싣고 말로 된다(車載斗量)는 비방이 있었다"고 한다.[22] 말기에 이르러서는 첨설직이 크게 濫設되었음을 알 수 있거니와, 또 하나는 그것이 봉익대부(종2품)나 통헌대부(종2품) 같은 재상급에도 설치되고 있어 주목된다. 앞서 든 공양왕 원년(1389) 12월의 諫官 具成祐 상소에는 공민왕 23년 이래로 奸臣이 擅政하면서 뇌물을 바치면 그의 어짐과 불초함을 논하지 않고 省樞로 발탁하는데, 뇌물은 많고 관직의 수는 적으므로 마침내 商議까지 칭하여 그 수가 70~80명에 이르렀다고 말한 내용이 보이는데, 그 상의가 곧 재상급에 설치된 첨설직이다. 이 역시 그 후 남설되었던 것 같다. 그러면 첨설직이 그와 같이 남설되게 된 원인은 어디에 있었을까. 우왕 4년 8월의 헌사 上言에 의하면 그것은 본래 군공에 대한 상으로 주기 위한 것이었음에도 불구하고 공 없이 閑居하는 자들이 이런저런 연유로 해서 받아 名器가 천하게 여겨지는 지경에까지 이르렀다고 말한다.[23] 구성우가 지적하고 있는 뇌물에 의한 제수도 그 한 요인이었을 것 같다. 첨설직의 남설과 그에 따른 폐단은 이후에도 계속되어 문제가 되고 있거니와, 그것이 관제의 문란에 끼친 영향은 매우 컸다고 생각된다.

한편 국가에서는 관직을 공공연하게 팔기도 하였다. 어려운 나라의 재정을 보충하기 위한 한 방편으로 양인이나 하급관원들에게 곡식이나 은을 받고 관직을 주는 納粟補官制(鬻爵制)가 그것이었는데, 충렬왕 이후부터 시행되었다. 즉 충렬왕 원년(1275) 12월에 "都兵馬使가 國用이 부족하므로 사람들로 하여금 銀을 바치게 하고 벼슬에 임명하였는데, 白身으로 初仕를 바라는 자는 白銀 3근, 초사를 거치지 않고 權務를 바라는 자는 5근이며, 초사를 거친 자는 2근, 권무 9품으로 8품을 바라는 자는 3근, 8품으로 7품을 바라는 자는 2근, 7품으로 參職을 바라는 자는 6근이며, 군인으로 隊正을 바라는 자와 대정으로 校尉를 바라는 자는 3근, 교위로 散員을 바라는 자는 4근, 산원으로

21) 《高麗史》 권 75, 志 29, 選擧 3, 銓注 添設職.
22) 위와 같음.
23) 위와 같음.

別將을 바라는 자는 2근, 별장으로 郎將을 바라는 자는 4근으로 하였던" 것이다.[24] 이어서 충렬왕 3년 2월에는 역시 도병마사가 건의하여 그 원년(1275)의 기준에 의거해 "無功者나 차례를 뛰어넘어 벼슬하고자 하는 사람에게 과등에 따라 은을 國贐都監에 바치게 한 후 授職토록" 하였다.[25]

그 후 충목왕 4년(1348) 2월에는 征東省都事 岳友 등이 국왕에게 "그 補官을 위해 輸米하는 자가 白身으로 종9품에 들어가고자 하는 자는 米 5석, 정9품은 10석, 종8품은 15석, 정8품은 20석, 종7품은 25석, 정7품은 30석으로 하여 그칠 것이며, 혹 전직이 있는 사람으로 米 10석을 납입하는 자는 1등을 올리되, 4품 내지 3품 이상은 이 예에 구애받지 말 것입니다"라고[26] 건의하였다. 납속보관제가 4·3품 이상에게까지 미치고 있다는 사실에 주목할 필요가 있을 것 같다. 이러한 납속보관은 군수의 충당을 위해 우왕 2년(1375) 12월에도 행해졌다.[27] 당시 사람들은 경제력만 있으면 얼마든지 떳떳하게 벼슬을 할 수 있었음이 확인된다. 그와 같은 상황에서 관제가 문란해지리라는 것은 더 말하지 않아도 알 수 있는 일이다.

인사의 난맥은 제도면에서 뿐 아니라 개별적인 사례에서도 나타나고 있다. 이는 특히 천인신분에서 두드러지고 있었다.

> 충렬왕 2년(1276) 윤3월 僉議府가 上言하기를, '근래에 內竪·微賤者들이 隨從한 공로로 仕路에 허통되어 조정의 반열에 섞이게 되었으므로 祖宗의 법제에 어긋남이 있으니 청컨대 成命을 거두십시오'라고 하였으나 윤허하지 않았다. 나라의 제도에 內僚職은 남반 7품에 한정시키고 그를 가리켜 常式 7품이라 불렀으며, 만약에 큰 공로와 특이한 능력이 있다 하더라도 다만 賞賜를 가할 뿐이어서 5, 6품에 이르는 사람은 없었다. 원종조에 그 길을 터놓았으나, 將軍·郎將에 임명된 자가 한둘에 지나지 않았었는데, 충렬왕이 즉위함에 미쳐 內人·無功者들이 大官 高爵에 올라 허리에는 누런 가죽띠를 띠었고, 자손에 이르러서는 臺省·政曹에 허통된 자도 매우 많았으며, 別將·散員 같은 것은 이루 다 헤아릴 수가 없었다(《高麗史》 권 75, 志 29, 選擧 3, 銓注 限職).

---

24) 《高麗史》 권 80, 志 34, 食貨 3, 納粟補官之制 및 권 75, 志 29, 選擧 3, 銓注 鬻爵制.
25) 위와 같음.
26) 위와 같음.
27) 위와 같음.

위와 같이 충렬왕대와 그 이후의 복잡다단했던 정치현실 속에서 상당수의 노비와 宦官 등 천인출신들은 국왕이나 원의 세력을 등에 업고 고위직으로까지 승진하는 예가 자주 나오게 되었던 것이다.[28] 비슷한 사례는 천인 이외의 신분층 경우도 있었는데, 이들 역시 신분제의 동요와 함께 당시 어지러웠던 인사행정의 일면을 말해주는 것이라 이해된다.

〈朴龍雲〉

4) 군제의 개편

(1) 원간섭기의 군제

대몽항쟁이 끝날 무렵인 13세기 후반에 이미 고려의 二軍 六衛는 중앙 상비군으로서의 면모를 거의 상실하였다. 이는 農莊이 형성 발달하는 과정에서 軍人田이 주요 점탈 대상이 되어 전문적 군인을 배출하는 軍戶의 경제적 기반이 없어진 데다가 무신집권기를 거치면서 都房 등 집권자의 사병 조직이 발달하여 무예가 뛰어난 군사는 대부분 이에 소속된 때문이었다. 그 결과 이 무렵에는 6위의 군사가 토목공사에 동원되기도 하였다.[1]

대몽항쟁 기간 동안 6위를 대신하여 수도 방위와 각지의 전투에 투입된 부대는 三別抄였다. 그러나 원종 11년(1270)에 삼별초가 항전을 일으켜 고려 정부에 대한 반란군으로 변하자 전투력을 갖춘 중앙군의 수가 더욱 줄어들었다. 이에 따라 耽羅에 웅거하고 있는 삼별초를 토벌하기 위한 6,000명의 고려군사는 대부분 지방에서 뽑은 군인이었다.[2] 이 때 편성된 출정군의 일

28) 李愚喆, 〈高麗時代의 宦官에 대하여〉(《史學硏究》 1, 1958).
黃雲龍, 〈高麗賤流顯官考〉(《釜山史學》 4, 1980).
洪承基, 〈元의 干涉期에 있어서의 奴婢出身 인물들의 政治的 進出〉(《韓國史學》 4, 韓國精神文化硏究院, 1983 ; 《高麗貴族社會와 奴婢》, 一潮閣, 1983).

1) 《高麗史》 권 25, 世家 25, 원종 즉위년 11월 계묘.
2) 원종 13년 12월 元으로부터 濟州를 토벌하기 위한 군사 6,000명과 水手軍 3,000명을 뽑으라는 명령을 받고 고려 조정은 곧 각 도에 抄軍別監을 파견했으며, 元帥 金方慶이 중앙에서 거느리고 간 병력은 기병 800명뿐이었다(《高麗史》 권

부는 중앙군에 편입된 것으로 보이나, 이로써 사정이 크게 나아지지는 않았다. 충렬왕 즉위년(1275)의 1차 日本征伐 때에는 고려의 전투부대 8,000명과 水手軍(뱃군) 등 6,700명이, 7년 뒤의 2차 일본정벌 때에는 각각 10,000명과 15,000명이 동원되었는데, 수수군 등은 물론 전투부대도 대부분 각 도의 일반 민에서 새로 징발하여야 했다.[3)]

13세기 말엽에는 이와 같은 전투 경험을 쌓은 군사가 늘어남으로써 2군 6위의 전투력도 강화될 가능성이 높아졌다. 忽赤을 비롯하여 成衆愛馬가 조직 정비되어[4)] 중앙군의 새 구성원이 된 것도 조금이나마 부족한 군사력에 보탬이 되었다. 그러나 당시의 제반 사정 때문에 2군 6위의 군사력을 강화하려는 노력은 여러 측면에서 어려움을 겪었다. 원으로부터의 정치적 통제도 그 하나로, 항복한 삼별초를 중앙군에 흡수하려는 시도는 원의 강력한 제재를 받았다.[5)] 그 결과 충렬왕 16년(1290) 여름 東界에 침입한 원의 반란군 잔당인 哈丹의 무리가 이듬해 여름에는 중부지역에까지 이르렀음에도 고려의 중앙군은 제대로 전투 한번 못하는 실정이었다. 그 뒤 충선왕이 두 차례에 걸쳐 군인전에 바탕을 둔 군호제 복구를 통해 2군 6위를 강화하려 했으나 국가재정이 취약한 데다가 이미 군인전이 거의 탈점된 상황이어서 개혁이 실현될 수 없었다. 이에 따라 군사의 동원이 필요할 때마다 각 도 농민을 징발하였으며, 그 폐해 또한 적지 않았다.

한편 2군 6위의 上將軍 이하 장수와 校尉·隊正 등 장교들로 구성되는 조직체계는 무반의 관직체계로서 구실하였기 때문에 무너지지 않고 유지되었다. 이로써 유사시에 대비한 전투조직인 종래의 5軍도 기능을 잃지 않아서 각지에서 갑자기 군인을 뽑아 출정군을 편성하여도 곧 지휘부를 꾸릴 수 있

27, 世家 27, 원종 13년 12월 을미·기해 및 14년 2월 계묘).

3) 2차 일본정벌을 위해 충렬왕 5년 9월에 군대를 뽑을 때 전투부대인 正軍은 京內 2,500명, 慶尙道 등 5도와 東界에서 7,500명 등을 뽑았는데, 경내에서 뽑은 2,500명 속에는 校尉·隊正을 비롯한 文·武의 時散官이 포함되었지만 나머지는 주로 비교적 상층부에 속하는 농민들이었던 것으로 여겨진다(閔賢九, 〈高麗後期의 軍制〉, 《高麗軍制史》, 陸軍本部, 1983, 333쪽).

4) 內藤雋輔, 〈高麗兵制管見〉(《靑丘學叢》 16, 1934 ; 《朝鮮史硏究》, 東洋史硏究會 ; 京都, 1961).

5) 《高麗史》 권 28, 世家 28, 충렬왕 3년 4월 경진.

었다.[6] 그런데 제2차 일본정벌 때 원의 군제에서 영향을 받아 지휘체계가 짜여진 뒤로 점차 고려의 중앙군은 都元帥와 三軍(또는 三翼)萬戶가 통할하고 그 휘하에 군사 행정을 맡는 首領官과 軍令을 맡는 鎭撫所가 두어지는 체제로 변모해 갔다.[7] 이 中·左·右軍의 3군 만호제는 출정군의 조직으로도 활용되어, 5군은 본래의 기능을 상실하게 되었다. 이로써 고려의 중앙군제는 본래의 중앙군인 2군 6위가 상존하는 가운데 그 위에 도원수와 3군 만호를 정점으로 하는 지휘체계가 두어져 고려 본래의 것과 원의 군제로부터 영향받은 것이 명확히 정리되지 않은 채 혼재되어 자리잡게 되었다. 도원수와 만호 직책은 주요 권력자가 국왕이나 원과의 관계 속에서 일단 그 지위를 확보한 다음에는 거의 세습되어 중앙의 권력집단이 권력을 유지하는 기반의 하나로 되어 갔다.[8]

고려 본래의 지방군인 州縣軍은 12세기 이래로 대규모 인구 유리와 치열한 농민항쟁을 거치면서 조직 자체가 무너져 대몽항쟁에서는 새로 조직된 別抄가 주로 활약하였다.[9] 대몽항쟁이 끝난 뒤로는 왜구에 대비해 주로 남방의 국방이 강화되었으며, 해안지역에 설치된 防護所의 防護別監·防護使와 水軍을 지휘하는 水路防護使 등이 국방을 맡게 되었다.[10] 이어서 두 차례에 걸친 일본정벌이 끝난 뒤 해안지역에 새로이 국방 거점으로 萬戶府가 설치됨으로써 지방의 군제도 원의 군제로부터 영향을 받으며 변모해 갔다. 당시 고려 자체의 지방 군사제도를 새로 갖추려는 시도도 없지는 않았다. 대몽항쟁 때 도를 단위로 하는 지방군제 운용이 나타난 데 이어 13세기 말엽에는

---

6) 吳宗祿, 〈高麗後期의 軍事 指揮體系〉(《國史館論叢》 24, 國史編纂委員會, 1991).

7) 고려의 총사령관인 中軍兵馬元帥나 中軍兵馬使의 아래에도 본래 여러 명의 兵馬判官과 兵馬錄事가 소속되어 幕僚로서 軍機에 참여하였고, 이를 內廂이라 하였다. 元의 軍制에서 영향을 받은 뒤로는 내상이 鎭撫所와 首領官 또는 錄事로 구성되었다(吳宗祿, 위의 글, 219~220쪽).

8) 邊東明, 〈高麗 忠烈王代의 萬戶〉(《歷史學報》 121, 1989) 참조.

9) 別抄는 二軍·六衛나 州縣軍·州鎭軍 등 정규군 이외에 따로 뽑아서 조직한 군대를 말한다. 別武班과 三別抄, 공민왕 때에 새로 편성되는 農民侍衛軍 등도 모두 별초에 속한다(閔賢九, 앞의 글).

10) 車勇杰, 〈高麗末 倭寇防戍策으로서의 鎭戍와 築城〉(《史學硏究》 38, 1984).
吳宗祿, 〈高麗末의 都巡問使〉(《震檀學報》 62, 1986).

원이 일본정벌과 관련하여 고려에 요구한 병력과 군량, 전함의 조달을 위해 都指揮使가 빈번히 파견되어 도 단위로 군사업무를 맡는 관직으로 정착해 가고 있었다.[11] 나아가서 충렬왕 27년(1301) 무렵 도지휘사를 원의 경우처럼 지방 군사기구인 都指揮使司를 관장하는 직책으로 만들고자 하였으나 결국 원의 제지를 받음으로써 좌절되었다.[12]

도지휘사사 설치 기도가 좌절된 뒤로 고려의 지방 군사력은 남해지역의 중요한 방어 거점 세 곳에 두어진 만호부의 만호가 장악하였다. 이들 만호부는 일본정벌이 실패한 뒤 일본의 공격을 염려하여 설치된 것들이다. 뒤에 合浦萬戶府로 이름이 바뀌는 金州等處鎭邊萬戶府가 먼저 충렬왕 7년(1281)에 설치된 데 이어서 충렬왕 16년에 全羅萬戶府, 그 이듬해에는 耽羅萬戶府가 설치되었다. 이 가운데 특히 합포·전라 두 만호부는 정식 명칭이 '鎭邊萬戶府'로서 남부 해안지대를 지킨다는 것을 분명히 하였다. 만호부의 만호는 千戶所 千戶-百戶所 百戶로 연결되는 지휘체계와 소속 防護所의 지휘관들을 통하여 만호부와 방호소 소속 군사들을 지휘함으로써 국방에 임하였다. 방호소는 유사시에 대비하여 兵船을 갖추는 한편 烽火를 통해서 만호부와 통신을 하였다.[13]

진변만호부 또한 진무소를 갖추고 있었으며, 행정 실무를 맡는 만호부 錄事는 고려조정에서 어느 정도 통제하였다.[14] 그러나 14세기 전반에는 만호가 권세가의 세습제로 변하고 원이 직접 진변만호부 만호를 임명하는 경우도 많아 그 권한은 상당히 넓었다. 이 시기 만호부와 방호소에 소속되어 있던 병력은 일본정벌에 동원되었던 군인들의 계통을 잇는 鎭邊別抄와 해안지역 농민 중심으로 구성된 鎭戍軍 등인데, 이들의 징발과 같은 군사행정에 대한

---

11) 都指揮使의 아래에는 判官과 錄事 등이 두어졌고, 여러 사신을 보내 처리하고 있는 업무를 도지휘사로 일원화하자는 주장도 있다(吳宗祿, 앞의 글, 1991, 222쪽).

12) 吳宗祿, 위의 글.
그러나 이를 耽羅에 軍民都指揮使司를 설치하려다 철회한 것으로 보는 견해도 있다(崔根成, 〈高麗 萬戶府制에 관한 硏究〉, 《關東史學》 3, 1988).

13) 《高麗史》 권 32, 世家 32, 충렬왕 28년 12월 임오.

14) 《高麗史》 권 35, 世家 35, 충숙왕 11년 5월 병신.

권한은 형식상 도순문사에게 주어져 있었으나 이 권한도 진변만호부 만호가 도순문사직을 겸하여 아울러 장악하였다.[15] 따라서 이들 만호는 남부지역에 대해 막강한 권력을 행사하는 존재로 자리잡고 있었다.

(2) 군역체계의 변화

13세기 후반부터 고려는 이미 중요한 군사행동이나 실질적인 방어의 필요성에 대처하기 위해 각 지방의 농민들을 동원하여 군인으로 삼은 바 있다. 이처럼 軍人田과 같은 경제적 기반이 없는 각 지방의 농민들이 중요한 군사적 임무를 짊어지게 된 것은 농업 생산력의 발달을 바탕으로 농민의 사회경제적 지위가 전보다 상승하였음을 반영한다. 그리고 이에 따라 조선 초기의 奉足制와 비슷한 助役제도 또한 단초적으로 실시되었다.[16] 그러나 원간섭기 동안은 이 군역체계의 변화 움직임이 제도화되지 못하여 그 과제를 14세기 후반으로 넘기게 되었다.

군역제도의 개편은 공민왕 5년(1356) 6월 반원정책에 뒤따른 일련의 개혁 속에서 시도된 뒤로 본격화되었다. 이 때의 군제 개혁안의 요점은 고려 전기의 軍戶制 회복에 의한 중앙군 강화와 지방군에 대한 助役 규정의 마련이었다. 군호제의 회복은 모든 제도를 문종 때를 기준으로 삼아 고려 전기의 것으로 복구하려는 시도의 일부로서, 탈점당한 군인전을 원래의 주인에게 되돌려주고 부당하게 급여된 閑人田이나 奇轍 등 친원분자로부터 몰수한 땅을 군인전으로 돌리는 것이 그 방법이었다.[17] 그러나 원간섭기에도 군인전에 입각한 군호제도로 복구하려던 시도가 모두 실패한 바 있거니와 이 때의 시도 또한 토지제도를 복구할 수 없는 현실에 비추어 볼 때 전혀 불가능하였다.

이에 비해 지방군에 대한 조역 규정은 전국 해안지대가 이미 국방선으

---

15) 吳宗祿, 앞의 글(1986).
閔賢九, 앞의 글.

16) 일찍이 원종 15년(1274) 3월에 일본정벌을 위한 준비가 한창일 때 造船役徒 가운데 單丁은 귀농시키고 雙丁만을 머물게 한 바 있다(《高麗史》 권 27, 世家 27, 원종 15년 3월 병술).

17) 《高麗史》 권 81, 志 35, 兵 1, 兵制 공민왕 5년 6월.

로 변한 상황에서 연해지역 주민을 국방에 충당하여 이들이 군인으로 복무할 때에는 1호 안에 장정이 1명뿐이면 면제해 주고, 장정이 2명인 경우에 1명을 뽑도록 한다는 현실적인 내용이었다.[18] 이어서 공민왕 20년(1371)에는 이 원칙을 강조하면서 1호 안에 장정이 2명을 넘지 못할 때에는 2호를 합쳐서 조역을 확보할 수 있을 때 군인으로 징발하도록 하였다.[19] 요컨대 해안방어에 동원되는 군인은 현실에 맞게 군역체계를 개편하여 충당함으로써 원간섭기 이래의 체제대로 유지 발전시키는 한편 새로운 정세 아래 절실히 요구되는 중앙의 상비군 확보를 위해서는 군호제를 복구시키려 했던 것이었다. 그러나 중앙 상비군 확보책은 현실성이 결여된 까닭에 실효를 보지 못하였다.

그러나 당시의 급박한 형세는 어떤 형태로든 중앙 상비군 조직을 서두르지 않을 수 없게 하였다. 그리하여 공민왕 13년 7월 각 도에 인원을 배당하여 '良家子弟'로 표현되는 상층 양인농민에서 군인을 뽑아 2군 6위를 보충해서 번갈아 宿衛시키기에 이르렀다.[20] 이어서 원·명의 교체에 따른 복잡한 국내외 정세 속에 고려의 군사행동이나 왜구에 대한 대처를 위해서 군사력의 확보가 더욱 절실해진 공민왕 22년 10월에 崔瑩이 六道都巡察使가 되어 전함 건조와 아울러 軍戶를 뽑아 軍籍에 올리는 임무를 수행하였다. 이 때 파악된 군인의 규모가 우왕 2년(1376) 8월에 각 도별로 보고되었는데,[21] 이것을 앞서 공민왕 13년에 2군 6위를 보충하기 위해 뽑은 인원과 함께 정리하면 다음의 〈표〉와 같다.

---

18) 위와 같음.

19) 《高麗史》 권 79, 志 33, 食貨 2, 戶口 공민왕 20년 12월.

20) 《高麗史》 권 82, 志 36, 兵 2, 宿衛 공민왕 13년 7월.

21) 우왕 2년의 點兵 내용은 崔瑩이 軍戶를 파악한 지 3년 뒤의 체계적 통계라는 점, 최영의 軍戶 錄籍이 우왕 6년까지도 '六道都巡察使軍目'이라 하여 각 도 군인 수의 기준으로 존중된 점 등에서 최영이 뽑아 정한 軍戶의 규모와 가까운 것으로 추정된다(閔賢九, 앞의 글).

〈표〉 공민왕 13년의 2군 6위 보충과 우왕 2년의 군호 파악

(단위:명)

분 류	공민왕 13년의 2군 6위 보충	우왕 2년의 군호 파악		
		騎 兵	步 卒	계
楊 廣 道	8,500	5,000	20,000	25,000
慶 尙 道	9,000	3,000	22,000	25,000
全 羅 道	5,500	2,000	8,000	10,000
交 州 道	3,000	400	4,600	5,000
江 陵 道	1,000	200	4,700	4,900
朔 方 道		2,000	7,000	9,000
平 壤 道		600	9,000	9,600
西 海 道		500	4,500	5,000
합 계	27,000	13,700	79,800	93,500

위의 통계에서 알 수 있듯이 공민왕 13년에 5도에서 27,000명, 우왕 2년에는 전국에서 10만 명에 가까운 군인이 파악되었다. 이들은 토지 지급이 불가능한 상황에서 군인으로 복무하도록 강제된 한편, 출신도별로 파악되어 필요에 의해 본도에 남아 국방에 종사할 수도 있는 존재였다. 특히 최영은 전보다 광범위하게 농민층을 망라하여 군역 부담자로 파악하였음이 나타난다. 결국 군역제도의 재편은 토지관계를 개의치 않고 각 지방 농민들 가운데 일부를 군호로 삼고 조역을 위한 봉족을 지급하는 체제로 귀착된 것이다. 최영이 이들을 기록한 군적의 내용은 뒷날 '六道都巡察使軍目'이라 하여 중요시되었거니와 이렇게 두 차례에 걸쳐 군인으로 파악된 존재가 바로 뒷날 조선초의 侍衛軍으로 연결되는 새로운 성격의 군대인 農民侍衛軍이다.[22] 이들은 호적을 토대로 뽑혀서 군적에 오르게 되었던 만큼 다른 농민들과 구분이 엄격하지 않았고, 왜구 침입이 격심해져 전국 각지가 전장으로 되었기 때문에 상당수는 그 도에 머물면서 국방의 주력을 담당하였다.

이 시기의 군역체계 변화에서 또한 중요한 사실은 閑散軍의 신설이다. 일찍이 12세기초 別武班을 조직할 때와 원간섭기에 일본정벌을 위한 전투부대를 편성할 때에도 동원된 바 있는 閑散官을 공민왕대에 이르러 여러 번 임

22) 閔賢九, 위의 글, 347쪽.

시로 동원하여 5군에 분속하거나 숙위토록 함으로써 변화가 일어나게 되었다.[23] 고려 전기의 군호제를 복구할 수 없는 현실에서 비교적 부유한 계층인 한산관에서 군사를 확보하여 중앙 군사력의 일부로 삼고자 한 것이다. 이어서 우왕 때에는 곧 돌려보내기는 했지만 한산관에서 뽑은 군대를 한산군으로 부르면서 馬兵으로서의 임무를 수행토록 하였다.[24] 고려말 조선초에 마병으로서 赴京宿衛의 의무를 진 한산군의 군사적 책무는 이렇게 해서 시작되었다. 결국 공민왕 5년(1356)의 반원운동에 뒤따른 군역제도의 개편 노력은 당시의 여러 가지 여건의 영향을 받아서 농민시위군과 官人閑散軍이라는 이원적 군역체계를 낳게 된 셈이다.

공민왕 5년 반원운동의 일환으로 군사행동에 착수한 이후는 말 그대로 병란으로 점철된 시기였다. 이러한 상황은 농민시위군과 관인한산군 외에도 여러 가지 형태로 군사를 뽑게 만들었다. 왜구의 침입으로 개경이 불안해지는 경우 모든 방법을 동원하여 개경의 장정을 널리 모아서 방어에 임하게 하였고[25] 지방에서의 병력동원 권한을 갖고 있는 元帥가 侍衛軍 외에 煙戶軍·別軍의 명목으로 장정을 모아 백성들이 실농할 지경에 이르기도 하였다.[26]

이같이 국방을 위해 그 지역에 있는 장정을 망라하여 동원해야 했던 필요에서 마침내 우왕 4년(1378) 12월에 왜구가 멈출 때까지 시한부로 전국에 翼軍을 설치하여 그 제도적 장치를 갖추기에 이르렀다.[27] 공민왕 18년 8월에 西北面에 설치하였던 익군을 이제 왜구에 대처하기 위해 전국에 확대 실시

---

23) 《高麗史》 권 81, 志 35, 兵 1, 兵制 공민왕 16년 2월·18년 12월 및 권 82, 志 36, 兵 2, 宿衛 공민왕 16년 8월.
이러한 조치는 고려 후기 이후 지속된 관인계층의 양적 확대와 지역적 확산에 대처하여 이들을 효과적으로 통제하려는 정치적 목적도 지니고 있었다(閔賢九, 위의 글).

24) 《高麗史》 권 81, 志 35, 兵 1, 兵制 신우 3년 6월.

25) 공민왕 22년 5월에는 왜구가 開京 가까이 침입하자 10戶로 1統을 삼아 人丁 1인을 내어 赴防케 했고, 우왕 3년 4월에는 호마다 가옥 칸수에 따라 인정 1~3인이나 장비를 내게 하였다. 특히 후자의 경우에는 사실상 奴가 많이 동원되었을 것으로 추정된다(閔賢九, 앞의 글, 337쪽).

26) 《高麗史》 권 81, 志 35, 兵 1, 兵制 신우 2년 5월.

27) 《高麗史》 권 81, 志 35, 兵 1, 兵制 신우 4년 12월.

하여 양반과 백성에서 人吏, 驛子, 公·私奴까지 이르는 그 지역의 모든 장정을 군사력으로 파악·확보하게 하고, 1,000명·100명·10명을 통할하는 千戶·百戶·統主를 두어 모두 유직자가 맡도록 하였다. 익군에서 주류를 이루는 것은 물론 농민군인데, 여기에 관인한산군 계통이나 인리 이하의 연호군까지 망라하는 군민일치제를 이루게 된 것이다. 익군은 각자 생업에 종사하다가 유사시에는 전투에 동원되는 군인으로, 무기는 스스로 마련해야 했다. 이 조치는 군인을 종적·횡적으로 확대시켰다는 점에서 고려 후기 군역제도의 발전에 중요한 의의를 지닌다.

이 익군의 확대실시는 이로부터 야기된 여러 가지 혼란 때문에 왜구의 침입이 계속되고 있었음에도 반년만에 중단되었다.28) 그러나 이 뒤로도 더욱 넓은 신분층으로부터 군인을 뽑아서 군역을 담당하도록 하는 대세가 지속되어 우왕 14년 2월에는 각 도의 양반·백성·향리·역리를 군인으로 삼되 일이 없으면 농사에 힘쓰게 하고 일이 있으면 징발케 하였다.29) 곧이어 이 해 5월 威化島回軍이 감행되어 고려의 정치 정세가 근본적으로 뒤바뀐 뒤 군역제도도 병농일치 또는 군민일치를 지향하여 정착되었다. 공양왕 3년(1391) 정월에 군사최고통수기관으로서 三軍都摠制府가 설치될 때 受田品官, 곧 閑散軍도 그 예하에 소속되었고 같은 해 5월에 科田法이 공포되면서 軍田은 閑良官吏만이 지급받아 숙위의 책임을 맡도록 규정되었다. 그리하여 군민일치의 원칙에 따라 농민들이 군역을 담당하되 그들에게는 군역과 관련된 토지 지급이 없는 반면, 한량관리에게 군전이 지급됨으로써 새로운 군역체계의 방향을 확정짓게 되었던 것이다.30)

---

28) 《高麗史》 권 81, 志 35, 兵 1, 兵制 신우 4년 5월. 당초 西北面의 翼軍처럼 貢賦에 대한 책임이 면제되도록 제도적으로 보완되어 익군의 확대 실시가 이루어지지 못했던 결과 국가의 貢賦와 差役이 모두 나오는 남도지방의 농민들이 실업하고 국가재정이 치명적 타격을 받게 된 것이 익군의 확대실시를 포기한 가장 중요한 원인이었다(李基白, 〈高麗末期의 翼軍〉, 《李弘稙博士回甲紀念 韓國史學論叢》, 新丘文化社, 1969, 211~212쪽).

29) 《高麗史》 권 81, 志 35, 兵 1, 兵制 신우 14년 2월.

30) 이상 군역체계의 변화는 주로 閔賢九, 앞의 글에 의거하여 정리하였다.

(3) 중앙군제의 개편

공민왕이 즉위할 무렵 국내외의 정세는 긴박하게 변해가고 있었다. 그럼에도 고려 중앙군의 군사력은 13세기 후반에 비해서도 더욱 열악해져 있었고, 그나마 만호직을 띤 권세가들이 사적으로 군사력을 옹위하여 사회적 폐단을 일으킴은 물론 정치의 혼란에도 한 원인이 되었다. 따라서 중앙군제의 개편은 우선 군사력의 강화가 시급한 과제였으며, 지휘체계의 정비도 그에 못지 않게 중요하였다.

공민왕 3년(1354) 원의 요청으로 중앙의 정예군사 2,000명을 파견한 뒤 西海道에서 弓手를 모집하여 宿衛를 보완해야 할 정도로 중앙의 군사력은 허약하였다.[31] 이에 따라 공민왕 5년 7월에는 왕실 호위를 강화할 목적으로 忠勇衛를 설치하여 4,000명의 병력이 소속되도록 하였는데, 2군 6위만 약화시켰을 뿐 별 도움이 되지 못하여 동왕 10년 홍건적의 침입으로 왕이 안동으로 피난할 때 충용위 군사로서 왕을 호위한 사람이 하나도 없다고 할 지경이었다.[32] 그럼에도 충용위는 近侍衛와 함께 왕실을 호위하는 군대로 존속되었다.

2군 6위는 공민왕 13년과 우왕 2년 두 차례에 걸쳐 10만에 가까운 농민시위군이 편성·보충됨으로써 병력이 대폭 강화되었다. 고려가 격변하는 국제정세 속에서 남북으로부터 침입해 오는 여러 외적을 물리치고 나아가 요동공벌까지 시도할 수 있었던 것은 이들 농민시위군이 편성된 데에 기인한다. 그러나 2군 6위의 조직체계는 이들을 통할하는 장치로 전혀 기능하지 못하였다. 더욱이 그 장교 직책들을 권세가의 나이 어린 자제나 工匠·商人들이 차지하여 祿을 받음으로써 국가재정이 부족한 형편에서 迂達赤·速古赤·別保 등의 成衆愛馬까지도 녹을 받지 못하는 현실이 전개되었다.[33] 이는 또한 강화된 시위군의 군사력을 지휘하는 조직체계가 별도로 형성된 때문이기도 하였다.

중앙군의 지휘체계에서는 공민왕 5년 6월 기존의 萬戶·鎭撫·千戶 등에

31) 《高麗史》 권 38, 世家 38, 공민왕 3년 6월 신해.
32) 李基白, 《高麗史兵志譯註(一)》(高麗史硏究會, 1969), 106쪽.
《高麗史》 권 81, 志 35, 兵 1, 兵制 공민왕 11년 6월 監察司 上言.
33) 《高麗史》 권 81, 志 35, 兵 1, 兵制 공양왕 원년 12월 憲司 上疏.

게서 군사 지휘권을 박탈하고 兵馬使, 兵馬副使로 지휘부를 편성하여 중앙군을 이끌고 출전하여 양계지역을 회복토록 함으로써 원의 군제로부터의 영향을 배제하고 종래의 전통을 되살리려는 시도가 나타났다.[34] 그 뒤에 한동안 고려 본래의 元帥와 병마사 외에 도지휘사나 만호 등이 뒤섞인 지휘체계가 짜여지면서도 이들 여러 장수를 지휘하는 기능을 회복하지 못하여 결국은 군사들이 將帥 휘하의 사적 지휘체계에 의해 지휘되었고, 따라서 공민왕대에는 출정군을 파견하면 장수들을 감찰하도록 따로 體覆使·都巡察使·都體察使 등의 직임을 두는 것이 보통이었다.[35]

중앙군의 상급 지휘체계는 都統使가 등장함으로써 다소 짜임새가 갖추어졌다. 공민왕 9년(1360) 左政丞 柳濯을 京畿兵馬都統使로 임명한 데서 비롯된 도통사는 그 뒤 주로 양계 지역에 파견되어 출정한 군사들을 총지휘하였다. 도통사가 이같이 정승급의 인물로 임명되어 도원수 이하의 장수를 지휘하는 최고사령관직으로 자리잡은 데 이어 공민왕 18년 李仁任을 西北面都統使로 파견한 것을 계기로[36] 제도적으로도 정비되었다. 도통사의 하부기구로 鎭撫 2명(1명 종2품·1명 정3품), 經歷 2명(4품), 知事 2명(5품·6품)을 소속시켜 鎭撫所와 經歷司를 설치한 것이다.[37] 이로써 유사시에 도통사가 곧바로 軍令 및 군사행정기구를 갖추어서 출전하여 최고 지휘부로 기능할 수 있게 되었다.

공민왕대 말엽에는 도통사와 같은 내용의 하부기구를 갖춘 都摠使가 두어져 개경의 군사력을 총괄하였다. 그런데 우왕 3년(1377) 3월에 六道都統使가 설치되어 崔瑩이 그 직책을 맡은 이후 나머지 도통사·도총사가 이에 통합됨으로써 우왕대에는 최영만이 도통사로 활약하였다.[38] 이로부터 최영은 5군 소속 군사력인 6도의 侍衛軍·都城 坊里軍 등과 海道 水軍까지 총지휘하였다. 그러나 그의 군사 지휘권은 각 도 원수와 都城元帥, 海道元帥 등의 지휘권을 인정한 위에

34) 《高麗史》 권 39, 世家 39, 공민왕 5년 6월 정유·기해 및 권 111, 列傳 24, 趙暾.
35) 吳宗祿, 앞의 글(1991), 227~228쪽.
36) 《高麗史》 권 41, 世家 41, 공민왕 18년 12월 신미.
37) 《高麗史》 권 77, 志 31, 百官 2, 外職.
38) 六道都統使가 되었을 때 崔瑩의 권한은 각 元帥의 麾下士 10명씩을 뽑아 成衆愛馬 등과 함께 江華 戍卒로 편성할 정도로 강력하였다. 그는 우왕 6년 4월부터 海道都統使도 겸하여 맡아 수군의 강화에 이바지하였다(《高麗史》 권 113, 列傳 26, 崔瑩).

서 그들로 하여금 맡겨진 직임에 충실토록 하는 이상으로 넘어설 수는 없었다.

공민왕대까지도 宰樞의 지위에 있는 중앙 관직자가 주력군을 거느리고 출전하는 임시 장수직이었던 원수는 공민왕 23년의 탐라정벌군 편성에 楊廣·全羅·慶尙道都統使 최영의 밑에 각 도 上·副元帥가 분속되어 관할 도의 군사력을 이끌고 출전한 것을 계기로[39] 상설직으로 변모하였다. 이 변화의 바탕은 다름 아닌 농민시위군의 편성이다. 공민왕 13년에 처음 편성된 농민시위군은 본래 중앙 관직자가 軍籍 편성의 세부단위인 각 軍目道의 兵馬使를 겸직하여 이들을 통할해 왔으나, 원수가 중앙에서 각 도의 군사를 관할하게 됨으로써 우왕 2년 7월부터 현지 수령이 군목도 병마사를 겸하게 되었다.[40] 이어서 이 해 8월 농민시위군이 추가로 파악 보고된 뒤 이들을, 도를 단위로 3명씩 임명되는 원수가 〈六道都巡察使軍目〉에 의거하여 分管하게 됨으로써[41] 짧은 기간이지만 고려의 중앙군제는 '元帥制'라고 부를 만한 체제로 자리잡게 되었다.

이 시기의 시위군은 형식적으로는 8위로 통칭되고 있던 2군 6위에 분속되었으나, 실질적으로는 전시상태가 지속됨으로써 늘 五軍에 분속되고 이를 각 도 원수들이 지휘하였다. 5군에는 開京 5部 坊里軍 또한 소속되어 이를 거느리는 원수도 별도로 두어졌으나, 이들은 군사력 강화에는 별 도움이 되지 못하였다.[42] 우왕 연간에는 권문세족의 정치권력 장악이 한층 심화되고 재추의 지위에 오른 사람들이 크게 늘었는데, 이들은 대부분 군직의 경력이 있는 데다가 자기 집을 방비할 수 있을 정도의 伴倘, 곧 麾下士들을 거느리고 있었다. 이같은 배경 속에 왜구의 침입으로 전쟁상태가 지속되자 재추의 지위에 오른 여러 관직자가 본래의 관직을 띤 채 각 도 시위군·5부 방리군과 해도 수군 등의 원수를 겸직하는 형태로 제도가 정착된 것이다. 각 원수는 군사를 지휘하기 위한 기구로서 도진무와 진무들로 구성되는 진무소를 갖추고 있었으며, 고위 장수의 진무는 하급 장수들이 맡고 있었다. 또한 원수들이 출전

39) 《高麗史》 권 44, 世家 44, 공민왕 23년 7월 무자.
40) 《高麗史》 권 81, 志 35, 兵 1, 兵制 신우 2년 7월.
41) 《高麗史》 권 115, 列傳 28, 李崇仁.
42) 吳宗祿, 앞의 글(1991), 241쪽.

할 때 거느리는 하급 장수들은 대개 兵馬使·知兵馬事 등 종래의 5군 조직 안의 직함을 띠고 있었다.[43]

元帥는 그 지위에 따라 도원수·상원수·부원수로 구분되었다. 3원수는 시위군 편성 단위가 된 8도에 모두 임명되었고, 서북면에는 군익도 단위로 원수가 파견되었다.[44] 각 도의 3원수 가운데 중앙에서 시위군을 관할하는 것은 주로 도원수와 상원수였고, 관할 도에 내려가 외적을 막는 것은 대개 부원수였다. 권력의 핵심에 가까이 있을수록 현지에 파견되기보다는 중앙에 남아 특정 도의 시위군을 장기간 분관하면서 유사시에는 東·西江 원수로서 개경을 위협하는 왜구를 막거나 助戰元帥나 도순찰사, 도체찰사 등의 직함을 띠고 출전하였다.[45] 각 도 원수가 시위군을 장기간 관할하게 되자 자연히 牌記라 부르는 시위군의 명단도 원수가 직접 관장하게 되었고, 때로는 정해진 군액의 시위군 외에 임의로 군사를 뽑아 휘하에 두기도 하였다. 군사력의 선발과 징발은 물론 지방행정조직을 통해서 이루어졌는데, 전시 상황이 지속되고 있는 실정에서 원수가 직접 軍目道 관원인 州郡의 수령에 공문을 보내 군사력을 충원하게 되었다. 즉 원수는 군사 지휘권을 바탕으로 점차 징발권까지 장악해 갔고, 그 결과 시위군 등 각 도의 군사력이 그 원수에 사적으로 예속되는 양상이 두드러져 갔다.[46]

이상과 같이 고려의 중앙군제는 우왕 연간에 이르러 都統使－元帥로 이어지는 장수 중심체제로 짜여졌으며, 이는 우왕 14년(1388)의 요동정벌군 편성에도 그대로 반영되었다. 요동정벌군은 최영이 八道都統使, 曺敏修가 左軍都統使, 李成桂가 右軍都統使가 되고 좌·우군도통사가 세 도통사의 조전원수와 각 도 원수 등 총 28명의 원수를 지휘하여 3만 8천여 명의 병력을 이끌고 출전하였다.[47] 그러나 잘 알려진 대로 위화도회군이 감행되고 이성계가 실권을 장악한 뒤 군제의 개혁이 이루어짐으로써 새로운 중앙군제가 갖추어졌다.

---

43) 吳宗祿, 위의 글, 240쪽.
44) 吳宗祿, 위의 글, 235쪽.
45) 吳宗祿, 위의 글, 247~249쪽.
46) 閔賢九, 〈朝鮮初期의 私兵〉(《東洋學》 14, 檀國大, 1984).
吳宗祿, 위의 글, 235쪽.
47) 《高麗史》 권 137, 列傳 50, 신우 14년 4월 정미.

회군한 처음에는 조민수와 이성계 두 도통사가 군사력을 지역별로 나누어 관할하였으나, 곧 이성계가 조민수 등을 축출하고 공양왕 2년(1390) 정월 8도 시위군을 총지휘하게 되었다. 이어서 이 해 11월 각 원수의 인장을 거두어 그 군사를 풀도록 한 뒤 이듬해 정월 三軍都摠制府가 설치되었다. 그러나 삼군도총제부 아래에 중앙의 고위 관직자가 각 도 군사력을 관할하는 체제를 다시 갖춤으로써 원수제의 명맥은 끊어지지 않았다. 따라서 원수제의 완전한 혁파는 새 왕조 건국 이후의 과제로 넘겨지게 되었다.[48)]

(4) 지방군제의 재편

충정왕 2년(1350) 이후 왜구의 침입이 본격화되고 중국 대륙에서 왕조 교체가 이루어지는 과정에서 고려에 군사적 위협이 가해짐에 따라 지방의 국방력 강화도 중앙군 강화에 못지 않게 중요한 과제로 부각되었다. 취약하나마 萬戶府와 防護所가 설치되고 이에 鎭邊別抄·鎭戍軍 등의 군사력이 소속되어 있던 경상도와 전라도, 양광도 등 下三道는 이를 바탕으로 지방군제를 정비하면 되었으나, 그 밖의 지역 특히 다시금 국방의 중요성이 높아진 東·西北面 지역은 사실상 새로이 제도를 갖추어야 했다. 이에 비해 중부의 경기도·서해도·강릉도·교주도 지역은 군사력이 없었던 것은 아니나 현실적인 국방의 필요성이 낮았던 까닭에 군사제도 정비 움직임은 두드러지지 않았다.

하삼도에서는 공민왕대부터 都巡問使가 각 도의 군사 책임자로 등장하였다. 충정왕 2년 2월 왜구가 固城·竹林·巨濟에 대규모로 침입하자 이 해 3월에 도순문사직을 겸해 오던 합포·전라진변만호부의 만호와 별도로 전라·양광도 도순문사와 경상·전라도도지휘사를 파견한 조치가 그 변화의 계기였다.[49)] 그 뒤 공민왕 5년 진변만호부가 폐지됨으로써 그 동안 임시 使行에 불과했던 도순문사는 종래 진변만호가 수행하던 직임을 '都巡問鎭邊使'로서 계승하였다.[50)]

해안지역이 국방선화함으로써 공민왕 2년 무렵부터 해안지역 군현의 수령에게 방어 임무가 부여되고, 戍所의 수도 크게 증가되어 갔다.[51)] 이어서 우

---

48) 吳宗祿, 앞의 글(1991), 242~243쪽.

49) 《高麗史》 권 37, 世家 37, 충정왕 2년 3월 경진.

50) 吳宗祿, 앞의 글(1986) 참조.

왕 원년(1375)부터 각 도의 원수가 도순문사를 겸직하고 일반 주군의 수령도 兵馬職銜을 띠게 되었다. 수령의 병마직함은 본래 兵馬使·知兵馬事 등이나, 界首官의 수령은 이미 兩府 宰臣이 임명되는 일이 많아서 원수 직함을 띠기도 하였다. 그런데 도순문사는 하삼도와 양계에서만 제도로서 정착하였고, 그 가운데 군사지휘를 전담한 것은 하삼도 도순문사뿐이었다. 즉 도 단위 지방군제의 발달은 주로 하삼도에서 도순문사를 중심으로 이루어졌으며, 우왕대에는 원수 가운데 한 사람이 出鎭하여 도순문사를 겸직하면서 都巡問使營과 戍所로 짜여진 방어망을 바탕으로 병마직함을 띤 수령들을 지휘하여 국방 임무를 수행하였다.[52]

하삼도 도순문사는 수소의 수졸과 기존의 진변별초, 공민왕 13년부터 편성되어 지방군의 주력이 된 농민시위군들을 지휘하여 국방에 임하였다. 수졸은 육군과 수군의 구분이 모호한 상태에 있었다. 도순문사영은 물론 수소에도 전선이 배치되어 있었는데 수졸 가운데 일부는 이 전선을 타고 전투하는 수군이었다. 즉 당시 하삼도의 도별 군사 지휘계통은 육군과 수군이 분화되지 않은 상태에서 도순문사를 정점으로 형성되어 있었다.[53] 도순문사 휘하에는 도순문사영에만도 수천을 헤아리는 병력이 있었음에도 煙戶軍·別軍의 명목으로 추가로 군사를 뽑기도 하였다. 도순문사의 휘하에는 군령 기구인 鎭撫所와 행정 실무기구인 錄事가 있었다.[54] 그러나 군사행정은 상당 부분이 按廉使에게 맡겨졌다.

하삼도에서는 왜구방어를 목적으로 군사제도가 도를 단위로 체계화된 데 이어 방어시설도 점차 갖추어졌다. 경상도의 合浦營, 전라도의 光州營, 양광도의 伊山營 등 도순문사영이 고정 설치됨은 물론 요새화됨으로써 명실상부한 도의 국방 중심으로 자리잡아 갔다. 왜구가 침입하면 해안지역 주민들을 入保시키던 데서 나아가 우왕 때에는 내륙까지 입보가 확대되어서 많은 산성을 수

51) 吳宗祿, 위의 글, 13쪽. 戍所는 防護所가 이름이 바뀐 것으로, 공민왕 10년에 전라도에만 18개소나 되어서(《高麗史節要》 권 27, 공민왕 10년 5월 全羅道按廉使 田祿生啓) 당시 하삼도 수소의 총수는 50개 이상인 것으로 추정된다.

52) 吳宗祿, 위의 글 참조.

53) 吳宗祿, 앞의 글(1991), 231쪽.

54) 吳宗祿, 앞의 글(1986), 26~27쪽.

축하였으며, 특히 寧海·蔚州·東萊·迎日·藍浦·興海 등 해안지역 요충지에 위치한 주요 군현에는 우왕~공양왕 연간에 읍성을 쌓고 戍所를 설치하여 戍卒을 주둔시키고 군함을 갖춘 위에 병마사나 만호 등을 파견하였다.55)

양계 지역은 공민왕 5년(1356) 군사행동으로 잃었던 땅을 회복한 뒤 국방체제의 틀이 잡혀 갔다. 西北面 국방체제는 공민왕 5년 西北面都元帥로 파견된 廉悌臣에 의해 대략 갖추어졌다. 염제신은 군량을 비축하고 국경 요충지에 수소를 설치하여 수졸을 배치하고 安州 등 주요 방어 거점에도 성곽을 축조하고 군사력을 배치하였으며, 서북면의 군사는 고려 전기의 州鎭軍처럼 유사시에는 전투에 임하고 평시에는 屯田을 경작하는 兵農一致的 존재로 정하였다.56) 이와 아울러 서북면의 토착 지배질서를 바탕으로 안주와 西京·義州 등지에 만호·천호 등을 두어서 군사조직으로도 활용할 수 있도록 틀을 갖추었다.

서북면의 翼軍은 이같이 바탕이 갖추어진 위에 北元과 외교를 단절한 시점인 공민왕 18년에 그 침입을 우려하여 병농일치의 군사조직으로 설치되었다. 그 내용은 서경만호부 10익, 안주만호부 8익, 의주·泥城·江界萬戶府 각 4익 등 5개 만호부에 각각 익군을 4~10익으로 조직하고 만호부에는 만호, 各翼에는 上·副千戶를 두는 체제였다.57) 이같이 군사조직이 짜여진 위에 口子가 설치되고 꽤 직급이 높은 지휘관이 파견되어 국경지대의 방어망도 강화되었다.58)

동북면은 공민왕 5년에 吉州 지역까지 수복하였으나, 서북면에서만큼 신속히 국방 강화를 위한 노력이 추진되지는 못하였다. 우왕 9년(1383)에 이성계가 올린 安邊策에 의하면 공민왕 5년 100戶를 단위로 統을 설치하여 統主가 元帥營에 예속되도록 했다고 하나,59) 수복 직후 설치한 咸州萬戶府를 강릉·경상·전라도 등의 군마를 모아서 지켜야 할 정도로60) 군사 조직이 엉성하

55) 吳宗祿, 위의 글, 28~31쪽.
56) 《高麗史》 권 111, 列傳 24, 廉悌臣 및 권 81, 志 35, 兵 1, 兵制 공민왕 5년 11월.
57) 安州萬戶府에는 우왕 3년에 2익이 추가되어 西京萬戶府와 같이 10익이 소속되었다(李基白, 앞의 책, 202~203쪽).
58) 吳宗祿, 〈朝鮮初期의 邊鎭防衛와 兵馬僉使·萬戶〉(《歷史學報》 123, 1989).
59) 《高麗史》 권 135, 列傳 48, 신우 9년 8월.
60) 《高麗史》 권 58, 志 12, 地理 3, 東界 咸州.

였다. 동북면에서도 함주·安北(北靑州) 등 일부 지역은 공민왕 18년에 익군이 설치되고 이어서 국경지대인 북청주와 端州에 설치된 만호부를 중심으로 짜임새를 갖추어 간 것으로 보인다. 그러나 익군체제가 서북면만큼 폭 넓게 짜여지지는 못하였다.[61)]

익군을 관할하는 각 익의 천호는 토착 유력자로 임명되었고, 만호에는 중앙의 주요 관직자로 임명되는 만호와 토착 유력자로 임명되는 만호의 두 부류가 있었다.[62)] 만호부를 관할하여 지휘권을 행사한 것은 전자의 만호로서, 홍건적 등의 침입을 막기 위해 중앙의 고위 장수로 임명했던 안주·서경 등지의 만호부 만호의 계통을 잇고 있다. 이들은 구자에 파견된 장교들을 지휘하여 국방을 맡는 한편, 적의 침략이 일어나면 도통사나 원수의 지휘 아래 관할 군사력을 지휘하여 전투에 임하였다. 그런데 우왕대에 이르러서는 양계, 특히 서북면에 설치되었던 만호부는 軍翼道로 바뀌어 이를 단위로 원수가 파견되어 익군을 지휘하는 변화가 일어났다. 이에 따라 서북면의 익군은 체제가 크게 무너지지 않고 조선이 건국될 무렵까지 유지되었던 것으로 보인다. 이에 비해 동북면에서는 우왕 연간에 이미 익군조직이 상당 부분 훼손되어 있었다.[63)]

이러한 사정에서 양계의 도순문사는 군사지휘보다는 군사행정을 담당하며 도내 행정을 총괄하는 직책으로 자리잡아 갔다. 서북면에서는 공민왕 때부터 도순문사는 서경에, 도내 군사를 총지휘하는 장수는 안주에 위치하였으며, 동북면 도순문사는 和寧府를 都巡問使營으로 하여 도내 행정을 총괄하면서 북쪽의 단주·북청주 만호부를 통한 국방을 지원하였다. 이에 따라 남방 5도의 안렴사가 격상되어 都觀察黜陟使로 바뀔 때 양계의 도순문사는 하삼도 도순문사와는 달리 都觀察黜陟使兼兵馬都節制使로 직함이 바뀌었다가 복원되는 과정을 밟았다.[64)]

서해도와 교주도·강릉도에는 도순문사가 파견된 예가 없지 않으나 제도

---

61) 吳宗祿, 앞의 글(1991), 233~234쪽.
62) 吳宗祿, 앞의 글(1989) 참조.
63) 吳宗祿, 앞의 글(1991) 참조.
64) 吳宗祿, 〈朝鮮初期 兵馬節度使制의 成立과 運用(上)〉(《震檀學報》 59, 1985), 88쪽.

화되지는 않았으며, 우왕 년간에는 필요할 경우 원수가 파견되어 국방을 맡았다. 交州·江陵道에는 일반적으로 교주도, 강릉도 각각을 단위로 원수가 파견되었지만 유사시의 군사 운용에서는 교주·강릉도 또는 교주·강릉·朔方道가 하나의 단위가 되기도 했다. 이에 비해 경기에는 별다른 군사력이 없었으며, 적이 개경 부근에까지 이르면 도통사가 원수들을 통해 개경 5부 坊里軍과 각 도의 시위군을 거느리고 출전하였다.[65]

우왕대 이후 왜구 방어에 큰공을 세운 것은 수군이다. 수군은 海道水軍과 各道水軍으로 나뉘어 편성되어 있었다. 공민왕대에는 捕倭使 또는 倭賊追捕使 등을 두어 수군을 거느리고 경기를 중심으로 서해안 일대의 왜구를 막도록 했었는데, 동왕 23년(1374) 李禧와 鄭地의 수군 강화 주장을 수용하여 양광도와 전라도의 수군을 재건할 때[66] 포왜사 등이 거느리던 수군이 해도수군으로 재건된 것으로 짐작된다. 해도수군의 거점은 개경의 입구에 위치한 江華와 喬桐이었으며, 전국의 바다를 작전권으로 삼아 활동하였다. 그 최고 지휘권은 海道都統使에게 있었으나 실제 지휘권은 3명의 海道元帥에게 있었다. 우왕 3년(1377) 해도원수 孫光裕가 강화에서 왜구에 대패하여 해도수군의 전함 대부분이 소실되자 최영이 곧바로 僧徒 2,000여 명·船匠 100여 명을 징발해 800여 척의 전함을 다시 만든 바 있다.[67] 우왕 6년에는 羅州·木浦 지역의 정예 수군을 추쇄, 교동과 강화에 배치하여 해도수군의 병력이 증강되었다.[68] 2년 뒤 최영은 다시 승려를 동원하여 거함 130여 척을 만들어서 전국의 요충지에 배치하였으며, 이로부터 각 도의 수군도 전보다 강화되어 왜구 방어에 큰 효과를 볼 수 있었다.[69] 각 도 수군의 도별 지휘권은 도순문사가 가졌지만 실제 수군을 통할한 것은 水軍都萬戶·萬戶·千戶와 領船頭目 등이었다.[70]

---

65) 吳宗祿, 앞의 글(1991), 245~249쪽.
66) 《高麗史》 권 83, 志 37, 兵 3, 船軍 공민왕 23년 정월.
67) 《高麗史》 권 113, 列傳 26, 崔瑩.
68) 《太宗實錄》 권 3, 태종 2년 2월 무오.
《世宗實錄地理志》 권 148, 京畿 江華都護府 長番水軍.
69) 《高麗史》 권 113, 列傳 26, 崔瑩.
70) 李載龒, 〈朝鮮初期의 水軍〉(《韓國史硏究》 5, 1970 ; 《朝鮮初期社會構造硏究》, 一潮閣, 1984, 115쪽).

지방군제 또한 위화도회군 이후 큰 변화를 겪게 되었다. 그 동안 하삼도를 중심으로 발달해온 도 단위 지방군제의 핵심인 도순문사를 개편하여 창왕 원년(1389)에는 전임 지휘관인 都節制使를 설치하고 각 도 도절제사가 도내에 파견되는 절제사와 병마사, 만호 등 육군과 수군의 지휘관을 지휘하여 국방을 전담토록 하였다.[71] 이는 중앙 시위군을 지휘하는 직책과 각 도의 국방 책임자를 구분한 조치이기도 하여서 이어서 진행된 三軍都摠制府 설치를 통한 元帥制 정리와 맥을 같이하는 변화였으나, 도절제사가 제도적으로 내용을 갖추게 되는 것은 새 왕조가 건설된 다음의 일이었다.

〈吳宗祿〉

2. 권문세족과 신진사대부

1) 권문세족의 성립과 그 성격

무신란 이후 문신 중심의 폐쇄적 문벌지배체제가 와해되면서 고려 후기에는 여러 갈래의 출신기반을 갖는 인물들이 지배세력으로 등장하고 있었다. 이는 무신의 권력 장악, 몽고와의 장기간 전쟁에 따른 在地세력의 이동과 몰락, 외세 종속구조의 지속 등에 말미암는 것이었다. 이들 지배세력 가운데는 당대에 권력층으로 부상하거나 지속적으로 관료를 배출하여 문벌을 형성한 부류들이 있었다. 그 동안 이들을 權門世族으로 지칭하고 그 성립과정과 내적 구성, 그리고 역사적 성격을 규정하여 왔다. 즉 고려 후기 권문세족은 농장을 형성한 대토지소유자들로서, 관료진출도 과거보다는 음서에 의존하는 등 문학적·유교적 소양과는 거리가 먼 非文非儒的 성향의 소유자들이었고, 元과 결탁하거나 도평의사사를 장악하여 권력을 행사함으로써 이 시기 왕권은 상대적으로 약화될 수밖에 없었던 것으로 이해되었다. 그럼에도 권문세족은 원이 고려의 자주성을 말살하려 했을 때 이에 저항하는 등 고려의 독립

71) 吳宗祿, 앞의 글(1985), 80쪽.

을 유지하려 노력했으며, 권력 행사도 관료로 진출하여 정치기구를 매개로 하고 있었다는 점에서 고려 전기의 문벌귀족에 비해서는 관료적 성격을 지닌 보다 발전된 형태의 지배세력이었던 것으로 규정되었다.[1]

권문세족에 대한 이러한 범주 설정과 성격 규정은 이를 新興士大夫와[2] 차별화시켜, 고려 후기 정치사를 이들 사이의 세력관계와 정치과정으로 이해하고자 하는 데 목적이 있었던 것으로 보인다. 즉 권문세족을 집권세력, 신흥사대부를 현실 비판세력으로 설정하여 고려 후기 정치체제와 권력구조 속에서 이들의 위상과 정치적 대응방식을 중심으로 이 시기 정치사를 새롭게 구성하고자 한 것이었다. 나아가 여말에 이르기까지 지배세력의 구성 범주와 성향의 변화를 드러내어, 조선 건국과정에서 지배세력의 교체와 변화의 폭이 컸음을 강조하기 위한 것이기도 했다.

이처럼 권문세족과 사대부의 활동에 초점을 맞춰 정치사를 구성해냄으로써 고려 후기 정치와 사회를 체계적으로 이해할 수 있는 바탕이 마련되었으며, 여말선초 사회변동의 내용과 성격을 보다 더 뚜렷이 부각시킬 수 있었다. 이후 권문세족과 사대부의 이러한 이해방식은 정치사의 서술뿐만 아니라, 사회·경제·사상·문학·예술사의 연구에도 그대로 반영되어 정형화되고 있을 정도이다.

그러나 1980년대 이후 권문세족과 사대부에 대한 재검토가 이루어지게 되면서,[3] 권문세족과 관련해서는 그 개념상 혼란의 소지가 있다고 지적되는

---

1) 권문세족의 성립 문제와 성격 규정에 대하여는 다음의 연구가 참고된다.
閔賢九, 〈高麗後期 權門世族의 成立〉(《湖南文化硏究》 6, 全南大, 1974).
———, 〈高麗後期의 權門世族〉(《한국사》 8, 국사편찬위원회, 1974).

2) 이 시기 사대부 연구 성과는 李佑成, 〈高麗朝의 「吏」에 대하여〉(《歷史學報》 23, 1964) 및 金潤坤, 〈新興士大夫의 擡頭〉(《한국사》 8) 참조.

3) 권문세족과 사대부에 대한 종래의 이해방식을 재검토하는 과정에서는 이들 정치세력의 범주설정과 성격규정, 사대부의 등장시기, 조선 건국과정에서의 지배세력 교체문제 등에 대한 새로운 견해가 제시되었다. 이상과 같은 권문세족과 사대부에 대한 문제제기와 논쟁에 대해서는 다음과 같은 연구가 있다.
金光哲, 《高麗後期 世族層과 그 動向에 관한 硏究》(東亞大 博士學位論文, 1988 ; 《高麗後期 世族層硏究》, 東亞大 出版部, 1991).
金塘澤, 〈忠宣王의 復位敎書에 보이는 '宰相之宗'에 대하여 -소위 '權門世族'의 구성분자와 관련하여〉(《歷史學報》 131, 1991).
이익주, 〈고려후기 사대부와 권문세족에 대한 새로운 이해(서평)〉(《역사와 현

가운데,[4] '權門'과 '世族'은 그 지칭하는 대상을 달리해야 한다는 문제제기가 있었다. 즉 권문은 원간섭기 국왕 측근세력을 포함하여 가문배경에 관계없이 권력층이 된 부류를 지칭하는 것이라면, 세족은 당시 사회적 지위를 누리고 있던 문벌가문을 지칭하는 것이었기 때문에 고려 후기 사회세력으로서의 최고 지배층을 굳이 개념화하려면 이를 '세족'으로 지칭하는 것이 타당하다는 견해가 제시되었다.[5] 뿐만 아니라 그 동안 권문세족 성립의 주요한 근거로 삼아온 충선왕 복위교서의 '宰相之宗'도 사대부 가문으로 보아야 한다는 지적이 있었다.[6]

권문과 세족을 이렇게 구분할 때 지금까지 사용해 왔던 권문세족은 권문과 세족을 모두 지칭하는 것으로 볼 수도 있고, 권문층인 세족, 곧 문벌가문의 권력층으로서의 성격을 강조한 지칭으로도 볼 수 있다. 전자의 경우라면 그 대상과 범주를 문벌가문으로만 한정할 수 없을 것이며, 권문과 세족 어디에 초점을 맞추느냐에 따라 그 성격 규정도 다르게 될 것이다. 후자의 의미로 사용한다면 굳이 권문을 붙일 필요 없이 세족으로 지칭하면 그만일 것이다. 이제 이 글에서는 권문세족에 대한 이상과 같은 문제제기를 수용하여 고려 후기 지배세력 가운데 문벌가문을 세족으로 지칭하고, 이들 세족층의 형성과 그 특징, 당시 권력구조에서의 지위 및 권문과의 관계, 사회모순에 대한 대응방식 등을 밝혀 이들이 갖는 역사적 성격을 파악하고자 한다.

실》 8, 한국역사연구회, 1992).
고려말 정치사연구반, 〈고려말 정치사 연구동향〉(《역사와 현실》 12, 1994).

4) 朴天植은 '권문세족'을 편의적으로 사용하는 데는 그 개념상의 혼란이 적지 않다고 지적하면서, 세족은 附元期 이전부터 공신가문을 형성하여온 가계나 가문을 지칭하며, 權門勢家는 부원 官歷 또는 元室과의 혼인을 배경으로 한 벌족으로 규정하였다(朴天植, 〈朝鮮建國의 政治勢力硏究(下)〉, 《全北史學》 9, 1985, 4~10쪽). 세족을 공신가문으로, 권문을 부원세력으로만 한정한 것은 문제가 있지만, 문벌(세족)과 권문을 구분하고 있음이 주목된다. 한편 李益柱는 충렬왕대 정치세력을 국왕측근세력·권문세족·신진관료·부원세력 등으로 구분하고 측근세력을 당시 최고 권력층으로, 권문세족을 문벌가문으로 설정하였다. 국왕측근세력을 권문으로 설정하지는 않았지만, 이를 문벌가문과 차별화시키고 있다(李益柱, 〈高麗 忠烈王代의 政治狀況과 政治勢力의 性格〉, 《韓國史論》 18, 서울大, 1988, 157~158쪽).

5) 金光哲, 〈「權門」「世族」의 用例〉(앞의 책, 1991), 36~47쪽.

6) 金塘澤, 앞의 글, 23~29쪽.

(1) 세족층의 형성과 그 특징

고려 후기 지배세력 가운데는 유력한 문벌로 성장한 가문들이 있었다. 이들은 家勢를 신장시킨 방법이나 문벌로 등장한 시기가 가문에 따라 조금씩 달랐다는 점에서, 이를 몇 가지 유형으로 분류해 볼 수 있을 것이다.[7] 우선 고려 전기부터 문벌로 성장하여 무신집권기에도 여전히 그 사회적 지위를 누렸던 가문들이 있다.[8] 이들이 무신집권기에도 계속 가세를 유지할 수 있었던 것은 가문 내 인물이 무신정권에 의해 충직한 문신으로 인정되었거나 무신들과 혼인관계, 친교를 맺어 무신정권의 탄압으로부터 벗어날 수 있었기 때문에 가능하였다.[9] 특히 최씨정권이 통치기반을 다지기 위하여 문벌과의 혼인에 주력함으로써 문벌가문은 이러한 관계를 활용하여 지속적으로 관료를 배출할 수 있었다. 그래서 定安任氏·鐵原崔氏·慶州金氏·横川趙氏 등 문벌가문에서는 이 시기 62명의 宰樞 인물 가운데 1/4을 넘는 16명의 재추급 인물을 배출할 정도였다.[10]

한편, 무신집권기에는 과거를 통해 관료로 진출하여 가문의 기반을 다지는 새로운 세력들이 있었다. 이른바 '能文能吏'층이 이들이다.[11] 문학과 행정실무에 능력을 갖춘 인물을 발탁하려 했던 최씨정권의 인사정책에 따라 진출하게 된 이들은 문벌가문 출신이 아닌 하급관료나 향리의 자제들이 많았다. 무신집권기에 능문능리층의 진출이 두드러지는 것은 물론 무신정권의 지배정책과 관련

---

7) 閔賢九, 앞의 글(1974a), 38쪽. 閔賢九는 충선왕 복위교서에서 언급한 '재상지종'을 고려 후기 권문세족의 전형으로 규정하고 여기에는 ① 고려 전기 이래의 문벌귀족, ② 무신집권시대에 무신으로 득세하여 등장한 가문, ③ 무신란 이후 신관인층으로 대두하여 성장한 가문 및 이와 가까운 경우, ④ 대원관계의 전개를 통하여 등장한 가문 등으로 구성되어 있다고 보았다. 이러한 분류는 충선왕대까지 세족의 갈래를 이해하는 데 도움이 될 것이다.

8) 고려 전기에 이미 문벌가문으로 성장하여 고려 후기에도 여전히 관료를 배출하면서 그 지위를 누리고 있던 가문으로는 慶州金氏·定安任氏·慶源李氏·坡平尹氏·海州崔氏·鐵原崔氏·淸州李氏·黃驪閔氏·孔巖許氏 등이 있다.

9) 金毅圭, 〈高麗武人政權期 文士의 政治活動〉(《韓沽劤博士停年紀念史學論叢》, 知識産業社, 1981), 282~287쪽.

10) 金塘澤, 〈崔氏政權과 文人〉(《高麗武人政權硏究》, 새문社, 1987), 135쪽.

11) 무신집권기 능문능리층에 대해서는 李佑成, 앞의 글 및 趙仁成, 〈崔瑀政權下의 文翰官-"能文"·"能吏"의 人事기준을 중심으로-〉(《東亞硏究》 6, 西江大, 1985) 참조.

을 갖는 것이었다. 정권의 안정을 위해서 지방세력의 지지와 협조가 필요했던[12] 최씨정권은 이들을 승선직이나 대간직에 임명하여 銓注權 행사를 합리화시키고 정권 유지를 뒷받침하게 하였다. 이리하여 무신집권기 능문능리층의 가문은 지속적으로 관료를 배출하면서 세족으로 성장할 수 있는 기반을 다져갔다.

무신집권기 최고의 가문은 집정무인 자신들의 가문이었다. 무신정권 초기에는 정권이 자주 교체됨으로써 집정무인이 그들의 가문을 성장시키는 데는 한계가 있었다. 그러나 4대에 걸쳐 집권한 최충헌의 牛峰崔氏 가문은 그 권력의 행사에 있어서 권문이었음은 물론, 가세 역시 문벌적 지위를 확보하고 있었다.[13] 뿐만 아니라 무신집권기에는 비록 집정무인의 지위에 있지는 않았다 하더라도 무반에서 출신하여 가세를 신장시킨 부류들이 있었다. 이들은 무반 출신이 득세할 수 있는 정치적·사회적 여건이 조성되고 있는 터에, 몽고와의 전쟁 등 외세의 침탈에 대비해야 하는 시대 상황이 전개됨에 따라 무장으로 활약하면서 그들의 가문을 문벌로 성장시킬 수 있었다.

예컨대 彦陽金氏 金就礪는 거란의 침입을 격퇴하고 몽고와의 전쟁에서 공을 세워 시중직에 오르는 등 고위직을 역임함으로써[14] 가세를 신장시킬 수 있었다. 平康蔡氏 蔡松年은 몽고 침입 때 대장군으로 활약하면서 무공을 세워 平章事가 되고[15] 가문의 기반을 닦았다. 安東金氏 金方慶의 경우도 몽고와의 전쟁, 삼별초 항쟁의 진압과 일본정벌에 참여하여 두각을 나타낼 수 있었고[16] 그것이 그의 가문을 문벌로 성장시키는 계기가 되었다.

원간섭기의 전개와 함께 무신집권기에 침체를 면치 못했던 가문이 다시 가세를 회복하여 세족으로 성장하거나 새로운 가문들이 문벌로 등장함으로써 세족층의 폭이 넓혀지고 있었다. 무신집권기에는 상당수의 가문이 가세의 침체를 면치 못했다. 이렇게 쇠락해 간 가문들은 무신집권기가 끝나도 대부분 가세를 회복할 수 없었다.[17] 그러나 原州元氏와 淸州郭氏처럼 무신정권 붕괴 후

---

12) 姜芝嫣, 〈高麗 高宗朝 科擧及第者의 政治的 性格〉(《白山學報》 33, 1986), 134~136쪽.
13) 李慶喜, 〈崔忠獻家門 硏究〉(《釜山女大史學》 5, 1987).
14) 《高麗史》 권 103, 列傳 16, 金就礪.
15) 《高麗史》 권 102, 列傳 15, 蔡松年.
16) 《高麗史》 권 104, 列傳 17, 金方慶.

가세를 회복하고 특히 원간섭기 이후에는 지속적으로 관료를 배출하여 세족으로서의 지위를 회복한 경우도 있었다.[18] 光州金氏와 淸州鄭氏는 무신집권기에 土姓吏族에서 무반으로 출사한 후, 문반으로 옮겨 관료를 배출하고 있었다. 이 가문에서도 원간섭기 이후 여러 명의 과거합격자와 고위 관료를 지속적으로 배출하여 세족으로 성장하였다.[19]

원간섭기에 고려국왕은 원의 지원을 받아 왕위를 유지하는 한편, 끊임없이 왕권강화를 꾀하고 있었다. 이 과정에서 새로운 권력층이 등장하게 된다. 국왕 측근세력이 이들로서 이들은 몽고어 譯官, 원 공주의 怯怜口, 內僚, 宦官, 鷹坊관계자, 侍從臣 등으로 활동하면서 국왕의 嬖幸이 되어 막강한 권력을 행사하였다.[20] 물론 측근세력 모두가 그들의 가문을 세족으로 성장시킬 수 있었던 것은 아니었다. 당대에 권문으로 등장했으나 관료배출을 지속시키지 못하여 쇠락한 경우도 많았기 때문이다. 그러나 平壤趙氏·高興柳氏·漆原尹氏·瑞原廉氏·海平尹氏 등은 그 출신 인물이 국왕 측근세력으로 활동하여 권력층이 됨으로써 세족으로서의 기반을 다질 수 있었다.

평양 조씨 趙仁規는 몽고어 역관으로 출신하여 충렬왕을 수행하면서 권력층으로 부상하였다.[21] 그는 수상직을 역임하는 등 정계의 중심인물로 활동하였고, 그의 여러 아들도 고위직을 역임하였으며, 충선왕비 趙妃는 그의 딸이었다.[22] 고흥 유씨 柳淸臣은 部曲吏 출신으로서 그 역시 몽고어를 잘하여 충렬왕 측근세력이 되었으며, 충렬·충선왕대에 걸쳐 고위직을 역임하였다. 고흥 유씨는 그가 심왕파에 가담하고 立省策動에 연루되어 타격을 받음으로써 가문이 번성하지는 않았으나, 아들 攸基와 손자 濯이 모두 고위직을 역임하여 세

---

17) 이 점에 대해서는 李樹健, 〈高麗後期 支配勢力과 土姓〉(《韓國中世社會史硏究》, 一潮閣, 1984), 344~345쪽 〈표 6-9〉 高麗時代 名門巨族의 消長表 참조.

18) 金光哲, 앞의 책(1991), 80~82쪽.

19) 李樹健, 〈高麗前期 土姓硏究〉(《大丘史學》 14, 1978 ; 앞의 책, 286쪽·324쪽).
金光哲, 위의 책, 125쪽.

20) 李起男, 〈忠宣王의 改革과 詞林院의 設置〉(《歷史學報》 52, 1971), 62~67쪽.
李益柱, 앞의 글(1988), 188~203쪽.
金光哲, 위의 책, 144~152쪽.

21) 《高麗史》 권 105, 列傳 18, 趙仁規.

22) 평양 조씨에 대한 가문 분석은 閔賢九, 〈趙仁規와 그의 家門(上·中)〉(《震檀學報》 41·43, 1976) 참조.

족으로 성장할 수 있었다.[23] 칠원 윤씨 尹秀는 충렬왕대에 鷹坊使로 활동하면서 국왕 측근세력이 되어 가세를 신장시켰고, 그의 손자 桓이 공민왕대에 侍中을 역임하여[24] 그의 가문을 세족의 지위에 오르게 하였다. 서원 염씨의 경우는 고려 전기에 문벌로서의 가세를 유지하고 있었으나 최씨정권기에 타격을 받아 침체한 상태에 있었는데, 충렬왕의 측근세력으로 활동했던 廉承益에 의해 가세가 회복되어[25] 이후 세족으로 등장하게 된다. 동복 오씨도 이미 무신집권기부터 관료를 배출해 왔으나, 吳潛이 충렬왕 측근세력이 됨으로써 가세를 신장시켜 세족이 될 수 있는 기반을 마련하였다.[26] 해평 윤씨 역시 고종대부터 관료를 배출하기 시작하여 원간섭기 말에 세족으로 성장하는데, 이는 충숙왕과 충혜왕의 측근세력이었던 尹碩의 활약이 결정적인 계기가 되었다.[27]

한편 고려 후기 세족가문 가운데에는 원간섭기 초에 비로소 관료를 배출하기 시작한 가문이 상당수 있었다. 慶州李氏·順興安氏·星州李氏·丹陽禹氏·固城李氏·韓山李氏가 대표적인 경우이다.[28] 이들은 원간섭기 이후 주로 科擧를 통해 지속적으로 관료를 배출하여 여말에 가서는 세족으로 성장하게 된다. 이들 가문이 문벌로 성장하는 것은 물론 과거출신 관료의 지속적인 배출과 고위직 진출에 있었지만, 그 출신 인물들이 원간섭기 권력구조에 일정하게 순응해 간 결과이기도 하다. 즉 원간섭기 왕권강화의 일환으로 추진되고 있었던 측근정치 아래에서, 이들은 국왕의 측근기구에 참여하는 등 왕권강화에 협조하고 국왕 측근세력인 嬖幸과 타협하면서 그 지위를 유지하여[29] 가세를 신장시킬 수 있었다.

이상과 같이 고려 후기 세족층에 해당하는 가문들이 문벌로 등장한 시기와 유형은 가문에 따라 조금씩 달랐다. 무신집권기에 이미 문벌로 등장한 가문이 있는가 하면, 무신집권기 때부터 관료를 배출하다가 원간섭기 초에 세

---

23) 《高麗史》 권 125, 列傳 38, 姦臣 1, 柳淸臣.
24) 《高麗史》 권 114, 列傳 27, 尹桓 및 권 124, 列傳 37, 嬖幸 2, 尹秀.
25) 《高麗史》 권 123, 列傳 36, 嬖幸 1, 廉承益.
26) 《高麗史》 권 125, 列傳 38, 姦臣 1, 吳潛.
27) 《高麗史》 권 124, 列傳 37, 嬖幸 2, 尹碩.
28) 이들 가문의 가계 분석은 高惠玲, 〈李仁任政權에 대한 一考察〉(《歷史學報》 91, 1981); 李樹健, 앞의 책; 金光哲, 앞의 책(1991) 참조.
29) 李益柱, 앞의 글(1988), 203~219쪽.

족으로 성장한 가문도 있었고, 여말에 가서야 비로소 세족이 된 가문도 있기 때문이다.[30] 이들이 세족으로 성장할 수 있었던 기반이나 가세를 신장시키는 방법도 다양하였다. 이미 확보한 문벌적 지위를 지속시킨 경우가 있고, 무신집권기 또는 원간섭기에 관료배출을 집중시켜 세족으로 성장한 가문이 많았으며, 무반에서 출신하여 전공을 세웠거나 국왕 측근세력으로 활동하면서 가세를 신장시켜 세족이 된 가문들이 있었다.

고려 후기 세족의 지위를 유지하고 있던 가문은 그 씨족 전체라기보다는 그 가운데 특정의 가계에 한정되는 것이었다. 동일 씨족이라 하더라도 여전히 吏族으로 남아 있는 가계도 있었고,[31] 관료를 배출하고 있기는 하지만 아직 한미한 수준의 가계도 있었다. 뿐만 아니라 가문에 따라서는 같은 가문 안의 여러 가계가 세족이 된 경우도 있었다. 예컨대 황려 민씨는 閔令謨 이후 그 아들인 湜과 公桂의 가계로 분화되면서 모두 세족이 되었고, 안동 권씨도 守平과 守洪의 가계가 세족으로 성장하였으며, 남양 홍씨는 斯胤과 大純의 가계, 전주 최씨는 甫淳과 正臣의 가계, 광주 김씨는 鏡亮과 鍊의 가계, 경주 이씨는 瑱과 世基의 가계, 순흥 안씨는 珦과 碩의 가계가 모두 세족이 되었다.[32]

고려 후기 세족이 문벌로서의 사회적 지위를 누리는 데 가장 기본적인 조건은 지속적인 관료 배출이었다. 여기에서 지속적인 관료 배출이라 할 때 그 세대수를 대체로 3대 이상의 기간을 상정하고 있다.[33] 3대 이상이라는 것이

30) 세족층의 등장 시기가 이처럼 가문에 따라 달랐지만, 그 구성적 특징과 성격을 고려할 때 그 뚜렷한 모습을 드러내는 시기는 원의 종속구조가 본격화 되는 14세기 초에서 찾을 수 있다. 충선왕이 복위한 해(1308)에 발표한 교서에서 '재상지종'을 언급한 것은 여러 가지 정치적 목적을 가지고 있었고, 그 가문의 성격에 대해서도 논란의 소지가 있지만, 이들 가문이 고려 후기 세족층의 전형적인 모습을 보여주고 있는 것으로 이해하여도 좋을 것이다. 이 점에 대해서는 閔賢九, 앞의 글(1974) 및 金塘澤, 앞의 글(1991) 참조.

31) 예컨대 안동 권씨의 경우 適의 가계는 고려 중기부터 관료를 배출하기 시작했고, 守平의 가계는 무신집권기부터 관료를 배출하여 고려 후기 세족 가문으로 성장하지만, 다른 가계는 여말에 이르기까지 여전히 안동지방의 이족으로 남아 있었다(李樹健, 〈嶺南士林派 形成의 社會的 基盤〉, 《嶺南士林派의 形成》, 嶺南大出版部, 1979, 52~55쪽).

32) 金光哲, 앞의 책(1991), 別表 1 高麗後期 世族家門의 世系圖 참조.

33) 李泰鎭, 〈15세기 後半期의 '鉅族'과 名族意識〉(《韓國史論》 3, 서울大, 1976), 253~255쪽.

물론 당시 법제화된 것은 아니었지만, 墓誌銘이나 科擧榜目, 戶口式의 작성에서 그 가계를 주로 증조대까지 기본적으로 밝히고 있는 것을 볼 때, 당시 가계의 내용을 파악함에 있어 3대 이상이라는 것이 하나의 기준 또는 관례화되어 있었던 것으로 보인다.

세족이 되기 위해서는 어느 정도 고위직 관료의 배출이 필요하였다. 만일 하급 관료를 배출하는 데 그친 가문이라면 3대 이상 지속적으로 관료를 배출하였다 하더라도 그 가문이 세족으로서 사회적 지위를 누리기는 어려웠을 것이다. 이러한 점에서 고려시대 官階에서 중요한 계선이 되고 있었던 5품 이상의 관료배출을 세족의 요건으로 상정할 수 있을 것이며, 수상직을 비롯하여 재추급 인물의 배출 또한 세족으로 성장하는 데 중요한 요소가 되었을 것으로 생각한다.[34]

세족의 기준을 이렇게 설정할 때 여기에 해당하는 가문은 40여 개 정도 확인할 수 있다.[35] 고려 후기 세족층의 특징을 이해하기 위하여 우선 여기에 해당하는 가문과 시기별 관료 배출 정도를 표로 제시하면 다음 〈표〉와 같다.[36]

朴龍雲, 〈高麗 家産官僚制說과 貴族制說에 대한 검토〉(《史叢》 21·22, 高麗大, 1977 ; 《高麗時代 臺諫制度硏究》, 一志社, 1980, 313~314쪽).
許興植, 〈高麗의 科擧와 門蔭制度와의 비교〉(《韓國史硏究》 27, 1979 ; 《高麗科擧制度史硏究》, 一潮閣, 1981, 227쪽).

34) 문벌 형성의 요건으로 세대수보다 출세한 인물의 배출에 비중을 두는 견해가 있기도 하다(金龍善, 〈高麗門閥의 構成要件과 家系〉, 《韓國史硏究》 93, 1996, 9~13쪽).

35) 李樹健, 앞의 책(1984), 344~345쪽.
金光哲, 앞의 책(1991), 96~97쪽.

36) 이 〈표〉는 각 가문의 族譜를 바탕으로 하고, 다음의 연구에서 제시한 世系圖의 내용을 참고하여 작성되었다. 여기에서 관료 수는 史書에서 관료로 활동했던 것이 확인된 인물들만 포함시켰다. 그러므로 실제 각 가문의 관료 수는 더 많았을 가능성이 있다.
朴龍雲, 〈高麗時代의 海州崔氏와 坡平尹氏 家門分析〉(《白山學報》 23, 1977).
———, 〈高麗時代의 定安任氏·鐵原崔氏·孔岩許氏 家門分析〉(《韓國史論叢》 3, 誠信女大, 1978).
李萬烈, 〈高麗 慶源李氏家門의 展開過程〉(《韓國學報》 21, 1980).
高惠玲, 앞의 글, 〈표 1〉 李仁任의 家系.
李樹健, 위의 책, 344~345쪽 〈표 6-9〉 高麗時代 名門巨族의 消長表.
閔賢九, 〈閔漬와 李齊賢〉(《李丙燾博士九旬紀念 韓國史學論叢》, 知識産業社, 1987), 〈표 2〉 驪興閔氏家系表.

아래 〈표〉를 통해 알 수 있듯이 우선 세족의 본관지별 분포는 경상도가 가장 많고, 전라도·경기도·충청도 순으로 나타나고 있다. 경기도의 경우는 파평 윤씨 등 전기의 문벌가문이 다수를 차지하고 있어, 고려 후기에 비로소 세족으로 등장한 가문의 본관지는 三南지방이 절대적 우세를 보이고 있었다. 전기의 문벌가문이 近畿지방 출신이 많았던 것에 비하면 대조적이라 하겠다.

〈표〉 고려 후기 세족과 관료 배출 현황

時期 / 姓貫	원종말-충렬왕	충선-충정왕	공민왕 이후	총 계	時期 / 姓貫	원종말-충렬왕	충선-충정왕	공민왕 이후	총 계
海州崔氏	3	2	2	7	光州金氏	5	8	12	25
坡平尹氏	2	9	10	21	益山李氏	2	2	1	5
定安任氏	2	0	1	3	平壤趙氏	2	6	9	17
鐵原崔氏	7	2	3	12	羅州羅氏	1	1	1	3
孔巖許氏	3	6	11	20	晋州柳氏	2	3	8	13
慶源李氏	1	0	3	4	海平尹氏	1	4	8	13
慶州金氏	4	1	2	7	瑞原廉氏	2	1	7	10
彦陽金氏	4	4	2	10	陜川李氏	3	2	0	5
淸州李氏	1	1	2	4	淳昌薛氏	1	2	2	5
竹山朴氏	1	2	7	10	幸州奇氏	2	4	0	6
平康蔡氏	3	3	3	9	同福吳氏	1	6	1	8
黃驪閔氏	2	4	12	18	固城李氏	1	3	7	11
橫川趙氏	1	2	1	4	淸州慶氏	0	1	4	5
文化柳氏	2	3	5	10	高興柳氏	0	2	1	3
安東金氏	4	5	11	20	漆原尹氏	1	2	1	4
安東權氏	1	6	20	27	陽城李氏	0	1	4	5
南陽洪氏	3	9	18	30	慶州李氏	1	6	21	28
茂松庾氏	3	0	0	3	順興安氏	2	6	9	17
全州崔氏	2	3	11	16	德水李氏	2	1	2	5
礪山宋氏	6	0	3	9	韓山李氏	1	1	3	5
原州元氏	1	4	5	10	丹陽禹氏	1	2	10	13
淸州韓氏	1	3	11	15	星州李氏	0	1	13	14
淸州鄭氏	1	3	5	9					
淸州郭氏	2	4	6	12	계	91	141	278	510

金光哲, 위의 책, 別表 1 高麗後期 世族家門의 世系圖.

이는 후기로 내려올수록 삼남지방의 토성이 끊임없이 관료를 배출한 결과이기도 하지만,[37] 여러 차례에 걸친 전쟁으로 말미암아 이러한 현상이 나타나게 된 것으로 이해할 수 있다. 즉 고려시대 장기간의 전쟁으로 가장 피해가 컸던 지역은 근기지방으로서 이 지역의 吏族들은 본관과 거주지를 떠날 수밖에 없었을 것이고, 이것이 후기로 내려올수록 관료 배출을 저조하게 한 요인으로 작용하였던 것이다.[38]

고려 후기 세족의 관료 배출은 가문에 따라 그 규모면에서 차이를 보이고 있다. 그 차이는 세족의 성쇠를 좌우하는 것이었다. 앞의 〈표〉에서 드러나고 있듯이 파평 윤씨 등 24개 가문은 10명 이상의 고위 관료를 배출하면서 세족으로서의 면모를 뚜렷이 보여주고 있다. 특히 파평 윤씨·공암 허씨·안동 김씨·안동 권씨·남양 홍씨·광주 김씨·경주 이씨 등 7개 가문에서는 재상급 인물을 포함하여 20명 이상의 고위관료를 배출하여 고려 후기 대표적인 세족으로서의 지위를 확보하고 있었다. 반면에 칠원 윤씨·고홍 유씨와 같이 3대 이상에 걸쳐 재상급 인물을 배출했으면서도 많은 수의 관료를 배출하지 못했거나, 정안 임씨·무송 유씨·횡천 조씨·합천 이씨·익산 이씨·행주 기씨·동복 오씨와 같이 원간섭기에는 관료 배출이 활발하다가 여말에 이를수록 저조한 경우도 있다. 이들은 이후 세족으로서의 가세 유지가 어려웠을 것으로 보인다.

고려 후기 세족의 관료 배출은 전 기간에 걸쳐 고른 분포를 보이고 있지만, 가문에 따라서는 시기별로 편차가 있었다. 대체로 세족층 모두가 공민왕대 이후에 관료 배출을 집중시키고 있는 것이 특징이기도 하다. 그 가운데서도 황려 민씨·안동 권씨·전주 최씨·청주 한씨·서원 염씨·고성 이씨·경주 이씨·단양 우씨·성주 이씨 등은 그 이전에 비해 공민왕대 이후에 배 이상의 관료를 배출하였다. 이러한 현상이 나타나게 된 것은 당시 정치상황이 이들 가문에 유리하게 작용했거나 과거 합격자를 많이 배출한 것이 그

37) 李樹健, 위의 책, 344쪽.
38) 許興植, 〈高麗時代의 本과 居住地〉(《高麗社會史研究》, 亞細亞文化社, 1981), 394~402쪽.
金光哲, 〈麗蒙戰爭과 在地吏族〉(《釜山史學》 12, 釜山史學會, 1987), 60~62쪽.

계기가 되었다고 볼 수 있다.

한편 세족층의 혼인관계도 관료 배출 못지 않게 가문의 사회적 지위를 유지하는 데 크게 작용하였을 것으로 보인다. 세족층은 그들의 가문배경과 비슷한 가문이나 왕실을 대상으로 통혼권을 형성하고 있었다. 예컨대 파평 윤씨는 언양 김씨 등 11개의 세족가문과,[39] 철원 최씨는 황려 민씨 등 16개 정도의 세족가문과 혼인관계를 맺었다.[40] 남양 홍씨의 통혼권은 당시 세족가문을 망라한 것이나 다름없었다. 광주 김씨·청주 정씨·원주 원씨·청주 한씨·안동 권씨·진주 유씨·죽산 박씨·언양 김씨·서원 염씨·파평 윤씨·해평 윤씨·평양 조씨·공암 허씨·문화 유씨·고성 이씨·철원 최씨·성주 이씨·나주 나씨 등 18개의 세족가문과 혼인관계를 맺고 있기 때문이다.[41]

세족층은 왕실과도 혼인관계를 맺고 있었다. 원간섭기 이후 고려왕은 왕위를 유지하기 위해 원공주를 왕비에 책봉하는 한편, 다수의 異姓后妃를 두고 있었다. 충렬왕대에서 공민왕대까지의 이들 후비는 12명 정도 확인되고 있다.[42] 이 가운데 충숙왕비 壽妃와 충혜왕비 銀川翁主, 공민왕비 定妃를 제외하면 모두 세족출신 왕비들이었다. 즉 언양 김씨·남양 홍씨·평양 조씨·공암 허씨·안동 권씨·파평 윤씨·경주 이씨·서원 염씨 등이 왕비를 배출하고 있었다. 남양 홍씨는 충선왕비 順和院妃, 충숙왕비 明德太后, 충혜왕비 和妃 등 3명의 왕비를 배출할 정도였다. 이처럼 고려 후기 세족층이 모두 왕실과 혼인관계를 맺은 것은 아니었지만, 유력한 가문일수록 왕비를 배출하면서 가세를 신장시키고 있었다.

(2) 고려 후기 권력구조와 세족

원간섭기의 전개와 함께 고려 후기 정치체제는 중서문하성과 상서성이 통합되어 僉議府로 개편되고, 6부가 典理·版圖·軍簿·典法司 등 4사로 통폐합되는 등 큰 변화가 있었다. 충렬왕 5년(1279)에 都兵馬使가 都評議使司로

---

39) 朴龍雲, 앞의 글(1977), 151쪽.
40) 朴龍雲, 앞의 글(1978), 66쪽.
41) 金光哲, 앞의 책(1991), 別表 1 高麗後期 世族家門의 世系圖 참조.
42) 정용숙, 〈고려 후기의 異姓后妃〉(《고려시대의 后妃》, 민음사, 1992), 295~296쪽.

개편된 것도[43] 정치체제상의 뚜렷한 변화의 하나였다. 이는 단순히 명칭의 변경에 그치는 것이 아니라 구조와 기능의 변화 등 개편의 성격을 지니는 것이었다. 도평의사사는 도병마사에 비하여 그 구성이나 기능, 절차에 있어 매우 다른 모습을 보이고 있었다. 도병마사가 필요에 따라 간헐적으로 개최되고 그 기능도 주로 군사관계에 한정되는 제한적인 범위내의 것이었다면, 도평의사사는 상설의 合坐기구로서 당시 중대 사안들이 이 기구에서 논의되었다.[44]

도평의사사에는 僉議府·密直司의 재추와 三司의 判事·左右使가 참여하고 있었다. 도병마사 시절에는 그 구성원이 이른바 5宰·7樞에 국한되었던 것에 비하면 그 참여 범위가 확대된 셈이다. 더욱이 고려 후기에는 재추의 수가 증가함으로써 도평의사사에서 합좌하는 인원 수는 계속 늘어났다. 원간섭기만 하더라도 매 시기 재추의 수는 20~30여 명을 헤아리고 있었고, 여말에 가서는 더욱 늘어나 60~70명이 都堂에서 국정을 논의할 정도였다.[45] 고려 후기 재추급 인물들은 세족출신이 많았다. 시기에 따라 차이가 있기는 하지만, 충선왕 2년(1310)의 인사에서는 19명의 재추 가운데 12명이 세족출신이었다.[46] 그러므로 고려 후기 도평의사사의 활동은 세족출신 관료들에 의해 주도되고 있었던 것으로 볼 수 있다.

이처럼 도평의사사는 고려 후기 정치체제상에 중요한 정치기구로 자리잡고 있었다. 그런데 도평의사사의 이러한 기능과 지위가 최고 권력기구로서의 성격을 갖는 것이고, 이 때문에 왕권도 제약 당할 수밖에 없었던 것으로[47] 이해할 수 있을지는 의문이다. 고려 후기 권력구조의 특성상 오히려 도평의사사의 권한을 제약할 수 있는 요소가 많았기 때문이다.

고려 후기에는 도평의사사와는 별도로 일부의 특정 인물들로 구성된 必闍

43) 《高麗史節要》 권 20, 충렬왕 5년 3월.

44) 고려 후기 도평의사사의 성립과 그 기능에 대해서는 이 책 I편 1장 1절 〈중앙통치체제의 변화〉 참조.

45) 《高麗史節要》 권 33, 신우 14년 8월.

46) 《高麗史》 권 33, 世家 33, 충선왕 2년 9월 을유.

47) 閔賢九, 앞의 글(1977), 34~39쪽.
邊太燮, 〈高麗의 政治體制와 權力構造〉(《韓國學報》 4, 1976), 33~38쪽.

赤[필자적 ; 비칙치]과 같은 국왕 측근기구와 征東行省·萬戶府 등 원간섭기구가 권력기구로 등장하고 있었다. 필자적은 충렬왕 4년(1278), 재추의 수가 많아서 정책을 논의하기가 어렵다는 것을 구실로 설치되었다.48) 이 기구에는 일부의 재추를 비롯하여 특정 인물들만 참여하고 있었기 때문에 '別廳宰樞'라고도 하였다. 이 때 설치된 필자적은 단순히 직임의 의미만을 지니는 것이 아니라 통치기구로서의 성격을 갖고 있었다. 특히 그 구성원이 궁중에 모여 국가 중대사를 결정하고 있었다는 점에서 이 기구는 충렬왕의 왕권강화를 뒷받침하기 위한 국왕 측근기구로서의 성격을 갖는 것이었다.49) 그러므로 필자적이 권력기구로 남아 있는 한, 도평의사사가 그 기능과 권한을 제대로 행사하기는 어려웠을 것이다.

필자적과 같은 권력기구는 원간섭기에는 물론 공민왕대와 우왕대에도 '內相'·'內宰樞'로 지칭되면서 존속되고 있었다.50) 원의 간섭에서 벗어났으면서도 내재추와 같은 국왕 측근기구가 여전히 권력기구로 남아 있었던 것이다. 이는 국왕의 왕권강화나 특정세력의 권력독점 등 당시 정치상황과 밀접한 관련을 갖는 것이다. 즉, 공민왕대는 신돈집권기에 왕권을 강화할 목적으로, 우왕대에는 林堅味 등 권력층이 왕명의 출납을 장악하는 등 권력을 독점하기 위해 내재추제가 필요했던 것이다. 내재추는 그 이름이 말해주듯이 궁중에서 국가 중대사를 처리하는 등 권력을 장악하면서 도평의사사의 권한을 제약하고 축소시키는 역할을 담당하고 있었다.51)

충렬왕대에 원의 종속구조가 본격적으로 자리잡게 되면서부터 국내에는 원의 간섭기구가 설치되는가 하면 원과의 관계개선을 통하여 권력을 행사하는 부류들이 나타나게 된다. 원은 부마관계를 통해 고려국왕을 원의 지배에 순응시키면서 국왕을 매개로 하여 고려를 효과적으로 지배하고 있었다.52) 이

---

48) 《高麗史節要》 권 20, 충렬왕 4년 10월.

49) 金光哲, 〈高麗 忠烈王代 政治勢力의 動向-忠烈王 初期 政治勢力의 變化를 중심으로-〉(《論文集》 7-1, 昌原大, 1985), 160쪽.
李益柱, 앞의 글(1988), 208~210쪽.
朴龍雲, 〈高麗後期 必闍赤에 대한 검토〉(《李基白先生古稀紀念 韓國史學論叢》, 一潮閣, 1994), 868~872쪽.

50) 《高麗史》 권 114, 列傳 27, 吳仁澤 및 권 126, 列傳 39, 姦臣 2, 林堅味.

51) 閔賢九, 〈辛旽의 執權과 그 政治的 性格(上)〉(《歷史學報》 38, 1968), 78~84쪽.

러한 지배방식에 따라 征東行省과 萬戶府가 대표적인 간섭기구로 자리잡고 있었다. 정동행성은 시기마다 그 활동내용에 차이가 있고 원의 공적 연락 기관으로서 그리고 내정 간섭기구로서의 성격을 지니는 것이었지만, 고려국왕이 그 책임자인 丞相에 임명되는 등 국왕을 매개로 하여 이를 관철시키고 있었다. 만호부는 원의 군사적인 요구를 일정하게 반영하고 있었던 군사조직이었다. 이 기구 역시 고려와 원 양측의 정치적 이해관계 속에서 설치되었고 고려국왕에 의해 만호에 임명될 인물이 선정되는 등,[53] 원의 만호부를 통한 군사적 통제 역시 고려국왕을 매개로 하고 있었다.

정동행성은 그 하부기관으로 左右司·儒學提擧司·理問所·都鎭撫司 등을 두고 대원외교의 사무에 복무하는 한편, 국왕의 인정 하에 국내의 田民·사법·조세 등 대내적인 문제에까지 참여하여 내정을 간섭하였다.[54] 비록 절차상으로는 행성의 업무를 도평의사사에 보고하여 시행하도록 되어 있었지만, 행성은 오히려 도평의사사를 무시하고 독자적으로 그 활동을 전개해 나가기도 하였던 것이다.[55] 만호부만 하더라도 원간섭기에 권력기구로서 존재했을 것이다. 그 기능이 왕권의 유지 및 원의 지배정책과 관련되는 것이었기 때문에 그러하다. 특히 순군만호부는 정보와 무력을 장악하여 현실 비판적인 재추나 대간을 왕명에 따라 체포·수감·국문하는 등[56] 권력기구로서의 면모를 보이고 있었다.

이처럼 원간섭 이후 고려 국가기구 가운데에는 왕권의 유지 및 강화, 그리고 원의 지배정책과 관련된 기구들이 권력기구로 등장하고 있었다. 원간섭기 동안은 필자적·정동행성·만호부가, 공민왕대 이후에는 내재추가 권력기구로 존속하고 있었다. 그러므로 이같은 권력기구가 존재하는 한, 도평의사사는 그 권한과 기능을 행사하는데 제약 당할 수밖에 없었다.

한편 고려 후기에는 이와 같은 권력기구의 존재와 함께 가문배경에 관계없이 막대한 권력을 행사하고 있던 권력층이 시기마다 등장하고 있었다. 이

52) 李益柱, 앞의 글(1988), 176쪽.
53) 邊東明, 〈高麗 忠烈王代의 萬戶〉(《歷史學報》 121, 1989), 134쪽.
54) 張東翼, 〈征東行省의 硏究〉(《東方學志》 67, 1990), 83쪽.
55) 《高麗史》 권 84, 志 38, 刑法 1, 職制.
56) 韓沽劤, 〈麗末鮮初 巡軍硏究〉(《震檀學報》 22, 1961), 30~34쪽.

들 권력층은 국가기구의 기능과 권한을 무력하게 하고 토지겸병 등을 통해 경제력을 집중시킴으로써 당시 비판의 표적이 되고 있었다. 권문층으로 규정할 만한 이들은 당시의 사정을 전해주는 기록들에서 '權門'·'權貴'·'權勢之家' 등으로 지칭되고 있었다.[57]

무신란 이후 권력은 무신 중심, 그것도 집정무인을 정점으로 행사되고 있었다. 그러므로 무신집권기 동안에 권문층은 바로 이들이었다. 무신들은 비록 정권의 유지를 위하여 국왕의 권위를 인정하고 왕실과 혼인하기도 하지만[58] 그들의 권력은 왕권을 능가하는 것이었다. 원간섭기 권문층은 국왕 측근세력들이었다. 국왕 측근세력은 응방 관계자, 몽고어 역관, 내료, 환관, 겁령구나 이들과 긴밀한 관계를 유지했던 폐행 인물들과 원에 국왕을 시종했던 인물들이 그 구성원이 되고 있었다.[59]

폐행은 국왕에 대하여 헌신적으로 봉사하는 등 충성을 다하였고, 국왕은 이에 대한 반대급부로 이들에게 상당한 권력을 부여해주었다.[60] 이들은 왕권을 배경으로 하고 있었기 때문에 왕위 교체에 따라 파멸의 위기를 맞기도 하였다. 그러나 왕위가 유지되고 그 지원이 계속되는 한 '권력이 한 나라를 기울게 했다'고 표현될[61] 정도로 막강한 권력을 행사하고 있었다.

원의 지배정책에 따라 원간섭기 고려의 국왕은 즉위 전부터 원에서 宿衛의 절차를 거쳐야 했고, 즉위 후에는 원의 요청이나 현안 문제의 해결을 위해 자주 入朝하였다. 특히 충선왕의 경우는 즉위한 후에도 원에 계속 체류하면서 왕권을 행사하였다. 이 과정에서 시종신은 국왕의 측근세력이 되어 왕권을 배경으로 상당한 권력을 행사하였다. 예컨대 충선왕대에는 權漢功·崔

57) 金光哲, 앞의 책(1991), 19~34쪽. 당시 권력층에 대한 지칭은 이외에도 權臣·權豪·勢家·豪强·豪勢家·豪猾之徒·權姦·巨室 등이 있다.

58) 金塘澤, 〈崔氏政權과 國王〉(앞의 책), 173~174쪽.

59) 李益柱, 앞의 글(1988), 188~203쪽.
金光哲, 앞의 책(1991), 144~152쪽.
鄭希仙, 〈高麗 忠肅王代 政治勢力의 性格〉(《史學硏究》 42, 1990), 34~37쪽.
朴宰佑, 〈高麗 忠宣王代 政治運營과 政治勢力의 動向〉(《韓國史論》 29, 서울大, 1993), 17~22쪽.

60) 洪承基, 〈元의 干涉期에 있어서의 奴婢出身 人物들의 政治的 進出〉(《韓國史學》 4, 韓國精神文化硏究院, 1983), 122쪽.

61) 《高麗史》 권 123, 列傳 36, 嬖幸 1, 廉承益·印侯.

誠之・李光逢 등이, 충숙왕대에는 崔安道 등이 시종신이 되어 권력층으로 군림하였다.[62]

이렇게 형성된 권문층은 다양한 구성을 보이고 있다. 가문배경과 관계없이 권문층이 될 수 있었다는 점이 고려 후기 권력구조의 특징이기도 하다. 비록 천한 신분의 소유자라 할지라도 무인집정이 되거나 국왕 측근세력이 되면 권력층으로 부상할 수 있었다. 세족출신 관료들은 재추직 등 고위직에서 활동하고 있었기 때문에 권문층이 되는 데에도 유리한 위치에 있었다. 그래서 서원 염씨 廉承益이나 황려 민씨 閔漬, 안동 권씨 權適과 같이 국왕의 폐행이 되어 권문으로 등장한 부류도 있었다.[63]

이처럼 권력기구가 등장하고 권문층이 형성됨으로써 도평의사사와 이를 중심으로 활동하고 있던 재추들은 위축당할 수밖에 없었다. 충렬왕의 폐행이었던 환관 崔世延은 장군직만 갖고 있으면서도 상당한 권력을 행사하였다. 관료의 승진과 강등이 모두 그의 손에 달려 있었고, 재상이라도 그의 뜻을 거슬리지 못할 정도였다.[64] 최세연과 같은 권문의 존재때문에 세족출신의 재추들도 그 권한을 제대로 행사할 수 없었던 것이다. 원간섭기에 활동했던 李齊賢은 당시 도평의사사에 참여하고 있는 재추들이 겨우 부부간의 사사로운 일이나 개인적인 이해관계만을 얘기할 정도라고 혹평한 바 있다.[65] 무신정권하에서 당시 재상들이 공작새나 모란꽃에 관한 이야기로 소일한 것보다 더 못했다는 것이다. 이제현은 그 원인을 재추의 수가 많은 데서 찾고 있는데, 그도 그렇지만 당시 재추가 이렇게 밖에 할 수 없었던 것은 도평의사사가 국가 정책의 결정이나 행정운영에 있어 그 위상에 걸맞은 실질적인 권한을 갖지 못했기 때문이었을 것이다. 여말에도 사정은 크게 다르지 않았다. 우왕대의 재상이었던 金續命은 자신은 도당에서 허수아비와 같다고 토로하면서 도평의사사가 약화되고 있음을 비판하다가 李仁任 등의 사주를 받은 대간의 탄핵으로 유배된 바 있다.[66] 역시 세족출신인 정당문학 許完과 동지밀직사사

62) 《高麗史》 권 124, 列傳 37, 嬖幸 2, 崔安道 및 권 125, 列傳 38, 姦臣 1, 權漢功.
63) 《高麗史》 권 123, 列傳 36, 嬖幸 1, 廉承益 및 권 124, 列傳 37, 嬖幸 2, 閔漬.
64) 《高麗史》 권 122, 列傳 35, 宦者 崔世延.
65) 李齊賢, 《櫟翁稗說》 前集 1.
66) 《高麗史》 권 111, 列傳 24, 金續命.

尹邦晏은 내재추인 林堅味·都吉敷를 비판하다가 오히려 죽임을 당하기까지 하였다.[67]

물론 도평의사사는 여말까지 계속 존속하면서 정치체제의 중추기구로 자리하고 있었다. 비록 내재추와 같은 권력기구와 권문층의 존재로 도평의사사가 권력기구로서의 지위를 확보하고 있지 못했다 하더라도 정치운영에 있어 갖는 상징적 지위는 매우 컸다. 그것은 권력기구나 권문층의 지나친 권력독점으로 정치과정이 왜곡될 때마다 도평의사사의 기능 회복을 강조하고 있는 데서 알 수 있다. 즉 지방에 발송되는 왕의 교지를 도평의사사를 경유하게 해야 된다고 요구한다든지[68] 정동행성에서 지방에 공문을 보낼 때에도 도평의사사에 보고해야 함을 강조하고, 국가의 여러 정책이 도평의사사에서 결정되야 함을 촉구하면서[69] 그 기능과 권한을 유지하려 하고 있었다.

특히 개혁정치가 추진되었던 시기에는 도평의사사가 그 기능과 권한을 어느 정도 회복할 수 있었다. 예컨대 충선왕대 개혁정치 시기에는 왕명에 의해 도평의사사가 공무를 맡아 처리하고, 지방관을 감찰하기도 하였다.[70] 충목왕대에는 도평의사사가 녹과전의 설치를 건의하는 한편, 賜給田의 폐해를 지적하면서 수조권 분급체제의 정비를 주장하는 등[71] 사회모순의 해결에 관심을 보인 바 있다. 공민왕대에도 개혁정치 기간 동안에 도평의사사가 왕명에 따라 양전사업을 주관하는 등[72] 정치운영의 중추기구로서의 면모를 보여주고 있었다. 이러한 도평의사사의 위상은 이 기구가 권력기구로서 존재했느냐의 여부를 떠나서 항상 정치운영의 중심적 위치를 차지하고 있었음을 의미한다. 그러므로 여기에서 활동하고 있던 세족출신의 재추들은 이를 매개로 그들의 정치적 기반을 확보할 수 있었고, 이를 통해 가문의 사회적 지위를 유지·신장시킬 수 있었다.

---

67) 《高麗史節要》 권 31, 신우 5년 9월.
68) 《高麗史節要》 권 21, 충렬왕 22년 2월.
69) 《高麗史》 권 84, 志 38, 刑法 1, 職制.
70) 《高麗史》 권 33, 世家 33, 충선왕 원년 10월 기묘.
71) 《高麗史》 권 78, 志 32, 食貨 1, 田制 祿科田.
72) 《高麗史》 권 78, 志 32, 食貨 1, 田制 經理.

(3) 고려 후기 사회모순의 심화와 세족층의 동향

고려 후기에는 토지겸병의 확대 등 대내적인 모순과 몽고와의 전쟁, 그리고 원의 간섭으로 말미암은 대외적인 모순이 중첩되어 사회모순이 심화되고 있었다. 12세기 이래 진행되어온 토지겸병은 무신집권기를 거치면서 더욱 가속화되었고 원간섭기 이후 겸병의 정도는 더욱 심각한 상태에 있었다. 당시 권문층들은 고리대를 통해 소농의 토지를 점탈하거나 국가로부터 公牒·賜牌를 얻어 합법을 가장한 점탈을 자행하여 한 번에 많게는 수백 결에 이르는 토지를 겸병하고 있었다.[73]

토지겸병에 따른 토지 지배관계의 혼란은 조세 수취과정에도 그대로 반영되었다. 권력층이 자기 소유지의 田租를 납부하지 않음으로써 그 부담은 향리·백성에게 돌아갔으며,[74] 일본정벌을 위한 군사비와 국왕과 사신의 잦은 원에의 왕래에 따른 비용을 충당하기 위해 科斂과 같은 임시세가 부과되었다.[75] 鹽전매제 역시 소금의 공급은 제대로 되지 않은 채 鹽稅를 신설한 결과를 가져와 민생문제를 야기하였다. 또한 조세를 수납하는 과정에서 선납·대납 행위가 나타나 민의 조세 부담을 가중시켰다.[76]

고려 후기 세족층은 이와 같은 모순구조 속에서 오히려 그들의 기득권을 강화하였다. 세족은 본래 지주층 이상의 경제적 기반을 갖고 있는 데다가 지속적인 관료 배출을 통하여 국가로부터 녹과전, 녹봉을 지급 받아 경제적 기반을 확대하고 있었다. 세족은 이렇게 축적한 부를 토지에 재투자하여 매득·개간 등의 방법으로 토지소유의 규모를 확대하였다. 게다가 세족층의 일부는 수조지의 확대, 토지점탈, 사패를 통해 농장을 형성하여 경제력을 집중시켰다. 그러므로 고려 후기 세족층은 권문이든 그렇지 않든 간에 사회모순을 심화시키고 있었던 주체였다.

고려 후기 세족층의 경제력 집중은 한편으로 소농의 몰락과 국가재정의 고갈을 초래케 함으로써 국가를 위기 상황으로 몰아갔다. 특히 소농의 佃戶化나

---

73) 《高麗史節要》 권 20, 충렬왕 8년 9월.
74) 《高麗史》 권 78, 志 32, 食貨 1, 租稅.
75) 《高麗史》 권 79, 志 33, 食貨 2, 科斂.
76) 《高麗史》 권 78, 志 32, 食貨 1, 貢賦.

流亡은[77] 국가재정의 확보와 노동력 징발을 어렵게 할 뿐 아니라, 지배체제를 붕괴시킬 소지도 있는 것이었다. 그래서 왕실이나 관료들은 이처럼 심화되어 가는 사회모순에 대해 일정하게 대응하지 않을 수 없었다. 세족들로서도 사회모순이 심화되어 체제 자체가 파탄 상태에 놓이게 되면 그들이 지금까지 누려왔던 기득권마저도 상실할 수 있는 것이기 때문에 이에 대응하지 않을 수 없었던 것이다. 고려 후기 몇 차례 추진되었던 개혁정치는[78] 바로 이러한 유민문제 등 체제의 위기에 대응하면서 한편으로는 국왕 측근세력 등 이전 권력층의 기반을 와해시켜 왕권을 강화할 목적으로 실시된 것이었다.[79]

충선왕대 개혁정치에서부터 여말의 사전개혁에 이르기까지 일련의 개혁 추진과정에서 일부 세족출신 관료들은 개혁에 적극적으로 참여하였다. 예컨대 충목왕대 세족출신인 王煦·金永旽·金光轍·金英利·許湜 등은 정치도감의 判事나 副使·錄事로서 신흥관료와 함께 개혁을 추진한 바 있다. 이들은 공민왕대 이후 원의 영향력이 일정하게 쇠퇴한 공간을 이용하여 부원세력의 제거를 주도하고, 국가재정의 고갈과 민생문제의 유발 요인이 되고 있었던 私田문제를 해결하려고 노력하였다. 공민왕대에 활동했던 元松壽·鄭樞·閔霽·金九容·李岡·韓脩·金敬直 등은 세족출신으로서 이제현 등과 함께 개혁세력으로 활동하였다.[80]

사회모순의 주체인 세족출신 관료들이 개혁정치에 참여했다는 것에 의문을 가질 수 있다. 그러나 당시 개혁정치의 내용과 그 성격을 보면 이 점을 곧 이해할 수 있다. 원간섭기 이후 정부가 주도한 개혁은 당시 토지 지배관계나 수취구조 그리고 원의 종속구조로 말미암은 고려사회의 구조적 모순을

---

77) 梁元錫, 〈麗末의 流民問題－특히 對蒙關係를 중심으로－〉(《李丙燾博士華甲紀念論叢》, 一潮閣, 1956).
김순자, 〈원간섭기 민의 동향〉(《역사와 현실》 7, 1992).

78) 고려 후기 개혁정치에 대해서는 이 책 Ⅰ편 2장 3절 〈개혁정치의 추진과 신진사대부의 성장〉 참조.

79) 金光哲, 〈高麗 忠肅王 12年의 改革案과 그 性格〉(《考古歷史學志》 5·6, 1990), 207~209쪽.
김순자, 앞의 글, 71~80쪽.

80) 李淑京, 〈李齊賢勢力의 形成과 그 역할〉(《韓國史硏究》 64, 1989), 53~54쪽 〈표 1〉 참조.

근본적으로 해결하려는 것이 아니었다. 다만 제도 운영상에 나타나는 문제를 시정하거나 부분적인 개혁을 통해 심각한 사회모순을 완화하려는 양보적이고 개량적인 것으로서, 반원적이거나 체제 변혁적인 것이 아니었다.[81] 여말의 사전개혁은 수조권 분급체제의 정비를 목적으로 하였다는 점에서는 원간섭기의 개혁과 차이가 있지만, 이 개혁도 수조권의 집적을 부정하는 것일 뿐 지주층의 소유권을 박탈하는 것은 아니었다.[82] 당시 개혁의 성격이 이러했기 때문에 세족출신들 가운데서도 그들의 현실인식에 따라서 개혁정치에 적극적으로 참여할 수 있었다. 물론 세족이 참여한 개혁은 그들의 경제적 기반에 손상을 입지 않는 범위 내에서였다.

한편 원에 대한 종속구조가 정착됨에 따라 고려의 지배세력들은 이에 순응하거나 원과 적극적으로 결탁하여 그들의 지위를 확보하려 하였다. 고려 관료들은 정동행성의 좌우사·유학제거사·이문소·도진무사에서 활동하였으며,[83] 만호직을 수여 받아 원 및 고려국왕과 긴밀한 관계를 유지하고, 원과의 직접적인 교류를 통해 그들의 지위와 권력을 신장시켜 갔다. 대원관계가 외교의 중심을 이루게 되면서 몽고어 역관출신의 지위가 상승하고 그들의 가문을 성장시키는 계기가 되는가 하면, 응방관계자가 출세하여 가세를 신장시키기도 하였다. 원으로 환관과 공녀를 보내는 일은 그 가족과 국가에 비탄과 모멸감을 안겨주는 것이었지만, 일부에서는 이를 통해 권력층으로 부상하는 경우도 나타나게 되면서[84] 고려와 원 사이의 인적 교류는 급격히 확대되어 갔다. 뿐만 아니라 고려 관료들은 원과의 학문적 교류나 원의 과거에 합격하여[85] 그들의 지위를 향상시키려 하였다. 당시 이들 유교 지식인이나 원의

---

81) 金光哲, 앞의 글(1990), 201~207쪽.
權寧國, 〈14세기 전반 '개혁정치'의 내용과 그 성격〉(《역사와 현실》 7, 1992), 107~110쪽.

82) 李景植, 〈高麗末의 私田 捄弊策과 科田法〉(《東方學志》 42, 1984;《朝鮮前期土地制度硏究》, 一潮閣, 1986, 92쪽).
姜晋哲, 〈高麗末期의 私田改革과 그 成果－농민의 처지에서 본 개혁과 그 성과의 문제점－〉(《震檀學報》 66, 1988;《韓國中世土地所有硏究》, 一潮閣, 1989, 314쪽).

83) 張東翼, 《麗·元關係史硏究》(釜山大 博士學位論文, 1992;《高麗後期外交史硏究》, 一潮閣, 1994, 52~102쪽).

84) 《高麗史節要》 권 23, 충선왕 2년 9월.

과거에 합격한 인물들은 고려의 文名을 드날렸다는 칭송을 받고 있었지만, 엄밀히 말하여 이러한 활동 역시 고려의 자주성과는 거리가 있는 것이었다. 세족출신을 비롯한 관료집단은 그들의 출신기반에 관계없이 종속구조를 종식시키는 데 앞장서기보다는, 오히려 이를 이용하여 그들의 세력기반을 확대하려는 경향을 보이고 있었던 것이다.[86] 원의 간섭이 장기화되면서 관료집단의 이러한 지향은 더욱 심화되어, 자주적인 모습을 보이기보다는 친원적 세계관에 매몰되고 있었다.[87]

원간섭기 고려 관료들이 이처럼 친원적 세계관에서 벗어나지 못하고 있으면서도 개인에 따라서는 소극적이지만 자주적인 모습을 보이기도 하고,[88] 특히 국가가 소멸될 위기에 처했을 때에는 고려의 독립을 위하여 적극 대처하기도 하였다. 충렬왕 26년(1300) 정동행성 平章政事인 闊里吉思가 노비제도를 개혁하고 관원수를 줄이는 등[89] 내정을 간섭하여 왔을 때 재추관료들은 이에 적극 대처하여 좌절시킨 바 있다. 충렬왕대 말 宋邦英 등 충렬왕파가 원의 실력자들과 연결되어 충선왕비인 寶塔實憐公主를 개가시켜 충선왕의 왕위계승권을 박탈하려 했을 때에도 洪子藩·崔有渰 등 세족출신 재추들은 元都에까지 가서 활발한 활동을 전개하여 이를 저지한 적이 있었다. 물론 세족층의 이러한 활동은 국왕 측근세력의 권력장악에 따라 소외당하고 있는 현

---

85) 張東翼, 앞의 책, 206~234쪽.
高惠玲, 〈高麗 士大夫와 元制科〉(《14世紀 高麗 士大夫의 性理學 受容과 稼亭 李穀》, 梨花女大 博士學位論文, 1992), 71~81쪽.

86) 張東翼, 〈元의 政治的 干涉과 高麗政府의 對應〉(《歷史敎育論集》 17, 慶北大, 1992), 22쪽.

87) 도현철, 〈14세기 전반 유교 지식인의 현실인식〉(《14세기 고려의 정치와 사회》, 민음사, 1994), 571~579쪽. 도현철은 당시 지식 관료들은 지배층으로서의 기득권을 계속 보장받기 위해, 원의 형세론적 도통관에 의하여 원을 천자국으로 긍정하는 등 원의 간섭을 인정하고 있었던 것으로 이해하였다. 원간섭기 관료들이 친원적 세계관 속에 매몰되고 있었음은 이 시기 사대부의 전형적인 인물로 평가받고 있는 李穀이 당시 세족이었던 평양 조씨 趙瑋의 묘지명을 쓰면서 원과의 관계를 극찬한 데에서도 드러나 있다(李 穀, 《稼亭文集》 권 12, 趙瑋墓誌銘).

88) 충렬왕대 수상직을 역임했던 洪子藩은 역관출신 재상 柳淸臣이 원의 사신과 몽고어로 직접 대화하는 것을 비판한 바 있는데, 이러한 사례를 통해 고려 관료들 가운데는 한계는 있었지만 자주성을 유지하려 했던 인물들이 있었음을 엿볼 수 있다(李齊賢, 《櫟翁稗說》 前集 1).

89) 《高麗史》 권 31, 世家 31, 충렬왕 26년 10월 정유.

실을 극복하려는 것이었지만, 고려 국가의 독립과 자주성을 유지하려는 의도에서 비롯된 것이라는 점도 간과할 수 없을 것이다.

충선왕대 이후 부원세력에 의해 주도된 立省策動은 고려 국내 정치세력을 분열시켰을 뿐만 아니라, 국가의 존립 자체를 위기로 몰아넣었다. 입성책동은 곧 고려를 원의 內地로 만들려는 것으로,[90] 충선왕대 이후 몇 차례에 걸쳐 자행되었다.[91] 이 가운데에서도 충선왕대 遼陽行省右丞 洪重喜와 충숙왕 10년(1323) 瀋王派의 입성책동은 국가의 존폐를 좌우할 정도로 심각한 것이었다. 당시 국내 정치세력들은 입성책동에 맞서 원의 황실과 중서성에 그 부당성을 알리고 이를 저지하는 데 적극성을 보였다.[92] 閔宗儒·崔誠之·金倫·최유엄 등 세족출신 재추들은 심왕파의 왕권 장악을 저지하는 한편, 이들이 주도하는 입성책동을 봉쇄하기 위하여 적극 대처하였다. 재추 관료들은 원의 실력자를 움직이기도 하고, 직접 원으로 가서 중서성을 상대로 그 부당성을 주지시켜 입성책동이 중지될 수 있었다.[93]

이처럼 고려 후기 세족층은 사회모순을 완화시키기 위해 개혁활동에 참여하기도 하고, 고려의 자주성을 말살하려는 원과 부원세력의 책동을 저지하려는 모습을 보이기도 했다. 세족층이 당시 모순 주체이면서도 이처럼 동시에 개혁적인 모습을 보이게 된 것은 현실인식의 차이에 따라 그 대응방식을 달리한 결과일 것이다. 세족층 가운데는 외세 간섭이나 체제모순을 방치하면서 오히려 이를 이용하여 더 많은 기득권을 누리려는 집단이 있는가 하면, 국가재정과 민생문제를 어느 정도 해결하고 고려의 자주성을 유지시키면서 기득권을 향유하려는 세력집단이 있었다. 그러므로 후자의 입장에 있었던 세족들은 개혁정치에도 참여하고 원의 내정 간섭을 저지하는 데도 적극성을 보일 수 있었다.

---

90) 《高麗史節要》 권 24, 충숙왕 10년 정월.

91) 高柄翊, 〈麗代 征東行省의 硏究〉(《歷史學報》 14·19, 1961·1962 ; 《東亞交涉史의 硏究》, 서울大 出版部, 1970).
北村秀人, 〈高麗末における立省問題について〉(《北海道大學文學部紀要》 14-1, 1966).
김혜원, 〈원간섭기 입성론과 그 성격〉(《14세기 고려의 정치와 사회》) 참조.

92) 《高麗史》 권 108, 列傳 21, 崔誠之.

93) 《高麗史》 권 110, 列傳 23, 李齊賢.
《高麗史節要》 권 24, 충숙왕 10년 정월·12년 윤정월.

(4) 고려 후기 세족의 역사적 성격

고려 후기 세족층은 지주층으로서의 경제적 기반을 갖고 국가기구에서 활동하면서 정치권력과 사회적 지위를 누렸던 최고의 지배세력이었다. 세족층은 가문에 따라 토지소유 규모의 차이는 있었지만, 본래 일반 소농에 비하여 많은 사유지를 갖고 있는 데다가, 지속적인 관료 배출을 통해 가문의 경제적 기반을 확대할 수 있었다.[94] 비록 고려 후기에 와서 전기의 전시과제도가 제대로 시행되지 않고 녹봉도 규정액대로 지급되지 않았다 하더라도, 녹과전의 지급 등 여전히 관직을 매개로 경제적 부를 확대할 수 있는 기회가 많았다. 특히 세족층은 收租地를 世傳하여 家産化하거나 賜田의 확대를 통해 농장을 형성하고 이를 경제적 기반으로 삼아 지주층으로서의 지위를 강화해 나갈 수 있었다.

고려 후기 세족층은 문벌로서의 성격을 지닌다. 이들은 지주층으로서의 경제적 기반과 지속적인 관료 배출, 제한된 범위 내에서의 혼인관계 등을 통하여 문벌을 형성하고 있었다. 고려 후기 세족도 문벌가문이라는 점에서 다른 사회계층에 대해 일정하게 배타성과 폐쇄성을 갖고 있었다. 일찍이 공민왕도 비판했던 것처럼 세족은 親黨을 형성하여 서로 이해관계를 도모하고 있었기 때문이다.[95] 물론 세족층이 갖는 이러한 배타성과 폐쇄성은 문벌이 존재했던 전근대사회 어느 시기에나 나타날 수 있는 것이었다.[96]

고려 후기 세족이 문벌로서의 성격을 갖는 것은 분명하지만 고려시대 친족구조의 특성 때문에 조선시대의 그것과는 차별성을 지닐 수밖에 없었다. 고려시대 친족구조는 부계 중심이 아닌 양측적 친속관계로 유지되고 있었다.[97] 이 때문에 상속관계가 부계 중심으로만 운영된 것도 아니었고,[98] 정치

---

94) 尹漢宅은 慶源李氏 출신의 관료들이 시기마다 받은 科田을 통계하여, 문벌가문의 과전지배가 家領地의 형태를 띠면서 중요한 경제적 기반이 되고 있었던 것으로 이해하였다(尹漢宅, 〈高麗前期 慶源李氏家의 科田支配〉, 《歷史研究》 1, 역사학연구소, 1992).

95) 《高麗史節要》 권 28, 공민왕 14년 12월.

96) 宋俊浩는 문벌 숭상의 풍조가 고려시대보다는 조선시대에, 조선시대에도 말기로 올수록 더 발달했으며, 그 배타성도 다른 씨족에 대해서 뿐만 아니라, 씨족내 각 派 간에 심각했던 것으로 이해하였다(宋俊浩, 〈韓國에 있어서의 家系기록의 歷史와 그 解釋〉, 《歷史學報》 87, 1980 ; 《朝鮮社會史研究》, 一潮閣, 1987, 36~44쪽).

97) 盧明鎬, 〈高麗時代의 親族組織〉(《國史館論叢》 3, 1989), 105~116쪽.

적 세력집단도 부계의 친족집단을 단위로 하는 것이 아니라 유력자와의 개인적 관계에 따라 결성되고 있었다. 3촌이나 4촌간은 물론이고 형제간에도 세력집단을 달리할 정도였다.[99] 그러므로 이러한 친족구조 속에서 세족이 부계 중심의 강력한 문벌을 형성하기는 어려웠을 것이며,[100] 그만큼 상대적으로 폐쇄성이나 배타성이 덜하였을 것이다.

관료의 지속적인 배출은 세족층이 문벌로서의 지위를 유지해나가는 데 있어 가장 중요한 요소였다. 특정 시기에 권문의 지위에 있었다 하더라도 관료배출이 지속되지 않는 한, 그 권력은 당대에 그치고 가문이 쇠락해 간 반면, 비록 권력층으로 부상하지는 못했지만 지속적으로 관료를 배출한 경우는 세족으로 성장하고 있기 때문이다. 이처럼 지속적인 관료배출과 정치기구에의 참여는 세족으로서의 지위를 유지하는 데 결정적 요소가 되고 있었다. 세족층은 권문이 권력을 독점하는 가운데에서도 꾸준히 관료를 배출하여 사회적 지위를 유지하고 있었으며, 그들의 문벌적 지위에만 의존하지 않고 도평의사사 등 정치기구를 매개로 정치활동을 전개하면서 정치적 지위를 확보하고 있었다. 이러한 점에서 고려 후기 세족층은 관료적 성격을 갖는 지배세력이라고 규정할 수 있을 것이다.[101]

세족층은 고려시대 대표적인 入仕路였던 음서와 과거에 의존하여 관료를 배출하고 있었다. 음서에 의해 관료가 되는 것은 과거에 합격한 경우보다 文翰職을 갖지 못하는 등 제약이 따랐다. 그러나 음서는 과거에 비해 일찍 관료로 진출할 수 있는 기회를 제공하는 등, 세족층이 관료배출을 지속시키면서 문벌로서의 지위를 유지할 수 있는 중요한 제도적 장치가 되고 있었다.[102] 과거로 진출하는 것은 座主·門生 사이에 집단의식을 바탕으로 굳건한 유대관계를

---

98) 許興植, 〈高麗時代의 親族構造〉(앞의 책, 1981b), 318~330쪽.

99) 盧明鎬, 앞의 글, 116쪽.

100) 崔在錫은 친족용어, 족보, 양자, 항렬사용 등을 검토하여 고려시대에는 조선 후기에 볼 수 있는 것과 같은 부계 중심의 혈연집단이 존재하지 않았던 것으로 이해하였다(崔在錫, 〈高麗時代의 親族組織〉, 《歷史學報》 94·95, 1982, 227쪽).

101) 閔賢九, 앞의 글(1977), 58~59쪽.

102) 金龍善, 《高麗 蔭敍制度硏究》(韓國硏究院, 1987), 141~148쪽.
朴龍雲, 〈高麗時代의 蔭敍制와 科擧制에 대한 比較 檢討〉(《高麗時代 蔭敍制와 科擧制硏究》, 一志社, 1990), 660쪽.

맺을 수 있는 장점이 있었고, 국가도 이를 장려하는 등 사회의식상 음서로만 진출한 관료보다 여러 가지로 유리하였다.103) 더욱이 문한직으로 진출할 수 있는 데다가 승진에서 음서출신보다는 우월한 지위를 확보할 수 있었기 때문에, 개인과 가문의 영광을 위하여 가능한 한 과거에 합격하기를 원하였다.104) 許冠이 과거 응시를 고집했던 것처럼105) 세족출신들은 家業의 준수라는 의무를 다하기 위하여 과거에 합격하는 것을 최고의 목표로 삼기도 하였다. 그래서 일단 음서로 진출하고나서도 상당수의 관료는 과거에 응시하여 합격하였다.106)

과거에 응시하거나 합격한 후 관료로 진출하는 데에는 상당한 경제적 기반과 후원이 필요하였다. 세족 출신은 이러한 점에서 유리한 위치에 있었기 때문에 세족층은 상당수의 과거출신 관료를 배출할 수 있었다. 고려 후기 세족가문 가운데에 과거출신 관료를 배출하지 못한 가문은 몇 예에 지나지 않으며, 대부분의 세족은 가문에 따라 그 규모를 달리하고 있기는 하나, 2~3명 이상의 과거출신 관료를 배출하였다.107) 관료를 많이 배출했던 것으로 나타나고 있는 파평 윤씨·공암 허씨·황려 민씨·안동 권씨·청주 한씨·청주 정씨·청주 곽씨·경주 이씨·순흥 안씨·단양 우씨·성주 이씨 등 11개 가문에서는 50% 이상의 과거출신 관료를 배출하고 있었다. 과거출신 관료의 배출 정도가 세족의 가세를 좌우할 정도였다. 그러므로 세족층은 음서에만 의존하지 않고 과거를 중요한 入仕路로 활용하고 있었다고 보아도 좋을 것이다. 따라서 과거에 합격하는 것이 그들의 문학적·유교적 소양을 가늠하는 것이라면, 세족출신도 예외일 수는 없을 것이다.

고려 후기 세족은 가문배경이나 경제적 기반에 있어 동질성을 갖는 지배세력이었다. 그러나 이러한 지배세력으로서의 동질성이 세족가문끼리 굳건한 연대나 공통의 정치적 지향을 갖게 했던 것은 아니다. 세족층은 권력기구에

---

103) 許興植, 〈高麗의 科擧와 門蔭制度와의 비교〉(《韓國史硏究》 27, 1979 ; 앞의 책, 1981a, 229~235쪽).

104) 朴龍雲, 앞의 책(1990), 660쪽.

105) 《高麗史》 권 105, 列傳 18, 許珙 附 冠.

106) 金龍善은 확인되는 음서출신자 가운데 41.1%가 과거에 합격하였고, 불합격자까지 감안하면 음서출신자의 과거에 대한 관심은 매우 높았을 것으로 이해하였다(金龍善, 앞의 책, 181쪽).

107) 金光哲, 앞의 책(1991), 125쪽 〈表-8〉 世族家門의 科擧官人 비율표.

참여하여 권문층이 된 가문이 있는가 하면, 부원세력으로서 고려의 국익을 손상시키는 행위를 일삼았던 가문도 있고, 본질적으로는 사회모순의 주체일 수밖에 없으면서도 권력독점 현상 등 파행적·기형적인 정치행태에 비판적이거나 현실의 민생문제를 개선하려 한 개혁세력도 있었다.

세족층의 이러한 내적 분화는 동일한 가계 안에서도 나타나고 있었다. 예컨대 황려 민씨의 경우 閔渙처럼 충혜왕의 폐행이 되어 전횡을 일삼았던 인물이 있는가 하면,[108] 閔漬·閔宗儒·閔祥正·閔霽 등과 같이 개혁정치에도 참여하고 고려의 자주성을 지키기 위해 활동했던 인물들이 있었다.[109] 안동 권씨의 경우 權載(王煦)와 權謙은 형제간이면서도 그 정치적 지향을 달리하고 있었다. 권재는 충숙왕대에 심왕파의 책동을 저지했고 충목왕대에도 정치도감의 판사로 활동하면서 개혁정치를 주도한 반면,[110] 권겸은 부원세력으로 지목되어 공민왕대에 숙청당한 바 있기 때문이다.[111] 세족층의 이러한 내적 분화는 그 자체로는 세족층의 결속을 약화시킬 수 있는 것이지만, 가문 단위로 보면 오히려 이것이 정치적 위기를 타개하고 가세를 유지·신장시키는 데 도움이 되었다. 즉 세족가문내 특정인물이 권력 교체기에 정치적으로 타격을 입어 몰락한다 하더라도, 이를 보완해줄 수 있는 세력이 넓게 자리잡고 있음으로 해서 그 가문 자체는 몰락하지 않고 가세를 유지할 수 있었다. 그만큼 세족층은 문벌로서의 지위를 지속시킬 수 있는 정치적·사회적 기반이 튼튼하였던 것이다.

이처럼 세족층은 당시 권력구조 내에서의 위치나 대원관계, 그리고 현실인식의 차이에 따라 내적 분화를 보이고 있었다. 이것이 고려 후기 세족층의 특징이기도 하다. 이러한 내적 분화는 가문이나 개인에 따라 기득권을 향유하는 방식을 달리한 결과로서, 원간섭기 개혁정치는 세족층의 내적 분화를 촉진시키는 계기가 되었다. 대체로 과거출신 관료가 많은 세족가문일수록 개혁세력으로 활동한 인물을 많이 배출하고 있음을 감안할 때,[112] 세족층은 가

108) 《高麗史》 권 124, 列傳 37, 嬖幸 2, 閔渙.
109) 《高麗史》 권 107, 列傳 20, 閔漬 및 권 108, 列傳 21, 閔宗儒.
110) 《高麗史》 권 110, 列傳 23, 王煦.
111) 《高麗史》 권 131, 列傳 44, 叛逆 5, 權謙.
112) 세족의 개혁세력을 배출한 내용과 그 성격에 대해서는 金光哲, 〈高麗後期 改革勢力과 世族〉(앞의 책, 1991) 참조.

문내 인물들의 학문적 성향과 현실인식의 차이에 따라 개혁정치의 참여 여부를 둘러싸고 분화하고 있었던 것으로 이해된다.

세족층은 우왕대 이인임정권의 등장과 위화도회군 후 이성계집단의 권력 장악 과정에서 다시 한 번 내적 분화를 보이고 있었다. 우왕대에는 이인임을 중심으로 족당세력이 형성되어 이들이 권력을 독점하게 됨으로써[113] 세족층 가운데는 여기에 참여하여 권력을 향유한 부류가 있는가 하면, 광주 김씨 김속명의 경우와 같이 이에 비판적인 입장을 갖고 있던 세족층이 상당수 있었다. 또한 우왕 즉위 초 北元 사신의 영접문제를 둘러싸고 이인임 세력과 신진사대부가 권력투쟁을 전개하고 있을 때 金九容·尹虎 등 세족층의 일부는 신진사대부와 노선을 함께하여 숙청당하기도 했다.[114] 이렇게 볼 때 우왕대 세족층은 이인임정권에 대한 정치적 대응방식과 외교노선에 따라 내적으로 분화하고 있었다고 볼 수 있을 것이다.

한편, 위화도회군 이후 세족층은 사전개혁과 왕조 교체과정에서 그 대응방식을 둘러싸고 분화하고 있었다. 사전개혁을 추진하는 과정에서 이에 반대했던 세족출신은 정치적으로 배제될 수밖에 없었을 것이다. 더욱이 이성계 집단이 권력기반을 강화하고, 왕조 교체를 주도하는 과정에서 발생한 金佇의 獄이나 尹彝·李初사건, 정몽주 살해사건과 관련하여[115] 상당수의 세족출신 인물들이 숙청되기도 하였다.

그런가 하면 세족출신 가운데 일부는 사전개혁을 추진하거나 왕조 교체에 협조하고 조선건국을 주도하면서 그 지위를 지속적으로 유지하기도 하였다. 조선건국 후 개국공신이 된 趙浚·趙狷·趙璞·金士衡·李濟·李稷·鄭摠·鄭擢·尹虎·李懃·韓尙敬·閔汝翼 등은[116] 사전개혁을 주도했거나 왕조 교

113) 이 시기 족당세력의 구성 내용과 그 성격에 대해서는 盧明鎬, 〈高麗後期의 族黨勢力〉(《李載龒博士還曆紀念 韓國史學論叢》, 한울, 1990) 참조.

114) 高惠玲, 앞의 글(1981), 25쪽.

115) 이 사건들의 전개과정과 그 성격에 대해서는 다음의 연구가 있다.
李相佰, 〈李成桂와 高麗末期의 政爭〉(《李朝建國의 硏究》, 乙酉文化社, 1949).
鄭在勳, 〈朝鮮王朝 建國過程에서의 舊勢力〉(《考古歷史學志》 2, 1986).
趙啓纘, 〈朝鮮建國과 尹彝·李初事件〉(《李丙燾博士九旬紀念 韓國史學論叢》, 知識産業社, 1987).
李亨雨, 〈鄭夢周의 政治活動에 대한 一考察〉(《史學硏究》 41, 1990).

체에 협조했던 대표적인 세족출신 인물들이다. 물론 이들 세족출신 인물들이 모두 현실 개혁적 입장을 갖고 있어서 조선건국에 참여한 것은 아니었다. 이들 가운데는 이성계 가문과의 혼인관계를 통해 결합되고 있던 부류들도 상당수 있었기 때문이다.[117] 비록 그렇다 하더라도 세족출신이 조선건국에 참여하고 있다는 것은 중요한 의미를 지닌다. 이는 신진사대부 가운데 급진적 개혁파가 조선건국을 주도하기는 했지만, 세족출신의 일정한 협조 아래 성공할 수 있었음을 의미하는 것이기 때문이다.[118] 현실정치의 상황변화에 상대적으로 더 민감할 수밖에 없었던 세족층으로서는 자기 생존을 위해서라도 오히려 적극적으로 조선건국에 참여했을 가능성이 높다. 그래서 세족의 상당수는 왕조 교체라는 정치변동이 진행되는 가운데서도 가세를 유지하여 계속 지배세력으로 남을 수 있었다.[119]

조선건국 후에 세족의 상당수가 그 가세를 유지할 수 있었다 하여, 고려 후기의 세족과 조선 전기의 문벌가문 사이에 전혀 차별성이 없었다고 볼 수는 없을 것이다. 이미 관료적 성격을 지니고 있던 고려 후기 세족은 조선건국 과정에서 그 성격을 더욱 뚜렷이 하였고, 신진사대부와 제휴하는 과정에서 정치적 대응방식이나 현실인식을 새롭게 할 수 있었을 것으로 생각된다. 그렇지만 고려 후기 세족가문의 상당수가 조선건국 후에도 지속적으로 가세를 유지하고 있었다는 사실은 조선으로의 이행과정에서 지배세력의 교체를 지나치게 강조할 수 없는 중요한 요소라 하겠다.

〈金光哲〉

116) 韓永愚, 〈朝鮮 開國功臣의 出身에 대한 연구〉(《朝鮮前期社會經濟硏究》, 乙酉文化社, 1983).

117) 朴天植, 앞의 글(1985), 63~65쪽.

118) 李泰鎭은 신흥세력이라 하더라도 사대부들에게는 신분적 지위 향상의 욕구가 있었음을 지적하고, 신진사대부는 세족출신이 그들의 정치적 입장에 동조하는 한, 정치적 신분적으로 자신들에게 이익이 될 그들과의 제휴를 거부할 이유가 없었다고 하였다(李泰鎭, 〈15世紀 後半期의 「鉅族」과 名族意識〉, 《韓國史論》 3, 서울大, 1976, 302~303쪽).

119) 조선건국 후에도 문벌의 지위를 유지하고 있던 고려 후기 세족가문에 대해서는 李泰鎭, 위의 글, 237~253쪽 및 李樹健, 앞의 책(1984), 343~352쪽 참조.

2) 신진사대부의 대두와 그 성격

(1) 신진사대부의 대두 배경

무신란 이후 고려의 지배세력은 이전과는 다른 양상을 보여준다. 무신들이 정권을 잡게 되면서 몰락의 길을 걷게 된 前期의 문벌귀족들 중 일부는 그 위세를 잃고 무인세력 밑에서 가문의 명맥을 유지하고 있었고, 한편으로는 한미한 가문출신의 신진 관료가 등장하기 시작하였다.

무신정권이 확립되는 최씨집권기에는 무신에 대한 견제와 아울러 문신을 다시 등용하기 시작하여 崔瑀(怡)·崔沆 집권기에는 문신들의 관직점유율이 증가하였다.[1] 그러나 정치의 실권은 무신이 장악하였으므로 문신은 정치적 지위에서는 무신보다 열세일 수밖에 없었다. 무신정권은 자기의 절대적 지배하에서 文·吏들을 출신여하를 불문하고 오직 그 능력을 기준으로 서용하려 하였다. 이에 따라 이 시기에는 고려 전기의 文辭중심의 문신보다는 행정실무에도 밝은 새로운 관료가 요구되었다. 흔히 말하는 '能文能吏', 즉 文에도 능하고 吏에도 능한 관리가 요구되었던 것이다.[2]

고려의 官人體系는 文·武 兩班 외에 '吏'라고 불리는 官僚群이 있어서 국가행정의 운영에 상당한 비중을 차지하고 있었다. 고려시대에 관료(문반)가 될 수 있는 길은 科擧와 蔭敍 외에 吏職으로의 진출이 있었고 이외에 특수한 경우로써 遺逸 등의 여러 경로가 있었다.[3] 음서는 문벌자제에게 광범하게 적용되는 일반적인 경로였고 과거는 귀족만이 아니고 良人이나 지방의 향리층도 중앙에 진출할수 있는 신분상승의 통로였으나 실제로 양인이나 南班출신이 과거에 응시하는 데는 여러 제약이 따랐다.[4] 무반은 음서로 관직을 받을 때 무반직으로 시작하는 경우와 개인의 능력과 적성에 따라 군인의

---

1) 金毅圭, 〈최씨정권과 문신〉(《한국사》 18, 국사편찬위원회, 1993), 228~242쪽 참조.
2) 무신집권자인 崔瑀가 文·吏를 한데 묶어 오직 그 능력을 기준으로 敍用의 서열을 삼았다는 사실이 이를 말해준다(《高麗史節要》 권 18, 원종 원년 7월 계유).
3) 《高麗史》 권 73, 志 27, 選擧 1, 서문.
4) 《高麗史》 권 73, 志 27, 選擧 1, 科目 1 정종 12년 4월 判.

길을 걸어 軍功을 쌓음으로써 무반으로 승진하는 것이 가능하였으나 고려말 이전까지 무반을 위한 科擧는 시행되지 않았다.

한편 吏는 행정말단의 실무자로서 文書·錢穀 등의 실무를 통하여 국가 행정 사무의 밑받침이 되는 직책을 말하는 것으로 '刀筆之任'[5]이라고도 하였다. 이런 리는 胥吏·吏屬·掾屬 등으로 불리기도 하면서 과거를 거치지 않은 채 官人으로 등용되어 문·무출신자와 함께 국정에 참여하여 양반체제속에서 하나의 계열을 이루고 있었으나 經世濟民의 王道政治를 추구하는 官人層의 정치소양과는 성질을 달리하는 것이다.

吏는 크게 門蔭출신자와 吏族출신자로 대별할 수 있다. 즉 문무 양반의 자제가 문음으로 처음 仕路에 나갈 때 主事同正이나 錄事 등과 같은 吏職에서 刀筆을 임무로 삼게된 자와 리의 씨족, 즉 吏族으로서 吏職을 세습으로 한 자이다. 또 지방향리의 자제로서 其人役을 치른 후에 이직에 나아간 자들도 이족의 범주에 포함될 것이다.[6]

그러면 文과 吏의 범주는 무엇일까. 먼저 '能文'이란 書와 表를 잘 짓는 것, 즉 왕의 교서나 외교문서를 작성하는 등 문장에 능한 것을 의미한다.[7] 그런데 서나 표를 잘 짓기 위해서는 중국의 역사와 시문에 대한 지식이 선행되지 않고서는 불가능하며, 그 바탕이 되는 경학에 대한 이해가 필수적이다. 그러므로 여기에는 經術도 포함된다고 하겠다.[8] 나아가서 현실 사회·경제·정치·역사 등에 해박한 지식이 요구되며 이러한 지식의 바탕 위에서 현실정치를 수행해 가는 능력, 곧 경륜이 쌓이게 되는 것이다. 그런데 고려후기의 한 기록에는 "侍從·獻替의 官과 選擧·銓注의 職을 모두 문관이 주관하고 吏는 감히 바라지도 못한다"고 하였다.[9] 시종이란 임금을 가까이 모시는 직책, 즉 近侍의 직을 의미하는 것이며, 헌체는 임금을 보좌하여 선을

5) 李 穀, 〈賀崔寺丞登第詩序〉(《東文選》 권 85, 序).

6) 李佑成, 〈高麗朝의 '吏'에 대하여〉(《歷史學報》 23, 1964; 《韓國史論文選集》 高麗篇, 一潮閣, 1964, 49~53쪽).

7) 趙仁成, 〈崔瑀政權下의 文翰官-"能文" "能吏"의 人事基準을 중심으로-〉(《東亞硏究》 6, 西江大, 1985), 364쪽.

8) 〈金鋮墓誌〉(《朝鮮金石總覽》 上, 朝鮮總督府, 1919), 357쪽.

9) 李 穀, 〈賀崔寺丞登第詩序〉(《東文選》 권 85, 序).

권하고 악을 범하지 못하게 하는 역할이므로 臺諫을 의미한다. 또 선거는 관리를 선발하는 일이며 전주는 인물을 평가하여 등용하는 인사행정을 의미한다. 그러므로 근시·대간·인재 등용의 직은 임금을 보좌하여 정치를 담당하는 가장 핵심적인 역할로서 吏는 여기에 참여할 수가 없었다는 것이다. 이처럼 文官은 書·表의 작성과 같은 일을 맡고 시종·헌체·전주 등의 중요 업무를 맡았다고 할 수 있다.

반면에 吏는 일반적으로 서리의 말단행정을 일컫는 것이지만 문과출신자가 지방관으로 보임되어 처리하는 행정실무도 吏務라고 표현된다. 고려시대에는 과거합격자가 지방관으로서의 실무를 거쳐서 중앙으로 발탁되어 갔고 그들이 지방관으로 재직하는 동안의 근태·고과 등은 중앙에의 발탁을 좌우하는 근거가 되었다. 그러므로 리의 범주는 단순한 서리·향리와 같은 말단행정사무에 그치는 것이 아니라 관리의 행정실무 전반을 포함하는 것으로도 볼 수 있다.[10]

이렇게 볼 때 문관도 吏務의 경력을 쌓아야 하고 그 바탕 위에서 政務를 담당해 갈 수 있으므로 궁극적으로 문과 리는 대립적인 것이 아니고 相補的인 관계라 하겠다. 최우집권기에 오로지 문의 능력만을 중시하는 대신에 '能吏'를 겸비하는 인재를 최우선으로 서용하려 하였다는 사실은 이와 같이 문장과 경술 외에 행정능력에 대한 평가를 강화한 것을 말해준다. '능문능리의 신관료'는 이제 고려 후기 관인의 새로운 모습으로 자리잡게 되었다. 그런데 이러한 요구에 부응하여 고려 후기에 등장하는 관료는 문음출신의 인물보다는 과거합격자나 吏族, 특히 지방향리층에서 많이 나오게 되었다.[11]

무신란 이후 문인 지식층의 동향은 다양하게 나타나는데 이들을 크게 보면, 무신정권과의 타협을 거부하고 현 정권 밖에서 자기의 주체성을 지키면서 淸高한 일생을 산 사람들과 무신정권에 참여하여 현실에서의 榮達을 구한 사람들로 대별된다.[12] 이들 중 지방에서 유학을 닦으면서 일생을 마친 사

10) 趙仁成, 앞의 글, 366~368쪽.
11) 李佑成, 앞의 책, 69쪽.
12) 무신집권하에서 문인지식층의 동향은 네 갈래로 대별된다. 첫째는 무신란 초에 儒冠을 벗어던진 후 속세를 떠나 끝내 일생을 마친 神駿·悟生같은 사람, 둘째는 亂初에 피신하여 지방에서 유학을 닦으면서 處士 생활로 일생을 보낸 權敦

람들은 젊은 자제들을 모아 교육에 전념하게 되는데 이 때 지방의 수령이나 향리층의 자제들에게 교육의 기회가 확대되었을 것임은 쉽게 짐작할 수 있다.

고려 후기에 중앙에서 관직을 그만두고 지방으로 내려간 사람들의 경우 이들은 대부분 그 곳에 경제적 기반을 보유하고 있어서 여유있는 생활을 할 수 있었으며 관직에서 물러났다 하더라도 그들의 사회적 지위에는 커다란 영향 없이 지방사회에서 하나의 세력으로 존재할 수 있었다.[13] 이러한 지방품관세력은 지식계급으로서 자제의 교육을 통해서 지방사회와의 유대를 더욱 공고히 하게 되었을 것이다. 이들에게 교육받은 지방자제들이 과거에 급제하여 중앙에 진출하게 됨으로써 이른바 한미한 新進은 무신집권시대 집권자인 최씨의 문객이 되어 봉사하기도 하고 또 한편으로는 동요와 불안이 가시지 않는 현실의 정치상황 속에서 신변의 보호를 받으면서 官人으로 성장하여 갈 수 있게 되었다.

그러면 무신정권하에서 新進官人으로 성장하는 부류 중 다수를 차지하였던 지방의 향리계층이 중앙으로 진출할 수 있었던 배경은 무엇이었을까. 이를 이해하기 위하여 고려 후기의 괄목할 만한 농업기술과 생산력의 발전에 관심을 기울여야 할 것 같다. 고려 후기에 休閑法의 극복과 水利施設의 확충, 水田의 개발 등은 지방의 중소지주로서의 향리층의 경제적 기반을 확대시키는 계기가 되었다.[14] 이들은 14세기의 전시과체제가 붕괴된 현실에서 농장의 폐해를 인식하는 한편 地主·佃戶관계를 통해서 자신들의 경제력을 더욱 극대화시키고자 적극적으로 농업생산력을 향상시키기 위한 조치를 취하기도 하였다.[15]

禮같은 사람, 셋째 처음에는 피신하였다가 세상이 약간 달라진 후에 개경에 돌아와 관직을 구했으나 여의치 않아 불우하게 일생을 보낸 林椿같은 사람, 마지막으로 亂 이후 얼마 안되어 發身했거나 최씨정권 이후에 등용되어 최씨문객이 된 사람으로 李仁老·李奎報 등이 있다(李佑成, 〈고려 무신정권하의 문인 지식층의 동향〉, 《韓國의 歷史像》, 創作과批評社, 1977, 182~192쪽).

13) 朴恩卿, 〈高麗後期 地方品官勢力에 관한 硏究〉(《韓國史硏究》 44, 1988), 53~54쪽.

14) 고려 후기 농업생산력의 발달에 관한 연구는 다음과 같다.
李泰鎭, 〈14·5세기 農業技術의 발달과 新興士族〉(《東洋學》 9, 檀國大, 1979 ; 《韓國社會史硏究》, 지식산업사, 1986, 95~97쪽).
魏恩淑, 〈12세기 농업기술의 발전〉(《釜大史學》 12, 1988).
———, 〈고려시대 농업기술과 생산력 연구〉(《國史館論叢》 17, 國史編纂委員會, 1990).
李平來, 〈고려후기 수리시설의 확충과 수전개발〉(《역사와 현실》 5, 한국역사연구회, 1991).

농법에 있어서 水田에서는 고려 전기의 휴한법(歲易法)의 단계에서 후기에는 연작법이 확대되었고[16] 旱田(밭농사)의 경우도 이미 고려 전기부터 '1년 1작'의 연작법이 행해진 것으로 보기도 한다. 고려 후기에는 산전(한전) 개발은 어느 정도 한계에 도달했던 것으로 보이며 따라서 농경지 개발은 연해안 저습지 개발로 이어진다.[17] 14세기에는 휴한법이 극복되어 평지가 한전으로 개발되었는데 이로써 평지가 많은 下三道가 한전농업의 중심이 되었다

이 시기에는 농경지 개발뿐 아니라 농업기술상으로도 이앙법이 행해지고 시비법의 발전도 꾀하여졌다. 수리사업에 있어서도 제언의 수축이 감무·현령의 책임으로 인식되어 소규모화된 수리시설이 많이 축조되었다. 수리사업은 국가의 권농책의 일환으로 수령들에 의해 주도되기도 하지만 재력을 가진 지배층이나 소농민들에 의해서도 사적으로 개간되어 갔다.[18] 고려 전기에는 과거합격자의 수가 근기지방이 다수를 차지하였으나 후에는 하삼도출신자의 합격률이 급격히 증대되고 있는데, 이는 연해지 및 저지개간의 성행과 함께 농업기술의 발전에 따라 하삼도지역 지방세력의 경제력의 성장과도 연계시켜 생각할 수 있다. 더욱이 특기할 점은 13세기 말엽 이후 신진관료의 진출은 고려 전기와는 달리 삼남지방에서 더욱 두드러져 전기의 문벌귀족과는 구분된다는 점이다.[19]

한편 12세기에는 송에서 신유학으로서의 性理學이 일어나 남송의 朱熹에 의해 성리학이 집대성되었다. 고려에서도 12세기에는 이미 四書에 관심을 집중시키면서 性命·義理의 학문 경향이 일어나고 있었다. 원과의 관계가 긴밀해진 이후로 양국의 교류가 더욱 활발해지면서 주자성리학은 빠른 속도로 도입되었

---

15) 崔 瀣, 《拙藁千百》 1, 送安梁州序.

16) 고려시대 경지 이용방식에 대하여는 첫째 고려 전기에는 山田은 歲易農法단계, 平田은 연작단계로 보는 설, 둘째 고려 전기에는 휴한농법이 일반이며 고려 후기 내지 선초에 가서 常耕化가 보편화된다고 보는 설, 셋째 고려 전 시기에 걸쳐 연작법이 일반적이었지만 전기에는 토지 생산성이 낮고 심히 불안정하여 진전화되기 쉬운 단계로 보는 설 등이 제기되어 있다(李泰鎭, 〈畦田考〉, 《韓國學報》 10, 1978 ; 앞의 책).

17) 魏恩淑, 앞의 글, 17쪽.

18) 魏恩淑, 위의 글, 18쪽.

19) 李泰鎭, 〈高麗末·朝鮮初의 社會變化〉(《震檀學報》 55, 1983), 9~10쪽.

다. 물론 원과의 관계 이전에도 남송을 통한 주자학의 도입 가능성은 충분히 상정할 수 있겠으나[20] 본격적인 수용은 13세기말 安珦·白頤正에 의해서 시작되었다고 하겠다. 안향·백이정 이후 고려의 사대부들은 성리학에 관심을 갖고 이를 적극적으로 수용하였는데 특히 원에 왕래하며 선진문물을 수입하는 사대부들이 주축을 이루었다. 성리학 수용기에 활동한 유신 가운데 李穀·白文寶·安軸 등은 지방에서 과거를 통해 중앙에 처음으로 진출한 신진들이다.[21]

성리학의 보급과 함께 14세기에는 科擧의 과목에서 四書가 더욱 중시되었다.[22] 그리하여 詩·賦보다는 策問을 시험하여 성리학을 중심으로 한 과거를 운용하였다. 이에 儒者들은 주자학을 주축으로 하게 되었고 과거를 통한 신진관인의 등용은 座主·門生關係를 더욱 돈독히 하여 공고한 학벌을 형성하게 되었다.[23]

이러한 경제적 조건과 교육의 기회는 지방출신의 신진관인이 중앙으로 진출하는 데 큰 힘이 되었다. 즉 지방의 향리층은 신진관인으로 중앙에 진출하여 14세기 중엽에는 정치적·사회적 기반을 확대시키고 지속적으로 성장·발전하여 새로운 정권담당자로서의 사대부계급을 형성하는 태반이 되었다.

(2) 사대부의 성격과 용어에 대한 논의

고려 후기의 지배세력을 權門世族과 新進士大夫의 대립국면으로 설정하고 권문세족의 親元的 태도나 불법적으로 농장과 노비를 증대시키며 정치 질서를 문란케 한 사실을 비판하면서 새로 등장한 사회세력이 신진사대부였다는

---

20) 李齊賢, 《櫟翁稗說》 前集 2.
그러나 尹瑢均은 이 자료의 신빙성을 부정하였다. 그는 "남송의 주희가 《語·孟集注》를 완성한 것은 1177년이고 이를 간행한 것이 1211년이니 주자학이 송에서 전래되었다면 적어도 명종대 이후이나 이 때 고려는 국가가 다난하여 승려 문신이 감히 宋에 入朝할 틈이 없고 송에서는 朱子가 배척되었으며 金과의 전쟁에서 大敗한 때이므로 송의 朱子學이 전래된 것을 믿을 수 없다"고 하였다(尹瑢均, 〈朱子學の傳來とその影響に就いて〉, 《尹文學士遺稿》, 朝鮮印刷株式會社, 1933, 24쪽).

21) 高惠玲, 《14세기 高麗 士大夫의 性理學 受容과 稼亭 李穀》(梨花女大 博士學位論文, 1992), 82~102쪽 참조.

22) 《高麗史》 권 73, 志 27, 選擧 1, 科目 1 충숙왕 7년.

23) 李楠福, 〈麗末鮮初의 座主·門生關係에 관한 一考察〉(《藍史鄭在覺博士古稀紀念東洋學論叢》, 高麗苑, 1984) 참조.

인식은 최근 20년 가까이 일반화된 것이었다. 이에 따라 권문세족과 신진사대부의 실체가 무엇인지에 대한 관심이 증대되고 그에 대한 연구도 심화되어 왔다.[24]

그러나 최근에는 권문세족과 사대부의 본질과 성격에 대한 기존의 인식을 부정하고 새로이 개념을 규정하기도 하였다. 즉 권문세족 또는 신진사대부 등 용어의 용례를 검토하여 이들을 정치지배세력으로서의 대립적 존재로 보는 것이 잘못된 구도이며 그 개념도 잘못 사용되고 있다는 것이다.[25] 논의의 주된 내용은 먼저 士大夫를 지방 중소지주적 경제기반, 한미한 가문출신으로 보고 정치적 향배도 반원적 개혁의 주축으로 보던 기존의 견해에 대해 사대부에는 권문세족 출신도 다수 포함되어있다는 사실을 밝혀, 종래의 입장을 부정하고[26] '사대부'라는 용어의 개념을 검토하여 고려 후기 신진관료층을 사대부라고 칭하는 것이 부적절하다는 점을 지적하기도 하였다.[27] 용어에 대해서도 이들을 신진사대부 대신 新進(興)士類,[28] 新進官僚,[29] 新興官人,[30] 新興士族[31] 혹은 新興儒臣[32] 등으로 지칭할 것을 제시하는 입장으로 집약된다.[33]

그러면 사대부와 관련하여 고려 후기 지배세력에 대한 현재까지의 연구성과를 일별하여 보기로 하자.

무신집권기에 새로운 官人의 형성 과정에 대한 초기의 연구에 의하면 吏族출신이나 지방의 향리층이 많이 중앙에 진출하였는데 이들은 예전의 문신

---

24) 閔賢九, 〈高麗 後期 權門世族의 成立〉(《湖南文化硏究》 6, 全南大, 1974).
25) 金光哲, 《高麗 後期 世族層과 그 동향에 관한 연구》(東亞大 博士學位論文, 1988).
李益柱, 〈忠烈王代의 정치세력과 그 성격〉(《韓國史論》 18, 서울大, 1988).
金塘澤, 〈忠烈王의 復位過程을 통해 본 賤系 出身 官僚와 '士族' 出身 官僚의 정치갈등〉(《東亞硏究》 17, 1989).
26) 金光哲, 위의 책.
27) 金塘澤, 앞의 글.
28) 朴龍雲, 〈權門世族·新進士類의 성립과 개혁운동〉(《高麗時代史(下)》, 一志社, 1987), 539~543쪽.
金泰永, 〈高麗後期 士類層의 現實認識〉(《創作과 批評》 44, 創作과批評社, 1977).
29) 李起男, 〈忠宣王의 改革과 詞林院의 設置〉(《歷史學報》 52, 1971).
30) 金潤坤, 〈麗末鮮初의 尙瑞司〉(《歷史學報》 25, 1964).
31) 李泰鎭, 앞의 책.
32) 박재우, 〈고려말 정치상황과 신흥유신〉(《역사와 현실》 15, 1995).
33) 高惠玲, 〈士大夫의 槪念과 時期區分〉(앞의 책), 8쪽.

이나 무신과는 형태를 달리하는 지배계급으로 '能文能吏'의 신관료였다. 이들은 주로 科擧를 통하여 등장한 관인으로서 '학자적 관료'이며 '관료적 학자'[34]의 성격을 갖는 '사대부'의 祖型이라 할 수 있다. 그러나 이 때의 향리층은 新興官人=士大夫의 모태가 되었을 뿐이고 향리층의 전면적 官人化를 달성한 것은 아니어서 향리층과 신흥관인=사대부를 동일선상에 놓고 파악하는 것은 아니었다. 이들은 고려 후기에서 말기로 접어들면서 정치·사회적 기반을 확립시키고 나아가 조선건국에 주동적 사명을 담당하였다는 것이다.[35] 이러한 견해는 이후 학계에서 크게 긍정적으로 수용되면서 고려 후기 정치적 변화에 따라 나타나는 새로운 세력들에 관한 연구가 이어졌다.

무신집권하에서 지방출신의 新進士人들은 政房을 통해서 官人으로 성장 발전하여 갔고 무신정권이 붕괴된 후에도 이들이 남긴 낡은 권력구조의 유제는 그대로 유지되었다. 정방으로 인연해서 起身하였던 관인들이 무신의 권력구조의 유제를 이어 전주권을 천단하고 있었기 때문이다. 그러나 곧 이 권력구조에 반발하는 신흥관인층은 기성관인층을 거세하기 위해서 정방을 폐지하여 그들로부터 전주권을 탈취하려 하였다. 정방은 초기에 新進官人(또는 新進士人)들의 관료로의 진출에 교량적 역할을 하였지만 후에는 도리어 이렇게 진출한 기성관인들의 세력구축의 발판으로 이용되고 있었으므로 새로이 진출하는 신흥관인층은 자기발전을 위해 정방의 혁파를 주장하였던 것이다. 정방의 권신과 신흥관인층 사이의 정치적·경제적 이해관계의 상반으로 고려말까지 신·구관료의 갈등의 소용돌이 속에서 정방은 치폐를 거듭하였다. 이후 정방 치폐의 과정은 곧 관인층 내부의 분열 대립의 표현이라고 할 수 있다. 고려말 李成桂 등 신흥관인층은 정방대신에 尙瑞司를 설립하고 전주권을 회복하였으니 이는 신흥관인층의 승리를 의미한다는 것이다.[36] 그러나 이 연구에서는 무신집권하에서 정방에 참여한 신진사인과 정방의 폐지를 내세우는 후기의 신흥관인층을 직접 연결짓지는 않았다.

---

34) 이들의 성격을 '학자적 관료' 또는 '관료적 학자'라고 규정한 것은 燕岩 朴趾源이 《燕岩集》 8, 別集, 放橘閣外傳에서 "讀書曰士 從政爲大夫"라 한 것을 인용한 것이다.

35) 李佑成, 앞의 책, 70쪽.

36) 金潤坤, 〈麗末鮮初의 尙瑞司〉(《歷史學報》 25, 1964), 22~35쪽.

이와 함께 충렬왕대에는 신흥권력층이 등장하였으니 원과의 관계로 세력을 얻은 사람들과 軍功으로 등장한 사람들이다. 이들 중에 政房의 必闍赤으로 활동한 사람들을 신진세력이라 하여 신흥권력층에 포함시키려는 견해가 있다.[37] 충렬왕대의 정방은 宰樞와 같은 機務·參決權이 주어졌고 구성상으로는 겸직으로 왕과 친밀한 인물과 신진세력이 임명되어 왕의 직속관부와 같은 위치에 있었다. 신진세력들은 여기에 참여함으로써 '宰相之族'이 되고 또 경제적 부를 누리는 신흥권력층으로 당대에 발전하였다는 것이다.

그러나 충선왕은 충렬왕대의 신흥권력층을 배척하고 신진관료를 등장시켜[38] 이들을 통해 개혁정치를 수행하려 하였다. 이들은 대체로 개인의 능력에 의해 출사한 신진세력으로 淸廉하거나 또는 惠政을 베풀려고 노력하였고 지방출신의 과거급제자였다는 점을 들어 충선왕의 정치는 사대부정치의 성격을 지녔고 그것은 사대부사회가 성립되어가는 하나의 과정을 나타내 주고 있다고 보았다.[39] 이 연구에서는 무신집권기에 정방에 참여한 신진세력과 충선왕이 중용한 학사들을 중심으로 한 신진관료를 구분하고 후자를 사대부로 규정지었다.[40] 그러나 그들의 학문이나 사상에 대해서는 구체적으로 언급하지 않았다.

이상의 일련의 연구성과를 바탕으로 고려 후기 지배세력으로서 '권문세족'과 이에 대하여 새로운 세력으로 대두되는 '신흥사대부'가 설정되기에 이르렀다.[41]

신흥사대부의 사회경제적 성격은 지방의 향리출신으로서 중소지주거나 자영농민이었으므로 자기의 성실한 노력으로써 토지를 개간하거나 혹은 구입하여 농장을 가지게 된 자들이었다. 그리고 그 농장은 재향지주인 그들이 전호나 노비를 써서 경영하거나 혹은 직접 경작을 하였다는 점에서 부재지주인 권문세족의 것과는 성질이 달랐다. 그리고 이들은 대체로 청렴결백한 인품의 소유자들[42]이라고 하여 '신흥사대부'의 성격을 일반화시키게 되었다.

---

37) 李起男, 앞의 글, 55~99쪽.
38) 《高麗史》 권 33, 世家 33, 충선왕 원년.
39) 李起男, 앞의 글, 82~96쪽.
40) 李起男, 위의 글.
41) 金潤坤, 〈新興士大夫의 擡頭〉(《한국사》 8, 국사편찬위원회, 1974).

고려 후기 정국에서 개혁추진세력의 주체와 이들의 성격을 분석하려는 시도를 통하여 사대부의 존재는 더욱 구체화되었다.[43] 충목왕대의 정치적인 관계는 權門世族 및 儒臣을 중심으로한 정통세력과 부원세력 등의 비정통적 정치세력이 서로 상이한 입장에 있었다. 정통적 정치세력은 蔭敍나 科擧 등 정규적 방도로 관계에 진출하여 일정한 수준 이상의 정치적 식견을 갖은 사람들이고 비정통적 정치세력은 宦官·嬖幸 출신, 또는 신분적으로 賤人이거나 결함이 있는 자이며 비정규적 방도로 관직을 제수 받고 원과 긴밀한 관계에 있는 자들이라고 보았다.[44]

충목왕 3년(1347) 整治都監의 설치는 전시대의 비정통적 정치세력에 의해 누적된 모순과 비리를 척결하려는 것이었다. 整治官들 가운데 고위급인 判事 중에는 安東權氏 王煦, 安東金氏 金永旽, 光山金氏 金光轍 등 당시 유력한 가문 출신이 큰 비중을 차지하나 屬官 중에는 문벌 출신이 적고 또 入仕방식으로는 科擧에 의존하고 있는 경우가 매우 많았다. 그리고 정치관들 가운데는 많은 사람들이 臺諫이나 法官으로 크게 활약한 바 있고 공정하거나 정직하다는 인물평을 받고 있다는 점도 공통적인 성격으로 추출해 낼 수 있다. 즉 정치관들은 대체로 일정한 정도 이상의 식견과 소신을 굽히지 않는 기개, 그리고 합리적인 공정성을 지닌 사람들이었으며, 이는 유교적 소양을 바탕으로 하는 것이었음이 밝혀졌다. 정치도감에서 활동한 재추급 이하의 실무진을 보면 가문적 배경이 미약하고 유학적 소양을 갖추었으며 공정성과 유교적 합리성을 지닌 신진관료들로서 당시 고려 사회의 제모순을 통찰할 수 있는 식견과 권력자에 굴하지 않는 기개를 가졌다. 그리고 이 때의 유학은 성리학에 대한 어느 정도의 造詣를 수반하는 것으로 보았다. 이들 신진관료는 다음 공민왕의 개혁적 배경과 辛旽의 집권기간 동안에 성장하여 공민왕대에 성장한 신흥문신세력의 연원이 되는 것으로 파악되었다.[45] 그러나 공민왕 이전까지

---

42) 李基白, 《韓國史新論》(一潮閣, 1976), 193쪽.
43) 閔賢九, 〈整治都監의 설치경위〉(《論文集》 11, 國民大, 1976).
——, 〈整治都監의 성격〉(《東方學志》 23·24, 延世大, 1980).
44) 閔賢九, 위의 글(1976), 82~83쪽.
45) 예를 들면 이 때의 白文寶는 공민왕대에 요직에 등용되어 활약하였고 李元具는 辛旽집권기에 개혁정치에 참여하였다.

는 과거출신의 신진세력과 권문세족과의 정치적 갈등이 그리 심각하게 나타나지 않는다는 점에 능문능리의 관인층이 곧 사대부라는 설에 대해서는 의문을 제기하기도 하였다.46)

지금까지 사대부에 비견되는 새로운 정치세력에 대한 견해들을 비교해 보았다. 이를 보면 신진세력에 대한 인식에 상당한 견해의 차이가 있음을 알 수 있다. 신진사대부가 고려 후기의 신관인층으로서 조선 건국의 주동세력이 되었다는 설에 대하여 긍정적으로 인식하면서도 구체적으로 무신집권기의 능문능리의 관료군과 성리학을 수용하여 불교를 배척하고 고려말 개혁의 주체가 된 신진사대부를 동질적인 존재로 보기에는 문제가 있다는 지적이 있고, 이 점에서 무신집권하의 능문능리의 신관료와 고려말 개혁세력으로서의 신진사대부와는 구별되어야 한다는 인식이 커지고 있음을 알 수 있다.

이에 따라 개혁세력으로서의 신진사대부의 모습이 뚜렷해지는 것은 공민왕대부터라는 견해가 대두되었다.47) 무신란(1170)에서 조선개국에 이르는(1392) 220년간은 한 사회단계의 생성기간으로 지나치게 길다는 전제하에 무신정권기의 능문능리의 문사가 신진사대부의 祖型으로 보기에는 동질성이 박약하다는 것이다. 이들은 문신이라는 입장은 같지만 성리학에의 접촉이나 관심을 전자에서는 찾기 어려움을 그 이유로 들고 있다.48) 그리하여 충선왕대(1298, 1309~1313)부터 충목왕대(1341~1344)까지 간헐적으로 추진되던 개혁이 공민왕대의 개혁과 동질성을 갖고 있고 시간적으로도 연계가 있음에 착안하여 여말선초 사회변동기의 상한을 13세기 말~14세기 초로 잡은 것이 그것이다.

그리고 이러한 신진사대부 세력의 대두 자체를 가능케 하는 근본 動因은 당시의 시대적 여건에서 찾았다. 무신정권의 몰락, 몽고와의 講和, 원간섭기 친원 귀족중심의 사회 등의 시대적 여건에서의 과제는 외세에 의해 조장된 체제모순을 척결하는 것이었고 이는 반원적 개혁정치로 나타난다. 개혁이 실현되는 과정에서 나타난 사회적 발전은 일반 피지배층이 토지소유 내지

46) 閔賢九, 앞의 글(1976), 82쪽.

47) 李泰鎭, 앞의 글(1983), 1~13쪽.

48) 能文能吏의 문사와 여말의 士大夫와의 사이에 있는 이질성이 바로 그들을 똑같이 취급하지 못하고 士大夫의 祖型으로 보는 이유가 아닐까 한다.

는 분배관계의 개선 또는 신분체제상의 개선 등 지위 향상을 위한 능동적 노력을 한 결과였고 또 이 시기의 농업기술상의 성과에 의한 휴한법의 극복과도 긴밀한 관계가 있다고 보았다.[49] 14세기 이후의 농업기술의 발달이 新興士族의 등장과 밀접한 관계가 있었으니 여말선초의 정치와 학문·사상뿐 아니라 농업에 있어서도 신흥사족은 지방의 중소지주라는 사회적 위치때문에 일반백성의 '理生'문제에 보다 더 큰 관심을 가지고, 그것을 실현시키기 위한 노력을 하여 새로운 역사의 주도층으로서 자리를 잡아갈 수 있었다는 것이다.[50]

한편 1980년대 후반에 들어오면 고려 후기의 지배세력을 권문세족과 사대부의 대립으로 서술해 온 데 반대하여 이들은 계층적 기반을 달리했던 정치세력이라고 볼 수 없다는 입장에서 고려 후기 지배세력을 논한 연구가 있다.[51] 그에 의하면 고려 후기의 개혁 추진세력으로서의 사대부라 일컬어지는 존재 속에는 世族출신이 다수 포함되어 있음을 주장하고 사대부는 정상적으로 진출한 官人이었을 것으로 보았다. 정상적으로 진출한 관인이란 入仕路나 출신기반에 관계없이 일단 관직에 종사했던 관인들이라 하였다. 그러므로 사대부들 가운데 대지주인 경우도 있을 수 있고 중·소지주인 경우도 있을 수 있다. 또 사대부에는 세족출신도 있을 수 있고 세족은 못되지만 관인을 배출한 경험이 있는 가문출신이 있을 수 있으며, 향리출신을 포함한 布衣가문 출신이 포함될 수 있다. 만일 고려 후기 또는 말기에 이 중에 어느 한 쪽이 지배적이었다고 한다면 사대부를 그 우세한 부류와 관련지어 설명할 수도 있겠지만 이러한 경향은 보이지 않는다는 것이다.[52]

여기에서 그의 世族에 관한 견해를 살펴보기로 하자. 기왕의 연구에서 사용되던 '權門世族'은 단일한 용어로 사용되는 경우가 거의 발견되지 않으며 '권문'과 '세족'은 별개로 사용되고 있었다.[53] '권문'·'권신'의 경우 전기부터 나타나는 용어이고 대체로 집권자이거나 왕권을 압도할 수 있는 권력의 소

49) 李泰鎭, 앞의 글(1983).
50) 李泰鎭, 앞의 책(1986), 103쪽.
51) 金光哲, 앞의 책, 11~13쪽.
52) 金光哲, 위의 책, 170~175쪽.
53) 金光哲, 위의 책, 18쪽.

유자인 반면 '權勢之家'에 해당하는 부류는 왕권이 일정하게 작용하는 정치구조 속에서 제한된 권력을 행사하던 존재들이다. 특히 '권세지가' 등은 신왕의 즉위나 정치세력에 변화를 가져왔을 때 구폐책이 제시되면서 前代의 권력층을 총칭하는 용어가 되고 있으며, 긍정적인 방향에서 사용된 경우는 거의 없다. 그리고 여기에 해당하는 인물들은 특정계층 출신만이 아니라 세족에서부터 賤類에 이르기까지 다양하다. 그러므로 특정 신분이나 계층을 지칭한 용어가 아니었을 뿐만 아니라 집단화된 정치세력을 지칭한 것도 아니었다. 다만 특정개인이 향유하고 있던 정치권력을 상징한 용어에 지나지 않는다. 이렇게 볼 때 '권문'·'권세지가'라는 용어로써 계층을 지칭하려 하는 것은 분명 한계가 있다고 하였다.[54] 그리고 '世族'의 용례를 검토하여 이 단어는 고려 후기 특히 원간섭기 이후에 집중적으로 나타나고 있고 이는 특정의 姓貫 전체를 지칭했다기보다는 고급관인을 배출한 특정의 家系를 지칭한 것이고, 권력층을 상징하였다기보다는 가문의 사회적 지위를 말해주는 계층의 의미로 사용되고 있었다고 보았다. 그리하여 기왕의 연구에서 고려 후기 정치 지배세력을 지칭하는 용어로 써온 '권문세족' 대신에 '세족'이라는 용어를 사용할 것을 주장하였다.[55]

이와 함께 신진관료의 세족화 경향에 대한 연구도 추가되었다. 신진관료란 한미한 가문, 특히 향리출신으로서 문과에 급제하여 起身한 부류를 말하는데 충렬왕대의 신진관료들은 柳璥과 그의 천거를 받은 元傅·許珙 등 현임 재추들의 문생으로서 좌주·문생의 유대관계를 통하여 정치세력을 형성하여 나갔다. 그러므로 이들의 정치적 입장은 보수적인 성향을 띠었으며 자신이 재추의 반열에 오를 뿐 아니라 자손대에까지 재추의 반열에 오름으로써 이후 권문세족화하는 방향으로 나아갔다. 그러므로 충렬왕대의 개혁을 주도하고 여기에 참여한 신진관료들은 국왕 측근세력에 대하여 크게 대립하지 않으면서 국가정책의 결정이나 대원외교 등 국정에 참여하여 타협한 사람들이라는 것이다.[56] 한편 신진관료로서 국왕 측근세력에 적극적으로 대항하는

54) 金光哲, 위의 책, 34쪽.
55) 金光哲, 위의 책, 18~43쪽.
56) 李益柱, 앞의 글.

경우 이들은 재추의 반열에 오르지 못하고 승진에 장애를 받았다. 측근정치로 인한 정치적·사회적 모순이 심화되는 가운데 이들은 자신의 정치적 입장에 대한 공감대를 확대시켜 가면서 성장하였다. 그 성장의 결과가 충목왕대 整治都監의 활동이나 공민왕초의 반원개혁으로 나타났으며 원의 간섭을 배제하는데 성공함으로써 고려의 자체적인 개혁이 가능하게 된 공민왕대 이후, 구체적으로는 공민왕 14년(1365) 신돈의 집권을 계기로 개혁정치를 추진하면서부터 새로운 정치세력으로서의 신진사대부로 이어지는 것으로 전망하였다. 이 점에서 원간섭기에 국왕 측근세력과 대립하였던 일단의 신진관료들을 여말 신진사대부의 맹아적 형태로 보았다.[57]

뒤이어 사대부는 문무관료를 지칭하는 것 외에 아무 것도 아니라는 연구도 있다.[58] 사대부의 개념을 검토하여 사대부는 문무관료를 말하는 것이며, 관료의 가족을 '士族'이라 하였고 이들은 관리가 되는 데 있어서 아무런 신분적 제약을 받지 않은 관료계층을 지칭하는 것이라 하였다.

그에 의하면 賤系출신 인물들의 官途 진출에 강한 불만을 품은 계층이 사족이었다고 한다. 즉 관도에 진출하는 데 있어서 신분적인 제약을 받지 않은 기존 관료계층을 사족이라 했고, 사족 출신의 인물들은 士林이라고 불렀으며 사림 가운데 특히 관도에 오른 인물들을 사대부로 지칭했던 것이다. 따라서 이러한 용어들은 모두 관리의 신분을 나타내 주는 것이었다고 할 수 있다. 그리고 이런 용어들이 원의 간섭 이후에 빈번하게 史書에 등장하는 이유는 이러한 용어로써 자신들을 천계출신과 구분하려 했기 때문이었다는 것이다.[59] 사대부가 하나의 정치세력화하는 것은 충렬왕대인데, 그것은 이 때 천계출신 인물들의 정치적 진출이 두드러진 결과였다. 이렇다면 원간섭 이후 고려말까지의 정치적 지배세력을 '權門世族' 혹은 '權門勢族'과 '新進士大夫'로 양분하는 것은 재검토되어야 하며 나아가서 '宰相之宗'은 대부분 왕비나 재상, 그리고 다수의 과거합격자를 배출한 가문이었으므로 그들이야말로 고려

朴鍾進, 〈忠宣王대의 財政改革策과 그 성격〉(《韓國史論》 9, 서울大, 1983), 71쪽.

57) 李益柱, 위의 글, 219쪽

58) 金塘澤, 앞의 글.

59) 金塘澤, 위의 글, 215~217쪽.

의 전형적인 사대부였다고 논증하였다.[60] 따라서 '재상지종'은 '권세지가'와는 다른 존재였고 '권세지가'는 충선왕의 측근이나 충렬왕의 측근들을 그렇게 지칭하기도 했는데 어느 경우에도 재상지종이 여기에 포함되지는 않았다는 것이다. 충선왕이 '재상지종'을 선정한 이유는 자신과 혼인한 집안들, 왕비를 배출한 것으로 유명한 가문, 사회적 지위가 높은 가문들을 지정하여 대외적으로는 원에게 자신과 趙妃 등의 혼인이 정당한 것이었음을 내세워 원이 자신의 결혼을 정치적으로 이용하는 것을 방지하려 했고 대내적으로는 실추된 자신의 권위 회복을 기대하였다는 것이다.[61]

이상에서 '권문세족'과 '사대부' 용어를 둘러싼 논의의 대략을 살펴보았다. 역사적인 용어와 그 범주에 대한 검토는 분명히 필요한 작업이다. 그러나 이와 함께 그 용어가 가지고 있는 개념과 범주의 역사적 의미도 더욱 중요하다. 이에 여기에서는 고려 후기에 등장한 새로운 정치세력으로서의 사대부의 성격을 역사적 의미에서 재검토해 보고자 한다.

(3) 사대부의 성격과 시기구분

士大夫를 고려시대의 지배세력을 칭하는 역사적 성격을 가진 용어로 처음 사용한 이래 이 용어는 더욱 발전·심화되어 충선왕대 개혁에 참여한 신진관료를 新興士大夫로 정의하였다.[62] 이와 함께 新進士類나 新興士族의 개념도 등장하였고 또 新興儒臣의 개념도 사용하고 있어서 용어에 대한 정리가 필요하다. 한편 사대부는 사족출신의 관료를 의미하는 것으로써 '하자가 없는 관료'라는 의미도 갖추고 있다고 하지만 '하자가 없다'는 것은 무엇을 의미하는 것일까. 즉 유교적 소양, 공명정대한 태도, 청렴도 등을 기준으로 하는 말이라고 본다면 이는 기존의 사대부의 개념과 그리 거리가 먼 것은 아니라고 할 수 있다. 이렇게 여러 용어가 사용되고 있는 가운데 여기서는 현재 학계에서 가장 많이 통용되고 있는 '사대부'를 사용하기로 한다.

---

60) 金塘澤, 〈忠宣王의 復位敎書에 보이는 '宰相之宗'에 대하여〉(《歷史學報》 131, 1991), 27쪽.

61) 金塘澤, 위의 글, 28~29쪽.

62) 金潤坤, 앞의 글(1974).

다음으로 사대부의 성격에 관해 살펴보도록 하자.

첫째, 고려 후기의 새로운 지식관료군을 사대부라 하였을 때 사대부를 배출하는 주 공급원은 기존의 관료, 즉 사대부들의 재생산에 의해 형성되는 사족과 서리 외에 지방의 향리층이 된다. 고려 후기에 지방 향리층의 중앙진출이 두드러지는 현상을 볼 수 있는데 이들이 신진 사대부의 형성에 큰 비중을 차지하고 있음은 부정할 수 없다.

둘째, 사대부는 과거출신의 관료가 다수를 이루고 있었다. 사대부라는 말 자체가 科擧官僚를 의미하는 것은 아니다. 과거관료는 그들을 儒臣 또는 儒士, 儒者라고 불렀다.[63] 사대부라는 어휘는 '士'와 '大夫'의 합성어이지만 이는 주로 문신 중심의 용어였다. 따라서 과거출신의 관료가 주류를 이루게 되며 그 가운데는 음서출신자나 또는 음서출신자이면서 과거를 거친 자도 상당수 있다. 이들은 정통적인 방법(科擧나 蔭敍)에 의하여 관료가 된 사람들이었기에 고위관직으로 오르는 데 하자가 없는 사람들이었고, 비정통적 방법으로 관직에 오른 사람들, 특히 국왕의 측근세력으로 성장하여 고위직을 차지한 사람들, 非儒敎的 성향의 사람들이 전횡과 불법을 자행하는 것에 대해 비난하였다. 고려시기에는 무반이 되는 길은 음서 외에는 자신의 능력, 즉 武功에 의한 것이었기에 그 출신에 賤系가 많았다. 유교적 통치이념을 기반으로 한 고려 문반귀족 중심의 체제는 정치담당자에게 기본적 교양으로서 유학적 소양을 요구하였다. 그러므로 사대부가 반드시 과거관료라고 할 수는 없으나 과거출신이 다수를 점하고 있음을 부정할 수는 없다. 무신집권 이후 크게 흔들리기는 하였지만 정치의 주축을 이루는 것은 문신이어서 재추 이상은 문신이 담당하게 되어 있었다. 후기에 재추의 숫자가 많아지고 무신도 여기에 참여하는 자가 있게 되었으니 이 과정에서 문신관료를 지칭하던 사대부란 용어가 문무를 통칭하게 되는 것은 오히려 자연스러운 일이다. 또 고려 후기에는 무반의 지위가 전기보다는 향상되고 한 가문 안에서도 문·무의 혼재현상이 나타났으므로 사대부, 또는 사족 가문내에 무신이 포함되어 있을 수 있고 조선시대에 오면 이 경향은 더욱 일반화되어 사대부란 말은 자연스

---

63) 李齊賢, 《益齋亂藁》 7, 春軒先生崔良敬公墓誌銘.

럽게 문무양반, 즉 양반 신분을 의미하게 되었다고 하겠다.

셋째, 사대부는 유교적 소양을 갖추고 있었다. 최씨집권기의 '능문능리'의 관인은 시나 문장뿐 아니라 유학의 학문적 능력을 바탕으로 행정실무의 능력을 겸비하는 인물을 요구하는 시대였다. 원간섭기에 도입되는 새로운 학문으로서의 성리학은 사대부들의 학문적 관심의 대상이 되었고 14세기 이후에는 科擧에서 朱子의 經典註釋을 요구하게 되고 성리학이 성균관에서의 講學의 중심이 되면서 사대부의 전형적인 학문이 되었다.

넷째, 사회경제적 기반에 있어서는 지방의 향촌세력, 품관세력 출신들이 신진관인으로의 진출이 14세기 이후 끊임없이 이어지고 있었고 이들의 사회경제적 기반이 중소지주적인 위치에 있다는 점이다. 이 말은 상당히 애매한 상대적인 용어이므로 일괄적으로 말하기는 어렵지만 고려 후기 권세가가 토지를 불법적으로 탈점하여 '山川爲標'하는 현실하에서 지방의 지주는 중소지주일 수밖에 없다. 따라서 그들이 향리 출신이었을 경우 대체로 중소지주 출신으로 보아도 크게 어긋나지는 않을 것이다. 그러나 中 또는 小의 규모가 어느 정도인지 밝혀져 있지 않은 상황에서, 예컨대 別墅·別業을 가졌다는 것이 어떤 수준인지 알 수 없고 민의 입장에서 본다면 그들은 어디까지나 지주임에 틀림없다. 또 관로에서 승진할수록 경제기반도 확대되었을 것이었다. 그러므로 父 또는 祖父가 상당한 고위 관직에 올랐을 경우 경제기반도 그에 따라 상승하였을 것은 틀림없겠지만 그 규모를 구체적으로 밝히기는 쉽지 않다. 다만 사전개혁론에서 급진파가 중소지주적 입장을 대변하였고 온건파는 대개 巨室子弟였다고 하여 대지주의 입장에 있었음을 볼 때 그 추이를 가늠할 수가 있다.[64)]

고려 후기의 새로운 관인층을 지칭하는 사대부는 시대적 여건에 따라 그 성격에 있어서 차이를 갖게 된다. 각 시대에 있어서 일정한 정치적 역할을 한 이들은 전체적으로 볼 때 공통되는 성격을 갖고 있으나, 세부적으로는 시기에 따라서 조금씩 차별성을 갖는다. 그런 의미에서 고려 후기 사대부는 3시기로 구분하여 논해질 수가 있다.

---

64) 《高麗史》 권 118, 列傳 31, 趙浚.

제1기의 사대부는 먼저 무신집권하에서 '能文能吏'의 관리로 등장하여 정치에 참여하였던 일군의 文士로서 사대부의 祖型으로 일컬을 수 있다. 최씨집권기에는 어느 정도 정치적 안정이 이루어지면서 최우 집권기에 書房의 설치와 이를 통한 文士의 등용이 활발하게 이루어졌던 것이다.[65] 물론 무신집권이라는 한계적 상황 속에서 이들의 역할도 제한적일 수밖에 없으나 원만한 통치를 수행하기 위하여 문신의 존재는 필수적인 것이었다.

이들은 중앙의 吏 출신이나 지방의 향리출신의 新進官人이 많았고, 경제적으로는 전기의 문벌귀족에 비하여 상대적으로 농장의 규모가 작은 중소지주적 위치에 처해있는 사람들이 많았다. 또 이들의 出仕路는 蔭叙로 진출하는 경우보다는 과거를 통해 진출하여 역사의 주인공이 된 사람들이 많다는 것도 하나의 특징이다. 이 시기 문사들의 사상동향은 현실타협적 측면이 강하고 체제 비판이나 개혁의 추구라는 측면은 찾아보기 어렵다. 과거출신의 문사들은 집권층의 부패와 민을 핍박하는 정치 현실에 대해 儒者로서의 갈등을 느끼기도 하였으나, 자신의 입장이나 이해관계로 이를 외면할 뿐이었다. 반면에 몽고침입에 대한 항쟁의 현실 속에서 민족의 자존을 희구하는 민족의식의 표현으로 역사의식이 크게 고양되기도 하였다.[66] 이들은 대체로 新進士人, 新興官人 등으로 표현되어 왔다.

이렇게 등장한 사대부는 2~3세대를 지나면서 지속적으로 중앙으로 진출하여 5품 이상의 높은 관직을 얻어 문벌화하는 추세를 보여준다. 따라서 이들을 13세기 말 원간섭기 이후 진출하는 신진사대부와 구분시켜 보기도 한다.

다음 제2기의 사대부는 14세기 새로운 麗元關係하에서 官途에 진출한 과거관료들로서 성리학의 수용에 앞장 선 사람들이다. 성리학은 安珦·白頤正 이후 權溥·李齊賢 등을 중심으로 적극 수용되었다. 이 시기에 지방 향리출신으

---

65) 《高麗史》 권 129, 列傳 42, 叛逆 3, 崔忠獻 附 怡.

66) 李佑成, 〈高麗 中期의 民族敍事詩 －東明王篇과 帝王韻紀의 研究－〉(《韓國의 歷史認識(上)》, 創作과批評社, 1976), 148~165쪽.
河炫綱, 〈高麗時代의 歷史繼承意識〉(《梨花史學研究》 8, 1976), 203~206쪽.
———, 〈李承休의 史學思想研究〉(《東方學志》 69, 1991), 189~195쪽.
卓奉心, 〈東明王篇에 나타난 李奎報의 歷史意識〉(《韓國史研究》 44, 1984), 102~104쪽.
劉璟娥, 〈李承休의 생애와 歷史意識〉(《高麗史의 諸問題》, 三英社, 1986), 556쪽.

로 과거를 통해서 현달한 사람들과 父 또는 祖父代 이후 중앙에 진출하여 현달한 가문출신자들을 중심으로 성리학이 적극 수용되었다. 이제현을 비롯하여 禹倬·安軸·李穀·白文寶 등이 대표적인 인물이다. 이들을 일반적으로 '新進士大夫'라 할 수 있다. 이 시기 고려는 원간섭으로 국왕 부자간의 갈등이 일어나고 관료의 내분 등으로 정치적 혼란이 거듭되던 시기였다. 유교적 정치이념에 입각하여 관료로 진출한 儒臣으로서는 혼란의 와중에서 그들의 정치이념을 구현하기에는 여건이 허락되지 않았다. 왕들은 자신의 입지를 강화하기 위하여 嬖幸 등 측근세력을 구성하여 파행적인 정치를 전개하였고 정상적 경로를 밟아 진출한 관료들은 왕의 측근세력에 의해 정치일선에서 밀려날 수밖에 없었다. 그러나 국가적 위기나 왕실 존망의 위기에 직면했을 때 이들 문신 관료들은 자신을 돌보지 않고 충성을 다하였으며, 사회경제적 積弊에 대한 개혁안을 제시하는가 하면 개혁에 직접 참여하기도 하였다. 그들은 원에 왕래하며 국제적 학문 조류에 직접 접하여 성리학을 수용한 제1세대이기도 하다.

史書에서 사대부라는 용어가 자주 나타나는 것도 14세기 이후이다.[67] 이들 중에는 父나 祖父 때부터 관인으로 등장하여 가문적 배경을 가진 사람이나 후기 이래의 귀족가문 출신자도 많았다. 이 시기 사대부는 사상적으로는 유교적 도덕정치를 지향하면서도 정치적으로는 기존의 권문세족과의 혼인관계나 권세가와의 타협으로 권력 지향적인 측면을 보여주고 있다.[68]

제3기의 사대부는 제2기에 등장한 사대부들의 후손이나 새로이 관인으로 등장한 과거출신의 유신들이 주축을 이루는데, 공민왕대의 반원적인 분위기와 함께 권문세족을 배제하고 신돈을 주축으로 田民辨整都監에서 개혁에 참여하거나 李穡이 중심이 되어 成均館을 重營하고 학풍을 크게 진작시키는 데 참여하였던 유신들이 여기에 속한다고 하겠다. 이들은 성리학 수용의 제2세대라 할 수 있으니 앞 시기 李齊賢이나 李穀의 성리학 이해가 《周易》이나 四書에 접근하는 수준에 머물렀음에 비하여 학문에 대한 이해도가 심화되었다. 특히 앞 시

67) 高惠玲, 〈고려후기 士大夫의 개념과 성격〉(《擇窩許善道先生停年紀念 韓國史學論叢》, 一潮閣, 1992), 217~235쪽.

68) 稼亭 李穀은 知貢擧로서 掌試하였을 때 世家子弟를 많이 뽑았다 하여 憲司로부터 탄핵을 받았다(《高麗史》 권 109, 列傳 22, 李穀).

기인들이 불교를 異端視하면서도 다만 불교의 폐단을 지적하는 수준에 그치고 불교와 유교의 공존을 인정하였던 것에 비하여 불교에 대한 비판도 더욱 논리적으로 심화된다. 이 시기의 신진사대부는 정치세력으로 성장하여 갔다.

제3기의 이들 신진사대부는 우왕대에 李仁任의 권세하에서 일시적으로 위축되었으나 우왕 14년(1388) 崔瑩의 요동정벌에 반대하는 李成桂의 신흥세력과 연계하여 정권을 장악하게 되었다. 이들 중 일부는 신흥관료로서, 지배계급으로서의 경제적 혜택을 제대로 받지 못하는 것에 반발하여 당시 현실모순을 타개하는 방편으로 전제개혁을 요구하였다. 대외적으로는 元明交替期를 당하여 親明政策을 표방하면서 원과 연결되어 과거부터 권세를 누려오고 있던 權門世族을 제거하고 정치의 주도권을 잡으려 하였다. 이 과정에서 신진사대부는 온건파와 개혁파로 갈라지게 되었으며 개혁파는 전제개혁과 廢假立眞을 추진하며 새 왕조 건국의 기반을 마련하였다.

지금까지 고려 후기의 사대부의 성장·발전과정을 세 시기로 나누어 보았다. 다시 말하면 사대부는 12세기 말 최씨집권기에 그 원형을 찾을 수 있고, 성리학이 도입되기 시작한 13세기 말 충렬왕대부터 성리학의 수용이 본격화되던 14세기 전반기에는 신진사대부의 모습이 갖추어졌다. 이들 신진사대부는 공민왕대에는 신돈집권에 참여하였고, 성균관을 중심으로 학문을 진흥시키는 데 주역이 되면서 고려왕조의 멸망 전까지 성장·발전하였다. 위화도회군 이후 신진사대부는 다시 분기하여 온건파와 개혁파로 나뉘면서 개혁파는 조선건국의 주역이 되었다.

한편 유교적 王道政治를 추구하는 사대부의 현실 인식은 사회모순을 직시하고 개혁을 추진해 나가는 면에 있어서도 시기별로 크게 차이를 보인다. 제1기 무신집권 체제하에서의 관료의 현실인식에서는 현 사회 모순에 대한 문제 제기는 미약하다. 현실을 직시하고 모순을 인식하는 사람들은 官途에 참여조차 하지 않았기 때문이다. 최씨집권기의 문신들은 체제에 아첨 또는 타협하는 입장이었던 반면에 대외적으로 몽고와의 항쟁과정에서 민족의식의 발로로 國祖 檀君이나 高句麗 始祖 東明王의 존재를 부각시켜 민족의 자주의식과 역사의식을 고양시키는 역할을 하였다.

제2기에는 元과의 새로운 관계 이후 고려 왕실의 위상이 격하되고 왕 측근의 비정통적 관료들이 권세를 장악하여 정치를 농단하던 시대이다. 이에 따라 人事權을 비롯한 田制와 收取體制의 문란, 재정의 궁핍이 심화되고 가혹한 수렴으로 民의 流亡을 초래하였다. 또 밖으로는 원의 정치 간섭과 왜구의 침입으로 각종의 수탈과 노략질을 당하여 어려움을 더해 갔던 시기였다. 원 제국의 정치간섭과 경제적 수탈 속에서 고려의 민족자존을 유지하고 전통적 체제를 최대한으로 지켜 나가는 것이 이 시기 사대부들의 최대의 관심사가 되었다. 이 시기 정국은 충렬왕 이후 안으로는 즉위와 퇴위를 반복하는 잦은 왕의 교체와 왕 측근의 폐행들의 횡포가 자행되는 가운데서 사대부들은 이를 제거하기 위하여 政房을 혁파하고 인재를 등용하여 王道政治를 이룰 것과 전제의 釐政을 통한 민생의 안정을 목표로 하는 등의 개혁책을 제시하였다. 그런 한편 원에 대해 고려 왕실체제를 온존시켜 나가기 위한 노력을 기울이는 등 정치 일선에서 활약하기도 하였다. 그러나 기존의 권문세족이나 국왕 측근세력과의 연결을 통해서 자신들이 貴族化되어 감으로써 그들의 개혁론은 한계성을 갖는 것이었다.69)

제3기는 공민왕대에 원의 간섭과 권문세족 압력을 배제하고 왕권을 강화해 가는 과정에서 그를 즉위시키는 데 적극 노력한 李齊賢을 座主로 한 신진사대부의 세력이 크게 대두된 시기이다. 과거출신의 유자들은 좌주·문생관계를 돈독히 하여 하나의 정치세력으로 성장하였으며 이들은 여말 중국의 원명교체기를 당하여 친명책을 통하여 원의 압력에서 벗어나고 기존의 附元輩를 제거하려 하였다. 이제현의 뒤를 이어 이색이 성균관 대사성이 되자 사대부들은 성균관을 중심으로 학문을 일으키면서 하나의 정치세력으로 성장하여 갔다. 또 14세기 이래의 반복되는 개혁책이 전대의 권세가에 의해 야기된 사회경제적 폐단을 제거하는 수준에 머물고 있는 것에 대해 고려 말기의 사대부 중에는 더욱 적극적이고 과감한 개혁책을 제시하기도 한다. 이런 과감하고 근본적인 개혁이 실현되기 위하여는 기존의 체제부정은 필수적인 것일 수밖에 없게 된다. 이에 따라 왕조 말기에는 이미 세족화한 신진사대부는 온건개량파로, 중소지주적 입장을 견지하고 세족화되지 않은 사대부는 급진파

69) 한국역사연구회, 《14세기 고려의 정치와 사회》(민음사, 1994).

로 분기되는 현상이 나타났다.

성리학에의 접근이 심화됨에 따라서 불교에 대한 입장에도 변화가 왔다. 고려 전기의 儒者들은 불교를 정신적 敎化의 근본으로서 인정하여 상호 공존적인 것으로 인식하여 왔는데 성리학은 그 철학적 논리구성에 있어서 불교의 영향을 받았음에도 불구하고 불교를 이단시하여 배척하고 있다. 이 때문에 성리학을 업으로 하는 유자들은 불교에 대해 비난의 눈을 돌리게 된다. 고려 후기 사대부로서 불교에 대한 비판은 성리학을 처음 도입한 안향에 의해서 시작되었으나 이후 14세기 전반기의 신진사대부들은 아직도 불교와의 상호 공존체제를 유지하면서 불교의 교화의 역할에 대해 긍정적 태도를 보이고 그 비판도 사회적 폐단을 지적하는 수준에 머물었다. 반면에 공민왕대 이후의 신진사대부가 정치세력으로 성장하게된 시기에는 불교에 대한 비판은 더욱 철저하고 논리적이 되어 간다는 점이다.

이상 고려 후기 사대부의 존재를 그 시기 별로 세분하여 보았을 때 각기의 공통점과 차이점을 발견할 수 있었다. 이 공통점과 차이점을 어떤 쪽에 비중을 두고 보느냐에 따라 세 시기의 사대부의 존재를 별개로 보느냐 아니면 동류로 보느냐가 결정된다. 또 이는 역사의 연속성과 비연속성의 문제이기도 하다. 고려 후기의 사대부는 能文能吏型의 新官人層에서 발원하여 14세기에는 신진세력으로서의 사대부로 등장하기 시작하였고 신진사대부는 고려 말에는 온건파와 개혁파로 분기를 이루었다. 이들 말기의 개혁파 신진사대부는 조선초의 양반신분을 구성하는 모체가 되었다고 볼 수 있을 것이다.

〈高惠玲〉

3) 개혁정치의 추진과 신진사대부의 성장

(1) 개혁정치의 추진

원간섭기 이후 고려사회는 외세 종속구조가 오래 지속됨으로써 사회모순이 더욱 심화되고 있었다. 이 시기 사회모순은 12세기부터 두드러지게 나타나고 있던 고려사회 본래의 내적모순과 몽고와의 전쟁, 원의 간섭으로 말미암은 외적모순이 중첩된 형태였다. 국가 재정난, 민의 궁핍화, 파행적 정치운영 등은 당시 사회모순의 구체적 표현이었다. 국가 재정은 元의 요구가 추가됨으로써 그 수요가 늘어난 반면, 토지겸병의 확대로 말미암아 국가 收租地는 줄어 재원 확보에 큰 어려움을 겪고 있었다.[1] 사회모순의 심화는 민의 처지를 더욱 어렵게 하였다. 그래서 민은 독립적 생활기반을 잃고 국외로 유망하던가, 아니면 지배세력의 농장에 투탁하여 살아가고 있었다.[2] 뿐만 아니라 왕위를 유지하고 왕권을 강화하는 과정에서 측근정치가[3] 출현함으로써 권력은 측근세력 등 권력층에게 독점되어 정치운영은 파행성을 면치 못하고 있었다.

사회모순이 심화되는 가운데 지배세력, 특히 권력층은 오히려 이러한 모순구조에 편승하여 더 많은 경제적 부와 정치권력을 누리고 있었다. 그런데 지배세력의 일부는 국가 재정난과 심각한 민생문제에 직면하여 이를 해결하려는 노력을 보이기도 했다. 지배세력은 上書의 형식을 빌어 현실의 폐단을 지적하고 그 대안을 제시하고 있었으며, 정부는 국왕의 교서 발표나 정부기관의 정책 제시를 통해 당시 현안문제를 해결하고자 하였다.

정부가 제시한 개혁안으로 볼 수 있는 것은 국왕의 즉위초나 정치변동기에 발표된 교서와 개혁기구가 제시한 '狀', 또는 '榜'이 있다. 충선왕 즉위년(충렬왕 24 ; 1298)과 복위년(1308), 충숙왕 5년(1318)·12년, 공민왕 원년(1352)·5년

---

1) 朴鍾進, 〈忠宣王代의 財政改革策과 그 性格〉(《韓國史論》 9, 서울大, 1983), 54~69쪽.

2) 고려 후기 민의 유망에 대해서는 梁元錫, 〈麗末의 流民問題 -특히 對蒙관계를 중심으로-〉(《李丙燾博士華甲紀念論叢》, 一潮閣, 1956) 및 김순자, 〈원간섭기 민의 동향〉(《역사와 현실》 7, 한국역사연구회, 1992) 참조.

3) 원간섭기 정치의 한 형태를 측근정치로 이해한 연구로는 다음이 참고된다.
金光哲, 〈高麗 忠烈王代 政治勢力의 動向〉(《論文集》 7-1, 昌原大, 1985).
———, 〈嬖幸集團의 形成과 世族〉(《高麗後期 世族層硏究》, 東亞大 出版部, 1991).
李益柱, 〈高麗 忠烈王代의 政治狀況과 政治勢力의 性格〉(《韓國史論》 18, 서울大, 1988).
鄭希仙, 〈高麗 忠肅王代 政治勢力의 性格〉(《史學硏究》 42, 1990).
朴宰佑, 〈高麗 忠宣王代 政治運營과 政治勢力 動向〉(《韓國史論》 29, 서울大, 1993).

·12년·20년의 교서 등 8개의 개혁교서와 충목왕 3년(1347)의 '整理都監狀'과 공민왕 15년(1366) 5월의 '田民推整都監榜'이 그것이다. 지배세력이 개인 자격으로 제출한 개혁안은 충렬왕 22년(1296) 洪子藩의 '便民十八事', 충목왕 즉위년(1344) 5월 李齊賢의 '都堂上書', 공민왕 원년 李穡의 '陳時務書', 공민왕 11년 白文寶의 '箚子'등이 있다.

가. 충선왕대의 개혁정치

원간섭기 이후 정부와 지배세력이 주도한 개혁정치는 충렬왕 20년대부터 가시화 되기 시작하였다. 토지겸병의 확대와 민의 유망 등 사회경제적 폐단이 극심한 데다가 충렬왕 측근세력의 권력독점으로 지배세력 내부에서 갈등과 대립의 현상이 드러나는 가운데, 지배세력의 일부는 민생문제의 심각성을 인식하고 이를 개선하려는 움직임을 보이기 시작한 것이다. 그것은 홍자번의 '便民18事'로 구체화되었다.

홍자번의 편민18사는 그 명칭에서 알 수 있듯이 모두 18개 항목으로 구성된 개혁안이다. 이 개혁안은 민생문제와 재정난의 해결을 개혁의 목표로 삼고 있었다. 공물의 정수·정액 외의 징수를 금지한 것이나, 유망민의 貢賦를 남은 사람들에게 부담지게 하는 폐단을 지적한 것, 모리배의 선납 행위를 금지하고 鹽稅를 정액 이상으로 科斂하는 것을 금지하도록 한 것은 이를 통해 수취체제를 바로잡아 민생의 안정을 꾀하고자 한 것으로 이해된다.[4)]

이 개혁안에서는 국가재정의 확충 방안도 모색하고 있었다. 그것은 賜給田에 대한 공부의 부과와 行役 및 새로 관리가 된 사람들에게 세를 부과하는 방안으로 제시되었다. 홍자번은 공부의 폐단을 지적하면서 亡丁·逃戶의 공부를 유민에게 전가하는 것을 금지하는 대신 공부액의 감소를 막기 위하여 사급전을 받은 사람들에게 공부를 부과해야 한다고 주장하였다. 아울러 동서 各房과 새로 임명된 行役이 거두어들인 금·은 가운데 2/3를 국용에 충당케 하고, 공로가 있거나 왕을 시종했던 인물을 제외하고 새로 관리에 임

---

4) 이 개혁안의 내용과 그 성격에 대해서는 盧鏞弼, 〈洪子藩의 「便民十八事」에 대한 研究〉(《歷史學報》 102, 1984) 및 金光哲, 〈洪子藩研究－忠烈王代 政治와 社會의 一側面－〉(《慶南史學》 1, 1984) 참조.

용된 사람들로부터 품계에 따라 세를 거두어 국용에 충당하는 방안을 제시하고 있다. 물론 이러한 방안들이 국가재정의 확충을 위한 근본적인 대책이 될 수는 없는 것이었지만 세원이 점점 감소하는 현실을 타개하기 위한 임시적인 대책이 될 수는 있었다.

원간섭기 개혁정치는 충렬왕 24년(1298) 충선왕이 즉위하면서 본격적으로 추진되기 시작하였다. 충선왕의 왕위계승은 원의 종속화 정책이 진행되는 가운데 전개된 권력투쟁의 결과였다.[5] 이미 세자시절부터 충렬왕의 측근정치에 비판적이었던 충선왕은 원의 帝位가 世祖에서 成宗으로 바뀌는 것을 계기로 충렬왕 21년부터 정국을 주도하기 시작하였다. 이 때문에 충렬왕과 세자인 충선왕은 왕권 장악을 둘러싸고 첨예하게 대립하였다. 이러한 정치상황 속에서 그 동안 국내에 자신의 지지세력을 꾸준히 형성해온 충선왕은 원의 지원을 받아 마침내 충렬왕 측근세력을 숙청하여 충렬왕의 왕권을 무력하게 만든 다음 傳位라는 형식적 절차를 밟아 왕위계승에 성공할 수 있었던 것이다.

충선왕은 즉위하자마자 개혁교서를 발표하였다.[6] 모두 27개 항목에 이르는 이 개혁교서[7]에서 집중적으로 지적된 폐단은 권력층의 토지점탈·유민은닉·조세불납, 지방관의 탐학 등이었다. 이 개혁안은 그 대책으로서 권력층의 불법적 토지점탈을 철저히 조사하여 본래의 주인에게 되돌리게 하고, 지방관의 중간수탈을 금지, 처벌하는 방안을 제시하였다. 특히 토지점탈 등 당시 폐단의 주체로서 '豪猾之徒'·'勢要之家'와 같은 권력층을 지목하고 있는데, 이는 개혁을 통해 부왕의 측근세력을 제거하고 자신의 권력기반을 강화하기 위한 것으로 보인다.

개혁교서 반포 후 충선왕은 차례차례 개혁조치를 단행하였다. 4월에는 政房을 폐지하고 인사권을 翰林院에 귀속시켰다.[8] 최씨정권의 사적기구로 출발한 정방은 무신정권 붕괴 후에도 계속 존속하면서 인사권을 장악하고 있

5) 이 점에 대해서는 金光哲, 〈高麗 忠宣王의 現實認識과 對元活動—충렬왕 24년 受禪 이전을 중심으로—〉(《釜山史學》 11, 1986) 참조.

6) 《高麗史》 권 33, 世家 33, 충렬왕 24년 충선왕 즉위 정월 무신.

7) 이 개혁교서에 대한 분석은 李起男, 〈忠宣王의 改革과 詞林院의 設置〉(《歷史學報》 52, 1971) 참조.

8) 《高麗史》 권 75, 志 29, 選擧 3, 銓注 1, 選法.

었고, 특히 국왕 측근세력인 신흥권력층은 이를 권력기반으로 삼고 있었다. 그러므로 충선왕이 정방을 폐지한 것은 인사행정의 정상화를 꾀하면서 한편으로는 충렬왕 측근세력의 재등장을 봉쇄하기 위한 개혁조치로 이해된다. 충선왕은 5월에 가서 대대적인 관제개편을 단행하였다. 이 때 관제개편에서는 원의 官號와 같은 것은 모두 바꾸는 등 원의 제도와 중복을 피한다는 원칙이 철저히 지켜졌고, 앞서 司로 격하하였던 상위 관부들을 모두 원의 제도를 적극 수용하여 院이나 府·曹로 승격시킴으로써 충렬왕 원년 이래의 기형적인 관제를 바로잡으려 하였다.[9] 아울러 재상의 수를 줄여 재상의 권한을 축소하고 詞林院의 기능과 위상을 강화시키는 작업도 동시에 추진하였다. 재상의 감축은 정책 결정과 행정의 효율성을 높이고 정치권력을 국왕에게 집중시키려는 데 목적이 있는 것이었고, 사림원의 기능을 강화한 것은 이를 통하여 왕권을 강화하기 위한 것이었다.

그러나 충선왕 즉위년의 개혁정치는 같은 해 5월에 발생한 이른바 趙妃 무고사건을 겪으면서 점차 퇴조하기 시작하였다. 조비 무고사건은 조인규의 딸인 조비가 충선왕의 원 공주출신 왕비인 寶塔實憐公主를 저주했다고 무고한 사건이다. 이 사건은 궁극적으로 충선왕에게 타격을 가하고 개혁정치를 좌절시키기 위해 연출된 것으로서,[10] 이후 개혁정국은 점차 와해되기 시작하였다. 그래서 6월에는 承旨房이 복구되었으며, 7월에는 都僉議司·密直司·監察司가 복구되는 등[11] 관제가 개혁 이전의 상태로 되돌려졌다. 개혁정치의 이러한 후퇴는 곧 충선왕의 왕위 유지가 어렵게 되었음을 뜻하는 것이었다. 충선왕은 8월까지 입조하라는 원의 명에 따라, 즉위한 지 8개월 만에 원에 소환되는 형식으로 강제 퇴위되고 말았다.

충선왕 퇴위 후 고려 정국은 충렬왕 측근세력과 충선왕 지지세력 사이의 갈등과 대립으로 혼미를 거듭하였다. 충렬왕 복위 후 충선왕 지지세력은 충선왕의 재집권을 위해 韓希愈 무고사건을 연출하기도 하고, 무력을 동원하여

---

9) 李益柱, 〈충선왕 즉위년(1298) '개혁정치'의 성격〉(《역사와 현실》 7, 1992), 131쪽.
10) 金成俊, 〈麗代 元公主出身 王妃의 政治的 位置에 대하여〉(《金活蘭紀念 韓國女性文化論叢》, 1958 ; 《韓國中世政治法制史硏究》, 一潮閣, 1985, 164~166쪽).
11) 《高麗史》 권 33, 世家 33, 충렬왕 24년 6월 계해·7월 무술.

吳潛과 石胄를 체포하는 등 충렬왕 측근세력에 대해 공세적인 자세를 취하였다. 이에 맞서 王惟紹·宋邦英 등 충렬왕 측근세력은 충선왕비 보탑실련공주를 瑞興侯 琠에게 개가시켜 충선왕의 왕위계승권을 박탈하려 하였다.[12]

두 세력간의 권력투쟁은 충렬왕과 그 측근세력의 패배로 끝났다. 세력의 축소와 약화를 면치 못하고 있던 충렬왕 측근세력은 충선왕 지지세력의 광범위한 저항을 막아낼 수 없었던 것이다.[13] 더욱이 원의 帝位 계승분쟁이 충선왕이 지원한 武宗의 승리로 끝남으로써[14] 충렬왕은 결정적인 타격을 입고 더 이상 왕권을 행사할 수 없게 되었다. 충렬왕 33년(1307) 3월 이후 왕은 유폐된 상태에 있었으며, 그 측근세력은 체포되거나 처형되었다.[15] 따라서 이때부터 충선왕은 복위한 것이나 다름없이 왕권을 행사할 수 있게 되었다.

왕권 장악에 성공한 충선왕은 다시 한 번 개혁정치를 시도하였다. 개혁은 관제개편에서부터 시작되었다. 충선왕은 먼저 대폭적인 인사개편을 단행하여 개혁정치의 기반을 조성한 후, 마침내 충렬왕 34년 6월에 새로운 관제를 반포하였다. 이번의 관제개편은[16] 관부 및 관직의 대폭적인 개칭, 관부의 통폐합, 언론관련 관부와 관직의 승격 등을 지향하고 있었다. 관부의 통폐합은 충선왕 즉위년에 개편되었던 6조체제를 選部·民部·讞部의 3부체제로 전환하고, 유사기능을 갖고 있는 관부끼리 통폐합하는 것으로 나타났다. 즉 이·병·예조가 선부로 통합되어 選軍·堂後官·衛尉寺가 여기에 흡수되었으며, 호조는 민부로 개칭하여 三司·軍器寺·都鹽院을 흡수시켰고, 형조는 언부로 개칭하여 監傳色·都官·典獄署를 여기에 귀속시켰다. 관부의 통폐합에 따라 폐지된 관부는 앞의 3부에 병합된 것 외에도 給田都監 등 많은 임시관부가 혁파되어 그 기능이 유사한 관부로 흡수되었다. 이러한 일련의 관제개편은 도첨의사사·3

---

12) 충렬왕 복위 후 전개된 그 측근세력과 충선왕 지지세력 간의 권력투쟁에 대해서는 金成俊, 앞의 책, 175~180쪽 ; 金光哲, 앞의 글(1984), 18~34쪽 ; 朴宰佑, 앞의 글, 8~17쪽 참조.

13) 金光哲, 〈충렬왕대 측근세력의 분화와 그 정치적 귀결〉(《考古歷史學志》 9, 東亞大 博物館, 1993), 302~310쪽.

14) 高柄翊, 〈高麗 忠宣王의 元 武宗 擁立〉(《歷史學報》 17·18, 1962 ; 《東亞交涉史의 硏究》, 서울大 出版部, 1970, 297~300쪽).

15) 《高麗史》 권 32, 世家 32, 충렬왕 33년 3월 신묘.

16) 관제개편의 내용과 특징에 대해서는 朴宰佑, 앞의 글, 23~41쪽 참조.

부·사헌부·예문춘추관 중심의 정치·행정체제를 확립하고자 한 것으로서, 국가기구의 정비를 통해 행정의 효율성을 극대화하는 한편 재정의 낭비를 줄이기 위한 것이었다. 아울러 언론기구 및 문한기구의 위상을 높여 감찰기능을 강화하면서 이를 통해 왕권을 확립하기 위한 방안으로 이해된다.

관제개편을 단행한 후 충선왕은 복위한 지 5개월 만인 11월에 복위교서를 반포하였다.[17] 이 교서를 통해 밝힌 개혁의 방향은 권력기반의 강화와 국가재정의 확보, 민생의 안정에 초점이 맞춰져 있었다. 충선왕은 개혁교서에서 조세의 均定을 강조하면서 이를 통해 "국용을 두루 갖추고, 녹봉을 넉넉하게 하며, 백성의 산업을 풍족케 할 것"이라고 하였다. 대부분의 토지가 권력층에 의해 탈점되고 수취체제가 문란한 현실에서 충선왕은 양전과 호구조사, 그리고 이를 바탕으로 한 수취체제의 정비를 통해 그 목표를 달성하고자 했다. 충선왕의 이러한 量田制賦 정책은 재위 기간에 완결되지는 못했지만, 충숙왕대에 가서 이른바 '甲寅柱案'의 성립으로[18] 가시화 되었다.

충선왕의 재정개혁은 재정기구의 개편과 조세확충, 염법개혁으로 구체화되었다. 우선 재정기구의 개편과 신설을 통해 국가와 왕실의 재정기구를 강화하여 재원의 확보와 지출을 용이하게 하고자 하였다.[19] 충선왕은 당시 재정난의 주 요인을 권력층이 소유하고 있는 농장으로부터 수세되지 않는 데 있는 것으로 판단하고, 典農司에 내린 교지에서 권력층이 점거하고 있는 사급전에서의 수세를 강조하는 한편, 녹과전·구분전을 제외한 경기 8현의 조세를 모두 조사하여 거둬들일 것을 명하였다.[20] 이는 稅收를 증대시켜 재정난을 타개하면서 한편으로 권력층의 경제적 기반을 약화시키고자 한 것으로 이해된다.

재정난을 타개하기 위하여 염법개혁도 추진되었다. 이는 지금까지 사찰이나 권력층이 장악해온 鹽盆을 모두 국가에 귀속시켜 그 수입을 국가재정에

---

17) 《高麗史》 권 33, 世家 33, 충렬왕 34년 충선왕 복위 11월 신미.
18) 朴京安, 〈甲寅柱案考〉(《東方學志》 66, 1990).
——, 〈14세기 甲寅柱案의 運營에 대하여〉(《李載龒博士還曆紀念 韓國史學論叢》, 한울, 1990).
19) 朴鍾進, 앞의 글(1983), 71~75쪽.
20) 《高麗史》 권 33, 世家 33, 충렬왕 34년 충선왕 복위 11월 신미.

보충하는 방안으로 나타났다.[21] 즉 충선왕의 염법개혁은 염의 생산부문은 물론이고 판매부문도 국가가 직접 관장하는 염전매제도의 실시를 목표로 하고 있었다.[22] 염전매제의 운영은 국가가 염호를 징발하여 소금을 생산케 하고 판매도 국가가 관리하는 것이기 때문에, 이것이 제대로 운영된다면 국가재정의 확충에 상당한 도움이 될 수 있는 것이었다. 나아가 이는 권력층의 경제적 기반을 약화시킬 수 있는 개혁정책이 될 수도 있는 것이었다.

충선왕 복위년의 개혁에서는 민생안정책도 모색되고 있었다. 개혁교서에서는 민생문제를 유발시키는 요인으로 과렴과 각종 부세의 징수, 문서변조에 의한 권력층의 토지탈점 등이 지적되었다. 이 개혁안은 그 대책으로써 과렴 때문에 처자를 판 경우는 관에서 그 값을 치뤄 부모에게 돌려주고, 적채된 부세는 1년간 징수하지 않도록 하며, 문서변조에 의한 토지탈점은 관청에서 조사를 철저하게 하여 불법자를 처벌하는 방안을 제시하였다.

이처럼 충선왕 복위 후의 개혁정치는 국가기구의 정비와 재정의 확보, 민생의 안정을 목표로 추진되었다. 이는 현실의 폐단을 시정하면서 충선왕 자신의 권력기반을 강화하기 위한 것이기도 했다. 그런데 이 때의 개혁정치도 원의 간섭과 국내의 정치상황 때문에 큰 성과를 거둘 수 없었던 것으로 보인다. 충선왕이 심양왕에 책봉됨으로써 지위에 불안을 느끼고 있던 遼陽行省右丞 洪重喜 등이 충선왕의 내정 개혁을 빌미로 원에 이를 참소함으로써 원 중서성은 개혁정치에 제동을 걸어 왔다. 충선왕은 이에 따라 유배시켰던 인물들을 석방하고 혁파했던 近侍·茶房·三官·五軍을 복구하지 않을 수 없었으며, 이후에도 원의 것과 같은 관제는 모두 고치는 조치를 취하였다.[23]

복위 후 충선왕의 개혁정치가 성과를 거두지 못한 요인으로는 충선왕 자신이 원에 체류하면서 이를 추진하고자 했다는 점도 지적될 수 있다. 충선왕은 복위교서를 반포한 지 채 한달도 안되어 원으로 들어간 후, 퇴위할 때까지 5년간 계속 원에 체류하면서 '傳旨'의 형식으로 국내 정치를 운영하고

21) 《高麗史》 권 79, 志 33, 食貨 2, 鹽法.
22) 姜順吉, 〈忠宣王의 鹽法改革과 鹽戶〉(《韓國史研究》 48, 1985), 84쪽.
權寧國, 〈14세기 榷鹽制의 成立과 그 運用〉(《韓國史論》 13, 서울大, 1985), 47쪽.
23) 《高麗史》 권 33, 世家 33, 충선왕 2년 10월 을묘.

있었다. 이 때문에 왕의 체류 비용이 해마다 포 10만 필·쌀 400 석에 이르는 등 국가재정에 엄청난 부담이 되었고 권한공 등 시종신의 횡포가 노골화되고 있었다.[24] 체류비용을 낭비한다는 것도 개혁정치의 설득력을 약화시키는 것이었을 뿐 아니라 전지에 의해 개혁정치를 추진하는 과정에서 개혁이 제대로 이루어지지 않거나 왜곡될 소지를 갖고 있었다. 이렇게 하여 개혁정치는 다시 좌절의 길을 걸으면서 충숙왕대로 넘겨질 수밖에 없었다.

나. 충숙왕대의 개혁정치

충숙왕대 개혁정치는 왕 5년(1318)과 12년 두 차례에 걸쳐 추진되었다. 이 시기에도 계속해서 개혁정치가 표방되고 있었다는 것은 그 동안의 개혁이 성과가 없었거나 아니면 당시 정치 현실이 개혁을 표방해야 할 상황이었음을 뜻한다. 충숙왕대 초기의 왕권은 실질적으로 충선왕에 의해 행사되고 있었다. 충선왕은 상왕의 위치에 있으면서 관료의 임면 등 인사권을 행사함은 물론,[25] 전지를 통해 정치운영을 주도하고 있었기 때문이다.

즉위초 충숙왕은 이와 같은 정치상황을 수용할 수밖에 없었지만 그러한 가운데서도 왕은 꾸준히 지지세력을 확대해 가고 있었다.[26] 특히 충숙왕 3년에는 濮國長公主와 혼인함으로써[27] 원의 지원을 받을 수 있는 지위를 확보하게 된다. 이제 충숙왕으로서도 왕권을 행사할 수 있는 계기를 만들어야만 했다. 마침 충선왕에 의해 새로 만들어진 田案을 바탕으로 공부를 수취하는 과정에서 여러 가지 폐단이 발생하고 있었다. 貢賦의 불균등 현상이 드러나고 있었고,[28] 州縣에서는 공부의 액수를 채우기 위하여 荒田에서 은과 포를 징수하는 사례가 나타났으며, 권력층이 조세를 납부하지 않음으로써 향리와 백성이 이를 부담하는 폐단이 발생하였다.[29] 민생문제를 해결하기 위해 추진되었던 정책이 오히려 민의 부담을 가중시키는 결과를 가져오고 있었던 것

24) 《高麗史節要》 권 23, 충선왕 5년 정월.
25) 〈崔宰墓誌銘〉(金龍善 編著, 《高麗墓誌銘集成》, 翰林大, 1993), 595~598쪽.
26) 鄭希仙, 앞의 글, 10~12쪽.
27) 《高麗史》 권 89, 列傳 2, 后妃 2, 濮國長公主.
28) 《高麗史節要》 권 24, 충숙왕 5년 5월.
29) 《高麗史》 권 78, 志 32, 食貨 1, 田制 租稅.

이다. 더욱이 이 사업을 주관했던 蔡洪哲은 불법으로 민전을 탈취하여 부를 축적했다는 비난을 받고 있었다.[30] 충숙왕은 이러한 정책의 난맥상과 충선왕 측근세력의 비행을 비판하면서, 이를 자신의 왕권 회복에 활용코자 하였다. 量田制賦를 실행하는 과정에서 드러난 폐단을 바로잡겠다는 데 대해 충선왕으로서도 저지할 명분이 없을 것이기 때문이다. 그래서 충숙왕은 민간의 폐단을 조사하기 위해 언관을 파견하면서, 곧 바로 개혁교서를 발표하였다.[31] 충숙왕 역시 개혁정치의 표방을 통해 정국운영의 주도권을 장악하려 했던 것이다.

모두 14개 항목으로 구성된 충숙왕 5년(1318)의 개혁교서에서는[32] 지방관과 공물 징수관의 비행, 권력층의 납세거부·전민탈점·고리대 행위, 향리의 避役으로 말미암은 민의 부담 등 현실적 폐단이 지적되었다. 개혁교서는 이러한 폐단에 대해 지방관의 비행 금지와 처벌, 납세 거부자의 철저한 조사를 지시하고 공신 賜田의 경우 정액 이상의 것은 환수하도록 하였다. 아울러 토지 탈점자는 유배 등에 처하고 농장에 투탁한 예속민은 추쇄하며, 其人이 모두 도망한 고을의 역은 면제한다는 방안을 제시하였다.

충숙왕은 개혁교서 발표 후 이를 추진하기 위하여 除弊事目所를 설치하였다.[33] 이는 곧 察理辨違都監으로 개칭되었는데, 충숙왕이 직접 그 이름을 지을 정도로 왕의 개혁의지는 매우 확고했던 것 같다. 이 기구는 권력층이 점탈한 田民을 조사하여 본 주인에게 돌려주는 일을 전담하였던 것으로 보인다. 이러한 개혁활동은 당시 중외가 크게 기뻐하였다고 평가하고 있는 것으로 보아[34] 어느 정도 성과를 거둘 수 있었던 것 같다.

그러나 충숙왕의 개혁정치도 한계를 지닐 수밖에 없었다. 찰리변위도감이 곧 폐지되었다는 것은 충숙왕의 개혁정치가 위기를 맞고 있음을 뜻한다. 이 기구는 이후 충숙왕 8년(1321)까지 몇 차례에 걸쳐 설치되었다가 폐지되었는

30) 《高麗史》 권 108, 列傳 21, 蔡洪哲.

31) 《高麗史》 권 34, 世家 34, 충숙왕 5년 5월 신유.

32) 이 개혁 교서의 내용 분석은 姜順吉, 〈忠肅王代의 察理辨違都監에 대하여〉(《湖南文化硏究》 15, 全南大, 1985) 참조.

33) 《高麗史》 권 34, 世家 34, 충숙왕 5년 5월 병자·6월 무오.

34) 《高麗史》 권 77, 志 31, 百官 2, 諸司都監各色 拶理辨違都監.

데, 폐지의 배경에는 항상 충선왕과 그 측근세력의 반발 때문이었다. 그러므로 찰리변위도감의 이러한 置廢 과정이야말로 이 시기 개혁정치가 상당한 진통을 겪고 있었음을 그대로 반영하는 것이라 하겠다.

충숙왕 7년 12월 충선왕이 吐蕃에 유배되면서부터 개혁은 다시 활기를 되찾기 시작하였다. 먼저 政房의 구성원을 개편하고 동왕 8년 정월에는 대대적인 인사개편을 단행하여 충선왕 지지세력을 정부에서 추방하는 한편, 권한공·채홍철·金廷美·李光逢·裴廷芝를 체포, 유배하는 등 충선왕 측근세력의 핵심 인물들을 숙청하였다.[35] 아울러 폐지되었던 찰리변위도감을 다시 설치하여 충선왕 측근세력이 점탈한 전민을 변정하는 등 그 경제적 기반을 와해시키는 작업도 함께 추진하였다.

충선왕 토번유배 후의 개혁정치도 원의 명에 따라 곧 충숙왕이 입조함으로써[36] 더 이상 지속될 수 없었다. 이 때 충숙왕의 입조는 元 英宗이 즉위하여 얼마 되지 않은 시기에 이루어지고 있다는 점에서, 이는 고려를 안정적으로 지배하기 위한 원의 통상적인 외교 관행으로 이해된다. 그러나 입조 후 상황은 충숙왕에게 불리하게 전개되었다. 瀋王 暠를 즉위시키려는 심왕파의 책동으로 충숙왕은 원에 억류당하였다. 심왕 호는 충선왕의 형인 江陽公 滋의 아들이다.[37] 충선왕은 고려 왕위에서 물러난 후 충숙왕 3년에 심왕 자리를 호에게 물려주었다.[38] 이 때문에 고려 정치세력 가운데는 심왕 지지세력의 되는 사람들이 많이 있었다. 게다가 충숙왕에게 숙청당했던 충선왕 측근세력의 상당수가 심왕파에 가담함으로써 심왕파는 세력을 강화할 수 있었다.[39] 이렇게 세력기반을 강화하고 있던 심왕파는 마침내 입조한 충숙왕을 원에 억류시킨 후, 심왕 호를 고려 왕위에 즉위시키는 작업을 끈질기게 추진하였다. 심왕파는 충숙왕을 참소하여 원의 지원을 봉쇄하는 한편,

---

35) 《高麗史節要》 권 24, 충숙왕 8년 정월·2월.
36) 《高麗史》 권 35, 世家 35, 충숙왕 8년 4월 정묘.
37) 《高麗史》 권 91, 列傳 4, 宗室 2, 江陽公 滋.
38) 《高麗史》 권 34, 世家 34, 충숙왕 3년 3월 신해.
39) 鄭希仙, 앞의 글, 22~23쪽.
金塘澤, 〈高麗 忠肅王代의 瀋王 옹립운동〉(《歷史學硏究》 12, 全南大, 1993), 367~376쪽.

원 중서성에 심왕의 즉위를 요청하기 위하여 관료들의 서명작업을 추진하기도 하였다.[40]

그러나 심왕파의 책동은 성공하지 못하였다. 원으로서는 심왕파와 충숙왕파 간의 대립 자체가 그들의 고려에 대한 종속정책에 부합되는 것이기 때문에 굳이 심왕을 즉위시킬 필요가 없었다. 더욱이 충숙왕 10년(1323) 9월에 가서는 帝位가 泰定帝로 바뀜으로써 영종의 지원을 받았던 심왕파의 책동은 더 이상 효과를 거둘 수 없었다. 이리하여 충숙왕은 마침내 11년 정월, 원으로부터 국왕의 印章을 돌려 받아 왕권을 회복할 수 있었다. 비록 충숙왕의 귀국은 1년 뒤에야 이루어졌지만, 거의 3년 동안 정지당했던 왕권을 다시 행사할 수 있게 된 것이다.

충숙왕은 귀국한 지 5개월 만인 동왕 12년 10월에 다시 한 번 개혁교서를 발표하였다.[41] 이미 개혁정치를 주도한 바 있는 충숙왕으로서는 개혁의 표방이야말로 국정운영의 주도권을 확고하게 장악할 수 있는 방법이라는 것을 잘 알고 있었다. 더욱이 그 동안 몇 차례의 개혁정치에도 불구하고 민생문제가 해결되지 않고 있었기 때문에 개혁의 표방은 민의 지지를 모을 수 있는 계기도 될 수 있는 것이었다. 모두 31개 항목 정도 확인되는 이 개혁안은[42] 당시 사회 여러 부문에서 발생하고 있던 폐단을 지적하고 그 해결방안을 제시하였다. 정치·행정분야에서는 관리의 비행과 郡縣의 무원칙한 승격으로 말미암는 폐단이 지적되었다. 경제분야에서는 토지점탈과 인구의 은닉, 鹽戶의 도망, 고리대의 성행에 따른 폐해가 심각하게 거론되었다. 사회분야에서는 향리의 피역, 호적의 위조, 賤男과 良女의 혼인문제, 惡少輩의 횡행에 따른 폐단 등이 지적되었다. 군사분야에서는 驛路의 쇠락, 군현별 軍額의 불균형, 군인의 열악한 처지가, 문화분야에서는 학교의 중흥과 箕子祠·圜丘·籍田 등 祀典의 정비가 강조되었다.

개혁교서는 당시 사회 여러 부문에서 드러나고 있던 폐단을 거의 망라하

40) 《高麗史》 권 35, 世家 35, 충숙왕 9년 8월 병술.
41) 《高麗史》 권 35, 世家 35, 충숙왕 12년 10월 을미.
42) 이 개혁안의 내용과 그 성격에 대해서는 金光哲, 〈高麗 忠肅王 12年의 改革案과 그 性格〉(《考古歷史學志》 5·6, 1990) 참조.

고 있다는 점에서 폐단이 현실적으로 어디에서 비롯된 것인지 잘 파악하고 있었다. 그런데 그 해결 방안은 매우 미흡한 것이었다. 토지점탈이나 수취체제의 문란, 민의 유망, 사회기강의 해이는 당시 권력구조와 토지지배관계의 모순에서 비롯된 것임에도 그 대책은 감독의 강화나 금지와 처벌, 그리고 추쇄에 그치고 있기 때문이다.

개혁안 자체가 당시 사회모순을 해결하는 데 한계를 보이고 있었을 뿐 아니라 개혁정치를 추진하는 과정도 순탄치 않았다. 충숙왕 12년의 개혁정치는 기존의 정치기구, 특히 언론기구를 통해 추진되었다. 그래서 충숙왕은 金開物과 같은 개혁적인 인물을 사헌지평에 임명하는 등 개혁정치의 추진에 강한 의지를 보였다.43) 그러나 충숙왕은 개혁이 자신의 권력기반을 손상시킬 수 있는 소지가 있을 때에는 이를 받아들이려 하지 않았다. 그것은 김개물이 당시 비행을 일삼고 있던 張世를 체포하려다 측근세력인 王三錫의 저지로 실패하고 있는 데서44) 알 수 있다. 충숙왕도 측근세력을 기반으로 왕권을 유지, 강화하고 있었기 때문에 자신의 측근세력이 개혁의 대상이 될 때에는 오히려 이를 저지하는 입장이었던 것이다. 그러므로 권력기반의 강화라는 정치적 목적이 크게 작용하고 있던 충숙왕 12년의 개혁정치는 추진과정에서부터 한계를 가질 수밖에 없었다.

다. 충목왕대의 개혁정치

충목왕대의 개혁정치는 원의 적극적인 지원 아래 추진되었다. 원은 충목왕 즉위와 함께 내린 詔書에서 충혜왕대의 정치가 민생을 도탄에 빠지게 했다고 비판하고, 민생문제를 해결할 수 있는 혁신정치의 추진을 지시하였다.45) 그 동안 왕위계승에 개입하는 등 고려의 자주적 정치활동을 견제하여 왔던 원이 이번에는 오히려 개혁정치의 추진을 주선하여 나선 것이다. 원으로서도 고려의 정국이 안정되고 민생문제가 어느 정도 해결되어야 종속의 효과를 거둘 수 있는 것이기 때문에 이처럼 개혁을 요구한 것이지만, 그 배

43) 〈金開物墓誌銘〉(《高麗墓誌銘集成》), 461~462쪽.
44) 《高麗史》 권 106, 列傳 19, 金晅 附 開物.
45) 《高麗史》 권 37, 世家 37, 충목왕 즉위년 4월 병술.

경에는 원 황실과 부원세력이 충혜왕 폐위에 따른 부담으로부터 벗어나면서 고려를 안정적으로 지배하려는 정치적 목적도 내재해 있었다.

일반적으로 충혜왕에 대해서는 왕이 淫行을 일삼았다는 사실 때문에 부정적으로 인식되고 있다. 그러나 충혜왕대의 정치운영과 정책의 시행에는 긍정적인 측면도 있었다. 왕은 상업활동의 진흥과 유통구조의 개선을 통해 재정을 확충하려 하였고, 사급전의 혁파 등 토지문제의 근본적 해결 방안을 제시하기도 하였으며 각종의 稅目을 설정하여 권력층을 견제하였다.[46] 원의 간섭으로 폐위당한 경험이 있던 충혜왕은 악소배를 비롯한 측근세력을 광범위하게 형성하여 왕권강화를 꾀하였는데 이 과정에서 부원세력인 奇轍·高龍普 등과 대립하게 되었다.[47] 즉 충혜왕 말기 고려 정국은 충혜왕 지지세력과 기씨 일족을 중심으로 하는 부원세력 간에 대립구도가 형성되고 있었다.

이와 같은 정치상황 속에서 충혜왕은 고용보 등에 의해 체포당하여 원에 압송되었고, 곧 岳陽縣에 유배되었다가 사망하게 된다.[48] 기철 등 부원세력은 충혜왕의 왕권강화로 말미암아 위축당하게 되자 왕을 체포케 하는 극단적인 방법을 동원하여 위기국면에서 벗어나고자 한 것이었다. 원으로서도 충혜왕의 정치가 그들의 종속정책에서 일정하게 벗어나는 것으로 받아들인 결과였다. 즉 충혜왕의 폐위에는 원의 고려에 대한 종속정책과 부원세력의 정치적 이해관계가 개입되어 있었다. 그러므로 원은 충목왕 즉위 후 충혜왕대의 정치를 전면 부정할 수밖에 없었으며, 왕의 폐위에 대한 고려 정치세력들의 반발을 무마하기 위해서라도 개혁을 표방할 수밖에 없었다.

원의 지원에 의해 즉위한 충목왕은 폐정을 혁신한다는 교서를 반포한 후 곧 충혜왕 측근세력의 숙청 작업을 진행시켰다. 충혜왕의 폐행이었던 鄭天起 등을 유배보내고 악소배의 고신을 박탈한 조치가[49] 그것이다. 이와 함께 개혁정치를 추진할 수 있도록 인사개편도 단행되었다. 이번의 인사에서는 金倫·

46) 충혜왕대의 여러 경제정책에 대해서는 전병무, 〈고려 충혜왕의 상업활동과 재정정책〉(《역사와 현실》 10, 1993) 참조.

47) 金塘澤, 〈高麗 忠惠王과 元의 갈등〉(《歷史學報》 142, 1994), 17~20쪽.
金光哲, 〈고려 충혜왕의 왕위계승〉(《釜山史學》 28, 1995), 113~118쪽.

48) 《高麗史》 권 36, 世家 36, 충혜왕 후4년 11월 갑인·후5년 정월 무진.

49) 《高麗史》 권 37, 世家 37, 충목왕 즉위년 윤2월 병인·정묘.

李齊賢 등 문벌출신 및 명망있는 인물을 포함하여 원로급의 중신들이 많이 등용되었다. 비록 이번의 인사가 원의 주도로 이루어짐으로써 원의 입장을 반영해줄 수 있는 蔡河中과 같은 인물이 수상에 임명되기는 했지만, 당시로서는 평가할 만한 인사개편이었다.[50]

이처럼 개혁적 분위기가 조성되는 가운데 정치세력들도 이에 부응하여 나름대로의 개혁안을 제시하였다. 이제현은 충목왕 즉위년(1344) 5월 도당에 상서하는 형식으로 11개 항목의 개혁안을 제시하였다.[51] 이 개혁안에서 이제현은 경연을 열어 재상과 정치운영을 논의하고 훌륭한 인재를 지방관에 임명할 것을 강조하였으며, 鷹坊과 內乘의 혁파, 녹과전의 부활, 정방의 혁파 등을 건의하여 당시 사회경제적 폐단과 정치체제의 문란을 바로잡으려 하였다. 비록 이러한 개혁안이 정부에 의해 곧 바로 수용되지는 않았지만, 이후 개혁정치에 일정하게 반영되고 있었다는 점에서 중요한 의미를 지니는 개혁안이었다.

충목왕대 개혁정치는 즉위년 말부터 점차 구체화되기 시작하였다. 우선 10월에 다시 한 번 인사개편을 단행하여[52] 부원세력이었던 채하중을 수상직에서 물러나게 하고 王煦(權載)와 김윤을 각각 우정승과 좌정승에 임명하였다. 개혁을 추진할 수 있도록 정부구성을 새롭게 한 것이다. 이어서 12월에는 정방을 혁파하고 녹과전을 복구하는 개혁조치가 단행되었고, 이듬해 8월에 가서는 도평의사사의 건의를 받아들이는 형식으로 토지분급제의 해결방안이 제시되었다. 즉 경기 지역에서 半丁을 혁파하여 이를 녹과전으로 전환하는 한편, 구분전 등 각종의 토지를 公文이나 元籍에 의거하여 지급하고 정액 외의 사급전은 모두 환수하여 職田으로 돌리거나 국가가 수조케 하였다.[53]

그러나 개혁조치가 현실화되는 데는 아직도 많은 장애 요인이 남아 있었다. 충혜왕 측근세력은 제거되었지만 충목왕 즉위에 협조했던 부원세력 등 반개혁세력이 여전히 남아 있었기 때문이다. 이들 반개혁세력은 개혁을 주도하고 있던 인물들을 끊임없이 견제하여 마침내 왕후를 수상직에서 물러나게

50) 閔賢九, 〈整治都監의 設置經緯〉(《論文集》 11, 國民大, 1977), 86쪽.
51) 《高麗史》 권 110, 列傳 23, 李齊賢.
《高麗史節要》 권 25, 충목왕 즉위년 5월.
52) 《高麗史》 권 37, 世家 37, 충목왕 즉위년 10월 갑자.
53) 《高麗史》 권 78, 志 32, 食貨 1, 田制 祿科田.

하는 데 성공하였다.[54] 이러한 인사파동을 볼 때 충목왕 즉위초 의욕적으로 추진되었던 개혁은 1년도 못되어 좌절된 것으로 보인다.

충목왕대 개혁정치가 본격적으로 실시되는 것은 충목왕 3년(1347) 2월 정치도감이 설치되면서부터이다. 정치도감은 재추급의 판사 4명, 사 9명, 부사 7명, 판관 12명, 녹사 6명 등으로 구성된 강력한 개혁기구였다.[55] 이 기구의 운영을 총괄했던 직책인 판사직에는 왕후·金永旽·安軸·金光轍이 임명되었고, 개혁의 실무를 담당했던 그 속관에는 田祿生 등 34명이 임명되었다. 이들 整治官은 대부분 과거에 합격한 인물들로서 학문적 기반과 현실인식을 공유하면서 개혁정치의 선두에 서 있었다. 원에서도 정치도감의 설치에 맞춰 사신을 보내어 왕후와 김영돈에게 옷과 술, 寶鈔를 하사하는 등 정치관의 개혁 활동을 격려하였다.[56]

정치도감의 설치에 맞춰 개혁안도 작성되었다. 그것은 '整理都監狀'으로 제시되었다. 모두 11개의 항목으로 구성된 이 개혁안은[57] 정치와 경제, 사회분야에서 드러나고 있던 폐단을 지적하고 이를 시정할 수 있는 방안을 제시하고 있다. 정치분야에서는 지방관의 탐학과 정동행성 등 원 간섭기구의 작폐가, 경제분야에서는 토지탈점·고리대·壓良爲賤에 의한 농장 형성의 폐단과 수취체제의 문란이, 사회분야에서는 피역의 현상 등이 구체적으로 지적되었다. 요컨대 이 개혁안은 농장의 폐단과 수취체제의 문란 등을 바로잡아 국가재정과 민생문제를 해결하고 도평의사사의 기능을 강화하여 행정체제를 정비하고 정치기강을 확립하고자 한 것이었다.

정치도감은 이러한 개혁안을 바탕으로 하여 곧 개혁작업에 착수하였다. 우선 李敏 등 정치관을 각 도에 파견하여 민전을 측량케 하였다. 토지문제 해결의 기초를 마련하기 위한 조치였다. 정치관의 활동은 매우 엄격하였다. 楊廣道에 파견되었던 정치관 金玖는 利川縣吏가 당시 권력층이었던 채하중 등에게 공전을 뇌물로 준 사실을 밝혀내고, 현리의 귀를 잘라 이를 교훈으로

---

54) 《高麗史節要》 권 25, 충목왕 원년 12월.

55) 《高麗史》 권 77, 志 31, 百官 2, 諸司都監各色 整治都監.

56) 《高麗史節要》 권 25, 충목왕 3년 2월.

57) 이 개혁안의 내용과 그 성격에 대해서는 閔賢九, 〈整治都監의 性格〉(《東方學志》 23, 1980) 참조.

삼기 위해 도내에 돌리게 할 정도였다.[58)]

사회경제적 폐단을 바로잡기 위해서는 그 폐단의 주체가 되고 있던 부원세력 등 권력층을 제거하거나 무력하게 할 필요가 있었다. 그래서 정치도감은 이들 부원세력의 숙청작업을 시작하였다. 맨 먼저 奇皇后의 친척인 奇三萬과 奇柱가 숙청의 대상이 되었다. 기삼만은 토지와 인구를 점탈한 죄목으로, 기주는 권력을 남용하여 해악을 끼쳤다는 이유로 체포되어 순군에 수감되었다.[59)] 기삼만의 경우는 수감되었다가 옥사할 정도였다. 盧頙과 全英甫도 숙청의 대상이 되었다. 이들은 불법으로 인구를 은닉했거나 압량위천했다는 죄목으로 처벌되었다.[60)]

그러나 정치도감의 개혁활동에 대한 저항도 만만치 않았다. 征東行省理問所가 저항의 전면에 나선 것이다.[61)] 이문소는 기삼만이 옥사한 것을 구실로 정치관인 徐浩·전녹생을 수감하는 등 개혁세력에 대해 반격을 가하기 시작하였다. 왕후 등의 강력한 항의로 정치관은 석방되었지만, 거침없이 추진되고 있던 개혁작업에 제동이 걸리게 된 것이다.

정동행성이문소의 제동으로 개혁에 차질을 빚게 되자 왕후 등은 다시 한번 원의 지원을 받아 이 문제를 해결하고 개혁활동을 지속시키고자 하였다. 왕후와 김영돈이 元 順帝를 만나려 했던 것은 이 때문이었다. 마침 원에서는 중서성 右司都事 兀理不花를 파견하여 충목왕과 왕후·김영돈에게 옷과 술을 하사하는 등 개혁활동을 격려함으로써[62)] 개혁세력의 입지가 강화될 수 있었다. 이 때문에 이문소도 수감했던 정치관들을 석방하지 않을 수 없었다.

그러나 충목왕 3년(1347) 7월에 접어들면서 이문소는 정치관을 체포, 수감하는 등 다시 공세적인 모습을 보이기 시작하였다. 이는 이문소를 중심으로 결집하고 있던 개혁 저항세력들이 원을 상대로 기삼만의 죽음을 부각시키고, 개혁의 부당성을 주지시켜 어느 정도 성과를 거둔 결과일 것이다. 마침내 원은 이문소의 입장을 받아들여 정치관들을 신문하기 시작하였고, 곧 白文寶를

58) 《高麗史節要》 권 25, 충목왕 3년 3월.
59) 《高麗史節要》 권 25, 충목왕 3년 3월·4월.
60) 《高麗史》 권 124, 列傳 37, 嬖幸 2, 全英甫 및 권 131, 列傳 44, 叛逆 5, 盧頙.
61) 《高麗史節要》 권 25, 충목왕 3년 4월.
62) 《高麗史節要》 권 25, 충목왕 3년 6월.

비롯한 정치관 16명을 杖刑에 처하며[63] 그 동안 정치도감의 활동이 정당하지 못한 것으로 판결하고 말았다. 부원세력이 개혁의 대상으로 부각되자 원은 개혁정치의 지속이 고려에 대한 지배에 걸림돌로 작용할까 우려하여 서둘러 정치도감의 활동을 저지함으로써,[64] 이제 충목왕대의 개혁정치도 더 이상 지속되지 못하고 좌절의 길을 걷게 된 것이다. 이후 원은 정치도감을 다시 설치케 하는 등 개혁활동의 재개를 요구하였고,[65] 김윤·이제현·朴忠佐 등도 개혁의 정당성을 강조하면서 개혁의 지속을 주장했지만[66] 정치도감의 개혁활동은 더 이상 전개되지 않았다.

라. 공민왕대의 개혁정치

공민왕은 재위 23년 동안 원년·5년·12년·20년 등 4차례에 걸쳐 개혁교서를 반포하면서 끊임없이 개혁정치를 추진하였다. 거의 5, 6년 간격을 두고 개혁정치를 추진한 셈으로, 공민왕대를 개혁정치의 시대라 부를 만하다. 공민왕대의 개혁정치는 왕 자신이 원간섭기 다른 국왕과 달리 개혁적 성향을 지니고 있는 데다, 특히 원의 간섭이 어느 정도 후퇴한 시기라는 점에서 이전의 개혁정치와는 다른 모습을 보일 가능성이 많았다. 더욱이 공민왕대는 왜구와 홍건적의 침입 등 외침에 대한 대비가 필요한 시기였고, 나라 밖의 정세가 원·명교체기에 접어든 시기라는 점도 이 시기 개혁정치의 규정적 요소로 작용하였다.

공민왕은 즉위초부터 광범위하게 지지세력을 형성하면서 강력한 정치적 기반을 조성할 수 있었다. 충정왕과의 왕위계승 경쟁에서 자신을 추대하려 했던 왕후·이제현 등 많은 수의 국내 정치세력이 계속 지지세력으로 남아 있었으며, 10년 동안 원에서 숙위하는 사이에 趙日新·柳淑 등 시종신도 확보하고 있었다. 또한 왕의 모후인 明德太后가 세족출신 洪奎의 딸이었기 때문에 洪彦博 등 외척세력이 공민왕의 강력한 지지세력으로 자리잡고 있었다.[67]

63) 《高麗史節要》 권 25, 충목왕 3년 7월·10월.

64) 李益柱, 〈忠穆王代 改革政治와 新興儒臣의 대두〉(《高麗·元關係의 構造와 高麗後期 政治體制》, 서울大 博士學位論文, 1996), 194쪽.

65) 《高麗史》 권 37, 世家 37, 충목왕 3년 10월 갑오.

66) 《高麗史節要》 권 25, 충목왕 4년 정월.

이와 같은 지지세력을 기반으로 공민왕은 즉위년(1351) 11월에 이제현을 수상으로 하는 대폭적인 인사개편을 단행하였다.[68] 아울러 裵佺을 비롯하여 이전의 권력층 가운데 일부를 투옥·유배·좌천시키는 등, 왕권 행사와 개혁 추진에 걸림돌이 될 수 있는 세력을 제거하였다. 12월에 귀국하여 즉위한 공민왕은 李衍宗의 건의를 받아들이는 형식으로 오랫동안 행해왔던 辮髮과 胡服을 풀어[69] 자주적인 모습을 보였다. 이어서 공민왕은 곧 정방을 혁파하여 문무반의 인사권을 典理司와 軍簿司에 귀속시킨 다음, 개혁교서를 발표하여 본격적으로 개혁정치를 추진하기 시작하였다.

공민왕 원년의 개혁교서는[70] 천거제의 활용을 통한 인재의 발탁과 언로의 확대 등 관료사회를 일신할 수 있는 방안을 제시하였고, 田民詞訟의 결단과 겸병의 금지를 통해 토지점탈을 방지하고 국가재정을 확충하고자 하였다. 뿐만 아니라 고리대의 완화와 진휼정책의 실시, 가혹한 형벌의 완화 등을 통해 민생의 안정을 꾀하고자 하였으며, 군량확보와 왜구 방어책 등 군사분야의 개혁에도 관심을 보였다. 공민왕은 개혁조치를 통하여 정치기강을 확립하고, 사회경제적 폐단을 바로잡아 민생문제를 해결하고자 하였던 것이다.

개혁정치가 가시화되면서 이에 대한 견제와 반발도 만만치 않았다. 원은 개혁정치의 추진에 협조하고 있던 柳淑과 金得培의 파직을 요청하는 등의 방법으로 개혁정치에 제동을 걸었고, 농장을 형성하고 있던 지배세력은 전민변정사업에 불만을 품고 이 도감의 혁파를 요구하여 왔다. 개혁에 대한 반발의 조짐이 나타나는 가운데 공민왕 원년 9월에 발생한 趙日新의 난은 이 시기 개혁정치를 중단시키는 결정적 사건이 되었다.[71]

조일신의 난을 겪으면서 공민왕은 개혁정치의 추진을 일단 중지하고 전열

---

67) 閔賢九, 〈高麗 恭愍王의 反元的 改革政治에 대한 一考察〉(《震檀學報》 68, 1989), 52~53쪽.

68) 《高麗史》 권 38, 世家 38, 공민왕 즉위년 11월 을해.

69) 《高麗史節要》 권 26, 공민왕 원년 정월.

70) 이 개혁교서에 대한 분석은 閔賢九, 앞의 글(1989) 및 洪榮義, 〈恭愍王 初期 改革政治와 政治勢力의 推移(上)〉(《史學硏究》 42, 1990) 참조.

71) 이 시기 개혁정치에 대한 저항과 조일신란의 전개 과정 및 그 성격에 대해서는 閔賢九, 위의 글, 57~65쪽 및 金塘澤, 〈元干涉期末의 反元的 분위기와 高麗 政治史의 전개〉(《歷史學報》 146, 1995), 74~81쪽 참조.

을 정비하지 않을 수 없었다. 그래서 난의 뒷마무리를 위해 원에 사신을 파견하여 그 사정을 설명하는 한편, 원이 군사파견을 요청했을 때 이에 응하는 등[72] 원과의 관계를 개선하고자 했으며, 奇皇后의 어머니를 위해 잔치를 베풀고 奇輪과 奇完者不花를 각각 찬성사와 삼사우사에 임명하는 등 기씨 일족을 기용하여[73] 부원세력의 반발을 무마하기도 하였다. 그러나 공민왕의 이러한 대응은 결코 반원정책을 포기한 것이 아니었다. 왕은 이렇게 원 및 부원세력을 무마하는 한편으로 끊임없이 자신의 지지세력을 결속해 나갔다. 뿐만 아니라 쌍성총관부의 친원적 지배세력을 분열시키면서 이 지역의 유력한 토착세력과 관계개선을 꾀하였다. 공민왕 4년(1355)에 雙城千戶 李子春이 來朝한 것은[74] 그 성과의 하나였다.

한편 공민왕 즉위 후 원은 쇠퇴의 길을 걷고 있던 시기로, 각 지방에서는 群雄이 흥기하여 원을 위협하고 있었다. 이러한 대륙의 정세는 원을 지원하기 위해 출정했던 군인들을 통해 고려에 자세히 알려졌다.[75] 이제 고려는 원의 간섭으로부터 벗어날 수 있는 기회를 맞고 있었던 것이다.

공민왕은 마침내 5년 5월, 반원 개혁정치를 본격적으로 추진하였다. 그것은 기철 등 부원세력의 숙청에서부터 시작되었다. 공민왕은 재추들에게 曲宴을 베풀어 거기에 참여한 기철·권겸을 주살한 다음, 禁衛四番 군사를 동원하여 盧頙과 그 당여를 모두 주살하였다.[76] 이 때 주살된 인원수만도 25명에 이를 정도로[77] 이번의 숙청은 대규모의 것이었다. 공민왕의 반원정책에 걸림돌이 될 수 있는 세력은 거의 제거된 셈이었다.

부원세력의 숙청에 성공한 공민왕은 계속해서 반원 개혁조치를 차례차례 단행하였다. 먼저 정동행성이문소를 혁파하였다. 이문소는 정동행성의 사법기구로서 부원세력의 권력기구가 되고 있었으며, 충목왕대 개혁정치를 저지

---

72) 《高麗史》 권 38, 世家 38, 공민왕 원년 11월 병자·3년 7월 계해.
73) 《高麗史》 권 38, 공민왕 2년 5월 임오·3년 4월 갑오.
74) 《高麗史》 권 38, 공민왕 4년 12월 신미.
75) 池內宏, 〈高麗恭愍王の元に對する反抗の運動〉(《滿鮮史研究》 中世 3, 吉川弘文館, 1963), 182~183쪽.
閔賢九, 앞의 글(1989), 65~66쪽.
76) 《高麗史節要》 권 26, 공민왕 5년 5월.
77) 閔賢九, 앞의 글(1989), 74~75쪽.

시킨 주체였기 때문에 개혁에 대한 저항을 없애기 위해서 반드시 뒤따라야 할 후속 조치였다. 아울러 쌍성총관부를 회복하는 데 성공하고, 압록강을 건너 婆娑府 등 3站을 공격하여 이를 고려의 영토에 편입하였다. 이어서 6월에는 원의 至正 연호를 정지하여 고려가 원의 종속으로부터 벗어났음을 과시한 다음, 곧 반원 개혁교서를 반포하였다.[78]

이번의 개혁교서는[79] 정치체제의 정비와 부원세력의 경제적 기반 해체, 민생안정책의 수립, 군사체제의 정비 등에 역점을 두고 있었다. 정치체제의 정비와 관련해서 정방의 영원한 혁파를 선언하고 인재의 발탁과 지방관의 비행 근절을 강조하였으며 관제개혁도 단행하였다. 부원세력의 경제적 기반을 와해시키기 위해서 그들이 소유하고 있던 山林川澤을 국가에 귀속시키고, 미곡은 몰수하여 빈민 구제용으로 쓰게 하였다. 민생안정책과 관련해서는 고리대 문제의 개선과 鹽稅를 1/3로 감하는 조치를 취하였다. 이 개혁교서는 군사분야에 여러 항목을 할애하여 군액 확충방안에서부터 군역부과 방식의 개선, 역참제의 재정비, 둔전제의 실시를 통한 군수확보에 이르기까지 군정과 관련한 해결방안을 제시하였다.

이처럼 공민왕 5년의 개혁은 부원세력의 숙청에서부터 시작하여 失地의 회복, 관제 및 군사체제의 정비에 이르기까지 괄목할만한 성과를 거두었다. 반원적 개혁으로서의 성격을 분명히 보인 것이다. 그런데 이 시기 개혁은 고려 내부의 문제, 특히 사회모순의 근간이 되고 있었던 토지문제의 해결방안을 제대로 마련하지 못하고 있다. 즉 공민왕 5년의 개혁은 그 동안 사회모순을 심화시켜온 원의 종속구조를 청산하는 데는 어느 정도 성공했지만, 토지소유관계 등 내적모순을 해결하는 데는 한계가 있었던 것이다.

공민왕 8년 12월과 10년 10월 두 차례에 걸친 홍건적의 침입과 왜구의 잦은 침탈에 따라 이후 고려는 전쟁상태에 놓이게 되었다. 이 때문에 개혁정치는 후퇴할 수밖에 없었고 민생문제는 더욱 악화되어 갔다. 홍건적의 침입으

78) 이상과 같은 부원세력 숙청 후의 개혁조치에 대해서는 《高麗史》 권 39, 世家 39, 공민왕 5년 5월 정유·6월 계축·을해조 참조.

79) 공민왕 5년의 개혁교서에 대한 분석은 洪榮義, 앞의 글(1990) 및 閔賢九, 〈高麗恭愍王代 反元的 改革政治의 展開過程〉(《擇窩許善道先生停年紀念 韓國史學論叢》, 一潮閣, 1992) 참조.

로 개경 이북이 초토화되었으며, 삼남지역에 침입한 왜구가 민간의 선박을 불태우고 미곡을 탈취하는 등 노략질을 일삼아 민생을 곤경에 빠뜨렸다.[80] 전시체제가 계속되면서 지금까지 유지해왔던 반원노선도 유보하지 않을 수 없었다. 원과의 적대관계로 이중의 적을 상대할 수 없는 상황이었던 것이다. 그래서 공민왕은 사신을 보내어 원에 우호적인 자세를 보이고 정동행성도 복구시켰으며, 왕 5년(1356)에 개편했던 관제를 다시 원간섭기의 것으로 되돌려 놓았다.[81] 반원정책에서 명백히 후퇴한 것이다.

전시체제의 지속은 권력집단의 변화를 가져왔다. 공민왕 5년 개혁정치를 추진할 때까지 권력집단은 공민왕의 외척세력과 '燕邸隨從功臣' 등 친왕세력이었다. 이들은 권력층이면서 공민왕의 반원 개혁정치를 지원하고 있었다. 그러나 전쟁을 겪으면서 이들 친왕세력은 '참전파'와 '비참전파' 사이의 대립과 참전파 상호간의 갈등으로 세력이 약화되는 경향을 보였다.[82] 반면에 홍건적과 왜구를 격퇴하는 데 공을 세운 무장세력은 전시체제가 지속되는 가운데 점차 권력집단으로 성장하여 갔다. 더욱이 興王寺亂이 진압되는 과정에서 공민왕의 외척이며 최고의 지원세력이었던 洪彦博이 난의 주모자인 金鏞에 의해 살해됨으로써 친왕세력은 와해된 반면, 난을 진압하는 데 공을 세웠던 崔瑩 등 무장세력의 입지는 더욱 강화되고 있었다. 이제 공민왕은 이러한 정치상황에 직면하여 다시 한번 왕권강화와 민생문제의 해결 과제를 안게 되었다.

공민왕은 이번에도 개혁정치의 실시를 통해 정치상황을 돌파하고자 하였다. 마침 동왕 11년 12월 密直提學 白文寶가 箚子의 형식을 빌어 개혁을 요구하였다. 백문보의 차자는 經理·銓注·農桑·鹽法·借貸·祿俸·租稅·商賈 등 8개 항목으로 되어 있었는데,[83] 그 내용은 당시 심각한 상황에 있던 민생문제와 재정난을 해결하고자 한 것이었다.[84] 이러한 백문보의 개혁안은 공민왕의 의도

---

80) 《高麗史節要》 권 27, 공민왕 9년 5월.
81) 《高麗史》 권 39, 世家 39, 공민왕 10년 9월 경신·계유.
《高麗史節要》 권 27, 공민왕 11년 3월.
82) 閔賢九, 〈辛旽의 執權과 그 政治的 性格(上)〉(《歷史學報》 38, 1968), 58쪽.
83) 白文寶, 《淡庵逸集》 권 2, 疏箚 論時政箚子.
84) 閔賢九, 〈白文寶研究〉(《東洋學》 17, 檀國大, 1987), 259~260쪽.

와 부합되는 것으로서 12년의 개혁교서를 반포하는 데 상당한 영향을 미쳤을 것으로 생각된다.

공민왕 12년 5월 반포된 개혁교서에서 공민왕은 忠臣義士의 도움으로 전란을 극복할 수 있었음을 강조하고, 모든 관료들이 힘써 나라의 중흥을 이루어내자고 부탁하는 등 정치세력을 회유하는 모습을 보인 다음, 모두 18개의 항목으로 구성된 개혁교서를 반포하였다.[85] 이번의 개혁안은 민생안정책과 관련한 내용이 대부분을 차지하고 있었다. 개혁교서는 조세 수납과정에서 발생하고 있던 관리의 작폐와 염법의 폐단, 고리대 문제를 지적하여 이를 바로 잡고자 하였다. 뿐만 아니라 전란으로 피해가 심했던 경기 지역의 조세를 감면해주고, 공민왕 9년 이전의 三稅·雜貢은 추징하지 않으며 질병자와 궁핍자에 대해서는 소재 관청에서 구휼하도록 하였다. 나아가 전법의 폐단이 오래되어 국가 재정난과 민생의 궁핍화가 심각한 상황에 있음을 지적하고 도평의사사 주관 아래 經理를 고치도록 하였다.

그러나 당시 국내외 여건과 개혁 추진세력을 고려할 때, 이번의 개혁정치도 성과를 거둘 수 있었을지 의문이다. 홍건적의 침입을 격퇴하였다고는 하지만 왜구의 침입이 계속되는 등 아직 전쟁상태나 다름없는 상황이었기 때문에 비록 무장세력이 자신의 왕권강화와 개혁에 걸림돌이 된다고 하더라도 아직은 이들에게 의존할 수밖에 없는 것이 현실이었다. 더욱이 교서를 반포한지 한 달도 채 안되어 원이 공민왕을 폐위하고 德興君을 옹립하였다는 소식이 전해지고, 崔濡가 덕흥군을 즉위시키기 위해 元兵 1만을 거느리고 압록강을 건너옴으로써,[86] 왕은 이를 막아내는 데 온 힘을 기울일 수밖에 없는 상황이었다. 다시 정국은 전시체제로 운영될 수밖에 없었고 무장세력의 필요성은 더욱 증대되었다.

공민왕을 위기로 몰아넣었던 덕흥군의 침입은 동왕 13년 2월에 격퇴되었다. 최영·慶千興·安遇慶 등 무장세력의 공이 컸던 것이다. 마침내 원은 덕흥군의 옹립을 포기하고 왕을 복위시킨다는 조서를 전달한 다음, 덕흥군 옹

---

85) 이 개혁교서에 대한 분석은 黃乙順, 《高麗 恭愍王代의 改革과 그 性格에 관한 硏究》(東亞大 博士學位論文, 1989), 36~43쪽 참조.

86) 《高麗史》 권 40, 世家 40, 공민왕 12년 5월 임진·13년 정월 병인.

립을 주도했던 최유를 체포하여 고려로 송치하는 등[87] 성의를 보였다. 덕흥군 옹립을 좌절시킴으로써 공민왕은 이제 다시 한 번 권력기반을 강화할 수 있는 기회를 맞게 되었다. 그래서 공민왕은 재상들에게 '便民事'를 지어 바치게 하는 등[88] 정국운영에 자신감을 보이기 시작하였다.

그런데 홍건적의 침입과 金鏞의 난으로 친왕세력이 와해된 상태였기 때문에 공민왕은 자신의 왕권을 뒷받침하면서 개혁정치를 주도해갈 만한 지지세력을 확보하지 못하고 있었다. 그것은 공민왕이 당시 정치세력을 '世臣大族'·'草野新進'·'儒生'으로 구분하면서, 세신대족은 親黨을 형성하고, 초야신진은 다투어 大族과 혼인하려 하며, 유생은 座主·門生·同年을 칭하며 당여를 만들고 있기 때문에 이들을 기용하기 어렵다고 토로하고 있는 데서[89] 이를 엿볼 수 있다. 공민왕이 이들을 불신한 것은 '당여를 만든다'고 지적했듯이, 문벌이나 혼인관계, 학문적 유대관계를 통해 정치세력으로 결집하는 것을 경계하고 있었기 때문이었다. 그러므로 왕권 강화에 집착하고 있던 공민왕으로서는 자신의 왕권을 제약할 가능성이 있는 이들을 지지세력으로 받아들이기 어려웠을 것이다.

왕권을 강화하면서 국정운영을 주도할 수 있는 돌파구를 찾고 있던 공민왕은 辛旽을 등용하여 이를 해결하고자 하였다. 평소 파당을 형성하지 않을 인물을 찾고 있던 공민왕에게 신돈은 적임자였다. 공민왕은 그를 승려로서 욕심이 없고 미천하여 친당을 형성하지 못할 인물로 파악하고 있었기 때문이다. 이제 신돈의 집권시대가 시작된 것이다.

공민왕은 14년(1365) 5월 신돈을 등용한 후 먼저 최영을 鷄林尹으로 좌천시키고, 李龜壽·梁伯益 등을 유배하여 무장세력에 타격을 가한 다음, 6월에 가서는 金普를 수상으로 하는 인사개편을 단행하였다. 이후에도 이전의 집권세력과 그 동조자들에 대한 숙청은 계속되었다. 같은 달에 許猷·邊光秀·金貴 등이 유배되었고, 7월에는 최영·이구수·양백익 등이 체포되어 그 작위와 가산을 몰수당했다.[90] 이렇게 하여 신돈집권기의 전개와 함께 그 동안 무

87) 《高麗史》 권 40, 世家 40, 공민왕 13년 2월 무술·10월 신축·임인.
88) 《高麗史》 권 40, 世家 40, 공민왕 13년 12월 신축.
89) 《高麗史》 권 132, 列傳 45, 叛逆 6, 辛旽.

장세력 중심의 권력집단은 해체되었고, 친왕적 성격을 지니는 권력집단이 등장하게 되었다.

공민왕이 이처럼 권력개편을 단행할 수 있었던 것은 무장세력 자체 내의 분열을 적절히 활용하고 군사적 기반을 확보할 수 있었기 때문에 가능한 것이었다. 전시체제가 지속되는 가운데 권력집단으로 부상한 무장세력은 자체 결속력이 강하지 않은 터에 권력독점을 위해 대립, 분열하고 있었던 것으로 보인다. 이는 최영·경천흥 등의 집권 시절에 파직을 당했던 李春富·睦仁吉·吳仁澤 등이 신돈집권기에는 오히려 고위직에 발탁되고 있다는 사실에서 엿볼 수 있다. 이들도 홍건적을 격퇴하고 홍왕사의 난을 진압하는 데 공을 세워 공신에 책봉되었던 인물들이었음에도 최영집권기에 유배당했거나 파직되었다는 것은 당시 무장세력 내부에서도 정국 주도권을 둘러싸고 권력투쟁이 전개되고 있었음을 말하는 것이라 하겠다. 공민왕은 바로 무장세력의 이러한 내적 분열을 틈타 최영 등을 제거할 수 있었을 것이다.

무장세력을 제거하기 위해서는 공민왕 자신이 이를 결행할 수 있는 군사적 기반을 확보하고 있어야 가능한 것이었다. 공민왕은 일찍이 개혁정치를 추진하면서 군정의 정비에 관심을 보여 왔으며, 忠勇衛를 설치하여 이를 개혁정치의 군사적 기반으로 활용하려 하고 있었다.[91] 특히 여러 도의 良家 자제 2만 6천 명을 8衛에 충원시켜 윤번으로 숙위케 한 바 있는데,[92] 이것이 공민왕의 중요한 군사적 기반이 되었을 것이다. 이렇게 볼 때 공민왕은 국가의 기간병인 8위를 장악하여 이를 무장세력 숙청의 기반으로 활용했던 것 같다. 무장세력 제거 후 金元命에게 8衛 42都府兵을 관장케 했다는 것도[93] 이러한 사정을 말해주는 것이라 하겠다.

공민왕은 신돈을 등용한 왕 14년(1365) 말부터 그에게 왕권을 위임한 것이나 다름없을 정도로 권력을 집중시켜,[94] 이를 통해 왕권강화를 꾀하면서 개

---

90) 이상과 같은 무장세력의 숙청과정에 대해서는 《高麗史》 권 41, 世家 41, 공민왕 14년 5월 경진·6월 경인·갑오·경술 및 《高麗史節要》 권 28, 공민왕 14년 7월조 참조.

91) 李永東, 〈忠勇衛考〉(《논문집》 13, 육군제3사관학교, 1981), 16쪽.

92) 《高麗史》 권 82, 志 36, 兵 2, 宿衛.

93) 《高麗史》 권 125, 列傳 38, 姦臣 1, 金元命.

혁정치를 추진하였다. 개혁은 전민변정사업에서부터 시작되었다. 공민왕 15년(1366) 5월, 전민변정도감이 발표한 '榜'은 당시 권세가들이 宗廟·學校·寺社·祿轉·軍須·世業田 등의 탈점과 피역하는 유망민의 은닉에 따른 폐단을 지적한 후, 기한을 정하여 권세가 스스로 이를 바로잡도록 강력히 요구하였다. 만일 그렇지 않을 때 엄격히 다스릴 것임을 천명하기도 하였다. 아울러 천인 가운데 양인이었음을 호소하는 자가 있으면 모두 贖良한다는 방침도 첨부되었다.[95] 이렇게 하여 변정사업은 민의 지지를 받으면서 어느 정도 성과를 거둘 수 있었다. 중외가 모두 기뻐하고 노비들이 신돈을 성인이라고 할 정도였다. 비록 이인임·이춘부 등 변정의 대상이 되어야 할 인물들이 변정사업을 주관하는 등 한계가 있었지만, 이를 통해 민생문제와 재정난을 해결하고자 했다는 점에서 그 사업의 의의를 찾을 수 있다.

전민변정사업에 이어서 교육개혁과 관료체계의 정비도 함께 추진되었다. 교육개혁은 국학의 중흥을 표방하는 것으로 나타났다. 공민왕 16년, 숭문관 옛터에 국학을 중건하자는 林樸의 건의가 교육개혁을 본격적으로 추진하는 계기가 되었다. 사실 공민왕은 즉위한 이래로 여러 차례 학교 교육의 중요성을 강조하여 왔다. 원년의 개혁안에서는 학교를 중수하고 경전에 능통한 사람을 발탁하도록 하였고, 동왕 6년에도 서울과 지방 학교의 수리를 명하였으며, 특히 12년의 개혁안에서는 중앙의 성균관과 학당, 지방의 향교가 교육기능을 강화하여 인재를 육성할 것과 권력층이 점탈한 토지와 인구를 조사하여 학교 운영비에 충당케 하는 개혁조치를 취한 바 있다.[96]

공민왕의 국학 중흥책은 학교 건물을 중건하는 데 그친 것이 아니라, 이를 통해 학생수를 증가시키고 교육과정을 五經四書齋로 편성하는 등[97] 경학교육을 강화하고자 한 것이었다. 이는 경학에 밝은 신진세력들을 지지세력으로 끌어들이기 위한 정치적 의도도 작용한 것으로 보인다. 李穡·金九容·

94) 신돈의 권력은 그에게 부여된 '守正履順論道燮理保世功臣·壁上三韓三重大匡·領都僉議使司事·判重房監察司事·鷲城府院君·提調僧錄司事兼判書雲觀事'라는 지위로 상징된다.

95) 《高麗史節要》 권 28, 공민왕 15년 5월.

96) 《高麗史》 권 74, 志 28, 選擧 2, 學校.

97) 위와 같음.

鄭夢周 등이 신돈정권에 참여한 것은 바로 국학중흥책이 매개가 되고 있기 때문이다.[98] 그러므로 공민왕은 교육개혁의 추진을 통하여 자신의 지지세력을 확보하면서 권력기반을 확대하는 부수적인 효과도 거둘 수 있었다.

교육개혁과 함께 관료체계의 정비도 추진되었다. 그것은 散官에 대한 통제와 循資格制의 실시로 나타났다. 공민왕대에는 軍功에 대한 보상 수단으로서 添設職이 신설되는 등[99] 관료의 양적 증대가 나타나고 있었다. 산관의 증가에 따른 관료의 양적 증대는 역 부담층의 감소를 가져오는 것이기도 하였고, 이들을 제대로 통제하지 못할 때에는 국가의 지배력에도 손상을 가져올 수 있는 것이었다. 공민왕 16년에 산관을 서울에 올라와 숙위케 한 조치는[100] 바로 이들을 통제하여 관료사회의 기강을 확립하기 위한 것이었다. 순자격제는 관료를 승진시킬 때 그 능력을 기준으로 하는 것이 아니라 근무연한을 기준으로 삼자는 것이었다. 관료의 승진기준에서 능력을 제외했을 때 자칫 관료의 근무태만이나 정체를 가져올 소지도 있는 것이었다. 그럼에도 공민왕이 순자격제의 실시를 강조한 것은 당시 상황에 비추어 볼 때 이를 통해 군공 중심의 능력 평가를 지양하고, 관료의 임면과 승진 등 인사과정에서 발생할 수 있는 비리를 막아 관료사회의 기강을 확립하기 위한 것으로 이해된다.[101]

신돈집권기의 개혁정치는 이처럼 민생문제의 해결과 국가 재정난의 타개, 정치질서의 회복이라는 명분 아래 추진되었지만, 여기에는 개혁을 통해 권력집단을 개편하고 왕권을 강화한다는 정치적 목적도 크게 자리하고 있었다. 공민왕은 신돈을 등용하면서 당시 집권세력이었던 무장세력을 숙청하였거니와 內宰樞制를 시행하여 권력구조를 개편하고 왕권을 강화하고자 하였다. 즉

98) 閔賢九, 〈辛旽의 집권과 그 정치적 성격(下)〉(《歷史學報》 40, 1968), 78쪽.
朱碩煥, 〈辛旽의 執權과 失脚〉(《史叢》 30, 高麗大, 1986), 97쪽.
이익주, 〈공민왕대 개혁의 추이와 신흥유신의 성장〉(《역사와 현실》 15, 1995), 49쪽.

99) 첨설직의 등장 배경과 그 실태에 대해서는 鄭杜熙, 〈高麗末期의 添設職〉(《震檀學報》 44, 1978) 참조.

100) 《高麗史》 권 82, 志 36, 兵 2, 宿衛.

101) 閔賢九, 앞의 글(1968b), 70쪽.
朱碩煥, 앞의 글, 93쪽.

政務를 庶政과 庶務로 구분하여 서정은 도당에서, 서무는 궁중에서 처결하도록 함으로써 도당의 기능과 권한을 분산시키는 한편, 서무는 金蘭·任君輔·睦仁吉 등 왕의 측근인물이 관장하도록 하는 내재추제를 만들어냈다.[102] 이러한 내재추제는 궁중에서 국가의 중대사를 결정하는 '작은 都堂'의 성격을 갖는 것으로서 도평의사사의 권한과 기능을 제약하고 축소시키는 역할을 하였다.[103] 원간섭기 국왕들이 '別廳宰樞'라 일컫던 必闍赤을 설치하여 도평의사사를 견제했던 것처럼 공민왕도 이 때에 내재추제의 시행을 통해 왕권을 강화하고자 했던 것이다. 그러므로 신돈집권기의 개혁정치 역시 현실의 사회경제적 폐단을 시정하려는 개혁적인 측면과 이를 통해 국왕의 권력기반을 강화하려는 정치적 목적을 함께 갖는 것이었다.[104]

개혁정치의 추진으로 신돈의 정치적 지위가 강화되면서 여기에 제동을 걸려는 반대세력의 저항도 만만치 않았다. 신돈정권에 대한 저항은 공민왕 15년(1366) 4월, 鄭樞·李存吾의 신돈 비판에서부터 시작되어, 이듬해 10월에는 신돈을 제거하려는 모의가 발각될 정도로[105] 확산되어 갔다. 이 사건에는 慶天興·趙希古 등 신돈 집권과정에서 제거된 인물들뿐만 아니라, 처음에는 신돈과 협조관계에 있던 김원명·목인길 등도 가담하였다. 공민왕이 신돈을 적극 지원함으로써 모의에 가담했던 인물들을 유배하는 것으로 사건은 일단락되었지만, 이후에도 반대세력의 저항은 계속되었다. 동왕 17년 10월에 다시 신돈을 제거하려는 사건이 발생하고 있었다. 이 사건은 金精·金興祖·趙思恭·兪思義·金齊顔·金龜寶·李元林·尹希宗 등이 주도한 것이었는데, 사전에 누설됨으로써 김정·김흥조·조사공·유사의 등은 유배되었다가 신돈에 의해 살해되었다.[106]

이러한 사건들을 겪으면서 공민왕은 점차 신돈을 앞세운 개혁과 왕권강화 방식을 재고하기 시작하였다. 특히 신돈집권기가 지속됨으로써 신돈을 중심

---

102) 《高麗史》 권 41, 世家 41, 공민왕 14년 5월 경진.
103) 閔賢九, 앞의 글(1968a), 81쪽.
104) 최연식, 〈공민왕의 정치적 지향과 정치운영〉(《역사와 현실》 15, 1995), 94~95쪽.
105) 《高麗史》 권 41, 世家 41, 공민왕 15년 4월 갑자.
《高麗史節要》 권 28, 공민왕 16년 10월.
106) 《高麗史節要》 권 28, 공민왕 17년 10월.

으로 새로운 권력집단이 형성되는 것도 공민왕으로서는 용납하기 어려운 점이었다. 비록 신돈에게 권력이 집중되었다 하더라도 그것은 왕이 용인하는 범위 내에서였으며, 공민왕은 신돈의 권력이 왕권을 위협할 가능성이 보이면 언제든지 거두어들일 차비를 하고 있었던 것이다. 공민왕 18년 2월 신돈이 '五道都事審官'을 겸하려 했을 때 왕이 이를 거부하고 있는 것은[107] 이러한 입장의 변화를 말해주는 것이라 하겠다.

공민왕 18년 경부터 전개되는 국내외 정세도 신돈에게 불리한 여건을 조성하고 있었다. 국내적으로는 影殿役의 강행과 기근으로 말미암아 민의 곤궁화가 심각한 상황에 이르고 있었다. 개혁정치의 추진에도 불구하고 민생문제는 해결되지 않고 있었던 것이다. 明의 건국이라는 나라 밖의 정세도 신돈의 집권에 제약을 가하고 있었다. 명이 등장하면서 고려에서는 새로운 대외관계를 설정할 필요성이 제기되는 가운데, 공민왕 19년 5월 명은 고려에 璽書를 보내왔다. 그 내용은 고려의 국정에 간섭하는 것으로서, 특히 신돈의 집권을 비판하는 내용을 담고 있었다.[108] 명이 이러한 내용의 문서를 전달하게 된 것은 친명적 외교관을 갖고 있던 세력집단의 작용에 의한 것으로 보이지만,[109] 고려로서는 이를 방치할 수도 없는 상황에 직면하게 되었다.

공민왕은 이러한 국내외 정세의 변화에 직면하여 이를 돌파할 수 있는 정치적 결단을 준비하고 있었다. 그것은 5개월 후 공민왕의 親政 선언으로 가시화되었다.[110] 왕의 친정 선언으로 이제 신돈집권시대는 끝난 것이나 다름없게 되었다. 이후 신돈은 아무런 정치적 대응도 하지 못한 채, 공민왕 20년 7월 반역을 꾀했다는 혐의로 수원에 유배되었다가 그곳에서 처형되었다.[111] 신돈에게 권력을 집중시키고 이를 통해 왕권을 유지, 강화해 왔던 공민왕은 이번에는 신돈을 숙청하여 국내외의 반발을 무마하면서 왕권을 유지하는 방법을 선택한 것이다. 왕권의 지원이 없는 신돈의 지위란 이처럼 무력할 수밖에 없었던 것이다. 신돈의 숙청과 함께 그 당여로 지목된 이춘부 등 60여 명

107) 《高麗史節要》 권 28, 공민왕 18년 2월.
108) 《高麗史》 권 42, 世家 42, 공민왕 19년 5월 갑인.
109) 朱碩煥, 앞의 글, 120쪽.
110) 《高麗史》 권 42, 世家 42, 공민왕 19년 10월 기묘.
111) 《高麗史節要》 권 29, 공민왕 20년 7월.

도 함께 제거되었다.[112] 신돈집권기에 형성된 새로운 권력층이 이 때에 모두 숙청된 것이다.

공민왕은 이같이 권력개편을 단행하고서 그 해 12월 또 다시 개혁교서를 반포하였다.[113] 개혁을 표방하여 신돈집권기의 정치행태나 민생문제에 대한 정치세력의 비판을 사전에 막아보고자 했던 것이다. 공민왕은 우선 그 동안의 정치가 올바르지 못했으며, 민생이 불안했음을 지적한 후 21개 항목에 이르는 개혁안을 반포하였다.[114] 이 개혁안에서 역점을 둔 것은 정치·군사체제의 정비와 민생안정책의 수립이었다. 정치체제의 정비는 도평의사사의 강화를 통해 실현하고자 했다. 이는 신돈집권기의 내재추제를 혁파하고 도평의사사를 정치의 중심기구로 복구하고자 한 것이었다. 군사체제의 정비와 관련해서는 選軍給田制의 회복, 둔전제의 강화, 驛制의 정비 등과 같은 방안이 제시되었다. 민생안정책으로는 지방관의 농업 장려, 고리대의 금지, 미납세의 면제, 질병자 및 빈민 구제사업의 강화, 과중한 역 징발의 금지, 가혹한 형벌의 금지 등 다양한 형태로 제시되었다. 그러나 공민왕 20년의 개혁은 개혁안 자체가 토지문제의 해결 등 사회모순을 근본적으로 해결할 수 있는 방안을 마련하지 못하는 등 한계를 가지고 있는 데다가, 당시 대명관계가 현안으로 대두함으로써 개혁을 적극적으로 추진할 수 없었다.

고려와 외교관계를 맺은 명은 초기에는 내정간섭을 유보하는 등 고려에 대하여 유화적인 자세를 보였다. 그러나 내부적으로 체제 정비에 성공하고 요동에 그 지배력이 미치기 시작한 공민왕 20년(1371) 2월경부터는 점차 고려에 대하여 억압적인 자세를 보이기 시작했다. 이후 명나라 황제가 발송한 여러 문건에는 고려를 힐책하는 내용이 많았으며, 고려에 파견된 명의 사신들은 올 때마다 무리한 공물을 요구하는 등 고려에 부담을 안겨주고 있었다.[115] 명은 원이 물러난 자리를 차지하여 고려를 다시 종속화하

---

112) 이 때 신돈의 당여로 지목되어 숙청당한 인물들에 대해서는 閔賢九, 앞의 글(1968b), 109쪽 및 朱碩煥, 앞의 글, 80~81쪽 참조.

113) 《高麗史》 권 43, 世家 43, 공민왕 20년 12월 기해.

114) 이 개혁안에 대한 분석은 白仁鎬, 〈恭愍王 20년의 改革과 그 性格〉(《考古歷史學志》 7, 1991) 참조.

115) 공민왕대 麗明關係에 대해서는 金成俊, 〈고려 말의 정국과 원·명관계〉(《한국

려고 했던 것이다. 공민왕은 표면적으로 이러한 명의 태도에 순응하는 모습을 보여왔지만, 이제 대명관계를 다시 한 번 확인해야 할 상황에 직면하고 있었다.

한편, 신돈정권 몰락 후 다시 권력을 장악한 무장세력은 왜구침입이 가속화하는 가운데 그 권력기반을 강화하면서 정국을 주도하여 공민왕의 왕권을 제약하고 있었다.[116] 신진사대부도 고위직을 역임하고 있기는 하였지만 이들이 무장세력을 견제하면서 공민왕의 왕권을 뒷받침하기에는 아직 역부족이었다. 이러한 정치상황 속에서 공민왕은 '子弟衛'를 설치하는 등[117] 자신의 왕권을 강화하고 명의 압력에 대비하려는 적극적인 모습을 보이고 있었다. 그러나 이러한 정치적 목표는 동왕 23년 9월 왕이 弑害됨으로써 더 이상 실현될 수 없었다.

공민왕의 죽음으로 개혁정치 역시 상당기간 유보될 수밖에 없었다. 공민왕 사망 후 왕위를 계승한 우왕대는 국내외 여건으로 말미암아 개혁정국이 조성되기 어려운 상황이었다. 국내적으로는 이인임과 그 족당세력이 권력을 장악하고 있는 데다, 왜구의 극심한 침탈에 따라 전시체제로 정국이 운영되고 있었기 때문이다. 그래서 개혁정치는 한동안 유보되었다가 위화도회군으로 이성계 집단이 정권을 장악하는 우왕 14년(1388) 7월에 가서야 가시화되었다. 私田개혁으로 상징되는 우왕 14년 이후의 개혁은 토지문제의 해결뿐만 아니라 권력구조의 개편을 지향하고 있었다.[118] 특히 이 시기 개혁은 새로운 집권세력이 된 이성계 집단이 그 권력기반을 강화하면서 조선건국을 준비하기 위한 것이기도 하였다.

사》 20, 국사편찬위원회, 1994) 및 김순자, 〈고려말 대중국관계의 변화와 신흥유신의 사대론〉(《역사와 현실》 15, 1995) 참조.

116) 閔賢九, 앞의 글(1968b), 111~112쪽.

117) 子弟衛는 공민왕의 변태적 생활과 관련된 것이기보다는 개혁을 추진하고, 원·명교체기에 실지회복을 위해 설치된 것으로 이해되고 있다.
閔賢九, 위의 글, 112쪽.
黃雲龍, 〈高麗 恭愍王代의 對元·明關係〉(《東國史學》 14, 1980), 13쪽.
李用柱, 〈恭愍王代의 子弟衛에 대한 小硏究〉(《南都泳博士華甲紀念 史學論叢》, 太學社, 1984), 200쪽.

118) 이 시기 사전개혁에 대해서는 이 책 Ⅱ편 1장 4절 〈사전·농장의 혁파〉 참조.

(2) 개혁정치의 성격

고려 후기 개혁정치의 성격을 이해하기 위해서는 개혁안의 내용과 특징, 개혁정치의 운영 방식과 개혁세력의 성향을 함께 검토할 필요가 있다. 개혁정치 시기에 제시된 개혁안은 당시 사회 제부문에서 발생하고 있던 폐단을 지적하는 내용과 그 해결 방안을 담고 있다. 교서의 형식을 빌린 정부의 개혁안이든, 上書의 형태로 제출된 지배세력 개인의 개혁안이든 그 가운데 비중있게 다루어진 항목들은 토지문제·수취체제·행정체제·군정체제와 관련된 것들이었다.

토지문제로는 토지탈점과 민의 예속화 문제가 거듭 지적되었다. 즉 농장문제가 현안이 되고 있었다. 농장의 확대는 국가 재정난과 민생문제를 유발하는 등 당시 사회모순의 주요인이었기 때문에 개혁안은 이 문제에 관심을 갖고 대안을 모색하고 있었던 것이다. 개혁안이 이처럼 농장문제에 관심을 갖기는 하였지만, 그 해결방안은 주로 탈점의 금지와 처벌, 본 주인에게로의 환수, 예속민의 추쇄를 강조하는 수준에 머물고 있었다. 토지겸병의 수단으로 활용되고 있던 賜牌에 대해서도 지급액의 제한이나 사급전제 운영방식을 개선하는 정도에 그치고 있었다. 당시의 모순구조를 감안할 때, 토지문제를 해결하기 위해서는 농장의 혁파나 수조권 분급제의 개편, 사급전제의 폐지 등의 대안이 제시되었어야 함에도 당시 개혁안은 이 가운데 그 어느 하나도 제대로 마련하지 못하고 있었다. 당시 사회 제부문에서 발생하고 있던 폐단이 근본적으로 토지소유관계의 불균형에서 비롯되고 있었음에도 이 시기 토지문제와 관련한 개혁안은 지배층 내부의 갈등관계를 완화하고, 국가재정의 기반을 확보하는 정도에 그침으로써[119] 사회모순을 해결하는 데에는 한계가 있었던 것이다.

수취문제와 관련하여 개혁안은 그 폐단으로 조세의 총액제 수취방식, 공물의 선납·대납, 염전매제의 鹽稅化, 지방관의 중간수탈 등을 지적하였다. 수취체제는 민생문제와 직결되는 것이기 때문에 개혁안은 이처럼 이 문제에

119) 권영국, 〈14세기 전반 '개혁정치'의 내용과 그 성격〉(《역사와 현실》 7, 1992), 108쪽.

대하여 많은 관심을 보였다. 그러나 수취문제의 해결방안 역시 미온적인 수준에 머물고 있었다. 총액제 문제만 하여도 각 지방의 토지면적과 호구수를 제대로 조사하고 이를 근거로 과세가 이루어져야 어느 정도 해결할 수 있는 것임에도 불구하고 개혁안은 권력층의 조세 포탈을 조사하여 처벌한다던가, 사급전 가운데 본래 액수 이상의 것에 대해서 조세를 부과하는 조치를 취하는 정도였다. 공물의 선납·대납 행위에 대해서도 이를 금지하고 처벌한다는 방안을 제시하는 데 그쳤고, 염전매제 문제만 하더라도 鹽戶의 충원 등 소금 생산을 활성화하여 공급을 늘릴 수 있는 근본적인 방안은 제시되지 않았으며, 지방관의 중간수탈에 대해서도 개혁안은 금지와 처벌을 강조하는 수준에 그쳤다. 이러한 점에서 개혁안에서 제시된 수취문제의 해결방안은 제도의 운영과정에서 드러난 폐단을 수습하는 정도의 소극적인 대책에 지나지 않는 것으로 평가된다.

행정체제의 정비와 관련하여 개혁안은 인사행정의 정상화, 관료기강의 확립, 도평의사사의 기능강화 등의 방안을 제시하였다. 인사행정의 정상화는 정방의 혁파를 통해, 관료기강의 확립은 감찰기구의 기능강화와 考課法의 실시를 통해 해결하고자 하였다. 도평의사사의 기능강화 문제는 충목왕대 개혁정치에서부터 가시화되기 시작하여 공민왕대에 이르러 구체화되었다. 이 기간 동안에 도평의사사는 각 관청의 공문 발송을 관리 감독하고, 권력층에게 탈점된 둔전의 환수 문제나 양전사업을 주관하는 등, 이른바 '百僚庶務'를 처결하는[120] 최고 행정기구로서의 지위를 부여받게 되었다.

이처럼 고려 후기 개혁안은 행정체제의 정비에 상당한 관심을 보이고 있었다. 그런데 이러한 조치가 실효를 거둘 수 있었는지는 의문이다. 정방만 하더라도 개혁정국이 해소되면 이 기구가 곧 복구되고 있어서 인사행정의 정상화는 이루어지지 않고 있었다. 지방관의 비행과 관리의 근무태만을 막기 위해 감찰 기능의 강화를 강조하고 있지만, 이 역시 임시방편적인 조치에 지나지 않는 것이었다. 이는 도평의사사의 위상 문제에 있어서도 마찬가지이다. 도평의사사가 제기능을 다할 수 있으려면 별도의 권력기구가 설치되지

120) 《高麗史》 권 84, 志 38, 刑法 1, 職制.

않을 때 가능한 것인데, 공민왕대에도 여전히 내재추와 같은 권력기구가 존속하면서 도평의사사의 기능과 권한을 제약하고 있었다. 그러므로 측근정치기구나 외세 종속기구와 같은 권력기구를 그대로 유지시키면서 정치와 행정체제의 정상화를 꾀하고자 했던 이 시기의 개혁안은 근본적인 한계를 가질 수밖에 없었다.

공민왕대의 개혁안에서는 군정체제의 정비가 강조되었다. 이 때의 개혁안에서 군사문제에 관심을 갖게 된 것은 당시 시대적 상황을 감안할 때 당연한 것이었다. 원의 간섭이 쇠퇴해가는 상황 속에서 국방을 자주적으로 담당해야 했고, 특히 왜구의 침입에 효과적으로 대응하기 위해서라도 군사문제에 관심을 갖지 않을 수 없었기 때문이다. 군정개혁안은 군액의 확충, 군수의 확보, 방수체제와 驛制의 정비 등으로 나타났다. 군액의 확충 방안으로는 선군급전제의 복구가 강조되었고, 군수의 확보는 둔전 개발을 확대하여 해결하고자 하였다. 방수체제의 정비와 관련해서 개혁안은 북방의 접경지대와 연해지역의 방수에 동원되는 군사를 그 지역 출신으로 충원케 하는 방안이 모색되었다. 이는 방수지역을 중심으로 그 거리의 원근에 따라 방수의 역과 요역의 부과를 달리하고자 한 것이었다. 역제의 정비는 驛戶의 충원과 역 운영경비의 확보, 역호·역마의 전용 금지 등을 통해 해결하고자 하였다.[121]

공민왕대의 군정개혁은 어느 정도 성과를 거두었을 것으로 생각된다. 특히 공민왕 5년(1356)의 군정개혁은 반원 개혁정치를 뒷받침하는 것이기도 하였다. 그러나 군사체제의 정비라는 측면에서 보면 공민왕대의 군정개혁도 철저하지 못하였다. 군사조직의 정비에 대해서 이렇다할 방안을 제시하지 못하고 있으며, 군인전의 확보가 어려운 현실에서 선군급전제의 실시를 표방한 것은 실현되기 어려운 조치였다. 역제의 폐단만 하여도 그 근본적인 요인은 역호에 대한 신분적 차별과 과중한 경제적 부담, 토지점탈에 있는 것이었으므로[122] 이러한 문제의 해결없이 역제의 정상화는 달성될 수 없는 것이었다.

121) 이상과 같은 공민왕대 군정개혁과 고려 후기 군사제도에 대해서는 權寧國,《高麗後期 軍事制度 硏究》(서울大 博士學位論文, 1995) 참조.

122) 姜英哲, 〈高麗 驛制의 成立과 變遷〉(《史學硏究》 38, 1984), 100~104쪽.

이처럼 개혁정치 시기에 제시된 개혁안은 당시 심각한 문제로 나타나고 있던 국가의 재정난과 민생문제를 해결하고 행정과 군사체제를 정비하는 데 주안점을 두고 있었다. 그러나 그 해결방안이 제도의 운영과정에서 발생하고 있던 폐단을 일정하게 수습하고 보완하는 수준에 머물고 있었기 때문에 이러한 과제를 제대로 해결할 수 없었다. 고려 후가 개혁정치 시기에 제시된 개혁안은 당시 사회모순을 근본적으로 해결하려는 체제 변혁적인 성격을 갖는 것이었다기보다는 제도의 운영과정에서 드러난 폐단을 부분적으로 제거하여 체제 자체의 붕괴를 막으려는 체제 보완적, 개량적 성격을 갖는 것이었다.

고려 후기 개혁정치는 그 실시 배경이나 추진과정에서 정치적 성격을 지나치게 드러내고 있었다. 당시 개혁정치는 국왕의 왕권강화라는 정치적 목적에 활용되는 경향을 보이고 있었던 것이다. 개혁교서가 주로 국왕의 즉위초나 권력개편 등 정치적 변동을 겪은 직후에 반포되고 있다는 사실은 여기에 정치적 목적이 개입되고 있었음을 시사하는 것이라 하겠다. 국왕은 왕위계승이나 권력개편에 성공한 후 개혁교서를 반포하여 이를 통해 이전 권력층의 정치적·경제적 기반을 와해시키고, 자신의 지지세력을 확보하면서 왕권을 강화하고자 했던 것이다.

이러한 사실은 충선왕대의 개혁정치에서 잘 드러나고 있다. 충선왕은 즉위와 복위 과정에서 충렬왕 측근세력을 숙청하여 이들이 자신의 왕권을 위협할 수 있는 소지를 어느 정도는 없앨 수 있었다. 그러나 이들의 경제적 기반이 해체되지 않는 한, 언제 왕권을 제약하는 세력으로 재등장할지 가늠하기 어려운 것이었다. 개혁교서에서 권력층의 토지점탈을 여러 차례 지적하고 이를 해결하려 했던 것은 바로 충렬왕 측근세력의 경제적 기반을 와해시키고자 한 것이었다.

충숙왕 5년(1318)에 개혁교서를 반포한 것은 모처럼 왕권 행사의 기회를 맞은 왕이 친정체제를 강화하고 그 동안 자신의 왕권을 무력하게 만들었던 충선왕 시종신들을 견제하기 위한 것이기도 했다. 동왕 12년의 개혁정치도 비슷한 목적을 갖고 있었다. 장기간의 원도 억류와 심왕파의 책동으로 왕권 행사를 정지 당했던 충숙왕에게는 그 12년이 즉위한 해나 다름없었다. 그러므로 충숙왕으로서는 이제 왕위를 유지하고 왕권을 제대로 행사할 수 있는 정치적 기반을 확보할 필요가 있었다. 특히 심왕파가 왕위계승의 기회를 엿보고 있는 정치 현실 속에서 이들의 영향력을 약화시키고 지지세력을 결집시키기 위해서는 개혁정국의 조성이 효과적이라고 판단했던 것이다.

충목왕대 개혁정치도 마찬가지였다. 충혜왕을 폐위시킨 데 대한 고려 정치세력의 반발을 무마하기 위해 원이 개혁을 지원했다는 사실에서 그러하다. 공민왕대 4차례에 걸친 개혁교서의 반포에도 왕권의 유지와 강화라는 정치적 배경과 목적이 자리하고 있었다. 공민왕의 즉위 역시 충정왕 지지세력과의 경쟁 속에서 이루어졌기 때문에, 즉위 후 충정왕대 권력층을 해체할 필요가 있었다. 공민왕 5년(1356)의 반원 개혁정치는 물론 이를 통해 부원세력을 제거하려는 정치적 목적이 내재해 있었다. 동왕 12년의 개혁정치만 하더라도 홍건적 침입 후 전시체제가 지속되는 가운데 권력층으로 부상한 무장세력을 견제하면서 왕권을 강화할 필요성에서 시도되었고, 이는 곧 신돈집권기의 개혁정치에서 효과를 거둘 수 있었다. 신돈정권하에서의 개혁정치는 권력층으로 부상한 세족출신의 무장세력과 정치적 영향력을 신장시키고 있던 신진사대부 모두를 견제하면서 정국 주도권을 장악하려는 정치적 목적이 내재해 있었다.

개혁정치를 운영하는 과정에서도 국왕의 정치적 이해관계가 개입되었고, 이것이 개혁을 더디게 하거나 중단케 하였다. 원간섭기 이후 정치과정은 매시기 측근정치와 개혁정치의 형태로 유지되고 있었다. 이는 공민왕대에도 마찬가지였다. 이 두 가지 정치형태는 서로 충돌할 소지가 있는 것임에도 당시 국왕들은 이를 공존시키는 방법으로 자신의 권력기반을 강화하고자 하였다. 그러나 어느 한쪽을 선택해야 할 처지에 놓였을 때에 국왕은 대체로 개혁정치를 포기하고 측근정치를 유지하려는 경향을 보이고 있었다. 개혁이 측근세력에게 타격을 가하고 측근정치를 와해시킬 가능성이 있으면 국왕은 곧 개혁을 중단하려 했던 것이다. 이는 충숙왕 12년(1325)의 개혁이나, 충목왕대의 개혁정치에서 잘 나타난 바이다. 측근정치가 지속되는 한, 개혁정치는 명백히 한계를 드러낼 수밖에 없었던 것이다. 이처럼 고려 후기 개혁정치는 왕권강화라는 정치적 목적에 활용되는 등 정치적 성격을 지나치게 드러내고 있었다.

개혁은 대체로 위로부터 추진되는 체제 내적인 것이기 때문에 이를 추진했던 세력집단의 성향에 따라 그 내용과 성격이 규정될 수밖에 없을 것이다. 고려 후기 개혁정치가 비록 국왕 중심으로 추진되었다고 하더라도 이는 정치세력의 협조 없이 불가능한 것이었다. 당시 정치세력 가운데는 개혁안의 작성에서부터 개혁의 추진에 이르기까지 이에 적극적으로 참여한 사람들이 있었다. 이들을 '개혁세력'이라 부를 만하다.

충목왕대 개혁정치는 정치도감을 중심으로 추진되었기 때문에 이 기구의 구성원을 곧 개혁세력으로 설정할 수 있다. 다른 시기 개혁정치에서도 사림원·찰리변위도감·전민변정도감 등이 개혁기구로 등장하고 있었다. 그러나 이들 기구는 그 구성원 자체가 소수이거나 구성원의 일부만이 확인되고 있어서 당시 개혁세력을 이들만으로 한정하기는 어렵다. 이러한 점을 고려하여 개혁정치 시기에 활동하고 있던 관료들을 우선 그 대상에 포함시킬 필요가 있다. 물론 현직 관료로 활동했던 모든 사람들을 개혁세력으로 규정할 수는 없을 것이다. 개혁정치 시기에 기용된 인물들은 국왕의 즉위나 권력투쟁에 협조했던 인물들이 대폭 기용되고 있었다. 이렇게 발탁된 관료들 가운데는 개혁적 성향을 가진 사람도 있었지만, 개혁과는 전혀 관계없이 측근세력 등 국왕과의 긴밀한 관계 때문에 기용된 사람들도 상당수 있었다. 그러므로 개혁정치 시기에 활동했던 관료라고 할지라도 단순히 국왕의 권력기반을 뒷받침하고 있던 측근세력은 개혁세력으로 볼 수 없을 것이다. 따라서 고려 후기 개혁세력은 일단 현직 관료를 대상으로 하여 개혁적 성향을 지녔거나 학사직이나 언론직에 있으면서 직접 개혁활동에 참여했던 사실이 확인되는 인물로 한정해야 할 것이다.[123]

고려 후기 개혁세력은 세족에서부터 향리출신에 이르기까지 그 가문배경에 있어서 다양한 구성을 보이고 있었다. 특히 세족출신 사대부가 개혁에 참여하고 있었다는 사실은 주목할 만하다. 충선왕대 개혁세력이었던 洪子藩·

---

123) 고려 후기 개혁세력으로 활동했던 인물들에 대해서는 閔賢九, 앞의 글(1980); 朴鍾進, 앞의 글(1983); 鄭希仙, 앞의 글; 金光哲, 〈高麗後期 改革勢力과 世族〉(앞의 책); 李淑京, 〈李齊賢勢力의 形成과 그 役割〉(《韓國史研究》 64, 1989) 참조.

崔有渰·金倫·閔漬·崔冲紹·尹琉 등은 모두 그들의 가문배경이 세족이었다. 충목왕대 정치도감의 책임자인 판사 4명도 安軸을 제외하고는 모두 세족 출신이었다. 王煦·金永旽·金光轍은 그들의 가문이 각각 안동 권씨·안동 김씨·광주 김씨로서 세족이었기 때문이다. 공민왕대 이후에도 세족출신 개혁세력이 상당수 있었다. 공민왕대 개혁세력의 한 갈래로 볼 수 있는 李齊賢 勢力에는 元松壽·金敬直·鄭樞·金九容·李岡·韓脩·廉興邦·閔霽 등 세족출신 사대부가 상당수 포함되고 있었다.[124] 이외에 金續命·金齊顔·權近·廉悌臣 등도 세족출신이면서 공민왕대의 개혁에 참여하고 있었다.[125] 뿐만 아니라 위화도회군 이후의 사전개혁에도 세족출신이 참여하고 있었다. 이 시기에 사전혁파를 강력히 주장했던 趙浚과 許應 등은 모두 세족출신이기 때문이다.

개혁세력의 내부구성이 이처럼 다양하였지만 이들은 대부분 과거출신 관료였다는 점이 공통된 특징이다. 충선왕대 개혁세력인 학사직·언론직 종사자들이 모두 과거합격자들이었으며, 충목왕대 정치관들 역시 대부분 과거출신이었다. 개혁세력에 과거합격자가 많았음은 공민왕대 이후에도 마찬가지이다. 그래서 이들은 현실의 폐단을 직시하고 이를 바로잡을 수 있는 식견과 소신을 굽히지 않는 기개, 합리주의적 공정성을 바탕으로 개혁을 추진할 수 있었다.[126] 특히 개혁세력이 과거출신 관료들이었다는 사실은 그 가문배경이나 경제적 기반의 차이에도 불구하고 서로 굳게 결속할 수 있는 조건이 되었다. 과거합격자와 지공거 사이에 맺어지는 좌주·문생의 관계는 마치 부자 사이의 관계처럼 그 결속력이 강하였다.[127] 그래서 일찍이 공민왕도 유생들이 당여를 이루고 있다고 비판할 정도였다. 그러므로 개혁세력은 동일한 정치이념을 바탕으로 하는 현실인식의 소유자들이었으며, 이것이 그 출신기반이나 경제적 기반의 차이에도 불구하고 결속하여 개혁을 추진할 수 있는 원동력이 되었을 것이다.

---

124) 李淑京, 위의 글, 53~54쪽 참조.

125) 金光哲, 앞의 책, 203~206쪽 참조.

126) 閔賢九, 앞의 글(1980), 135쪽.

127) 李楠福, 〈麗末鮮初의 座主·門生관계에 관한 一考察〉(《藍史鄭在覺博士古稀紀念東洋學論叢》, 高麗苑, 1984), 206~210쪽.

그런데 개혁세력의 구성이 이처럼 다양하였지만, 이들은 대부분 기본적으로 지주층으로서의 경제적 기반을 갖고 기존의 체제에서 일정하게 기득권을 누리는 부류였다. 물론 가문배경과 직위의 높고 낮음에 따라 이들의 토지소유 규모는 달랐을 것이며, 수조권의 집적이나 권력의 향유도 그 정도를 달리했을 것이다. 이러한 차이가 개혁을 추진하는 과정에서 지배세력 내부의 토지소유관계나 권력배분 문제를 해결하는 방식에 있어 의견을 달리했을 가능성이 있다. 그러나 지주층으로서의 경제적 기반을 갖고 기득권을 향유하고 있던 이들이 추진한 개혁은 그들의 존립기반을 와해시키지 않는 범위 내의 것이었다. 사회모순을 비판하면서 개혁활동을 벌였던 이들 개혁세력이 기득권 자체를 포기하지 않는 한, 그것은 체제 내에서의 비판과 개혁에 그칠 수밖에 없었을 것이기 때문이다. 특히 원간섭기에는 원의 종속구조가 강고하게 자리잡고 있는 데다가, 관료들 자신이 대부분 친원적 세계관에 매몰되어 있었기 때문에 종속구조를 청산하는 반원적 활동을 전개하기에는 한계가 있었다.

이상에서 살핀 바와 같이 개혁정치의 배경과 개혁안의 내용, 그리고 개혁세력의 성향을 고려할 때, 고려 후기 개혁정치는 심화되고 있던 사회모순을 근본적으로 해결하여 새로운 사회체제를 지향하려는 것이었다기보다는 현실의 폐단을 일정하게 수습하면서 기존의 지배체제를 유지·강화하기 위한 것이었다. 그래서 당시 개혁정치는 민생문제의 해결을 표방하면서도 이를 해결하는 데 목적이 있었던 것이 아니라, 국가재정의 확충과 지배세력 내부의 갈등 해소, 국왕의 왕권강화 등에 그 목표를 두고 있었다. 이러한 점에서 고려 후기 개혁정치는 반원적일 수도 체제 부정적일 수도 없는 것이었다.

고려 후기 개혁정치가 이처럼 한계를 드러내고 있었지만, 지배체제의 유지와 정치세력의 변동이라는 측면에서는 기여한 바가 크다. 우선 여러 차례의 개혁을 통해 제도의 운영과정에서 드러난 폐단을 수습함으로써 상당 기간 체제의 붕괴를 막을 수 있었다. 정방의 혁파 등을 통해 인사행정의 파행성을 일정하게 극복할 수 있었고, 토지점탈에 대해 이를 금지·처벌하고 환수하는 조치를 취하여 일시적이나마 토지겸병이 가속화되는 것을 막을 수 있었다.

총액제 수취방식, 공물의 선납과 대납, 임시세의 무거운 부과, 염전매제의 염세화에 따른 폐단을 거듭 지적하고 이를 금지·처벌하는 등 수취문제의 해결에 관심을 보임으로써, 민에 대한 수탈을 어느 정도 완화하고 국가 재정난을 타개할 수 있었다.[128] 아울러 개혁정치가 추진되는 기간 동안에 여러 가지 폐단이 지적됨으로써 지배세력에게 체제의 위기와 체제 유지의 필요성을 인식시키는 부수적인 효과도 거둘 수 있었을 것이다.

고려 후기 개혁정치는 당시 심각한 상황에 있던 민생문제의 해결을 강조하였다. 민의 곤궁화와 그에 따른 유망은 지배체제 자체를 위협할 수 있는 것이기 때문에 정부나 지배세력으로서도 이 문제를 외면할 수 없었던 것이다. 개혁정치 시기에 제시된 민생문제의 해결책 가운데 대표적인 것은 고리대 문제의 해결과 지방관의 중간수탈 방지, 구휼기관의 기능강화 등이었다. 그래서 고리대 문제는 이른바 '子母停息法'의 적용으로 해결하려 하였고, 지방관의 중간수탈은 엄격한 통제와 처벌을 통해 이를 방지하려 했다. 구휼기능의 정상화는 貢賦의 감면조치나, 惠民局·濟危寶·東西大悲院 등 구휼기관을 수축하고 기능을 강화하는 방법으로 해결하고자 하였다.[129]

이러한 민생문제의 개혁방안은 물론 근본적인 것이 될 수는 없었다. 그러나 기존의 체제가 유지되는 선에서 제도의 잘못된 운영 때문에 발생하고 있던 민생문제는 부분적으로 완화되었을 것이다. 비록 민생문제에 대한 해결책이 실효를 거두지 못한다 하더라도 정부나 지배세력은 이를 대민지배에 적극 활용했을 것으로 보인다. 즉 당시 개혁정치가 국가재정의 확보, 지배세력 내부의 갈등 해소, 왕권의 강화를 목적으로 하는 것임에도 국왕과 정부는 그 궁극적인 목표가 민생문제의 해결에 있는 것처럼 포장하면서 민을 체제 내에 묶어두려 하였을 것이다. 사회모순의 주체였던 민에게는 민생문제의 해결을 표방하는 개혁이 마치 그들의 처지를 개선하여 현재보다 나은 삶을 보장해줄 수 있는 것처럼 인식되었을 것이기 때문이다. 이러한 점에서 당시 개혁정치는 심화되고 있던 사회모순을 일정하게 은폐하면서 민의 체제에 대한

---

128) 권영국, 앞의 글(1992), 109쪽.

129) 고려 후기 개혁정치 시기의 민생문제 해결책에 대해서는《高麗史》권 79, 志 33, 食貨 2, 借貸·권 80, 志 34, 食貨 3, 賑恤 및 권 84, 志 38, 刑法 1, 職制 참조.

전면적인 저항을 상당 기간 예방하는 데 활용되었을 것으로 생각된다. 사회 모순이 심화되고 있었음에도 불구하고, 고려말에 이르기까지 민의 집단적인 항쟁이 나타나지 않는 요인의 하나도 정부와 지배세력의 이러한 개량화 조치에 있었던 것으로 볼 수 있다.

개혁정치의 추진은 지배세력의 내적 분화를 촉진시키면서 개혁에 참여했던 관료들의 정치적 지위를 강화하고, 이들이 정치세력으로 성장할 수 있는 계기를 마련해 주었다. 개혁세력은 민의 유망 등 체제위기에 직면하여 이를 심각하게 받아들이고 위로부터의 개혁을 통해 체제를 정비하면서 기득권을 누리려는 지배세력이었다. 그러므로 개혁세력은 국왕측근세력 등 권문과는 달리 일정하게 민의 지지를 받으면서 공개적이고 정상적인 방법으로 정치활동을 전개할 수 있는 유리한 위치에 있었다. 개혁세력으로 활동했다는 것 자체가 그들의 정치적 입지를 강화해 줄 수 있는 요소가 되는 것이기 때문이다. 그래서 개혁세력은 개혁을 추진하는 과정에서 상당한 명분과 정당성을 확보하고, 내부적으로는 가문배경의 차이를 극복하면서 동일한 정치적 지향을 갖는 정치세력으로 성장할 수 있었다. 그러므로 고려 후기 개혁정치는 혈연관계를 바탕으로 한 폐쇄적인 정치세력의 틀을 깨고, 보다 개방적이고 다양성을 지닌 정치세력을 태동시켰다는 점에서도 그 의의를 찾을 수 있다.

(3) 신진사대부의 성장

고려 후기 개혁정치의 추진은 아직 중앙 정계에 확고한 정치적 기반을 갖고 있지 못한 신흥관료들의 정치적 입지를 강화하는 계기가 되었다. 즉 향리출신을 비롯한 한미한 가문출신 관료들이 개혁세력이 되어 개혁을 추진하는 과정에서 정치적 영향력을 신장시키고 있었다. 물론 한미한 가문 출신이라 하여 모두 현실 비판적 성향을 지니고 개혁세력이 된 것은 아니었다. 일찍이 공민왕이 비판했듯이 '草野新進'에 해당하는 이들은 옳지 못한 행위로 명망을 얻거나 가문이 한미함을 부끄러워하여 문벌가문과의 혼인을 선호하는 등[130] 현실 순응적인 자세를 보이기도 했기 때문이다. 그래서 원간섭기 국왕 측근세력으로서

130) 《高麗史節要》 권 28, 공민왕 14년 12월.

권력층이 된 인물들 가운데는 한미한 가문 출신들이 많이 포함되어 있었다.

그러나 과거를 통해 관료로 진출한 신흥관료들은 그들의 현실인식을 바탕으로 개혁적 입장에 서는 경우가 많았다. 과거출신 신흥관료라고 하더라도 이들은 고려 후기 지배세력의 하나라는 점에서 기본적으로 그 성향에 있어 세족출신과 크게 다르지 않았다. 그러나 문벌가문 출신이 아니라는 점에서 혈연적 폐쇄성이나 배타성이 세족출신에 비해 상대적으로 덜한 편이었으며, 대부분 지방출신이었기 때문에 보다 진취적인 성향을 가질 수 있었다. 이들은 문벌출신도, 권력층도 아니었기 때문에 수조권 집적 등 불법적 토지겸병에 대한 비판에서 상대적으로 자유로울 수 있었다.

고려시대 지배세력인 사대부층 가운데 이러한 특징을 갖는 신흥관료는 매시기 등장하고 있었다. 이들은 세족출신 사대부와는 달리 아직 문벌화하지 않은 가문배경의 소유자였으며, 특히 유교적 소양을 바탕으로 현실 비판적인 성향을 보이고 있었다. 그러므로 이들을 사대부층의 한 갈래로 계보화할 수 있을 것이며, 이를 '신진사대부'로 지칭할 만하다.[131]

---

131) 1980년대 이후 사대부층의 형성 시기와 범주, 그리고 성격 규정에 대한 비판적 견해가 제시되면서 신흥관료를 '사대부'로 표현하는 것은 그 의미나 시기상으로 보아 꼭 적절하다고 말하기 어렵다 하고, 이를 '新進士類' 또는 '新興儒臣' 등으로 지칭하자는 대안이 제시되기도 하였다. 사대부의 이해방식에 대한 이러한 비판적 견해는 사대부의 범주를 향리출신 등 특정 가문배경의 소유자로 국한하는 데 대한 문제제기였으며, 결코 사대부의 존재 자체를 부정한 것은 아니었다. 사대부는 고려시대 역사적 용어로서 엄연히 존재하고 있었으며, 당시 지배세력을 지칭할 때 '사대부'보다 더 적절한 용어도 찾을 수 없기 때문이다. 그러므로 사대부가 신흥관료만이 아니라 세족출신을 포함하여 문신관료 일반을 지칭한다는 이해가 전제된다면, 가문배경이나 사상경향 등에 있어서 새로운 특징을 보이는 고려 후기 사대부층의 한 갈래를 '신진사대부'라 지칭하여도 무리는 없을 것이다. 사대부 및 신진사대부의 형성 시기와 그 성격 규정에 대한 여러 견해는 다음의 연구와 논평이 참고된다.

李佑成, 〈高麗朝의 「吏」에 대하여〉(《歷史學報》 23, 1964).

金潤坤, 〈新興士大夫의 擡頭〉(《한국사》 8, 국사편찬위원회, 1974).

朴龍雲, 〈李成茂 著 『朝鮮初期 兩班硏究』 書評〉(《亞細亞硏究》 66, 高麗大, 1981).

李泰鎭, 〈高麗末・朝鮮初의 社會變化〉(《震檀學報》 55, 1983).

金塘澤, 〈回顧와 展望(高麗時代)〉(《歷史學報》 104, 1984).

———, 〈忠烈王의 復位과정을 통해본 賤系출신 관료와 '士族'출신 관료의 정치적 갈등-'士大夫'의 개념에 대한 검토〉(《東亞硏究》 17, 西江大, 1989).

浜中昇, 〈高麗末期政治史序說〉(《歷史評論》 437, 1986).

고려 후기 지배세력의 한 갈래로 신진사대부를 설정한 것은 이를 통해 사대부층의 내부구성과 그 계보를 밝히고, 여말선초 사회변동 과정에서 지배세력의 동향과 그 성향의 변화를 파악하고자 하는 데 목적이 있는 것이었다. 즉 조선건국을 주도한 신진사대부의 성장과정과 특징, 내적 분화, 다른 지배세력과의 차별성 등을 드러내어 이를 통해 여말선초 사회변동을 이해하고자 한 것이었다.

이제 이 글에서는 고려 후기 사대부층 가운데 세족과는 가문배경을 달리하면서 주자성리학적 사상경향을 지녔던 과거출신 관료집단을 신진사대부로 설정하고,[132] 이들 신진사대부층의 형성과 성장과정, 그리고 내적 분화를 살피고자 한다. 신진사대부가 사대부층의 한 갈래로 뚜렷이 자리잡는 것은 공민왕대 이후의 일이지만, 원간섭기에 추진된 일련의 개혁정치가 그 성장의 계기가 되었다는 점을 고려하여 이 시기 개혁세력으로 활동한 신흥관료층의 동향에도 주목하고자 한다.

가. 신진사대부의 성장기반

원의 종속구조가 본격적으로 자리잡는 충렬왕대에는 기형적인 권력구조가 등장하고 정치운영이 파행적인 모습을 드러내고 있었다. 이에 따라 국왕의

劉承源, 〈士大夫階層과 良賤身分制〉(《朝鮮初期 身分制硏究》, 乙酉文化社, 1987).
金光哲, 〈고려시대 「士大夫」의 용례〉(《石堂論叢》 14, 東亞大, 1988).
高惠玲, 〈高麗後期 士大夫의 槪念과 性格〉(《擇窩許善道先生停年紀念 韓國史學論叢》).
박재우, 〈고려말 정치상황과 신흥유신〉(《역사와 현실》 15, 1995).
홍영의, 〈고려말 신흥유신의 추이와 분기〉(위의 책).

132) 신진사대부의 형성 시기와 범주 설정, 그리고 성격 규정에 대해서는 아직 견해의 일치를 보지 못하고 있는데, 이는 궁극적으로 사대부층의 등장 시기를 어디에 설정할 것인가 하는 문제와 관련을 갖는 것이라 하겠다. 지금까지 논의의 대상이 되어온 사대부는 중국의 唐宋 변혁과정에서 새롭게 등장한 宋代 사대부를 모델로 한 것이었다. 그럼에도 우리의 경우 중국보다 3, 4세기 늦은 시기인 여말선초에 가서야 같은 유형의 사대부가 등장하는 것으로 이해하는 것이 타당한지 의문이다. 비교사적으로 보건대 우리 역사에서 중국의 당송 변혁기와 유사한 시기를 찾는다면, 그것은 여말선초보다 나말여초에 더 가까울 것이라는 점에서, 사대부층의 형성 시기를 고려 전기의 어느 시기에 설정하는 문제를 적극 검토할 필요가 있다. 신진사대부는 이렇게 등장한 사대부층이 사회변화와 함께 분화하는 과정에서 등장하는 것으로 이해하는 것이 어떨까 한다.

지원을 받는 측근세력은 최고 권력층으로 등장하였으며 당시 관료집단도 측근정치에 타협하면서 그 지위를 유지·강화하려는 세력과 정치권력으로부터 소외되는 세력으로 나누어지고 있었다. 이는 세족출신뿐만 아니라 신흥관료의 경우도 마찬가지였다.

충렬왕대 관료집단 가운데 일부는 측근정치기구인 必闍赤에 참여하거나, 征東行省官이나 殿試門生으로 선발되어 충렬왕의 측근정치에 협조하고 있었다.133) 이들은 대부분 향리출신이든지 士族으로 등장한 지 얼마 되지 않은 한미한 가문출신들이었다. 충렬왕은 이들이 과거합격자로서 능력을 갖추고 있었으며, 특히 그 가문배경이 문벌이 아니었다는 점에서 자신의 왕권을 뒷받침해줄 수 있는 적임자로 생각하고 있었다.

한편 권력층의 권력독점과 정치운영의 파행성이 심화되기 시작하자, 이러한 정치현실을 비판하고 개선하는 데 주력한 관료들도 있었다. 이들은 주로 대간직에서 활동했던 신흥관료들로서 충렬왕의 파행적인 정치운영과 측근세력의 불법적 권력 행사에 비판적이었던 대다수 관료들의 입장을 대변하고 있었다. 물론 권력층에 대한 비판이 개별적으로 행해짐으로써 정치세력을 형성할 정도는 아니었다 하더라도, 이러한 비판활동은 사회모순에 대한 인식을 심화시키면서 개혁의 필요성을 제고했을 것으로 보인다. 특히 충렬왕의 측근정치에 비판적인 입장을 갖고 있던 충선왕이 왕위계승을 위해 국내의 정치세력과 협조관계를 유지하면서부터는134) 현실비판적인 관료층의 입지가 강화되었을 것으로 생각된다.

충선왕 즉위와 함께 시작된 개혁정치는 이제까지 정치권력으로부터 소외되고 있던 신흥관료가 정치적 영향력을 강화할 수 있는 계기가 되었다. 충선왕 즉위년(1308) 5월과 7월의 인사에서 학사직과 언론직에 기용된 20여 명의 인물 가운데135) 13명은 향리출신이거나 아버지 때부터 비로소 관료를 배출하기 시작한 가문 출신이었다. 鄭可臣·安珦·崔旵·全昇·吳漢卿·李瑱·李承休·沈逢吉·趙簡·李混·張碩·朴全之·許有全 등이 이들이다. 이들은 대

133) 李益柱, 앞의 글(1988), 210~213쪽.

134) 金光哲, 〈高麗 忠宣王의 現實認識과 對元活動〉(《釜山史學》 11, 1986), 48~58쪽.

135) 《高麗史》 권 33, 世家 33, 충렬왕 24년 충선왕 즉위 5월 신묘·7월 무술.

체로 원종대에서부터 충렬왕초에 걸쳐 과거에 합격하였다는 점에서 여몽전쟁이 종식된 후 고려의 종속화 과정을 지켜 본 사람들이다. 이들은 충렬왕 초기에 필자적이나 정동행성관으로 활동하면서 충렬왕의 측근정치에 협조하기도 했지만, 충렬왕 측근세력의 권력독점 등 정치운영이 파행적인 모습을 드러내자 이를 비판하다가 유배·파직 당했던 경력이 있는 부류들이었다.[136] 충선왕은 이들의 이러한 비판 활동을 높이 평가하여 개혁 주도세력으로 발탁한 것이었다. 그러므로 신흥관료는 이 시기 개혁을 매개로 굳게 결속하면서 정치적 지위를 강화할 수 있었을 것으로 보인다. 비록 이러한 성장이 그들 자체로서 정치세력을 형성할 수 있는 수준은 아니었다 하더라도 그 기반을 마련하는 계기가 되었을 것이다.

충선왕이 강제 퇴위됨으로써 신흥관료는 더 이상 세력의 신장을 꾀하지는 못하였다. 그러나 충렬왕 복위 후에도 신흥관료를 비롯한 개혁세력은 관료로서의 지위를 계속 유지하고 있었다. 개혁 주도세력이었던 박전지 등 몇몇 인물이 파직된 것을 제외하면 개혁세력의 대부분은 관직을 그대로 갖고 있었기 때문이다. 왕위의 변동이 있었음에도 개혁에 참여했던 인물들이 그 지위를 그대로 유지하고 있었던 것이다. 이는 충렬왕이 재집권에 성공하기는 했지만 이들을 배제시킬 만한 정치적 여건이 아니었음을 말하는 것이기도 하다. 그래서 충선왕대 개혁에 참여했던 신흥관료는 충렬왕 복위 후에도 세족출신 개혁세력과 함께 충렬왕 측근세력의 충선왕비 개가책동을 저지하는 등 활발한 정치활동을 전개하고 있었다. 충렬왕 복위 후 가시화된 충렬왕 측근세력과 충선왕 지지세력의 대립구도는 오히려 신흥관료가 세족출신 개혁세력과의 유대관계를 강화하면서 정치적 기반을 넓힐 수 있는 기회가 되었던 것이다.

충선왕 복위 이후 충혜왕대에 이르기까지 30여 년간의 기간은 신흥관료들에게 결코 유리한 시기가 아니었다. 왕권강화의 수단으로 측근정치가 여전히 유지되고 있었으며, 왕위계승을 둘러싼 정치적 갈등이 심화되고 있었기 때문이다. 충선왕은 복위한 지 4개월 만에 다시 원으로 돌아가 충숙왕에게 왕위

136) 李益柱, 앞의 글(1988), 214~215쪽.

를 물려줄 때까지 원에 체류하면서 侍從臣을 측근세력으로 삼아 국내 정치를 운영하고 있었다. 이 때문에 정국의 주도권은 최성지·권한공·채홍철 등 충선왕 측근세력이 장악하게 되었고, 다시 한 번 충선왕의 지원을 기대했던 개혁세력은 타격이 클 수밖에 없었다. 실제 충선왕 원년(1308) 4월의 인사개편에서는 즉위년의 개혁세력이었던 인물들이 대거 탈락하는 등[137] 신흥관료가 점차 국정운영에서 소외되고 있었다. 개혁세력이었던 세족과 신흥관료는 이러한 국면을 타개하기 위하여 충선왕의 환국운동을 전개하기도 하지만 성과를 거두지 못하였다.

충숙왕대에도 개혁정치가 표방됨으로써 신흥관료가 다시 개혁을 매개로 세력을 결집할 수 있는 여건이 조성되고 있었다. 충숙왕대 개혁세력 가운데 신흥관료에 해당하는 인물로는 李兆年·李齊賢·金開物·韓宗愈·申君平·李凌幹·金元軾 등이 확인된다.[138] 이들은 대체로 충렬왕대 말에 과거에 합격한 인물들로서 충선왕 즉위년의 개혁정치와 충렬왕 측근세력과 충선왕 지지세력 사이의 정치적 갈등을 경험했고 충선왕의 吐蕃 유배, 충숙왕의 元都 억류, 심왕파의 책동 등 국가적 위기의 시대를 살면서 관료로 활동했던 사람들이다.

그런데 심왕파의 책동과 관련하여 국내 정치세력이 전반적으로 그 위상에 손상을 입고 있었고, 이 시기에도 여전히 측근세력이 형성되고 있었기 때문에 신흥관료를 비롯한 개혁세력이 정치적 영향력을 확대하는 데는 한계가 있었다. 충숙왕의 원도 억류와 심왕파의 책동을 겪으면서 당시 국내 정치세력은 상당수가 이에 연루되었거나 충숙왕의 왕권 회복을 위해 적극적인 자세를 보여주지 못했다. 충숙왕은 12년(1325)의 개혁교서에서 이 문제를 심각하게 거론하였다. 즉 심왕파의 책동이 전개될 때 위험을 무릅쓰고 군신의 의리를 지킨 인물들이 매우 적었으며, 대부분이 눈치를 살피며 관망하는 자세를 보였다는 것이다.[139] 충숙왕은 당시 국내 정치세력이 대부분 자신의 왕권 회복을 위해 적극적인 활동을 벌이지 않은 데 대해 불만을 표시하고 있었던 것이다.

---

137) 《高麗史》 권 33, 世家 33, 충선왕 원년 4월 신미.
138) 鄭希仙, 앞의 글, 39쪽.
金光哲, 앞의 책, 191~193쪽.
139) 《高麗史》 권 35, 世家 35, 충숙왕 12년 10월 을미.

충숙왕은 개혁정치를 표방하면서도 한편으로는 측근세력을 광범위하게 형성하여 측근정치를 운영하고 있었다. 충선왕의 내정 간섭과 심왕파의 책동을 겪은 충숙왕으로서는 왕권의 유지·강화가 절대적으로 필요했고, 이를 측근세력의 육성을 통해 달성하려 하였던 것이다. 그러므로 측근정치가 유지되고 측근세력이 권력을 장악하고 있는 정치상황에서 이외의 정치세력들은 이들 권력층으로부터 견제 당할 수밖에 없었을 것이다.

이러한 정치상황은 충혜왕대에도 마찬가지였다. 충혜왕대에는 이른바 악소배를 측근세력으로 하는 측근정치의 극단적인 형태가 유지됨으로써,[140] 신흥관료를 비롯한 사대부층은 정치권력으로부터 소외되고 있었기 때문이다. 曹頔亂의 진압에 참여하는 등 충혜왕을 지원했던 이조년이 사임하여 낙향할 수밖에 없었던 것은[141] 신흥관료가 더 이상 국정운영에 참여할 수 없는 정치상황에서 비롯된 것이었다.

이처럼 충선왕 복위 후 충혜왕대에 이르기까지 30년간은 개혁세력이 국정운영의 주도권을 장악할 수도 없었고, 신흥관료의 정치세력화도 달성될 수 없었다. 그렇지만 이 시기에는 사상계의 변화가 나타나면서 새로운 사상경향을 지닌 인물들이 사대부층으로 확충된 시기라는 점에서 이후 신진사대부의 형성과 관련하여 주목해야 할 시기이기도 하다.

원의 종속구조가 지속되는 가운데 고려 지식인층은 사신으로 파견되거나 원에서 숙위하고, 원 制科에 응시하면서 자주 원의 문인들과 교류하고 있었다. 양국 문인의 교류는 충선왕대를 고비로 더욱 활발하여 교류의 폭과 내용이 심화되고 있었다. 여·원 간의 교류를 통해 고려의 사상계도 점차 변화하기 시작하였다. 고려 사상계는 이미 중기부터 송과의 교류를 통해 북송 신유학에 대한 이해를 높이고 있었는데,[142] 이제 원과의 교류를 통해 당시 원의

140) 채웅석, 〈고려 중·후기 '무뢰(無頼)'와 '호협(豪俠)'의 형태와 그 성격〉(《역사와 현실》 8, 1992), 249~250쪽.

141) 《高麗史》 권 109, 列傳 22, 李兆年.

142) 文喆永, 〈麗末 新興士大夫들의 新儒學 수용과 그 특징〉(《韓國文化》 3, 서울大, 1982), 99~109쪽

———, 〈고려 중기 사상계의 동향과 新儒學〉(《國史館論叢》 37, 國史編纂委員會, 1992), 52~58쪽.

지배이데올로기의 하나였던 주자성리학을 본격적으로 받아들이게 된 것이다.[143)]

이처럼 고려 후기 사상계에 변화가 나타나게 되면서부터 점차 주자성리학을 학문적 기반으로 하는 새로운 유형의 사대부가 등장하기 시작하였다. 安珦·閔漬·李齊賢·李穀·白文寶·朴忠佐·權溥·白頤正·禹倬·崔瀣·崔文度·李仁復·李穡 등이 이들이다.[144)] 이들은 충혜왕대까지 관료로 활동했거나 과거에 합격한 사람들로서, 민지·권부·최문도·백이정·이인복 외에는 모두 자신이나 아버지 때부터 관료를 배출하는 정도의 가문배경을 갖고 있었다. 이들은 체제유지적 현실정치론을 지향하고 아직 불교적 세계관에서 철저히 벗어나지는 못했지만, 《小學》의 일상적인 윤리규범과 《大學》의 窮理·正心의 도를 익히면서[145)] 좌주·문생관계와 학문적 교유를 통해 사대부층의 사상경향을 변화시키고 있었다. 이들은 당시의 정치상황으로 말미암아 비록 강력한 정치세력으로 성장하는 데는 한계가 있었지만, 주자성리학을 사상적 기반으로 삼아 현실인식을 심화시키고 개혁의 필요성을 확산시키면서 세력을 결집해나갔을 것으로 보인다. 이러한 신진사대부의 면모는 충목왕대 개혁정치의 추진과정에서 구체적으로 드러나게 된다.

충목왕대 개혁정치는 다른 시기와는 달리 개혁기구로서 정치도감이 설치

---

143) 원간섭기 주자성리학의 유입 문제와 이를 수용한 사대부에 대한 연구는 다음과 같다.
金泰永, 〈高麗後期 士類層의 現實認識〉(《創作과 批評》 44, 1977).
文暻鉉, 〈麗末 性理學派의 形成〉(《韓國의 哲學》, 慶北大 出版部, 1980).
鄭玉子, 〈麗末 朱子性理學의 導入에 대한 試考〉(《震檀學報》 51, 1981).
金忠烈, 〈麗末 性理學의 수입과 형성과정〉(《高麗儒學史》, 高麗大 出版部, 1984).
閔賢九, 〈白文寶硏究〉(《東洋學》 17, 檀國大, 1987).
周采赫, 〈元 萬卷堂의 設置와 高麗 儒者〉(《孫寶基博士停年紀念論叢》, 知識産業社, 1988).
李男福, 〈白文寶의 性理學 受容과 排佛論〉(《韓國史硏究》 74, 1991).
張東翼, 〈麗·元 文人의 交流〉(《國史館論叢》 31, 1992).
高惠玲, 〈高麗 士大夫의 性理學 受容〉(《14세기 高麗 士大夫의 性理學 受容과 稼亭 李穀》, 梨花女大 博士學位論文, 1992).
都賢哲, 〈高麗後期 朱子學 受容과 朱子書 普及〉(《東方學志》 77·78·79, 1993).

144) 高惠玲, 위의 책, 84~93쪽.

145) 도현철, 〈14세기 전반 유교지식인의 현실인식〉(《14세기 고려의 정치와 사회》 민음사, 1993), 585~587쪽.

되고 있었기 때문에 개혁이 체계적일 수 있었고, 개혁세력 상호간의 결속력도 강화될 수 있었다. 정치도감을 중심으로 형성된 개혁세력은 세족출신 사대부와 신진사대부로 구성되어 있었다. 整治官으로 활동했던 것으로 확인되는 33명 가운데 왕후·김영돈·김광철·郭珚·金英利·許湜 등은 세족출신이었고, 안축·백문보·徐浩 등 27명은 신진사대부로서의 특징을 지닌 사람들이었다. 정치관이 아니면서 개혁세력이 되고 있던 인물인 이제현과 박충좌는 이들 정치도감 소속의 신진사대부와 특징을 같이하고 있었다.

정치관으로 활동한 신진사대부는 대부분 충숙왕대 이후 과거에 합격한 사람들이었다. 그 입사방법을 확인할 수 있는 사람들 가운데 정치도감 판사였던 안축은 충렬왕 33년(1307)에 급제하였지만, 그 속관인 백문보·이배중·신군평·河楫·南宮敏은 충숙왕대에, 安吉祥·田祿生·安克仁 등은 충혜왕대에 급제한 것으로 나타나고 있다. 이들은 사대부층이 위축당하고 있던 정치상황 속에서도 꾸준히 학문을 연마하여 과거에 합격하고 언론직에서 활동하면서 개혁정치의 전개와 함께 개혁세력으로 등장하게 된 것이다. 더욱이 이들이 과거에 합격한 시기가 주자성리학의 유입 등 사상계의 변화가 나타나는 시기라는 점에서, 이제현·백문보·박충좌의 경우를 통해 알 수 있는 것처럼, 일정하게 새로운 정치이념을 체득하고 있던 사람들로 이해된다.

충목왕대 개혁세력으로 활동했던 신진사대부는 이 시기 개혁이 원의 간섭으로 좌절된 이후에도 그 세력을 어느 정도 유지할 수 있었던 것으로 보인다. 정치관 가운데 백문보·전녹생·안극인·陳永緒·李元具·金達祥 등은 공민왕대에 가서도 개혁에 참여하는 등 정치활동을 계속하고 있으며, 정치관이었던 사람들의 아들이 역시 개혁세력이 되고 있기 때문이다.[146] 특히 이제현의 경우는 공민왕대에 가서 좌주·문생관계 등을 기반으로 세력을 형성하여 공민왕대 개혁정치의 버팀목이 되고 있었다.

나. 신진사대부의 성장과 분화

공민왕대의 개혁정치는 신진사대부가 정치적으로 성장하여 사대부층의 한

146) 閔賢九, 앞의 글(1980), 136~138쪽.

갈래로 뚜렷이 자리잡는 계기가 되었다. 공민왕대 전 기간이 거의 개혁정국이나 다름없이 운영됨으로써 개혁적 성향을 지닌 신진사대부는 그 활동 공간을 넓힐 수 있었다. 공민왕 초기의 개혁은 당시 정치적 상황 때문에 왕의 외척과 시종신을 중심으로 추진됨으로써, 신진사대부가 개혁의 주도세력이 될 수는 없었다. 그러나 이제현·이곡·윤택 등 신진사대부는 충목왕 사후 왕위계승 과정에서 권준·왕후·김경직 등 세족출신과 함께 공민왕의 즉위를 위해 적극적으로 활동한 바 있기 때문에,[147] 이후 그들은 정치적 영향력을 강화할 수 있었다.

이제현은 공민왕 즉위와 함께 정승에 임명되어 裴佺 등 충정왕 지지세력을 제거하고,[148] 書筵에 참여하여 토지문제의 해결방안을 모색하는 등 개혁을 주장하면서 정치력을 신장시키고 있었다. 백문보도 전리판서에 임명되어 인사행정의 정상화를 꾀하는 데 주력하고 있었으며, 공민왕 원년(1352) 3월에는 관리선발에서 천거제의 활용을 건의하는 등[149] 개혁에 앞장서고 있었다. 이처럼 이들 신진사대부는 비록 기철 등 부원세력을 숙청하는 데 주도적인 역할을 한 것은 아니지만, 반원 자주적 개혁을 추진하는 배후 세력으로서의 역할을 다하면서[150] 정치적 영향력을 강화하고 있었다.

공민왕대 초기에 신진사대부는 이제현을 중심으로 세력을 결집하고 있었다. 이제현세력에는 세족출신 사대부를 비롯하여 신진사대부가 많이 포함되고 있었다. 이제현세력이 된 신진사대부는 이제현과 학문적 유대관계나 정치노선을 같이하고 있던 사람들이었다. 즉 이제현과 동문이거나 문생, 또는 그 문생의 문생관계를 맺고 있던 사람들과 정치적 입장이나 정치노선을 같이하고 있던 사람들이 이제현세력을 형성하고 있었다.[151] 이들은 공민왕대 개혁정국 속에서 개혁을 매개로 그들의 정치적 기반을 강화하고 있었다.

---

147) 閔賢九, 앞의 글(1989), 52쪽.

148) 《高麗史》 권 38, 世家 33, 공민왕 즉위년 11월 을해.

149) 《高麗史節要》 권 26, 공민왕 원년 3월.

150) 閔賢九는 공민왕 5년의 반원개혁정치를 부원세력을 제거한 政變의 측면과 반원 자주적 개혁의 측면으로 구분하고, 이제현 등은 개혁의 측면에서 상당히 중요한 지위를 차지하는 배후 인물이었던 것으로 이해하였다(閔賢九, 〈益齋 李濟賢의 政治活動－공민왕대를 중심으로－〉, 《震檀學報》 51, 1981, 238쪽).

151) 李淑京, 앞의 글, 49~52쪽.

신돈정권의 등장도 신진사대부의 세력 강화에 기여하였다. 신돈정권의 성립 초기까지만 하여도 공민왕은 신진사대부가 정치적 지위를 강화하려는 데 대해 경계하고 있었다. 왕권강화에 집착하고 있던 공민왕에게는 권력층으로 부상한 무장세력을 약화시키는 것이 급선무였지만, 한편으로는 신진사대부가 강력한 정치세력으로 등장하는 것도 쉽게 받아들일 수 없는 것이었기 때문이다. 신돈이 이제현과 그 문생들을 '나라에 가득찬 도둑'으로 지목하고,[152] 이들을 비판한 것은 그러한 사정을 반영한 것이다. 그러나 신돈정권은 정국 주도권을 장악하기 위해서라도 개혁정치를 지속시킬 수밖에 없었으며, 개혁정국이 유지되는 한 신진사대부의 활동공간은 오히려 확대될 수 있는 것이었다. 공민왕과 신돈은 개혁의 추진을 위해서 신진사대부를 개혁세력으로 확보하면서 그들의 협조와 참여를 요구할 수밖에 없었던 것이다. 신돈정권기의 대표적인 개혁사업으로 평가되는 전민변정사업과 국학 중흥책은 이미 이색 등 신진사대부에 의해서 제안된 것이었다는 점에서[153] 이 시기 개혁에는 신진사대부의 역할이 컸음을 알 수 있다.

공민왕 16년(1367), 국학의 중흥을 표방하면서 추진된 교육개혁은 신진사대부가 세력을 결집하고 정치적 영향력을 강화하는 계기가 되었다. 뿐만 아니라 신진사대부의 내적 구성과 주도세력의 변화를 가져오게 하였다. 공민왕은 국학의 중영을 명하면서 전국의 儒官이 품계에 따라 포를 내어 그 비용을 충당하도록 하였으며, 성균관의 학생 수를 증원하고 이색을 대사성에 발탁하는 한편, '經術之士'로 지목되고 있던 김구용·정몽주·박상충·박의중·이숭인 등을 모두 학관에 임명하였다.[154]

이색이 대사성에 발탁되고 있다는 것은 이제 그가 신진사대부의 핵심인물로 부상하고 있음을 의미한다. 이는 이 시기에 와서 신진사대부의 구심이 이제현에서 이색으로 이동하는 등 일정하게 세대교체가 이루어지고 있음을 시사하는 것이다. 물론 이들 국학 중영사업을 주도한 신진사대부도 모두 이제현 세력의 구성원이었다는 점에서 그 성향이 크게 변한 것은 아니었다. 그러나

152) 《高麗史》 권 132, 列傳 45, 叛逆 6, 辛旽.
153) 이익주, 앞의 글(1995), 53~54쪽.
154) 《高麗史節要》 권 28, 공민왕 16년 5월.

신진사대부의 주도세력이 공민왕대 과거합격자 중심으로 형성되고 있었다는 점, 공민왕 초기 신진사대부의 중심인물이었던 이제현·백문보·김득배 등을 대신하여 그 문생들이 중심인물로 성장하고 있었다는 점은 주목할 만하다.

국학 중영사업을 계기로 세력을 결집하고 있었던 사대부로는 이색·김구용·정몽주·박상충·박의중·이숭인·임박·정도전·정추·이존오·김제안·윤소종·이첨·권근 등을 들 수 있다. 이들은 이색을 중심으로 학문적 유대관계를 통해 교유해 온 인물들이었다. 즉 이색의 문하생이었거나 그들 사이에 어릴적부터 교우관계를 맺고 있던 사람들이 주축을 이루고 있었다. 이 가운데 김구용·김제안·권근·정추는 세족출신이었고, 박의중·이숭인·이존오·윤소종 등은 이미 그들의 할아버지 때부터 관료를 배출하기 시작한 士族출신이었다.[155] 이들은 공민왕대 초기 국제관계의 변화와 국내정세의 변동을 경험하면서 현실인식과 자주의식을 심화시켰고, 대부분 공민왕 9년(1360)을 전후한 시기에 과거를 통해 관료가 된 사람들이었다.

이처럼 이색을 중심으로 하는 신진사대부는 신돈정권기 개혁정치에 참여하여 정치세력을 형성하고 그 영향력을 확대하고 있었다. 물론 신돈집권기의 정치운영에 대한 신진사대부의 대응방식이 모두 동일한 것은 아니었다. 임박은 이에 적극적으로 참여하여 전민변정사업 등을 주도한 바 있고, 정추와 이존오는 오히려 신돈에 비판적이었으며, 정몽주·정도전·박상충·박의중·윤소종 등은 중도적인 입장에 있었다.[156] 그러나 신돈의 정치적 지향과 신진사대부의 그것이 동일하지 않았다 하더라도,[157] 이 시기 개혁 자체는 신진사대부가 추구하는 개혁과 일치할 수 있는 것이었다. 그래서 신진사대부의 상당수는 개혁정치에 참여하면서 자기성장을 이루고 있었으며, 신돈이 몰락하는 공민왕 20년 경에는 중견 관료로서 인사권을 장악하고 요직을 역임하는 등 괄목할 만한 정치적 지위를 확보하게 된다.

이제현과 그의 문생인 이색을 중심으로 하는 공민왕대 신진사대부는 몇

155) 이들의 가문배경과 성장과정에 대해서는 閔賢九, 앞의 글(1968b), 84~89쪽 참조.
156) 閔賢九, 위의 글, 91쪽.
157) 朱碩煥은 신돈집권기에는 불교의식을 통해 국가와 민생의 안정을 꾀하려는 신돈의 정치적 지향과 유교적 정치이념을 바탕으로 왕도정치를 실현하려는 사대부의 입장이 대립하고 있었던 것으로 이해하였다(朱碩煥, 앞의 글, 109~110쪽).

가지 특징을 갖고 있었다. 우선 이들은 좌주·문생관계 등 과거를 매개로 결속되어 있었다는 점이다. 이들은 대부분 과거합격자들로서 학문연마와 과거 응시를 통해 사제관계나 교우관계를 맺으면서 정치세력을 형성하고 있었다. 공민왕대에 활동했던 신진사대부 가운데 知貢擧나 同知貢擧를 역임하면서 과거를 주관했던 인물로는 이제현·안축·박충좌·이곡·안보·이인복·김득배·이색·전녹생·이무방 등이 있다.158) 이들은 대부분 이제현을 중심으로 동문이거나 문생 또는 문생의 문생관계를 맺고 있던 사람들이다. 그러므로 이들이 각각 배출한 문생들은 학문연마나 과거 준비과정에서 서로 긴밀한 교우관계를 맺을 수 있었을 것이다.

정치세력으로 성장한 신진사대부는 세족출신 사대부와도 긴밀한 관계를 유지하고 있었다. 학문적 교우관계를 맺고 있거나 현실인식 및 정치노선을 같이한 경우에는 가문배경이나 경제적 기반의 차이가 둘 사이의 결속에 장애 요인으로 작용한 것은 아니었던 것 같다. 그래서 이제현이나 이색의 세력집단에는 김구용·권근 등 문벌출신의 사대부가 많이 포함되고 있었다. 사대부층 내에서의 이러한 관계는 공민왕대 이전에도 유지되어 온 바이지만, 공민왕대부터는 그 주도적인 역할에 변화가 나타나고 있었다. 즉 공민왕대 이전에는 충목왕대의 개혁정치에서 보았듯이 왕후·김영돈 등 세족출신이 사대부층의 구심 역할을 하였다면, 공민왕대 이후에는 이제현·이색 등 신진사대부가 주도적인 위치를 차지하게 된 것이다. 이제 신진사대부는 세족출신 사대부까지 세력집단 내로 끌어들이면서 정치세력의 한 축을 담당하게 된 것이다.

공민왕대 신진사대부는 대부분 주자성리학을 사상적 기반으로 삼고 있었다. 충렬왕대 주자성리학이 도입된 이래로 널리 보급되고 있던 성리학은 공민왕대에 와서 그 연구가 심화되고 확산되면서 당시 사대부는 이를 사상적 기반으로 삼았을 것으로 생각된다. 즉 당시 사대부들은 《小學》을 통해 성리학의 기초교육과 일상적인 윤리규범을 배우고, 《大學》에서 窮理正心과 修己治人의 도를 익히며, 《中庸》에서 도덕적 실천의 근거를 배우는 등 성리학에

158) 《高麗史》 권 73, 志 27, 選擧 1, 科目 1.

대한 이해를 높이고 있었다.[159] 충목왕대부터 《四書集註》가 과거의 시험과목이 되고 있다는 사실은[160] 당시 성리학에 대한 이해가 상당한 수준에 있었음을 말해주는 것이기도 하다. 공민왕대의 과거는 이제현·이인복·이색 등이 거의 주관하고 있었는데, 이러한 점도 주자성리학을 사상적 기반으로 삼는 과거합격자를 많이 배출하는 계기가 되었을 것이다.

공민왕대 사대부는 농업기술의 진흥에도 관심을 갖고 있었다.[161] 이미 충정왕대에 李嵒은 원에서 농업기술서인 《農桑輯要》를 가져왔고, 공민왕대에 와서는 姜蓍와 金湊 등이 이를 보급하기에 편리하도록 小楷體로 바꾸어 간행하는 등 농업기술의 보급에 관심을 보인 바 있다. 백문보는 水車의 제조를 건의하는 등 강남농법의 도입에 열의를 보였으며, 이색은 《농상집요》의 後序에서 이 책의 내용을 '理生의 良法'이라 극찬하면서 농업기술에 관심을 갖고 있었다. 이처럼 당시 신진사대부는 중국의 선진 농법을 도입하는 등 농업기술의 진흥에 관심을 보이고 있었다.

공민왕대 개혁정치를 통해 강력한 정치세력으로 성장한 신진사대부는 우왕대 李仁任정권이 등장하면서 시련을 겪어야 했다. 우왕대 정치상황이 신진사대부에게는 결코 유리한 것이 아니었기 때문이었다. 이인임정권은 족당세력을 형성하여 정치권력을 장악하고 경제적 부를 독점하고 있었다.[162] 비록 우왕 8년(1382)을 고비로 권력 창출의 주체가 이인임에서 林堅味로 변화하기는 하지만, 이인임정권은 최영에 의해 임견미·염흥방 등이 숙청되는 우왕 14년 정월 이전까지 지속되고 있었다. 그러므로 이인임 정권이 지속되는 동안 신진사대부를 비롯한 조정 관료의 정치활동은 제약 당할 수밖에 없었다. 세족출신으로서 당시 재상의 자리에 있던 김속명이 지금의 재추는 자리만

159) 도현철, 앞의 글(1993), 202쪽.

160) 《高麗史》 권 73, 志 27, 選擧 1, 科目 1.

161) 이 점에 대해서는 李泰鎭, 〈14·15세기 農業技術의 발달과 新興士族〉(《韓國社會史硏究》, 지식산업사, 1988) 참조.

162) 이인임정권의 권력독점과 그 성격에 대해서는 다음의 연구가 참고된다.
朴天植, 〈高麗 禑王代의 政治權力의 性格과 그 推移〉(《全北史學》 4, 1980).
高惠玲, 〈李仁任政權에 대한 一考察〉(《歷史學報》 91, 1981).
盧明鎬, 〈高麗後期의 族黨勢力〉(《李載龔博士還曆紀念 韓國史學論叢》, 한울, 1990).
姜芝嫣, 〈李仁任 執權期 政治勢力과 政局動向〉(《梨花史學硏究》 22, 1995).

채우고 있다고 자조할 정도로,[163] 이인임 족당세력을 제외한 정치세력은 정치권력으로부터 소외되고 있었기 때문이다.

뿐만 아니라 우왕대 더욱 잦아진 왜구의 침입도 신진사대부의 정치활동을 위축시키는 요인이 되었다. 왜구의 침탈은 이미 공민왕 때부터 국가를 위기로 몰아넣는 현안문제가 되어왔지만, 우왕대는 그보다 훨씬 심각한 상황이었다. 그것은 침입 횟수를 비교해 보면 그대로 드러난다. 충정왕 2년(1350)부터 공양왕대까지 42년 간에 왜구는 500여 회 침입했는데, 그 가운데 우왕대는 14년 동안 모두 378회에 이르고 있었다.[164] 매년 평균 27회씩이나 왜구의 침입을 당했던 셈이다. 왜구의 침입이 이러했기 때문에 당시 정국은 전시체제로 운영될 수밖에 없었을 것이며, 이러한 정치상황은 신진사대부의 활동공간을 축소케 하였을 것이다.

우왕대 이인임정권의 등장으로 말미암아 이처럼 정치상황이 불리하게 전개되기 시작하자 신진사대부들은 이인임세력과의 정면 대결을 통하여 위기국면을 돌파하고자 하였다. 그것은 우왕 원년 北元 사신의 영접 문제를 둘러싸고 가시화되었다. 공민왕대부터 친명적 외교노선을 유지해왔던 신진사대부들은 이인임 등이 북원 사신을 받아들이는 등 원과의 관계개선에 주력하는 움직임을 보이자[165] 이에 제동을 걸고 나선 것이다. 김구용·이숭인·정도전·권근의 都堂上書에서부터 시작된[166] 원 사신의 입국 반대운동은 마침내 이첨과 全伯英이 이인임의 誅殺을 요구하는 데까지 격화됨으로써[167] 이제 두 세력 간의 정면 충돌은 피할 수 없게 되었다.

이인임 등은 신진사대부의 이같은 도전을 방치하지 않았다. 같은 해 7월 이인임의 사주를 받은 禹仁烈과 韓理 등은 諫官이 재상을 논하는 것은 옳지 못하다는 이유를 들어 북원 사신의 입국 반대운동에 참여했던 인물들을 모두

---

163) 《高麗史》 권 111, 列傳 24, 金續命.

164) 羅鍾宇, 〈高麗末期의 麗·日 관계-倭寇를 중심으로-〉(《全北史學》 4, 1980), 62쪽 참조.

165) 이인임 등이 원과의 관계개선을 꾀한 배경에 대해서는 高惠玲, 앞의 글(1981), 24~25쪽 참조.

166) 《高麗史節要》 권 30, 신우 원년 5월.

167) 《高麗史節要》 권 30, 신우 원년 6월.

숙청하고 만 것이다.[168] 이 때 북원 사신의 입국을 반대하는 등 이인임정권에 저항하다 숙청된 인물은 모두 22명 정도 확인되고 있다. 임박·정몽주·정도전·이숭인·김구용·이첨·박상충·전녹생·전백영·林孝先·方旬·閔中行·朴尙眞·廉廷秀·廉興邦·朴形·鄭思道·李成林·尹虎·崔乙義·趙文信·金子粹·鄭寓 등이 이들이다. 이들 이인임정권에 저항했던 인물들의 면면을 볼 때, 정도전 등 신진사대부가 주축을 이루면서 민중행·염정수·염홍방·박형·이성림·윤호 등 세족출신도 같은 세력집단에 포함되고 있음을 알 수 있다. 공민왕대부터 정치세력으로 성장하기 시작한 신진사대부는 이 시기에도 변함없이 한 세력집단으로 굳게 결속하고 있을 뿐 아니라, 그들과 정치노선을 함께 하는 세족출신 사대부를 대상으로 세력을 확대하고 있었던 것이다.

이인임정권에 대한 신진사대부의 도전은 이처럼 실패로 끝났다. 신진사대부로서는 타격이 컸을 것이고, 다시 세력을 만회하는 데에는 어려움이 따랐을 것으로 보인다. 그러나 이같은 정치적 타격에도 불구하고 신진사대부가 정치활동에서 완전히 배제된 것은 아니었다. 이인임정권에 의해 숙청당했던 인물들은 다음해인 우왕 2년(1376)부터 대부분 석방되기 시작하였으며, 그 가운데는 곧 발탁된 사람들도 있었다. 특히 이인임 족당세력 내에서 권력투쟁이 전개되는 우왕 8년 이후부터 신진사대부의 활동이 두드러지기 시작하였다.

이색은 우왕 12년에 지공거를 맡았으며, 왕이 그를 사부로 삼아 존경의 뜻을 표하고 鞍馬를 하사할 정도로 신임이 두터웠다. 그는 동왕 14년 정월, 이인임세력 숙청 후의 인사개편에서 判三司事로 발탁되었다. 박의중은 언론직에서 활동하면서 왕의 사치를 비판하고 경연 개설을 건의한 바 있으며, 정몽주·이숭인은 각각 政堂文學·同知密直司事 등 고위직에 임명되어 친명외교의 재개를 위해 활동하였다. 정도전은 우왕 10년 典校副令이 되어 정몽주를 따라 명에 다녀온 바 있고, 이후 成均祭酒 등의 관직을 거쳐 동왕 13년에는 大司成으로 활동하였다.[169] 이렇게 볼 때 신진사대부의 상당수는 이인임

---

168) 《高麗史節要》 권 30, 신우 원년 7월.

169) 이상과 같은 신진사대부의 복권과 정치활동에 대해서는 《高麗史節要》 권 30, 신우 3년 9월·권 31, 신우 8년 4·6월 및 권 32, 신우 9년 정·2·3·8월·10년 정·7월·12년 2·4·9월·14년 정월 참조.

정권하에서도 고위직을 역임하면서 정치활동을 재개하는 등 정치적 지위를 유지하고 있었다. 위화도회군 이후 이들이 권력 창출의 주도세력이 될 수 있었던 것은 이같이 정계에서 축출되지 않고 지위를 유지할 수 있었기 때문에 가능한 것이었다.

위화도회군은 신진사대부가 마침내 집권세력으로 등장하는 계기가 되었다. 회군은 이성계를 중심으로 하는 신흥 무장세력이 주도했지만, 여기에는 신진사대부의 정치적 이해관계도 개입되고 있었던 것으로 보인다. 그것은 우선 신진사대부의 외교노선이기도 한 친명노선이 회군의 명분이 되고 있다는 점에서 그러하다. 정도전은 일찍이 이성계와 교우관계를 가지면서 역성혁명을 암시하고 있었다.[170] 또한 요동정벌에 참여했다가 회군을 건의한 것으로 전해지고 있는 南誾·趙仁沃은[171] 조준·윤소종·許錦·鄭地 등과 교우관계를 맺고 있었다. 특히 조준은 이성계와 모든 사안을 함께 의논할 정도로 긴밀한 관계를 유지하고 있었다.[172] 그러므로 위화도회군은 정치권력의 장악을 목표로 하고 있던 이성계 등 신흥 무장세력과 현실개혁에 관심을 갖고 있던 신진사대부의 정치적 결합으로 성공할 수 있었다.

위화도회군 후 집권세력으로 부상한 신진사대부는 권력개편에 성공한 후, 私田개혁과 관제개편 등 개혁정치를 주도하고, 공양왕을 옹립하여 왕조교체의 기반을 조성하고 있었다. 그런데 신진사대부는 이러한 정치과정을 거치면서 점차 내적으로 분화하기 시작하였다. 이들의 내적 분화는 이 기간 동안의 현안문제였던 사전개혁과 공양왕 옹립, 왕조교체를 둘러싸고 정치적·경제적 이해관계를 달리한 데서 비롯된 것이었다. 이들은 사전개혁 문제 등을 둘러싸고는 온건한 개량노선을 지지하는 세력과 급진적 개혁을 추구하는 세력으로,[173] 왕조교체를 둘러싸고는 왕조를 유지하려는 세력과 왕조교체 세력으로 나누어지고 있었다. 이 시기 신진사대부는 현실인식, 개혁의 방도, 정치적 지향의 차이에 따라 분화하고 있었던 것이다.[174]

---

170) 韓永愚, 《鄭道傳思想의 硏究》(서울大 出版部, 1983), 25~26쪽.

171) 《高麗史》 권 116, 列傳 29, 南誾.

172) 《高麗史》 권 118, 列傳 31, 趙浚.

173) 韓永愚, 〈朝鮮建國의 政治·經濟基盤〉(《한국사》 9, 국사편찬위원회, 1973 ; 《朝鮮前期社會經濟硏究》, 乙酉文化社, 1983, 18쪽).

사전개혁을 둘러싸고 당시 사대부층은 '一田一主論'과 '私田革罷論'으로 나누어져 대립하고 있었다.[175] 이색 · 권근 등은 그들이 공민왕대부터 주장해온 '일전일주론'에 입각하여 사전문제를 해결하자는 입장이었다. 즉 수조권분급제를 유지하는 가운데 전주를 1인으로 확정함으로써 수조권이 중첩되는 데 따른 폐단만을 바로잡고자 하였다. 반면에 조준 · 정도전 등은 당시 사회문제를 유발하는 모든 요인이 사전제 자체의 폐단에 있는 것으로 규정하고 이를 혁파해야 한다는 입장이었다. 사전혁파론은 과전법이 성립되는 과정에서 일정하게 절충됨으로써 수조권분급제의 폐기로 귀결되지는 못했지만, 사전개혁에 있어서 상대적으로 급진적인 개혁론이었다.

사전개혁을 둘러싼 사대부층의 내적분화는 공양왕 원년(1389) 4월 도평의사사에서 田制를 논의하는 과정에서 구체적으로 드러나고 있다. 이성계와 조준이 사전개혁을 주장했을 때, 이색 · 권근 · 李琳 · 禹玄寶 · 邊安烈 · 柳伯濡 등은 이에 반대하였으며, 정도전과 윤소종은 찬성하였고, 정몽주는 입장을 밝히지 않고 있었다.[176] 신진사대부 내에서는 사전 개혁문제를 놓고 이색과 정도전을 중심으로 각각 온건론과 급진론으로 나누어지고 있었던 것이다. 이는 권근과 조준의 입장에서 보듯이 세족출신 사대부의 경우도 마찬가지였다. 이렇게 볼 때 사전개혁은 사대부층 내의 전반적인 분화를 가져온 계기가 되었다고 보아도 좋을 것이다. 신진사대부에 국한해서 보면, 공민왕 16년 교육개혁을 고비로 그 주도세력이 이제현에서 이색으로 넘어갔고, 이제 이 시기에 와서는 이색을 구심점으로 하고 있던 신진사대부 내에서 분화의 조짐이 나타나게 된 것이다.

신진사대부의 내적분화는 공양왕 옹립과정에서 더욱 심화되고 있었다. 창왕 원년(1388) 11월에 발생한 金佇의 獄을 계기로, 이성계 · 정몽주 · 조준 · 정도전 · 沈德符 · 池湧奇 · 偰長壽 · 成石璘 · 朴葳 등은 다시 '禑昌非王說'[177]

---

174) 홍영의, 앞의 글(1995), 79쪽.

175) 李景植, 〈高麗末의 私田捄弊策과 科田法〉(《朝鮮前期土地制度硏究》, 一潮閣, 1986), 66~83쪽.

176) 《高麗史節要》 권 34, 공양왕 원년 4월.

177) 禑昌非王說의 실체에 대해서는 朴亨杓, 〈朝鮮建國에 대한 是非〉(《學術志》 8, 建國大, 1967) 및 尹斗守, 〈禑昌非王說의 硏究〉(《考古歷史學志》 5 · 6, 1990) 참조.

을 제기하면서 '廢假立眞'을 내세워 공양왕 옹립을 적극적으로 추진하였다.[178] '우창비왕설'은 이미 위화도회군 후부터 제기되었던 것으로, 이성계파에 속했던 조준·윤소종·吳思忠 등 급진적 사대부들은 유교의 명분론과 春秋大義를 앞세워 창왕의 즉위에 반대하고 있었다. 반면에 이색 등은 君臣義理와 天理·天倫을 주장하면서 이에 맞서고 있었다.[179] 위화도회군 직후 이성계파는 당분간 이색 등 온건론자의 입장을 수용할 수밖에 없어서 창왕의 즉위를 받아들였던 것인데, 이 때에 와서 본래의 의도대로 공양왕을 옹립한 것이다.

공양왕 옹립에 성공한 후 이성계파는 이색·권근·이숭인·이임·조민수·이종학·하륜 등을 숙청하였다.[180] 이제 사전개혁을 둘러싸고 대립해왔던 신진사대부 내의 두 세력은 공양왕 옹립과정에서 세력 균형관계가 무너져 정도전을 중심으로 한 급진적 개혁파가 확실한 승리를 거두게 되었다. 이는 쿠데타에 성공했음에도 불구하고 정권을 완전히 장악하지 못하고 있었던 이성계파가 공양왕 옹립을 통해 신진사대부의 상당수를 자신의 세력으로 확보하면서 집권에 걸림돌이 되는 세족과 신진사대부를 한꺼번에 제거하는 효과를 거둔 것이기도 하다.[181]

공양왕 옹립을 지지했던 신진사대부는 왕조 교체과정에서 다시 분화하면서 대립하기 시작한다. 조선건국에 이르기까지 약 3년 동안에 신진사대부층은 다시 내적 분화의 길을 걷고 있었던 것이다. 김저의 옥 이후 공양왕대 최대의 정치적 사건은 동왕 2년(1390) 5월에 발생한 尹彛·李初事件이다.[182] 이 사건은 무고로 판명되었지만, 여기에 연루된 인물들은 이색·우현보·이임 등 공양왕 옹립에 반대하다가 유배된 인물이 대부분이다. 사건이 발생하자 이성계파는 다시 대간을 동원하여 이색 등에 대한 처벌을

178) 《高麗史節要》 권 34, 신창 원년 11월.

179) 도현철, 〈高麗末期 士大夫의 理想君主論〉(《東方學志》 88, 1995), 14~21쪽.

180) 《高麗史》 권 45, 世家 45, 공양왕 원년 12월 기해.

181) 李亨雨, 〈鄭夢周의 政治活動에 대한 一考察-恭讓王代를 중심으로-〉(《史學硏究》 41, 1990), 73쪽.

182) 尹彛·李初사건의 발생배경과 전개과정에 대해서는 趙啓纘, 〈朝鮮建國과 尹彛·李初事件〉(《李丙燾博士九旬紀念 韓國史學論叢》, 知識産業社, 1987) 및 李亨雨, 위의 글 참조.

주장하고 나섰다. 무고로 판명되었음에도 불구하고 이성계파가 이를 정치쟁점으로 삼은 것은 여러 가지 정치적 효과를 노린 것이었다. 즉 이 사건을 처리하는 과정에서 이색을 중심으로 하는 온건노선의 신진사대부를 정계에서 완전히 축출하고, 공양왕 옹립에 참여했던 신진사대부를 결속하는 한편, 자신들의 의도대로 움직이지 않고 있던 공양왕의 활동을 제한된 범위 내에 묶어두려는 정치적 의도가 있었던 것이다.

그러나 이 사건을 처리해나가는 과정에서 이성계파가 왕조교체의 의도를 분명히 드러내게 되자 오히려 역효과가 나타나기 시작했다. 공양왕은 이색 등을 주살하자는 대간의 건의를 받아들이지 않고 사면하고 있으며, 이후에도 정도전·남은 등 이성계파의 탄핵활동을 저지하고 대신에 정도전에 대한 탄핵은 받아들이는 등 이성계파의 입장과 일정하게 거리를 두고 있었다.[183] 이는 왕조교체를 추진하려는 이성계파의 의도를 공양왕이 파악하고 있었기 때문일 것이다.

한편 윤이·이초사건은 공양왕 옹립에 참여했던 인물들이 세력집단에서 이탈하여 독자적인 세력을 형성하는 계기가 되었다. 그 중심 인물은 정몽주였다. 공양왕 2년(1390) 8월, 사헌부와 형조가 윤이·이초의 당여를 치죄할 것을 요청했을 때 공양왕은 이를 도당에서 논의케 했는데, 정몽주는 "죄가 명백하지 않고, 또한 이미 사면을 받았기 때문에 다시 논죄할 수 없다"는 의견을 내어 반대 입장을 표명하였다.[184] 위화도회군에서 공양왕 옹립에 이르기까지 정도전 등과 함께 정치적 노선을 같이해 왔던 정몽주는 이성계파가 왕조교체를 가시화시켜 가자 고려왕조를 유지시키려는 세력집단의 중심인물로 활동하고 있는 것이다.

이처럼 왕조교체 문제는 신진사대부가 다시 내적분화를 이루는 또 한번의 계기가 되었다. 당시 정몽주와 입장을 같이하면서 조선건국에 반대했던 세력집단에는 權遇·許應·金瞻 등 세족출신과 이행·이첨·성석린 등 신진사대부가 상당수 포함되어 있었다.[185] 이들은 정몽주가 守門下侍中에 임명되는

183) 趙啓纘, 위의 글, 455~456쪽.
184) 《高麗史節要》 권 34, 공양왕 2년 8월.
185) 李亨雨, 앞의 글, 90~95쪽.

공양왕 2년말부터[186] 왕의 지원을 받으면서 정도전 등 조선건국 주도세력에 대해 대대적인 공세를 펴기 시작하였다. 먼저 이성계파로 활동하고 있던 윤소종·오사충·南在 등을 대간직에서 교체하거나 좌천시키고, 동왕 3년 9월에는 정도전과 趙胖을 유배보냈다. 이듬해 4월에는 마침내 이성계파의 핵심 인물들인 조준·정도전·윤소종·오사충·남은·남재·조박 등을 削奪官職, 유배, 국문케 하는 조치를 취하였다. 대신에 유배되었던 이색·이숭인·이종학을 소환하여 복권시켰다.[187] 조선건국을 주도하고 있던 급진적 신진사대부는 이처럼 위기상황을 맞고 있었던 것이다. 이성계파는 이러한 정치적 위기를 정몽주 암살이라는 비상수단을 동원하여 타개하였고, 곧 공양왕을 폐위하여 조선건국을 가시화시켰던 것이다.

이상에서 살핀 바와 같이 공민왕대부터 성장하고 있던 신진사대부는 위화도회군 후 전제개혁, 공양왕 옹립, 조선 건국과정에서 몇 차례에 걸쳐 내적으로 분화하고 있었다. 신진사대부의 내적 분화는 복잡한 양상을 보이고 있었다. 전제개혁에 급진적이었거나 공양왕 옹립에 동조했던 사람들이 모두 왕조교체를 지지한 것은 아니었다. 신진사대부의 한 사람이었던 이행은 조준 등과 함께 사전혁파를 강력히 주장한 바 있으나[188] 왕조교체에는 반대하는 입장이었으며, 정몽주·이첨·설장수도 공양왕 옹립에는 참여했으나 조선 건국과정에서 이성계파와 대립하고 있었다.[189] 성석린 역시 이성계와 함께 9공신에 포함되는 등 공양왕 옹립을 주도했으나 왕조교체에 반대함으로써 이색·

劉璟娥, 《鄭夢周의 政治活動硏究》(梨花女大 博士學位論文, 1996), 141~144쪽.

186) 《高麗史》 권 45, 世家 45, 공양왕 2년 11월 갑오.

187) 趙啓纘, 앞의 글, 457~461쪽.
李亨雨, 앞의 글, 90~94쪽.
홍영의, 앞의 글(1995), 76~77쪽.

188) 《高麗史》 권 78, 志 32, 食貨 1, 田制 祿科田.

189) 조선건국에 참여하지 않은 신진사대부의 정치노선과 사상경향에 대해서는 다음의 연구가 있다.
鄭求福, 〈雙梅堂 李詹의 역사서술〉(《東亞硏究》 17, 西江大, 1989).
李楠福, 〈騎牛子 李行연구－고려말·조선초 사대부의 거취에 대하여－〉(《東義史學》 6, 1991).
劉璟娥, 〈麗末鮮初 李詹의 정치활동과 사상〉(《國史館論叢》 55, 1994).
金貞子, 〈騎牛子 李行(1351~1432)의 생애와 학풍〉(《釜大史學》 19, 1995).

우현보의 당여로 지목되어 유배되었다.[190]

결국 사전개혁과 공양왕 옹립, 그리고 왕조교체를 추진하는 등 일관된 정치노선을 유지했던 대표적인 신진사대부로는 조선 개국공신이기도 했던 정도전·윤소종·남은·남재·오사충·조인옥 등으로 좁혀졌다. 이들은 위화도회군 후 역시 분화의 길을 걷고 있던 세족출신 사대부 가운데 조준·金士衡·鄭摠 등 정치노선을 같이하는 인물들과 연대하여 조선건국을 주도하였던 것이다. 조선건국에의 참여 여부는 물론 사상경향이나 정치적 지향의 차이에서 비롯된 것일 수는 있다. 그러나 그것은 신진사대부 내에서의 차별성에 지나지 않는 것이었다. 이른바 '杜門洞72賢'에 속하는 인물들의 면면에서 나타나고 있듯이,[191] 상당수의 신진사대부는 주자성리학적 사상경향과 현실 개혁적 성향의 소유자들이면서도 조선건국의 주도세력과는 다른 길을 선택했던 것이다. 그러므로 조선건국에 참여하지 않았다 해서 이들을 신진사대부층에서 제외할 수는 없을 것이다.

〈金光哲〉

3. 고려왕조의 멸망

고려왕조는 우왕 14년(1388) 5월, 요동원정군에 의한 군사반란, 즉 威化島回軍을 계기로 멸망하였다.[1] 그런데 반란을 주도한 李成桂와 그의 추종세력들에 의해 왕권이 탈취되어 조선왕조가 건국되기까지는 만 4년의 기간을 거쳐야 했다. 따라서 고려왕조의 멸망과정은 위화도회군 이후 이성계에 의한 권력장악 과정을 살펴보는 것이 그 순서라 하겠다.

그러나 이성계가 위화도회군을 단행하여 그것이 성공을 거둘 수 있었던

---

190) 《高麗史》 권 117, 列傳 30, 成石璘.
191) 金貞子, 〈소위 '杜門洞72賢'의 정치성향〉(《釜大史學》 15·16, 1992).

1) 韓永愚, 〈朝鮮建國의 政治·經濟基盤〉(《한국사》 9, 국사편찬위원회, 1973 ; 《朝鮮前期社會經濟史硏究》, 乙酉文化社, 1983).

배경인 우왕대의 정치형태를 살펴보는 작업 또한 필요하리라 여겨진다. 왜냐하면 비록 崔瑩에 의해 주도된 측면이 강하다 할지라도 遼東征伐은 엄연히 우왕의 승인하에 국초 태조 왕건에서부터 시작된 北進政策(고토회복)의 일환으로 단행된 것이었다. 그런데 일개 신흥무장 이성계가 이러한 國是를 무시한 채 회군을 단행하고, 그것이 여러 元帥들의 지지하에 최영이 이끄는 관군을 힘들이지 않고 무너뜨릴 수 있었던 것은 우왕대의 정치·경제적 상황이 이러한 반란적 행동을 제어하지 못할 정도로 병들어 있었다는 사실을 반증하는 것이기 때문이다.

고려왕조의 멸망 배경은 고려말의 정치·경제·군사적 측면의 변질과정과 이를 극복하기 위한 일련의 개혁이 실패한 데서 그 원인을 찾을 수 있을 것이다. 그러나 이미 이 책의 다른 항목에서 고려 후기에 나타난 정치·군사체제의 변질, 농장과 사전의 확대에 따른 수취체제의 문란상 등으로 더 이상 '世族' 중심의 고려사회를 지탱해 줄 수 없게 되었음을 밝히고 있으므로 여기서는 위화도회군을 가능케 한 우왕대 심화된 파행적인 정치상을 중심으로 살펴보기로 하겠다. 즉 이 시기 이성계 등의 조선 건국세력이 어떠한 과정을 거쳐 정치의 중심에 대두하였으며, 나아가 그들의 군사반란이 성공을 거둘 수 있었는 지를 살펴보는 것으로 고려왕조의 멸망 배경에 대신하고자 한다.

1) 고려왕조 멸망의 배경

(1) 이인임 정권의 한계와 무장세력의 대두

공민왕 23년(1374) 반원개혁정치를 지속해 왔던 공민왕의 뜻하지 않은 죽음은 고려말 정국을 매우 혼란스럽게 하였다. 더구나 어린 우왕을 옹립하는 데 결정적인 역할로 실권을 장악한 李仁任은 정치개혁보다는 권력 유지를 위한 파행적인 族黨政治[2]를 운영함으로써 고려사회의 정치·경제적 모순을 심화시켜 갔다.[3] 게다가 이 시기는 100여 년간 고려정치를 간섭해 왔던 元

2) 盧明鎬, 〈高麗後期의 族黨政治〉(《李載龔博士還曆紀念 韓國史學論叢》, 한울, 1990).

3) 우왕대 정치세력의 추이에 대하여는 다음의 연구가 있으며 이 글을 작성하는 데 이들을 주로 참고하였다.

나라가 쇠망해 가고 대신 明에 의해 대륙의 패권이 재편되는 시기여서 외교 노선을 둘러싼 親元派와 親明派라는 권력내부의 대립이 심화되었다. 이와 같은 정치적 불안에 설상가상 왜구의 창궐이 그 유래를 볼 수 없을 정도로 극심해져[4] 전 국토를 황폐화시키며 민생을 도탄에 빠뜨리고, 국가재정의 고갈을 부추겨 고려왕조의 위기를 재촉하였다.

이인임은 공민왕초에 문음으로 출사하여,[5] 홍건적침입 때 西京存撫使로 활약하였으며, 여러 차례 戰功을 쌓아 공민왕 14년(1365)에는 贊成事에 올랐다. 辛旽집권기에 많은 권신과 무장세력들이 숙청된 것에 비해 이인임은 신돈집권기에는 守侍中으로, 그가 제거된 이후에는 侍中으로 계속 권력을 유지하였다. 더구나 공민왕의 후사 결정에 明德太后조차 종실 가운데 한 사람으로 왕위를 계승시키려 한 것을 막고 우왕을 옹립하였으니 이로써 이인임은 명실상부한 실권자로서 정국을 주도해 갔다.[6] 그는 우선 공민왕 때 신돈의 집권으로 정권에서 소외되었던 최영·慶復興·池奫 등의 무장세력을 정계에 복귀시켜 그들의 협조를 받아 국내 집권기반을 다지고자 하였다. 그리고 새로이 우왕이 등극한 사실을 명나라에 알림으로써 우왕 즉위의 정당성을 확보하려 하였다.

우왕 즉위년(1374) 11월, 전왕의 諡號와 신왕의 承襲을 요청하기 위하여 전공판서 閔伯萱을 명에 파견하였다. 그런데 마침 귀국 중에 있던 明使 蔡斌이 호송관에 의해 살해되는 사건이 발생함으로써[7] 양국관계는 경색되지 않을 수 없게

朴天植, 〈高麗 禑王代의 政治權力의 性格과 그 推移〉(《全北史學》 4, 1980).
高惠玲, 〈李仁任 政權에 대한 一考察〉(《歷史學報》 91, 1981).
姜芝嫣, 《高麗 禑王代(1374년~88년) 政治勢力의 硏究》(梨花女大 博士學位論文, 1996).

4) 우왕대 왜구 창궐에 대하여는 羅鍾宇, 《韓國中世對日交涉史硏究》(圓光大 出版局, 1995) 참조.

5) 星州李氏 이인임의 가문에 대하여는 일반적으로 權門世族으로 이해하고 있으나 그의 가계분석을 통해 조부 李兆年代에 이르러 비로소 중앙관계에 진출한 향리층이므로 이인임의 성격 역시 신진사대부 계열, 보다 정확히 말하면 구세력과 신진사대부 개혁세력의 과도기적 인물로 평가된 바 있다(高惠玲, 앞의 글).

6) 《高麗史》 권 133, 列傳 46, 신우 즉위년 9월·권 126, 列傳 39, 姦臣 2, 李仁任.

7) 明使 蔡斌은 부사 林密과 함께 공민왕 23년 4월 濟州馬 2천필을 징구하기 위해 고려에 파견된 사신인데 난폭한 행동으로 시중 廉悌臣 이하 많은 관료들을 능욕하여 원성을 일으킨 바 있다. 더구나 그의 귀국길을 책임진 호송관 金義를

되었다. 한편 채빈을 살해하고 북원으로 도망간 호송관 金義를 통해 공민왕의 시해소식을 들은 원 황제는 瀋王 暠의 손자인 脫脫不花를 고려왕에 임명하였다.

우왕 옹립의 공으로 이제 막 실권을 쥔 이인임에게 부닥친 명사살해사건과 원에 의한 탈탈불화의 고려왕 임명은 외교적인 난제가 아닐 수 없었다. 그리하여 이인임은 元·明 양국 모두에게 사대를 취하는 이중외교정책[8]을 채택함으로써 양국을 견제하면서 우왕의 왕위계승을 정당화시켜 자신의 집권기반의 안정을 꾀하고자 하였다. 이에 같은 해 12월 판밀직사사 金湑를 북원에 보내 전왕의 부음을 전함으로써 5년 만에 원과의 외교관계를 재개하였다. 그러면서도 한편으로는 공민왕대 이래 친명정책을 추진해 왔던 신진사대부들의 압력에 못 이겨 판종부시사 崔源을 명에 파견하여 명사살해사건의 전말과 조공 재개의 뜻을 전하게 하였다. 하지만 이러한 양면외교는 대내적으로 친원·친명파의 대립이라는 지배층의 분열을 심화시켰다.

즉 告訃使 김서 파견에 대한 답례로 북원에서 사신을 파견하자 북원사신의 입조에 대한 친명파의 반대가 만만치 않았다. 전교령 朴尙衷·대언 林樸 등 신진사대부들은 친명정책을 추진해 왔던 先王의 유지에 반대된다는 것과 이를 빌미로 한 대국 명나라의 침입 가능성을 들어 원사의 입국을 적극 반대한 것이다. 중론이 이러하니 이인임 역시 이를 무시하지 못하고 원사를 江界에서 되돌려 보내야 했다.[9]

이후에도 집정권신과 신진사대부 사이에는 대원외교정책을 둘러싸고 번번이 대립하였다.[10] 하지만 대외정책을 둘러싼 신진사대부들의 적극적인 제동은 이인임 자신의 집권안정에 방해요인이 된다는 것이 분명한 일이었으므로 이인임은 그들의 요구에 끌려 다니기보다는 이들을 제거하는 쪽을 택하였다. 더욱이 이들은 공민왕 16년(1367) 이래 國學中興과 親明改革政治를 통해 성장하여 이제는 정계의 중진으로 자리잡고 있었으므로 이들의 영향력이 더욱

여러 차례 모욕하더니, 같은 해(우왕 즉위년) 11월 압록강 開州站에서 김의에 의해 살해되었다. 이에 대한 자세한 내용은 金成俊, 〈고려말의 정국과 원·명관계〉(《한국사》 권 20, 국사편찬위원회, 1994), 370~372쪽 참조.

8) 金成俊, 위의 글, 373쪽.

9) 《高麗史》 권 126, 列傳 39, 姦臣 2, 李仁任.

10) 高惠玲, 앞의 글, 21~25쪽 참조.

확대되기 전에 그 근원을 끊어버릴 필요가 있었다. 이에 이임인은 우왕 원년(1375) 6월 우헌납 李詹과 좌정언 全伯英이 친원정책을 선두지휘하고 있는 자신과 池奫을 명사살해 등 4罪로써 처벌해야 한다는 請誅上疏를 올리자 田祿生·朴尙衷 등 사대부들을 대거 숙청하였다.[11] 뿐만 아니라 이인임은 자신의 당여인 지윤·林堅味 등과 함께 그들의 집권을 강화시키기 위하여 명망있는 대신조차도 과감히 도태시켰다.[12]

3월에 金續命을 文義縣에 귀양보냈다. 속명은 태후의 인척으로서 궁중의 일을 맡아보면서 청렴 정직하며 말을 바로 하니 사람들이 모두 두려워하고 꺼렸다. 일찍이 병으로 집에 있었는데 慶復興·李仁任·池奫이 문병하러 왔다. 김속명이 말하기를 '옛 제도에 兩府의 省은 5직이고 樞는 7직인데, 이제 하루 동안에 제수하는 재추가 59명이나 되니 공론을 어찌하려는가'라고 하였다. 경복홍이 말하기를 '부득이하여 그리한 것이다'라고 하였다. 속명이 말하기를 '지금의 재추는 녹만 먹고 자리만 차지하고 있으니 나처럼 마음이 바르지 못한 자가 없다' 하였다. 이인임이 말하기를 '공의 마음이 바르지 않다면 누가 바르겠는가'하니 속명은 '내가 都堂에서 伴食하면서 무릇 안건에 서명할 때에 마음으로 그르게 여기면서 입으로는 옳다하니 마음이 바르지 못하기가 누가 나와 같겠는가' 하였다. 복홍 등이 모두 말이 없었다. 지윤과 이인임이 깊이 감정을 품고 몰래 중상하기를 꾀하였으나 틈을 얻지 못하였는데, 이 때에 와서 司議 許時와 金濤 등을 사주하여 탄핵하기를, … 글을 두 번 올리니 태후가 힘써 구하여 귀양만 보냈다. … 이 때 사람들이 아깝다고 여겼다(《高麗史節要》 권 30, 신우 2년 3월).

김속명은 世族 光山金氏 中贊 金之淑의 손자로 門蔭을 통하여 입사하였지만 청렴결백한 성품으로 權貴에 아첨하지 않고 왕에게도 直言을 서슴지 않

11) 이들에 대한 숙청은 웅양상호군 禹仁烈과 친종호군 韓理의 주청을 계기로 시작되어 李詹·全伯英·方旬·閔中行·朴尙眞 등이 杖流되고, 정당문학 田祿生과 朴尙衷은 유배 도중 고문독으로 죽었다. 鄭夢周·金九容·李崇仁·林孝先·廉興邦·廉廷秀·朴形·鄭思道·李成林·尹虎·崔乙義·趙文信 등은 이인임을 해치려하였다고 하여 유배되었다(《高麗史節要》 권 30, 신우 원년 7월). 이들 외에도 元使접대를 반대한 鄭道傳과 북원에 보내는 연명서에 반대한 林樸 역시 탄핵받아 유배되어 있었다(《高麗史節要》 권 30, 신우 원년 5월·6월).

12) 《高麗史》 권 126, 列傳 39, 姦臣 2, 李仁任.
《高麗史節要》 권 30, 신우 2년 12월.

는 관리였다. 공민왕 10년(1361) 홍건적의 난 때 왕을 호종한 공로로 2등공신에 봉해지고, 공민왕 말년에는 慶尙道都巡問使로서 鎭海縣에 침입한 왜구를 토벌한 공로로 端誠揆義輔理功臣이 되었다. 신우초에 三司右使로서 국정을 맡았지만 김속명은 정방제조로서 인사권을 남용하고 있는 이인임과 지윤 등의 파행적인 정치운영을 보고서도 어쩌지도 못하고 있는 자신의 행동을 한탄하면서 간접적으로 그들을 비난하였기 때문에 우왕초에 바로 제거되었던 것이다.

위 사료에도 지적되어 있듯 이인임 정권에서는 12직에 국한된 재추의 자리에 59명이나 뽑아 관직체계를 어지럽히고, 뇌물의 다소와 친소에 따라 관리를 뽑아 대간·장수·수령의 직에도 모두 그의 당여를 배치하였다. 이러한 파행성은 관리임명에만 그치는 것이 아니었다. 권력을 빙자한 뇌물수수와 불법적인 토지탈점 등 끝이 없었다. 國庫에는 10일의 저축도 없었지만 賣官·賣獄으로 이인임의 저택에는 金帛이 넘쳐 있었고, 田園과 奴婢가 전국 여러 도에 걸쳐 있었다고 한다.[13] 이인임을 비롯한 집권중신들의 이러한 토지탈점이 민의 유망과 납세자의 감소에 따른 국가 재정의 파탄을 가져오게 한다는 사실은 두말할 필요가 없다.

한편 우왕 즉위초 권력의 중앙에는 이인임을 중심으로 한 족당세력 외에도 무장세력들이 일정한 지분을 차지하고 있었다. 이들은 공민왕대 홍건적과 왜구의 침입 및 덕흥군의 침입, 그리고 조일신의 난, 홍왕사의 변 등과 같은 국내 반란세력을 평정하면서 대두하여 중앙정계에 비중을 차지하게 되었지만 공민왕 14년말 신돈집권으로 숙청되었다가,[14] 이인임의 집권으로 정치 일선에 재등장하였다. 특히 공민왕 시해 후 정국수습과 심각해진 왜구 창궐로 그들의 역할이 두드러졌고, 添設職 제수로 인한 군공관료군의 지지기반이 강화됨으로써[15] 정치적 실권 또한 강화되어 갔다. 북원과의 외교에 반대한 사대부들의 숙청에도 옹양군상호군 禹仁烈과 친종호군 韓理 등이 탄핵을 발의

13) 《高麗史》 권 126, 列傳 39, 姦臣 2, 林堅味.
14) 《高麗史》 권 41, 世家 41, 공민왕 14년 5월·6월 기사 참조.
15) 鄭祉熙, 〈高麗末 新興武人勢力의 成長과 添設職의 設置〉(《李載龒博士還曆紀念韓國史論叢》, 한울, 1990).

하였고, 최영과 지윤 등의 무장세력이 그들의 국문을 맡아 처벌한 사실에서 확인되듯[16] 우왕 집권초 파행적인 정치운영에도 불구하고 이인임정권이 장기화될 수 있었던 것은 이들 군사력을 갖춘 무장세력의 협조가 있었기 때문에 가능하였다고 하겠다.

요컨대 우왕대 전반 권력 구조의 핵심은 수시중 이인임과 판삼사사 최영 아래, 경복흥·李希泌·尹桓·洪永通·洪仲宣·李成林·權仲和 등의 권문세족과 지윤·임견미·曺敏修·睦仁吉·王安德·邊安烈·都吉敷·禹仁烈 등 무장세력으로 이루어져 있었다.[17] 그러나 적어도 우왕대 전반 비록 군통수권을 판삼사사인 崔瑩이 장악하고 있었다 할지라도 최영은 여전히 중앙 권력의 핵심에서는 배제되었다고 보여진다. 최영의 부각은 바로 이인임 족당세력 내부의 연이은 정치적 갈등의 산물로 보여지기 때문이다.

(2) 이인임 정권 내부의 갈등과 최영의 집권

이인임 정권의 내분은 우왕 3년(1377)부터 표면화되기 시작하였다. 물론 우왕 3년 고려 조정은 윤환·경복흥·최영·목인길·임견미·조민수·이희필·권중화·朴普老·李寶林·李穡 등의 宰臣과 韓邦彦·우인열·沈德符·이임·도길부·金用輝·安宗源·朴林宗·禹玄寶 등의 樞密이[18] 이인임에 편당하거나 비호 속에서 현달할 수 있었으며, 역으로 이들 추종 내지 협력세력의 구축으로 이인임 정권 또한 안정을 누릴 수 있었다. 그러나 우왕 2년 9월 "이때 경복흥·이인임·지윤이 정방제조로 있었는데 지윤과 이인임이 권세를 마음대로 하여 종군도 하지 않고 벼슬을 얻는 자가 대단히 많았다. 경복흥은 청렴결백하고 스스로를 지켜 어진 사람을 천거하고자 하였으나 견제를 받아서 실행하지 못하였다"[19]는 예처럼 시중의 지위에 있던 경복흥 조차 관리의 선발에 그 영향력을 발휘할 수 없을 정도로 이인임 일파에 의한 정국 독주는 계속되었다. 그리하여 그 동안 정치에서 소외되어 왔던 우왕은 자신의 嬖幸을

---

16) 주 11) 참조.
17) 이들은 우왕 원년부터 8년 사이에 재추를 지낸 자들이다. 이에 대한 자세한 설명은 姜芝嫣, 앞의 책, 23~24쪽 참조.
18) 朴天植, 앞의 글, 20~23쪽 〈표 2〉·〈표 3〉 참조.
19) 《高麗史節要》 권 30, 신우 2년 9월.

늘리는 한편, 이인임 족당세력 가운데 일부를 흡수하여 자신의 정치적 입지를 되찾으려 하기도 하였다. 이것은 결국 족당세력 내부의 갈등을 야기시켜 갔다.

이러한 동조세력 내부의 권력투쟁은 우왕 3년 지윤일파, 우왕 5년(1379) 楊伯淵일파, 우왕의 유모 張氏일파, 그리고 이듬해 우왕 6년 경복흥의 제거와 같은 일련의 정치적 숙청으로 나타났다. 그런데 이와 같은 일련의 족당세력 내부의 정치숙청에 무장세력이 적극 동원됨으로써 그들의 정치적 비중은 점차 커져 갔으며, 더구나 우왕대 극심해진 왜구창궐은 무장세력의 권한을 점차 확고히 해주었다.

먼저 우왕 3년 2월 이인임 집 대문에 붙은 익명서를 계기로 일어난 지윤일파 숙청과정을 살펴보기로 하자.

> 池奫의 문객 金允升 등 7, 8명이 門下舍人 鄭穆을 사주하여 이인임을 탄핵해서 내쫓고 지윤을 시중으로 삼으려 한다. 사태가 긴급하니 속히 대처하라(《高麗史》 권 125, 列傳 38, 姦臣 1, 池奫).

위 사료는 지윤이 제거되는 단서를 연 익명서의 내용이다. 이에 대하여 이인임은 겉으로는 두 사람 사이를 이간질하려는 자의 소행이라고 둘러댔지만 평소부터 비대해진 지윤의 권력을 제거하기 위해 기회를 노렸던 것으로 보여진다.[20]

원래 지윤은 사졸출신으로 여러 차례 종군하여 군공을 쌓아 관계에 진출한 인물이다. 공민왕 23년(1374) 7월 탐라토벌전에 참여하고, 이듬해 우왕 원년에는 심왕파 내침에 대비하여 서북면도원수로서 국경수비를 담당하는 등 무장으로서 뚜렷한 역할을 하며 자연스럽게 우왕초 이인임 정권에 합류하였다. 이미 지적한 바 있듯이 그는 이인임과 함께 정방제조로서 관리임명을 함부로 하였으며, 그들의 비행을 지적한 원로대신 김속명을 제거하는 데 중추적 역할을 하는 등 이인임의 충실한 당여가 되었다. 요컨대 지윤은 여느 무장세력과 마찬가지로 우왕 즉위 초 어수선한 정국 수습에 일조한 무장세력으로서 중앙정계에 대두되었고, 이인임의 충실한 당여로서 밀착하였기 때문

20) 《高麗史》 권 125, 列傳 38, 姦臣 1, 池奫.

에 권력을 유지, 신장해 갔다고 할 수 있다.

그러나 지윤은 이인임의 당여로 만족하지 않고, 비록 상징적인 존재에 불과한 왕이지만, 우왕의 측근세력 특히 유모 장씨와 어느 정도 친분을 유지하며 자신의 권력을 키워갔던 것으로 보인다. 그리하여 執義 金承得과 지신사 金允升, 판전교시사 李悅, 좌상시 華之元 등을 그 우익으로 삼아 자신의 정치기반을 다졌다. 뿐만 아니라 이인임이나 경복흥과의 사전 협의도 없이 사대부의 중진 임박을 죽일 수 있을 정도로 그의 권력은 이인임의 비호아래 행사되는 것이 아니라 독자적으로 행사할 수 있게 되었다. 나아가 이제는 이인임과도 대결할 수 있을 정도가 되었다. 즉 全州에 침입한 왜구를 토벌하기 위한 元帥를 선발하는데 都堂에서 지윤의 아들 池益謙을 보내기로 결정하자 이에 불만을 품고 최영 및 이인임과 크게 다투기까지 하였다.

따라서 위의 익명서 사건은 "우리 둘 사이를 이간질하려는 자의 소행이라"고 돌리기보다는 양자 사이의 정치적 내분을 그대로 드러낸 것이라 할 수 있다. 급기야 수세에 몰린 지윤은 그의 당여 20여 명을 무장시켜 이인임과의 정면 대결을 하였던 바, 이에 이인임은 다른 무장세력 즉 경복흥과 최영의 협조를 얻어 지윤일파에 대한 숙청작업을 단행하였다.

당시 지윤 당여로 지목되어 처형된 사람은 지윤의 아들 지익겸, 판전교시사 이열, 좌상시 화지원, 우부대언 김승득, 지신사 김윤승, 대간 韓略, 내부령 金賞, 판사 高如意, 판서 崔奕成, 전객령 黃淑眞·金履·金密·秦金剛 등 26명이었다.[21]

요컨대 우왕 3년의 지윤일파 숙청사건은 이인임의 당여로서 권력을 키워왔던 지윤이 우왕의 권위에 기대어 이인임의 정국 독주에 제동을 건 사건이었으나 이인임과 최영의 연합세력에 의해 제거되어 실패로 끝났다고 할 수 있다.

하지만 이인임 정권에 대한 반발은 여기에서 그치지 않았다. 우왕 5년의 陽伯淵·洪仲宣사건과 유모 장씨사건은 이인임의 권력 독점에 따른 결과로 정치권력에서 소외당하고 있던 세력들간의 편당적 대립이 노출된 사건이었다. 먼저 우왕 5년 7월에 일어난 楊伯淵事件은 양백연이 시중 경복흥과 이인

21) 《高麗史》 권 125, 列傳 38, 姦臣 1, 池奫.
高惠玲, 앞의 글, 30~31쪽.

임을 제거하고 스스로 수상이 되려고 한다는 상호군 全天吉의 고발에 따라 최영의 주도하에 洪仲宣·金濤·成石璘 등 고위 관직자들 21명이 그의 당여로 지목되어 중앙 정계에서 폄출되거나 처형된 사건이다.[22]

양백연은 공민왕대 홍왕사란의 평정과 이성계를 따라 東寧府 수복에 참여하여 무공을 세움으로써 입신하고, 우왕대 초반 수차의 왜구정벌에 공을 세워 문하평리로서 정방제조가 되는 등 정치적으로 부상한 인물이다. 특히 우왕 5년(1379) 경상도 진주에 침입한 왜구를 물리치고 개선한 것을 계기로 우왕의 신망을 얻었으나 이러한 양백연의 부상은 이인임과의 대립을 야기시켰다. 이 사건 역시 지윤의 경우와 마찬가지로 무장세력 양백연이 무공으로 요직을 차지하고 정적을 만들어 제거된 경우이다. 그런데 최영이 이 사건을 처리함에 있어 형벌을 과도하게 했다는 비난을 받을 정도로 최영의 주도로 대규모 숙청으로 귀결된 사건이기도 했다.

우왕 5년 9월 유모 장씨사건은 정당문학 許完과 동지밀직 尹邦晏 등이 내재추 林堅味와 都吉敷의 전횡에 반발하여 이들을 제거하려고 하자, 이를 집권세력에 대한 도전으로 받아들인 이인임·경복흥·최영이 국론의 형식을 빌려 그 당여를 숙청한 사건이다. 더구나 이 사건은 주모자로 유모 장씨가 연루되어 있다는 사실에서 볼 때 우왕이 자신의 정치적 기반을 구축하기 위한 자구책으로서 장씨로 상징되는 측근세력에 의지해 불안정한 왕권의 회복을 꾀하는 과정에서 파생된 사건으로 보기도 한다. 그런데 이 사건 역시 이인임 등 집권세력의 반발에 부딪혀 실패로 돌아갔다는 점에서 우왕의 한계가 재확인된 사건이며, 그나마 즉위 초반에 보였던 우왕의 국정 운영에 대한 의욕이 이 사건 이후로는 사라지고 방탕한 모습을 보이기 시작한다는 점에서 주목되는 사건이기도 하다.[23]

이상이 이인임의 당여로서 집정권신으로 속하였던 무장세력들에 대한 숙청이었다면 우왕 6년 3월의 慶復興 제거사건은 이인임정권의 다른 측면을 보여주는 사건이다.

---

22) 《高麗史節要》 권 31, 신우 5년 7월.
《高麗史》 권 114, 列傳 27, 楊伯淵.

23) 姜芝嫣, 앞의 책, 39쪽.

경복흥은 성격이 청렴하고 정직하며 위민의식이 투철한 관리로 이인임 정권에 참여한 집정권신 가운데 비교적 좋은 평가를 받고 있던 인물이다. 공민왕의 모친인 明德太后와 인척인 경복흥은 원래 이인임과 달리 우왕을 옹립하려는 세력도 아니었으며, 이인임·임견미·지윤 등이 정방제조로서 인사권을 남용할 때에도 비판적이었다. 그럼에도 그가 지금까지 정권을 유지한 것은 명덕태후의 비호가 있어 가능하였던 것으로 보인다. 따라서 우왕 6년 정월 명덕태후가 사망하자 이인임과 임견미의 주청에 의해 경복흥이 제거된 것은 당연한 순서라 하겠다. 그와 함께 귀양에 처해진 사람은 문하평리 薛師德, 밀직부사 表德麟, 판사 鄭龍壽·裵吉·李乙卿·王伯, 상호군 薛懷, 총랑 薛群·薛拳, 중랑장 羅興俊 등 11인이다.24) 이들 숙청에 앞서 이인임은 그와 대립하였던 무장세력 睦仁吉도 유배시켰다.

이처럼 이인임은 최영의 지원아래 그의 당여라 할지라도 그의 정책에 반기를 들거나, 비판적이었던 인물에 대하여는 가차없이 숙청을 가함으로써 권력의 독주를 확고히 할 수 있었으며 아울러 인사행정의 전횡과 공무를 빙자한 전민의 탈점을 광범위하게 자행하며 정치질서의 혼란을 가중시켰다.25)

요컨대 우왕대 전반기는 이인임의 권력 독점현상이 만연되면서 이로 말미암아 각 정치세력간의 대립과 반목이 심하였다. 우왕 2년 대원관계를 둘러싼 신진사대부 일파에 대한 숙청이 반대세력에 대한 숙청이라면, 우왕 3년의 지윤 사건, 5년 양백연·홍중선일파 숙청사건, 왕의 유모 장씨사건과 6년의 경복흥 제거사건 등은 이인임의 정국 독주에 반발한 이인임 일파의 내부 분열을 보여주는 예이다. 그런데 이인임은 자신의 정국 주도에 반발한 세력들을 순차적으로 제거함으로써 정국의 주도권을 장악하였지만 권력의 공동화 현상을 유발시켰으며, 숙청과정에서 무장적 기반을 갖고 있지 않은 이인임을 대신하여 숙청을 주도한 최영과 임견미의 세력 강화는 당연한 결과라 하겠다.

임견미는 공민왕 때 于達赤[우달치]에 소속되어 왕의 측근에서 활동하게 되면서 중앙의 정치무대에 등장하였다. 공민왕 10년(1361)에는 제2차 홍건적의 대규모 침입을 받아 왕이 남행하였을 때 호종하여 무공을 세움으로써 홍건적평정

---

24) 《高麗史》 권 111, 列傳 24, 慶復興.
25) 《高麗史》 권 126, 列傳 39, 姦臣 2, 李仁任.

후 1등공신에 책봉되고, 이어 동왕 12년 4월 흥왕사의 변을 일으킨 金鏞을 국문하는 일을 맡아 그 사후 수습을 맡음으로써 정치적 영향력을 증대시켰다. 이후에도 임견미는 같은 해 5월 德興君의 내침에 대항하고, 공민왕 19년(1370)에는 최영과 함께 탐라의 반란세력을 진압하는 데 참여하기도 하였다. 이처럼 임견미는 공민왕대 연이어 일어난 내우외환에 적극 참여하여 무공을 세움으로써 자신의 정치적 기반을 다져간 전형적인 무장세력의 하나라고 할 수 있다.

공민왕 시해 후에는 이인임 정권을 지원하며 권력기반을 다져나갔다. 우왕 원년(1375) 8월에 무장으로서 瀋王의 내침에 대비하였고, 왜구정벌에 빈번히 참전하여 우왕 3년 8월에는 문하평리로 발탁되어 이인임·지윤과 함께 인사행정을 장악하기에 이르렀다.[26] 나아가 지윤일파의 숙청에서 시작된 일련의 정권투쟁은 이인임 족당세력 내에서의 임견미의 위치를 한층 더 부각시켜 주는 계기가 되었다.

더구나 우왕 8년 정월에 일어난 익명서 사건은 임견미의 숙청을 가져온 것이 아니라 오히려 임견미에 의해 그 발설자가 처벌되었다는 점에서 임견미의 세력 기반의 강고성을 확인할 수 있다. 이 사건의 발단은 曹敏修·임견미·廉興邦·都吉敷·文達漢 등이 이인임과 최영을 제거하고 定昌君 瑤를 왕으로 옹립하기로 모의한다는 투서가 이인임의 사위 집에 던져진 것이었는데, 오히려 임견미가 그 말을 전한 金克恭을 고문하여 모의사실을 뒤집어 씌어 사건을 종결지었다.[27] 이처럼 우왕 8년의 익명서 사건은 임견미의 기민한 대응으로 정치적 파장을 일으키지 않았지만 이 사건을 통해 당시 권력구조에 일정한 변화가 마련되어 있었음을 짐작케 한다.

즉 이인임과 최영을 제거하고 실권을 장악하려고 한다는 모반의 주동자로 실제 임견미와 친당을 형성하여 권력을 누린 도길부·염흥방이 거론되고 있다는 사실은 집권세력 내부의 변화를 반증하는 것이다. 급기야 우왕 8년 8월 한양천도를 전후하여는 이인임이 정계 일선에서 물러나고 임견미가 그 뒤를 이어 모든 권력을 독점하기에 이르렀다.[28]

---

26) 《高麗史》 권 126, 列傳 39, 姦臣 2, 林堅味.
27) 《高麗史節要》 권 31, 신우 8년 정월.
《高麗史》 권 113, 列傳 26, 崔瑩.

한편 우왕 5년을 전후로 한 임견미의 부상과 마찬가지로 최영의 영향력 또한 상승하고 있었다. 고려 전기이래 문벌 鐵原崔氏家 최영은 우달치로서 왕의 숙위를 맡아 주목되기 시작하여 공민왕 원년 護軍으로 趙日新의 난을 진압하고, 공민왕 3년에는 助元兵으로 원에 파병되기도 하였다.[29] 이후 홍건적의 침입, 金鏞의 난, 德興君·崔濡의 난 등을 선두에서 지휘하여 물리치며 탁월한 군사활동을 통해 순조로운 출세를 거듭하였다. 공민왕 12년에는 문하평리로 시중 柳濯보다 더 강력한 권한을 행사하는 등 동왕 14년 신돈에 의해 숙청되기 전까지를 '최영집권기'로 표현될 수 있을 정도가 되었다. 물론 이러한 그의 정권 장악은 문무겸전의 탁월한 능력 때문이기도 하지만 특히 그가 거느리고 있는 정예의 군사력에 기인한다고 보는 것이 순리라 하겠다.[30]

신돈 실각 후 다시 복귀한 그는 왕 시해 후 정국 안정과 계속되는 왜구의 격퇴과정에서 혁혁한 무공을 세워 군사적으로나 정치적으로 그 비중을 높여 왔다. 우왕 원년 判三司事로 임명된 최영은 이인임의 집권체제 확립에 협조함으로써 권력을 유지해 왔는데, 우왕 3년 지윤일파의 숙청과 5년의 양백연 사건, 유모 장씨일파 폄출에 일익을 담당한 사실에서 확인할 수 있다. 특히 유모 장씨사건에서 최영이 유모 장씨의 축출을 종용하자 이에 우왕이 "내가 임금으로서 유모 하나를 구하지 못하겠는가"라고 하여 장씨의 구명을 위해 애를 썼지만 결국 그 뜻을 이루지 못하였고, 이 사건 종료 후 문하평리 金庾가 최영의 태도가 신하로서 참월하였다는 점을 지적하였다가 오히려 최영의 미움을 받아 유배된 사실에서 우왕 5년에 최영의 발언권 내지 권력기반이 확고해져 있음을 추측할 수 있다.[31]

이상 임견미와 최영의 경우를 통해 알 수 있듯이 공민왕대 우달치로 궁중숙위를 맡아 왕의 측근에서 활동하고, 잦은 내우외환에 참전하여 무공을 쌓아 정치 일선에 부각된 임견미와 최영을 통해 무장세력의 대두와 성장을 확인할 수 있었다. 이들은 연이은 정치 숙청에서도 살아남아 우왕 8년 이후로는 이인임을

---

28) 우왕 8년 이후 우왕대 정치성격에 대하여 高惠玲, 앞의 글에서는 '이인임 정권 第2期'로, 姜芝嫣, 앞의 책에서는 '임견미 정권기'로 규정짓고 있다.

29) 《高麗史》 권 113, 列傳 26, 崔瑩.

30) 柳昌圭, 〈高麗末 崔瑩 勢力의 형성과 遼東攻略〉(《歷史學報》 143, 1994).

31) 《高麗史》 권 113, 列傳 26, 崔瑩.

의존하지 않고서도 독자적으로 권력을 유지할 수 있게 되었다.

그런데 우왕 8년(1382) 8월 한양천도를 전후하여 이인임이 정치 일선에서 물러나고 대신 임견미가 모든 권력을 독점하게 되어서는[32] 최영은 임견미 세력을 적극 지원하고 있지 않은 듯하다. 오히려 여러 재상들의 전민탈점에 대한 폐단을 시정할 것을 강력히 촉구하는 등 비판적 입장을 취하고 있었다.[33]

우왕 8년 이후 새로운 실력자로 부상한 임견미는 왕명조차 무시할 정도로[34] 교만 방자하였으며, 이인임 집권기 모든 인사행정이 이인임과 그의 당여에 의해 독점되었듯이 이 시기의 관리임명권 역시 임견미 일파, 즉 廉興邦·都吉敷·禹玄寶·李存性 등에 의해 장악되었다. 때문에 우왕초 임견미와 함께 內宰樞로서 국정을 관장하면서 이인임 집권에 기여해 왔던 洪永通과 曹敏修마저 시중의 자리에 있었으면서도 그의 실권에 눌리어 실질적으로 아무런 권한을 행사할 수가 없게 되었다.[35]

이러한 양상은 이인임 집권기부터 시작된 일부 집정권신에 의한 정국주도가 임견미 집권기에 이르러 더욱 그 당여에게 국한되어 있음을 의미하며, 정치권력의 파행성이 극에 달하여 있음을 보여주는 것이다. 특히 임견미와 염흥방은 당시 관행으로 행해지던 문서 위조에 의한 토지탈점뿐 아니라, '水精木公文'이라 하여 자신의 노비를 풀어 수정목을 가지고 토지소유자를 협박하여 그 토지를 빼앗는 방법으로 산천을 경계로 할 정도의 대규모 농장을 소유하였다. 이러한 정치질서의 혼란과 전제문란에 대하여 비록 실권 없는 왕이라 할지라도 수수방관만 할 수는 없었다.

우왕 10년 9월 왕은 임견미를 파면하고 대신 이성림을 수시중으로 앉혔다. 하지만 배후 세력이 없는 우왕에게는 역부족이었는지 임견미는 두달 만에 다시 시중의 자리에 복귀하였다. 이에 왕은 또다른 무장세력인 최영에 의지

---

32) 李仁任이 정치일선에서 물러나게 된 계기에 대하여는 정확히 알 수 없지만 우왕 7년과 8년 연이어 사직을 청한 사실은 그의 정치권력에 이상이 있음을 반영하는 것이며, 아마도 우왕대 전반 일련의 정치숙청에서 그에 동조했던 무장세력이 이제 독자적 권력을 유지할 정도로 성장한 데에 따른 결과로 보기도 한다(姜芝嫣, 앞의 책).

33) 《高麗史》 권 113, 列傳 26, 崔瑩.

34) 《高麗史》 권 126, 列傳 39, 姦臣 2, 林堅味.

35) 《高麗史節要》 권 32, 신우 9년 3월.

해 임견미를 제거하려 하였다.[36] 우왕 12년 8월 왕은 임견미를 파면한 데 이어 이듬해 6월에 측근 潘福海의 아버지 潘益淳을 발탁하여 우시중에 임명하고, 임견미를 포함한 권신들에 의해 침탈된 田民의 변정을 단행하였다. 이처럼 우왕이 임견미의 권력독점에 제동을 걸기 시작하였을 때 임견미의 당여인 염흥방의 家奴 李光이 주인의 권세를 믿고 趙胖의 토지를 불법적으로 빼앗은 일이 발생하였다.

① 전밀직부사 趙胖이 廉興邦의 집 종 李光을 白州에서 베었다. 처음에 이광이 조반의 토지를 빼앗았다. 胖이 흥방에게 애걸하여, 흥방이 이를 돌려주었으나 光이 또 그 밭을 빼앗고 능욕하였다. 반이 광에게 가서 애걸하니 광이 더욱 포학을 부렸다. 반이 분함을 견디지 못하여 數十騎로 광을 포위하여 베고 그 집을 불지르고 서울로 달려 들어와 장차 흥방에게 고하려 하였다. 흥방이 듣고 크게 노하여 반이 반란을 꾀한다고 무고하고 순군을 시켜 반의 어머니와 아내를 붙잡고 400여 기를 白州에 보내어 반을 잡게 하였다.

② 초하루 병자에 염흥방이 신우에게 권하여 令을 내려 조반을 현상하여 잡기를 매우 급하게 하였다. 鄭子喬가 조반을 붙잡아서 순군옥에 가두었다. 이때에 흥방이 순군 상만호로 있었는데, 흥방과 도만호 왕복해, 부만호 도길부·이광보, 위관 윤진·강회백이 대간 전법과 함께 어울려 신문하였다. 조반이 말하기를 '6, 7명의 탐욕스런 재상들이 사방에 종을 놓아 남의 토지와 노비를 빼앗고, 백성들을 해치며 학대하니 이들은 큰 도적이다. 지금 이광을 벤 것은 오직 국가를 돕고 민적을 제거하려 하는 것인데, 어째서 반란을 꾀한다고 하는가' 하였다. 종일토록 고문하였으나 굽히지 않았다. 흥방은 반드시 조반을 허위자백시키려고 매우 참혹하게 다스렸다.

③ 경진일에 신우가 최영의 집에 가서 좌우를 물리치고 한동안 이야기하였는데, 대개 趙胖의 獄事를 의논한 것이었다.… 임오일에 신우가 명하여 반과 그 어머니와 아내를 석방하고, 또 의약과 갖옷을 주고 영을 내려 '재상들이 이미 부자가 되었으니 녹을 주는 것을 정지하고 먼저 먹을 것이 없는 군대에게 나누어주라'고 하고 드디어 흥방을 순군옥에 가두었다. 國人이 모두 기뻐 말하기를 '우리 왕이 밝다' 하였다(이상 《高麗史節要》 권 32, 신우 13년 12월 및 권 33 신우 14년 정월).

'趙胖의 獄'으로도 불리는 이 조반사건의 경과는 위의 사료에 보이는 바와

---

36) 《高麗史節要》 권 32, 신우 11년 4월.

같이 크게 3부분으로 나누어 이해해 볼 수 있다. ① 이 사건은 권신 염흥방의 가노 이광이 주인의 권세를 믿고 전밀직부사 조반의 토지를 불법적으로 빼앗은 일에서 비롯되었으나 이 문제를 처리함에 있어 염흥방은 조반을 반란죄로 무고하려다 자신의 정치생명을 단축시킨 사건이라는 점, ② 조반의 공술에도 나오듯이 가노 이광의 토지탈점은 단순히 자기 주인의 권세를 믿고 한 행위가 아니라 당시 권신들 사이에 일반적으로 행해지고 있는 田民奪占과 그 경영의 한 방법에 지나지 않는 것으로 우왕 말기 불법적인 농장확대가 심각하게 이루어지고 있었으며 이를 비판하는 여론이 팽배해 있었다는 점, ③ 이러한 토지탈점 행위는 이미 우왕 역시 절감하고 있는 문제였기 때문에 이 사건을 계기로 권신들에 의해 탈점된 토지를 환수하여 국용에 쓰게 함으로써 민심수습의 전기를 마련하게 되었다는 점이다. 결국 이를 계기로 염흥방은 물론, 그를 비호하고 있던 임견미와 이인임까지도 정치일선에서 완전히 제거되고 대신 그 자리를 최영이 차지하게 되었다.

염흥방은 시중 廉悌臣의 아들로 공민왕 때 장원급제하여 관계에 진출하였으며, 공민왕 16년(1367) 국학 중영사업에 능력을 발휘하여 많은 자금을 거두어, 국고를 쓰지 않고서도 국학을 운영할 수 있게 하였다. 이어 知申事에 오르고 홍건적 평정의 공으로 2등공신이 되었다. 그러나 우왕 원년(1375) 북원사신접대를 반대하는 李詹의 李仁任請誅上疏에 연루되어 유배된 바 있다.[37] 그 후 그가 언제 복권되었는지는 확실하지 않으나 이 때 유배된 신진사대부들이 우왕 2년에 대부분 복직된 사실에서 그 역시 곧 유배지에서 풀려난 것으로 보인다. 하지만 염흥방의 대두는 이인임이 정치일선에서 한 발짝 물러나 있던 우왕 8년 三司左使가 된 이후부터이다. 이는 염흥방이 임견미의 인척이기 때문으로 보인다.[38]

우왕 8년 이래 임견미의 족당으로 國務를 독점해 온 염흥방은 조반이 자기의 토지관리를 맡고 있는 庄主[39] 이광을 죽이자 그를 반란죄로 무고하여 처벌하려한 것이다. 이처럼 당시 권신들은 자신의 노비들을 통해 전국 도처에 있는 토지, 즉 농장을 관리하게 하였는데, 이들은 단순히 주인으로부터

---

37) 《高麗史》 권 126, 列傳 39, 姦臣 2, 廉興邦.
38) 高惠玲, 앞의 글, 40쪽.
39) 《太宗實錄》 권 2, 태종 원년 8월 임오.

맡겨진 농장의 관리에만 그치는 것이 아니라 강제탈점에 의한 경지확장과 조세수취를 담당하고 있었다. 하지만 조반이 이광을 죽이고 서울까지 올라와 문제를 확대시키자 염흥방은 정국을 비상체제로 만들어 자신의 불법적인 토지탈점을 정당화시키려 하였다. 그러나 우왕은 최영과 숙의하여 염흥방을 제거하고 왕명에 저항하려던 임견미와 도길부 등을 아울러 제거함으로써 임견미 당여를 정치 일선에서 몰아내었다. 즉 당시 사전구폐책에 대한 필요성을 절감한 우왕은 이미 강화·교동의 사전혁파를 요구하여 관철시킨 바 있고, 바로 몇 해전 다시 한 번 전제문란상을 들어 그 해결책을 강구하도록 간절하게 간한 바 있는 최영[40]과 의논하여 이 사건을 해결하려 하였다. 이 사실에서 우왕은 정국수습의 관건이 私田문제의 해결에 있다고 인식하고 있음을 알 수 있다.

이렇게 사전구폐를 절감하고 있던 우왕과 최영은 조반의 옥을 계기로 이 시기 사전겸병의 표본격이었던 인물인 염흥방·임견미·이인임 등의 권신들을 제거하고 田民辨正都監을 설치하여 그들에 의해 탈점된 토지를 원주인에게 돌려주는 등으로 민심수습을 꾀하였다. 특히 이 사건 처리의 왕명을 받은 최영은 신흥무장세력이며 동북면 방면에 확고한 기반을 가지고 있던 이성계의 협력을 얻어 이들을 제거하고 있다는 점에서 주목된다.

이처럼 우왕대 이인임을 중심으로 정권에 참여한 권신들은 사회적 모순에 대한 개혁 의지는 커녕 모순을 심화시키는 장본인으로서 각종의 실정을 낳았으므로[41] 그러한 정치·경제 상태에 불만을 느끼고 사전구폐를 절감하고 있던 무장세력에 의해 무너졌다고 하겠다.[42]

비록 완전하지는 못하였지만 이 때의 전민변정사업은 공민왕 15년 신돈에 의해 추진된 이래 23년 만에 무장세력에 의해 재추진된 것이었다.[43] 그러나 최영의 정국수습 과정에서 같은 무장세력이지만 그 출신기반과 대외정책에 차이를 지닌 이성계와의 제휴는 개혁의 효과를 제대로 거두지 못한 채 明의 鐵嶺衛 설치라는 새로운 문제를 접하게 되면서 양자의 갈등은 노골적으로 드러나게 되었다.

---

40) 《高麗史節要》 권 30, 신우 3년 3월 및 권 32, 신우 10년 윤10월.
41) 高惠玲, 앞의 글, 47~55쪽.
42) 韓永愚, 앞의 책, 40쪽.
43) 《高麗史》 권 137, 列傳 50, 신우 14년 정월.

(3) 요동정벌과 위화도회군

가. 명의 철령위 설치와 요동정벌

이인임 집권 후 고려와 명과의 관계는 북원과의 통교와 채빈살해사건으로 원만하지 못하였다. 물론 우왕 11년(1385) 明 太祖는 고려의 요구를 받아들여 공민왕의 시호를 정하고 우왕을 책봉해 줌으로써 사대관계를 재개하였다. 그러나 여전히 명의 고려에 대한 태도는 고압적이었다. 고려에서 파견한 사신들의 입국을 거절한다거나, 또는 고려사신을 정탐꾼으로 몰아 부치기까지 하였다.

명의 이러한 태도에 대하여 고려 조정에서 배명감정이 일어나는 것은 당연하다. 게다가 우왕 13년(1387) 都堂을 통하여 명에서 장차 처녀와 秀才 및 宦者 각 1천 명과 牛馬 각 천 필을 요구할 것이라는 말이 전해짐으로써 그동안 공물문제로 시달려온 고려 조정은 다시 긴장하지 않을 수 없었다. 이듬해 2월 명나라에 파견되었던 偰長壽가 돌아와 明帝의 口傳을 전하였는데, 첫째 고려에서 보낸 말은 모두 작고 힘없는 것으로서 쓸모가 없는 것이며, 둘째 고려에서 몰래 사람을 大倉에 보내어 興師·造艦의 여부를 규찰하거나, 또 명나라 사람을 매수하여 명의 동정을 살피고 있으니 앞으로는 이러한 일을 하지 말 것이며 또 사신을 보내지도 말라는 것과, 셋째 철령 이북의 땅은 본래 元朝에 속하였던 땅이므로 모두 遼東에 귀속시킨다는 것이었다. 이 가운데 앞의 두 건은 명나라에서 으레 상투적으로 써오던 트집이었기 때문에 별로 주목되는 바가 아니었으나 철령위 귀속문제는 고려 조정을 경악시키는 대사건이었다. 鐵嶺衛, 즉 鐵嶺으로부터 公嶮鎭에 이르는 지역은 이미 공민왕 때 회수한 것이었는데 이제 와서 이를 새삼 명에 귀속한다는 것은 도저히 받아들일 수 없는 것이었다.

명은 원을 구축하고 안으로 경쟁세력을 토평하면서 그 영역을 만주지역으로 확대하였다. 때마침 북원의 納哈出[나하추]의 저항이 격렬하였지만 오래지 않아 그는 명에 투항하였다. 주지되는 바와 같이 나하추는 우왕 3년 경부터 막강한 서여진의 지배자로서 고려에 화친책을 강구한 바 있다. 이것은 명의 東進을 저지하려는 고려의 대북정책에 청신호나 다름이 없었다.

그러나 나하추의 명으로의 투항은 곧 명의 동진정책의 재개를 의미하는 것으로 명은 즉각 遼東都司로 하여금 1천여 기를 거느리고 鐵嶺衛를 세우게 하였다. 그 준비로써 요동에서 철령에 이르기까지 70개의 역참을 설치한다는 보고가 고려에 접수되었다. 이 소식을 접한 고려는 전국 8도에 군사를 징발하고 각 도의 성을 재정비하는 등 만일의 사태에 대비하게 하였다. 비록 철령위 설치가 당장의 군사적 침공은 아니었다 할지라도, 역사적 경험에 비추어 대륙 정권의 안정은 필연적으로 한반도에 대한 공격을 야기시켰다는 것을 경험한 터라 그 대응책에는 국운을 걸 수밖에 없었다.

> 명나라가 鐵嶺衛를 설치하였으므로 신우가 密直提學 朴宜中을 보내 서면으로 다음과 같이 청하였다. 遼 乾統 7년(1107)에 東女眞이 반란을 일으켜 咸州 이북의 땅을 강점하였으므로 睿王이 요에 통고하여 토벌에 대한 동의를 얻어 군사를 파견하여 그 땅을 회복하고 咸州와 公險鎭 등에 성을 쌓았다. 원나라 초엽 무오년에 몽고의 散吉大王·寶只官人 등이 군사를 이끌고 여진을 예속시켰을 때 우리나라 定州의 叛民 卓靑과 龍津縣人 趙暉가 화주 이북의 땅을 가지고 투항하였다. 이 때 금나라의 遼東 咸州路 부근에 있는 瀋州에 雙城縣이 있고, 또 함주 근처인 우리나라 和州에도 옛날에 쌓은 성이 두 군데 있다는 말을 듣고 황제에게 애매하게 보고하였다. 그래서 화주에 쌍성이라는 당치 않은 이름을 붙이고 조휘를 雙城官으로, 탁청을 千戶로 임명하여 인민을 관할하게 하였다. (그 후) 至正 16년에 이르러서 (우리나라는) 원 조정에 통고하고 이들 總管·千戶 등의 직제를 혁파하여 화주 이북을 다시 우리 나라에 귀속시켰다. 지금은 州縣에 관원을 임명·배치하여 인민을 관할하고 있다. 이로써 반역자에 의하여 침해된 국토가 大國에 예속되었다가 다시 제자리로 돌아오게 된 것이다(《高麗史》 권 137, 列傳 50, 신우 14년 2월).

위의 사료는 철령위 설치 철회를 요청하는 표문의 일부이다. 명의 철령위 설치를 보고 받은 후 사태의 심각성을 우려하여 5도에 城堡를 수축하게 하고, 동시에 밀직제학 朴宜中을 명에 보내 이 지역이 비록 탁청과 조휘의 배반으로 원에 귀속된 적이 있지만 이미 12세기초 윤관의 9성 설치 이래 고려의 땅임을 역사적인 연원을 들어 설명하고 있는 것이다.

이처럼 고려는 외교적인 노력을 통해 영토분쟁을 미연에 방지하고자 하였다. 하지만 다음달(3월) 명에서는 遼東百戶 王得明을 고려에 보내 철령위 설립을 정식 통고해 왔다. 이에 우왕은 최영과 함께 요동공격을 실행에 옮기고자 비상사태를 선언하였다.

물론 이 요동공격은 이성계의 '四不可論' 가운데도 지적되어 있듯이 미약한 군사력으로 흥기하는 명에 대응한다는 것이어서 지극히 무모한 행동이라 할 수 있다. 더구나 우왕 즉위 이래 권신들의 횡포를 겨우 잠재운 시기였으며 거듭되는 왜구의 침구로 농촌이 황폐화되고 국고는 고갈되어 있었다는 현실에 비추어 볼 때 요동공격은 무모한 계획으로도 보여진다. 하지만 영토를 수호하려는 국가의 의지를 표출하기 위해서도 고려는 요동진공의 원정을 감행하지 않을 수 없었다.

우왕은 평양으로 진격하여 군사를 징집하여 압록강에 부교를 설치하고, 또 중외의 승도를 징발하여 군사력을 보강시켰다. 이 해 12월 최영을 八道都統使로 삼아 원정군을 총령하게 하고, 그 아래 左右軍을 편성하였다. 창성부원군 曺敏修를 左軍都統使로, 이성계를 右軍都統使로 삼으니 좌우군이 38,830명이요, 딸린 인원이 11,634명, 말이 21,682필이었다.

고려의 마지막 북진정책은 이렇게 전군을 동원하여 시작되었던 것이다.[44] 아울러 명의 홍무 연호를 정지하고 백성들로 하여금 元服을 입게 하여 명에 대한 적개심을 분명히 하였다. 하지만 당시 요동공벌의 총책 8도도통사 최영은 우왕의 청으로 평양에 남아 있었다. 이것은 곧 처음부터 요동정벌의 불가를 주장한 이성계 및 그의 친위부대를 대거 참여시킨 정벌군의 성격을 제대로 파악하지 못한 소치였다.

나. 위화도회군의 성공과 이성계의 세력기반

우왕 14년(1388) 5월 7일 요동정벌군은 위화도에 주둔하였는데 이곳에서 이성계는 조민수와 더불어 회군의 필요성을 역설하는 건의문을 서울로 보냈다. 당시 그들이 내세운 회군의 이유는 ① 앞으로 요동성까지는 하천이 많고

---

44) 金成俊, 앞의 글, 383쪽.
이러한 견해와 달리 이 요동공벌은 최영이 자신의 정국주도의 걸림돌인 이성계 세력을 제거할 기회로 삼았기 때문에 이성계를 배제한 채 우왕과 의논하여 요동공벌을 시작하며 정국을 전시체제로 몰아갔던 것으로 평가하기도 한다(姜芝嫣, 앞의 책, 102쪽).

빗물이 넘쳐 강을 건너기가 어렵다. ② 작은 나라로서 대국을 섬기는 것이 보국의 길이라는 점, ③ 견명교섭사 박의중이 아직 돌아오기도 전에 큰 나라를 침범하는 것은 사직과 백성을 보호하는 길이 아니며, ④ 지금 장마로 활이 풀리고 갑옷이 무거워 군사와 말이 모두 곤핍한데 이러한 군사를 몰아 堅城을 치는 것은 이기기 어렵다는 점, 끝으로 ⑤ 만약 군량까지 제대로 공급되지 못한다면 진퇴난곡에 빠질 것이라는 것이었다.

그러나 우왕과 최영은 이러한 요구를 무시하고 환자 金完을 過涉察理使로 파견해 진군을 독촉하였다. 이에 이성계 등은 김완을 잡아 '공요불가'의 상소를 통해 입장을 분명히 하고, 이것이 관철되지 않자 5월 22일 "돌아가 임금 곁에 있는 악한 사람을 제거하여 생령을 편안하게 하리라"하고 군사를 돌려 압록강을 건너 되돌아 왔다. 6월 초하루, 개경에 도착한 회군파와 정부군의 싸움은 불가피한 것이지만 그 수와 패기에서 열세였던 정부군은 제대로 싸우지도 못하고 붕괴되었다. 이에 최영은 체포되어 고봉현(고양)으로 귀양보내졌다. 그 후 최영은 합포·충주로 이배되고, 우왕 14년(창왕 즉위후) 12월 이성계의 주장에 따라 순군옥에 갇혔다가 참살되었다.

요동정벌의 원정군은 36원수의 단위부대를 기간으로 하고 있다. 비록 8도 도통사인 최영이 총령하고 있지만 중앙군의 실체는 각각 그 원수들에게 절대적 통수권이 부여된 인적관계 위에 형성되어 있었던 것이다. 즉 원정군의 편성은 각 원수의 명령에 임의로 조종될 수 있는 것이었다. 따라서 비록 이성계의 위화도회군이 의도적으로 계획된 것은 아닐지라도 이성계는 오랜 전란을 통하여 원수의 지위에 올랐던 武將들의 동조를 책동하여 회군을 단행함과 동시에 정치권력을 주도할 수 있는 기회를 놓치지 않았다고 할 수 있다.

회군을 성공리에 마친 이성계는 우시중, 조민수는 좌시중이 되고 趙浚은 簽書密直司事兼大司憲이 되었으나, 최영의 휘하인 安沼·鄭承可·印原寶·安柱·金若采·鄭熙啓 등은 모두 유배되었다. 최영의 운명과 마찬가지로 우왕 역시 폐위되고 그의 아들 昌이 왕위를 계승하였다. 비록 창왕 옹립은 이성계의 뜻과 상반된 것이었지만 이후 이성계는 都摠中外諸軍事로 실권을 장악하여 고려정국의 최후 집권자가 된 것이다. 대외적으로 明은 이성계의 뜻대로 철령위 설치 계획을 변경하여 더 이상 국경분쟁의 소지를 일으키지 않았으며, 회군을 계기로 집권한 이성계 역시 북원과 완전히 손을 끊고 친명정책을 기본노선으로 하여 관계 개선에 노력하였다.

이상에서 살핀 바와 마찬가지로 우왕 14년(1388) 이성계에 의한 위화도회군은 신흥무장세력 이성계로 하여금 정치권력을 장악하게 한 중요한 사건이며 이는 곧 고려 왕조 멸망의 분기점이 된다는 사실에는 재론의 여지가 없다. 따라서 조선 건국의 기반을 설명하기 위한 그 간의 연구도 주로 이성계로 하여금 위화도회군을 성공리에 마칠 수 있게 한 협조 세력, 즉 그의 군사적 기반에 대하여 관심이 모아져 왔다.[45] 이제 동북면의 한 토호 이성계가 어떻게 중앙무대에 진출하여, 攻遼軍의 지지를 받아 위화도회군을 성공시키게 되었는 지를 살펴보기로 하자.

이성계는 고려 후기 본관인 全州에서 동북면지역으로 이주하여 그 곳에서 상당한 세력을 형성하고 있던 집안의 후예이다.[46] 그의 선대와 고려 정부와의

---

45) 그 결과 이성계의 가계와 그 주요 군사기반이 된 동북면 토착세력과의 관계, 이를 토대로 한 원 조정에서의 관력 및 이성계의 父 李子春의 공민왕에로의 내응, 공민왕 및 우왕대에 이르기까지 이성계가 구축한 여러 전공 그리고 우왕 14년 崔瑩과 함께 林堅味·廉興邦 세력을 제거하기까지의 정치적 성장과정에 대하여 어느 정도 윤곽을 잡을 수 있게 되었다. 아울러 회군 후 정국을 완전히 수습하고 책봉된 회군공신의 명단을 분석하여 이성계가 회군을 성공리에 마칠 수 있게 한 인적 배경 등에 대한 연구도 이루어졌다.

李相佰, 〈李朝 建國의 硏究〉(《震檀學報》 5, 1936; 《李朝 建國의 硏究》, 乙酉文化社, 1949).

韓永愚, 앞의 책.

朴天植, 〈戊辰回軍功臣의 冊封顚末과 그 性格〉(《全北史學》 3, 1979).

許興植, 〈高麗末 李成桂(1335~1408)의 세력기반〉(《歷史와 人間의 對應》, 高柄翊先生回甲紀念史學論叢, 한울, 1984).

柳昌圭, 〈李成桂의 軍事的 基盤－東北面을 중심으로－〉(《震檀學報》 58, 1984).

崔在晋, 〈高麗末 東北面의 統治와 李成桂 勢力 成長－雙城摠管府 收復以後를 중심으로－〉(《史學志》 26, 檀國大, 1993).

姜芝嫣, 〈威化島 回軍과 그 推進 勢力에 대한 검토〉(《梨花史學硏究》 20·21, 1993; 앞의 책, 95~120쪽).

46) 이성계 가문은 完山李氏 16세로 되어 있는 李膦으로부터 고려왕조에서 실질적인 관력을 드러내고 있으며, 재상가인 文化柳氏 柳澤과 혼인관계를 갖고 있음도 알게 되었다. 하지만 가장 분명한 이성계 가문의 대두는 원의 千戶 李安社(穆祖) 때부터이다. 더구나 안사의 대두는 雙城摠管府의 최고실력자로서 원 조정에 상당한 발언권을 갖고 있던 총관 趙暉와 밀착하여 통혼을 유지함으로써

직접적인 접촉은 공민왕 4년(1355) 이성계의 아버지 李子春과 공민왕과의 만남에서 시작되었다. 이자춘은 공민왕 5년 雙城摠管府를 수복하려는 공민왕의 반원정책에 적극 호응하여 이 지역 탈환에 공을 세움으로써 동왕 10년 東北面兵馬使에 임명되어 중앙정계의 발판을 확보하게 되었다. 하지만 부임한 지 얼마 지나지 않아 사망함으로써 그 지위와 세력은 아들인 이성계로 이어졌다.

공민왕 10년 通議大夫 金吾衛上將軍 東北面萬戶 이성계는 동년 9월 禿魯江萬戶 朴儀의 반란 진압을 시작으로 이후 계속된 여진족과 홍건적의 침입을 물리치고, 왜구토벌과 동녕부정벌 등 공민왕대 연이어 일어난 전쟁에 참여하여 뛰어난 공적을 이루었다. 이로써 그는 고려 정부의 동북면 안정 확보에 없어서는 안될 중요한 인물이 되었다.47)

우왕 즉위 후에도 이성계의 군공은 계속되었다. 특히 우왕 6년 8월 雲峰戰鬪(또는 荒山大捷)에서 이룩한 이성계의 공로는 무장으로서의 그의 입지를 확고히 해준 전투였다. 공민왕 후반부터 극심해진 왜구의 침입은 우왕 즉위 초부터 유래를 찾을 수 없을 정도로 큰 피해를 주고 있었지만 이 운봉전투에서의 대승을 계기로 왜구의 창궐도 한풀 꺾이게 되었다.48) 그런데 이 운봉전투와 뒤이은 11년 9월 동북면전투의 성공은 관군이 아닌 이성계 자신의 사병화한 무장세력이 적극 활용된 결과라는 점에 주목된다.

공민왕대 전민변정도감의 개혁 실패로 계속되는 사전의 확장과 왕실의 잦은 토목공사 및 전쟁은 이에 동원된 군졸에 대한 경제적인 뒷받침조차 하지 못하게 하였다. 최영·邊安烈·禹仁烈 등의 군벌화된 무장의 예에서 보여지듯 고려말에 이르면 군적의 파악은 국가차원에서 이루어지는 것이 아니라 각각의 무장들이 거느리고 있는 사병의 군적(牌記)을 통해 파악되고, 이들 군인에 대한 생활보장도 그들 무장에게 전적으로 의지되어 있었다. 따라서 각종 전쟁의 승리여부는 개개인의 투철한 군인정신이나 능력에 의해서가 아니라 그가 소속된 무장의 경제력 내지 통솔력 여하에 달려있었던 것이다. 우왕 6년의 운봉전투는 이를 잘 증명해 주는 실례가 된다.

동북면 토착세력으로 기반을 다질 수 있게 되었다고 본다(許興植, 위의 글).

47) 許興植, 위의 글, 222~228쪽 참조.

48) 羅鍾宇, 앞의 책, 158~160쪽.

三道都巡察使로서 이성계가 토벌에 참여하기 이전 관군은 이미 곳곳에서 왜구에 패하여 전세는 아군에 매우 불리하였다. 그럼에도 이성계는 여진추장으로서 귀화하여 이성계의 심복이 된 偏將 李豆蘭과 동녕부정벌 때 투항한 處明을 투입시켜 싸움을 승리로 반전시킨 것이었다. 이외에도 이성계의 휘하에는 李大中·禹臣忠 등이 있었는데 거의 사병화한 동북면 출신의 무장이었다. 운봉전투보다 소규모였지만 우왕 11년(1385) 동북면에 침투한 왜구토벌에서도 이두란·高呂·趙英珪 등 이성계 심복군사에 의해 섬멸되었다.

이성계가 참여한 마지막 전쟁인 우왕 14년의 요동정벌에도 그는 자신의 세력기반이라 할 수 있는 평안도·강원도·함경도 출신의 군졸을 이끌고 참전한 것이며, 이들 외에도 동북면 거주민들까지 유사시에 무장할 수 있도록 철저히 대비시켜 놓았다. 또 개경에서 가까운 抱川 田莊에 있는 壯丁들까지 대기시켜 놓고 있었다. 이처럼 이성계는 그가 벼슬하고 있는 개경으로부터 본거지인 和寧에 이르기까지 도처에 그의 충실한 부하를 배치시켜 유사시에 대비하였던 것이다.[49]

요컨대 이성계는 주민의 대다수가 여진인이며, 살길을 찾아 각지로부터 이주한 주민들로 구성된 동북면의 특수성을 통해 그 세력을 확장시켜 왔으며, 홍건적·부원세력·여진족 등 일련의 반란세력의 진압을 통해 군사적으로, 경제적으로 확고한 기반을 다져왔다고 할 수 있겠다. 이러한 이성계 세력기반의 특수성은 바로 우왕 14년 조반사건을 계기로 중앙의 권신들을 제거하려는 최영에게는 적임자로 보였던 것 같다. 하지만 이성계의 세력집단은 동북면 출신이나 투항자들로 구성된 군인만 있었던 것은 아니었다. 이성계는 이들 외에도 당시 사회병폐에 대한 이론적 대안을 갖고 있으면서도 이인임정권에서 소외되었던 중앙의 사대부들과도 연계를 맺고 있었다. 이들이 바로 위화도회군이 일회성 쿠데타로 그친 것이 아니라 회군의 명분을 제시하고 이후 정국을 주도적으로 이끌어 가는 견인차 역할을 하였던 것이다. 이성계세력 기반의 구체적인 모습을 戊辰回軍功臣에 책봉된 인물을 중심으로 살펴보기로 하자.[50]

첫째, 이성계 군사집단의 중심을 이루고 있었던 동북면 세력으로 李和·

49) 許興植, 앞의 글, 234쪽.
50) 朴天植, 앞의 글(1979) 참조.

李元桂·趙溫·趙仁壁·趙仁沃·李豆蘭·黃希碩·金仁贊·陸麗·柳曼殊·尹虎 등을 들 수 있다. 이들은 이성계의 명령에 의해서만 행동하는 사병과 같은 존재들이며 또 개인적으로는 이성계와 혈연을 갖고 있거나(이화·이원계), 혼인을 통해 결속된 자들이다(漢陽趙氏 조온 등).[51] 또 친인척은 아니지만 이들은 여러 전쟁에 이성계와 함께 참전하여 그의 심복이 되어 결국 회군에 적극 동조한 자들이다(황희석·육려·김인찬·유만수 등). 이외에도 이성계의 휘하는 아니지만 회군에 적극 동조하고 후에 原從功臣에까지 된 인물로 李承源·崔鄲·崔運海·尹師德·具成老 등이 있다.

둘째, 요동원정에 참여하였다가 회군에 협조 내지 동조한 인물로 沈德符·裵克廉·池湧奇·朴葳·鄭地·黃甫琳 등을 들 수 있다. 이들은 이성계와 마찬가지로 공민왕~우왕대 여러 전투에 참여하여 군공을 세운 기성무장들이지만 당시 중앙의 정치권력에서 소외되었던 공통점을 지니고 있는 인물로 이러한 반감이 이성계의 회군에 적극 동조하게 되었다고 하겠다.

끝으로 무장은 아니지만 회군의 명분을 제공한 신진사대부 계층을 들 수 있다. 南誾·尹紹宗·趙浚 등이 바로 그들이다. 남은은 조인옥과 함께 이성계의 핵심참모였다. 그는 이성계를 따라 위화도에 갔다가 회군 모의를 주도함으로써 이후 이성계 일파의 정권장악에 결정적인 역할을 하였다. 특히 이성계의 인척이기도 한 조인옥은 조준·윤소종 등과 교분을 갖고 있었으며 이들을 이성계와 연계시켜 준 인물로 보인다. 윤소종은 조인옥이나 남은처럼 회군에 직접 참여하지는 않았지만 회군 후 직접 이성계 군영에 찾아가《藿光傳》을 바쳤다는 사실은 회군에 대한 찬동뿐 아니라 왕조변혁의 꿈까지 제공한 인물로 파악된다.[52]

조준은 일찍부터 윤소종·조인옥·허금·유원정·백군령 등과 친밀한 관계를 맺고 우왕대의 정치현실에 불만을 토로했던 인물로 우왕 10년(1384) 이후 4년 동안 묻혀 지내다가 위화도회군으로 이성계가 실권을 장악한 이후 정계에 복귀하여 일련의 개혁상소를 통해 개혁을 적극 주도해간 인물이다.[53]

---

51) 姜芝嫣, 앞의 책, 112쪽.
52) 姜芝嫣, 〈高麗末 尹紹宗의 政治活動 硏究〉(《梨大史苑》 28, 1995; 위의 책, 116쪽).
53) 張得振, 〈趙浚의 政治活動과 그 思想〉(《史學硏究》 38, 1984).

요컨대 이성계 세력기반에서는 우왕대 정치활동에 많은 제약을 받았던 불만세력이었다는 공통점을 발견할 수 있다. 따라서 같은 불우한 경험을 가졌던 이들은 이성계와 직·간접적으로 연결되면서 신흥무장세력 이성계를 통해 그들의 능력을 한껏 발휘할 수 있는 기회를 갖게 되었다고 보여진다. 특히 이들 사대부들은 이성계가 정치권력의 핵심으로 부상함과 동시에 그의 지원아래 제반 개혁의 이론적 토대를 마련함으로써 왕조교체를 현실화시켰던 인물들이라 하겠다.[54]

〈朴漢男〉

2) 이성계의 집권과 고려왕조의 멸망

우왕 14년(1388) 威化島回軍을 성공리에 마친 李成桂는 우왕대 사회경제적 폐단을 심화시킨 李仁任政權을 무너뜨리고 실권을 장악해 온 崔瑩마저 제거함으로써 고려의 마지막 집권자가 되었다. 하지만 그의 집권은 우왕대 집권 중신들과는 달리 군사적 실권을 지니고 있었으며 아울러 개혁에 대한 청사진을 갖춘 강력한 것이었다. 즉 趙浚·鄭道傳 등 개혁의지가 투철한 개혁파 사대부들과 함께 정치·경제·군사 전반에 걸친 개혁을 단행, 성공시킴으로써 모든 실권을 장악하였다. 아울러 전제개혁에 반대입장을 보인 世族뿐 아니라 온건파사대부까지 일련의 정치적 숙청과정을—예를 들면 金佇의 獄, 尹彝·李初의 獄—통해 제거하였다.

이런 정치적 소용돌이 속에서 공양왕은 자신의 마지막 보루였던 鄭夢周마저 그들에 의해 살해되자 위기감을 절감하고 왕권을 이성계에게 넘겨주니 이로써 고려왕조는 34대 475년 만에 멸망하고 말았다.[1] 이에 이 글에서는

54) 姜芝嫣, 앞의 책, 120쪽 참조.

1) 조선왕조 창업에 대한 역사적 평가는 대략 ① 易姓革命論에 의한 李成桂家의 和家爲國說 ② 新興士族과 有功武將의 대두에 의한 執權勢力交替說 ③ 조선건국의 주도군으로 開國功臣이 정치적 이념이나 소신을 갖고 權門世族을 타도한 혁명 ④ 역사적으로 의미를 부여할 필요조차 없는 단순한 왕조전복 등으로 나

위화도회군 이후 일련의 개혁정치를 통해 실권을 강화해 나간 이성계의 권력집중화 과정을 살펴 고려왕조의 멸망에 대한 설명을 대신하고자 한다.

(1) 이성계 집정체제 강화를 위한 개혁

가. 전제개혁을 통한 사전혁파

위화도회군의 성공으로 실권을 장악한 이성계는 정도전·조준·尹紹宗·趙仁沃 등 신진사대부들의 도움을 받아 정치·경제·군사제도 등에 대한 일련의 개혁을 단행하였다. 특히 원간섭기 이래 사전과 농장의 전국적인 확대는 민생에 대한 위협은 말할 것도 없고, 軍需 및 관리에게 지급할 祿俸조차 제대로 줄 수 없을 정도로 국가체제를 파탄으로 몰고 갔다. 따라서 科田受得은 물론 녹봉조차 제대로 받지 못하고 있던 소장관료, 즉 중소지주출신 신진사대부들에게 있어 전제개혁의 문제는 한층 절실한 것이었다.

물론 이미 원간섭기 일련의 개혁과정에서도 보여지듯 개혁을 위한 노력이 없었던 것은 아니었다. 하지만 전제개혁의 주체가 국왕을 중심으로 한 측근세력과 개혁성향을 지닌 世族, 즉 기득권자들에 의해 주도되었기 때문에 근본적인 해결은 불가능하였다. 이런 형편으로 고려 말에는 이성계 일파뿐 아니라 집권층 상하를 막론하고 私田捄弊를 절실하게 느끼고 있었다. 공민왕대 李穡의 服中上書, 우왕 3년과 10년의 두 차례에 걸친 최영의 사전혁파 요구, 동왕 6년 權近이 收租 重複에 따른 농민들의 피해를 지적한 것 등은 당시 모두 사전구폐를 지상과제로 인식하고 있음을 반증하는 것이다.[2)]

뉘어 있다. 하지만 이러한 요인들은 모두 조선왕조 건국에 복합적으로 작용하였을 것이다. 朝鮮建國의 성격에 대하여는 다음과 같은 연구가 있다.

李相佰, 《李朝建國의 硏究》(乙酉文化社, 1949).

韓永愚, 〈朝鮮建國의 政治·經濟基盤〉(《한국사》 9, 국사편찬위원회, 1973 ; 《朝鮮前期社會經濟史硏究》, 乙酉文化社, 1983).

朴天植, 〈朝鮮 開國功臣에 對한 一考察〉(《全北史學》 1, 1977).

鄭在勳, 〈朝鮮王朝 建國過程에서의 舊勢力〉(《考古歷史學志》 2, 東亞大, 1986).

趙啓纘, 〈朝鮮建國과 尹彛·李初事件〉(《斗溪李丙燾博士九旬紀念 韓國史學論叢》, 知識産業社, 1986).

朴龍雲, 《高麗時代史(下)》(一志社, 1987).

劉璟娥, 《鄭夢周의 政治活動 硏究》(梨花女大 博士學位論文, 1996).

2) 李景植, 〈高麗末의 私田捄弊策과 科田法〉(《東方學志》 42, 延世大, 1984 ; 《朝鮮前

이에 이성계는 조준을 천거하여 대사헌 요직에 앉혀[3] 구체적으로 개혁작업을 현실화시켰다. 우왕 14년(1388) 7월에 제출된 제1차 上書에서 조준은 전제문란과 토지겸병에 따른 폐해로 백성들의 원망이 하늘에 닿아 각종 재해가 끊이지 않고 있음을 지적하고 이에 부국강병과 인륜회복을 위한 방도로 전제개혁을 제시하였다. 즉 ① 현직관료에게 祿科田柴의 지급, ② 在內諸君·현직관리·閑良官(在京者에 국한)과 수절하는 관리의 처에게 口分田 지급, ③ 유자격 군인에 한한 軍田 지급, ④ 투화인에게 投化田 지급, ⑤ 향리 및 津·鄕·所·部曲·庄·處의 吏와 院·館의 直에게 外役田 지급, ⑥ 城隍·鄕校·紙匠·墨尺·水汲·刀尺 등에게 位田 지급, ⑦ 백성으로서 附籍되어 차역되는 자와 공사천인으로서 차역되는 자에게 호당 1결씩의 白丁代田 지급, ⑧ 裨補사찰에 寺社田柴 지급, ⑨ 驛田의 지급, ⑩ 수령에게 外祿田 지급, ⑪ 각 관청에 公廨田을 지급하자는 것이었다. 이는 고려 전기의 田制 회복을 통해 관료·군인·백성의 생계 확보와 국가기관의 재정을 확보해주자는 것이다.

요컨대 토지국유를 전제로 하되 그 수조권 일부를 국가의 공역을 담당하고 있거나 그럴 자격을 가진 개인 또는 각 기관에 분급하자는 것이다. 이 외에도 丁號를 千字文으로 표시하여 성명을 쓰지 않음으로써 후에 함부로 祖業化, 즉 사전화되는 것은 방지하는 조치를 취하였다. 그리고 수조율은 1결당 20두로 하여 농민의 부담을 줄였으며, 아울러 토지 지급과 受領에 불법행위를 할 경우 사형에 처한다는 강력한 조치까지 명시하였다. 아울러 군량확보가 전혀 되어 있지 않은 현실을 감안하여 비상조치로서 私田으로부터 3년간 국가가 수조할 것을 제의하기도 하였다.[4]

이 조준의 사전혁파안은 왕명에 따라 都堂에서 논의되었다. 정도전·윤소종은 조준의 주장에 찬성하였으며 鄭夢周가 중립적인 태도를 보이기는 하였지만, 시중 이색은 "가벼이 舊法을 고치는 것이 不可하다"는 반대입장을 표명하고 이에 李琳·禹玄寶·邊安烈·권근·柳伯濡 등이 지지함으로써 반대의견이 우세하였다. 이에 다시 백관회의에 회부되었으나 참석자 53명 가운데

期土地制度硏究》, 一潮閣, 1986, 69~70쪽).

3) 《太宗實錄》 권 9, 태종 5년 9월 신묘.

4) 《高麗史》 권 78, 志 32, 食貨 1, 田制 祿科田 신우 14년 7월 大司憲 趙浚等 上書.

찬성한 사람은 18, 19명이요, 나머지는 모두 반대하였는데 그 반대자는 모두 巨室子弟였다고 한다.[5)]

요컨대 일시에 사전을 혁파하자는 개혁론에 찬성한 사람은 신진사대부 가운데 급진파에 속하는 몇몇 인물들이었고, 권문세족은 말할 것도 없고, 신진사대부 가운데 이색과 같은 온건론자들까지 '祖宗의 舊法'인 사전을 한꺼번에 폐지할 것이 아니라 그 자체는 그대로 두고 소유권분쟁이나 지나친 수취율 등의 폐단만을 제거하자는 입장을 갖고 있었다. 즉 祖業田化한 사전을 인정하는 측과, 이것 역시 불법이므로 폐지해야한다는 입장의 대립으로 정리할 수 있다.[6)]

이처럼 조준의 개혁안은 소수의 지지밖에 받지 못하였으나 그를 이어 같은 달 간관 李行, 판도판서 黃順常, 전법판서 趙仁沃 등이 잇따라 전제개혁을 요청하는 상소를 올림으로써 사전혁파는 하나의 論戰으로 발전되었다. 이들이 제시한 전제개혁의 기본 방향과 이념은 대략 토지의 공유화, 均田制의 실시, 什一稅法의 실시, 농민에 대한 불법적 수탈 엄금 등을 통한 國用과 軍需확보에 있었다. 이 중에서 가장 핵심을 이루는 것은 균전제의 문제로서 토지를 누구에게 어떤 조건으로 재분배하느냐의 문제였다.[7)]

그리하여 개혁파는 반대를 무릅쓰고 조준의 구상대로 남부 6도의 量田과 3년 동안 모든 公私田을 公收한다는 안을 실행에 옮겼다. 이를 위해 각 도의 장관인 諸道按廉使를 都觀察黜陟使라 고쳐 대간의 추천을 받아 그 실무진을 구성하였다. 정당문학 成石璘을 楊廣道, 전평양윤 張夏를 慶尙道, 전밀직부사 崔有慶을 全羅道, 전밀직상의 金士衡을 江陵道, 밀직제학 趙云仡을 西海道의 도관찰출척사로 각각 임명하여 전국의 土田을 改量하게 하고 중앙에는 給田都監을 두었다.[8)] 이 양전사업은 강력히 추진되어 이듬해 10월(1389) 일단 완료되었다(己巳量田).

한편 전제개혁을 위한 양전사업이 전국적으로 진행되자 이에 반대하는 여론을 의식한 창왕은 私田租 全額公收를 완화하여 그 조를 반만 거두어 충당

5) 韓永愚, 앞의 책, 45쪽.
6) 李景植, 앞의 책, 71~83쪽.
7) 韓永愚, 앞의 책, 44~45쪽.
8) 《高麗史》 권 78, 志 32, 食貨 1, 田制 經理 신우 14년 8월.

케 한다는 교서를 반포하였다. 하지만 개혁파는 이러한 완화조치가 그들의 개혁을 좌절시킬 수 있는 단서가 된다고 보고 반대파에 대한 강력한 대응으로 맞섰다. 즉 사전혁파를 반대하는 거물 즉, 전제개혁의 반대자이며 창왕옹립으로 이성계의 심기를 불편하게 하였던 曺敏修를 탄핵하여 유배하였다.[9] 이에 창왕 역시 사전조 반수안을 철회하였으니 이로써 사전은 사실상 폐지된 셈이다.[10]

이처럼 대세는 개혁론자들의 주장대로 기울고 있었다. 하지만 비록 대세가 사전의 몰수와 재분배라는 현실을 받아들이지 않을 수 없게 되었지만 온건개혁론자들은[11] 분급수조지를 京畿에 한정시키는 지역제한 조치를 폐지할 것을 주장하며 그들의 기득권을 조금이나마 유지하려 하였다. 만약 이것이 관철된다면 이들은 지금까지 그들이 점유하여 온 사전을 그대로 지급받을 가능성이 컸으며, 이는 자기 소유지 위에 수조지를 겹쳐 받게 되어 다시 농장의 경영도 할 수 있었기 때문이다. 그렇지만 개혁파들은 처음부터 관인층의 수조지는 京畿에 한하고, 여타 지역의 토지는 供上이나 녹봉·군수 등의 재원인 보편적 국가수조지로 한다는 원칙을 세워두었으므로 그와 같은 온건파의 요구를 받아들일 수는 없었다.[12]

이후 개혁파는 자기들의 계획을 급진전시켜 창왕 원년(1389) 9월 給田都監 주재하에 새로이 受田할 관인의 선정작업을 시작하였다.[13] 그리고 이해 11월에 발생한 金佇사건을 계기로 사전개혁에 미온적인 창왕과 그 반대세력을

---

9) 《高麗史節要》 권 33, 신우 14년 7월.

10) 朴龍雲, 앞의 책, 579쪽.
한편 이 때의 '私田租半收案 撤回'의 해석을 놓고 전면적인 私田公收 폐지로 해석하는 입장도 있다(李相佰, 앞의 책, 145쪽 및 韓永愚, 앞의 책, 45쪽).

11) 고려말 이성계세력에 대한 분류는 아직 명확하게 이루어져 있지 않은 듯하다. 즉 조선건국을 주동한 이성계세력을 급진개혁론자 또는 역성혁명파라고하여 집단 내 갈래를 짓지 않았다. 다만 대체로 사전개혁에 반대한 신진사대부를 온건개혁론자 또는 온건개선론자로, 사전개혁에 찬성하고 이성계의 왕위 즉위를 찬성한 사람을 급진개혁론자로 분류하고 있다(柳昌圭, 〈高麗末 趙浚과 鄭道傳의 改革 방안〉, 《國史館論叢》 46, 國史編纂委員會, 1993, 128쪽 참조). 이 글에서도 전제개혁 이후 대립된 이성계세력 내의 분화 모습을 온건개혁론자와 급진개혁론자라는 말을 빌어 사용하기로 하겠다.

12) 李景植, 앞의 책, 88쪽.

13) 《高麗史》 권 137, 列傳 50, 신창 원년 9월.

축출하고 공양왕을 옹립하여 개혁을 위한 토지정리 사업을 마무리지었다. 공양왕 원년(1389) 12월 조준의 제3차상서를 통해 종래의 전제개혁 원칙을 재확인하고 동왕 2년 정월 科田절급 대상자들에게 과전지급문서인 田籍을 나누어 주었다. 이어 그 해 9월에 公私田籍을 市街에서 불사르고, 동왕 3년(1391) 5월 科田法에 관한 기본 법규를 반포하였다.

이 때 공양왕은 자신의 대에 이르러 '祖宗이래 私田의 法'이 혁파되었다고 한탄하면서 눈물을 흘렸다고 하였듯이 이 전제개혁은 고려왕조를 버텨온 세족들의 경제적·사회적 기반을 제거한 것으로, 곧 고려왕조의 몰락을 뜻하는 것이었다. 다시 말하면 사전혁파, 즉 과전법 실시는 신흥군벌이며 신흥귀족인 이성계의 휘하에 있는 장병과 신관료군의 양성과 그들의 보수 밑천을 마련한 것이기도 한 점에서 새 왕조 조선의 경제기반을 마련한 것이었다.[14)]

나. 척불양유책을 통한 사원경제의 흡수

고려 태조 王建의 '訓要 10條'에 명시되어 있듯이 국초 이래 추진되어 온 崇佛策으로 고려시대 불교는 호국불교로서 융성하였지만, 한편으로는 세속과 타협하면서 여러 가지 사회경제적 폐단을 야기하였다. 더욱이 왕실의 비호 아래 각종 불사의 성행과 사탑의 남설, 불법적인 토지점탈로 백성들의 생활을 궁지로 몰아넣고 국가의 재정까지 위협하였다. 따라서 이러한 불교계의 타락은 비판의 대상이 되었고, 마침내는 그에 대한 배척운동이 전개되기에 이르렀다. 특히 이러한 배불운동은 단순한 종교적·사상적 문제로서가 아니라 정치세력과 결부되면서 한층 과격하게 전개되었다.

그러나 원래 고려시대 유교와 불교는 서로 조화를 이루며 인식되어 왔다. 국초에 유교를 통한 통치이념을 정립시킨 崔承老도 "불도는 修身의 근본이며, 유교를 행하는 것은 治國의 근본"이라고 하였으며 그 후 14세기 전반 성리학 수용 초기에도 유자들에게는 유불조화의 자세가 견지되고 있었다. 李齊賢이 "불교의 도는 자비와 희사로써 근본을 삼는 바, 자비는 仁 가운데 있는 것이며, 희사는 義를 행하는 일이다"라고 하였고, 독실한 불교신자였던 李穀은

---

14) 李景植, 앞의 책, 4쪽.
朴龍雲, 앞의 책, 580쪽.

"儒者는 正을 주로 하니 그것으로 修身齊家 治國平天下에 이르며, 불자는 觀을 중시하니 그것으로 見性成佛에 이른다"며 양교의 핵심이 일치함을 지적한 바 있다. 하지만 崔瀣나 李穡 등에 의해 타락한 승려들의 축재와 인심의 문란 등의 문제가 지적되기 시작하였다. 그러나 이들의 입장은 불교 교리 자체를 부정하는 것이 아니라 단지 그 폐단을 지적하고 시정을 촉구하는 정도의 것이었다.15)

이러한 불교폐단에 대한 지적은《朱子家禮》의 보급과 장려를 통해 성리학을 사회규범의 기준으로 삼고자 했던 鄭夢周에 이르러 보다 철저해지고 사상적 측면과 경제적 폐단이 아울러 통박되기에 이르렀다. 이는 명분과 의리를 강조하고, 정통과 이단을 구분·배척하는 의식이 강한 朱子性理學에 대한 연구가 심화된 결과였다. 그러나 그는 개인적으로 화엄경·능엄경 등 불경에 대한 이해가 깊었고, 治國·治心의 道로서 불교에 대한 유교의 우위를 주장하였지만 불교 자체의 말살까지는 요구하지 않았다.16)

그러다가 정몽주에게서 성리학을 배운 政堂文學 鄭道傳이 공양왕 3년(1391) 척불상소를 올렸다. 이에 대한 찬반상소가 빗발쳤고, 정도전의 척불상소는 불교중심사회에서 유교중심사회로 전환되는 이정표가 되었다.17) 정도전에 뒤이어 성균관대사성 金子粹·성균박사 金貂·성균생원 朴礎 등이 연이어 斥佛疏를 올렸는데 이 가운데에도 가장 극렬한 인물이 김초와 박초였다.

김초는 불교의 禍福說을 반박하고 승려들의 비행을 비난하면서 불교계 자체를 혁파하여 승려들은 군인으로, 사찰과 소속자산은 국가재정으로 귀속시킬 것을 주장하였다. 이에 더하여 박초는 불교에 대하여 三綱五倫에 어긋나는 '夷狄의 敎'이고 '無父無君의 敎'라 하면서 異敎에 대한 儒家의 상투적 욕설을 기탄없이 털어놓으며 다음과 같은 廢佛疏를 올렸다.18)

---

15) 이들은 모두 불교의 폐단에 대해서는 비판적 입장을 보였지만 개인적으로는 불교 자체에 대하여 호감을 가지고 있었다(李銀順, 〈李穡의 思想과 社會改革論〉,《外大史學》4, 1992 및 高惠玲, 〈崔瀣(1287~1340)의 생애와 사상〉,《李基白先生古稀紀念 韓國史學論叢(上)》, 一潮閣, 1994 참조).

16) 劉璟娥, 앞의 책, 68~70쪽.

17) 宋昌漢, 〈鄭道傳의 斥佛論에 대하여〉(《大丘史學》15·16, 1978).
金忠烈, 〈麗末 性理學의 輸入과 形成過程〉(《高麗儒學史》, 高麗大 出版部, 1984), 156~209쪽.

> 중들을 강제로 고향으로 돌려보내 其人에 편입시킨 후 兵役과 賦役에 충용하고, 그들의 거처를 민가로 만들어 호구를 증가시키며, 불서를 불살라 길이 그 근본을 끊을 것이며, 나누어준 田土는 軍資寺에게 맡겨 군량을 조달케 하십시오. 소속노비는 都官에게 맡겨 各司·各官에 분배케 하며, 그 銅像·銅器는 軍器寺에 귀속시켜 무기를 제조하며 그들이 쓰던 물건은 禮賓寺에 속하게 하여서 객사·객관에 나누어 쓰게 한 뒤에 禮義로써 가르치고 道德으로써 기르면 몇 해 지나지 않아 백성의 뜻이 안정되어 교화가 보급되고 창고가 충만해져 나라의 용도가 원활하게 될 것입니다(《高麗史》 권 120, 列傳 33, 金子粹).

위와 같이 박초는 풍속교화와 국가재정의 확보를 위한 불교폐지를 주장하였을 뿐 아니라 당시 척불에 대항하여 불교를 옹호하는 상소를 올린 전 전의부정 金琠을 통렬히 비난하여 저자에 車裂하여 마땅하다 하고, 척불을 주장하던 정도전에 대하여는 "이단을 배척하고 邪說을 종식시켜 天理를 밝히고 인심을 바르게 한 東方의 眞儒"라 극찬하였다.

그러나 김초와 박초의 상소는 결국 공양왕의 분노를 불러일으켜 김초 등은 巡軍獄에 수감되어 사형될 처지까지 이르렀다. 이들은 다행히 정몽주·鄭擢의 구원으로 사면되었다. 이와 같은 척불상소를 통해 성리학자들은 불교세력을 일축하는 한편 사원이 소유한 경제력을 몰수하고자 하였다.

고려말 사원의 토지확대는 권신들의 사전확대와 마찬가지로 토지탈점과 겸병 및 賜牌 등을 통해 이루어져 그 규모는 10만 결 이상으로, 전 농토의 1/8정도를 차지하고 있었다. 원래 사원이 소유한 토지는 국가에 대한 전조를 부담해야 하는 것이었으나 점차 면세지가 될 가능성이 있었기 때문에 국가로서는 심각한 문제였다.

이에 우왕 14년(1388) 조준의 1차 상서에서 寺社田柴의 지급 대상 사찰로 태조 이래 5大寺와 10大寺 및 《道詵密記》에 기록된 것 이외의 사찰은 과전지급 대상에서 제외시켰으며,[19] 공양왕 3년 5월의 과전법에서는 사원에 대한 토지 시납을 법으로 금지하고 있다.

이것은 사원경제 자체를 완전히 부정하는 것은 아니지만 사원경제의 기반

---

18) 宋昌漢, 〈金貂의 斥佛論에 대하여〉(《大丘史學》 27, 1985).
——, 〈朴礎의 斥佛論에 대하여〉(《大丘史學》 29, 1986).

19) 《高麗史》 권 78, 志 32, 食貨 1, 田制 祿科田 신우 14년 7월 大司憲 趙浚等 上書.

을 약화시킨 적극적인 개혁이었던 것이다. 따라서 개혁파에 의한 폐불상소와 사원의 경제기반 몰수는 사전혁파와 궤를 같이 하는 것이며, 훗날 조선시대 抑佛政策을 선도한 것이라 하겠다.

(2) 공양왕 옹립과 이성계의 실권 장악

가. 공양왕 옹립과 회군공신의 책봉

위화도회군을 계기로 창왕이 옹립되었지만, 실권자인 이성계는 그의 즉위를 달갑게 여기지 않았다. 대신 이성계는 군사적 기반 위에서 정도전·조준 등의 지지에 힘입어 정치적 기반을 확고히 다져갔다. 그는 사전개혁문제를 빌미로 창왕 옹립에 적극적이었던 대사헌 조민수를 탄핵하여 창녕으로 귀양 보낸 뒤 신진사대부의 대부인 李穡을 문하시중에, 자신은 수시중의 자리에 올라 집권체제를 강화하였다. 하지만 온건개혁파로서 권문세족의 후원을 받고 있던 이색과의 聯政은 정치불안을 가중시킬 따름이었다. 이같이 불안한 연정은 창왕 원년(1389) 11월에 발생한 '金佇의 獄'을 계기로 파기되었다. 결국 창왕은 폐출되고 전제개혁에 반대입장을 보인 세족과 온건파사대부들은 대거 정치일선에서 쫓겨나고 말았다.

> 前大護軍 金佇와 前副令 鄭得厚가 몰래 黃驪(여주)에 가서 (신)우를 알현하였다. … 우가 울면서 말하기를 '답답하게 이 곳에 있으면서 손을 묶고 앉아 죽음을 받을 수는 없다. 다만 力士 한 사람을 얻어 李侍中(이성계)만 해친다면 내 뜻은 성취할 수 있다. 내가 평소에 禮儀判書 郭忠輔를 좋아했으니 네가 가서 보고 이 일을 도모하라' 하고는 … 김저가 충보에게 알리니 충보는 겉으로 승낙하고는 달려와 우리 태조에게 말하였다(《高麗史節要》 권 34, 공양왕 원년 11월 갑술).

위의 사료를 통해 알 수 있듯 이 사건은 예의판서 곽충보 등 구세력과 연계하여 이성계를 제거하려 한 우왕의 계획이 탄로나 빚어진 사건이다. 이 사건을 계기로 邊安烈, 李琳, 이색, 禹玄寶·禹洪壽 부자, 禹仁烈, 王安德 등 舊勢力 및 온건파사대부가 유배되고 우왕 역시 멀리 강릉부로 옮겨지게 되었다. 하지만 이 사건은 이성계일파에 의해 언제 죽임을 당할지도 모르는 우왕이 이미 실권이 없는 전대호군 김저(최영의 조카)와 전부령 정득후에게 한 일종의 하소연에 불과한 것으로 보아 넘길 수도 있는 문제였다. 하지만 김저가 바로 이성계에 의해 쫓겨나 있던 최영의 조카라는 사실과 창왕이 그들의 전제개혁에 비협조적이었다는 점에서 창왕을 중심으로 한 사전개혁 반대세력을 제거하는 계기로 이용된 것으로 보인다.

이에 이성계는 판삼사사 沈德符, 찬성사 池湧奇·鄭夢周, 정당문학 偰長壽, 평리 成石璘, 지문하부사 조준, 판자혜부사 朴葳, 밀직부사 정도전 등을 興國寺로 모이게 하여 소위 '禑昌非王說'을 '廢假立眞'의 명분으로 삼아 창왕을 폐하고 공양왕을 옹립하였다. 공양왕, 즉 定昌君 瑤에 대하여 이성계는 "神王(신종)의 7代孫으로서 族屬이 가장 가까우니 마땅히 세움직하다"고 하였지만 조준과 성석린 등이 자질부족을 들며 반대하였을 정도로 인군의 재목은 아니었던 듯하다. 하지만 공양왕은 개인적으로 이성계와 인척관계에 있었고,[20] 나약한 성격의 소유자로 이후 이성계의 집권에 방해가 되지 않을 인물이었기 때문에 추대된 것으로 보인다.[21]

공양왕을 옹립한 뒤 이성계는 창왕을 강화로 내쫓고 이임(창왕의 외조이며, 李仁任의 外從) 및 그의 아들 貴生, 사위 柳琰·宋濂, 외손주 사위 盧龜山, 조카 李懃을 멀리 귀양보냈다. 또 김저의 음모에 관련이 있다 하여 문하평리 鄭地·李居仁, 전판후덕부사 柳惠孫·李乙珍, 전밀직 李惟仁·柳蕃·趙瑚·安柱 등 27인도 유배하였으며, 전왕을 두둔한 관계로 이색과 그의 아들 種學을 파직시키고 조민수를 서인으로 삼아 李崇仁·河崙·權近 등과 함께 모두 귀양보냈다. 그리고 이성계 일파는 후환을 막기 위하여 그 해 12월에 정당문학 徐鈞衡을 강릉에 보내어 우왕을 시해하고, 예문관대제학 柳珣을 강화에 보내어 10세의 창왕을 살해하였다.

이성계일파는 이와 같이 반대파를 제거하는 한편으로 이미 3년 전의 위화도회군에 협조한 군인 및 사대부들에 대한 포상조치를 취하였다. 공양왕 2년(1390) 4월에 회군의 공로자들에 대한 책봉문제가 논의되어 이듬해 3년 2월 功臣田을 하사하는 포상조치가 내려짐으로써 회군공신의 책봉작업은 일단

20) 공양왕의 이종사촌이 이성계의 일곱째 아들 芳蕃의 妻였다.
21) 李相佰, 앞의 책, 48~58쪽 및 劉璟娥, 앞의 책, 95쪽 참조.

락되었다. 회군논공 대상인원은 최영과 군사적으로 대치한 상황에서 요동 공격군으로 출정한 원수들과 회군의 주장에 동조한 고위관원 일부를 포함하여 모두 54명에 이르렀다.[22] 1등공신에는 이성계가, 2등공신에는 沈德符·裵克廉·尹虎·柳曼殊 등 17인이, 3등공신에는 30명이 책봉되었으며, 그밖에는 등급에 없었다.[23] 그런데 여기서 주목되는 것은 錄功敎書에 나타난 공신 책봉의 명분이 "거짓 인군 辛禑를 제거하고, 遼陽을 침범하여 天子에게 죄를 얻어 사직이 위태로운 때에 나라를 구했다"는 내용으로 되어 있다. 이 교지 내용대로라면 회군공신의 책봉은 요동정벌의 책임을 물어 최영을 숙청한 당시라던가 창왕을 옹립했던 조민수 숙청 당시에 행해졌어야 할 것이다. 하지만 이 논공을 공양왕 2년에 와서야 한 것은 '김저의 옥'을 계기로 전제개혁의 반대 세력을 제거한 후 어느 정도 자신들의 집권 기반을 다질 수 있게 되어 여유가 생겼음을 의미한다. 아울러 위화도회군의 정당성을 합리화하고 나아가서는 정권을 장악하는 초석을 다지기 위한 명분이요, 자신에게 충성을 바친 군관들에게 그 정치적 지위를 확보해주는 수단에 지나지 않는 것이라 하겠다.[24]

나. 윤이·이초의 옥과 반이성계파의 확대

尹彝·李初의 獄은 공양왕 2년(1390) 5월 明에 파견되었던 王昉과 趙胖이 돌아와 보고한 내용이 계기가 되어 이색·우현보 등 반이성계파 33인이 彝初黨에 몰려 처벌된 사건이다.

> ① (명) 禮部에서 신 등을 불러 이르기를 "너희 나라 사람 尹彝와 李初가 와서 황제에게 호소하기를, '고려의 李侍中이 (王)瑤를 세워 왕으로 삼았으나, 요는 宗室이 아니라 곧 그의 姻親입니다. 요가 이시중과 함께 군사를 동원하여 上國을 칠 것을 꾀하므로 재상 李穡 등이 반대하였더니, 곧 이색 등 10명을 살해하고, 禹玄寶 등 9인을 먼 곳으로 귀양보냈습니다. 그래서 귀양가 있는 재상들이 몰래 우리들을 파견하여 황제에게 고하고, 親王이 천하의 군사를

22) 姜芝嫣, 《高麗 禑王代(1374년~88년) 政治勢力의 硏究》(梨花女大 博士學位論文, 1996), 111~112쪽 참조.
23) 《高麗史》 권 45, 世家 45, 공양왕 2년 4월 임인.
24) 朴天植, 〈戊辰回軍功臣의 冊封顚末과 그 性格〉(《全北史學》 3, 1979).

거느리고 와서 토벌해 주기를 청합니다'라고 하였다"는 것입니다.… 그리고 (예부에서는) 윤이와 이초 등이 기록한 이색 등의 성명을 보여주면서 "너희가 속히 귀국하여 왕과 재상들에게 말하여 尹·李가 기록한 사람들을 잡아다 물어보고 나에게 보고하라"고 하였습니다(《高麗史》 권 45, 世家 45, 공양왕 2년 5월 계사).

② 무술일 밤에 金宗衍이 도망하였으므로 경내를 크게 수색하고 드디어 禹玄寶·權仲和·慶補·張夏·洪仁桂·尹有麟을 순군옥에 가두고, 또 崔公哲 등 11인을 옥에 가두었으며, 이색·李琳·禹仁烈·李仁敏·鄭地·李崇仁·權近·李種學·李貴生 등은 청주옥에 가두었다(《高麗史》 권 45, 世家 45, 공양왕 2년 5월 무술).

이와 같이 彝初의 옥에 대한《高麗史》기록은 크게 두 부분으로 나누어 살필 수 있다. 사료 ①은 이초사건의 발단이라 할 수 있는 것으로, 왕방과 조반이 명에 갔을 때 명의 예부로부터 尹·李가 명제에게 고소한 사실을 듣고 귀국하여 공양왕에게 상계한 내용이다. 사료 ②는 윤·이 등이 명에 보고했다는 명단안에 자신의 이름이 들어 있음을 알게 된 김종연이 처벌이 두려워 야밤도주함으로써 이 사건이 확대되고 있음을 보여주고 있다. 결국 이 사건으로 이색·우현보·우인열·정지·이임·경보·이숭인 등이 하옥된 것을 알 수 있다.

이렇게 여러 사람들의 숙청을 초래한 왕방과 조반의 보고내용 즉, 사료 ①의 내용은 다시 몇 가지로 나누어 볼 수 있다. ⓐ 공양왕은 종실이 아니고 이성계의 인척이라는 것, ⓑ 이성계가 병마를 동원하여 명을 공격하려 했다는 것, ⓒ 이 때문에 이색 등이 죽임을 당하거나 원지에 유배되었기 때문에 ⓓ 윤이와 이초를 명에 보내 군대를 거느리고 와서 이성계일파를 토벌해 줄 것을 청해 달라고 부탁했다는 것이다. ⓔ 그러나 명황제는 윤이와 이초의 호소가 무고라는 사실을 알았기 때문에 조반으로 하여금 귀국하여 왕 및 재상과 협의하여 윤·이가 제출한 명단의 인물들을 조사하여 보고하라고 하였다는 것이다.

이 사건이 보고되자 헌부와 형조에서는 잇따라 소를 올려 '彝初黨'을 처벌할 것을 요구하였으나 왕은 별다른 대응을 하지 않았다.[25] 그런데 池湧奇로부터 '彝初의 명단' 자신의 이름이 실려 있어 위태할 것이라는 말을 들은 김

25)《高麗史節要》 권 34, 공양왕 2년 5월.

종연이 야밤에 도주하는 사건이 발생함으로써 큰 옥사가 일어나게 되었다. 하지만 이 사건을 처음 고발한 조반이 그 후 '개국 2등공신'에 오를 만큼 이성계의 우익이었다는 점에서 이 사건 역시 김저사건처럼 이성계파에 의해 확대 내지 조작되었을 가능성을 배제할 수 없다.[26)]

이성계는 공양왕을 즉위시키면 자신의 의도대로 정국을 주도할 수 있으리라 생각하였다. 그러나 장단에 은거해 있던 이색이 대궐로 나와 하례하자 왕은 그에게 자신을 도와달라 간절히 호소하면서 이색을 판문하부사, 변안렬을 영삼사로 임명하였다. 이러한 상황은 지금까지 이성계세력이 배제했던 이색 등이 공양왕과 밀착될 가능성을 예측하게 해준다. 더구나 9공신을 무함하는 말까지 들리면서 사태는 이성계세력에게 불리하게 전개되었다.

즉 공양왕 즉위 후 이성계세력의 대간들은 이초의 사건이 일어나기 직전까지 소위 '禑昌黨'(신돈의 아들인 우·창을 옹립하여 왕실의 맥을 끊으려는 자)을 모두 살해하도록 왕에게 끊임없이 요구해 왔었다. 그러나 공양왕은 오히려 우창당의 편에 서서 원만한 해결을 강구할 뿐이었다. 이러한 위기상황 속에서 이성계는 자기 세력의 결속을 공고히 할 필요성을 느꼈으며, 우창당의 처리문제를 놓고 공양왕과 충돌이 한창이던 동왕 2년 4월 회군공신을 정하여 포상을 거행한 것도 이러한 정국위기 극복의 수단으로 자신의 지지기반에 대한 결속과 보장책의 일환이었음이 분명하다 하겠다.[27)] 그리고 다른 한편으로는 자신들의 반대세력을 일거에 숙청할 계기를 찾고 있었던 중 마침 발생한 것이 바로 윤이·이초의 사건이었다.

---

26) 이 사건의 발단에 대하여 이색 등 구세력이 직접 개입한 것은 아니지만 궁지에 몰린 구세력을 지지해 온 일부 인물들이 조작한 사건으로 보는 견해도 있다(趙啓纘, 앞의 글, 444~446쪽). 물론 이색 등은 이미 창왕 때 왕의 친조를 추진하여 명에 의지하여 이성계세력을 견제하려고 노력한 인물이라는 점에서 이 때에도 명에 도움을 요청했을 가능성을 배제할 수 없다. 그러나 이 사건에 연루된 이색·조민수·이임·변안렬·이숭인·권근·이종학·이귀생·우현보·우인렬·정지 등이 이미 모두 귀양가 있어 이와 같은 사건을 꾸밀 만한 능력을 가진 인물들이 별로 남아 있지 않았다. 더욱이 이초사건 후 청주에서 큰 수재가 났다고 하여 곧 청주옥에 수감되어 있던 이초사건 관련자를 석방한 사실에서도 이 사건이 무고였음을 이성계파 스스로 인정하고 있는 증거로 보기도 한다(劉璟娥, 앞의 책, 108쪽).

27) 朴天植, 앞의 글(1979) 참조.

결국 이 사건으로 33인이 연루되었는데 그 가운데 이색·조민수·권근·이숭인 등 13명은 이미 '우창당'으로 탄핵되어 처벌받았던 인물들이다. 그런데 이들이 다시 '이초당'에 포함되어 있는 것은 '우창당'에 대한 처리가 이성계세력이 의도한 만큼 이루어지지 못했음을 말해주는 것으로 볼 수 있다.28) 또한 21명이 새로 '이초당'에 추가된 것도 이성계세력의 정국주도에 반대하는 세력이 그만큼 확대되고 있음을 의미한다고 할 수 있다. 더구나 그 가운데 19명이나 되는 인물들이 모두 무장세력으로서 활동한 경험이 있거나 무관직을 띠고 있는 것으로 보아 이성계에 반대하는 무인들의 반발이 커가고 있음을 알 수 있다.29)

그런데 11월에 다시 '김종연사건'이 발생하고 또 한차례 반이성계파가 숙청된다. '이초당'에 연루되어 투옥되었다가 탈출한 김종연이 서경에 와서 서경천호 尹龜澤·楊百之 등에게 군사를 청하여 개경의 沈德符·池湧奇·鄭熙啓·朴葳·尹師德·李沃·李彬·李茂·陳乙瑞 등과 함께 군사를 거느리고 이성계 등 9공신을 살해하려고 모의하였다는 것이다.30)

이 '김종연 사건'에 연루된 인물들 가운데는 무장출신이 심덕부·지용기·박위·윤사덕·이무·진을서·이옥 등 7명이고, 하급무인은 金兆府·張翼·魏种 등 14명이었다. 특히 공양왕 추대의 공신이기도 한 심덕부·지용기·박위 등이 사건에 연루되었다는 것 등은 이성계세력 내부, 특히 무장세력 내부에 분열과 대립이 생겼음을 보여준다. 이러한 반발에 대하여 이성계세력은 김종연을 참혹하게 처형하여 각 지방에 조리를 돌림으로써 앞으로 일어날 수도 있는 반발세력에 대한 경각심을 고취시키며, 하급사병까지 철저하게 숙청하는 등 매우 강경한 조치를 취하였다. 아울러 '종연당' 처벌 후 여러 元帥의 인장을 모두 회수하여 무장들이 가지고 있던 사병집단을 흡수하였고 아울러 공양왕 3년 정월에는 이성계가 서울과 지방의 군사를 모두 통솔할 수 있게 되었다.31) 뿐만 아니라 한달 뒤에는 우창당·이초당에 빠져 있던 지용기마저

---

28) 劉璟娥, 앞의 책, 103쪽.

29) 劉璟娥, 위의 책, 102쪽 〈표 7〉 참조.

30) 《高麗史》 권 104, 列傳 17, 金周鼎 附 宗衍.
李相佰, 앞의 책, 78~87쪽.

31) 《高麗史節要》 권 34, 공양왕 2년 11월·3년 정월.

역모죄로 몰아 杖流하였으니 이로써 9공신 가운데 이성계와 견줄 만한 능력을 가진 무장은 하나도 남지 않게 되었다.[32]

(3) 정몽주 살해와 이성계의 왕권찬탈

이상 살핀 바와 같이 우왕 14년 위화도회군 이후 실권을 장악한 이성계는 개혁파사대부들의 협조하에 고려사회에 누적된 사회적 폐단을 제거하는 과감한 사회경제적 개혁을 단행하는 한편, 김저의 옥, 윤이·이초의 옥 등을 통해 자신의 집권에 방해가 되는 세력을 차례로 제거하면서 마침내 軍國의 大權을 장악하기에 이르렀다. 이로써 창왕 때에는 舊家世族세력이 잔존하여 이성계세력을 어느 정도 견제하였으나 공양왕을 옹립한 뒤로부터 국왕의 존재가 완전히 괴뢰에 불과하게 되었다.

이성계의 인척이기도 한 공양왕은 천성이 우유부단한 貴公子로서 쓰러져가는 고려왕조의 국운을 재건하기에는 거리가 먼 인물이었다.[33] 대신 이성계는 소위 '공양왕옹립 9功臣'의 元勳으로서 守門下侍中(공양왕 원년 11월)·領三司事(동왕 2년 10월)를 거쳐 門下侍中(동년 12월)에 올랐으며, 아울러 領八道軍馬(동왕 2년 정월)·都摠中外軍事(동년 11월)의 무권을 겸하더니 동왕 2년 12월에 軍制를 개혁, 군최고사령부로서 三軍摠制府를 설치하고 이듬해 정월에 三軍都摠制使에 올라 완전히 군권을 장악하였다. 이처럼 이성계는 문무의 대권을 한 손에 쥐고 왕위를 형해화시켰을 뿐 아니라, 刑曹·憲司·臺諫에 이르기까지 모두 그의 일파를 배치하여 그에 대항하는 잔존세력을 끊임없이 탄핵하여 제거하였다.[34]

하지만 이러한 이성계의 전횡은 그에 의해 왕위에 오른 공양왕뿐 아니라 그와 함께 위화도회군, 전제개혁, 공양왕 옹립에 이르기까지 그의 정책을 지

---

32) 《高麗史》 권 114, 列傳 27, 池湧奇.
劉璟娥, 앞의 책, 104쪽.

33) 처음에 이성계가 興國寺에서 중신회의를 열고 정창군을 세우자고 발의할 때에 이성계의 심복이었던 趙浚도 "定昌君은 부귀한 가정에서 성장하여 다만 治財를 알 뿐 治國은 모른다"하며 반대할 정도였다.

34) 이 시기 臺諫의 활동은 종래 對王權規制의 기능보다는 新進士類와 舊族大臣 양대세력의 정권쟁탈전에 앞장서고 있었다고 지적된 바 있다(朴龍雲, 《高麗時代臺諫制度硏究》, 一志社, 1980, 209~215쪽).

지해 온 정몽주마저 이성계세력에서 이탈하게 하였다. 공양왕 2년 7월 이성계세력이 '이초당'을 다시 심하게 논핵하자 정몽주가 4대를 추봉하는 기회에 이색·권근 등을 사면하는 은혜를 내리기를 건의하였고,[35] 이에 헌부와 형조에서 반발하고 나서면서 정몽주와 이성계세력의 충돌이 시작되었다.

> ① 가을 7월에 大赦하였다. 찬성사 鄭夢周가 대간이 이초당을 논핵함이 매우 심하므로 왕에게 아뢰기를 '마땅히 4대를 추봉하는 기회에 李穡·權近 등을 사하는 큰 은혜를 내리소서'하니 그 말을 따른 것이다. ② 헌부와 형조에서 소를 올려 彝初黨의 죄를 다스리기 청하였다. 이튿날 대간이 다시 청하였으나 모두 대답하지 않았다. ③ 8월에 헌부와 형조에서 다시 이초당의 죄를 다스리기를 청하니 都堂에 내리어 의논하게 하였다. 정몽주가 아뢰기를 '이초의 무리는 죄가 명백하지 않으며, 또 사함을 받았으니 다시 논죄할 수 없습니다' 하였으나, 왕이 오히려 여러 사람의 의논을 따라 禹玄寶·權仲和·慶補·張夏를 먼 지방으로 귀양보냈다(《高麗史節要》 권 34, 공양왕 2년 7월·8월).

위의 사료를 통해 이초당 사건에 대한 처벌에 있어 정몽주와 공양왕이 뜻을 같이하여 형량을 낮추거나 사면에 처하였으나, 그 후에도 이성계일파로 보여지는 대간들의 상소가 끊이지 않고 있음을 알 수 있다. 그들의 공격에 지친 왕은 이를 도당에서 심의하도록 하자, 정몽주는 "이초의 무리가 죄가 명백하지도 않고 또 용서를 받았으니 다시 논죄할 수 없다"는 강경한 자세로 자신의 뜻을 관철시키려 하였다. 하지만 이미 대세를 이루고 있는 대간들의 뜻에 따라 우현보 등을 귀양보내지 않을 수 없었다.

하지만 이초당에 대한 정몽주의 태도를 둘러싸고 司憲府·刑曹·門下府郎舍들 간에는 정몽주를 옹호하는 세력과 그 반대세력으로 나뉘어 첨예하게 대립하였다. 결국 대사헌 金士衡을 중심으로 집의 安景儉·崔遠, 장령 許周·崔蔵, 지평 趙庸, 형조판서 安景恭 등이 뭉쳐 정몽주에 동조하는 좌상시 鄭寓·좌사의 崔云嗣·헌납 李蟠·정언 權壎 등과 대립하여 서로를 탄핵함으로써 대간의 업무가 마비될 정도였다.[36] 이로써 이초당 처벌문제로 인하여 대간직 내부에는 비록 열세이기는 하였지만 이초당을 옹호하는 '鄭夢周黨'이

---

35)《高麗史節要》 권 34, 공양왕 2년 7월.
36)《高麗史》 권 104, 列傳 17, 金方慶 附 士衡.

형성되어 있음을 알 수 있다.

아울러 이 사건은 정몽주와 공양왕의 결속을 돈독히 하는 계기가 되었다. 공양왕 2년(1390) 11월 김종연사건으로 숙청된 심덕부를 대신해 이성계가 시중의 자리에 올랐을 때 공양왕은 정몽주를 수시중에 임명하여 이성계를 견제할 수 있도록 하였다. 더욱이 이듬해 봄 군제개혁을 통해 이성계가 군통솔권의 수뇌인 3도도총제사가 되고 趙浚·鄭道傳·裵克廉 등이 각각 左·右·中軍摠制使로서 군권을 장악하자 정몽주 동조세력들은 활발한 대간활동을 통해 이성계세력을 견제해 가고 있었다. 물론 공양왕 역시 이들을 지지하면서 소위 이성계세력에 의해 숙청되었던 '5罪'[37]의 인사들의 형벌을 감해주었다.[38]

그리하여 같은 해 9월에도 사헌부에서 소위 立昌黨·迎禑黨·彝初黨 관련자들에 대한 가중처벌을 요구하자, 왕은 정몽주·尹虎·柳曼殊·金湊 등을 불러 의논하여 이색과 우현보를 석방하고, 조민수·변안열은 가산을 몰수하며 李乙珍은 율에 따라 단죄하며, 池勇奇·朴可興은 그대로 유배해 두되, 禹仁烈·王安德·朴葳 등은 경외에 편리한 대로 살게 할 것을 명하였다. 이 자리를 빌어 처음부터 彝初黨의 죄가 분명치 않다고 주장해 온 정몽주는 "지금 이후 다시 이들을 論劾하는 자는 誣告罪로 다스리겠다"고 선언함으로써 이성계 일파와의 정면 대결을 선언하였다. 아울러 이를 계기로 정몽주는 5죄로 처벌되었다가 풀려난 인사들을 그의 세력 내지 그의 동조세력으로 끌어들일 수 있게 되었다.

> 좌상시 金震陽이 말하기를 '(鄭)夢周·李穡·(禹)玄寶가 李崇仁·李種學·趙瑚를 보내어 신 등에게 말하여 李 判門下가 공을 믿고 권력을 마음대로 하는데 지금 말에서 떨어져 병이 위독하니 먼저 우익인 趙浚을 제거한 후에야 도모할 수 있다고 하였습니다.' … (《高麗史》 권 117, 列傳 30, 金震陽).

---

37) 5罪란 ① 王氏를 세우는 의논을 저지시키고 禑의 아들 昌을 세운 자(禑昌黨; 李穡·曺敏修 등), ② 金宗衍의 모의에 참여한 자(宗衍黨; 池勇奇·朴可興 등), ③ 신우를 맞이하여 왕씨를 영구히 끊게 하려는 자(禑昌黨; 변안열·우현보 등), ④ 尹彝와 李初를 上國에 보내어 친왕이 천하의 군사를 움직여 이성계를 치도록 요청한 자(彝初黨), ⑤ 선왕의 서손을 꾀어 반역을 도모한 자(池湧奇)를 칭한다(《高麗史》 권 117, 列傳 30, 鄭夢周).

38) 劉璟娥, 앞의 책, 113~115쪽 참조.

위의 사료를 통해 공양왕 4년(1392) 4월, 이전까지 이성계세력에 의해 탄핵받아 유배되었던 이색과 우현보가 정몽주와 대등한 입장에서 이성계세력을 탄핵하고 나서고 있음을 확인할 수 있다. 뿐만 아니라 이종학·이종선·이숭인· 조호 등 우창당으로 유배되었던 인물들도 정몽주의 동조세력에 합류하고 있었을 알 수 있다. 즉 정몽주와 같은 정치노선을 가진 인물뿐 아니라 이색·조호·우현보 등과 같이 우왕·창왕대의 정치질서를 유지하려 했던 세력들도 이성계의 역성혁명을 저지하기 위해 정몽주와 연대하기에 이르렀던 것이다.[39] 이로써 공양왕 4년초에 이르면 이성계세력에 대항하는 정몽주를 중심으로 고려왕조를 옹호하는 세력이 결집되었다고 할 수 있다. 뿐만 아니라 공양왕 3년 9월부터 4년 4월 정몽주가 살해되기 전까지 우창당과 연대한 정몽주에 합류한 세력은 이성계세력을 압도하고 있었다고 보인다.

그리하여 한산부원군으로 복직된 이색에게 이성계는 끓어 앉아 술을 청해야 했고[40] 반면 鄭道傳은 대간을 비방했다는 죄목으로 형조의 탄핵을 받아 奉化縣에 유배되었다가 다시 羅州, 保州로 이배되었다. 趙璞·尹紹宗·南在·南誾 등 역시 유배되고, 吳思忠은 삭탈관직되는 등 이성계에게 충실한 개혁파 사대부들은 거의 중앙정계에 남아 있지 못하였다. 이 기회를 놓치지 않고 문하부 낭사 김진양은 소를 올려 조준·정도전 등을 극형에 처하도록 요구하였다. 왕의 재가만 얻는다면 이성계의 우익을 모두 제거하고 이성계까지 제거할 수 있을 정도로 공양왕 4년의 정국은 정몽주 동조세력들이 언론직을 장악하고 있었던 것이다.[41]

그러나 공양왕은 이성계의 독주에 지쳐 있었지만 정몽주세력의 요구에 놀라 이성계세력에 대한 탄압을 중지하게 하고 정도전을 廣州로, 조준을 泥山으로 가까이 옮기도록 명하였다. 이어 남재·조박·윤소종·오사충 등 역시 수원으로 불러들여 국문하도록 하였다. 이러한 소강의 기회를 포착한 李芳遠은 이성계에게 事勢의 위급함을 알려 정몽주 제거라는 비상수단을 동원, 실천에 옮겼다. 결국 정몽주는 善竹橋에서 격살되고 그의 黨類마저 모두 유배되었다.

---

39) 劉璟娥, 위의 책, 120쪽.
40) 《高麗史》 권 115, 列傳 28, 李穡.
41) 劉璟娥, 앞의 책, 121쪽 참조.

이와 같이 이성계는 최후로 남아 있던 고려왕조 유지론자인 정몽주를 제거하였다. 아울러 왕조교체를 반대하였던 이색을 비롯하여 이숭인·조호·김진양·李擴·偰長壽·金履·이무·이빈·安魯生·崔關·金膽, 우현보와 그의 당여 및 종실 南平君 和·壽延君 珪 등 20여 명을 먼 곳으로 귀양보내었다.[42]

왕실을 두호하던 중신과 종실을 모두 잃고 고립무원에 빠진 공양왕은 4년(1392) 7월 밀직제학 이방원과 사예 趙庸을 불러 동맹의 형식을 빌어 이성계에 의지하여 고려왕조를 유지할 것을 요구하였다. 하지만 이성계파 우시중 裵克廉은 "왕이 昏暗하여 君道를 이미 잃고 인심이 떠나 있어 社稷과 生靈을 맡길 수가 없습니다"하며 폐위상소를 올리니, 결국 왕대비의 명으로 공양왕은 폐위되어 原州로 방출되었다.[43] 이로써 고려왕조의 國璽는 마침내 이성계에게 넘겨져, 1392년 7월 17일 權知高麗軍國事로서 즉위하니[44] 34대 475년에 걸친 고려왕조는 무대 뒤로 사라지고 말았다.

〈朴天植〉

42) 《高麗史節要》 권 35, 공양왕 4년 6월.
鄭在勳, 앞의 글, 75~77쪽.
43) 《高麗史節要》 권 35, 공양왕 4년 7월 신묘.
44) 《太祖實錄》 권 1, 태조 원년 가을 7월 17일 병신.

Ⅱ. 경제구조의 변화

Ⅱ. 경제구조의 변화

1. 농장의 성립과 구조

1) 전시과체제의 붕괴

고려 전기의 사회체제를 경제적으로 지탱해 준 것은 田柴科制度였다. 전시과체제에서는 위로는 왕족으로부터 문무양반과 군인·향리에 이르기까지 모든 지배층은 국가에 대한 복무의 대가로 수조지를 분급 받았고, 왕실로부터 중앙 각사나 지방의 말단기관에 이르기까지 모든 지배기구 역시 수조지를 배정받아 재원을 확보할 수 있었다. 이에 반해 백성들은 자기의 소유지인 民田의 자가경영을 통해 생활의 토대를 마련하는 한편, 부세를 납부하여 녹봉과 국용 및 군수 등을 지탱해 주고 있었다. 다시 말해 지배기구와 지배신분에 대해 수조지를 광범위하게 분급하고 그 토지를 매개로 하여 지배신분을 직역에 동원함으로써 농민에 대한 지배와 수취를 실현하는 것이 고려 전시과체제의 본질이었다.

그런데 10세기 후반 무렵에 이루어진 이 체제는 12세기 초엽부터는 점차 붕괴의 조짐을 보이더니 무신란으로 무신정권이 들어서면서 파탄하기 시작하였다.[1] 그간에 야기된 정치적인 혼란과 더불어 전시과체제의 모순이 표면화된 데다가 사회적 생산력의 발전으로 종래의 질서에 변화가 불가피하였기 때문이다.

1) 田柴科體制의 붕괴에 대해서는 다음의 연구가 있다.
周藤吉之, 〈高麗朝より朝鮮初期に至る田制の改革〉(《東亞學》 3, 1940).
姜晋哲, 〈田柴科體制의 崩壞〉(《高麗土地制度史研究》, 高麗大 出版部, 1980).
浜中昇, 〈高麗末期の田制改革について〉(《朝鮮史研究會論文集》 13, 1976).
金泰永, 〈科田法의 成立과 그 性格〉(《朝鮮前期土地制度史研究》, 知識産業社, 1983).
李景植, 〈高麗末期의 私田問題〉(《朝鮮前期土地制度研究》, 一潮閣, 1986).

전시과체제에서 관료들이 받는 수조지는 무신란을 전후한 시기의 정쟁과 농민항쟁의 폭발, 몽고와의 장기간에 걸친 전쟁을 거치면서 지배층에 대한 관료적 통제가 마비됨에 따라 수조지에 대한 관리와 운영능력이 감퇴되자 수조권자들은 자기 수조지에 대한 권한을 강화하고 世傳할 수 있게 되었다. 그러나 수조지의 세습은 정부의 수조지 관리능력의 마비로 인해서만 야기된 것은 아니었고 원래 전시과체제 아래에서 사실상 이루어지고 있던 현상이었다. 양반관료들은 관직의 취득을 통해, 향리·군인 등은 職役의 세습을 전제로 하여 현실적으로 세전되었다. 다만 이 전수과정에서 관의 공인이 매개되어야 하는데 이른바 '田丁連立'이란 官의 파악 아래에서 수조지가 世傳·遞受됨을 말하는 것이었다. 사전수조지는 그 受得者가 특별히 범법행위를 하여 처벌되지 않는 한, 관의 인정을 받아 본인 당대는 물론이요 처·자손에게 전수되는 것이었다.

이러한 고려 전기의 수조지는 국가권력의 규제를 벗어나게 되면 수조권자의 권한은 강화되어 갈 수밖에 없는 성격을 지니고 있었다. 사전의 세전, 특히 사적인 전수는 "당사자가 죽으면 국가에 납부한다"[2]는 규정을 사문화시켰다. 즉 직역에 따른 頒給과 占有라는 수조지분급제의 기본원칙이 무너진 것이었다. 직역담당자는 수조지점유에서 갈수록 배제되고 이에 반하여 무자격자가 수조지를 세전하는 사태는 더욱 심해져갔다. 수조권에 가해지던 양적 제한도 유명무실해졌다. 지배신분계급을 18科로 구분하여 각과에 따라 차등있게 지급하던 전시과의 액수제한은 허구화되었다. 수조지의 세전과 분급제의 와해는 수조지의 겸병을 수반하였다. 국가권력과 수조권자 사이의 관계는 법제대로 유지되지 못하였고, 그러한 법제의 유지를 통해 수립되고 있던 집권적 질서는 크게 흔들리게 되었으며 수조권자들의 수조지에 대한 권한은 강화되었다.

그러나 수조권의 강화가 국가와의 관계에서만 나타나고 있던 것은 아니었다. 수조권은 납조자인 전객농민에 대한 전주의 지배라는 측면에서도 강화되었다. 전주의 수조권이 국가권력의 간여를 배제하고 그 소유권자에 대한 지

2) 《高麗史》 권 78, 志 32, 食貨 1, 田制 서문.

배력을 사적으로 강화함에 따라 전조수취는 법정조율을 훨씬 상회하는 선에서 집행되었다. 사전의 가산화, 즉 祖業田化가 이루어지고 있었던 것이다.

고려말 가산화한 사전은 수조권과 수조지에 근거하고 있는 점에서는 전시과적인 토지지배와 동일하지만 그 내용에 있어서는 전주인 수조권자의 사적 권한이 강하게 발휘되는 토지였다. 이런 조건에서 소유권, 소유지 그 자체에 대한 침식도 일어났고, 경우에 따라서는 탈점도 강행되었다. 이것은 고려 전기 관료체제를 유지하던 수조권분급제의 붕괴를 의미하는 것이며, 이와 관련된 토지겸병과 수취체제의 문란 등은 전시과체제의 전면적 붕괴를 수반하였다.[3]

한편 농업생산력의 발전과[4] 수공업의 발전[5] 등 사회적 생산력의 발전은 사회분화를 가속화시켰다. 고려 전기는 일반민을 토지소유와 노동력의 보유 실태에 따라 丁戶層과 白丁層으로 분류하고 기본적으로 정호층에게는 직역을, 백정층에게는 요역을 부과하는 국역동원체제를 토대로 국가를 운영하였다.[6] 그리고 이러한 토대는 당연히 고려 전기 전시과체제 운영에 있어서도 가장 기본이 되는 것이었다. 그러나 고려 후기 사회적 생산력의 발전은 농민층의 분화를 가속화시켜 '務農治富'하여 신분을 상승시키는 존재도 나타나게 하였지만 한편으로는 많은 농민층이 몰락하여 '無田農民化'하는 경우도 생겨났다. 이러한 일반 기층민의 변동은 자연히 고려 전기의 사회편제를 근본적으로 동요시켰으며 전시과체제 역시 동요하지 않을 수 없게 하였다.

토지겸병과 인구집중으로 표현되는 전시과체제의 동요현상은 이미 12세기 초엽부터 나타나기 시작하였다. 즉 李資謙의 집권과 반란을 전후한 시기부터였다. 예종 연간에 이자겸의 인척이었던 李資諒이 院館을 造營하면서 吏民의 田園을 침탈하였는데 그 일을 관장하는 자가 그것을 구실로 謀利하여 백성

---

3) 李景植, 앞의 책, 7~16쪽.

4) 魏恩淑, 〈12세기 농업기술의 발전〉(《釜大史學》 12, 1988).

5) 홍희유, 《조선중세수공업사연구》(과학백과사전출판사, 1979 ; 지양사, 1989).
魏恩淑, 〈고려후기 직물수공업의 구조변동과 그 성격〉(《韓國文化硏究》 6, 釜山大, 1993).

6) 金琪燮, 〈高麗前期 農民의 土地所有와 田柴科의 性格〉(《韓國史論》 17, 서울大, 1987).
安秉佑, 〈高麗前期 地方官衙 公廨田의 설치와 운영〉(《李載龔博士還曆紀念 韓國史學論叢》, 한울, 1990).

에게 해를 끼치므로 서해도안찰사였던 崔奇遇가 이를 금지시키자 백성들이 크게 기뻐하였다는 기사가[7] 보이고 있고, 또 이자겸이 남의 土田을 강탈하고 僕隷를 풀어 車馬를 약탈하여 자기의 물건을 운송하였다고 하는 것이나,[8] 이자겸이 몰락한 인종 5년(1127) 10월에 왕이 有司에게 명하여 여러 李氏들이 탈점한 土田과 臧獲(노비)을 모두 本主에게 돌려주게 하였다는 것[9] 등에서 이자겸과 그 일문에 의한 토지탈점과 겸병이 상당히 만연되었음을 알 수 있다.

그러나 이러한 현상이 사회전반에 걸쳐 진행되어 전시과체제가 결정적으로 타격을 입는 것은 무신정권이 들어서면서부터였다. 이자겸집권기에는 주로 이자겸 자신과 그 일문에 의한 것이었지만 무신집권기를 전후해서는 무신집권자들뿐 아니라 토호와 승려들도 탈점자로 나서고 있다. 초기 무신집권자였던 鄭仲夫는 侍中에 임명되어 전원을 확대했고, 그의 家童·門客들도 그 세력에 의지하여 横恣하였으며,[10] 권신이었던 文克謙 역시 僕從들을 나누어 보내 전원을 넓혔다.[11] 권세가 이외에도 京人의 농장이 鄕邑에 널려 있고, 승려들이 諸處의 농장에서 함부로 貢戶를 만들어 良人을 사역시키거나 각처의 부강한 양반들이 고리대를 운영하여 예전부터 경작해 왔던 힘없고 가난한 백성들의 丁田탈점 등은 무신정권 초기에 이미 농장이 상당히 확산되어 있음을 말해준다. 그러한 상황은 명종 26년(1196)에 崔忠獻·崔忠粹 형제가 李義旼을 제거한 후 시정해야 할 폐단으로 건의된 '封事 10條' 가운데에도 보이고 있다. 즉 관리들이 탐오하여 公·私田을 빼앗아 겸병하여 한 집에서 소유한 기름진 옥토가 몇 고을에 걸쳐있어 나라의 부세가 삭감되고 軍士가 결핍되게 되었다는 것이었다.[12]

그러나 최씨무신집정 이후에도 그러한 현상은 전혀 개선되지 않았을 뿐 아니라 그들에 의한 토지겸병은 오히려 심화되어 갔다. 최씨무신집정들은 각

7)《高麗史》권 98, 列傳 11, 崔奇遇.
8)《高麗史》권 127, 列傳 40, 叛逆 1, 李資謙.
9)《高麗史》권 15, 世家 15, 인종 5년 10월.
10)《高麗史》권 128, 列傳 41, 叛逆 2, 鄭仲夫.
11)《高麗史》권 99, 列傳 12, 文克謙.
12)《高麗史》권 129, 列傳 42, 叛逆 3, 崔忠獻.

기 수 천명에 달하는 私兵을 거느리고 그것을 통해 정권을 유지하였으므로 그와 같이 많은 군사력을 유지하기 위해서는 수조지나 그들에게 특별히 사여된 食邑인 晋陽에서의 수입만으로는 부족하였기 때문에 광대한 농장을 경영하지 않으면 안되었다.13)

최씨집권기의 토지겸병과 인구집중은 최씨일문에 한정되는 것이 아니었고 최씨와 인척관계에 있거나 밀접한 관계를 맺고 있는 많은 권력자들과 그 휘하의 사람들에 의해 자행되었다.14) 崔竩가 제거된 후 최의 및 만종(崔沆)의 노비·전장·銀帛·米穀 등이 국가에 의해 적몰되고, 최의의 창고에 저축된 곡식도 分賜되었다. 이 때의 사급내용을 보면 太子府에 2,000斛, 제왕·재추·문무백관으로부터 서리·군졸·조예·방리인에 이르기까지 적더라도 3斛을 내려가지 않았다고 하는데15) 이와 같이 막대한 부의 축적은 많은 토지와 인민을 그의 예하에 집적할 수 있었기 때문에 가능한 것이었다.

이러한 현상은 최씨집권기뿐 아니라 다른 무신들의 경우도 비슷하였다. 최의를 제거하고 집권한 金俊도 농장을 列置하고 가신 文成柱로 하여금 전라도를, 池濬으로 하여금 충청도를 관할케 하였으며, 그의 아들들도 토지와 노비를 탈점하는 데 광분하였다.16) 김준과 함께 최의를 타도한 문신 柳璥도 김준과 더불어 衛社功臣으로 많은 토지와 노비를 지급 받았는 데도 권세를 잡은 이후 그 부가 전보다 배는 더하여 사람들이 三韓의 거부로 일컬었다고 한다.17)

이러한 토지겸병의 확대는 무신집권이 끝나고 원간섭기가 시작되는 원종 11년(1270) 이후에는 더욱 보편화되어 전국적인 규모로 확산되었다. 이전의

---

13) 金鍾國, 〈高麗武臣政權の特質に關する一考察－私兵集團と經濟的基盤を中心として－〉(《朝鮮學報》 17, 1960).
許興植, 〈1262년 尙書都官貼의 分析(下)〉(《韓國學報》 29, 1982).
尹龍爀, 〈대몽항쟁기 고려 무인정권의 江都生活〉(《崔永禧先生華甲紀念 韓國史學論叢》, 探求堂, 1987).

14) 宋炳基, 〈高麗時代의 農莊－12世紀 以後를 中心으로－〉(《韓國史硏究》 3, 1969), 3～4쪽.

15) 《高麗史》 권 129, 列傳 42, 叛逆 3, 崔忠獻 附 竩.

16) 《高麗史》 권 130, 列傳 43, 叛逆 4, 金俊.

17) 《高麗史》 권 105, 列傳 18, 柳璥.

것은 주로 무신집권자들과 그 족당·관인·일부의 토호나 승려들에 의해 진행되었다. 그러나 이후로는 관인들은 말할 것도 없고 왕·왕실·국가권력기관·내료·부원배 등이 주체로 나섰고 토호나 사원의 토지겸병도 본격화되었다.

30여 년에 걸친 몽고의 침입과 삼별초의 난, 일본원정 등으로 고려는 막대한 인구의 손실과 농토의 황폐화를 감수하여야 했다. 그 결과 국가나 왕실의 재정은 파탄상태가 되어 백관의 녹봉을 지급할 수 없었음은 물론, 內莊宅의 쌀이 떨어져 하루 저녁의 御飯米를 마련하지 못할 지경에 이르기까지 하였다.[18]

이러한 상황에서 왕과 왕실, 국가기관에서도 토지겸병의 대열에 가담하였다. 왕에 의한 토지겸병은 충렬왕으로부터 시작되었다. 이 시기는 특히 왕실의 원으로의 盤纏(여비)이 막대하였기 때문에[19] 국가재정이 고갈된 상태에서 그 비용을 충당하고자 과렴을 행하였을 뿐 아니라 內房庫라는 御庫를 별도로 설치하여 환관 1인으로 하여금 관장케 하고, 권농사라는 명칭의 조신을 각 도에 파견해 공사양전을 택하여 백성들로 하여금 경작케 하고 공부를 면제해 주는 방식으로 왕이 직접 토지겸병과 인구집중에 앞장서기도 하였다.[20] 그것은 이후 충혜왕대에도 계속되어 田民을 탈취하여 寶興庫에 소속시켰고,[21] 五敎兩宗의 亡寺田과 선대의 功臣田을 모두 內庫에 소속시켰으며,[22] 이른바 '四件奴婢'를 빙자하여 노비를 빼앗아 北殿에 두고 직물을 생산하게 하기도 하였다.[23]

왕실이나 권력기관이 토지겸병에 나서기 시작한 것은 원간섭기부터였다. 왕실인 諸王들은 이미 원종조에 경기지방의 기름진 토지를 광점하고 있었고, 충렬왕대에 들어서면 元成殿·貞和院 등의 궁원이나 將軍房·忽只·巡軍·鷹坊 등의 원과 관련된 권력기관 역시 촌락을 탈점하고 있었다. 이러한 현상

---

18) 《高麗史》 권 27, 世家 27, 원종 14년 2월 경자.
19) 朴鍾進, 〈忠宣王代의 財政改革策과 그 性格〉(《韓國史論》 9, 서울大, 1983), 61~69쪽.
20) 《高麗史》 권 79, 志 33, 食貨 2, 科斂 충렬왕 15년 3월.
21) 《高麗史》 권 79, 志 33, 食貨 2, 科斂 충혜왕 4년.
22) 《高麗史》 권 78, 志 32, 食貨 1, 田制 公廨田柴 충혜왕 後4년 7월.
23) 《高麗史節要》 권 25, 충혜왕 後4년 6월.

은 이후에도 계속되어 諸道의 忽赤·司僕·巡軍과 權門에서 파견한 사람들이 인민을 影占하고 土田을 據執하였다.[24] 특히 원과 관련하여 등장한 권력기관들은 그들 기관의 소요경비를 조달하는 데 원래 목적이 있었지만 결국 그 기관의 관원들에 의해 사적으로 탈점되어 갔다.

특히 이 시기에 있어 대토지소유가 확대되어 가는 데 결정적인 역할을 한 것 중의 하나가 賜牌田이었다.[25] 전쟁으로 인한 인구의 감소와 농경지의 황폐를 복구하여 농업생산력을 회복하고 증대하여 국가재정을 확보하는 길은 농경지를 개간하는 것이 급선무였다. 농경지의 개간은 누구나 할 수 있는 것이었지만 전쟁으로 노동력과 노동도구를 거의 상실한 일반농민층보다는 많은 노동력과 재력을 투하할 수 있는 능력을 가진 豪富家와 權勢家들이 주도적으로 나설 수밖에 없었다. 사패전은 이들의 개간을 국가가 제도적으로 뒷받침해 준 것이다.

원래 특정공신에게 임의로 토지를 사여하는 賜田은 이전부터 있었다.[26] 그러나 고려 후기의 사패전은 몽고와의 전쟁으로 황폐해진 농경지를 복구하고 유민을 정착시키기 위한 한 수단으로 황무지나 陳荒地를 지배층이나 권력기관에 분급하여 주고 그들로 하여금 개간하고 소유하게 하는 제도였다. 즉 충렬왕대에 諸王·宰樞·扈從臣僚·宮院·寺社 등이 閑田을 望占하였는데 국가는 務農重穀하는 뜻에서 사패를 주었다고 하는 것이 그것이다.[27]

사패전의 분급은 이러한 개간문제와 연결되어 등장하는 제도였지만 수조권분급제의 마비 및 붕괴와도 관련이 있었다. 전쟁 후에도 여전히 고려정부는 지배층에 대한 경제적 보장을 제도적으로 마련해 주어야 하였으나 전시

24) 《高麗史》 권 84, 志 38, 刑法 1, 職制 충숙왕 5년 5월 下敎.
25) 고려 후기 사패전에 대해서는 다음의 연구가 있다.
姜晋哲, 〈高麗의 農莊에 대한 一硏究〉(《史叢》 24, 高麗大, 1980).
浜中昇, 〈高麗後期の賜給田について〉(《朝鮮史硏究會論文集》 19, 1982).
박경안, 〈高麗後期의 陳田開墾과 賜田〉(《學林》 7, 延世大, 1985).
李景植, 앞의 책, 16~29쪽.
李淑京, 〈高麗後期 賜牌田의 분급과 그 변화〉(《國史館論叢》 49, 國史編纂委員會, 1993).
26) 姜晋哲, 《高麗土地制度史硏究》(高麗大 出版部, 1980), 163~164쪽.
27) 《高麗史》 권 78, 志 32, 食貨 1, 田制 經理 충렬왕 11년 3월.

과의 급여나 녹봉의 지급이 거의 불가능한 실정이었다. 게다가 원의 간섭으로 정치적으로 불안정하였던 왕실은 사적인 지배기구와 정치세력을 이용하여 통치하였고 그에 상응하는 경제기반도 사적인 데 의존하는 경향이 컸다. 사패전은 국왕 개인의 의지에 의해 지급되는 것이었기 때문에 고려의 국왕들은 이 제도를 통해 자신의 지지세력을 확보하였다. 사패전의 수득자들은 대개 제왕·재추·호종신료·궁원·사사·공주 및 그의 怯怜口 및 內僚 등으로 지적되고 있는데 이들 대부분은 왕의 측근세력으로서 왕권유지에 필요한 존재들이었다.

사패전으로 지급된 진황지는 山川으로 표시될 정도의 광대한 것이었으며 소유면적에 특별한 제한이 가해지는 것은 아니었기 때문에 1인의 사패전이 적게는 30~40결에서 많게는 2천~3천결에 달하였다. 그리고 개간된 사패전은 소유권이 인정됨과 동시에 면조의 조처가 취해진 것으로 보인다.[28] 이 결과 사패전을 통한 대토지집적은 성행할 수밖에 없었고, 개간이 거의 완료된 후에도 사패를 빙자하여 타인의 토지를 수조지건 소유지건 또는 국가소유지건 가리지 않고 閑曠地·無主陳荒地라고 사칭하여 탈점하고 권력에 의지하여 公租를 납부하지 않는 현상은 날로 심해져 갔다.[29] 이 결과 토지분쟁은 물론이요 국가수조지인 공전을 감축시킴으로써 재정부족을 더욱 촉진하였던 것이다.

정부에서는 면세와 피역에 대해서는 사패의 취소나 조세의 징수, 부역의 부과 등을 시행하기도 하고, 타인의 토지겸병에 대해서는 수시로 본래의 소유주에게 환급하도록 하는 조처를 취하거나, 지급결수를 제한하는 定限制를 도입하기도 했지만 별다른 성과를 거두지 못하였다. 사패전의 취득자들은 왕실과 여기에 연결된 권세가들이었고 게다가 이들의 정치적 배후는 원황실과 연결된 자들이 많았기 때문이었다. 이처럼 사패전은 이 시기에 있어 토지제도를 문란케 하고 사회문제를 유발시키는 가장 중요한 요인의 하나였던 것이다.

이와 같이 원간섭기의 파행적인 권력구조에 편승하여 토지겸병에 진출하

---

28) 李景植, 앞의 책, 20~21쪽.

29) 《高麗史》 권 78, 志 32, 食貨 1, 田制 經理 충렬왕 24년 정월 충선왕 즉위 下敎·田制 祿科田 충목왕 원년 8월 및 권 82, 志 36, 兵 2, 屯田 공민왕 5년 6월.

는 세력이 나타나는 것도 이 시기의 특징이었지만 이외에도 은퇴한 관인, 지방의 부호, 향리, 사심관 등도 토지겸병과 인구집중에 나서고 있었다.[30)]

은퇴한 관인이나 부호들은 적어도 향읍에 있어서는 농민들에 비해 사회경제적 지위가 월등한 豪右들이었고 그들은 지배질서의 문란과 한편으로는 농업생산력의 발전을 적극 이용하여 많은 토지와 인구를 집중할 수 있었다.[31)] 대표적으로 충혜왕대에 사환하였다가 나주로 내려간 金鉉[32)]이나, 충숙왕에서 공민왕에 이르기까지 5조를 섬기고 칠원으로 낙향한 尹桓[33)] 등을 들 수 있다. 향리는 지방행정의 실무자로 지방사정을 훤히 알고있어 재경세력가들이 토지를 겸병하고 인구를 집중할 때 이들과 결탁하는 경우가 많았는데 그들은 이것을 기화로 많은 토지를 겸병하였고 양인을 聚集하여 賤隷로 삼기도 하였는 바 이러한 현상은 거의 전국적이었다.[34)]

한편 사심관은 원래 지방호족으로 나말여초 이래의 중앙집권화정책의 일환으로 출신지역에 대한 일정한 연고권, 즉 정치·사회적 통제권 및 관리권을 인정받고 在京官人化한 자들이었다. 특히 이들의 임무중에는 賦役에 대한 관리권이 있었는데 이러한 권한을 토대로 그들은 공전을 점유하고 민호를 은닉하여 公役을 탈취, 차역하거나 祿轉을 私取하였다.[35)] 이들의 재지적 기반은 해당지역의 향리와 결탁할 수 있는 소지가 많아 자연히 향리와도 결탁하여 불법적 탈점을 자행하였던 것으로 보인다.

14세기 중엽 공민왕대에 이르러서는 원의 간섭으로부터 벗어날 수 있었다. 그러나 토지겸병과 인구집중이라는 현상은 전혀 극복되지 못하였다. 뒤에서 다시 언급하겠지만 이러한 혼란상을 극복해 보고자 여러 차례에 걸쳐 田民

---

30) 宋炳基, 앞의 글, 7~8쪽.

31) 洪榮義, 〈高麗後期 富戶層의 存在形態〉(《擇窩許善道先生停年紀念 韓國史學論叢》, 一潮閣, 1992), 200~203쪽 참조.

32) 《高麗史》 권 125, 列傳 38, 姦臣 1, 金鉉.

33) 《高麗史》 권 114, 列傳 27, 尹桓.

34) 《高麗史》 권 85, 志 39, 刑法 2, 禁令 충목왕 원년 5월 整理都監 狀·공민왕 7년 4월 都評議使 上言.

35) 李純根, 〈高麗時代 事審官의 機能과 性格〉(《高麗史의 諸問題》, 三英社, 1986). 洪承基, 〈高麗後期 事審官制度의 運用과 鄕吏의 中央進出〉(《東亞硏究》 17, 西江大, 1989).

辨整都監사업이 시행되었지만 그 사업 자체가 당시 토지제도의 모순을 전면적으로 개혁하는 것이 아니었고 단순한 미봉책에 그쳤으므로 科田法을 통한 개혁이 이루어지기까지 토지겸병과 인구집중 현상은 계속되었다.

〈魏恩淑〉

2) 농장의 발달과 그 구조

고려 후기에 발달하고 있는 전근대 사적 대토지소유의 한 형태인 農莊은[1] 그 형성요인과 경영형태 등으로 보아 크게 두 가지로 분류할 수 있는데, 收租地集積型 農莊과 私的所有地型 農莊이 그것이다. 여기에서는 두 가지 유형의 농장에 대해 각각의 형성배경과 경영형태 및 구조 등을 살펴보도록 하겠다.

(1) 수조지집적형 농장

농장이 형성되는 요인에 대해서는 이미 開墾·寄進·奪占·買得·長利[2]·賜牌·投托[3] 등이 지적되고 있다. 그러나 고려 후기 토지문제와 관련하여 가장

1) 농장에 대한 연구는 다음과 같다.
周藤吉之, 〈麗末鮮初における農莊について〉(《青丘學叢》 17, 1934).
宋炳基, 〈高麗時代의 農莊－12세기 이후를 중심으로〉(《韓國史硏究》 3, 1969).
林英正, 〈麗末 農莊人口에 대한 일고찰〉(《東國史學》 13, 1976).
姜晋哲, 〈高麗의 農莊에 대한 問題意識〉(《朝鮮學報》 74, 1975).
———, 〈田柴科體制의 崩壞〉(《高麗土地制度史硏究》, 高麗大 出版部, 1980).
———, 〈高麗의 權力型農莊에 대하여〉(《韓國中世土地所有硏究》, 一潮閣, 1989).
———, 〈高麗後期의 地代에 대하여〉(위의 책).
有井智德, 〈高麗朝における土地奪占について〉(《高麗李朝史の硏究》, 國書刊行會, 1985).
浜中昇, 〈高麗後期の賜給田について〉(《朝鮮古代の經濟と社會》, 法政大學出版局, 1986).
李景植, 〈高麗末期의 私田問題〉(《朝鮮前期土地制度硏究》, 一潮閣, 1986).
洪承基, 〈高麗末 兼幷에 대하여〉(《史學硏究》 39, 1987).
魏恩淑, 〈고려 후기 사적 대토지소유와 경영형태〉(《한국중세사연구》 창간호, 한국중세사연구회, 1994).
안병우, 〈고려 후기 농업생산력의 발달과 농장〉(《14세기 고려의 정치와 사회》, 민음사, 1994).

2) 周藤吉之, 위의 글.

많은 기록을 남기고 있는 것이 토지의 탈점이다. 그것은 탈점이 그만큼 고려 후기의 사적 대토지소유의 성격을 규정하는 중요한 요인이 될 수밖에 없음을 나타내는 것이다. 불법적 탈점이 성행하고 있었다는 사실은 이 시기 국가공권력의 붕괴와 농장의 확대가 밀접한 관련을 가지고 있다는 것을 반영하는 것이다.

토지탈점이 나타나기 시작하는 것은 앞에서도 본 바와 같이 12세기초부터였다. 주로 당시의 최고 권력자였던 이자겸과 그의 일문이 중심이 되었으며, 그러한 토지탈점이 본격화되었던 것은 무신집권기부터였고 원간섭기에 더욱 가속화되어 고려말까지 이어지고 있다.[4]

토지탈점을 주도했던 것은 주로 권력층에 있었던 자들과 권력기관이었다. 일반적으로 '權勢之家'·'豪勢之家'·'權豪'·'權貴'라 불렸던 자들로서 구체적으로 諸王이라 불렸던 왕실의 종친, 宰樞의 고위관료와 巨家世族, 功臣, 사심관 등의 지방관, 鷹坊·怯怜口 및 內竪·忽赤·司僕·巡軍, 거기다 사원이나 諸宮院, 심지어는 국왕이 직접 토지탈점의 주체가 되었다.

탈점대상도 종묘·학교·창고 등의 국가 내지 왕실소속의 토지, 寺社·祿轉·軍須 및 國人世業田 등 일반농민의 소유토지인 民田은 물론이요 양반전지까지도 포함하여 거의 전영역에 걸친 토지가 대상이 되었다. 그리고 본래는 사전이 설정되지 않았던 양계지역까지 탈점의 대상이 되었다.[5]

탈점의 방식도 다양하였다. 앞에서도 언급하였듯이 몽고와의 전쟁 직후 토지는 황폐해질 대로 황폐해져 국가에서는 일반관료들에게도 과전은 물론이요 녹봉도 제대로 줄 수 없었다. 이런 상황에서 원간섭으로 인해 정치권력이 대단히 불안정하였던 국왕은 왕의 측근이나 원과 관계를 맺고 있던 권력기관 등의 물적 토대를 마련해준다는 의미와 전쟁으로 인해 황폐화된 농경지를 복구하기 위한 목적으로 사패를 내려 재력이 있었던 권력층과 권력기관으로 하여금 개간에 참여케 하였다. 그러나 이러한 사패를 통한 진황지의 개간은 그 규모가 제한되지 않았으므로 광대한 토지를 확보하여 사적으로

---

3) 宋炳基, 앞의 글.
4) 宋炳基, 위의 글, 2~8쪽.
5) 《高麗史》 권 132, 列傳 45, 叛逆 6, 辛旽 및 권 82, 志 36, 兵 2, 屯田 신우 원년 10월.

소유할 수 있었던 절호의 기회였기 때문에 고려 후기 농장이 형성되는 데 있어 중요한 요인이 되었다.

그러나 복구가 완료된 다음에도 사패를 사칭하여 탈점을 행하고 있는 경우가 많이 보이고 이것이 사회문제가 되었다. 특히 '有主付籍之田'으로 이미 개간이 된 토지를 진황지라 속여 탈점하고 있었으며,[6] 또한 '冒受賜牌'한 토지를 本田으로 주장하기까지 하였다.[7] 또한 권세가에서 문계를 조작하여 奴婢·田丁을 탈점하거나,[8] 지방의 '姦黠吏民'과 짜고 문서를 위조하여 京外의 兩班·軍人의 家田·業田 등을 閑地라 속이거나, '我家田'이라 하여 탈점을 하는 경우도 있었다.[9]

문서를 위조하는 것보다 더한 것이 소위 '水精木公文'이라는 것이었다. 林堅味·李仁任·廉興邦 등의 권신이 노비를 시켜 남의 토지를 수정목으로 때려 빼앗는 것을 일컫는 것인데 그 토지의 주인이 公家의 문권을 가지고 있어도 감히 시비를 가릴 수 없었다고 한다.[10] 이것은 공문서 위조보다 더 심한 강탈이었다. 이렇게 광범위한 토지탈점이 나타날 수 있었던 것은 국가권력의 마비로 수조지에 대한 사적 권한이 강화되어 사전이 조업전화되었던 것이 가장 큰 이유일 것이다.[11] 그런데 문제는 고려 후기 농장의 가장 대표적 형태였던 탈점으로 이루어진 농장의 성격이 어떠한 것이었나 하는 것이다.[12]

고려말 전제개혁 당시의 상소에 의하면 한 토지의 田主가 5, 6인에 달하고 따라서 일년의 수조가 5, 6번씩 이루어져 농민이 유망하고 호구가 텅비게 되었다거나,[13] 奸兇之黨이 '跨州包郡'하고 산천으로 표식을 삼아 모두 祖業之田이라 하고 서로 빼앗고 훔치니 一畝의 주인이 5, 6인이 넘고 1년의 수조가

6) 《高麗史》 권 78, 志 32, 食貨 1, 田制 經理 충렬왕 24년 정월 충선왕 즉위 下敎 및 권 135, 列傳 48, 신우 9년 3월.
7) 《高麗史》 권 78, 志 32, 食貨 1, 田制 祿科田 충목왕 원년 8월.
8) 《高麗史》 권 84, 志 38, 刑法 1, 職制 충렬왕 34년 충선왕 복위 下敎.
9) 《高麗史》 권 78, 志 32, 食貨 1, 田制 田柴科 명종 18년 3월 下制.
10) 《高麗史》 권 126, 列傳 39, 姦臣 2, 林堅味.
11) 李景植, 앞의 책.
12) 대표적으로 姜晋哲은 소유권에 기초한 사적 소유지로, 浜中昇·李景植 등은 수조지의 집적으로 파악하고 있다.
13) 《高麗史》 권 78, 志 32, 食貨 1, 田制 祿科田 신우 14년 7월 典法判書 趙仁沃等上疏.

8, 9번에 이른다는 사례들이 보이고 있다.[14] 이는 고려 후기에 들어와 수조권 분급제가 극도로 문란해졌음을 의미한다. 이러한 수조권 분급제의 문란은 단지 수조지가 겹치는 형태로 농민들을 수탈하는 데 그치는 것이 아니라 광대한 지역에 대한 수조권의 침탈을 통해 수조지 집적을 가능하게 할 수 있는 배경이 되었던 것이다.

당시의 탈점대상 토지는 宗廟·學校·倉庫·寺社·祿轉·軍須田 및 國人世業田,[15] 諸倉庫·宮司·御分之田,[16] 御分田, 宗室·功臣·侍朝·文武之田, 外役·津·驛·院·館之田[17] 등이었는데, 물론 예외도 있었겠지만 대부분 일반농민층의 소유토지에 지목이 설정되어 수조되고 있던 것이라고 볼 수 있다. 그러므로 당연히 탈점은 수조권의 탈점이었다고 해야겠다. 또한 이 때에는 주로 군수에 충당하기 위해 私田이 설치되지 않았던 北界에까지 勢家의 탈점으로 사전화되어 갔다.[18] 여기서의 사전도 의미상 소유지로서의 사전이 아니라 양반수조지로서의 사전으로 수조지 탈점과 집적이 북계까지 확대되고 있음을 알 수 있다.

그런데 흔히들 당시 농장의 광대함을 묘사하는 것으로 '山川爲標'라는 표현을 많이 쓰고 있다. 그러한 광대한 영역을 농장으로 삼은 대표적 사례로 종실 王璹의 海州지역 토지탈점을 들 수 있다.[19] 왕숙은 자신의 여동생인 伯顔忽篤이 원나라 仁宗의 총애를 받는 것을 기화로 권력을 이용하여 해주의 토지를 5천여 결이나 탈점한 까닭에 해주에서는 관인을 도당에 반납하기까지 하였다. 《世宗實錄地理志》에 의거하면 조선초 해주의 墾田은 총 28,919결이었다.[20] 그렇다면 고려말 조선초에 걸친 간전수의 증가분을 감안한다 하더라도 5천여 결은 해주 전 토지의 약 1/5정도가 되는 셈이다. 이러한 엄청난 양의 토지가 개인에게 탈점되면 자연히 해주라는 하나의 행정단위가 감당해

14) 《高麗史》 권 78, 志 32, 食貨 1, 田制 祿科田 신우 14년 7월 大司憲 趙浚等 上書.
15) 《高麗史》 권 132, 列傳 45, 叛逆 6, 辛旽.
16) 《高麗史》 권 78, 志 32, 食貨 1, 祿科田 신우 14년 7월 版圖判書 黃順常等 上疏.
17) 주 14)와 같음.
18) 《高麗史》 권 82, 志 36, 兵 2, 屯田 신우 원년 10월.
19) 《高麗史》 권 90, 列傳 3, 宗室 1, 平壤公 基 附 順正大君 璹.
20) 《世宗實錄地理志》 권 152, 黃海道 海州.

야 할 부세는 탈점되지 않은 토지에 더 부가하는 수밖에 없었다. 결국 서해 도민들의 流離를 재촉하여 공허해진 주군이 5, 6에 달하는 지경에 이르게 되었다. 심지어 남아있는 백성에게 부세를 부가하는 것도 힘들어 印을 도당에 반납하는 사태에까지 이르게 되었던 것이다.

이와 같은 광대한 면적의 토지를 단기일에 자신의 지배 아래 둘 수 있는 방법은 개간이나 매득 등으로는 불가능하고 탈점이라는 현상이 아니면 설명할 수가 없다. 탈점지에는 물론 소유지도 포함되었을 수도 있으나 앞에서 언급한 바와 같이 주로 권력을 이용한 다양한 수조지의 탈점이 대부분이었을 것으로 생각된다.

그러므로 수조권의 침탈은 바로 수조지로서 지목이 설정된 民田일 수밖에 없었다. 즉 권세가들이 민전을 빼앗아 산천으로 표시하고 公案을 작성하여 농장으로 만들었다던가,[21] 權貴가 민전을 침탈하고 奸民이 그 세력에 붙어 부역을 면제받았다고[22] 하는 것이 바로 그것이다. 또한 康允紹의 경우 대장군 金子廷과 더불어 거짓으로 사패를 칭하여 민전을 多占하였다가 발각되어 그 토지를 新興倉에 몰수당했다고 하는데,[23] 사패전을 빙자하여 민전을 침탈했음에도 불구하고 강윤소에 의해 침탈된 민전이 그 민전의 소유자에게로 반환되지 않고 신흥창에 몰수된 것도 그 토지가 수조지로 지목이 설정되었기 때문이었을 것이다.

이와 같이 탈점을 통해서 형성된 농장은 물론 사적 소유지도 있겠지만 탈점의 가장 큰 원인이 수조권 분급제의 문란을 통한 수조권의 탈점이었으므로 그 성격은 수조지의 집적이었다고 생각된다. 이것이야말로 사적 대토지소유의 고려 후기적 특성으로, 고려 후기의 농장의 발달이라는 현상이 전기의 지배계급의 토지지배의 성격, 즉 수조권적 지배와 전혀 무관하지 않음을 말해준다.

그렇다면 수조지집적형 농장의 토지지배의 성격은 어떠하였을까. 많은 사료에서 탈점은 '奪占田民'·'擅奪人田民'·'奪人田'·'奪占人口土田' 등으로 표현되고 있다. 이것은 토지탈점과 더불어 그 토지를 경작하고 있던 농민마저도 탈점을 했다는 뜻으로 보아야 할 것이다.

21) 尹汝衡, 〈橡栗歌〉(《東文選》 권 7, 七言古詩).
22) 《高麗史》 권 30, 世家 30, 충렬왕 11년 정월 을유.
23) 《高麗史》 권 123, 列傳 36, 嬖幸 1, 康允紹.

① 왕이 元에 있을 때 哈伯平章이 康守衡과 趙仁規에게 '어제 칙명이 있었는데 백성을 안집할 것에 대해서 의논하여 와서 아뢰어라'고 하였으므로 왕은 곧 宰樞와 3품 이상에게 의논할 것을 명하니 모두가 말하기를 '上下 모두 處干을 철폐하고 賦役을 바침이 옳습니다'라고 하였다. 處干은 토지를 경작하여 租는 主에게 바치고 庸·調는 官에 바치니 바로 佃戶이다. 이 때 權貴들이 많은 백성을 모아 처간이라 하고 三稅를 포탈하여 그 폐단이 아주 심하였다. 그래서 수형은 '반드시 點戶하여 아뢰어라'고 말하였다(《高麗史》 권 28, 世家 28, 충렬왕 4년 7월 을유).

② 이 때 여러 번 兵亂을 겪어 백성들이 많이 流亡하니 朱悅을 慶尙道로, 郭汝弼을 計點使로 삼아 全羅道로 파견하여 백성들을 招集하게 하였다. 왕이 內庫處干은 역에 동원하지 말 것을 명령하였으나 주열 등이 따르지 않았으므로 이로 인해 파면되었다(《高麗史》 권 106, 列傳 19, 朱悅).

③ 忻都가 帝에게 아뢰기를 '高麗 宰相들은 民戶를 많이 占匿하여 賦役을 면제하고 회피하니 금할 것을 청합니다'라고 하였다(《高麗史》 권 28, 世家 28, 충렬왕 4년 6월 정축).

④ 權勢之家에서 널리 田莊을 설치하고 人民을 招匿하여 賦役을 바치지 않는 자는 所在官司에서 民을 推刷하여 貢戶에 충당할 것이다(《高麗史》 권 79, 志 33, 食貨 2, 戶口 충숙왕 12년 10월 下敎).

⑤ 이 때 鷹坊·怯怜口 및 內竪賤口들이 모두 賜田을 받아 많게는 수백 결에 이르고 적어도 삼사십 결을 내려가지 않았다. 일반백성을 佃戶로 삼고 무릇 타인의 토지라도 경계안에 있는 것은 아울러 收租를 하니 州縣의 賦稅는 한되 한홉도 거둘 수가 없었다(《高麗史節要》 권 20, 충렬왕 8년 9월).

위의 사료를 통해 당시 고려의 고위관료들이 많은 민호를 은닉하여 부역을 포탈하고 있었던 것이 원나라 조정에서까지 문제가 되고 있었다는 것을 알 수 있다. 權貴들은 民을 多聚하여 處干이라고 부르고 三稅, 즉 租·庸·調를 모두 포탈하였던 것이다. 그런데 처간에 대하여 사료 ①에서 租는 田主에, 庸·調는 官에 바치는 佃戶라고 규정하고 있다. 그렇다면 전호는 실질적인 토지소유의 주체로서 조선초 과전법체제에서의 전객농민과 같은 의미를 지녔다고 할 수 있겠다.[24] 그렇지 않고 처간을 병작제하의 소작전호로 이해

24) 李景植도 佃戶는 병작반수제하의 차경농민을 의미하는 것과 수조권자에 납조하는 토지의 소유주를 의미하는 두 가지가 존재하는 것으로 파악하고 있는데, 이 사료에 보이는 處干은 후자인 전객농민이었다고 보았다(李景植, 앞의 책, 49쪽). 그러므로 사료 ①의 佃戶를 지주에 1/2의 생산물지대를 바치는 존재로만 보고

한다면 권귀가 수탈하는 지대는 그들의 당연한 권리행사이기 때문에 3세의 포탈이라 하여 불법으로 간주하고 폐지하자는 안이 나올 리가 없는 것이다.[25] 사료 ②에서도 內庫소속의 처간은 소작전호가 아니라 내고에 납조를 해야 하는 내고 소속의 수조지농민을 의미한다고 생각된다.

다시 말해 탈점으로 인한 토지의 겸병현상이 사회문제화되었던 것은, 물론 수조지가 겹쳐 1년에 몇 번씩 수조하였기 때문일 수도 있었지만, 탈점자가 단순히 탈점지로부터 조세만을 수취한 데서 나온 것이 아니라 경작농민까지 예속시켜 국가에 마땅히 바쳐야할 庸·調까지도 포탈했다는 데 문제가 있었다. 그리고 이것은 수취체계의 문란을 야기시키는 것과 동시에 국가의 입장에서 보면 '貢賦之田'의 침탈이자 국가 기반인 公民을 침탈 당한 것이었다.

사료 ④에서는 권세지가가 농장을 널리 설치하여 인민을 은닉하고 부역을 바치지 않자 소재관사로 하여금 추쇄하여 貢戶에 충당할 것을 명하고 있다. 사료 ⑤에서는 원간섭기라는 특수상황 아래에서 권력에 기생하고 있었던 응방·겁령구·내수천구들조차 많게는 수백 결에서 적게는 30~40결에 이르는 賜田을 지급받고 백성들을 佃戶로 삼고 있으며, 특히 지급된 사전의 경계내에 있는 토지는 지급된 賜田이 아닌 데도 불구하고 불법적으로 수조하고 있다는 사실은 수조지의 침탈임을 분명히 말하여 준다. 또한 사료 ⑤의 佃戶도 소작전호가 아니라 사료 ①에서와 같이 처간을 의미하는 것으로 생각된다.

그러므로 고려 후기에 탈점 등을 통하여 집적된 수조지로 형성된 농장의 토지지배는, 원래는 수조지를 경작하던 농민이었으나 탈점으로 인해 수조지와 더불어 그 자신마저도 예속화된 농장농민 즉 佃戶로부터 조·용·조를 수취하는 방식이었던 것이다. 이것은 당시에 국가와 일반소농민 간의 조·용·조

고려 후기 농장의 일반적인 경영형태가 전호로부터 지대를 수취하는 것으로 파악하는 것은 잘못된 해석이라고 할 수 있겠다. 최근 李榮薰은 조선 전기의 佃戶는 국전제하에서 국가에 납조하는 일반농민층을 의미하는 것으로 파악하고, 17세기 이후에는 병작제하의 작인과 같은 의미로 그 용어의 의미가 반전되었다고 한다(李榮薰, 〈朝鮮佃戶考〉, 《歷史學報》 142, 1994). 이러한 해석은 고려시대의 전호개념을 이해하는 데 많은 시사를 준다. 앞으로 많은 연구가 뒤따라야 하겠지만 필자의 생각으로도 고려시대의 전호는 일반농민층을 의미하거나 수조권자에 납조하는 수조지 경작농민으로 보아야 하지 않을까 한다.

25) 李景植, 위의 책, 49~50쪽.

수취를 매개로 한 생산관계와 성격상 같은 것이었다고 할 수 있다.

이러한 농장의 경영은 권세가의 경우 국가권력을 이용하거나 또는 가신이나 노비를 통해 이루어지고 있었다.

① 이 때 왕은 별도로 御庫를 설치하여 이름을 內房庫라 하여 內侍 1인으로 하여금 관장하게 하였다. 朝臣을 각 도로 나누어 보내어 勸農使라 칭하고 公私良田을 택하여 백성을 모아 耕種케 하고 그 貢賦를 면제하였다(《高麗史》 권 79, 志 33, 食貨 2, 科斂 충렬왕 15년 3월).

② 농장을 사방에 설치하고 家臣인 文成柱로 전라도를, 池濬으로 하여금 충청도를 관리하게 하였다. 두 사람이 다투어 취렴을 일삼았는데 백성에게 稻種 1斗를 주고 米 1碩을 거두기를 예사로 하였다(《高麗史》 권 130, 列傳 43, 叛逆 4, 金俊).

③ 兼幷之家의 收租하는 무리들이 兵馬使·副使·判官이라 칭하거나, 혹은 別坐라고 칭하고 종자 수 십인과 말 수 십필을 타고 다니면서 수령을 업신여기고 안렴사의 규찰을 꺾고 음식을 마음대로 먹고 廚傳의 경비를 낭비하고 있습니다. 가을부터 (다음해) 여름에 이르기까지 무리를 지어 횡행하면서 폭행하고 약탈하는 것이 도적의 갑절이나 되니 외방이 이로 말미암아 凋弊하게 되었습니다. 佃戶의 집에 들어가서는 酒食을 싫증나도록 먹고 말에게 穀粟을 싫도록 먹이고, 新米를 먼저 바치게 하고 綿·麻·脚錢(여비)·榛·栗·棗·脩에 이르기까지 抑賣함이 租의 10배를 거두니 租를 바치기 전에 재산은 이미 없어져 버립니다(《高麗史》 권 78, 志 32, 食貨 1, 田制 祿科田 신우 14년 7월 大司憲 趙浚等 上書).

④ 이 때 林堅味·廉興邦 등이 오래도록 정권을 잡고 재물을 탐하는 것이 끝이 없었다. 白州人田 수백 경을 빼앗아 蒼頭 李光을 庄主로 삼았다. 또 여러 사람의 토지를 빼앗아 1년의 收租를 2, 3번이나 하였다(《太宗實錄》 권 2, 태종 원년 10월 임오).

⑤ (普虛는) 廣州 迷元莊에 우거하면서 친척을 모아 드디어 家를 이루었다. 보허가 왕께 아뢰어 미원장을 승격하여 縣으로 삼고 監務를 설치하였다. 보허가 주로 호령하고 감무는 다만 進退할 따름이었다(《高麗史》 권 38, 世家 38, 공민왕 원년 5월 기축).

충렬왕대에는 전쟁으로 인한 황폐화가 제대로 회복되기도 전이었지만 일본원정으로 인한 수탈, 몽고세력과 왕실의 측근세력들에 의한 토지겸병이 더욱 확대되어 국가재정은 악화 일로에 있었다. 게다가 왕실의 반전비용 등도 막대한 것이었기 때문에 그 비용을 충당하기 위해 과렴을 행하였을 뿐 아니라 御庫를 별도로 설치하여 비합법적인 방법으로 재원을 마련했던 것으로 보인다.[26] 위의 사료 ①은 勸農使를 이용하여 충렬왕이 자신의 사재축적을 위한 농장을 경영하고 있었다는 사실을 말해주고 있다. 또한 겸병지가의 수조하는 무리들이 병마사·부사·판관·별좌와 같은 명칭을 쓸 수 있었던 것도 권세가가 농장경영에 있어 국가권력을 이용하였다는 증거이다(사료 ③).

보허는 자신이 우거하고 있던 미원장을 현으로 승격시켜 감무까지 설치하였는데 전원을 광점하고 횡포를 저질러도 사람들이 감히 어쩔 수 없었다고 한다. 보허의 농장경영에는 감무와 같은 국가권력의 대행자를 이용하였음이 자명하다(사료 ⑤). 미원장은 원래 왕실소속의 莊 중에 하나였을 것이나 공민왕과의 정치적 인연으로 보허에게 하사된 것으로 보인다. 이처럼 장은 왕실에 소속된 수조지였지만 개인에 의해 점유되어 가고 있음을 볼 수 있다.[27]

이외에도 최씨집권자의 한사람이었던 崔沆은 內外의 兩班·軍人·閑人 등이 父祖傳來하던 田丁을 침탈하고 色掌員이라는 관리자를 보내어 外民으로 하여금 경작케 하여 흉년에나 진전에도 풍년의 예와 같이 수조를 하여 물의를 일으키고 있었다.[28] 이 경우 사료 ③에서 볼 수 있는 바와 같이 추수기에만 파견되어 수조하는 예도 있었지만, 김준과 같이 가신을 통하거나(사료 ②) 염홍방처럼 노비를 장주로 삼을 경우에는(사료 ④), 그들은 대체로 농장이 설치된 지역에 상주하면서 주인을 대신하여 경영하였던 것으로 보인다. 그들은 김준농장에서처럼 단순히 취렴만을 하는 것이 아니라 재생산이 어려웠던 농장농민을 대상으로 파종시에 종곡을 빌려주고 고리대를 행하거나, 심지어는 원간섭기에 대원수출을 통한 상업적 이득을 얻을 수 있었던 桑·苧 등의 특

---

26) 朴鍾進, 〈忠宣王代의 財政改革策과 그 性格〉(《韓國史論》 9, 서울大, 1983), 61~69쪽.

27) 莊과 處에 대한 연구는 다음과 같다.
旗田巍, 〈高麗時代の王室の莊園 — 莊·處〉(《朝鮮中世社會史の硏究》, 法政大學出版局, 1972).
姜晋哲, 《高麗土地制度史硏究》(高麗大 出版部, 1980).
李相瑄, 〈高麗時代의 莊·處에 대한 再考〉(《震檀學報》 64, 1987).
朴宗基, 《高麗時代 部曲制硏究》(서울大 出版部, 1990).

28) 許興植, 〈尙書都官貼〉(《한국의 古文書》, 민음사, 1988), 275~279쪽.

정작물을 강제로 경작하도록 할 정도로[29] 농업경영에 깊숙히 간여를 하기도 한 것 같다. 그것은 농장 내에서 면·마·각전·밤·대추 등이 억매의 대상이 되고 있는 것을 보면(사료 ③), 농장농민에 대한 수탈이 租稅만이 아니었음을 추측할 수 있기 때문이다.

그런데 이러한 수조지집적형 농장의 확대가 광범위하게 일어났던 것은 국가공권력의 와해를 틈타 가장 손쉽게 경제적 대가를 치르지 않고 부를 확대할 수 있는 길이었던 이유도 있었지만 한편으로는 일반 소농민층의 담세능력의 제고라는 측면도 작용하지 않았을까 한다.

이미 지적되고 있지만 고려 후기에 조·용·조 이외에 상요·잡공 등의 부가세의 등장은 단순한 수취체제의 문란과 국가에 의한 과도한 수탈차원이 아니라 농업생산력의 발전으로 일반 소농민층의 담세능력이 그만큼 향상되었음을 의미하는 것이다.[30] 그러나 수조지에 대한 조세의 수취율은 전기와 같았기 때문에 늘어난 농민의 잉여에 대한 수탈욕구를 토지와 경작자 농민에 대한 직접지배의 방식으로의 전환을 통해 달성하고자 하였던 것이다.

한편 농민의 입장에서도 겨우 1결 이하를 소유하고 있는 영세농[31]이 이 시기 수취체제의 문란으로 인해 국가로부터 규정된 이상의 각종 수취를 감당하면서 공민으로 남아 있느니 차라리 권세가의 농장에 투탁하여 권세가에 수탈당하는 편이 나았던 측면도 있었다. 이런 상황에서 전민탈점은 늘어난

---

29) 魏恩淑, 〈고려 후기 직물수공업의 구조변동과 그 성격〉(《韓國文化硏究》 6, 釜山大, 1993) 참조.

30) 고려 후기 수취체제의 변화에 대해서는 다음의 연구가 있다.
李惠玉, 〈高麗時代 貢賦制의 一硏究〉(《韓國史硏究》 31, 1980).
———, 〈고려 후기 수취체제의 변화〉(《14세기 고려의 정치와 사회》, 민음사, 1994).
朴鍾進, 〈高麗前期 賦稅의 收取構造〉(《蔚山史學》 창간호, 1987).
———, 〈高麗時期 稅目의 용례검토〉(《國史館論叢》 21, 1991).
李貞熙, 〈고려 후기 수취체제의 변화에 대한 일고찰—상요, 잡공을 중심으로—〉(《釜山史學》 22, 1992).

31) 이 시기 소농민 가족의 재생산 가능선은 1결이었으나 빈농의 경우에는 토지소유규모가 겨우 數畝에 불과하였다(魏恩淑, 〈고려 후기 소농민경영의 성격〉, 《釜山女大史學》 10·11, 1993 참조).

소농민의 잉여까지도 확보하고자 하였던 권세가와 국가로부터의 지나친 수탈을 피하고자 하였던 농민 양측의 이해가 결합되어 나타난 측면도 있었다. 권귀가 민전을 침탈하고 奸氓은 그 권귀의 힘을 이용하여 부역을 면제받고 있으며[32] 가렴구주에 시달리는 齊民이 다투어 鷹坊으로 투속하여 그 수를 이루 다 헤아릴 수 없었다는 것이나,[33] 무릇 호강지가에 은닉된 농민들은 날로 富逸해가고 孑遺殘民만이 부렴에 시달리고 있었다는[34] 사실에서도 그것을 짐작할 수 있다.

이와 같이 고려 후기의 수조지집적형 농장은 국가공권력이 붕괴되는 가운데 수조권자들이 자신의 수조지에 대한 권한을 강화해 나가는 과정에서 불법적 탈점 등이 강행되면서 나타난 것이었다. 그리고 탈점은 단지 수조지에 대한 탈점에만 그치는 것이 아니라 그 경작농민까지도 탈점하여 그들로부터 조세는 물론이요, 국가에 바쳐야 할 용·조까지도 포탈하였다. 그 경영의 방식도 농장주의 가신이나 노비 등 사적 대리자에 의해 이루어져 농장주의 토지에 대한 사적 권한이 한층 강화되어 갔던 것이다. 이렇게 국가로부터 수조의 권한을 위임받은 것에 불과한 수조지에 점차 사적 권한이 강화되고 있었다는 사실은 고려 후기에 들어와 전반적으로 사적 소유권이 발전되어 가는 것을 반영하는 것이기도 하다.

(2) 사적 소유지형 농장

탈점 등으로 인해 형성된 수조지집적형의 농장 이외에 고려 후기의 농업 생산력의 발전과 사회분화 과정에서 파생된 매득·장리·개간 등에 의해 형성되는 농장도 나타나고 있었다.

이미 밝혀진 바와 같이 고려 후기의 정치 사회적 혼란과 수취체제의 문란, 국가에 의한 권농정책의 붕괴 등은 고리대의 성행을 가져왔고[35] 이것이 소

32) 《高麗史》 권 30, 世家 30, 충렬왕 11년 정월 을유.

33) 《高麗史》 권 28, 世家 28, 충렬왕 3년 7월 병신.

34) 《高麗史節要》 권 23, 충렬왕 34년 10월.

35) 白南雲, 《朝鮮封建社會經濟史(上)》(改造社, 1937), 795~808쪽.
徐吉洙, 〈高麗時代의 貸借關係 및 利子에 관한 硏究〉(《國際大學論文集》 9, 1981).
朴鍾進, 〈高麗前期 義倉制度의 構造와 性格〉(《高麗史의 諸問題》, 三英社, 1986).

농민의 몰락을 촉진하고 있었다. 일반 소농민들의 고리대에 대한 저당물은 그들이 유일하게 소유하고 있었던 토지와 노동력으로 될 수밖에 없었고 이렇게 소농민들로부터 방출된 토지와 노동력이야말로 이 시기 농장의 확대에 있어 결정적인 역할을 하였던 것이다.

이 당시에는 富戶·富强兩班·權勢之家 등에 의한 고리대가 대단히 성행하고 있었는데 그로 인해 농민들은 소유토지는 물론이요 자식까지 팔고 심지어 자신마저 노비로 전락할 수밖에 없었다.36) 그러므로 부호·부강양반·권세지가 등이 부를 축적하고 토지를 집적하여 농장화할 수 있었던 중요한 수단 중의 하나가 바로 이러한 고리대를 통한 것이었다.37)

> ① 각 처의 富强兩班들이 貧弱百姓에게 고리대를 놓고 갚지 않는다고 하여 古來丁田을 강제로 빼앗아서 이로 인하여 생업을 잃고 더욱 가난해지니 富戶로 하여금 겸병하여 侵割하지 못하도록 하고 그 丁田은 각각 본래의 주인에게 돌려 주라(《高麗史》 권 79, 志 33, 食貨 2, 借貸 명종 18년 3월 下制).
>
> ② 지금 빈한한 무리들이 公賦와 私債 징수의 급박함에 쫓겨 田地와 家舍를 富家에 팔기를 애원하니 부가들은 그 窮急함을 알고 값을 깎아 그것을 삽니다. … 부자는 날이 갈수록 더욱 겸병하고 가난한 자는 송곳 꽂을 만한 땅도 없어 이로 인해 도산합니다(《成宗實錄》 권 130, 성종 12년 6월 임자).
>
> ③ 湍州에 놀면서 보니 산천이 참 아름다워 살 만하고 강을 둘러싼 석벽이 기이하고 절묘합니다. 그 동쪽에는 한 遺墟가 있어 찾아보니 郡氓의 田地였는데 관청의 租稅와 私契가 쌓여서 여러 번 財貨로 禍를 완화하려고 하였으나 팔리지 않았다고 합니다. 내가 듣고서 기뻤으나 살 만한 재물이 없고 또한 경영할 비용도 없었는데 지금 學士 李知命이 나에게는 知己가 되므로 그 힘을 빌어 산곡에 재목을 갖추고자 하여 편지를 드려서 승낙을 얻었습니다. 첫여름이 되기 전에 초당을 지어 가족을 데리고 가서 江田 數頃을 사서 三伏과 臘日에 이바지하려는 것이 저의 계획입니다(林 椿, 《西河集》 권 4, 寄山人悟生書).

위의 사료 ①에서 볼 수 있는 바와 같이 고리대의 대가로 농민들은 부호들에게 古來丁田을 빼앗기지 않을 수 없었다. 사료 ②는 조선초의 사례이기

36) 《高麗史》 권 79, 志 33, 食貨 2, 借貸.
37) 洪榮義, 〈高麗後期 富戶層의 存在形態〉(《擇窩許善道先生停年紀念 韓國史學論叢》, 一潮閣, 1992).

는 하지만 田租와 私債에 몰린 농민들이 부가에 헐값으로 토지 등을 팔 수밖에 없었던 상황은 고려 후기에도 마찬가지였을 것이다. 사료 ③에서는 무신란을 피해 長湍으로 피신하였던 林椿이 실제로 그런 형태로 농민들로부터 방출된 토지를 매입하여 농장으로 경영하려는 의도를 보이고 있다.

한편 13세기 초엽의 것으로 보이는 松廣寺 소장문서인 〈國師當時大衆及維持費〉에 의하면 무신정권의 주요인물들이 송광사에 시납한 토지와 노비 등의 명세를 기록하고 있는데, 그들 대부분이 자신과 전혀 연고가 없는 지역에 토지를 소유하고 있을 뿐 아니라 그 토지들 중 상당부분이 부곡지역의 토지임을 알 수 있다.[38]

부곡지역이 일반 군현에 비해 경제적으로 열악하였음을 염두에 둘 때 고려 후기에 들어와 주군현지역에 비해 부곡지역민의 유리현상은 더 심했을 것이다. 부곡지역과 상황이 유사하였던 속군현민의 유망현상은 12세기초부터 나타나고 있고,[39] 12세기말 靈山部曲에는 戶들이 도망하고 대부분 노인들만이 남아있는 모습이 묘사되어 있다.[40] 이러한 유망민의 토지는 자연히 권귀나 부호들에게 집중될 수밖에 없었고 사유지의 확대는 이와 같이 경제적으로 열악한 지역에서 먼저 나타났던 것이다. 그러므로 長利와 買得은 불가분의 관계를 가지고 있었다고 해야할 것이다. 이렇게 소농민층의 몰락으로 방출된 토지가 부호층으로 집중되어 가면서 한편에서는 토지소유권의 질적 발전이 수반되었다.

그것은 농민층의 몰락이 앞에서 본 바와 같이 특히 수조권 분급제의 문란과 연동되어 나타나고 있었기 때문이다. 수조지의 田主가 겹쳐 1년의 田租가 5, 6차례가 됨으로 인해 유망하게 되었다거나,[41] 수조지를 집적하여 농장으로 경영하면서 각가에서 보낸 奸猾之奴가 농민들을 侵漁橫斂하여 괴롭히면 자연히 농민들은 토지에서 유리될 수밖에 없었고,[42] 탈점이 극심했던 서해도

38) 朴宗基, 〈13세기 초엽의 村落과 部曲〉(《韓國史硏究》 33, 1981) 참조.
39) 《高麗史節要》 권 7, 예종 원년 4월.
40) 李奎報, 《東國李相國集》 권 6, 古律詩 八月十一日早發元興到靈山部曲.
41) 《高麗史》 권 78, 志 32, 食貨 1, 田制 祿科田 신우 14년 7월 典法判書 趙仁沃等 上疏·大司憲 趙浚等 上書.
42) 《高麗史》 권 78, 志 32, 食貨 1, 田制 祿科田 신우 14년 7월 版圖判書 黃順常等 上疏.

민의 유이로 인해 주군이 공허해질 정도였다는 것이다.[43] 이 경우 농민들은 대개 탈점자나 수조권자에게 헐값으로 토지를 넘겼던 것으로 생각된다. 그리고 그렇게 소유권이 확보된 토지는 다시 유망하거나 투탁하는 농민을 받아들여 경영하는 방식이 되었을 것이다.

이와 같이 수조지가 집적되어 농장화한 후 다시 그 수조지들이 장리와 매득 등에 의해 농장주의 사유지화하게 되어 사실상 토지소유권의 질적 변화가 나타나게 되었던 것이다. 그리고 이러한 과정을 거쳐 전반적으로 수조지가 축소되면서 사적 소유권도 발전해 나가게 되었고 수조지집적형 농장 가운데는 상당부분이 이러한 형태를 통해 사유지로 변모되었을 것이다.

한편 개간을 통해서도 농장이 형성되었다. 12세기 이후 광범위하게 전개되는 농민의 유이민화 현상과 더불어 나타나는 토지의 진전화를 막아보고자 국가에서는 이미 진전개발을 장려하고 있었지만,[44] 황무지나 진전개발이 더욱 본격화되는 것은 몽고와의 전쟁이 끝난 이후 복구화 과정에서였다. 그리고 개간에 의한 농장형성이 본격화되는 것도 이 시기였던 것으로 생각된다.

이미 지적되고 있지만 전쟁으로 인해 황폐화된 농지를 복구하기 위해서는 국가에서도 적극 나섰겠지만 전쟁으로 인해 노동력은 물론이요, 거의 모든 노동도구를 함께 상실한 일반농민층에게 그것을 기대한다는 것은 무리였다. 따라서 자연히 재력을 갖춘 지배층에게 위임할 수밖에 없었던 것이다. 여기에다 전시과체제의 붕괴 이후 지배계급에게 제대로 물적 토대를 제공해 줄 수 없었던 조정에서는 황무지에 사패를 발급하여 개간과 더불어 소유권을 인정해 주는 방식을 취하였던 것이다.[45] 비록 국가의 의도와는 달리 사패를 빙자하여 有主付籍之田까지 탈점하는 현상이 일어나 사회문제화되기는 하였지만 국가가 제왕·재추·호종신료·궁원·사사 등에 사패를 내린 목적은 閑田개간을 위한 '務農重穀之意'에 있었다.

원래 사급전은 유공자에게 지급되어 사급된 토지의 수조권만이 인정된 것이었으나[46] 이 시기에 있어 사패는 일종의 개간허가서인 동시에 개간지의

---

43)《高麗史》권 90, 列傳 3, 宗室 1, 平壤公 基 附 順正大君 璹.
44)《高麗史》권 78, 志 32, 食貨 1, 租稅 예종 6년 8월 判.
45)《高麗史》권 78, 志 32, 食貨 1, 田制 經理 충렬왕 11년 3월 下旨.

소유허가서였다. 그러므로 당연히 개간 후에는 소유권이 인정되었을 뿐 아니라 수조권까지 소지하게 되어 합법적으로 전조가 면제되었다.[47] 개간지는 원래 경작지였지만 전쟁으로 황폐화된 곳이 주 대상이었을 것이나 개간이 진전되면서 점차 경작이 불가능했던 지역도 경작지로서 농장화되어 나갔을 것이다.

고려 후기의 농업생산력 발전에 있어 특기할 만한 것은 12세기 이후 집중적으로 나타나고 있는 수리관계 사료이다. 그 가운데 특징적인 것은 바로 연해안 저습지와 간척지 개발을 위한 河渠공사와 防川·防潮堤 수축이었다.[48] 그런데 현재 남아 있는 사례들은 주로 국가권력의 대행자였던 지방수령들의 주도 아래 이루어진 것으로써 그 목적은 흉년이 들어 굶주리는 백성들을 도와주거나, 水禍를 없애거나 또는 유망한 백성을 안집하기 위한 것 등과 같이 소농민 안정이나 재정을 충실하게 하기 위해서였다. 그러나 이러한 개발 자체가 농경지를 확대하는 것이었고 정부주도의 그러한 사업이야말로 당시 농민들의 농업생산력 발전에 대한 욕구에 부응한 것이었다고 할 수 있다. 여기에다 환경적응력이 강한 占城稻와 같은 신종자의 보급도 농경지를 확대하는 데 한몫을 하였다고 할 수 있겠다.[49]

그런데 이렇게 연해안 저습지나 간척지 개발의 기술이 축적되었지만 국가가 소농민을 위한 권농책의 일환으로 이에 대한 지속적인 정책을 펼 수 없을 경우 자연히 정치권력과 재력을 겸비한 호강자에 의해 그러한 지역들이 개발되었기 때문에 결국 그 지역은 그들의 소유지로서 농장화되었다.

> 坡州西郊는 황폐하여 사람이 살지 않았는데 政堂 安牧이 처음으로 개간하여 넓게 田畝를 만들고 크게 집을 짓고 살았다.… 그의 손자인 瑗에 이르러 極盛하니 내외에 점거한 토지가 수만 경에 이르고 노비가 백여 호였다(成俔,《慵齋叢話》권 3).

---

46) 姜晋哲, 〈高麗의 權力型 農莊에 대하여〉(앞의 책, 1989), 188~189쪽.
《高麗史》권 78, 志 32, 食貨 1, 田制 功蔭田柴 신우 6년 6월.
47) 박경안, 〈高麗後期의 陳田開墾과 私田〉(《學林》7, 延世大, 1985).
李景植, 앞의 책.
48) 魏恩淑, 〈12세기 농업기술의 발전〉(《釜大史學》12, 1988), 83~95쪽.
49) 魏恩淑, 위의 글, 95~101쪽.

安牧은 安珦의 손자로 과거에 합격하여 충숙왕 때 判典校寺事를 거쳐 密直副使를 지내고 공민왕 연간에는 順興君에 봉해졌다.[50] 안목의 증조부인 孚는 興州의 아전으로 醫業으로 과거에 올라 벼슬이 밀직부사에 이르렀고 그 뒤 조부인 珦, 부친인 于器 및 자신까지 계속 과거에 급제하여 중앙관인의 가문을 형성하였다. 그가 처음으로 개간했다고 하는 파주서교는 임진강 하류의 저습지대로서 사람이 살지 않았던 완전한 황무지였던 것을 관인으로서의 권력과 부를 기반으로 개간하여 농장으로 만들었던 것이다. 파주서교의 개간은 농경지가 연해안 저습지나 간척지로 확대되어 나가는 추세와 맥을 같이 하고 있다.

이러한 농장은 수조지집적형의 농장과는 달리 완전히 소유권을 획득하였으므로 여말의 사전혁파와는 전혀 무관하게 《慵齋叢話》가 저작되던 조선 초기에도 계속해서 확대되어 가고 있었음을 알 수 있다.

이와 같이 개간으로 이루어진 농장은 비단 연해안 저습지나 간척지 개발을 통해서만 이루어지고 있었던 것은 아니었다. 12세기 이후 수리사업의 또 하나의 특징은 대규모 제언의 축조보다는 군현 단위의 소규모시설로 이행되어 나가고 있다는 사실이다.[51] 조선초의 경상도지방에 국한된 것이기는 하지만 수리관계 기록을 가장 많이 남기고 있는 《경상도속찬지리지》에는 주군현이었던 지역은 물론이요 특히 속현이나 향·부곡과 같은 지역에도 많은 수리시설이 축조되었음을 알 수 있다. 이것은 주군현에 비해 상대적으로 낙후되었던 임내지역이 고려 후기와 조선 초기를 거치면서 많은 개발이 이루어졌음을 입증해 주는 것이다.

특히 14세기에서 15세기를 거치는 동안 삼남지방을 중심으로 강안의 수량이 풍부한 지역을 중심으로 많은 犬牙相入地가 형성되고 있었다. 이러한 견아상입지와 제언의 설치가 일치하는 경우가 많다고 하는데 이것은 수량이 풍부한 지역을 중심으로 개간이 확대되어 나가고 있음을 의미하는 것이라 하겠다.[52]

---

50) 《高麗史》 권 105, 列傳 18, 安珦 附 牧.

51) 菅野修一, 〈李朝初期農業水利の發展〉(《朝鮮學報》 119·120, 1986).
　　魏恩淑, 앞의 글(1988), 92~95쪽.

대개의 제언들이 지방의 수령이 중심이 되어 권농책의 일환으로 설치되었다고 볼 수 있지만[53] 더러는 재력을 갖춘 지방의 유력자에 의해 사적으로 축조되는 경우도 있었을 것이다.

> 5朝를 섬겼고 3번이나 首相을 하였으며 鉅富였다. 일찍이 관에 고하고 漆原으로 돌아갔는데 그 해 크게 기근이 들어 사람들이 서로 잡아먹었다. 家財를 흩어 이를 구제하고 빈민에게 빌려주고 받은 契券을 모두 불살랐다. 때마침 가뭄이 오래 계속되었는데 桓의 토지에서 물이 솟아 다른 사람의 토지에까지 물을 대어 크게 풍년이 들었다. 慶尙道 사람들이 칭송하여 마지않았다(《高麗史》 권 114, 列傳 27, 尹桓).

윤환의 가문은 조부인 尹秀 때부터 흥기하기 시작하였다. 윤수는 원종 때 親從將軍으로 있다가 원으로 도망하여 당시 禿魯花로서 원에 있던 충렬왕과 인연을 맺고 귀국하여서는 충렬왕의 측근세력이 되어 여러 가지 문제를 일으킨 사람이다. 그의 아들 尹吉甫도 원에서 충선왕의 총애를 받아 中郞將, 大護軍의 벼슬을 지냈고, 고려에 와서는 合浦鎭邊使를 지냈다.[54] 윤환은 거부라는 명칭답게 富平府·金浦縣·守安縣·童城縣 등에도 조업전을 가지고 있었다.[55] 그는 은퇴한 뒤 향리인 칠원으로 낙향하였던 것 같은데 위의 사료는 낙향 후의 향리에서의 모습을 전해주고 있다. 그는 비록 기근 때에 빈민에게서 받은 契券을 태워 없애기는 하였지만 당시의 지방의 부호층들이 일반적으로 행하고 있던 고리대를 통해 부를 축적하고 있음을 볼 수 있다. 부호층이 고리대를 통해 빈약한 백성들의 丁田을 탈점하고[56] 그것이 농민몰락과 농장형성의 한 요인이 되고 있음은 이미 지적되고 있는 바이다.

그런데 위의 사료에서 주목되는 것은 그의 토지에서 물이 솟아 다른 사람

---

52) 朴宗基, 〈14~15세기 越境地에 대한 재검토〉(《韓國史硏究》 36, 1982) 참조.
53) 고려말 원간섭으로부터 벗어나 어느 정도 본격적인 개혁이 거론될 때인 공민왕 연간에는 백문보에 의한 水車도입 건의가 있었을 뿐 아니라 농업생산력 발전을 위해 지방수령을 중심으로 한 수리사업의 활성화를 촉구하는 논의가 나오고 있다(《高麗史》 권 114, 列傳 27, 全以道).
54) 《高麗史》 권 124, 列傳 37, 嬖幸 2, 尹秀.
55) 李 穡, 《牧隱文藁》 권 6, 報法寺記.
56) 《高麗史》 권 79, 志 33, 食貨 2, 借貸 명종 18년 3월 下制.

의 토지에까지 혜택을 주었다는 사실이다. 아마도 그것은 윤환이 사적으로 개발한 수리시설이 아닐까 한다. 즉 윤환은 향리인 칠원에서 고리대를 통한 부의 집적은 물론이요, 사적인 수리시설의 개발과 그것을 통한 토지의 개발을 통해 농장을 형성 운영하였던 것으로 생각된다.

이미 지적되었지만 고려 후기 이래 정치적 혼란과 전쟁으로 인해 중앙관인층과 동정직자의 귀향추세가 강화되어 향촌사회에는 재지품관세력이 대두하였다.[57] 물론 이들이 향촌사회에서 반드시 긍정적인 역할만을 했던 것은 아니었지만 이들의 등장은 지방사회의 성장과 궤를 같이 하는 것으로 재력과 학식을 겸비한 이들은 상대적으로 낙후되어 있었던 지방사회를 개발하는데 중요한 견인차 역할을 한 것으로 보인다.

고려시대 군현제 문제에 대해서는 많은 견해 차이가 있기는 하지만 주군현과 향·소·부곡·속현 등의 임내지역의 차이는 대체로 그 지역의 농업생산력의 우열, 경지의 광협과 밀접한 상관관계가 있었지 않았나 하는 견해가 있다.[58]

칠원은 김해부의 속현으로 공양왕 때에 비로소 감무가 설치되었던 지역이다.[59] 칠원은 산간지역으로 조선 초기의 기록에 의거하여도 다른 경상도지역에 비해 척박할 뿐 아니라 수전의 비중이 낮은 것을 보면,[60] 속현으로서 그다지 개발되지 못했던 곳이 아니었을까 한다. 그러므로 윤환과 같은 재력과 권력을 갖춘 사람이 낙향하면서 이 지역은 개발되고 그것이 배경이 되어 생산력을 갖추면서 주현화되어 갔던 것으로 생각된다.

그리고 새로운 농장의 개발을 시도하는 입장에서도 이미 개발이 완료되었을 뿐 아니라 토착세력의 힘이 강고했던 주군현보다도 상대적으로 개발의 여지가 많이 남아 있고 토착주민의 힘도 미약했던 지역이 개발하기가 쉬웠을 것이다. 반드시 개간의 형태였다고는 볼 수 없지만 13세기경의 부곡지역

57) 朴恩卿, 〈高麗後期 地方品官勢力에 대한 硏究〉(《韓國史硏究》 44, 1984).

58) 李樹健, 〈古文書를 통해서 본 朝鮮朝社會史의 一硏究〉(《韓國史學》 9, 韓國精神文化硏究院, 1987).
金東洙, 〈高麗 中, 後期의 監務파견〉(《全南史學》 3, 1989).

59) 《新增東國輿地勝覽》 권 32, 慶尙道 漆原縣.

60) 《世宗實錄地理志》 권 150, 慶尙道 漆原縣.

의 토지의 대부분이 권귀들에 의해 사유화되어 나가고 있는 것도 그와 같은 맥락에서였을 것이다.[61]

특히 사적으로 수리시설을 축조할 수 있을 정도의 역량을 갖추고 있던 이들은 수리안정화가 보장되지 않으면 하기 힘들었던 移秧法과 같은 농법도 자신의 농장경영에 도입하여 생산성 향상을 도모하였을 것이다.

고려 후기에는 지역에 따라서는 이앙법이 꽤 일반화되었던 것 같다.[62] 이앙법은 단지 종자의 절약이라는 면에서만 아니라 노동력 절감은 물론이요 직파법에 비해 단위 면적당 생산성이 높았기 때문에 수리문제만 해결된다면 선진농법으로서 농민이 선호하는 것이 당연했고 앞에서 보았던 윤환의 경우와 같이 사적으로 수리시설을 축조할 수 있었던 부호들은 당연히 자신의 농업경영에 적용했을 것이다.

이와 같이 지방사회의 유력자였던 품관층이나 사료에 새로이 보이는 부호들은 고려 후기의 농업기술의 개발 즉 수리사업의 확충, 우세한 축력소유를 이용한 牛馬廐肥糞과 같은 시비법이나[63] 이앙법 등의 기술발전을 이용하여 생산력 발전을 통한 소유지의 확대를 도모했던 것으로 생각된다. 이러한 현상은 조선시대에도 이어져 선진농법을 이용하여 재지사족층에 의한 미개발 지역이었던 임내지역의 개발과 농장화는 더욱 활발히 추진되었다.[64]

고려 후기에서 조선 초기에 걸쳐 나타나고 있는 속군현에 대한 감무파견과 주읍으로의 성장, 그리고 향·소·부곡 등의 부곡제지역의 소멸과 직촌화현상 등 지방제도 변동의 가장 큰 배경이 되었던 것이 농업생산력 발전으로 인한 지방사회의 균형적 발전에 있었다는 것은 이미 지적되고 있는 바이다.[65]

이러한 생산력 발전을 이용하여 개간을 통해서 형성된 농장은 물론 탈점

---

61) 朴宗基, 앞의 글(1981).

62) 魏恩淑, 〈高麗時代의 農業技術과 生産力硏究〉(《國史館論叢》 17, 1990), 19~20쪽.

63) 이에 대해서는 魏恩淑, 앞의 글(1988), 102~108쪽 참조.

64) 李樹健, 앞의 글, 49~58쪽 참조.

65) 李樹健, 〈朝鮮初期 郡縣制整備와 地方統治體制〉(《韓國中世社會史硏究》, 一潮閣, 1984).

李泰鎭, 〈高麗末·朝鮮初의 社會變化〉(《韓國社會史硏究》, 지식산업사, 1986).

과 같은 권력을 통한 수조지집적형의 농장에 비해서는 전반적으로 규모도 적었을 것이고66) 고려 후기 농장의 전체 비율면에서 보아도 아직은 그리 큰 부분을 차지하지는 않았을 것으로 생각된다. 그러나 개간이나 매득·장리 등으로 형성된 농장은 소유권에 입각하고 있었기 때문에 고려말의 사전혁파 대상에서 제외되어 조선 전기에까지 이어지고 있었을 뿐 아니라 이러한 형태의 농장이 출현했다는 것 자체가 고려 후기의 사적 소유권의 발전을 반영하고 있는 것이라고 생각된다.

그리고 이러한 소유권에 입각한 농장이야말로 중세에 있어서 사적 대토지 소유의 형태가 수조권에 기초한 형태에서 소유권에 기초한 형태로 이행해 가는 발전의 모습을 보여주는 것이다.

그렇다면 사적 소유지형 농장의 경영형태는 어떠하였을까. 현재의 연구에 의하면 농장의 유형별 특성을 고려하지 않고 일률적으로 농장노동력을 노비로 보거나67) 혹은 양인전호로 보는 것이68) 일반적이다. 그러나 이러한 견해들은 당시의 소농민경영의 존재형태를 염두하지 않고 막연한 추측으로 일관한 경향이 크다.

그런데 농장노동력을 양인전호가 일반적이었음을 주장하는 근거로써 많이 이용되는 것으로 다음과 같은 사료가 있다.69)

① 州縣事審官이 부당하게 은닉한 人民土田을 거두어 들였는데 民이 2,360호, 奴婢가 137구, 田이 19,798결, 賜田이 1,227결, 位田이 315결이었다(《高麗史》 권34, 世家 34, 충숙왕 6년 9월 정해).

---

66) 물론 安牧의 농장과 같이 수만 경에 이르는 것도 있었지만, 李承休의 삼척현의 두타산 귀동의 토지처럼 2頃에 불과한 소규모 토지도 있었다. 계곡 옆의 2경의 토지는 원래는 外家所傳의 柴地였는데 아마도 그가 은거하면서 농경지로 개발한 것이 아닐까 한다(李承休, 《動安居士集》 雜著 1, 葆光亭記).

67) 林英正, 앞의 글.

68) 宋炳基, 앞의 글.
姜晋哲, 앞의 책(1989).

69) 旗田巍, 〈高麗朝に於ける寺院經濟〉(《史學雜誌》 43-5, 1932), 589쪽.
宋炳基, 위의 글, 34쪽.
姜晋哲, 〈韓國土地制度史(上)〉(《韓國文化史大系》 2, 高麗大 民族文化研究所, 1965), 1363~1364쪽.

② 事審官을 설치한 것은 본래 人民의 宗主로 삼아 流品을 甄別하고 賦役을 균평히 하고 풍속을 바르게 하고자 함이었으나 지금은 그렇지 않고 公田을 廣占하고 民戶를 많이 은닉하여 만약 조금이라도 差役하거나 예에 따라 祿轉을 거두면 향리 중에 上京한 자를 감히 私門에서 決杖하고 구리를 거두며 녹전을 환수하며 威福을 마음대로 하여 鄕邑에는 해가 되고 나라에는 보탬이 되는 것이 없어 이미 다 혁파하였다. 그 은닉한 바 田戶를 추쇄하여 복구하라(《高麗史》 권 75, 志 29, 選擧 3, 銓注 事審官 충숙왕 5년 5월 下敎).

위의 사료 ②와 같이 충숙왕 5년 5월에 사심관이 은닉한 田과 戶를 추쇄하여 복구시키라고 하교하였는데 그 결과가 사료 ①이다. 은닉한 민호가 2,360호, 노비가 137구였는데, 바로 은닉한 노비의 수에 비해 일반 민호가 월등히 많다는 사실이 농장노동력에 양인전호가 대부분이었다는 주된 근거였다.

그러나 앞에서도 언급한 것처럼 토지의 탈점은 수조지의 탈점일 경우 그 토지의 실질적 소유자이자 경작자였던 민에 대한 탈점을 수반하고 있었고 수조지집적형의 농장일 경우 경작자로부터 조·용·조를 수취하는 형태로 운영이 되고 있었다. 고려 후기의 농장은 개간이나 매득 등에 의해 형성된 것과 같이 소유권에 기반한 형태의 농장보다 수조지집적형 농장의 비율이 월등했으리라는 것을 염두에 둔다면 은닉된 민호가 노비보다 많다는 것은 지극히 당연한 사실이라 할 수 있다. 그러므로 은닉된 민호를 바로 소작전호에 연결시키는 것은 무리가 있다고 생각된다.

그런데 고려 후기의 사료에서는 민에 대한 탈점 못지 않게 '壓良爲賤'·'認民爲隷' 등의 강제적인 방법으로 노비를 만들거나 타인의 노비를 점탈하여 그로 인한 소송관련 사료들이 빈번하게 보인다.

貞和宮主의 형인 桐華寺 주지는 양인을 노비로 삼아 그 자손이 천수백 호에 이르고 있고,[70] 李英柱는 충렬왕의 폐행으로 많은 田民을 탈점하였으며 심지어 公州人 大文의 족당 100여 명을 압량하여 노비로 삼았다.[71] 충렬왕의 폐행이었던 全英甫도 160명의 양인을 압량하여 노비로 삼았으며,[72] 多仁縣

70) 《高麗史》 권 91, 列傳 4, 宗室 2, 江陽公 滋 附 丹陽府院大君 珛.
71) 《高麗史》 권 123, 列傳 36, 嬖幸 1, 李英柱.
72) 《高麗史》 권 124, 列傳 37, 嬖幸 2, 全英甫.

伐里驛의 역리로 충숙왕의 폐행이었던 申靑도 권력을 이용하여 田民을 탈점하고 多仁縣吏였던 黃仁贊의 노비를 빼앗았을 뿐 아니라 金化郡吏였던 文世·益守 등 50여 명을 압량하여 노비로 삼았다.[73]

이와는 달리 타인의 노비를 권력을 이용해 빼앗는 경우도 많았다. 李仁任·林堅味·廉興邦 등의 권신은 토지탈점은 물론이요 타인의 노비를 탈점한 것이 천백에 이르고 있다고 하며,[74] 廣平公 譓가 郎將 王涓으로부터 빼앗은 노비를 齊國大長公主가 또 다시 빼앗았는데 그 수가 무려 300구나 되었다고 한다.[75] 金倫은 辨正都監副使가 되어 巨室이 鄕民의 노비 100구를 빼앗으려고 하는 것을 심사하여 판별해 주었으며,[76] 郎將 金弘秀와 張良庇 사이에 노비를 둘러싼 소송이 벌어지고 장양비가 자신에게 유리한 판결을 얻기 위하여 崔世延에게 노비를 뇌물로 바쳤다. 최세연 또한 권세를 이용하여 내시 朴樞의 노비를 탈점하였다.[77]

이러한 형태 외에 앞에서 열거한 수취체제의 문란으로 살길이 막막한 농민들은 스스로 권세가에 투탁함으로써 농민층 몰락을 가속화하였다. 즉 부역의 괴로움을 이기지 못한 대부분의 농민이 몰락하여 부유한 집이나 권세있는 집에 투탁하거나 工商이나 승려가 되고 公私寺院의 노비가 되었다고 하고 있다.[78]

이와 같이 주로 권귀들에 의한 '압량위천'이나 타인의 노비를 탈점하는 현상, 또는 농민의 노비로의 자발적인 투탁 등이 이 시기에 집중되어 나타나고 있는 것은 분명 농장의 발달이라는 현상과 맞물려 있는 것으로 생각된다. 많은 인구의 노비화를 요구하는 사회적 필요성 때문이었을 것이다. 그리고 그렇게 창출된 노비인구는 대체로 권귀나 부호들에 의해 경영되는 농장의 경작노동력으로 충당되었을 것이다. 대부분의 권귀들이 많은 노비를 소유하고 있음은 여러 사료를 통해 알 수 있다.

---

73) 《高麗史》 권 124, 列傳 37, 嬖幸 2, 申靑.
74) 《高麗史》 권 126, 列傳 39, 姦臣 2, 林堅味.
75) 《高麗史》 권 89, 列傳 2, 后妃 2, 齊國大長公主.
76) 《高麗史》 권 110, 列傳 23, 金倫.
77) 《高麗史》 권 122, 列傳 35, 宦者 崔世延.
78) 鄭道傳, 《朝鮮經國典》 上, 治典 版籍.

고려의 종친·거실이 노비를 많이 소유했는데 많을 경우는 천여 구에 이르렀다고 하며,[79] 고려말의 최고권력자의 한사람이었던 이인임도 전국에 전원과 노비가 널려 있었으며,[80] 최씨정권의 마지막 권력자였던 최의와 만종의 노비와 전장이 경상·전라도에 두루 퍼져 있었다.[81]

그런데 권귀들은 물론이요 그렇지 않은 향리나 향민으로 표현된 존재들도 상당수의 노비를 소유하고 있음을 볼 수 있다. 多仁縣吏 黃仁贊이 17구의 노비를 탈점 당하고[82] 향민이 소유한 노비 100구가 거실의 탈점대상이 되고 있는데,[83] 아마도 이들은 지방의 부호였을 것이라고 생각되며 그들이 소유한 노비도 당연히 그들 소유의 토지경작에 동원된 노동력이었을 것이다.

고려 후기 지배계급이 토지경영의 상당부분을 노비노동력에 의존하고 있음은 李穡의 경우에 잘 나타난다.[84] 이색의 시문집인 《牧隱詩藁》에는 그의 전장과 노비 등에 대해 많은 자료를 전하고 있다. 거기에서 확인할 수 있는 것은 이색이 소유한 토지가 沔州·伊川·廣州村·德水縣·長湍·柳浦·赤提村·韓山 등에 분산되어 있었으며 개경에는 과수원으로 西隣園이 있었고, 驪興에는 사급전이 있었다는 사실이다.[85] 그런데 그의 소유지에는 면주의 老奴·蒼頭, 유포의 莊頭 朴莊, 적제촌의 農奴, 광주촌의 蒼頭·赤脚·老奴 등의 노비들이 거주하면서 토지를 경작하여 그 수확물을 주인인 이색에게 갖다 바치고 있다. 그리고 과수원인 것으로 보이는 서린원에도 노비들이 거주하면서 과수와 채소를 재배하여 주가에 공급하고 있었다. 반면 사전이 있었던 여흥에는 이색이 자신의 노비를 보내어 직접 답험하고 경작농민으로부터 수조하고 있었다.[86] 그러므로 이색은 사급전을 제외한 나머지 소유토지에서의 경영

---

79) 《太祖實錄》 권 1, 태조 원년 8월 기사.

80) 《高麗史》 권 126, 列傳 39, 姦臣 2, 李仁任.

81) 《高麗史》 권 129, 列傳 42, 叛逆 3, 崔忠獻 附 竩.

82) 《高麗史》 권 124, 列傳 37, 嬖幸 2, 申靑.

83) 《高麗史》 권 110, 列傳 23, 金倫.

84) 이 부분에 대해서는 洪承基, 〈奴婢의 社會經濟的 역할과 지위의 변화〉(《高麗貴族社會와 奴婢》, 一潮閣, 1983) 참조.

85) 洪承基, 위의 책, 202~218쪽 참조.

86) 李 穡, 《牧隱詩藁》 권 21, 驪興田·권 12, 得料色僉錄公緘撥賜土田·將遣家奴踏驗新田·권 27, 賜田收租人將行坐吟一首·권 28, 賜田勸耕有感.

은 주로 노비에 의존하고 있었던 것이 아닐까 한다. 그리고 대부분의 경영은 농장거주 외거노비에 일임하고 이색은 수확물의 일부를 규정된 액수만큼 수취하는 방식을 취했던 것으로 보인다.[87]

고려 후기의 농장의 경영형태를 직접적으로 전해주는 자료는 매우 드물다. 그 중에서 安牧의 파주농장 사료는 사족층이 개간을 통한 농장개발과 100여 호나 되는 노비를 통한 경영형태를 유추할 수 있는 것 중의 하나이다. 특히 현존하는 가장 오래된 토지분재기로 보이는 〈太祖賜給芳雨土地文書〉는 드물게 동북지방의 대토지경영형태를 유추할 수 있는 자료이다.[88] 이 문서는 1392년 8월에 태조가 장자인 鎭安君 芳雨에게 자신의 출신지였던 朔方道의 咸州·高州에 소재한 토지를 許與할 때 작성된 것이다.

여기서 주목되는 것은 이 지역의 토지는 奴屬에 의해서 作介경작이 이루어지고 耕作과 陳損에 따라 삭방도의 관례대로 税를 거두고 있다는 사실이다. 그리고 고주의 '田七日耕 畓七石落只', 함주의 '田一朔二十五日耕 畓二十石落只'라는 광대한 규모의 토지의 사방사표가 주로 산천을 경계로 하고 있는데, 四標의 이같은 형태는 경계내에 다른 사람의 토지가 혼재하지 않았음을 뜻하는 것으로[89] 여말선초의 양계지역 대토지소유의 존재형태의 일면을 보여주고 있다.

'작개'에 대해서는 다양한 주장이 있으나,[90] 고문서자료를 이용한 최근의 연구에 의하면 '작개'라는 말은 노비보유자층이 노비에게 전답을 분급하고 그들로 하여금 자신의 책임하에 경작케 하는 영농방법을 지칭하는 용어이고, '作介制'는 노비보유자가 노비에게 作介地와 私耕地를 짝지어 나누어주고 노비는 이것을 가족노동력에 의거하여 경작하는 농장 경영방식이었으며, 노비

87) 洪承基, 앞의 책, 265쪽에서는 경작노비로부터 1/2의 생산물지대를 수취하였을 것이라고 보았으나 직접적인 경영형태를 반영한 자료가 별로 보이지 않는 현재로서는 추측에 불과한 듯하다.

88) 李榮薰, 〈太祖賜給芳雨土地文書考〉(《古文書硏究》 1, 韓國古文書學會, 1991).

89) 旗田巍, 〈新羅·高麗の田券〉(《朝鮮中世社會史の硏究》, 法政大學出版局, 1972), 196~200쪽.

90) 作介에 대해서는 다음의 연구가 있다.
李榮薰, 앞의 글(1991).
김건태, 〈16世紀 在地士族의 農莊經營에 대하여〉(《成大史林》 7, 1992).
———, 〈16세기 양반가의 '작개제'〉(《역사와 현실》 9, 1993).
安承俊, 〈1554년 在京士族의 農業經營文書〉(《季刊 書誌學報》 8, 1992).

보유자는 작개지 수확물의 반이 넘는 양에서 전량까지를 임의적으로 수취하고 노비들은 사경지의 수확물을 차지하였다고 한다.[91]

물론 작개제는 시대에 따라 약간씩 모습을 달리했을 것이라고 생각되지만 고려말의 대토지경영을 살피는 데 많은 시사를 준다. 아마도 고려 후기의 대토지경영에서도 위와 같은 형태의 노비노동을 이용한 경영이 이루어졌을 가능성이 있지 않나 한다. 즉 이색이나 이성계의 경우처럼 부재지주의 토지경영은 주로 자신들의 노비에게 경영을 일임하고 생산물을 수취하는 형태를 취하였으며 농장에는 특히 이색의 柳浦농장의 莊頭 朴莊에서 볼 수 있듯이 경영을 책임진 장두가 존재하여 주인을 대신하여 관리를 맡았던 것으로 생각된다.[92]

반면 지주가 직영할 경우에도 주로 노비노동력에 의거하여 경영을 했을 것이다. 李承休의 경우 三陟의 頭陀山 龜洞에 외가로부터 상속받은 가전이 있었는데 난리를 피해 이곳에 내려와 '躬耕奉母'했다고 한다.[93] 그런데 그의 노비 가운데는 죽거나 병든 자도 있어 이승휴가 직접 간호를 하고 있기도 하였다. 가산을 잃고 삼척으로 내려왔다고는 하지만 꽤 여러 명의 노비와 함께 거주한 것으로 보아 몸소 농사를 지었다고는 하지만 그가 직접 경작하였다기보다는 농사에 대한 감독과 지휘는 그가 하고, 경작은 거느리고 있던 솔거노비들에 의해 이루어졌다고 보는 것이 자연스럽다. 이와 같이 재지지주로서 직영을 할 경우에도 주로 노비노동에 의존했다고 보인다. 이 때의 노비는 소경영을 하던 작개제하의 노비와는 달리 노동도구로서 경영의 주체가 아닌 객체에 불과한 존재였다. 그리고 경영의 보조로써 많은 일손을 필요로 하였던 제초나 수확기에는 傭作人을 동원하는 방식이었을 것이다.

앞에서도 언급했지만 고려 후기에 들어와서 나타나는 노비인구의 증가는 고려 전기의 사적 대토지소유의 형태가 주로 수조권적 지배에 의존하고 있음에 비해, 후기에는 소유권적 지배로 이행되어 가는 시대적 배경에서 나타

---

91) 김건태, 위의 글(1993) 참조.

92) 이외에도 太祖 이성계의 神懿王后나 康妃의 田莊에도 幹事奴僕이 상주하여 관리하고 있음을 볼 수 있는데 부재지주의 대부분이 이러한 형태로 경영을 했을 것으로 짐작된다(《太祖實錄》 권 1, 總書 신우 14년).

93) 李承休, 《動安居士集》 行錄 1, 病課詩 幷序.

난 것이다. 고려 후기의 노비는 전기 이래 원래의 노비신분이 세습된 자들도 있지만 이 시기의 갑작스런 증가분은 대부분이 몰락농민층이었다고 해야 할 것이다. 그러므로 노비인구의 증가는 당시 소농민경영의 불안정성과 밀접한 상관관계가 있다고 하겠다. 그러나 당시 노비의 존재형태는 물론 불안정성이 내포되어 있기는 하나 戶를 구성하면서 스스로 노동력을 재생산할 수 있었음은 물론이요, 생산수단인 토지와 노동도구와 결합되어 있었으며 주가로부터 독립하여 있던 외거노비의 경우에는, 平亮의 예에서 볼 수 있듯이,[94] 독립경영을 통해 부를 축적할 수도 있을 정도로 발전하고 있음을 알 수 있다.

고려말 노비의 존재형태를 살펴볼 수 있는 자료로서 '국보 131호'에 실린 고려말 호적이 있다.[95] 이 문서에는 제1폭의 공양왕 2년(1390) 和寧府 동면 덕흥부 노비호적과 제3폭의 공양왕 3년 개성부 노비호적이 들어있다.[96] 그런데 화령부의 노비들은 가족구성이 대체로 견실함에 비해 개성부의 노비는 대단히 불안정하여 양자간에 차이를 보여주고 있다는 사실이다.[97] 이것은 개성부의 노비들이 주가와 근접하여 있었기 때문에 주가의 자의에 의해 破家될 위험성이 많았음에 비해 주가와 떨어져 있었던 화령부의 노비들은 상대적으로 독립성을 영위할 수 있었음을 의미한다. 이 화령부의 노비야말로 대체로 부재지주의 농장경영의 노동력이었을 가능성이 크다.

이로써 이 시기 대토지경영은 동원된 노비의 존재형태에 있어 차이가 있을 수 있지만 많은 경우 조선 전기의 작개제에서 볼 수 있듯이 기본적으로 가족노동에 의거한 소농민경영형태로 경작되었다고 할 수 있겠다. 이것은 노비가 호를 구성하지도 못하고 생산수단인 토지와 노동도구와도 분리되어 다만 하나의 노동도구로서만 존재했을 시기와는 많은 차이가 있는 것이다.[98]

---

94) 《高麗史》 권 20, 世家 20, 명종 18년 5월.
95) 이 문서에 대해서는 다음과 같은 연구가 있다.
崔弘基, 《韓國戶籍制度史硏究》(서울大 出版部, 1973).
崔在錫, 〈高麗後期 家族의 類型과 構成〉(《韓國學報》 3, 1976).
許興植, 〈國寶戶籍으로 본 高麗末의 社會構造〉(《韓國史硏究》 16, 1977).
金世潤, 〈高麗後期의 外居奴婢〉(《韓國學報》 18, 1980).
洪承基, 앞의 책.
96) 許興植, 위의 글에서는 1폭을 제외한 호적을 개성부의 호적일 것으로 추측하였다.
97) 洪承基, 앞의 책, 225~251쪽.

물론 이 시기에도 양인소작인을 통한 병작반수제의 농장경영이 없었던 것은 아니었다.

> ① 토지제도가 무너지면서 豪强者가 남의 토지를 겸병하여 부자는 밭두둑이 잇닿을 만큼 토지가 많아지고 가난한 사람은 송곳 꽂을 땅도 없게 되었다. 그래서 가난한 사람은 부자의 토지를 借耕하여 일년 내내 부지런히 고생하여도 식량은 오히려 부족하였고 부자는 편안히 앉아서 손수 농사를 짓지 않고 傭田人을 부려도 그 소출의 태반을 먹었다. … 그러나 힘이 약한 사람은 또 세력이 강하고 힘이 센 사람을 따라가서 그의 토지를 빌어 경작하여 그 소출을 반으로 나누었으니 이것은 경작하는 사람은 하나인데 먹는 사람은 둘이 되는 셈이다(鄭道傳, 《朝鮮經國典》 上, 治典 經理).
>
> ② 富强人은 토지를 많이 집적하여 이미 一家의 경작지를 충족하고 또 貧民에게 竝耕시켜 이익을 취하니 不均之患이 있다. 홀아비·과부·고아·자손이 없는 노인 등 스스로 경작할 수 없는 사람을 제외하고 富强者가 竝耕하고 있는 田畓은 所耕窮民에게 지급하여 생활할 수 있게 하라(《太宗實錄》 권 29, 태종 15년 6월 경인).

위의 사료는 고려말 力多者와 勢强者는 많은 토지를 개간하거나 점탈하고 빈약농민들은 그 토지를 차경하여 소출을 분반하는 병작제가 하나의 폐단으로 지적되고 있었음을 전해주고 있다. 그러나 조선초에도 병작제는 鰥寡孤獨으로 스스로 경작하기 어려운 자 외에는 금지대상이 되고 있으며, 병작은 대체로 토지가 많은 富强人들이 자경지를 우선 확보하고 난 후에 그 나머지를 병작지로 대여하면서 이루어지고 있었다. 이것으로 당시의 대토지소유자들의 농업경영의 중심은 자경부분에 있었으며 병작은 자경의 한계규모를 초과하는 범위내에서 발생하고 있었음을 알 수 있다.[99]

세조대에도 선진농업지대였던 경기도와 삼남지방에서도 호협지가들이 양전을 광점하여 교대로 진황시키고 어쩌다 병작을 시키거나,[100] 심지어 토지를 광

---

98) 高慶錫, 〈三國 및 統一新羅期의 奴婢에 대한 고찰〉(《韓國史論》 28, 서울大, 1992). 통일신라기까지의 노비도 그 자체가 호를 구성하고 소경영을 한 것으로는 보이지 않으며 여전히 主家의 보조노동력으로 노동도구로써만 존재했던 것으로 보인다.

99) 李榮薰, 〈朝鮮封建論의 批判的 檢討〉(《한국자본주의 성격논쟁》, 大旺社, 1988), 134쪽.

점하고 휴한시킬지언정 병작하지 않으려는 지주도 있을 정도였다.[101] 그러므로 고려 후기 이후 조선초에도 병작제가 존재하기는 하나 아직 보편적인 관행으로까지 성장하고 있지 않음을 알 수 있다.[102] 병작제가 보편적인 생산관계로 되기 위해서는 무엇보다도 소농민경영의 안정이 확보되어 있어야 한다. 그러나 이 시기의 소농민경영은 아직까지 자립재생산이 확립된 단계는 아니었다.[103]

고려 후기의 기본 농업노동 단위는 '2牛 3人'이었고, 5인의 단혼소가족이 자립재생산이 가능한 토지규모는 1결이었다. 그러므로 단혼소가족의 소농민이 비록 1결의 토지와 3인의 가족노동력을 보유하였다고 하더라도 農牛의 경우 부유한 자가 겨우 1, 2마리를 소유하고, 가난한 농민은 대부분 뇌경에 의존하거나 빌려서 사용하고 있는 실정이어서[104] 2마리의 소를 갖춘다는 것은 사실상 힘든 일이었을 것이다. 그러므로 빈농의 경우 토지를 차경하여 병작한다 하더라도 농업경영은 주가에 거의 의존할 수밖에 없었다.

또한 빈번한 자연재해와 수탈, 여기에다 국가의 구휼정책의 붕괴는[105] 종자곡마저도 주가에 의존하지 않을 수 없게 하였다. 그것은 대개의 빈민들이 한 해에 몇 畝를 경작하여 그 수확의 절반을 조세로 지출하기 때문에 해를 넘기지 못하고 식량이 떨어져 다음해 농사철이 되면 富戶의 곡식을 꾸어다 종자와 식량을 준비하고 있는 모습이나,[106] 金俊농장에서와 같이 농장관리인들이 농장민을 대상으로 稻種 1斗를 주고 추수기에 米 1碩을 거두기를 예사로 하였다고 하는 사실에서도 짐작할 수 있다.[107] 그러므로 비록 병작을 한다하더라도 농업경영은 주가의 경영에의 의존과 간여가 심했을 것이라는 것을 예상할 수 있다.

---

100) 《世祖實錄》 권 9, 세조 3년 10월 임자.
101) 《世祖實錄》 권 9, 세조 4년 정월 병자.
102) 金泰永, 〈朝鮮前期 小農民經營의 추이〉(《朝鮮前期土地制度史研究》, 知識産業社, 1983) 참조.
103) 고려 후기 소농민경영의 성격에 대해서는 魏恩淑, 앞의 글(1993) 참조.
104) 《高麗史》 권 27, 世家 27, 원종 12년 3월.
105) 朴鍾進, 앞의 글(1986).
———, 〈高麗末의 濟用財와 그 性格〉(《蔚山史學》 2, 1988).
106) 《高麗史》 권 79, 志 33, 食貨 2, 借貸 공민왕 11년 密直提學 白文寶 上箚子.
107) 《高麗史》 권 130, 列傳 43, 叛逆 4, 金俊.

16세기의 사료이지만 생산수단을 제대로 갖추지 못한 영세빈농에게 병작을 주는 것은 토지를 버리는 것과 같다는 지주층의 인식은[108] 지주층으로 하여금 직영을 고집하게 되었던 것이고 자연히 이 시기의 병작제의 확대에 한계가 있었던 것이 분명하다. 이것은 병작제가 일반화되는 조선 후기와는 많은 차이가 있는 것이라고 해야겠다. 그렇지만 고려 후기의 농업기술과 생산력수준은 소농민경영의 자립재생산의 전단계에는 도달했던 것 같고 부분적으로 병작제가 출현할 수 있는 역사적 조건이 마련되었던 것으로 보인다.

다시 말해 고려 후기 농장의 경영형태는 수조지집적형의 농장일 경우는 주로 경작농민으로부터 조·용·조 3세를 수취하는 것이 원칙이었고 반면에 개간·매득 등에 의해 성립된 사적 소유지형 농장은 주로 노비노동력에 의한 경영이 일반적이었다고 생각된다. 이러한 경향은 조선 초기에도 이어져 최소한 16세기까지 양반사족층의 농장경영은 주로 노비에 의존하고 있었으며[109] 수조권분급제의 소멸과 사적 소유권의 발달이라는 역사적 추세와 나란히하여 노동력으로서의 노비인구는 16세기까지 계속 증가추세에 있어 전체 인구에 대한 비율이 40~50%에 달하고 있음을 볼 수 있다.[110]

이 시기(고려 후기에서 조선 전기)에 있어서의 농장에서의 경영형태가 노비신분의 노동력에 의거하고 있는 현상은 동시대의 중국에서는 볼 수 없었던 것 같다. 이러한 노비의 증가현상은 원간섭기에 정치적 문제가 되어 원 조정에서 노비혁파문제를 제기할 정도였는데 고려측에서는 고려 태조의 유훈임

---

108) 李　滉,《陶山全書》권 4, 内篇 答寓.
109) 金鴻植,《朝鮮時代 封建社會의 基本法則》(博英社, 1981).
李鎬澈,《朝鮮前期農業經濟史》(한길사, 1986).
李樹健, 앞의 글(1987).
李榮薰,〈古文書를 통해 본 朝鮮時代 奴婢의 經濟的 性格〉(《韓國史學》9, 1987).
———,〈朝鮮社會 率居·外居奴婢區分再考〉(《韓國近代經濟史研究의 成果》, 螢雪出版社, 1989).
김건태, 앞의 글(1991).
110)《成宗實錄》권 91, 성종 9년 4월 기해.
成　俔,《慵齋叢話》권 9.
이외에 광해군 원년(1609)의 울산부 호적대장에서 인구통계가 가능한 6개면의 것을 정리해 보면 양인 이상이 51.4%, 천인이 48.6%인데 그 가운데 公賤이 12.9%, 私賤이 35.7%였다고 한다(李樹健, 위의 글, 72쪽).

을 내세워 국왕은 물론이요, 신하들도 본국의 '舊俗'임을 내세워 전 지배계급이 일치하여 노비혁파를 반대하였다.[111] 반대이유는 원의 정치적 간섭에 대한 제동을 의미하기도 하지만 근본적으로는 노비혁파가 당시 지배계급의 경제적 토대에 상당한 타격을 줄 수도 있는 것이기 때문이었다.[112]

다시 말해 고려 후기 사적 대토지소유인 농장의 성격은 국가로부터 수조권을 위임받는 형식, 즉 국가권력에 의해 수조지농민에 대한 경제외적 강제를 통한 잉여생산물인 지대(조·용·조)를 수탈하는 방식에서 노비신분이라는 경작농민에 대한 직접적인 신분적 예속과 강제를 통해 잉여생산물을 수탈하는 방식으로 변화되어 가고 있음을 알 수 있다. 이와 같은 두 유형의 농장 가운데 수조지집적형 농장은 고려말 사전혁파를 통해 소멸되고 사적 소유지형 농장은 조선 전기의 농장으로 계승되었다.

〈魏恩淑〉

3) 녹과전의 설치

고려 원종 12년(1271)에 성립된 祿科田制度는[1] 당시 관료들의 녹봉이 부족

---

111) 《高麗史》 권 108, 列傳 21, 金之淑 및 권 110, 列傳 23, 崔有渰.

112) 고려 노비제의 이러한 특수성은 《高麗史》의 편찬에서도 잘 나타나 있다. 이미 밝혀진 바 있지만 《고려사》는 《元史》의 편찬체제를 따르고 있다. 그러나 형법지의 노비항은 《원사》의 형법지에는 없는 것으로 조선조에서 《고려사》를 편찬할 때 끼워 넣은 것이다. 이는 중국에서는 그다지 필요치 않았던 노비제에 대한 고려의 강고한 필요성이 반영된 것이라고 할 수 있다(鄭容淑, 〈《高麗史》 刑法志 奴婢項의 檢討〉, 《韓國史硏究》 46, 1984 참조).

1) 祿科田에 대한 연구는 다음과 같다.
白南雲, 《朝鮮封建社會經濟史(上)》(改造社, 1937), 250~254쪽.
深谷敏鐵, 〈高麗朝祿科田考〉(《朝鮮學報》 48, 1968).
閔賢九, 〈高麗의 祿科田〉(《歷史學報》 53·54, 1971).
李景植, 〈高麗末의 私田捄弊策과 科田法〉(《東方學志》 42, 延世大, 1984 ; 《朝鮮前期土地制度硏究》, 一潮閣, 1986).
오일순, 〈고려 후기 토지분급제의 변동과 녹과전〉(《14세기 고려의 정치와 사회》, 민음사, 1994).

하여 곤란한 현상을 해결하기 위해 京畿 8縣의 토지를 양반관료들에게 지급한 것이다.[2)]

원래 고려의 관리는 전시과의 토지분급과 녹봉을 받아 생활을 보장받고 있었다. 그런데 전시의 분급제는 이미 고려 중엽에 보편적인 관리의 생활보장책으로서 의미를 잃게 된다. 그 까닭은 토지겸병이라는 일반적인 토지제도 문란과도 관계가 있지만 전시과제도 자체의 운영형태에 기인하는 바가 컸다. 관리의 진퇴와 이동이 거듭됨에 따라 토지의 수수·첨삭을 조정하는 것이 어려웠고, 더욱이 관리가 가문을 중심으로 세습되는 경우가 많은 귀족사회에서 정확히 관직을 매개로 職田이 수수되는 것은 현실적으로 거의 불가능하였다. 그러므로 전시과의 일환으로 지급된 토지는 실제로 세습되는 경우가 많았을 것으로 생각되며 이러한 경향은 직전의 절대량을 감축시켰고 마침내 귀족적 가문의 전통이 없는 신진관료들은 관직을 제수 받음과 동시에 田柴를 지급받아 생활하는 것은 기대할 수 없게 되었다. 따라서 녹봉만이 관리들의 보편적인 공식상의 생활기반으로 되었던 셈이다.

이러한 형편에서 토지제도와 수취체제의 문란으로 국고수입에 차질이 생기게 되면서 녹봉 분급이 제대로 이루어지지 못하는 사례가 생기게 되었다. 국가의 재정난으로 녹봉을 감급하는 사례는 이미 12세기 말엽인 명종대부터 나타나고 있는데[3)] 그것은 무신집권으로 토지겸병이 본격화되고 전시과체제가 급격히 붕괴되었기 때문이었다. 더욱이 대몽항쟁을 위하여 江都로 천도하고 수십년 동안 전국이 戰禍로 황폐되자 사정은 더욱 악화되어 새로운 해결책으로 토지의 급여가 처음 시도된 것이 고종 44년(1257)의 일이었다.[4)] 즉 '分田代祿'의 원칙이 마련되어 給田都監이 설치되었으며 실제로 피난지였던 강화도의 토지 가운데 2천결은 公廩에, 3천결은 崔怡에게 지급하고 河陰·鎭江·海寧의 토지를 諸王 및 宰樞 이하에게 차등있게 지급하였다. 그러나 한정된 토지로 충분한 급전은 불가능하였을 것이다. 그러다가 대몽항쟁이 일단

2) 《高麗史》 권 78, 志 32, 食貨 1, 田制 祿科田 원종 12년 2월.
3) 《高麗史》 권 80, 志 34, 食貨 3, 祿俸 西京官祿 명종 8년 4월.
4) 《高麗史》 권 78, 志 32, 食貨 1, 田制 祿科田 고종 44년 6월·田制 經理 고종 46년 9월.

락되어 개경으로의 환도가 실현되고 경기 일원에 대한 고려조정의 통치력이 회복 강화되자 '분전대록'의 선례를 확대 실시하였는데, 원종 12년(1271) 2월에 녹과전을 지급한다는 결정이 내려지고[5] 이듬해 정월에 정식으로 분급함으로써[6] 녹과전의 성립을 보게 되었던 것이다.

녹과전의 설치는 원종 10년에 실시된 田民의 辨正과 民戶의 計點, 貢賦의 更定이라는 시책과도 관련이 있는 것 같다.[7] 물론 이 때의 일련의 시책이 토지제도와 수취체제 전반에 대한 개혁을 수반한 것이 아니었다 하더라도 고려조정이 오랜 동안의 江都생활을 청산하고 원종 11년 출륙하는 데 대한 준비작업으로서의 의미를 지니는 것이었다. 따라서 거의 같은 때에 같은 여건 아래에서 이루어지는 녹과전의 설치도 새로운 상황에 접어든 고려가 체제의 재정비를 꾀하는 가운데 그 일환으로 이룩된 것이라 하겠다.

따라서 녹과전의 설치는 구체적으로 어떻게 이루어졌는지 다음의 사료를 주목해 보자.

> ① 충목왕 원년 8월에 도평의사사에서 上言하기를 '선왕께서 관직을 설치하고 녹봉을 제정하여 1, 2品은 360여 석으로 하고 품계에 따라 차등을 두되 伍尉·隊正에 이르기까지 科數에 준하여 지급하지 않음이 없었습니다. 그런 까닭에 의식이 넉넉하여 모든 힘을 나라를 위해 진력하였습니다. 그 후 다시 兵亂으로 인하여 전야가 황폐해지고 貢賦가 결핍되고 창고가 텅 비어 재상의 녹봉이 30석을 넘지 못하였습니다. 이에 畿縣의 兩班祖業田 외에 半丁을 파하고 녹과전을 설치하고 科에 따라 나누어주었습니다. 근래에 여러 공신과 권세있는 집안에서 賜牌를 冒受하여 스스로 本田이라 칭하면서 산천으로 표식를 하고 앞다투어 토지를 차지하니 古制에 어긋나는 것입니다. 바라건대 선왕이 제정한 바에 따라 경기 8현의 土田을 다시 경리를 행하여 御分宮司田, 鄕吏·津尺·驛子·雜口分位田은 元籍을 조사해 헤아려 지급하고 兩班·軍·閑人口分田은 원종 12년 이전의 공문을 조사하여 나누어주고 그 나머지 여러 사급전은 모두 회수하여 균등하게 職田으로 지급하고 나머지 토지는 국가에서 조세를 받아 국용에 충당하도록 합십시오' 하니 制하기를 '좋다'고 하였다(《高麗史》 권 78, 志 32, 食貨 1, 田制 祿科田 충목왕 원년 8월).

5) 《高麗史》 권 78, 志 32, 食貨 1, 田制 祿科田 원종 12년 2월.
6) 《高麗史》 권 78, 志 32, 食貨 1, 田制 祿科田 원종 13년 정월.
7) 閔賢九, 앞의 글, 61~62쪽.

② 경기지방의 土田은 祖業口分田을 제외하고 나머지는 모두 折給하여 녹과전으로 삼아서 행한 지 거의 50년인데, 근자에는 權豪之門에서 거의 빼앗아 가졌기 때문에 중간에 여러 번 혁파할 것을 논의하였으나, 문득 말을 고상하게 하고 왕을 기만하여 마침내 실시되지 못하였는데 이는 대신들이 고집하지 못한 소치입니다(《高麗史節要》 권 25, 충목왕 즉위년 5월 金海君 李齊賢 上書).

③ 경기 8현의 토지는 원래 주인이 있으나 근래 나라에 변고가 많아 양반녹봉이 적어져서 처음에 墾地를 지급하였다. 그 나머지 荒地가 자못 많아 스스로의 이익을 앞세우는 자들이 틈을 타서 사패를 받아 그 주인을 인정하지 않고 官租도 납부하지 않고 그 이익을 독차지하고 있다. 또 양반에게 절급한 토지까지 겸병하여 직에 따라 遞受할 수 없는 사람도 많으니 有司로 하여금 다시 審驗하여 화해시켜 절급토록 할 것이며 江華의 토지 역시 均給하도록 할 것이다(《高麗史》 권 78, 志 32, 食貨 1, 田制 經理 충렬왕 24년 정월 충선왕 즉위 下敎).

위에 열거한 사료에 의하면 녹과전은 경기 8현의 兩班祖業田을 제외한 半丁을 혁파하고 설치되었다고 하기도 하고, 祖業口分田을 제외하고 나머지 토지에 설치되었다고 하기도 한다. 이처럼 이 부분에 대해서는 전시과의 토지제도에 대한 견해가 다양한 만큼이나 견해가 엇갈려 있다.

첫째 견해는 사료 ①에 의거하여 녹과전은 畿縣에 있는 군인전 계통의 足丁과 양반공음전시를 잇는 양반조업전을 제외한 그 밖의 기존 토지가 혁파되고 그에 대신하여 설치되었다고 보았다.[8]

이 견해는 양반조업전에 대하여 양반영업전, 즉 공음전시로 파악하는데 양반영업전에 대해 전시과체제의 붕괴과정에서 원래 그 자체의 본질로 지니고 있었던 사유적 내용을 표면화시킨 것이라는 설을[9] 그대로 따른 것이다. 전시과의 과전들이 고려 후기에 들어와 조업전화되어 사회적 문제를 야기시켰던 것은 분명하지만[10] 모든 양반조업전을 이전의 공음전시였다고는 할 수 없다. 그리고 족정에 대해서도 워낙 다양한 견해가 있는 만큼 바로 군인전계통으로 연결시킬 수 있을지도 의문이다.

둘째는 사료 ③에 의거하여 녹과전은 종래의 전시과 계통의 수조지 점유

---

8) 閔賢九, 앞의 글, 63쪽.

9) 李佑成, 〈高麗의 永業田〉(《歷史學報》 28, 1965).

10) 사전의 조업전화에 대해서는 李景植, 〈高麗末期의 私田問題〉(앞의 책) 참조.

관계가 존속하고 현실적으로 승인되고 있는 가운데 기왕의 분급수조지는 그대로 둔 채, 원종 10년 기사년의 양전사업으로 파악된 진전개간지나 새로 起墾된 加耕田에 대해서만 수조권을 분급한 것이라 보는 경우이다. 즉 녹과전은 기왕의 분급수조지가 조업전화한 현실을 인정하고 붕괴된 전시과의 운영을 회복할 수 없다는 고려정부의 처지에서 나온 미봉책이라 하여 녹과전의 의미를 대단히 한정적으로 보았다.11)

그러나 사료 ③의 墾地는 그 뒤에 나오는 荒地와 대비되는 용어로 반드시 새로 개간된 토지만을 의미한다고는 볼 수 없다.12) 사료 ①에 분명히 "경기 8현의 양반조업전 이외의 반정을 혁파하고 설치되었다"는 기록이 있으므로 신개간지에만 녹과전이 설치되었다고 보기는 어렵지 않나 한다.

셋째는 고려 전기의 전시과체제에서는 전시과로 지급되는 '役口之分田'과 군현민의 古來丁田을 족정·반정 단위로 묶어 일정한 직역을 부과하는 '戶別之丁田(足半之丁田)'의 두 계열의 토지가 존재하는 것으로 보고, 혁파된 반정은 丁田계열토지로써 녹과전은 경기 8현의 정전계열 토지의 수조권을 양반관료에게 지급한 것이며, 양반조업전은 양반의 사적 소유지로 녹과전 분급에서는 제외되었다고 보는 견해이다. 특히 고려 전기에 전시과계열 토지는 부곡지역에, 정전계열 토지는 군현지역에 비정되었다는 주장을 하고 있는데, 그렇기 때문에 12세기 이후 부곡지역의 해체로 이 지역에 지급되었던 전시과의 전지는 양반·군인·한인의 세전토지로서 사적 소유지로 변해가고 녹과전은 바로 군현지역에 있던 정전계열 토지인 반정을 파하고 설정되었다고 한다. 더 나아가 사료 ②에서는 경기 8현의 토지 중 祖業口分田을 제외한 나머지 토지를 절급하였다고 하는 점에 주목하여 처음 녹과전을 지급할 당시에는 경기 8현의 정전계열토지 중 양반조업전을 제외한 반정만을 파하였다가 충렬왕 34년 무렵에는 경기 8현의 정전계열토지 중 양반조업전 외의 족정도 파하고 녹과전을 지급한 것으로 파악하였다.13)

그런데 그 경우 사료 ②의 '祖業口分'을 조업전과 구분전으로 이해하고 있

11) 李景植, 위의 책, 56~66쪽.
12) 오일순, 앞의 글, 274쪽.
13) 오일순, 위의 글, 274~282쪽.

다.[14] 그렇다면 구분전에는 군·한인 구분전이 당연히 포함되는 것이고 군·한인 구분전은 정전계열토지이므로, 정전계열토지 중 양반조업전 외의 족정을 모두 파했다고 하는 것은 논리적으로 모순이다.

어떻든 田丁制를 포함한 足丁·半丁에 대한 여러 견해가 분분한 실정이므로 여기에서 분명한 판단을 내리기는 어렵다. 다만 족정·반정이 職役과 연계되어 있었다는 것은 누구나 인정하고 있으므로 녹과전 설치를 통해 경기지역에 한해서 최소한 직역과 연계된 반정이 혁파된 것으로 보는 것이 옳을 듯하다. 이것은 이 지역에서부터 이후의 보편적 현상이 된 役과 土地의 분리현상을 정부가 일부나마 인정한 것이 아닌가 한다.

그런데 족정·반정이 양반을 포함한 직역자에 대한 토지분급의 단위가 되기도 한 것을 보면[15] 반정 중에는 양반직전도 포함되었을 것인데 과연 그러한 사전도 혁파되었을까 하는 의문이 든다. 사실 이미 사전의 광범위한 조업전화 현상이 일어나고 있는 실정이었기 때문에 양반조업전의 제외는 기왕의 분급수조지가 조업전화한 현실을 인정하고 조업전화한 분급수조지는 제외시켰음을 의미하는 것으로 보인다.[16]

녹과전은 경기지역에 한해 직역과 연계되어 있던 반정을 파하여 양반관료에게 지급하였다. 그렇다면 예전에 특정한 직역(대표적으로 군역·기인역 등)을 지면서 반정에 대한 1/10 면조권 혹은 수조권을 가지던 것을 해제하여 그 수조권을 양반관료에게 대신 지급한 것으로 보인다.[17] 그러한 의미에서

---

14) 오일순, 위의 글, 282쪽.
여기에 대해서는 여러 가지 해석이 있다. 閔賢九도 조업전과 구분전으로 해석하고 전자는 양반조업전, 후자는 군·한인구분전이라 하였다(閔賢九, 앞의 글, 63쪽). 이경식은 양반구분전이 고려 후기에는 조업전화되어 조업구분전으로 불린 것으로 파악하고 있고(李景植, 〈高麗時期의 兩班口分田과 柴地〉, 《歷史敎育》 44, 1988), 武田幸男·姜晋哲은 양반조업전으로 해석하고 있다(武田幸男, 〈高麗時代の口分田と永業田〉, 《社會經濟史學》 33-5, 1967 및 姜晋哲, 〈高麗末期의 私田改革과 그 成果〉, 《韓國中世土地所有硏究》, 一潮閣, 1989).

15) 呂恩暎, 〈高麗時代의 田丁〉(《嶠南史學》 3, 嶺南大, 1987).
尹漢宅, 〈고려 전시과체제하에서의 농민신분〉(《泰東古典硏究》 5, 翰林大, 1989).
李景植, 〈高麗時期의 作丁制와 祖業田〉(《李元淳敎授停年紀念 歷史學論叢》, 敎學社, 1991).

16) 李景植, 앞의 글(1986), 60쪽.

17) 오일순은 전기의 전시과는 부곡지역에서 1/4조를 수취하였으나, 녹과전은 군현

전시과 · 녹과전 · 과전법은 본질적으로 토지지배의 측면에서 동일한 성격을 가지는 것으로 보아야겠다.

또한 경기 8현이 녹과전의 설정지였다는 사실은 이 이외의 지역은 여전히 기왕의 수조지 점유관계, 곧 전시과 계통의 수조지 점유관계가 존속하고 이것이 현실적으로 승인되고 있음을 말하여 준다. 그러므로 녹과전이 설치되었다 하더라도 토지분급제와 관련된 고려지배층의 물적 기초는 여전히 전시과 계통의 사전이었다. 따라서 녹과전은 고려 전기의 전시과제도를 대체하고 이루어진 토지제도가 아니라 전시과의 보완책이었다고 보는 것이 옳을 것 같다.

녹과전은 설치된 지 얼마 되지 않은 충렬왕 4년(1278)에 다시 절급되었다.[18] 그러나 토지겸병의 추세 속에서 권귀들에 의해 사급전의 명목으로 탈점대상이 되기도 하였다. 그렇지만 충목왕 원년(1345)에는 경기 8현의 토지를 양전하면서 녹과전을 개편, 보강하기도 하여서[19] 녹과전은 관료들의 경제기반으로서의 역할을 문란한 상태이기는 하지만 과전법이 성립되기까지 대체로 지속하고 있었다.[20]

녹과전은 경기 8현, 즉 長湍 · 松林 · 臨津 · 兎山 · 臨江 · 積城 · 坡平 · 麻田에 지급되었다.[21] 이처럼 녹과전의 설치가 경기 8현으로 국한된 것은 전시과가 양계지방을 제외한 전국의 주현에 설치되었던 점과는 큰 대조를 이루고, 반면에 과전법의 경기지급원칙과는 상통하고 있다.

경기 8현으로 국한된 것은 대체로 중앙의 관리가 대부분인 급여대상자에게 경기의 땅을 주어 예우하고 편리를 제공한다는 뜻과 토지겸병에 따른 농장발달의 추세 속에서 녹과전을 보호한다는 의미를 지닌다. 뿐만 아니라 녹

지역에서 1/10조를 수취하는 것에서 양 제도의 차이점을 구하고 있다(앞의 글, 282~283쪽).

한편 閔賢九는 녹과전의 경영형태는 전호제였고 1/2조를 수취하였다고 보았다(앞의 글, 73~80쪽). 그러나 이것은 사전조율과 전호제에 대한 해석의 오류에서 기인한 것으로 보인다.

18) 《高麗史》 권 78, 志 32, 食貨 1, 田制 祿科田 충렬왕 4년 12월.

19) 《高麗史》 권 78, 志 32, 食貨 1, 田制 祿科田 충목왕 원년 8월.

20) 《高麗史》 권 78, 志 32, 食貨 1, 田制 經理 공민왕 11년 및 권 81, 志 35, 兵 1, 兵制 신우 3년 2월.

21) 白南雲, 앞의 책, 251쪽.
閔賢九, 앞의 글, 67~68쪽.

과전 설치 당시의 고려는 북방에서는 반란이 일어나 그 지역이 몽고에 편입되고 남방에는 삼별초의 영향력이 미치는 형편에 놓여 있었으므로 그 통치력의 작용범위도 실제로 제약받고 있었던 것이다.[22] 이와 같은 취지와 여건 아래에서 잠정적으로 경기 8현에 설치되었던 녹과전은 고려말까지 그대로 그 지역을 벗어나지 않고 유지된 것으로 보인다.

녹과전의 분급대상에 대해서는 구체적인 내용은 나타나지 않은 채 '文武官'·'百官'·'兩班' 등의 명칭으로 기록되어 있다. 그러나 녹과전이 녹봉에 대신하여 지급되었다는 것은 녹과전 분급이 녹봉지급원칙과 일정한 관계가 있을 것임을 짐작케 한다.

고려의 녹봉제는 문종 30년(1076)에 정비되는데 그 내용은 妃主祿, 宗室祿, 文武班祿, 權務官祿, 東宮官祿, 西京官祿, 外官祿, 雜別賜, 諸衙門工匠別賜로 구분되어 규정되고 있다. 녹봉제는 예종 16년(1121)에 州鎭將相將校祿이 추가 정비되고, 인종조에 이르러 녹제의 전면적인 갱정이 이루어졌는데 이 인종갱정록제가 녹봉제로서는 최종적으로 완비된 것이다.[23]

그런데 이상의 각종 녹봉 가운데 일반 관리 특히 현직관리를 대상으로 한 것이 문무반록이었다. 녹과전의 분급이 녹봉제와 연관을 지니면서 그 대상으로 백관·문무관·양반이 나타나는 점을 고려할 때 구체적인 녹과전의 분급 결수는 알 수 없으나 '문무반록'의 급여체계대로 녹과전도 분급된 것이 아닐까 한다. 그리고 녹과전이 '隨職遞受'한다는 것은[24] '문무반록'과 마찬가지로 현직 양반관리에게만 지급되는 직전이었음을 의미하는 것으로 보인다.[25] 그리고 설정지역이 경기 8현에 국한되어 있었기 때문에 구체적인 지급액수는 알 수 없지만 아마도 대단히 미약하였을 것이다.

이처럼 녹과전이 양반관리들만을 급여의 대상으로 하였다는 점은 양반관리는 물론 군인·한인·잡류·향직자 등을 아울러 대상으로 하는 토지분급

---

22) 閔賢九, 위의 글, 69쪽.

23) 李熙德, 〈高麗 祿俸制의 硏究〉(《李弘稙博士回甲紀念 韓國史學論叢》, 新丘文化社, 1969).
崔貞煥, 〈高麗 祿俸制의 運營實態와 그 性格〉(《慶北史學》 2, 1980).

24) 《高麗史》 권 78, 志 32, 食貨 1, 田制 經理 충렬왕 24년 정월.

25) 閔賢九, 앞의 글, 69~73쪽.

제도인 전시과의 경우와 비교해 볼 때 주목되어야 할 것 같다.

녹과전의 설치가 전시과의 전면적인 부정, 혁파를 통해 이루어진 것은 아니지만 토지제도가 전반적으로 문란해진 상황에서 새로운 조치로서 녹과전이 설치되었을 때 군인이나 한인계층이 그 대상에서 제외됨으로써 이들이 적극적인 관심의 대상에서 배제된 것은 명백한 사실이다. 대체로 전시과체제에서 전정의 피지급층이었던 계층들이 새로운 국가적 분급을 통한 적극적 관심의 대상에서 탈락되는 것은 단순한 토지제도 측면에서 뿐만 아니라 고려사회 전반의 발전을 반영하는 것이다.[26]

녹과전은 앞에서도 언급한 바와 같이 관리들의 녹봉이 부족하게 되자 이를 보충하기 위해 토지를 분급한 것이다. 그러므로 녹과전의 설치로 녹봉지급이 없어진 것은 아니었다. 명종 때부터 재정난으로 녹봉이 감축되어 지급되던 것이 江都에서 대몽항쟁을 하고 있을 때는 물론이요, 개경으로 환도한 직후 일본원정에 따른 전비부담의 격증으로 국가와 왕실의 재정은 거의 파산상태에 이르게 되어 녹봉을 제대로 지급할 수 없었다. 그렇지만 녹봉을 관장하는 左倉의 기능과 반록의 명맥은 미약하나마 유지되고 있었다.[27]

대몽항쟁이 일단락되고 일본원정이 끝난 뒤 국가재정이 많이 호전되어 녹봉지급이 재개되었으나 당시의 어려운 재정상태로는 충분하게 지급할 수는 없었던 것 같다. 앞의 사료 ①에서 볼 수 있듯이 1, 2품으로 360석을 받아야 할 재상의 녹봉이 30석에 불과한 실정이었고 반면에 권세가들이 겸병한 토지는 산천으로 표시할 만큼 광대하였다. 공민왕의 즉위 후 祿制 자체의 개혁이라기보다는 불급한 관원의 도태, 토지겸병의 금지, 식읍에서의 수취를 녹봉의 재원으로 환속시키는 등 문란해진 녹제를 쇄신해 보려고 하였으나, 토지제도의 개혁이 이루어지지 않는 한 재정상태의 문란은 계속될 수밖에 없는 것이고 따라서 국가재정상태와 직결되어 있던 녹봉의 지급이 제대로 될 리가 없었던 것이다.[28]

---

26) 閔賢九, 위의 글, 72~73쪽.

27) 崔貞煥, 〈高麗 祿俸制의 變遷〉(《高麗·朝鮮時代 祿俸制 硏究》, 慶北大 出版部, 1991), 195~203쪽.

28) 崔貞煥, 위의 책, 203~217쪽.

그러나 녹봉은 미흡하나마 고려말까지 존속되어 녹과전과 더불어 관료들의 생활보장책으로써 함께 주어졌음은 명백한 사실이며, 이 점에서 전기의 양반전시와 녹봉의 경우는 다를 것이 없었다.

녹과전은 현직의 양반관료만이 분급대상이 되었다. 그렇다면 전시과체제하에서의 여타계층에 대한 토지분급은 어떠하였던가를 살펴볼 필요가 있다. 그와 관련하여 다음의 사료가 주목된다.

> 선왕이 제정한 內外田丁은 각각 職役에 따라 골고루 나누어주어 생활의 밑천으로 삼게하고 또 국가의 각종 경비를 지출하도록 하였는데 근래에 와서 세력있고 교활한 무리들이 遠陳田이라 칭하고 산천으로 표하여 불법적으로 사패를 받아서는 자기 소유로 하고 公租를 바치지 아니하므로 토지는 비록 널리 개간되었다 하더라도 국가에 들어오는 것은 해마다 줄어들고 있다. … 마땅히 여러 도들의 안렴사와 수령들에게 명령하여 철저하게 추궁하여 밝힌 다음 주인에게 돌려주도록 할 것이며 만약 주인이 없는 땅이 있으면 이것은 內外의 軍人과 閑人들에게 주어서 立戶充役하게 할 것이다(《高麗史》권 78, 志 32, 食貨 1, 田制 經理 충렬왕 24년 정월 충선왕 즉위 下敎).

이 사료는 앞의 사료 ③의 녹과전에 대한 조치와 더불어 이루어진 충선왕의 下敎이다. 이에 의하면 직역에 따른 田丁의 분급원칙을 강조하면서 이러한 전정의 정상적 보유상태를 되찾도록 하고, 특히 군인과 한인을 立戶充役시킬 수 있는 無主田에 관심을 기울이고 있다. 이 조치의 바탕에는 국가재정을 보강하려는 강력한 의도가 엿보이지만 직역과 연결되어 입호충역의 바탕이 되는 田丁의 정비를 꾀하고 있다는 점, 그러나 녹과전은 전혀 달리 거론됨으로써 두 계열의 토지는 성격을 달리하는 별도의 토지로 간주되고 있다는 점이 특히 중요시된다.

녹과전의 설치로 양반관리에 대한 직전의 개편, 재분급이 이루어지자 군·한인전 계열의 토지에 대해서도 정비할 필요가 있었을 것이다. 그리하여 토지를 보유함으로써 각종의 戶가 성립되고, 이 호를 단위로 역이 부과되는 초기체제를 지향하는 선상에서 전정의 정비가 시도되었던 것이다. 그러나 이와 같은 정비는 녹과전의 설치와 비견될 적극적, 개혁적 조치를 통해 이루어지지 않고 붕괴된 이전의 체제를 복구한다는 소극적 단계에 머물렀다.

실제로 군인 및 한인 등에 대한 전정의 정비는 어떠한 양상을 지니고 전개되었는지 그 정확한 내용은 알 수 없지만 직역과의 밀착하에 입호충역의 체제를 바탕으로 한 전정의 원래 모습을 되찾도록 하는 정비는 실현되지 않았음이 분명하다. 당초 전정제가 붕괴되는 것은 그것을 가져야 할 계층이 갖지 못하게 되는 데서 시작되었지만 실제로는 전정과 역의 분리된 상태가 그 붕괴의 내용이었다. 따라서 역·신분·토지의 여러 부문에 걸친 사회관계의 변화에서 초래된 전정의 붕괴를 소극적 조치를 통해 환원, 복구시키려는 시도 자체가 무리였다.[29] 경기지역에 한한 것이기는 하지만 직역과 관련된 반정을 혁파하고 녹과전을 설치한 것은 이후 직역과 관련된 토지가 어떤 방향으로 처리될 것인가 하는 것을 짐작케 하는 것이다.

당시 군인전의 경우를 보면 그 지목은 유지되고 있었으나 실제로 군역을 지는 군인에게는 토지가 돌아가지 않고 남에게 침탈당하거나, 군역을 지지 않는 유력자의 차지가 되고 있었다.[30] 결국 공민왕 5년(1356) '三家爲一戶'制의 성립은 3가를 하나의 군호로 묶어 군역을 부과하는 방법으로 군역부과에 따른 족정지급을 포기한 것으로[31] 전정과 군역의 분리현상을 정부가 현실로 인정한 것이다.

그러한 사정은 한인전의 경우도 마찬가지였던 것으로 보아[32] 역과 토지의 분리는 고려 후기의 일반적인 현상이 되어갔음에 분명하다. 그것은 역과 유리된 토지가 직역에 대한 반대급부로서의 役分田이 아니라, 직역의 개념과는 무관하게 생활보장의 의무만을 지니는 口分田으로 인식되고 있음에서도 알 수 있다.

앞에서 언급한 사료 ①의 충목왕 원년(1345)에 행한 경기 8현에 대한 조치로서 그 목적은 무엇보다도 사급전으로 침탈 당한 녹과전의 재건, 재분급에 가장 큰 역점을 두었던 것이지만, 이 가운데 원종 12년 이전의 공문을 조사하여 折給하라는 '兩班·軍·閑人口分田'이 주목된다. 여기서 군·

---

29) 閔賢九, 앞의 글, 83~84쪽.

30) 《高麗史》 권 111, 列傳 24, 金續命·권 119, 列傳 32, 鄭道傳 및 권 81, 志 35, 兵 1, 兵制 공민왕 5년 6월 下敎.

31) 閔賢九, 〈高麗後期의 軍制〉(《高麗軍制史》, 陸軍本部, 1983).

32) 《高麗史》 권 81, 志 35, 兵 1, 兵制 공민왕 5년 6월 下敎.

한인 구분전은 바로 종래의 군인전·한인전을 의미하는 것으로 소위 후기구분전으로 보인다.[33] 군인전·한인전이 구분전으로 지칭되는 것은 역과 유리되어 있는 사정과 밀접한 관련이 있다. 특히 구분전이 녹과전이 성립되는 원종 12년을 기준 삼아 거론되고 있는데, 군인전이나 한인전이 새로이 구분전으로 파악되게 되는 것이 녹과전의 성립과 관계가 깊음을 알 수 있다. 사료의 내용상으로는 양반, 군·한인구분전을 원종 12년 이전의 근거대로 절급하라 하여 제도상의 변화를 고려하고 있지 않은 것처럼 보이지만, 실제로 녹과전제도의 성립으로 직전의 개편이 이루어졌음에도 불구하고 군인전이나 한인전계열의 토지에는 이와 상응할 적극적 개혁이나 실효성 있는 새로운 조치가 취하여지지 않음으로써 그 붕괴가 방치, 촉진되어 마침내 역과 유리되어 구분전으로 파악되기에 이르렀던 만큼 군인전이나 한인전 계열 토지의 변화에 있어서 녹과전의 성립은 중요한 계기가 되었던 것이다.[34]

그 후 공민왕 5년 6월에 군·한인전 계열 토지에 대한 재건이 시도되지만[35] 실효를 거두지는 못한 채 그러한 상태로 과전법의 성립에 이르게 된다. 과전법은 우왕 14년(1388;창왕 즉위) 7월 趙浚의 제1차 上書에서 중요한 기틀이 마련되고 이어서 李行·黃順常·趙仁沃 등의 연이은 상서를 거쳐 공양왕 원년(1389) 조준의 제2차 상서에 이르러 실질적인 기본규정이 잡히게 되어 결국 공양왕 3년 5월에 법제적으로 확정된다.

확정된 과전법의 내용을 보면[36] 時散을 막론하고 居京의 사대부에게는 경기의 과전을 주고 外方의 한량관리에게는 군전을 주도록 되어 있다. 주목되는 것은 관리에 대한 급전은 과전으로 일원화되어 있다는 점이다. 이것은 조준의 제1차 상서에 나타나는[37] 현직자를 대상으로 했던 녹과전시와 시산관을 두루 대상으로 했던 구분전을 교묘하게 일원화한 것이다. 현직자에 한하여 품질에 따라 지급하는 祿科田柴와 現職者·散職者 모두에게 공통적으로 품질에 따라 지급하는 구분전이 합쳐져서 현직자와 산직자의 대우에 차이를

33) 武田幸男, 〈高麗時代の口分田と永業田〉(《社會經濟史學》 33-5, 1967).
34) 閔賢九, 앞의 글(1972), 86~89쪽.
35) 《高麗史》 권 81, 志 35, 兵 1, 兵制 공민왕 5년 6월 下敎.
36) 《高麗史》 권 78, 志 32, 食貨 1, 田制 祿科田 공양왕 3년 5월.
37) 《高麗史》 권 78, 志 32, 食貨 1, 田制 祿科田 신우 14년 7월 大司憲 趙浚等 上書.

크게 두는 과등규정이 마련되고 이 과등에 따라 일원적으로 지급하게 된 것이 과전이었던 것으로 보인다. 과전법에서 산직자에 대한 급전량은 적은 것이었고 따라서 현직자에 대한 커다란 비중을 고려할 때 고려 후기 녹과전의 현직위주의 성격이 과전으로 이어지고 있음을 알 수 있다.

한편 과전법에 나타나는 군전은 한량관리에게만 주는 것으로 고려 전기에 군역과의 긴박관계하에서 전시과 속에 포함되어 존재했던 군인전은 완전히 사라지게 되었다. 다시 말해 과전법이 성립되면서 녹과전은 과전으로 계수되지만 직역과 연계되어 있던 군인·한인전 계열 토지는 제도상으로 완전히 소멸되어 국가적 토지분급제도에서 사라지게 되었다.[38)]

〈魏恩淑〉

4) 사전·농장의 혁파

전시과체제가 붕괴되어 사전이 조업전화하고 탈점·겸병되어 농장이 발달하면서 여러 가지 사회문제를 야기하자 고려정부는 국가의 유지와 존속을 위해 이를 시정하기 위한 대책을 세울 수밖에 없었다.

농장의 발달은 토지집중과 인구집중을 동반하였으므로, 그에 대한 대책도 토지와 인구의 두 측면에서 마련되었는데 그것이 바로 田民辨整事業이다. 고려 후기에 전민변정을 위한 기구가 설치된 것만 해도 사료상 확인되는 것은 16차례나 된다.[1)] 원종대부터 공양왕대에 이르기까지 충정왕대를 제외하고 고려 후기의 모든 왕대에 설치되었다는 것은 당시에 전민변정이 얼마나 절실한 사회문제였는지를 반증해 준다.

전민변정을 위한 기구인 都監을 설치하여 처음으로 전민변정사업이 시행된 것은 무신집정기로서 金俊의 몰락 직후였다. 원종 10년(1269) 2월에 田民

38) 閔賢九, 앞의 글(1972), 90~95쪽.

1) 고려 후기 전민변정도감의 설치현황은 姜順吉, 〈忠肅王代의 察理辨違都監에 대하여〉(《湖南文化硏究》 15, 全南大, 1985), 18쪽 〈표 1〉 참조.

辨正都監을 설치하고[2] 궁원·사원·양반·군인·한인의 세전토지로서 권신에게 빼앗겼던 것을 추변하여 원래의 주인에게 돌려주거나 병량전에 소속시켰다. 이 시기의 '田民辨正'은 民戶의 計點과 貢賦의 更定으로, 원종 12년의 녹과전 설치와 더불어 강화도에서의 출륙준비 작업의 일환이었으나,[3] 주인이 아닌 자에게 지급되는 등 원성이 자자하였다고 하는 것을 보면[4] 제대로 시행되지 못하였음을 알 수 있다. 그 이유는 지배세력의 변천에 따라 새로운 권력자로 등장한 제왕·총신들이 무신집권자들이 탈점하였던 토지를 그들이 제거된 후 다투어 나누어 가지는 등 다시 토지를 탈점하였고, 또 오랜 전쟁으로 황폐된 토지가 아직 회복되지 않았기 때문이었다.[5]

충렬왕 때에도 14년(1288)과 27년 두 차례에 걸쳐 전민변정도감이 설치되었으나[6] 이 시기에는 한층 더 농장이 발달하면서 전민변정사업은 별다른 성과를 거둔 것 같지는 않다. 충렬왕은 왕권강화를 자신의 측근세력의 육성을 통해 실현하고 있었기 때문에[7] 이 시기 토지탈점의 장본인이었던 측근세력인 怯怜口·內僚들의 土地廣占에 대한 대간의 간쟁을 묵살하거나,[8] 측근세력에게 경제적 기반으로 지급한 경기의 사급전을 녹과전에 충당하는 것을 반대하는 등[9] 국왕 자신이 토지문제를 적극적으로 해결하려고 하는 모습을 보이지 않고 있었다. 그것은 국왕 자신이 왕실재정 확보를 위해 內房庫라는 御庫를 두고 토지탈점과 과렴을 했던[10] 당사자였기 때문이었다.

충렬왕대의 대표적인 개혁안이라 부를 수 있는 洪子藩의 '便民十八事'도 그러한 것을 반영하여 일반민의 경제적 부담을 줄이고 생활의 안정을 꾀하기 위한 방안들이 제시되었으나 당시의 모순을 근본적으로 개혁할 수 있는

2) 《高麗史節要》 권 18, 원종 10년 2월.
3) 閔賢九, 〈高麗의 祿科田〉(《歷史學報》 53·54, 1972).
4) 《高麗史》 권 27, 世家 27, 원종 14년 12월 경신.
5) 朴鍾進, 〈忠宣王代의 財政改革策과 그 性格〉(《韓國史論》 9, 서울大, 1983), 59쪽.
6) 《高麗史》 권 77, 志 31, 百官 2, 諸司都監各色 田民辨整都監.
7) 이에 대해서는 金光哲, 〈高麗 忠烈王代 政治勢力의 動向-忠烈王初期 政治勢力의 變化를 中心으로-〉(《論文集》 7-1, 昌原大, 1985) 및 李益柱, 〈高麗 忠烈王代의 政治狀況과 政治勢力의 性格〉(《韓國史論》 18, 서울大, 1988) 참조.
8) 《高麗史》 권 28, 世家 28, 충렬왕 3년 2월 기사.
9) 《高麗史》 권 78, 志 32, 食貨 1, 田制 祿科田 충렬왕 5년 2월.
10) 《高麗史》 권 79, 志 33, 食貨 2, 科斂 충렬왕 15년 3월.

것이 되지 못하고 대단히 미온적인 것을 볼 수 있다.[11]

그런데 충선왕대에 들어와서는 그런대로 주목할 만한 전민변정이 이루어지고 있었다. 충선왕은 즉위교서의 발표를 통해 정치·경제·사회·종교 등의 時弊에 대한 개혁을 시도하였다. 즉위교서에서는 폐단을 일으키는 인물들을 '世家'·'勢家'·'自利爲先者'·'豪猾之徒'·'有勢力'·'權勢'·'勢要之家' 등으로 표현하고 있다. 특히 그들은 원의 세력을 배경으로 受賜와 탈점을 통해 功臣田, 경기 8현전, 선왕이 제정한 內外田丁 등을 차지하였으며 그들 농장의 노동력을 확보하기 위하여 양인을 천인으로 만들거나, 부역을 꺼리는 유민을 초집하거나 심지어 공노비까지 탈점하였다. 또한 그들 농장은 官租를 물지않아 국가재정을 약화시키고 있는 존재로 파악되고 있다. 물론 사패를 빙자하여 농장을 확대하고 있던 것은 개인만이 아니라 寺院·齋醮·諸處 등도 지목되고는 있지만 전국적으로 공·사전을 막론하고 크게 폐단을 일으킨 것은 바로 그들이었다.

충선왕은 권세가들에 의해 장악되어 인사행정의 문란을 가져왔던 政房을 폐지하고 한림원과 승지방을 계승한 詞林院을 설치하여 전주권의 장악을 통한 왕권의 강화를 시도하였다. 또한 사림원에는 개혁의지가 있었던 崔문·朴全之·吳漢卿·李瑱·李承休·權永 등의 신진관료를 등용하여 개혁을 추진하였다.[12] 충선왕은 8개월 만에 퇴위하였기 때문에 개혁은 중단될 수밖에 없었으나, 복위 후나 충숙왕에게 전위한 후에도 지속적으로 개혁을 시도하였다.

충숙왕에게 전위한 충선왕은 충숙왕 원년(1314) 정월에 田民計定使를 불러 당시의 토지와 호구를 참조하여 공부를 다시 정하도록 하였다. 그 후 2월에 蔡洪哲을 五道巡訪計定使로, 韓仲熙를 副使로, 崔得枰을 判官으로 삼아 甲寅柱案이 만들어졌다. 갑인주안은 전민계정사가 파악한 전결과 호구를 근거로 세액을 산출하여 만든 田案이었다. 이전의 양안은 陳荒 등의 요인으로 陳·起 구분이 모호해졌을 뿐만 아니라 토지의 비옥도의 불균형이 드러나게 되고 점진적인 생산력의 발전으로 인해 실제 면적과도 차이가 있었다. 또 토지

---

11) 盧鏞弼, 〈洪子藩의 「便民十八事」에 대한 硏究〉(《歷史學報》 102, 1984).
金光哲, 〈洪子藩硏究〉(《慶南史學》 1, 1984).

12) 李起男, 〈충선왕의 改革과 詞林院의 設置〉(《歷史學報》 52, 1971).

와 민에 대한 국가적 파악을 허구화시키고 있었으며 탈점·모수사패 등 갖가지 문제를 야기시키고 있었다. 이 때의 전국적인 양전과 호구조사를 바탕으로 세액이 조정되었는데, 이는 원종 10년(1269) 호구만을 중심으로 개정된 공부의 불합리함을 극복하고자 한 것임과 동시에 은닉된 호구와 전결을 국가적 수취체제 아래 귀속시킴으로써 국가재정도 확보하기 위한 것이었다.13)

그런데 이 때의 '量田制賦'는 충숙왕 원년에 단기간에 이루어진 것이 아니라 충선왕 복위 후 시작되어 그의 入元 기간에도 계속 추진된 것이 이 때에 와서 결실을 맺은 것이었다.14) 즉 충선왕은 토지제도의 문란을 바로잡기 위해 단순히 탈점된 토지를 환수하는 데 그친 것이 아니라 양전을 통해 무너진 전법을 바로잡아 토지쟁송을 근절하고 부세를 공평히 하여 부세제도의 모순을 타파하고 재정을 확충하려고 하였던 것이다.15)

갑인주안의 본래 목적은 古制의 회복, 즉 전시과체제로의 복귀였으나 이미 많은 수조지들이 조업전화한 현실을 부정하여 국초 이래의 수조권 분급제를 재확립한 것은 아니었기 때문에 당시의 토지제도와 부세체계의 문란을 근본적으로 해결할 수는 없었다. 또한 국내에 자기기반을 가지고 있지 못한 충선왕으로서는 원에서의 정치적 위치를 바탕으로 강력한 개혁정치를 할 수 있었으나 자신의 정치적 배후세력이었던 元 武宗과 仁宗의 死去로 세력을 잃게 되자 개혁정치는 중단되고 말았다. 원에 의지한 개혁이었기에 부원배의 책동에 저지되었고, 개혁추진세력이 제대로 형성되어 있지 못하였기 때문에 개혁을 지속적으로 추진하기가 어려웠던 것이다.16) 결국 충선왕의 田民計點을 통한 개혁시도는 실패로 끝났다.

충숙왕대의 察理辨違都監은 동왕 5년에 두 차례, 동왕 8년에 한 차례 설치되었다.17) 첫번째는 동왕 5년 6월에 除弊事目所를 찰리변위도감으로 고치면서였다. 이 변위도감은 호세가가 점거하고 있던 전민을 대대적으로 색출하

13) 朴京安, 〈甲寅柱案考〉(《東方學志》 66, 1990) 참조.
14) 朴鍾進, 앞의 글(1983), 76쪽.
朴京安, 위의 글, 102~115쪽.
15) 朴京安, 위의 글 참조.
16) 朴鍾進, 앞의 글(1983), 98~101쪽.
17) 姜順吉, 〈忠肅王代의 察理辨違都監에 대하여〉(《湖南文化硏究》 15, 1985).

여 본주인에게 돌려줌으로써 많은 사람들로부터 열렬한 호응을 받았다. 그러나 전민변정에 불만을 가진 호세가가 당시 元都에 있던 충선왕에게 고소함으로써 이 변위도감은 혁파되고 말았다. 이전에는 개혁에 앞장섰던 충선왕은 자신의 정치적 이해에 따라 탈점자들을 옹호하였던 것이다. 그러다 바로 다음달인 동년 7월에 다시 설치되었으나 아무런 성과를 거두지 못하고 동년 11월에 혁파되고 말았다. 또 다시 설치된 것은 동왕 8년(1321) 3월이었다. 이때에 다시 설치된 것은 충숙왕 7년(1320) 12월에 있었던 충선왕의 유배로 충숙왕이 부왕의 정치적 간섭에서 벗어날 수 있었기 때문이다.

충숙왕은 그 동안 불만을 느껴온 충선왕의 종신들이 장악한 전주권의 문란과 동왕 5년에 실패로 끝났던 호세가가 점거한 전민의 변정에 대해서 개혁을 단행하였다. 그러나 충숙왕은 동왕 8년 정월에 입조하라는 詔書를 받고 入元하였고, 원에 도착하자 瀋王 暠의 참소로 국왕인을 빼앗기고 말았다. 따라서 찰리변위도감의 復置에 앞장섰던 충숙왕의 부재로 변위도감의 활동은 마비상태에 들어가고 곧 혁파된 것으로 보인다.

충숙왕은 4년여에 걸친 원에서의 억류생활을 마치고 귀국한 12년에도 31개 항목에 이르는 교서를 반포하여 사회 각 분야의 폐단을 지적하고 대책을 제시하였다. 그러나 정치 및 사회기강의 확립, 토지점탈의 방지, 수취방식의 보완에 중점을 두고 있는 충숙왕 12년의 개혁안은 모순구조를 근본적으로 개혁하는 것이 아니었고 제도의 운영과정에서 겉으로 드러난 폐단을 보완하는 수준에 머무르고 있었다. 특히 원간섭기라는 권력구조상 개혁추진세력의 미약도 개혁안이 제대로 성과를 거둘 수 없는 원인이 되고 있었다.[18]

충목왕대에는 整治都監을 설치하여 전민변정을 추진하고 있었다.[19] 충혜왕의 실정과 연이은 충혜왕의 拘執, 流配로 고려의 국가적 체모도 크게 손상되었을 뿐 아니라 사회경제적인 문란을 더욱 가속화시켰다. 그러므로 정치사회적 안정을 도모하기 위해 충혜왕이 잡혀갈 때 田民推刷都監이 세워지

18) 金光哲, 〈高麗 충숙왕 12년의 改革案과 그 性格〉(《考古歷史學志》 5·6, 東亞大博物館, 1990).

19) 閔賢九, 〈整治都監의 設置經緯〉(《論文集》 11, 國民大, 1976).
———, 〈整治都監의 성격〉(《東方學志》 23·24, 延世大, 1977).

고,[20] 충목왕 즉위초에도 전민변정사업이 시행되었지만[21] 정치적으로 불안정한 가운데 제대로 이루어질 수 없었다. 이런 과정에서 충목왕 3년(1347) 元帝의 명령에 의해서 설치된 정치도감은 토지탈점과 압량위천, 고리대 등 농장의 폐단과 노비·수조관계의 문제를 가장 큰 개선의 대상으로 설정하고 각 도에 整治官을 파견하여 存撫按廉使를 겸하게 하고 量田을 시행하였으며 토지탈점자를 찾아서 징벌하였다. 그 과정에서 奇皇后의 일족인 奇三萬이 옥사하는 사건이 발생하여 정치관이 정동행성이문소에 투옥됨으로써 정치도감의 활동은 두달 만에 사실상 중단되었다.

정치관들은 권문세족도 있었으나 대체로 한미한 집안출신들로 과거를 통해 관계에 진출한 신진세력이 중심이었고 유교적 소양을 바탕으로 상당한 식견과 소신을 가진 공정한 인물들이었다. 그리고 그들 중 상당수가 여러 가지 형태로 뒤의 공민왕대의 개혁정치와 연계성을 가지고 있었다는 점에서 주목할 만하다. 그러나 정치도감의 활동도 사실상 토지문제에 대한 근본적인 해결책은 아니었다. 원제의 명령에 의해 설치되었다는 기본적인 한계를 가지고 있었던 정치도감의 개혁은 결국 원의 개입과 부원세력의 책동으로 좌절되었다.

그 후 충정왕대를 거치면서 사정은 더욱 악화되어 통치체제는 와해되고 국가재정은 허갈된 위에 왜구의 침입이 새로운 위협으로 대두되고 있었다. 이러한 가운데 일반 백성들의 생활은 곤란의 도를 더해 갔다.

지금까지 살펴본 바와 같이 원종 이후 충목왕대에 이르기까지 토지제도의 모순을 해결하기 위해 꾸준한 시도가 있었다. 그러나 그 때마다 근본적인 해결을 보지 못하고 실패한 것은 무엇보다 원간섭과 원간섭기라는 비정상적인 정치권력구조 속에서 대토지를 집적하고 있던 권력층의 강력한 저항이 있었고, 그것에 대항할 수 있는 개혁주도세력이 제대로 형성되지 않았기 때문이었다. 그러므로 진정한 개혁이 이루어지기 위해서는 원의 간섭으로부터 벗어나야 한다는 것이 전제가 될 수밖에 없었다.

공민왕대는 개혁을 통해 당면의 과제를 해결하지 않는 한, 고려라는 국가

---

20) 《高麗史節要》 권 25, 충혜왕 후4년 11월.

21) 《高麗史》 권 37, 世家 37, 충혜왕 즉위년 윤2월 병인.

체제의 유지와 국왕의 지위 확립조차도 힘든 상태였다. 공민왕은 즉위초 정치·경제·사회 다방면에 대한 개혁을 시도하였는데, 특히 경제면에서는 당시의 가장 절박한 문제였던 토지탈점과 '認民爲隷' 등의 불법 부정을 해결하기 위해 공민왕 원년(1352)에 전민변정도감을 설치하였다. 왕은 機務의 親執을 거듭 밝히고 모든 決訟의 결과를 5일마다 보고하고록 하고, 이어서 원로대신을 書筵官에 임명하여 권세가에게 빼앗긴 전택과 노비에 대한 송사를 審治하게 하였다.

또한 전민변정도감에서는, 유력자인 印承旦이 畿縣의 공전을 탈점한 것을 가려내고 여러 해에 걸쳐 포탈한 租를 추징하기도 하였다. 노비의 경우 변정판결이 이루어졌음에도 불구하고 부당하게 仍執하는 사람에게는 죄를 물어 품질에 따라서는 決杖流配시키기까지 한다는 처벌규정이 마련되었다. 이러한 전민변정도감 사업은 당시의 대표적인 권문세족이자 대토지소유자였던 인승단·金永煦 등의 강한 반발을 받았고, 특히 趙日新의 난으로 부원세력이 강화되면서 일시 중단되었다.

그러나 공민왕대는 이미 원이 쇠퇴하고 있었기 때문에 곧 공민왕은 자신의 지지세력을 결집하여 부원배를 고립화시켰다. 마침내 공민왕 5년 奇氏 일족을 비롯한 부원배를 전격적으로 제거시키고, 征東行省理問所를 혁파하고, 군대를 발진시켜 압록강 서쪽과 雙城지역을 공격케 함으로써 본격적인 반원적 개혁정치의 막을 올렸다.[22] 이어 공민왕 5년 6월 내정개혁방안을 발표하였는데 그 중에서 경제적인 측면에서는 그 동안 원간섭으로 이루어질 수 없었던 여러 면에 대한 보다 구체적인 개혁을 시도하고 있었다. 권세가가 겸병한 서북면 土田을 檢括하여 군수에 충당하거나, 賊臣之黨이 탈점한 山林澤梁을 환수하여 繕工寺·司宰寺의 재정으로 충당하도록 조처를 취하고 있는 점 등은 충선·충목왕의 재정확보책을 그대로 이어받아 국가재정의 확보를 꾀한 것이다.

그러나 공민왕 5년의 내정개혁도 공민왕을 중심으로 한 측근세력에 의해 추진되었기 때문에 측근세력이 권세가로 존재하는 한 그 내정개혁은 한계가

22) 閔賢九, 〈高麗 공민왕의 反元的 改革政治에 대한 一考察〉(《震檀學報》 68, 1989).

있을 수밖에 없었다. 측근세력은 공민왕의 신임을 바탕으로 막대한 경제적 부를 축적하였으므로 공민왕 5년의 개혁정치는 다만 친원세력과 원의 정치적 영향력 배제로 인한 그들의 정치·경제적 기반을 국가재정으로 환수하고 일반민의 피해를 줄이는 데 그 의미를 찾을 수밖에 없었다.[23]

그렇지만 공민왕 6년 이후 왜구는 더욱 큰 규모로 침입해 오고, 8년에는 홍건적이 침입해 오자 사정은 달라졌다. 대륙정세의 파동에 말려든 고려는 또 다시 원의 간섭을 허용하여 그나마 한계가 있기는 하였으나 개혁을 주도하였던 세력의 입지는 좁아졌다. 대신 홍건적의 침입을 막기 위한 전쟁수행에 전력을 기울이는 과정에서 보수무장세력이 대두하였다. 홍건적을 격퇴하고 興王寺亂이 평정된 뒤 공민왕 12년에 있었던 공신들에 대한 대대적인 포상은 앞서 여러 차례 전민변정사업을 통해 토지제도의 문란을 시정하려는 노력을 거의 수포로 돌아가게 하였다. 공신들에게 사여된 26,350결의 토지와 2,635구의 노비는 그들이 본래 가지고 있던 사회경제적 기반을 더욱 굳혀 농장이 확대되는 획기적 계기가 되었고, 그것이 바탕이 되어 정치권력을 재확대하였다.

그러나 공민왕 13년(1364) 후반기에 접어들면서 원의 쇠망으로 정치적 간섭이 배제되고, 왜구의 침입도 조금씩 줄어들면서 공민왕은 새로운 정치적 변혁을 시도할 수 있었다. 공민왕 14년 5월 辛旽의 대두가 그것이었다. 공민왕은 신돈의 등용을 통해 간접적으로 왕권을 강화하여 개혁정치에 장애가 되었던 무장세력을 제거하였을 뿐 아니라, 공민왕 15년에는 田民辨整都監을 설치하여 신돈을 판사로 삼고 토지탈점에 의한 토지제도의 문란과 유역인구의 감소에 의한 국가재정을 만회하고자 하였다. 전민변정사업의 결과 권귀들은 탈점한 전민을 本主에게 돌려주었으며 賤隸로서 양인이 된 자들은 신돈을 매우 稱賞하였다는 것을 보아 전민추정은 매우 광범위하게 이루어졌고 상당한 반향을 일으켰던 것 같다.

하지만 이 개혁은 전국적 규모로 확대 실시되지 못하였고, 또한 공민왕 20년 신돈의 몰락으로 오래 계속되지 못하였기 때문에 커다란 사회적 변화로 제

23) 洪榮義, 〈恭愍王 初期 改革政治와 政治勢力의 推移(上)〉(《史學硏究》 42, 1990).

기된 전민의 혼란을 근본적으로 처결하지는 못하였다. 특히 그것은 李仁任·李春富 등 추정사업의 대상자에 해당되는 인물에 의해 이 사업이 주도되었기 때문이기도 하다. 지배세력의 전면개편이 불가능한 토대 위에서 개혁의 성공이란 불가능함을 보여주는 것이었다.[24]

더구나 신돈제거 후 혼란한 국내 정치를 바로잡아 이완된 민심을 수습하고 통치체제를 회복하기 위하여 공민왕 20년 12월에 다시 개혁교서를 반포하였다. 그러나 제시된 민심수습책은 農桑장려, 부세면제, 고리대 근절, 양천의 구분에 의한 호구조사와 상평창제의 복구와 같은 각종 진휼책과 의료시책 등으로 토지관련 조항은 하나도 보이지 않고 대부분 일시적이고 임시적인 대책만 나열되어 있어 이전의 전민변정사업에 비해서는 훨씬 약화된 것임을 알 수 있다. 이는 신돈의 개혁을 부정하는 세력에 의해 추진된 것으로 공민왕대에 있었던 개혁 중에서 가장 비개혁적이었다고 할 수 있다.[25]

우왕대에도 두 차례에 걸친 전민변정사업이 행해졌다. 우왕 7년(1381) 4월에 전민변위도감이 설치되고,[26] 14년 정월에 전민변정도감을 두었다.[27] 어린 우왕을 옹립시키면서 권력을 장악한 이인임·염흥방·임견미 등의 토지탈점은 농장의 발달을 촉진시켜 토지제도의 문란은 더욱 가속화되었다. 게다가 우왕대 왜구의 침입은 가장 극성하였으므로 이로 인하여 사회경제적 모순은 가중되었다. 전민변정도감의 설치는 이러한 상황을 무마하기 위한 것이었으나 우왕 7년의 경우에는 이렇다 할 실적이 없었던 것 같고, 우왕 14년의 것은 최영 등에 의해 이인임 등을 전격 숙청하면서 단행된 것으로 이인임·임견미·염흥방 등이 탈점한 토지와 노비를 환수하기 위한 것이었다. 불법적으로 탈점된 토지와 노비가 본주인에게 돌아가고 그들의 재산이 몰수되었지만 토지제도의 문란은 이들의 토지를 환수하는 것만으로 해결될 수 있는 문제는 아니었다. 지배계급의 전면적 교체가 이루어지지 않는 한 이와 같은 전민변

24) 閔賢九, 〈辛旽의 執權과 그 政治的 性格(上·下)〉(《歷史學報》 38 및 40, 1968).

25) 白仁鎬, 〈공민왕 20년의 改革과 그 性格〉(《考古歷史學志》 7, 1991).
김기덕, 〈14세기 후반 개혁정치의 내용과 그 성격－공민왕대 개혁안의 분석을 중심으로－〉(《14세기 고려의 정치와 사회》, 민음사, 1994).

26) 《高麗史節要》 권 31, 신우 7년 4월.

27) 《高麗史節要》 권 33, 신우 14년 정월.

정사업의 한계는 명백한 것이었다.

그리고 전민변정사업도 당시의 사회경제적 혼란을 근본적으로 해결하기 위한 대책이 되지는 못하고 소극적인 개선책에 불과했다. 당시의 토지제도 문란, 즉 사전문제는 고려의 수조권분급제가 가진 모순을 나타낸 것으로 수조권이 직역을 매개로 세습되어 조업전화되고 또한 정치적 혼란기를 틈타 비정상적으로 비대화해지면서 민전과 경작자 농민을 잠식하여 일어난 것이었다.[28] 그런데 전민변정사업은 다만 수조지 점유분쟁을 법률적으로 처리하는 데 불과한 것이었기 때문에 그 자체에 이미 한계를 내포하고 있었다.

여러 차례에 걸친 전민변정사업이 흐지부지하게 끝나자 고려정부의 전제문란에 대한 수습능력은 완전히 한계를 드러내었다. 여기에 외적의 침입, 원명교체에 따른 불안한 북방정세는 군량의 확보를 심각한 문제로 대두시켰다. 정부는 諸私田에서 公收를 하거나 수시로 과렴을 통해 임시충당을 하기도 하였고, 지배층 내부에서는 사급전·구분전·사원전 등의 사전을 국가로 귀속시켜 그 전조를 군수에 충당하자거나, 갑인양전 이후 새로 加耕된 公私의 田地를 전쟁이 종식될 때까지 모두 군수로 하자는 방안이 제기되기도 하였다. 이러한 여러 시책의 실시나 논의는 지배층 모두가 전쟁수행이라는 비상시기에 처하여 공통된 위기감에서 나온 것이다.

결국 우왕 14년(1388) 5월에 이성계가 威化島回軍을 단행하여 신진사대부가 정권을 장악하게 되면서 전제문제에 마침내 전기를 마련하게 되었다. 위화도회군과 동시에 우왕이 축출되고 다음달인 6월에 어린 창왕이 뒤를 이으면서 본격적인 개혁작업이 시작되었다.

창왕은 敎旨를 통해 선대에 사원에 시납한 왕실 직속의 장·처전을 회수하여 다시 料物庫에 소속시킬 것과, 양계지역의 토지 가운데서 사전으로 濫執되어 있는 것도 추쇄한다는 조처와 더불어 私田捄弊의 방안을 도평의사사와 사헌부·판도사가 의논하여 보고할 것을 명하였다.[29] 이에 응하여 같은 해 7월에 개혁파의 한사람인 大司憲 趙浚의 제1차 상서가 올려졌다. 그의 개혁안은 사전개혁 논의의 기폭제가 되었다는 점에서 매우 중요한 의의를 지

28) 李景植, 〈高麗末期의 私田問題〉(《朝鮮前期土地制度硏究》, 一潮閣, 1986).

29) 《高麗史》 권 78, 志 32, 食貨 1, 田制 祿科田 신우 14년 6월.

닌다. 그의 뒤를 이어서 李行·黃順常·趙仁沃 등이 계속 상소하여 개혁을 강력하게 촉구하고 나섰다.

조준의 상서를 계기로 사전혁파를 둘러싼 논쟁이 조정에서 본격화되었는데 그 입장은 크게 두 가지로 나뉘었다.[30] 하나는 현존하는 사전은 그대로 두고 단지 거기서 야기되는 폐단만 제거하자는 안이었고, 다른 하나는 현재의 사전을 일거에 폐지하여 버리자는 안이었다. 전자가 사전개선론이라면 후자는 사전개혁론인 셈이다. 고려말 정계는 이 둘의 입장으로 양분되어 있었다.

양자는 사전문제의 소재와 원인을 파악하는 데 있어 근본적인 시각에 차이가 있었다. 개선론은 사전은 祖宗의 田法으로 하등 불법적인 것이 아니고, 하나의 所耕田에 여러 명의 점유주가 있다는 것을 문제로 보고 있었다. 현재의 점유사전이 조종의 법이라 함은 전시과의 제분급전이 사실상 수전자의 가계를 위해 전수되는 토지라는 곧 世祿으로서의 성격을 강조하는 것이다. 그리고 사전문제에 대한 대책으로 文契를 검토하여 전주를 가려내어 사전점유의 귀속관계를 분명히 함으로써, 즉 '1田 1主의 원칙'을 확립하자는 것이었다. 이는 기본적으로 고려정부가 그 동안 수시로 시도해온 전민변정사업과 궤도를 함께하는 방책이다. 權近·李穡 등의 견해가 그러하였다. 개선론측의 방안에 입각하여 사전문제가 처리된다면 수조지의 점유나 집적에 기초를 둔 대토지점유자들의 경제적 처지에는 큰 변동이 없게 된다. 이런 점에서 수조지의 확대에 의거하여 대토지를 점유하고 경영하면서 이 위에서 번성하고 있는 세력들의 이해관계를 옹호하고 반영하는 안이었다.

반면 개혁론측은 사전폐해의 근원을 국가에 의한 사전의 授收가 중지된 채 사적으로 세전되어 가산화한, 곧 조업전으로 변한 사실에 두고 있다. 조종의 전법을 개선론측과는 달리 국가권력에 의한 토지의 수수로 설명하고 있다. 즉 전시과의 제분급전이 관에 의해 반급되고 관에 의해 회수되는 國田으로서의 측면이 내세워지고 있었다. 그들은 겸병한 사전을 혁파하여 수조지를 재분배할 것과, 특히 직역담당자를 대상으로 토지를 지급하는 원칙

30) 李景植, 〈高麗末의 私田捄弊策과 科田法〉(《東方學志》 42, 1984 ; 앞의 책) 참조.

을 확립하고 현재 국역담당자가 아닌 자가 토지를 받는 상태를 개혁하되 토지의 점유는 본인 1대에 한하고 사사로이 수수하는 행위를 금지하자는 것이었다. 이 방안에 의하면 소위 권문세족으로 사전의 겸병자는 물론이고 정상적으로 사전을 소지하고 있는 이들도 결정적 타격을 안겨주는 결과를 가져온다. 현 사전의 부정은 수조지의 확대와 집적에 근거하여 운영되는 농장을 부정하는 것이었다. 따라서 소유권에 의한 토지소유나 그 집적에 기초하여 경영되는 농장만이 존속하게 된다. 이런 점에서 私田未受得者들이나 현 수조권자들에 의해 침해를 받고 있었을 지주층들의 이해득실을 대변하는 것이었다.

그런데 양자의 공통된 입장은 직접생산자층인 농민에 대한 별다른 대책이 없었다는 것이다.[31] 수조권하의 전객농민에 대한 수취나 지배에 있어서 양측 모두 별다른 구폐방안이 없었다. 개선론측은 물론 개혁론측도 지배층이나 그 통치기구에 급전하는 토지분급제를 배격하고 있는 것이 아니었고, 이 제도 아래에서 농민층을 지배하고 수취하는 전주전객제를 부정하고 있는 것도 아니었다. 다른 점은 토지분급제의 경리내용에 차이가 있었다.

개혁론측의 구상은 될 수 있으면 사전을 축소하고 경기에 집중시켜 공전을 확대하려는 것이었다. 이는 전주전객제에 의한 국가자체의 농민지배의 폭을 확장시켜야 한다는 의도였다. 개선론측은 전주전객제의 모순이 심화되고 있는 현실에서 수조권자인 전주로서의 위치를 그대로 유지하여 나가려는 데서 수조율의 준수를 전제로 하고 있는 것이다. 그리하여 전주의 양식과 이에 의한 전객보호를 통해 전주와 전객 간의 조화, 질서를 회복하고 여기서 사회안정과 나아가서는 고려국가의 회생을 구상하였다.

개혁론이 실현될 경우 기왕의 사전수조지는 대폭 축소되고 현재의 점유자들 중 경제적으로 탈락되는 층이 다수 생겨나면서 토지와 농민의 상당수가 국가의 직접적인 지배영역내에 일단 흡수되게 된다. 이러한 변동과 함께 새로 수조지를 절급받은 수전자들이나 외방의 양반·토호 지주들은 강

---

31) 과전법이 농민의 경제생활 안정이라는 측면에는 관심을 두지 않은 대책이었음은 姜晋哲, 〈高麗末期의 私田改革과 그 成果〉(《震檀學報》 66, 1988)에서도 언급되었다.

화된 국가권력의 직접적인 실체로서 자신들의 신분적·경제적 지배력을 구축하고 구사하게 된다. 그 방향은 수조권의 양적·질적 제약이 강화되어 가는 추세 속에서 소유권의 상대적 안정이 보장되고 농업생산력의 발달도 촉진됨에 병행하여 이에 입각한 토지와 농민지배의 소유관계를 추진해 나가는 길이었다. 이러한 단계에 본격적으로 접어들게 되면 국가의 전주전객제에 의거한 토지와 농민에 대한 지배수취관계는 불원간 이완되고 약화될 수밖에 없게 된다.

한편 농민들로서는 공전전객의 경우 전주가 국가인 까닭에 전조부담 1/10 세율을 보장받을 가능성이 현실적으로 증대되고, 사전전객의 경우도 전주권 자체에 대한 제약이 강화되므로 종전보다 부담이 감소되는 경향을 갖게 된다. 그러나 이는 일층 강력한 권력체, 곧 국가를 전주로 삼게된다는 대가를 지불하면서 얻는 것이었다. 그러나 그나마 국가의 이 정도의 보장도 미구에 지주제의 확대로 의미를 잃게 되고, 전객농민들은 갈수록 몰락하여 전호농민으로 변전되어갈 운명에 처하였다. 소유권의 성장과 안정이 가져올 필연적인 전망이었다.

개선론대로 처리된다면 사전 전주에 의한 전객지배의 광범위한 존속으로 소유권의 성장이 저지되고 이로 인하여 농민처지의 향상이나 지주층의 활동에는 한계가 있게 된다. 그러나 전객농민의 자기위치의 신장은 궁극적으로 양반국가의 법제적 보호에 의해서가 아니라 직접수취자인 전주측과의 부단한 항쟁 속에서 이루어지는 것이다. 이런 점에서는 지배력이 약화된 현재의 고려국가보다 직접적인 지배력은 강하여도 개별화되어 있는 사전주와의 관계에 서있는 편이 유리할 수도 있었다. 실제 농민들은 생산력증대와 전주에 대한 항쟁을 장기간 지속해 옴으로써 전주전객제를 파탄시켜 오고 있었다.

특히 개혁론측의 주장에는 농민층의 이러한 동태가 유력한 뒷받침이 되어 있었다. 그러나 개혁론측의 방안은 이들 농민층이 제항쟁을 통해 획득할 수 있는 성장방향을 그대로 허용하지 않았다. 소유권에 대한 조정이 없는 까닭이다. 개혁론은 지주층의 안전과 성장을 배려하고 있는 셈이다.

양론 모두 토지분급제와 전주전객제를 승인하고 있다는 점에서 공통된 지반에 서있으면서도 각각의 방안이 가져올 전망에는 이와 같은 차이가 있었다. 사전혁파의 可否가 都堂에서 토의되었을 때 시중인 李穡을 비롯하여 李琳·禹玄寶·邊安烈·權近 등이 반대하고 鄭道傳·尹紹宗 등은 찬성하였으나 鄭夢周는 중립적인 태도를 취하였다. 다시 백관 53인에게 논의시켰을 때 찬성하는 측이 18, 19명에 지나지 않았으며 반대자는 모두 巨室子弟였다고 한다.[32] 사전문제의 처리방식, 수습방향의 차이에서 오는 정치·경제상의 이해상반이 절실하였음을 단적으로 전해 주고 있다.

양자의 토지문제에 대한 입장의 차이는 그들의 철학적 기반의 차이에서도 연유하고 있었다. 개선론자의 대표격인 이색의 학문적 특색은 窮理나 道問學보다는 尊德性과 居敬과 같은 인간내면의 문제를 중시하였던 초기 주자성리학의 흐름을 계승하고 있었으며, 불교의 사회경제적 폐단은 비판하였지만 그 사회적 기능은 인정하고 있었다. 이러한 사상적 특질은 그의 현실정치의 이해관계와 연결되어 있었다. 이색은 특히 君臣－父子－長幼의 명분을 중시한《春秋》를 강조하고 있는데 이를 통해 고려왕조의 명분질서를 바르게 하고 윤리도덕이 확립되기를 바라고 있었다. 그것을 위한 방법으로 고려지배질서의 전반적인 체계나 구조적 문제를 파악하여 접근하기보다는 인간 개개인의 윤리도덕의 회복을 통해 해결하고자 했다. 그는 여말의 경제변동과 신분질서의 혼란을 포함한 사회모순의 수습목표를 기존질서의 회복에 두었고, 사회모순을 해결하는 방법도 체제적인 문제보다는 개별적인 문제, 사회전체보다는 인간 개개인에 중점을 두는 쪽으로 기울고 있었다. 그도 불법적인 토지탈점에는 부정적인 입장이었지만 사전의 혁파에 반대한 것은 고려의 조종지법인 과전체제의 기조를 그대로 유지하면서 개선하고자 하는 것으로 그것은 그가 가지고 있던 학문적 경향과도 밀접한 관계가 있다.[33]

이에 비해 개혁론의 대표자인 정도전은《춘추》를 중시하는 이색과는 달리《周禮》를 중시하여 고려지배체제의 전반적인 개혁의 차원에서 현실모순을 이해하고 해결하고자 했다.[34] 그는 의식이 족해야 염치를 알고, 창고가 가득

---

32)《高麗史》권 118, 列傳 31, 趙浚.

33) 都賢喆,〈牧隱 李穡의 政治思想研究〉(《韓國思想史學》3, 韓國思想史學會, 1990) 참조.

34) 李泰鎭,〈朋黨政治 성립의 역사적 배경〉(《朝鮮儒敎社會史論》, 지식산업사, 1989).

차야 예의가 일어나며, 항산이 있어야 항심이 생긴다는 恒産論을 제기하였다. 그는 향촌지주·향리 등의 민에 대한 중간수탈을 배제하고 국왕이 직접 인민을 파악하고 지배하는 강력한 중앙집권적 관료지배체제를 확립하려고 하였다. 또한 고려의 정치제도, 경제제도의 개혁과 아울러 척불론을 주장하였고, '천심은 민심'이라는 위민사상을 바탕으로 여론에 따라 왕조를 바꿀 수 있다는 역성혁명론을 제기하였다.[35]

개선론측과 개혁론측의 대립은 결국 정치적으로 종결지어질 수밖에 없는 문제였다. 우왕 14년(창왕 즉위; 1388) 8월, 사전혁파 논의가 표면화된 다음달, 도평의사사에서 사전혁파안에 대한 의정이 있었고[36] 6도에 양전사업이 착수되었다.[37] 양전을 위해 각 도의 장관직제인 按察使制를 品秩이 높고 권한이 강화된 都觀察黜陟使制로 바꾸어 관찰사를 축으로 하여 집행되었다. 이 때 안찰사제를 양부의 대신으로 임명하는 도관찰출척사제로 바꾼 것은 고려 지방제도의 큰 변천을 의미하는 바, 그것은 이제 道內 대소의 軍·官·民을 모두 척벌하는 대권을 가진 상급 행정기관의 신설이었다는 것이다.[38] 그러한 지방 행정제도의 개편이 양전에 즈음하여 단행되었다는 사실은 곧 어떠한 勢家의 소유지에 대해서도 무차별한 개혁을 단행하기 위한 대권의 수여와 직접 관련된 제도의 개편이었다. 이 당시 도관찰출척사에 임명된 인물들은 대체로 개혁파에 동조하거나 최소한 반대하지 않는 자들이었음을 짐작하기 어렵지 않다.[39]

그리하여 양전사업은 강력하게 추진되어 다음해(1389) 일단 완료되었다. 이것이 과전법 시행의 바탕이 된 '己巳量田'이다. 양전의 거행은 개혁론측의 승리를 뜻하는 첫 단계였다. 사전혁파와 관련하여 이 양전이 갖는 최대의 특징은 作丁방식의 새로운 변경, 이른바 '字丁制'의 선택이었다. 이 양전은 작

35) 江原謙, 〈三峰鄭道傳の改革思想〉(《朝鮮史硏究會論文集》 9, 1972).
韓永愚, 《鄭道傳思想의 硏究》(서울大 出版部, 1983).
36) 《高麗史》 권 137, 列傳 50, 신우 14년 8월.
37) 《高麗史》 권 78, 志 32, 食貨 1, 田制 經理 신우 14년 8월.
38) 邊太燮, 〈高麗按察使考〉(《高麗政治制度史硏究》, 一潮閣, 1971).
39) 金泰永, 〈科田法의 성립과 그 성격〉(《朝鮮前期土地制度史硏究》, 知識産業社, 1983), 53~54쪽.

정을 千字文 순으로 하여 '不係人姓名'함으로써 장차 분급수조지가 조업전으로 모칭될 수 있는 여지를 삭제하였다.

그리고 양전시행과 함께 잠정조처로서 사전의 전조를 3년간 公收하자는 의견을 내세웠는데[40] 개선론측의 반발이 거세었음에도 결국 이를 관철시키고 있다. 이것은 사전점유자들의 수조권에 대해 사실상 행사중지를 기도한 것이었다.

또한 사대부 사전의 경기내 지급원칙에 대해서도 개선론측의 반발이 있었으나, 개혁론의 급전구상은 경기내의 토지는 사대부에게 재급전함을 원칙으로 하고 실제 혁파는 외방의 사전을 대상으로 한다는 기본방침 위에서 세워지고 있었다.[41] 9월에는 급전도감의 주재하에 과전 즉 새로운 관급수조지의 지급에 따른 수전대상자를 선정, 파악하는 작업이 착수되었다.[42] 11월에는 金佇事件을 계기로 전제개혁에 미온적인 창왕과 반대세력을 정계에서 재차 축출하고 공양왕을 즉위시켰다.[43]

공양왕 2년(1390) 정월 급전도감에서는 과전수급 대상자들에게 과전지급 문서인 전적을 반급하여 주었다.[44] 사실상 과전이 지급된 것이다. 같은 해 9월에는 구래의 공사전적을 모두 소각하여[45] 기존의 사전점유와 그 관계는 영구히 소멸되었다. 11월 지방의 관원·향리·역리·진척·원주에 지급할 전지수와 豊儲倉·廣興倉에 수납되어야 할 조세의 수가 작정되었다.[46] 이리하여 사전전조의 공수가 개시된 지 만 3년이 되는 공양왕 3년 5월, 마침내 과전지급에 대한 기본법규가 반포됨으로써 科田法이 성립되었다.[47]

〈魏恩淑〉

---

40) 《高麗史》 권 78, 志 32, 食貨 1, 田制 田柴科 신우 14년 7월 大司憲 趙浚等 上書.
41) 《高麗史》 권 78, 志 32, 食貨 1, 田制 祿科田 신창 원년 8월.
42) 《高麗史》 권 137, 列傳 50, 신우 14년 9월.
43) 《高麗史》 권 137, 列傳 50, 신창 원년 11월 및 권 45, 世家 45, 공양왕 원년 11월.
44) 《高麗史》 권 45, 世家 45, 공양왕 2년 정월.
45) 《高麗史》 권 78, 志 32, 食貨 1, 田制 祿科田 공양왕 2년 9월.
46) 《高麗史》 권 45, 世家 45, 공양왕 2년 11월.
47) 《高麗史》 권 78, 志 32, 食貨 1, 田制 祿科田 공양왕 3년 5월.

2. 수취제도의 변화

1) 조 세

중세 봉건국가에서 국가 재정수입으로 가장 중요한 근간의 하나가 租稅이다. 그런데 조세의 수취는 토지의 정확한 조사와 함께 소출을 계량하는 量制를 바탕으로 이루어지는 것이므로, 조세수취의 문제는 곧 이 시기의 量田制나 양제와 밀접한 관계를 가지고 있다. 더욱이 結負法을 핵으로 하는 고려시대의 양전제는 단순히 토지측량상의 기술적인 문제에만 그치는 것이 아니다. 이는 농지의 실질면적과 그 농지로부터 생산되는 생산량까지 동시에 표현되는 제도이므로, 농업생산력의 발전에 따르는 조세액의 조정이나, 토지분급의 문제 등 부세정책을 합리적으로 운영하기 위한 선결 조건인 것이다.

하지만 조세의 부과나 조세수취 방식 등 조세와 관련된 문제는 단순히 量制나 量田尺과 같은 제도사적인 측면에서만 검토해서는 안될 것이다. 왜냐하면 조세제도의 운용은 1차적으로는 농업생산력의 수준에 기초하며 나아가서는 당대의 수취체제를 비롯한 사회 전반적인 변동과 유기적인 관련을 가지기 때문이다. 따라서 조세수취의 기본이 되는 양제나 양전척의 제도사적인 변화와 함께 그러한 변화가 가능하게 된 역사적 배경을 아울러 살펴보아야 할 것이다.

고려 후기 사회는 정치적으로는 무신집권 및 몽고와의 관계, 경제적으로는 전시과체제가 붕괴되고 사적 대토지소유가 발달하게 되는 등 전기와 구별되는 여러 가지 변화가 일어났다. 이와 같은 상황에서 조세의 운용도 고려 전기와 달리 이루어질 수밖에 없었을 것이다. 고려 후기 조세의 변화도 여러 가지 측면에서 검토해 볼 수 있겠지만, 특히 중요한 변화로 생각되는 양제와 양전제 및 收租式의 변동에 초점을 맞추어 살펴보기로 한다.[1]

우선 양제의 문제부터 살펴보면, 고려 전기는 1碩=15斗였는데[2] 고려 후기 양제는 元과의 관계 속에서 용적이 高麗石의 2배가 되는 元石이 도입되어 사용되었다. 예컨대 원종 12년(1271)에 元軍의 말먹이를 충당하는 데 필요한 원석 135,000석이 고려석으로는 27만 석이 된다고 한 사실에서 미루어 알 수 있다.[3] 이 시기가 원간섭기라는 점을 감안하면 고려에서 원에 부담하던 곡류의 양을 잴 때 원의 양제를 기준으로 한 것은 불가피했을 것이다. 원종 11년 이래로 원군의 식량을 모두 원석의 하부단위인 漢斗로 계산하여 지급하고 있는 것도 그런 사정을 입증하는 것이다.[4]

이처럼 고려 후기 원의 영향으로 단위량이 2배로 증대된 양제가 원간섭기 이후에도 그대로 고려사회에서 사용되고 있는 이유는 무엇일까. 그 첫째 원인은 정부의 부족한 재정을 보충하는 데 유리했을 것이라는 점이다. 고려정부에서 2倍積化한 새 양제를 원군의 식량조달에만 국한하지 않고 제반 부세를 징수하는 데 사용한다면, 명목상의 징수단위량은 같더라도 실제의 징수량은 배로 늘어나는 효과를 거둘 수 있었을 것이다. 이것은 고려 후기 농업생산력의 발전을 바탕으로 가능한 상황이기도 했다. 둘째는 원석이 별다른 저항없이 고려사회에 적용될 수 있는 내재적 요소가 있었다는 것을 지적할 수 있다. 예컨대 고려 전기 문종 7년(1052)에 斛斗式을 정하면서 가루나 장류를 재는 되인 末醬斛과 콩·팥을 재는 되인 太小豆斛의 용적비를 6:3으로 하고 있는데,[5] 여기에서 종래의 말장곡이 태소두곡의 2배

1) 고려시대 양제와 관련된 연구는 다음과 같다.
金容燮, 〈高麗時期의 良田制〉(《東方學志》 16, 延世大, 1975).
姜晋哲, 〈田結制의 문제〉(《高麗土地制度史硏究》, 高麗大 出版部, 1980).
金泰永, 〈科田法體制의 土地生産力과 量田〉(《韓國史硏究》 35, 1981).
浜中昇, 〈高麗後期の量田と土地臺帳〉(《朝鮮學報》 112, 1985).
呂恩暎, 〈高麗時代의 量田制〉(《嶠南史學》 2, 嶺南大, 1986).
———, 〈高麗時期의 量制〉(《慶尙史學》 3, 1987).
金潤坤, 〈羅·麗 郡縣民 收取體系와 結負制度〉(《民族文化論叢》 9, 嶺南大, 1986).
魏恩淑, 〈高麗時代 農業技術과 生産力硏究〉(《國史館論叢》 17, 國史編纂委員會, 1991).

2) "定田稅 以十負出米七合五勺 積至一結 米七升五合二十結 米一碩"(《高麗史》 권 78, 志 32, 食貨 1, 田制 租稅 문종 23년).

3) 《高麗史》 권 27, 世家 27, 원종 12년 8월.

4) 《高麗史》 권 28, 世家 28, 충렬왕 3년 2월 정묘.

적으로서 원석과 용적이 일치함을 알 수 있다. 요컨대 새 양제는 고려 전기의 양제와 괴리된 것이 아니므로 별다른 무리 없이 고려에서 통용될 수 있었던 것이다.[6)]

고려 후기 양제가 2배적화한 것 외에 또 중요한 변화로서 지적하지 않으면 안되는 것이 있다. 그것은 모든 곡물과 식품류를 계량할 때 고려 전기와 달리 단일한 체계로 계량하게 되었다는 점이다. 고려 전기의 경우는 위의 문종 7년의 사례에서 보듯이 곡물과 식품의 종류에 따라 量器의 용적을 달리하는 異積同價의 양제였다. 말하자면 중앙과 지방의 官斛에 대한 규격을 종류에 따라 다르게 설정함으로써 한 되에 담겨진 곡물·식품의 가격은 같도록 하였다. 그러나 고려 후기에는 모든 곡물을 단일한 체계로 계량하게 된 것 같은데, 그 근거로는 조선 세종 28년(1446)에 양기를 새로 정하면서 合-升-斗의 체제로 단일화하고 있는 점으로 미루어 그렇다.[7)] 물론 이 사료의 연대와 고려 후기의 시기가 다소 차이가 있으므로 이를 고려 후기까지 연결시키는 데 주저되는 바가 없지는 않다. 그렇지만 다음과 같은 측면에서 생각해 본다면 별다른 무리가 없을 것이다. 우선 세종 28년의 斗升合체제는 "以新營造尺 更定斛斗升合體制"라고 한 바와 같이 종전의 두승합체제를 새로 만든 자로 更定한 것이라는 점이다. 여기에서 양기의 형태는 달라졌지만 종전의 양제가 이미 두승합의 단일체계로 운용되고 있었음을 알 수 있다. 즉 두승합의 단일체계는 세종 이전부터 이미 통용되고 있었던 것이니, 그 시점은 고려 후기 양제의 변화가 아닐까 싶다. 앞에서 지적했듯이 고려 후기 양제가 2배적화하면서 양제의 운용에도 변화를 가져왔는데, 그 변화가 바로 양제의 단일체계로 나타나게 된 것 같다.

조세를 계량하는 양제의 변화는 필연적으로 양제와 밀접한 관련이 있는 양전제의 변동을 가져오게 될 것이다. 그 변화의 방향은 結면적의 확대와 隨等異尺制의 시행이라는 두 가지로 집약될 수 있다. 우선 결면적의 확대는 양

---

5) 《高麗史》 권 84, 志 38, 刑法 1, 職制 문종 7년의 기사에 의하면 斛別 용적비는 米斛 4 : 稗租斛 7 : 末醬斛 6 : 太小豆斛 3으로 되어 있다.

6) 金潤坤, 앞의 글, 149쪽.

7) 《世宗實錄》 권 113, 세종 28년 9월 임진.

전식의 변동과 결부되어 나타나게 된다.[8] 이를테면 步단위의 算田法이 고려 전기에 사용되던 周尺 대신에 명종 24년(1194)에 새로운 체계로 바뀌어[9] 주척의 1.2배인 金尺이 사용되게 되었다.[10] 그 결과 종래의 1결은 方 33步, 즉 (33보)^{2}의 원칙은 정해져 있었지만 실질적으로 1결은 방 35보, 즉 (35보)^{2}의 양전식이 통용되게 되어 결면적의 확대를 가져오게 되었다. 이와 같이 양제의 대량화에 따른 結負의 면적은 점차 확대되어 갔을 것이다. 왜냐하면 결면적의 확대는 조세 부담자인 농민의 불만을 무마하는 측면에서도 필요했을 것이며, 대토지소유자인 권세가들도 자신의 소유지를 서류상으로 줄이는 대신 실질적으로는 더 많은 토지를 소유할 수 있는 방안이었기 때문이다.[11]

그런데 고려 후기 1결=(33보)^2 대신에 1결=(35보)^{2}의 양전식이 관행된 원인은 寸단위를 표시하기 어려운 척도의 도입, 즉 수등이척제 시행과 밀접한 관련이 있다.[12] 수등이척제란 1결의 조세액을 고정시켜 놓고 그 대신 1결의 면적을 조절하는 양전식이다. 본래 농지는 그 비옥도에 따라 단위면적당 생산량의 차이가 있으므로 모든 농지에 동일한 조세액을 부과하기 위해서는 결면적에 廣狹의 차이를 두는 방법으로 해결할 수밖에 없다. 그리하여 비옥한 토지에는 길이가 짧은 양전척을 적용하고 척박한 토지에는 길이가 긴 양

8) 종래 고려 후기의 양전식의 변동으로는 신라시대 이래로 혼용되던 結과 頃이 분리되어 사용되기 시작한다는 점과 결면적이 축소된다는 점의 두 가지로 요약된다(金容燮, 앞의 글과 姜晋哲, 앞의 책 및 金載名, 〈高麗時代 什一租에 관한 一考察〉, 《淸溪史學》 2, 韓國精神文化硏究院, 1985 참조). 그런데 그 후 頃畝라는 명칭은 사용되었으나 結負에 대신하여 부분적으로 사용되었을 뿐, 경무제가 존재했던 것이 아니라는 견해가 제시되기도 하고(李宇泰, 〈新羅時代의 結負制〉, 《泰東古典硏究》 5, 翰林大, 1989), 또 경무제의 존재는 인정하되 結과 頃의 크기는 달라서 1결은 1경의 1/22이며, 1결의 면적도 오히려 확대되었다는 견해가 제시되었다(呂恩暎, 앞의 글, 1986). 따라서 앞으로 많은 논의가 계속 될 여지가 있지만 이 글에서는 결면적의 크기는 축소가 아니라 확대되었다는 견해가 보다 타당성이 있으므로 이를 따르도록 한다.

9) 李奎報, 《東國李相國集》 권 23, 草堂理小園記.

10) 고려 후기 金尺은 약 24.58㎝로서 종래 周尺(23.1㎝)에 비해 1.064배이다(呂恩暎, 앞의 글, 1986).

11) 李宇泰, 〈新羅의 量田制〉(《國史館論叢》 37, 1992), 42쪽 참조.

12) 예컨대 (35步)^{2}을 1結로 할 경우 1負의 면적은 (3步 1尺 8寸)^{2}이 되지만 1부를 (3步 3尺)^{2}으로 할 경우에는 寸단위의 표시가 제거되어 양전식이 간편해진다(金潤坤, 앞의 글, 146쪽).

전척을 적용하는 수등이척제를 채택하게 된 것이다.

수등이척제의 구체적 내용을 살펴보면 토지를 肥瘠의 차이에 따라 상·중·하로 구분하되 농부의 手指를 길이 산정의 기준으로 삼아 상등척은 20指, 중등척은 25指, 하등척은 30指를 각각 1척으로 채택하고 있다.[13] 이와 같이 수등이척제는 3종류의 기준척을 전제로 하여 같은 단위면적을 3종류로 차등화하므로 단일한 면적을 전제로 하는 '分'척은 유명무실하게 되었던 것이다.

수등이척제의 도입은 이러한 양전식의 변동을 가져왔을 뿐 아니라 당연히 收租方式의 변동도 가져왔다. 고려 전기의 수조방식은 1결의 면적을 고정시켜 놓고 田品에 따라 조세를 달리하는, 즉 단일양척제에 의한 同積異稅制였다. 예컨대 성종 11년(992)에 정해진 公田에 대한 수조방식은 전품을 상·중·하로 나누어 전품에 따라 조세의 수취량을 달리하는 差額收租방식이었던 것이다.[14] 만일 토지의 비옥도에 따라 다른 양척을 사용한다면 동일한 수조를 할 수 있지만, 그렇지 못하고 단일양척을 사용하는 상황에서는 차액수조를 할 수밖에 없었던 것이다. 그러나 전품에 따라 길이를 달리하는 수등이척제에 의한 양전이 시행되자 결당 동일한 조세를 부과할 수 있었던 것이다.[15] 이를테면 공양왕 3년(1391)에 제정된 科田法에서 공·사전에 전조를 일률적으로 부과하여 畓은 1결당 현미 30되, 旱田은 1결당 잡곡 30되로 정하고 있는 것이 이런 사실을 입증해 준다.[16]

그러면 고려 전기의 단일양전척 대신에 수등이척제로 변화하게 되는 시점에 대해서 살펴보기로 하자. 이 문제는 고려시기 양전제가 수등이척제에 의한 양전제로 변모하게 되는 배경과 밀접한 관련이 있으므로 이를 염두에 두고 살펴볼 필요가 있다. 고려 후기 사회는 전기에 비해 상대적으로 토지에 대한 관심과 지배의욕이 높아지게 되는데, 이것은 다음의 두 가지 측면에서 생각해 볼 수 있다. 하나는 고려 후기 경지면적의 확대와 농업기술의 발달로 농업생산력이 비약적으로 증가되면서 자산가치로서의 토지에 대한 관심도가

13) 《世宗實錄》 권 49, 세종 12년 8월 무인.
14) 《高麗史》 권 78, 志 32, 食貨 1, 田制 租稅.
15) 姜晋哲, 앞의 책, 377~379쪽 참조.
16) 《高麗史》 권 78, 志 32, 食貨 1, 田制 祿科田 공양왕 3년 5월.

상대적으로 높아졌을 것이라는 점이다. 우선 경지면적의 확대는 山田의 개발과 歲易농법의 常耕化를 들 수 있다. 산전개발이나 세역전의 상경화는 고려시대 전체를 통해 늘 있었던 일이지만 특히 대몽항쟁기를 거치면서 급속도로 전개되었을 것이다. 더욱이 농민층의 경우는 무신정권 이후의 혼란기와 몽고침략의 압력하에서는 지배층의 수탈이 가중되었기 때문에 단위면적당 생산력의 증가는 절실한 문제였다. 그러므로 자작농이든 전호농민이든 빈곤을 극복하기 위해 세역전을 상경화시켜 수입을 늘리는 길밖에 없었을 것이다.[17] 고려 후기 이와 같은 상황을 충족시키기 위해서는 농업기술의 발달이 중요한 과제이어서, 원의 새로운 농서나 연해안 저습지개발에 적합한 강남의 새로운 품종의 도입과 함께 파종방식이나 시비법 등의 기술개발이 이루어졌다. 이와 아울러 농민들도 생산력의 확충을 위해 가뭄 시 失農의 위험까지 무릅쓰면서 단위면적당 수확량이 높고 노동력 절감이 가능했던 移秧法을 수용하고 있다.[18] 하지만 농업생산력의 증가는 다른 한편으로 田品의 차이에 따른 녹봉의 불공평과 수세수취에 있어서 불균등을 심화시키는 배경이 되기도 했다. 그 결과 이런 모순을 시정하고 增賦 효과를 위해 결부제 운영방식의 전환, 즉 수등이척제를 시행하게 되었다.[19]

또 다른 하나는 위와 같은 상황을 배경으로 조세 외에 貢賦와 徭役의 수취에도 변화가 생기게 되었다는 점이다. 이에 대해서는 다음 절에서 자세히 살필 것이므로 핵심만 지적하기로 하겠다. 우선 고려 후기에는 전기의 직접 납부 대신에 요역의 物納현상이 가능해졌고, 공부의 경우도 대납이 확산되어 갔다. 뿐만 아니라 공부와 요역의 부과기준도 人丁의 다과에서 토지의 다과로 변모하게 되었다. 이와 같은 현상은 세제전반에서 전기에 비해 토지의 비중이 절대적인 기준이 되었음을 의미하는 만큼 이를 수용할 수 있는 보다 합리적인 양전식이 필요했을 것이다. 이러한 것은 조선 세종 26년(1444)의 기록이 시사하는 바가 많다. 즉 "科田·出軍·賦役 등을 부과할 때 양척동일법으로 양전하면 계산상 어려움이 따르므로 결의 광협을 다르게 한 전례로써

17) 金容燮, 앞의 글, 78~80쪽.
18) 魏恩淑, 앞의 글 참조.
19) 朴京安, 〈甲寅柱案考〉(《東方學志》 66, 1990), 133~134쪽.

分定하여 同科收租하도록"하고 있다.[20] 이는 단일양전척에서 수등이척제로의 변화가 단순히 조세부과의 문제에만 국한된 것이 아니라 고려 후기 수취전반의 변동과 관련된 것이라는 점을 입증하는 좋은 예이다. 결국 단일양전척에서 수등이척제로의 변화는 단순히 양전식의 문제에만 국한된 것이 아니라 고려 후기 경지면적의 확대나 농업생산력의 발전 및 수취전반의 변동과 관련하여 나타난 것으로 볼 수 있겠다.

수등이척제의 시행이 이와 같이 고려 후기 사회경제적 변화를 기반으로 하는 것이라면, 고려 전기의 단일양전척에서 수등이척제로 전환하는 시기는 고려 후기 수취개정의 기준이 되었던 충숙왕 원년(1314)의 甲寅量田이 아닐까 싶다.[21] 다만 이 때의 갑인양전이 비록 6년간에 걸쳐 철저히 시행된 것이라 하더라도 전국의 모든 토지에 대하여 일제히 새로운 양전법을 적용하기에는 어려움이 있었을 것이다. 그러나 고려 후기 조세수입의 증대가 절실했던 상황에서 새로운 양전법은 점차 정착되어 갈 수밖에 없었을 것이다. 이것은 수등이척에 의한 양전법과 異積同稅의 수조법이 己巳量田(공양왕 원년; 1389)에 의한 과전법체제에서 정식 법제로 확정되어 조선초까지 계승되고 있는 데서 알 수 있다.[22]

〈李貞熙〉

2) 공부와 요역

고려 후기 貢賦와 徭役에 대한 변화는 여러 가지 측면에서 살펴볼 수 있겠지만, 다음과 같은 세 가지 방향을 중심으로 검토해 보고자 한다. 왜냐하면 다음과 같은 문제는 고려시대 공부와 요역의 실태 및 변화양상을 밝히는 점에서도 필요하거니와, 고려 후기 사회의 성격을 파악하는 일환으로도 중요한 과제이기 때문이다. 첫째, 공부의 변모를 알아보기 위해 고려 후기 집중

---

20) 《世宗實錄》 권 106, 세종 26년 11월 무자.

21) 李貞熙, 〈高麗後期 徭役收取의 實態와 變化〉(《釜大史學》 9, 1985), 27~30쪽에서 甲寅年의 量田은 수등이척제에 의한 방식으로 행해진 것이며, 이 때 고려 후기 수취기준이 토지과세로 제도화되었다고 지적한 바 있다. 이외 갑인양전과 관련해서는 朴京安, 앞의 글, 96쪽 참조.

22) 과전법체제가 성립된 이후의 양전과 收租에 대해서는 金泰永, 앞의 글 참조.

적으로 등장하는 常徭·雜貢의 실체와 관련하여 살펴보도록 하겠다. 둘째, 요역제의 변화를 위해 토목공사에서의 赴役실태와 요역을 부과하는 기준이 고려 후기 사회경제의 변모와 관련하여 어떠한지 검토해 보도록 하겠다.

(1) 공 부

고려시기 공부의 용례는 대략 세 가지로 사용되고 있다. 이를테면 조세,[1] 군현에 부과되는 공물,[2] 공물을 포함한 세제 일반을 뜻하는 경우가[3] 그것이다. 따라서 사료를 이용할 때 공부가 공물의 의미만 담고 있는지, 혹은 다른 용례로 사용되었는지 신중한 배려가 필요하다. 일단 여기서는 공부의 개념을 군현에 부과하는 공물의 용례로 한정시켜 서술하기로 하겠다.[4]

공부는 지방관청이 중앙정부에 바치는 현물세지만, 그 상당부분은 군현의 민을 사역시켜 조달하였다. 그러므로 중앙정부와 지방관청의 관계에 있어서는 현물의 수취지만, 군현과 민호의 관계에 있어서는 요역징발이라 할 수 있다. 요역은 役事의 종류에 따라 크게 세 가지로 구분할 수 있다. 즉 토목공사·공물조달·조세운반 등이다.[5] 이 가운데 공물조달과 조세운반은 정해진 수량과 기일이 있으므로 토목공사의 요역에 비해 비교적 정례적으로 부과되었다. 이 때문에 조선 전기의 경우 '常時雜役'·'常時徭役'·'常例徭賦' 등으로 불리기도 했다.[6] 이처럼 공물과 요역은 밀접한 관계가 있기 때문에 조선 성종 2년(1471) '役民式'에 의하면 20여 가지의 요역종목 가운데 5종목이 공물과 관련되었으며, 또 동왕 23년의 《大典續錄》에는 16가지 종목 가운데 6가지가 공물과 관련되었을 정도이다.[7]

---

1) 《高麗史》 권 80, 志 34, 食貨 3, 賑恤 恩免之制 예종 원년 3월.
2) 《高麗史》 권 78, 志 32, 食貨 1, 서문.
3) 《高麗史》 권 81, 志 35, 兵 1, 兵制 공양왕 2년 12월.
4) 朴鍾進, 〈高麗時期 稅目의 用例檢討〉(《國史館論叢》 21, 國史編纂委員會, 1991), 203~206쪽 및 李貞熙, 《高麗時代 徭役制度 硏究》(東亞大 博士學位論文, 1995), 16~17쪽 참조.
5) 李貞熙, 위의 책, 41~42쪽.
6) 《太宗實錄》 권 30, 태종 15년 11월 무신
《成宗實錄》 권 2, 성종 원년 정월 기해·권 160, 성종 14년 11월 신축 및 권 166, 성종 15년 5월 을묘.
7) 有井智德, 〈李朝初期の徭役〉(《朝鮮學報》 30·31, 1964 ; 《高麗李朝史の硏究》, 國

이와 같은 공물의 조달은 고려 전기에는 각종 수공업제품의 생산에 전업적으로 종사하던 所民과 일반군현민에 의해 이루어졌다. 일반군현민이 부담하는 공물과 소민이 부담하던 생산물의 품목은 일치하는 것도 상당수 되지만, 기술적인 능력이 요구되는 물품생산은 주로 소민에게 부과되었으며 그에 반해 일반군현이 부담하는 공물은 原材料·半製品의 형태로 상납되어 京匠人에 의해 가공되었을 것으로 이해되고 있다.[8] 말하자면 고려 전기 수공업은 크게 관청수공업, 소 수공업, 농촌의 가내수공업으로 나뉘어져 서로 유기적으로 연결되어 있었던 것이다. 이 시기는 상품경제의 발달이 미약했던 만큼 관청수공업은 원료를 구입한 것이 아니라, 소민이나 일반농민으로부터 '공물'이라는 경제외적 강제를 통해 조달하고 있었다.[9]

고려 전기의 소는 군현체제의 일환으로 매년 일정액의 공물을 부담하였다. 그러나 왕조 성립 이후 계속된 전쟁, 국가 행정기구의 비대화, 복잡한 대외관계의 전개는 금·은·동 등 소의 생산물에 대한 수요를 크게 증대시켜 소민에 대한 수탈이 과중되었다.[10] 이 때문에 예종대에 이미 京畿 州縣의 유망현상 가운데 소민의 유망이 가장 심각하였다.[11] 이와 같이 소의 해체가 본격화되면서 소민의 부담은 일반군현민의 부담으로 전가되었다. 말하자면 12세기를 전후로 소제도가 해체되면서 공부제의 운영에도 변화가 생기게 되었던 것이다.

그리하여 종래 소에서 생산되던 물품은 일반군현의 주민을 동원하여 수취하게 되었다. 예를 들면 충렬왕 15년(1289)에는 각 군현의 호에서 은·모시·가죽·비단·기름·꿀 등을 징수하였다.[12] 이들 물품 가운데 은·가죽·비단 등은 재료를 마련하고 가공하는 데 적합한 자연조건이나 특별한 기술이 필요했을 것이므로, 종래에는 주로 소에 부과되었을 것이다. 또 충선왕 원년

書刊行會, 1985).

8) 姜晋哲, 《高麗土地制度史硏究》(高麗大 出版部, 1980), 269~270쪽.
朴宗基, 《高麗時代 部曲制硏究》(서울大 出版部, 1990), 75쪽.

9) 홍희유, 《조선중세수공업사연구》(과학백과사전출판사, 1979 ; 지양사, 1989, 109쪽).
魏恩淑, 《高麗後期 農業經營에 대한 硏究》(釜山大 博士學位論文, 1994), 170쪽.

10) 朴宗基, 앞의 책, 187~188쪽.

11) 《高麗史》 권 78, 志 32, 食貨 1, 貢賦 예종 3년 2월.

12) 《高麗史》 권 79, 志 33, 食貨 2, 科斂 충렬왕 15년 3월.

(1309)에 鹽專賣制를 시행하면서 소금생산자인 鹽戶를 일반군현민으로 충당하고 있는 것도 비슷한 사례이다.[13]

이와 아울러 전개된 중요한 변화로는 공부제의 折價代納이다. 일반군현민의 공물은 광종 즉위년(950)에 공물의 액수가 정해져 있었다.[14] 그런데 문종 20년(1066)부터는 공물의 일부품목을 포로 대납하는 것이 허용되었다.

> 왕의 명령으로 결정하기를 여러 주현에서 해마다 바치는 常貢의 일부인 소가죽·힘줄·뿔을 平布로 환산하여 대신 바치도록 하였다(《高麗史》 권 78, 志 32, 食貨 1, 貢賦 문종 20년 6월).

위와 같이 군현민이 매년 부담하는 常貢이었던 소가죽·힘줄·뿔 등을 현물 대신에 平布로 대납할 수 있도록 하였던 것이다. 이들은 활(弓)의 제작에 없어서는 안되는 재료로서 활 하나를 만드는 데에는 소가죽과 뿔도 필요했지만, 힘줄의 경우 보통 牛馬 3~4마리의 힘줄이 필요하다.[15] 이처럼 활의 제작에 필요했던 공물이 절가대납되면서 다른 공물의 품목에도 점차 허용되어 갔다.

군현민이 부담하던 공물 가운데 일부 품목에 공물의 절가대납이 가능했던 배경은 무엇일까. 이에 대해 각 군현이 부담하는 歲貢額 가운데 현지생산이 불가능한 물품이 있었기 때문이라는 견해가 있다. 말하자면 소의 생산물에 대한 효과적인 수취를 가능케 하기 위한 보완적인 조치로 대납을 허용하고 있다는 것이다.[16] 그러나 여기에서 간과할 수 없는 것은 고려 중기 이래로 전개되어 갔던 사회경제적 배경이다. 말하자면 공물을 대납하게 했다면 절가대납한 공물을 구입할 수 있을 정도로 민간생산과 유통경제가 발달해 있어야 한다. 이러한 여건을 구비하지 못한 상태에서는 공물의 징수가 현물세의 직접 징수로 나타날 수밖에 없기 때문이다.

그러므로 문종대 부분적이나마 공물의 절가대납을 허용하고 있는 것은 그

---

13) 《高麗史》 권 79, 志 33, 食貨 2, 鹽法 충선왕 원년 2월.
14) 《高麗史》 권 78, 志 32, 食貨 1, 貢賦 광종 즉위년.
15) 姜晋哲, 앞의 책, 269쪽.
16) 朴宗基, 앞의 책, 157쪽.

렇게 해도 상관이 없을 정도의 조건이 마련되어 가고 있음을 시사하는 것이다. 예종 9년(1114)에 모든 직물류의 공물까지 대납화되고 있는 실정도 이런 점에서 주목된다. 즉 貢中布 1필은 平布 1필 15척으로, 貢紵布 1필은 평포 2필로, 貢綿紬 1필은 평포 2필로 절가대납하도록 규정하고 있다.[17] 직물류의 생산을 麻布에서 평포로 절가대납하도록 허용되고 있었던 것은 공부제 자체의 질적 발전이다. 뿐만 아니라 마직생산에 있어 항상적 잉여가 존재했음을 입증하는 것이기도 하다.[18] 즉 직물생산을 평포로 대납하도록 한 것은 절가대납된 직물을 구입할 수 있을 정도로 민간생산이 성장했던 일면을 시사하고 있다.[19]

12세기 전후로 전개되었던 공물의 절가대납은 농민경영의 항상적 잉여를 기반으로 하고 있지만, 동시에 공물의 절가대납은 또 민간생산의 발달을 촉진시킴으로써 공물의 대납화를 확산시키는 역할을 했을 것이다. 13세기에 이르러 공물을 대납하는 청부업자까지 등장하고 있는 실정도 이런 맥락에서 이해된다. 이 시기 공물대납업자는 '諸司官吏'·'謀利之人'·'貨殖之徒'·'郡人住京者' 등으로 지칭되고 있었다.[20] 이들은 지방의 공물을 미리 바친 후 나중에 민으로부터 그 대가의 배를 받기도 하고, 심지어는 2~3년 내지 4~5년치의 공물을 미리 징수하기도 하였다.[21] 이는 당시 공물대납자가 자신의 물건으로 대납 업무를 수행할 수 있도록 물품을 미리 수집, 비축할 수 있는 여건이 갖추어져 있음을 반영하는 것이다.

충렬왕 22년(1296)에 豪勢之家가 민간의 細布·綾·羅·葦席 등을 강제로

---

17) 《高麗史》 권 78, 志 32, 食貨 1, 貢賦 예종 9년 10월.

18) 고려사회에서 麻는 자가수요와 공납용으로서의 가치 이외에도 가장 광범한 교환수단으로써 그 의미가 절대적인 것이었다. 마직업에 대해서는 魏恩淑, 앞의 책, 184~186쪽 참조.

19) 姜晋哲, 〈韓國學硏究 半世紀 中世史〉(《震檀學報》 57, 1984), 42쪽.
다른 한편으로 공물의 조달과정이 직접적인 현물세의 수취에서 절가대납으로 이행하면서 아울러 유통경제의 활성화도 수반되었을 것이다.

20) 《高麗史》 권 84, 志 38, 刑法 1, 職制 충렬왕 22년 5월 및 권 78, 志 32, 食貨 1, 貢賦 충숙왕 후8년 5월·공민왕 원년 2월. 이외 고려 후기 공물대납과 관련된 연구로는 金東哲, 〈고려말의 流通構造와 상인〉(《釜大史學》 9, 1985), 4~7쪽 및 朴鍾進, 앞의 글, 177~179쪽 참조.

21) 《高麗史》 권 78, 志 32, 食貨 1, 貢賦 공민왕 원년 2월.

구입하여 민폐가 된다는 예도[22] 이런 사실을 설명해 주고 있다. 이와 같은 사례는 비록 강제로 구입하는 형태이기는 하지만 민간생산의 잉여가 존재했기 때문에 가능한 일이었다. 이들 물품 가운데 세포도 숙련된 기술이 필요했지만, 특히 능·라 등의 고급견직물은 고려 전기까지만 해도 중앙이나 지방의 관청수공업에서 생산하던 것이었다.[23] 그러던 것이 고려 후기에는 민간에서 구입할 정도로 민간생산이 질적·양적으로 성장하고 있었던 것이다.

한편 이와 같이 고려 후기에 전개된 공부제의 변모와 관련하여 현물세의 수요가 증대되면서 새로운 현물세가 부가된다. 이를테면 고려 후기 집중적으로 등장하는 常徭·雜貢의 품목이 그것이다. 상요·잡공은 고려시기 세제의 내용과 관련하여 그간 연구자들이 주목하여 온 세목이다. 왜냐하면 상요·잡공의 품목을 어떻게 인식하는가 하는 것은 고려시대 세제의 기본품목을 설정하는 문제와 직결되어 있기 때문이다.[24] 그런데 연구자들 사이에 이견이 있지만, 상요·잡공이나 공부가 다 같이 현물세의 수취라는 점은 인정하고 있다. 공부제의 변모는 상요·잡공의 실체 및 변화방향과 관련하여 보다 부각될 수 있다. 따라서 상요·잡공에 대한 기존의 연구가 어떠한지 잠시 살펴본 후, 상요·잡공의 내용과 변화를 검토해 보기로 하겠다.

상요·잡공이《高麗史》에 최초로 나타나는 것은 고종 13년(1226)의 일이다. 즉 "전라도의 기근이 심하므로 甲申年(고종 11년) 이후의 三稅, 상요·잡공은 감면해 주도록 하라"고 하고 있다.[25] 이 내용으로 미루어 상요·잡공은 적어도 고종 11년 이전에는 이미 존재하고 있었음을 알 수 있다. 그러나《고려사》의 기록만으로는 상요·잡공의 존재에 대해서는 알 수 있을지언정 그 실체에 대해서는 알기 어렵다. 이에 대해 구체적 내용을 알려주는 유일한 사료는 鄭道傳의《朝鮮經國典》賦稅條이다. 이 기사의 내용은 앞으로 서술하고자 하는 내용에 중요한 참고가 되므로 관련된 부분을 인용하면 다음과 같다.

---

22)《高麗史》권 84, 志 38, 刑法 1, 職制 충렬왕 22년 5월.
23) 홍희유, 앞의 책, 93쪽.
魏恩淑, 앞의 책, 169쪽.
24) 李貞熙, 앞의 책, 17~22쪽.
25)《高麗史》권 80, 志 34, 食貨 3, 賑恤 고종 13년.

> 국가의 賦稅之法은 租는 토지에 대해 내고, 상요·잡공은 그 지역의 소출에 따라 관부에 납부하니 대개 唐의 租·庸·調를 모방한 것이다.… 그러나 조는 토지의 開荒을 조사하여 소출의 수효를 계산할 수 있지만, 상요·잡공은 다만 관부에서 바치는 액수만을 정해 놓았을 뿐, 호에서 무슨 물건을 내는 것이 調가 되며, 身에 대해서 무슨 물건을 내는 것이 용이라는 것을 분명히 말하지 않고 있다. 그리하여 관리들은 이런 약점을 이용하여 함부로 수탈하므로, 민은 더욱 곤궁해지고 豪富들은 곳곳으로 피해 국가의 재용은 도리어 부족해졌다(鄭道傳, 《朝鮮經國典》 上, 賦典 賦稅).

상요·잡공에 대한 기존의 연구를 살펴보면, 위 사료에서 정도전이 상요·잡공을 용·조에 대비시킨 점을 그대로 받아들인 견해가 최초이다.[26] 상요·잡공의 내용에 대한 구체적 설명은 없지만 이 연구의 핵심은 3세=조, 상요=용, 잡공=조로 파악하는 것이다. 이 견해의 가장 큰 약점은 3세를 조에 한정시켜 본 것인데, 3세는 사료상 분명히 조·용·조를 모두 포함하고 있으므로[27] 기존의 연구자들이 모두 비판하고 있다.[28]

그러나 이외에도 이견이 적지 않다. 우선 상요·잡공을 공물의 구성요소로 이해하는 견해가 있다.[29] 또 잡공은 공물의 구성요소로 파악하되, 상요는 요역 가운데 지방에서 부과하는 役으로 이해하는 연구도 있다.[30] 이들 견해의 한계성은 상요·잡공의 용례가 고려 후기에 집중된다는 특성을 설명하기 곤란하다는 점이다. 이러한 점을 고려하여 상요·잡공은 공부의 구성요소이기는 하지만 고려 후기 공부의 절가대납과 관련하여 집중적으로 부과된 것으로 이해하는 견해도 있다.[31] 상요·잡공을 공부와 동일한 것으로 보는 이유는 상요·잡공을 고려 전기 이래 나타나는 徭貢의 약칭으로 간주하기 때문이다.[32] 그러나 요공이 상요·잡공과는 별개의 세목으로 해석되는

---

26) 今掘誠二, 〈高麗賦役考覈〉(《社會經濟史學》 9-3·4·5, 有斐閣, 1939).
27) 《高麗史節要》 권 20, 충렬왕 4년 7월.
28) 朴鍾進, 《高麗時代 賦稅制度 硏究》(서울大 博士學位論文, 1993), 50~54쪽.
李貞熙, 앞의 책, 175~191쪽.
29) 姜晋哲, 〈農民의 負擔〉(앞의 책), 281~284쪽.
30) 金載名, 《高麗 稅役制度史 硏究》(韓國精神文化硏究院 博士學位論文, 1994), 125~148쪽.
31) 李貞熙, 〈高麗後期 徭役收取의 實態와 變化〉(《釜大史學》 9, 1985), 172~183쪽.
32) 《高麗史》 권 80, 志 34, 食貨 3, 賑恤 충선왕 24년.

사료가[33] 존재하는 만큼 구별하는 것이 합리적으로 생각된다.

또 고려 후기 役과 布가 절가대납되는데, 상요·잡공은 바로 역과 포를 토산물로 대납하는 것이라는 연구도 있다.[34] 그러나 상요·잡공이 역과 포의 대납을 위한 현물세라는 견해는 조선 태조 원년(1392)의 기사를 살펴보면 모순이 있음을 알 수 있다.

> 戶布를 징수한 것은 잡공을 면제하기 위해서인데, 前朝말에는 호포를 바치고 있는데 또 잡공을 징수하여 민폐가 되고 있으니, 지금부터 호포는 모두 면제하소서(《太祖實錄》 권 1, 태조 원년 7월 정미).

즉 잡공을 면제하기 위해 호포를 부과하고 있는데 만일 잡공을 포의 대납을 위한 현물세로 이해한다면, 調布 → 잡공 → 호포의 결과가 되어 버린다. 이런 문제점 때문에 이 견해는 이후 수정·보완되었다. 상요·잡공은 고려 후기에 부가되는 세목으로서 용·조에 이중으로 부과된 세목, 이를테면 身과 戶를 매개로 하여 토지소출로 납부하는 현물세라는 것이다.[35]

이상의 연구동향을 간략하게 정리하면 상요·잡공의 실체는 고려 후기에 부가된 현물세가 된다. 그러면 고려시기 공물이라는 세목이 있는데 왜 고려 후기 상요·잡공이라는 현물세가 부가되는 것일까. 공물이나 상요·잡공이 모두 현물세라는 점을 염두에 둔다면 상요·잡공의 등장 배경은 위에서 언급한 고려 후기 공물제도의 변모에 있다는 것에 귀착된다. 말하자면 공부제의 변화와 아울러 고려 후기 현물세의 비중이 증대되는 상황이 전개되었다는 점이다. 그 배경으로는 고려 전기 전업적으로 물품을 생산하던 所제도의 붕괴와, 고려 후기 대원관계로 인한 공물의 수요 증대, 농장의 확대로 인한 담세자의 감소, 그리고 고려사회가 도달하고 있던 생산수준 내지 유통경제의 수준 등을 지적할 수 있겠다.[36]

---

33) 《高麗史》 권 78, 志 32, 食貨 1, 貢賦 충숙왕 원년 정월.
34) 李惠玉, 〈高麗時代 三稅制에 대한 一考察〉(《梨大史苑》 18·19, 1982).
———, 《高麗時代 稅制硏究》(梨花女大 博士學位論文, 1985), 132~138쪽.
35) 이혜옥, 〈고려후기 수취체제의 변화〉(《14세기 고려의 정치와 사회》, 민음사, 1994), 203쪽.
36) 李貞熙, 앞의 책, 182~186쪽.

그러면 이와 같은 배경을 기반으로 부가된 상요·잡공의 내용은 구체적으로 어떤 것일까. 이에 대해서 앞의 《조선경국전》의 내용을 다시 음미해 볼 필요가 있다. 우선 그 내용 가운데 "상요·잡공의 품목에 대해 지방관청에서 납부해야 되는 수량만을 정해 놓았을 뿐 구체적인 품목에 대해서 정해 놓지 않았으므로 수탈의 소지가 있다"고 하였는데 이는 상요·잡공의 징수가 개별민호에게 부과되던 調가 아니라, 지방관청을 대상으로 한 점에서 공물과 관련되어 있음을 짐작하게 한다.

상요·잡공의 품목이 공물과 관련되어 있음을 시사하고 있는 만큼, 공물의 성격을 통해 상요·잡공의 품목을 유추해 볼 수 있다. 앞에서 살펴본 바와 같이 공물은 국가에서 지방관청을 대상으로 수취할 때는 현물세의 형태를 취하고 있지만, 군현에서 개별민호에 부과할 때는 그 상당부분을 노동력의 징발인 貢役의 형태로 수취하고 있었다. 상요의 의미는 문자 그대로 '常時徭役'의 뜻으로 해석되므로 노동력의 징발과 밀접한 연관이 있음을 알 수 있다. 《조선경국전》에서 상요를 '有身則出某物'이라 한 것은 이런 점에서 주목된다. 즉 상요를, 노동력 징발을 매개로 징수하는 품목으로 인식하고 있던 까닭에, 호를 매개로 하는 잡공과 구별하고 있는 것이다.

이에 비해 잡공의 문자적인 의미에서 살펴보면 '잡다한 공물'의 뜻으로 해석할 수 있겠다. 이를테면 충목왕 즉위년(1344)에 李齊賢이 "지난번에 강제로 거둔 포를 다음해의 잡공으로 충당할 것"을 건의한 내용에서[37] 포가 잡공의 품목임을 알 수 있다. 또 창왕 때 尹紹宗 등은 林堅味 일당의 재산을 잡공에 충당하도록 상소하였다.[38] 여기서 임견미 일당의 재산을 잡공에 충당하도록 한 것으로 미루어 적어도 잡공이 노동력의 직접징발이 아님은 분명해진다. 이로써 잡공은 포를 비롯하여 잡다하게 바치는 물품이라고 정리할 수 있겠다. 게다가 《조선경국전》에서 잡공을 '有戶則出某物'이라 한 점도 이를 뒷받침하고 있다. 요컨대 정도전은 잡공을 상요의 인신수취와 달리 호를 대상으로 수취하는 현물세로 파악하고 있었다.

즉 잡공은 공물을 구성하는 품목 가운데 개별민호의 노동으로 조달될 수

37) 《高麗史》 권 110, 列傳 23, 李齊賢.
38) 《高麗史》 권 126, 列傳 39, 姦臣 2, 李仁任.

있던 물품이 아니었을까 한다. 정도전이 상요와 잡공의 품목을 굳이 구분하여 파악하고 있는 것은, 상요와 잡공이 동일한 현물세이면서도 그 과세대상이 身과 戶로 구별되는 요소가 있었기 때문으로 보여진다.

그러면 고려 후기에 부가된 상요·잡공은 조선왕조가 성립되면서 어떻게 변모하고 있는지 살펴보도록 하자. 우선 상정할 수 있는 것은 고려에서 조선왕조로 이행하는 과정에서 공물의 내용이 달라질 것이라는 점을 예상할 수 있다. 그 배경은 다음의 두 가지로 요약할 수 있다.

첫째, 고려 전기 공물의 주요한 부담자였던 소가 15세기에 이르면 완전히 해체된다는 점이다. 그렇게 되면 조선초의 군현민이 부담하던 공물의 품목도 당연히 고려시기와는 차이가 날 것이다. 이를테면 고려시대에 절가대납하도록 했던 소가죽과 소뿔 등이 조선조에는 잡공의 품목으로 되었다.[39] 또 고려에서는 炭所나,[40] 驛의 중요한 부담이던 柴炭貢이[41] 조선초의 경우 京畿民戶의 중요한 잡공이 되었다.[42] 본래 고려에서 각 驛의 시탄공에 대한 용례는 상요·잡공과 병렬되어 나타나는 등, 잡공과 구분되는 품목이었던 것이다. 이외에도 조선초의 잡공에 대한 품목으로는 馬草·材木·油蜜·厚紙·華席·脯脩 등이[43] 있다. 이 가운데 후지의 경우는 고려시기에 紙所가 있었던 점으로 미루어 상당수가 소의 공물이었다.

다음으로 들 수 있는 것은 새 왕조의 성립과 더불어 세제개혁이 단행되었던 점과 결부된다. 태조 원년(1392) 10월에 貢賦詳定都監을 설치하여 공물을 상정하도록 하고 있다. 당시 개혁의 방향은 고려시대의 제도적 폐단을 제거하고, 토지의 산물에 의거하여 공부의 등급을 정하되 납부할 액수를 減量하는 것이었다.[44]

따라서 우선 그 폐단을 제거하는 일환으로 고려 후기 민의 원성이 되었던,

---

39) 《世宗實錄地理志》 권 150, 慶尙道.
40) 《新增東國輿地勝覽》 권 7, 京畿 驪州牧 古跡 登神莊.
41) 《高麗史》 권 80, 志 34, 食貨 3, 賑恤 恩免之制 충렬왕 24년 정월·34년 8월 및 공민왕 12년 5월.
42) 《太宗實錄》 권 1, 태종 원년 정월 갑술.
43) 《太宗實錄》 권 13, 태종 7년 정월 갑술.
《世宗實錄》 권 23, 세종 6년 3월 갑진.
44) 《太祖實錄》 권 2, 태조 원년 10월 갑신.

橫斂·豫徵·加徵·공납청부 등의 사례들이[45] 규제되었을 것이다. 또 공부의 납부액을 감량하는 조처로써 민에게 여러 가지로 부가되는 결과가 되었던 調布[46]·공부·호포·상요·잡공 등의 현물세에 대해서도 대폭적인 손질을 가했을 것이다. 이 때 개혁의 방향은 고려 후기 폐단으로 작용했던 절가대납 대신에 현물의 수취였던 것 같다. 즉 잡공을 면제하는 대가로 징수한 호포가 결과적으로 잡공과 함께 부과되는 현상을 보이자 호포를 폐지하고 잡공을 존속시키는 방안을 채택하고 있는 것이다. 종래 중복되게 존재했던, 포(調)·공부(貢布, 貢役, 토산물)·상요·잡공·호포 등의 현물세를 공부로 단일화하는 작업으로 귀착되었다. 이는 조선조에서 調가 공물과 같은 의미로 사용되고 있는 데서 입증된다.

조선왕조에 있어서 기본세목은 "有田則有租 有身則有役 有戶則有貢物"[47]이라 한 바와 같이 조세·요역·공물로 정리되고 있다. 그리고 공물은 "有田則有租 有戶則有調"[48]라 하여 調와 동일한 의미로 사용되고 있다. 그 결과 고려시기 조·포·역·공부로 정리되는 수취체제는 고려 후기 공부제의 변화를 거치면서 조세·공부·요역의 체계로 성립되었던 것이다.[49]

이와 같이 여말선초 세제변화를 배경으로 조선초의 공부제가 성립된 이상, 상요·잡공의 성격은 조선초와 고려 후기가 동일하지 않다. 우선 조선초의 상요는 기록에 '상요'만으로는 나타나지 않지만, 앞에서 언급한 '常時徭役'·'常例徭賦' 등이 상요와 같은 의미로 보여진다. 왜냐하면 이들 용례는 공물이 군현민의 노동력에 의해 조달되는 경우의 요역을 뜻하는 만큼 고려 후기 상

---

45) 李惠玉, 〈高麗時代 貢賦制의 一硏究〉(《韓國史硏究》 31, 1980), 86~87쪽.

46) 《高麗史》 권 78, 志 32, 食貨 1, 貢賦 예종 9년 10월.

47) 《世宗實錄》 권 32, 세종 8년 4월 신묘.

48) 《世宗實錄》 권 42, 세종 10년 12월 을해.

49) 고려시기 租·庸·調 및 貢物의 세제에서 조선조 租稅·貢物·徭役으로 나타나면서 調와 공물이 동일한 것으로 인식되다가, 드디어 調의 용례마저 소멸하게 된다. 이러한 것은 세제변화에서 중요한 의미가 있다. 요컨대 삼국시대 이래 인신적 색채가 가장 오래 존속되었던 調布의 수취가 신라통일기 이행과정에서 戶布의 수취로 되었다가, 조선왕조의 성립과 더불어 완전히 자취를 감추게 된 것이다. 調의 소멸은 고려 후기 공부제의 질적 변모를 바탕으로 한 산물이며, 다른 한편으로 이 시기 광범하게 전개되었던 농민층의 저항이 가져온 결실이었을 것이다(李貞熙, 앞의 책, 188~190쪽).

요와 연결되기 때문이다.

다음으로 조선초의 잡공은, 기록에 나타나는 품목들을 살펴보면 글자 그대로 '잡다하게 바치는 공물'이며, 잡공의 물품은 민의 개별노동으로 생산되는 것도 있지만 요역징발의 방식으로 납부되는 품목도 많다. 이런 점을 고려해 보면 잡공은 정부에서 군현에 부과하는 물품 그 자체를 강조할 때 사용되는 용례로서 상요보다 포괄적인 의미를 지닌, 즉 공물의 품목이 잡다하기 때문에 불려진 용례가 되고 있다. 특히 조선에서의 요역의 용례가 役만을 지칭하는 것이 아니라 고려시기와 달리 요역에 의해 생산된 물품까지 아울러 뜻하는 사례가 많다는 점을 감안하면 더욱 그렇게 생각된다.[50] 요컨대 조선시대의 상요·잡공은 고려시대처럼 고유명사로서의 세목이 아니라 공물이 조달되는 성격을 지칭하는 보통명사로 바뀌었던 것이다.[51]

(2) 토목공사에서의 부역실태

국가권력이 人丁을 징발하여 사역시킨 요역의 형태는 현물세의 공납과 관련된 貢役, 축성이나 營建과 관련된 土木工事의 工役, 그 외 輸役을 비롯한 잡다한 勞役이 있었다. 개별민호의 입장에서 보면 이들 요역종목은 모두 민의 노동력을 징발하는 것이다. 그러나 국가권력의 차원에서 보면 국가－군현, 국가－개별민호의 두 가지 측면으로 구분된다. 따라서 貢役은 개별민호의 관점에서 본다면 당연히 요역의 한 종목이지만, 국가－개별민호의 차원에서 본다면 3세와 구별될 수도 있다. 즉 협의적 차원에서의 요역은 조·용·조 가운데 용과 관련된 것이므로, 貢役은 3세와는 독립된 공물과 관련된 요역이 되는 것이다. 따라서 협의적 측면에서 본다면, 요역종목 가운데 가장 큰 비중을 차지하는 것은 토목공사와 관련된 역사이다.

고려에서의 工役은 축성, 궁궐·관아·사찰 등의 營造, 제방·제언의 축조, 官船製作 등이 있었다. 이 가운데 특히 비중이 큰 것은 축성과 營建役이었다. 고려 전 시기를 통해 축성의 횟수는 《高麗史》 지리지에 나타난 것만 해

50) 田川孝三, 《李朝貢納制の硏究》(東洋文庫, 1964), 37쪽 참조.
51) 尹用出, 《17·18세기 徭役制의 변동과 募立制》(서울大 博士學位論文, 1991), 17~18쪽 참조.

도 170여 회에 이르고 있다. 영건역은 궁궐·관아의 영조 외에도 특히 도참사상과 불교의 융성으로 인한 離宮·사찰의 영조가 끊임없이 지속되었다. 대체로 토목공사의 역사는 대규모의 노동력이 필요한 경우가 많을 뿐 아니라 오랜 기간이 소요되는 특성이 있다. 그러므로 요역 징발대상의 범위가 양반에까지 미칠 정도로 신분의 고하를 막론하고 부과되든지, 品從이나 군인 등의 동원 사례라든지, 심지어 노동부대인 工役軍이 존재했던 배경은 공역의 이러한 특성에 기인하는 것이다.

고려 전기에 있어서 공역의 赴役실태는 대체로 역의 직접 징발이지만, 후기에 이르러 역의 대납이 가능해지는 것 같다. 왜냐하면 고려 전기에는 조·포·역이라 하여 역의 직접징발로 표현되고 있는 것에 비해, 후기에는 3세를 지칭할 경우 조·포·역이라는 용례는 보이지 않고 희소하긴 하지만 租·庸·調라 하여 용이라는 명칭이 사용되고 있다.[52] 이것은 단순히 세제의 용례에서만 나타나는 변화가 아니라 내용상의 변화도 포함되는 것으로 생각한다. 용의 용례는 唐制에 있어서는 正役, 즉 중앙정부에서 동원하는 요역에 대한 物納이었다. 예컨대 1일을 闕役하는 경우 絁絹이면 3尺, 포이면 3尺 7寸 5分의 비율로 징수했는데, 당에서는 역의 직접징발보다 용을 납부하는 것이 더 일반적이었다.[53] 당에서도 본래 3세는 租·役·調의 용례가 원칙이었는데,[54] 흔히 조·용·조로 지칭되고 있는 것은 이런 상황에 기인하고 있다. 고려 전기의 경우 3세의 명칭이 조·포·역이라 하여 역으로만 표현되고 있는데 비해 용의 용례는 후기에 한해서만 보이고 있다든지, 정도전이 《조선경국전》에서 "有身則出某物爲庸"이라 하고 있는 점으로 미루어 고려에서도 용은 역의 물납으로 보아도 좋을 것이다.

고려 후기 3세의 용례가 조·용·조로 표현되고 있는 것은 역의 수취과정에서 물납이 전개되었던 변화와 관련된 것이라 할 수 있다. 이것은 고려 후기 공물의 납부제에서도 대납이 확산되어 간 점과 맥을 같이 한다. 왜냐하면 이미 지적한 바와 같이 공물의 상당부분은 민호의 노동력을 수취한 것이기 때문이다. 사실

52) 《高麗史節要》 권 20, 충렬왕 4년 7월.
53) 曾我部靜雄, 《均田法とその稅役制度》(講談社, 1953), 238쪽.
54) 李貞熙, 앞의 책, 25~26쪽.

고려 후기에 이르면서 공물의 절가대납이 허용되었던 점과 아울러 토목공사의 역에서도 역의 물납이 가능해지는 사회경제적 상황이 전개되고 있었다.

우선 고려 후기 수취체제는 대토지소유의 확대와 더불어 민의 자립적 재생산을 위협할 정도로 지나치게 부담이 되고 있었다. 12세기를 전후한 고려사회는 고려 초기 이래 꾸준히 발전시켜 온 농업생산력의 발달과, 유통경제의 활성화 등으로 인해 사회적 생산력이 확대되는 가운데 점차 소농민 경리도 성장되어 갔다. 그러나 한편으로 고려 중기 이후 난숙한 귀족문화를 지탱하기 위해 국가에 의한 수취체제가 강화되고,[55] 지배층의 대토지소유의 확대 및 강제적 교역행위 등을[56] 통한 수탈도 강화되었다. 이와 같은 상황에서 민이 수족도 놀릴 수 없을 정도로 가중한 力役의 수탈에 시달리자, 群盜가 되든지[57] 무뢰배가 되어 유언비어를 퍼뜨리는 등 노골적으로 저항하였다.[58] 또 호에서 이탈하여 避役하는 것과 같은 소극적인 저항을 꾀하기도 하였다.

이후 민의 피역저항은 농장의 확대와 상호 관련되어 더욱 본격적으로 전개되었다. 농장의 발달로 인해[59] 인구의 탈점과 아울러 자진해서 농장으로 들어가는 투탁의 형태가 늘어갔다. 게다가 원간섭기에서는 피역의 방안으로 고려의 영역을 벗어나 원의 영역으로 이주하는 형태가 광범위하게 전개되었다.[60] 농장에 투탁하거나 원으로 이주한 자들은 면세·면역되었다.[61] 하지만 결국 殘民

55) 《高麗史》 권 78, 志 32, 食貨 1, 租稅 문종 7년 6월조에는 稅米 1碩當 耗米를 1升에서 1斛당 7升으로 증액하고 있다. 모미를 증액시킬 수 있었던 것은 수취강화에 그 목적이 있겠지만, 역으로 그 정도로 생산력의 발전이 있었다는 것을 반증하는 것이기도 하다(채웅석, 〈12, 13세기 향촌사회의 변동과 '민'의 대응〉, 《역사와 현실》 3, 1990, 54쪽).

56) 고려시대 권세가의 교역을 통한 이익추구는 피지배층에 대한 강제적 교역형태인 抑買·互市·反同 등의 방법으로 이루어졌다(李景植, 〈16世紀 場市의 成立과 그 基盤〉, 《韓國史硏究》 57, 1987).

57) 《高麗史》 권 79, 志 33, 食貨 2, 農桑 인종 6년 3월.

58) 《高麗史節要》 권 14, 희종 6년 4월.

59) 魏恩淑, 앞의 책, 5~9쪽.
안병우, 〈고려후기 농업생산력의 발달과 농장〉(《14세기 고려의 정치와 사회》), 295~300쪽.

60) 김순자, 〈원간섭기 민의 동향〉(위의 책), 384~388쪽.

61) 《高麗史》 권 28, 世家 28, 충렬왕 4년 7월 을유조에 權貴들이 민을 모아 조·용·조 3세를 포탈하고 있다는 사례가 참조된다.

의 부담 증가로 귀결되어 연쇄적인 유리 현상을 초래하였다.[62]

이와 같이 重斂이나 역역의 가중에 시달리거나 토지에서 이탈된 농민들은 살길을 찾아 다른 방면으로 나가게 되었다. 예를 들면 요역을 피하기 위해 수천, 수만에 달하는 많은 사람들이 승려가 되었다거나,[63] 혹은 유리하여 遊手가 되거나, 농업을 포기하고 工商에 종사하든지 심지어 도적이 되기도 했다.[64] 그런데 유리한 농민들이 택한 길 가운데 유수가 되었다는 점은 특히 주목된다.

국가에서는 노동력의 부족을 해소함과 아울러 유리하지 않은 민호의 요역 부담을 경감시키는 방안으로 品從이나 僧徒 및 군인을 징발하는 등 요역대상자가 아닌 사람들을 동원하는 이례적인 조처를 취하기도 한다. 다른 한편으로는 유수들을 활용하는 방법으로 물납, 혹은 부분적인 雇立이라는 방안을 강구하였던 것 같다.

이를테면 大市를 改營할 때 5部坊里의 양반호에서 米粟을 거두어 사람을 고용해서 부역시킨 희종 4년(1208)의 사례가 있다.[65] 여기서의 미속은 양반호에게 역을 부담하는 대가로 징수한 것이다. 보통 양반이 요역을 부담할 경우 직접 요역을 부담하기보다 특수한 혜택이 주어졌다. 말하자면 노비로 하여금 代立케 하는 방법과 물납이 그것이다. 양반이 요역을 대립하는 사례는 고려 전 시기에 걸쳐 가능했지만, 물납의 경우는 고려 후기에 이르러 보편화되는 것이 아닐까 생각한다. 왜냐하면 역의 代役과는 달리 역을 물납하게 되면 부족해진 만큼의 노동력을 충당할 수 있는 상황이 존재하고 있어야 가능하기 때문이다. 즉 역의 물납으로 징수한 미속을 경비로 삼아 사람을 사서 供役시킬 수 있었던 것은, 고려 후기 유휴노동력이 존재하고 있던 상황에서 가능한 것이라고 생각된다.

이러한 역의 물납은 요역 대상자가 아닌 품종이나 신역의 부담자인 其人役에서도 적용되고 있었다. 즉 충혜왕 복위 4년(1343)에 諸君 이하 대신에 이

62) 鄭道傳,《朝鮮經國典》上, 賦典 版籍.
63)《新增東國輿地勝覽》권 47, 江原道 淮陽都護府 山川 金剛山.
64) 鄭道傳,《朝鮮經國典》上, 賦典 經理.
65)《高麗史》권 21, 世家 21, 희종 4년 7월 정미.

르기까지 役夫를 내어 鍮銅을 납부케 하는데, 하루 闕役하는 경우는 기인의 예와 같이 포를 거두게 한 데서 알 수 있다.[66] 여기서의 역부는 백관의 품계에 따라 낸 품종이다. 품종이 궐역하였을 때 기인의 예에 따라 포를 징수했다는 것은, 기인의 궐역시 포를 징수하는 처벌규정이 마련되어 있었음을 시사하고 있다. 왜냐하면 포의 징수가 궐역하는 대신에 취해진 벌금의 의미를 지니고 있지만, 체형을 가하는 것이 아니라[67] 포로 납부케 한 것은 고려 후기의 변화가 아닌가 생각된다. 물론 이 자체가 바로 조선 전기에 나타나는 代立의 공인과 같은 것은 아닐 것이다. 그러나 궐역에 대해 포의 수취를 허용하고 있었던 것은, 고려 후기 역제 변화에 기인된 것임과 동시에 대립의 공인이 제도화되기 전의 예비단계라는 점에서 주목된다.

한편 양반의 경우에는 요역의 수취가 대역이나 役價 수취 등 역의 물납이 확인되지만, 민호의 경우에는 유감스럽게도 구체적인 기록이 없다. 그러나 다음과 같은 세 가지 근거를 바탕으로 민호의 경우도 가능해진 것이 아닐까 짐작된다.

첫째, 앞에서도 지적한 바와 같이 고려 중기부터 전개되었던 유망현상이 고려 후기 토지탈점의 확대와 병행하여 토지에서 이탈된 인민들이 증가되었다는 것이다. 물론 이들 유리민만 역부로 고용된 것은 아니고 빈농 중에서 고용되는 사례도 있을 것이다. 그러나 빈농의 경우는 역시 借耕을 통해 농사를 지었을 것이며, 또 호에 편제되어 역의 파악대상이었던 만큼 역부로 고용되었던 노동력의 급원은 호의 파악에서 분리된 이들 유망민이 많은 비중을 차지했을 것이다. 이처럼 고용할 수 있는 인적 자원이 갖추어져 있는 상황에서는, 고려 전기처럼 역의 직접 징발만을 고수하기보다는 물납으로 대체할 수도 있었을 것이다.

요컨대 역의 물납은 농민층의 입장에서도 무상의 노동력의 수취를 줄임으로써 자립적 재생산을 보장받고자 했을 것이지만, 집권층의 입장에서도 마찬가지여서 농민경영의 안정이 농민의 이탈을 막고 안정적인 수취를 할 수 있

66) 《高麗史》 권 83, 志 37, 兵 3, 工役軍 충혜왕 後4년 5월.

67) 丁夫와 雜匠의 경우 징발을 당하고도 어물어물하고 떠나지 않으면 체형을 가하고 있는 점이 참고된다(《高麗史》 권 84, 志 38, 刑法 1, 戶婚).

다면 군이 역의 물납을 반대했을 리 없다. 당시 농장의 확대가 광범위하게 이루어지고 있었던 점을 고려하면 지배층의 입장에서도 대립제나 물납제가 농장의 경영에 유리한 만큼 반대할 필요가 없었을 것이다.

둘째, 고려 후기 국가에서 파악할 수 있는 노동력의 부족현상이 심화되면서 遠地의 인민을 동원해야 하는 비효율성이 문제되었을 것이다. 공민왕대 加定別抄가 요역과 방수를 부담하기 위해 就役處와 防戍地의 먼거리를 왕래하는 불편이 따르자 이를 개선하는 방안으로 沿海郡民을 모두 방수에 충당하되 요역을 면제시키고, 별초는 방수를 면제하는 대신 연해군민의 요역까지 부담하도록 한 사례는 이를 입증하고 있다.[68] 사실 1개월이 소요되는 役事에 전라도나 경상도처럼 遠道에 속한 지역에서 인정을 징발할 때는, 왕래일자를 포함해서 50여 일이 소요될 뿐 아니라 역사를 끝내고 귀환하는 동안 많은 질병자나 굶어 죽는 사람도 있었던 것이다.[69]

당시 교통사정의 불편은 고려 전기부터 속군현에서 백여 리나 떨어진 주현까지 왕래하는 데 따른 인민의 고충이 말이 아니었다고 하여 일찍부터 문제가 되어 이를 시정하는 일환으로 속현의 독립화가 이루어지기도 했다.[70] 또 京中과 가까운 京畿·楊廣·交州지역, 특히 경기민은 다른 지역에 비해 손쉽게 인정을 징발할 수 있다는 지리적 위치로 인해 요역의 부담이 과중했음은 《고려사》에 잘 나타나 있다. 이런 점을 감안해 보면 군이 遠地의 인정을 징발하기보다는 물납제를 허용했을 가능성이 높다.

셋째, 앞에서 살펴본 바와 같이 요역과 상호중첩되어 실현되었던 공물에서도 절가대납이 확산되었던 후기의 사회경제적 변동을 감안하면 군이 요역의 직접 징발만을 고수했을 리는 없을 것이다. 따라서 공역의 대납 및 물납이 전개되고 있었던 점과 관련하여 요역의 물납도 허용된 것이 아닐까 생각한다. 특히 고려 후기에는 노동력을 물납으로 대체할 수 있을 정도의 경제적 여력을 갖춘 민이 존재하고 있었다는 점도 주목된다.

---

68) 《高麗史》 권 82, 志 36, 兵 2, 宿衛 공민왕 5년 5월.
69) 尹用出, 〈17·8세기 役夫 募立制의 성립과 전개〉(《韓國史論》 8, 서울大, 1982), 117~118쪽.
70) 《新增東國輿地勝覽》 권 27, 慶尙道 玄風縣 樓亭 仰風樓.

예컨대 고려 후기 토지소유의 불균등은 계급분화 빈부격차의 심화를 가져와 한편으로는 '遊手之徒'가 창출되는 가운데, 다른 한편으로는 농업생산력의 발전을 기반으로 부를 축적한 '富民'·'富室之家'·'富强兩班' 등으로 표현되는 자들이 발생하고 있었다.[71] 禁內를 개축할 때 돈이 부족하자 人家에서 돈을 빌려 재목과 기와를 샀다고 하는 충숙왕 복위 2년(1333)의 기사가 있다.[72] 이때 돈을 빌려준 인가는 바로 부민이었을 것이다. 요역징발에 있어서 양반이라도 돈이 없는 경우 직접 就役하였듯이[73] 재력이 없는 빈농층은 직접 취역을 하지만, 생산적 잉여를 갖춘 사람들은 물납을 매개로 요역문제를 해결하였던 것으로 짐작된다.

이와 같이 민호의 부역징발에서 역의 물납이 허용되는 상황이 전개되면, 물납으로 감소된 만큼의 노동력이 보완되어야 할 것이다. 즉 부분적인 고용노동의 현상이 그것이다. 공양왕 2년(1390) 도평의사사의 廳舍를 새로 지을 때 나무를 자르거나 塼石을 마련하는 작업에 '雇直之徒'를 사역시켰으므로 백성들은 한 달 동안 작업을 하면서 힘든 줄을 몰랐다고 한 사례가 있다.[74] 보통 궁궐이나 관청을 영조할 경우 대규모의 노동력이 필요한 부분으로는 기초공사, 재료를 마련하고 운반하는 작업, 건물조성 등의 세 단계가 있다. 이 중에서 기술적인 작업을 제외한 대부분은 일반민의 요역노동에 의해 이루어지는 것이 상례였다. 그런데 재료마련의 노동에 고용노동이 등장하고 있는 것이다.

이외에 양반호로부터 米粟을 거두어 '就賃供役'하고 있다거나 또 충렬왕대에도 양반 가운데 僕隷가 없는 자는 祿牌를 팔아서 '雇傭赴役'하고 있다.[75] 신역이라 할 수 있는 기인역도 포로 대납하든지 혹은 '雇人代立'으로 수행하고 있었다.[76] 심지어 토목공사의 부역에 민호를 전혀 동원하지 않고 완전히 고립제에 의존했던 사례도 있었다. 이를테면 공양왕이 불교와 관련된 역사를

---

71) 안병우, 앞의 글(1994), 328~334쪽.
72) 李 穀, 《稼亭集》 권 2, 記 禁內廳事重興記.
73) 《高麗史》 권 29, 世家 29, 충렬왕 6년 3월 임자.
74) 《新增東國輿地勝覽》 권 5, 開城府 下 古跡 都評議使司 鄭道傳記.
75) 《高麗史》 권 29, 世家 29, 충렬왕 6년 3월 임자.
76) 《高麗史節要》 권 35, 공양왕 3년 3월.

수행하면서 민호를 사역시키지 않고 유수만을 동원시켰던 것이다.77)

계다가 민호에 의해 수행되던 단순노동 외에 기술자인 工匠의 경우도 고용노동에 의해 동원되기도 했다. 궁궐안 청사를 개축하던 충혜왕 당시 관청에 역부를 청하여 얻지 못하자 사적으로 공장을 고용하고 家童을 사역하여 일을 마쳤다.78) 또 重房을 개축할 때 일반 역부는 경군이 맡았지만, 공장의 경우 승려로서 집에 있는 자들이 고용되었는데 다투어 나갔다는 것이다.79) 이 때 공장으로 고용된 사람들의 성격에 대해서는 확실하지 않지만, 임금을 받을 수 있을 정도의 기술자인 것만은 틀림없다.

특히 이 당시 부역실태에서 주목되는 것은 재목과 기와를 샀다든지, '雇車輸材'했다는 점이다.80) 이러한 사례가 민호의 역을 줄이기 위해 상당히 배려를 한 경우라는 점을 감안하더라도, 당시의 고용여건을 짐작하는 데 중요한 단서가 된다. 시장에서 재목과 기와를 구입한 것은 종래와는 다른 양상이다. 전기의 경우라면 당연히 민의 요역노동에 의해 나무를 자르고 운반했으며, 이것은 당시 경기민을 비롯하여 교주·양광도민의 중요한 工役이었으며 輸役이었다.81) 그리고 이들 재료를 운반할 때의 장비도 당연히 민호가 스스로 마련하도록 했는데 이제는 '雇車'하고 있었다. 기와의 경우도 고려 전기와 같이 所民의 신역에 의해 충당되는 것이 아니라 기와를 구입하고 있다. 종래 민호의 요역노동에 의존해서만 조달될 수 있던 것들이 구입에 의해 가능해졌다는 것은, 그 정도로 민간수공업의 성장 내지 유통경제의 기반이 마련되어 있었음을 뜻하는 것으로 보인다.

그런데 고려 후기 役事에서 무상의 노동력 수취를 부분적으로나마 고용노동에 의해 축소시켜 주었던 것은 전기에 비해 달라진 점으로 주목된다. 이와 같이 고용노동을 통해 민의 요역노동이 축소된 것은 무신집권 이래 치열하게 전개되어 왔던 농민항쟁의 산물이라 하겠다. 희종대 유직품관인 양반에게 요역이 처음으로 부과되었다든지, 원간섭기인 14세기 개혁정치의 성격이 수

77) 《高麗史節要》 권 35, 공양왕 3년 5월.
78) 李 穀, 《稼亭集》 권 2, 記 禁內廳事重興記.
79) 李 穡, 《牧隱文藁》 권 6, 記 重房新作公廨記.
80) 위와 같음.
81) 李貞熙, 앞의 책, 53~54쪽.

취체제상의 모순을 해결하려는 데 집중되어 있었던 것은[82] 이런 사정을 반영한 것이 아닌가 한다.

한편 고려 후기 雇立에 의한 부역형태는 주로 중앙정부가 주관하는 요역에 보다 빈번하게 나타나고, 지방관아에서 주관하는 요역동원의 경우에는 지방관의 임의대로 맡겨진 것이 아닌가 생각된다. 왜냐하면 토목공사의 역을 수행하기 위해 민호를 징발할 경우 遠地之民을 동원함으로써 생기는 문제점이 나타나는 것은 중앙정부의 역이기 때문이다. 또 중앙에서 주관하는 역사는 지방관부의 역사에 비해 대체로 많은 인원이 소요되는 대규모적인 성격을 지닌 것이므로 부분적으로나마 고립에 의한 방법이 채택될 가능성도 높았을 것이다.

사실 당나라 때에도 중앙정부의 역을 수행하는 경우에는 역의 직접 징발보다 역의 물납인 庸이 보다 일반적이며, 지방관부가 주관하는 역사에서는 물납도 가능했지만 주로 역의 직접 징발이었다.[83] 역의 물납제는 고려나 당 모두가 교통이 불편했던 당시의 상황에서 중앙의 역사가 있을 때 京師까지 遠地의 백성을 징발해야 하는 비효율성 때문에 취해진 조처일 것이다. 비교적 농민층의 경리가 안정되었던 고려 전기에 있어서도 특히 경군의 역역징발이 가혹하여 도망하는 사례가 속출했다든지,[84] 경기민의 요역부담이 다른 지역에 비해 과중한 폐단이 제기되곤 했다.[85] 지리적 위치상 이들은 경중의 역사에 손쉽게 징발할 수 있는 이점이 있었기 때문이다.

이상에서 고려 후기 역의 물납제와 고립제가 전개되었음을 살펴보았다. 그러면 토목공사에 있어서 역부를 고용할 경우 역부에게 노동력의 대가를

---

82) 권영국, 〈14세기 전반 개혁정치의 내용과 그 성격〉(《14세기 고려의 정치와 사회》) 참조.

83) 한편 이와 달리 고려시대 역의 징발은 당제와 마찬가지로 고려 전기부터 역의 물납이 보편적이었다고 보기도 한다(金載名, 앞의 책, 121~123쪽).

84) 경군의 역역 가중에 대하여는 다음의 연구가 있다.
李基白, 〈高麗 軍役考〉(《高麗兵制史硏究》, 一潮閣, 1968), 139~141쪽.
洪承基, 〈高麗初期 中央軍의 組織과 役割－京軍의 性格〉(《高麗軍制史》, 陸軍本部, 1983), 59~61쪽.
李貞熙, 〈高麗時代 徭役의 運營과 그 實態〉(《釜大史學》 8, 1984), 69~70쪽.

85) 邊太燮, 〈高麗時代 京畿의 統治制〉(《高麗政治制度史硏究》, 一潮閣, 1977), 270~271쪽.

지불할 경비는 어떤 식으로 마련되었을까. 당시의 국가재정은 농장의 확대라든지 몽고와의 오랜 전란 등으로 극도로 궁핍했던 만큼, 요역대상자로부터 역을 물납하는 대가로 징수한 米·粟·布 등이 주된 자원이 아닐까 한다.[86] 그러나 당시 요역대상자가 납부하는 代役價가 어느 정도였는지 그 구체적인 규정은 알 수 없다. 다만 당제의 경우 代納價나 雇價의 가격이 하루에 능·사·견 등 비단은 3척이고, 布로는 3尺 7寸 5分이었던 점이 참고될 정도이다.[87]

그런데 고려 후기에 고립제가 상당한 정도로 전개되었다고는 하지만, 고립제가 부역제에서 차지하는 비중이 직접 징발에 비해 그다지 큰 것은 아닐 것으로 짐작된다. 또 물납제 역시 당의 경우와 마찬가지로 궐역하는 자가 개별적으로 납부하는 것이 대부분이고, 조선 후기 정부에 의해 일괄적으로 실시된 收布制의 단계까지는 이르지 못한 것으로 볼 수 있겠다.

그 원인은 농업생산력의 뒷받침 등 여러 가지가 있겠지만, 당시 농민들이 한 필의 포를 저축해 둔 집이 적었던 실정은[88] 수포제의 시행을 어렵게 만드는 요소였다.[89] 빈농은 자신의 자가수요도 충분하지 못한 상태에서 물납보다는 직접 취역을 택할 수밖에 없었을 것이다. 이와 더불어 麻布생산 자체에 소요되는 노동시간량도 제약의 요소였다. 綿布가 15세기 후반기 正布의 자리를 넘겨받는 이유는 면포가 의류로서 실용적인 가치가 있다는 점 외에도 면포를 만드는데 드는 노동시간이 마포에 비해 불과 1/5의 노동시간밖에 소요되지 않는 이점이 있었기 때문이다.[90] 15세기 후반 이후 군역·요역·공부에 있어서 면포에 의한 대납현상이 전개될 수 있었던 것도 이와 무관하지 않을

---

86) 品從의 경우 하루 闕役한 대가로 米 1석을 징수한다든지(《高麗史》 권 28, 世家 28, 충렬왕 3년 7월 경인), 其人의 경우 하루에 1필을 징수하고 있는 사례에서 알 수 있다(《高麗史》 권 83, 志 37, 兵 3, 工役軍 충혜왕 후4년 5월).

87) 《舊唐書》 권 48, 志 28, 食貨 上, 高祖 武德 7년.

88) 《高麗史》 권 79, 志 33, 食貨 2, 貨幣 공민왕 5년 9월.

89) 고려 후기 麻布의 생산감소는 원지배하의 모시 특수와 관계가 있다. 즉 농민들은 지배층의 모시수탈로 인해 자기경영을 위한 마포의 생산노동을 희생하고 모시생산에 진력해야 했다는 점이 지적된 바 있다(魏恩淑, 앞의 책, 200~207쪽).

90) 宋在璇, 〈16세기 綿布의 貨幣機能〉(《邊太燮博士華甲紀念論叢》, 三英社, 1985), 391쪽.
魏恩淑, 위의 책, 214쪽.

것이라는 점을 감안해 보면, 고려 후기의 물납제가 보편화되지 못한 일면을 이해할 수 있겠다.

이와 같이 고려 후기에 전개되었던 물납제와 고립제는 비록 당시 사회경제적 제약으로 인해 많은 한계성을 내포하고 있지만,[91] 고려 전기 역제와는 다른 모습이 전개된 자체만으로도 의의가 있다. 말하자면 물납제나 고립제는 토지소유의 불균형이나 수취체제상의 모순 등으로 인해 발생된 극심한 계급분화 현상을 배경으로 한 것이기도 하다. 그러나 다른 한편으로 일정하나마 농민층의 경제적 성장을 반영하는 것이기도 하다. 왜냐하면 요역노동이 물납제나 고립제라는 방식으로 대체할 수 있기 위해서는 농민층의 생산적 잉여가 전제되어야 하기 때문이다.[92] 뿐만 아니라 국가에 의한 노동력의 직접징발이 축소되게 되면, 농민층은 축소된 정도의 노동력을 자립적 재생산에 투여하는 데 유리한 조건으로 삼을 수 있었을 것이다.

또 고려 후기 역제변화는 조선 초기 역제의 대립화 현상을 촉진시키는 역할을 했을 것이라는 점에서도 주목된다. 조선 초기에는 집권층인 사대부가 고려 후기 향촌사회에서 수취상의 모순이 소농민의 유리와 몰락으로 이어지는 것을 체험했던 만큼, 고려 후기 공물이나 역의 대납이 오히려 포와 역의 직접징발의 이중수탈로 전개되어 불균형이 심화되었던 실정을 개선하기 위한 시책을 펴게 되었을 것이다. 그 시책의 방향은 역의 물납화와 공물의 포납화가 아니라, 역의 직접징발과 현물세의 수취였다. 이는 15세기 중반부터 나타나기 시작했던 收布制를 결사적으로 막으려 했던 의도에서도 짐작된다.

---

91) 고려 후기에는 고립제의 비중이 조선 후기와 같이 노동력 부족현상을 메울 수 있는 단계까지는 이르지 못하였다. 또 토목공사에 고용된 역부의 성격도 조선 후기에 등장하는 募軍에 비해 한계성이 있었다. 즉 상당한 정도로 민간수공업이 성장하고 유통경제가 발전했다고 하지만, 조선 후기와 달리 상품화폐경제의 수준까지 발달할 정도는 아니었다. 그 결과 고려 후기 고용역부가 고용될 수 있는 분야는 주로 토목공사에 한하였고, 중앙정부의 통제도 강하게 받았으므로 조선 후기와 같이 '賃傭爲業'하는 형태로는 발전하지 못한 것 같다(李貞熙, 앞의 책, 220~222쪽).

92) 이러한 점은 고려 후기 구휼제도의 변화에서도 참조된다. 즉 소농민을 구휼하기 위한 의창미의 마련이 전기와 달리 후기에는 일반농민으로부터 추렴하는 烟戶米法을 채택하고 있는 것이다. 이는 농민층에 어느 정도 항상적 잉여가 존재하고 있음을 반영하는 것이다(魏恩淑, 앞의 책, 99~105쪽).

그러나 이러한 집권층의 의도와는 달리 세종대에서부터 토목공사에서 民丁이 '雇人自代'하는 현상이 적지 않았으며,[93] 15세기 후반부터는 토목공사에 동원되던 역졸의 대립이 공인되면서 요역의 수포제가 시행될 수 있는 여건이 조성되고 있었다.[94] 이러한 것은 고려 후기 부역실태에서 나타난 변화가 조선초 일시적으로 비중이 약화되긴 했지만, 점진적으로 지속되어 간 바탕 위에서 가능했던 것이다.

(3) 수취기준의 변화

고려 전기 군현 내부에서 수세의 주된 대상은 토지와 노동력으로 집약할 수 있다. 요컨대 조세는 토지를 대상으로, 노동력 징발은 인정을 대상으로 부과하였고, 포나 개별노동으로 가능한 공물의 일부는 토지와 노동력이 고려된 戶를 대상으로 수취하였던 것이다. 그런데 고려 전기 노동력은 《고려사》 권 84, 志 38, 刑法 1, 戶婚條에서 "編戶 以人丁多寡 分爲九等 定其賦役"이라 한 바와 같이 인정의 다과를 기준으로 나눈 9등호제에 의거하여 징발하고 있었다. 이러한 9등호제는 충렬왕 17년(1291) 이전 어느 시기부터 3등호제로 변모하였다.[95] 고려 후기에는 단순히 호등의 구분만 변한 것이 아니라 그 기준에서도 변화가 나타나고 있는 점이 주목된다. 말하자면 요역의 징발이 단순히 인정만을 대상으로 하는 것이 아니라, 점차 토지나 가옥의 間架 등 자산을 고려하는 경향이 나타나고 있는 것이다. 삼국시대 이래 인신적 색채가 가장 완고하게 남아 있던 요역의 징발마저 자산과세가 등장하게 된 것은 세금의 수취에서 人身과세가 소멸되는 단초가 된다는 점에서 중요한 의미를 지닌다.

그러면 이러한 세제 변화의 배경은 어디에 있을까. 수취양식은 해당시기의 사회경제적 배경과 불가분의 관련을 지니며 적용되는 만큼, 고려 후기의 다음과 같은 상황이 고려될 수 있겠다.

첫째, 11세기 중엽부터 민의 유망현상이 확산되고 있었다. 이를테면 문종

---

93) 《世宗實錄》 권 112, 세종 28년 5월 경오.
94) 尹用出, 앞의 글, 125~126쪽.
95) 《高麗史》 권 80, 志 34, 食貨 3, 賑恤 賑貸之制 충렬왕 17년 6월.

원년(1047) 晋州牧使 崔復圭가 유리한 백성 13,000여 호를 안착시킬 정도였다.[96] 민의 유망현상은 유리하지 않고 남아 있던 민에게 수취가 전가됨으로써 자연히 연쇄적인 유망을 초래하게 되었다.[97] 과장된 표현이긴 하지만 예종 즉위년(1105) 당시에 백성의 유망이 줄을 이어 열 집에 아홉 집은 비어 있다고[98] 한 것은 이를 대변하고 있다. 그리고 그 발생지역도 양계지역과 경상도 지역을 제외한 전 지역에 걸쳐 발생하고 있었다.[99]

이러한 현상은 무신집권 이후 토지겸병과 과중해진 부역수탈로 인해 심화되었고, 특히 30여 년간에 걸친 몽고와의 전란으로 본격화되었다. 즉 전란을 피해 산이나 海島로 옮겨갔다가 전란이 끝난 후에 본래의 거주지로 돌아오는 경우도 많았지만, 오랜 전쟁으로 '人相食'할 정도로 굶어 죽는 사람도 속출하였으며[100] 황폐해진 토지 때문에 본래의 거주지로 돌아오지 못한 사람도 상당수 존재했을 것이다. 이러한 상황에서 유동적인 인정을 기준으로 삼아 혼란과 번거로움을 초래하기보다 토지와 같이 고정적인 것을 대상으로 과세할 필요가 생겼을 것이다.

뿐만 아니라 토지소유의 불균형으로 인해 많은 無土之民 혹은 영세토지 소유자가 속출하는 실정에서 경제적 능력을 고려하지 않은 채 인정을 대상으로 수취하는 방법은, 역의 불균형을 심화시키는 결과를 초래하였을 것이다. 결국 종래의 인정다과에 의한 호등제는 혼란과 모순이 따르게 되어 호등제의 개편이 불가피해졌다. 12세기 후반부터 유민을 본관에 돌려보내지 않고 現住地에 付籍하는 방안을 택한 것이라든지,[101] 3등호제가 시행된 것은 9등호제에 의한 요역징발이 포기되고 있음을 반영하는 것이다.

---

96) 《高麗史》 권 7, 世家 7, 문종 원년 10월 경신.

97) 당시 향촌사회에서 세금 징수가 隣保조직이라는 연대책임의 형태로 편성되어 있었다(具山祐, 《高麗前期 鄕村支配體制 硏究》, 釜山大 博士學位論文, 1995, 208~213쪽).

98) 《高麗史》 권 12, 世家 12, 예종 즉위년 12월 갑신.

99) 《高麗史》 권 12, 世家 12, 예종 원년 4월 경인.

100) 《高麗史》 권 80, 志 34, 食貨 3, 賑恤 고종 46년 정월 및 권 25, 世家 25, 원종 즉위년 11월.

101) 北村秀人, 〈高麗時代の貢戶制について〉(《人文硏究》 32-9, 大阪市立大, 1980), 676~677쪽.

둘째, 고려 후기 이래 급속도로 농업생산력의 발달이 진행되고 있었다. 12세기 이후 수리시설의 발달로 연해안 저습지로의 개발이 확대되었으며, 이와 병행하여 저습지와 산간의 척박지에도 耕種이 가능한 稻種이 수입되었고 地力증강을 위한 施肥術의 발전이 이루어졌다. 고려 후기의 이와 같은 농업기술의 발달은 단위면적당의 생산력을 증가시켰을 뿐 아니라,102) 山地까지도 常耕化되었다. 그 결과 고려 전기에 비해 상대적으로 토지에 대한 관심과 경작의욕도 높아지게 되고 전국적인 토지의 상경화를 바탕으로 토지과세도 보다 용이해졌을 것이다.

이러한 것은 고려 후기 양전제의 변동에도 반영되고 있다. 고려 전기의 결부제는 1結=(33步)^{2}로 절대면적의 단위였다. 그러나 후기 농업생산력의 발전을 바탕으로 절대면적을 나타내던 전기의 결이 점차 생산량의 단위로 변화하게 된다. 고려 전기까지는 국가의 토지지배의 성격이 토지 그 자체에 대한 지배였지만 고려 후기를 거치면서 생산물에 대한 지배로 넘어가게 된다.103) 그 결과 토지의 비옥도에 따라 단위면적의 소출량이 전기에 비해 두드러지게 차이가 났을 것이며, 이를 보완하기 위한 조처가 田品에 따라 量田尺이 다른 隨等異尺制가 시행되었을 것으로 보인다.104) 고려 후기의 이러한 상황을 배경으로 수등이척에 의한 양전이 시작되는 것과 궤를 같이 하여 요역징발의 대상이 토지과세의 현상으로 변하게 되는 것이 아닐까 생각한다.

셋째, 고려 후기에 이르러 공부와 요역의 折價代納이 가능해지는 현상이 전개되고 있었다. 노동력의 징발이 직접적인 인신징발에 의존할 때는 당연히 국가의 민호에 대한 최대 관심사는 인정의 노동력일 것이다. 그러므로 요역

102) 고려 전기 5인 소가족의 자립재생산을 위한 최소한의 토지는 중등전 수전 1결과 한전 2결, 즉 3결 정도였던 것이, 고려 후기에는 1결이면 가능해지는 것이 이를 반영하고 있다(魏恩淑, 앞의 책, 84~85쪽).

103) 魏恩淑, 위의 책, 85쪽.
李宇泰, 〈新羅의 量田制-結負制의 成立과 變遷過程을 중심으로-〉(《國史館論叢》 37, 1992), 50쪽.

104) 朴興秀, 〈新羅 및 高麗의 量田法에 대하여〉(《學術院論文集》 11, 1972).
金容燮, 〈高麗時期의 量田制〉(《東方學志》 16, 1975).
浜中昇, 〈高麗田品制の再檢討〉(《朝鮮古代の社會と經濟》, 法政大學出版局, 1986).
呂恩映, 〈高麗時代의 量田制〉(《嶠南史學》 2, 嶺南大, 1986).

을 징발하는 수취양식도 자연히 인정을 기준으로 하게 된다. 그러나 토지의 생산성이 높아지면서 역의 대납이 가능해지는 여건이 마련되면, 국가의 노동력 지배도 인정보다는 資産을 중시하는 경향으로 변화하게 될 것이다. 이와 같은 상황에서 인정기준의 요역징발을 담당하던 전기 9등호제는 요역징발의 기능을 상실하게 될 것임이 예견되는데, 후기에 3등호제가 시행되고 있는 것은 단적인 예이다. 이를테면 9등호제의 소멸은 단순히 호등제의 변화에 그치는 문제가 아니고, 그 이면에는 요역부과의 기준이 변화하고 있음이 예고되고 있는 것이다.

고려 후기에 전개되었던 이상의 상황을 염두에 두고, 고려 후기 요역제의 징발을 살펴보기 위해 다음의 사료를 검토해 보기로 하겠다.

① (신우 원년 2월) 유지를 내려 말하기를 '甲寅年(1314)의 양전 이후 三稅를 바치는 토지(三稅之田)가 누차 誅流한 관원들로 인해 창고에 몰수되어 3세의 과세대상에 들어가지 않는다. (그런데도) 주관하는 관청에서는 元案대로 징수하여 州郡이 괴롭게 여기고 있으니 都評議使司로 하여금 각 도의 按廉使에게 공문을 보내, 세를 내는 토지로부터 먼저 세를 거두고 나머지는 구별하여 거둠으로써 전과 같은 폐단을 없애도록 하라'고 하였다(《高麗史》 권 78, 志 32, 食貨 1, 租稅).

② (공민왕 11년 9월) 재정경비가 부족하여 민에게 추가로 징수하는데 大戶는 쌀과 콩을 각 1섬(石), 中戶는 각 10말(斗), 小戶는 각 5말(斗)을 내게 하고 이를 無端米라 했는데 민이 괴롭게 여겼다(《高麗史》 권 79, 志 33, 食貨 2, 科斂).

③ (신우 원년 2월) 교서를 내려 말하기를 '민을 사역하는 것은 힘써 좋은 법을 따르도록 해야 한다. 지금부터 각 지방의 民戶를 오로지 서울에서 행해지는 법에 의거하여 대·중·소 3등급으로 분간하여 중호는 둘을 합쳐 한 호로, 소호는 셋을 합쳐 한 호가 되도록 함으로써 무릇 差丁하여 징발할 때 힘을 모아 서로 도와 생업을 잃지 않도록 해야 한다'라고 하였다(《高麗史》 권 84, 志 38, 刑法 1, 戶婚).

④ (신우 원년 8월) 都城 5부의 호수를 개정하였다. 무릇 가옥의 칸수가 20칸 이상을 1호로 하여 軍 1丁을 내며, 칸수가 적으면 혹 5家 내지 3~4家를 합쳐 1호로 삼았다(《高麗史》 권 81, 志 35, 兵 1, 五軍).

위의 사료 ①에서는 갑인년에 양전한 이후, 관원과 장수가 여러 차례 주살되거나 유배되어 3세를 내는 토지가(三稅之田) 창고에 몰입됨으로써 3세의 대상에서 빠져 있는 데도 해당 관청에서는 元案에 의거하여 징수하므로 주군에서 괴롭게 여긴다는 것이다. 본래 3세는 租·庸·調를 지칭하는 것이므로[105] '삼세지전'으로 표현되고 있는 것은 시사하는 바가 크다. 즉 3세가 갑인년에 양전한 토지대장에 입각해서 수취되고 있다는 것은 田租만이 아니라 용·조까지 전결의 다과에 따라 부과되고 있음을 의미하며, 그 때문에 '3세를 내는 토지'로 표현된 것으로 보여진다. 고려 후기 요역의 물납이 전개되었던 점을 감안한다면, '삼세지전'이라던가 '3세를 납입한다'는 표현도 충분히 납득할 수 있으리라 생각한다.

그런데 여기서의 갑인년, 즉 충숙왕 원년(1314)은 전국적인 양전이 행해진 해인데, 이 때의 양전은 수등이척에 의한 방식으로 양전한 것이다.[106] 수등이척에 의한 방식이 채택된 갑인년의 양전과 관련하여 요역의 징발도 토지과세가 적용되었던 것으로 짐작할 수 있다. 후기부터 조금씩 전개되던 자산과세의 현상이 일단 갑인년의 양전에서 정착되고, 이 때의 양안은 己巳年(공양왕 원년 ; 1389) 양전 때까지 수취기준이 되고 있다.[107]

한편 사료 ④에 의하면 고려 전기 9등호제와 달리, 3등호를 편성하는 기준이 京中과 지방에 따라 2원적 구분이 적용되고 있는 점이 주목된다. 이를테면 도성 5부는 가옥의 칸수를 기준으로 하고 있는 것이다. 3등호제가 시행되면서 호의 기준이 경중과 지방이 달리 나타나는 것은, 경중은 지방과 달리 營農을 생업으로 하지 않는 계층이 많았기 때문에 가옥의 칸수가 적용되었던 것이다. 즉 인정다과에 의해 호등제가 편성될 때는 경중과 지방 할 것 없이 인정이라는 기준을 동시에 적용할 수 있었지만, 자산과세를 바탕으로 하게 되면서 그 구분기준을 달리 해야 했다. 이처럼 이원적인 구분기준으로 적용하게 되는 자체는 역으로 자산과세로의 변모를 입증하는 것이기도 하다.

그런데 경중에서 호등제의 편성을 가옥의 칸수로 한 것은 우왕대 이전으로

---

105) 《高麗史節要》 권 20, 충렬왕 4년 7월.
106) 수등이척제의 시행은 結負制의 변동과정에서 이루어진 것으로, 그 시행시기는 늦어도 충목왕 3년 이전까지는 마련되었다. 즉 결의 실적과 頃의 면적이 일치하지 않는 현상이 충렬왕 때부터 나타나고 있는 만큼, 충렬왕대 이후에는 수등이척제가 시행될 수 있는 여건이 조성되고 있었다(金容燮, 앞의 글, 112쪽 참조).
107) 朴京安, 〈甲寅柱案考〉(《東方學志》 65, 1990).

소급해서 생각해야 할 것이다. 왜냐하면 이 시기보다 몇 달 앞서 지방의 민호도 '京中見行之法'에 따라 대·중·소의 3등급으로 분간하라고 하고 있기 때문이다(사료 ③). 그러면 경중에서 행해지던 3등호제의 시행시기는 언제일까. 이것은 앞에서 본 바와 같이 늦어도 충렬왕 17년(1291) 이전에 시행되었음이 분명하며, 이 때 호등제의 편성기준이 가옥의 間架임을 알 수 있다.

이처럼 우왕 이전에 이미 경중에서 가옥의 칸수를 기준으로 한 3등호제가 시행되었음을 고려해 보면, 우왕 원년(1375) 8월 도성 5부의 호수를 개정한 것은 기준을 정하는 가옥의 칸수를 다시 정하도록 한 것임이 드러난다. 이러한 점은 가옥의 칸수가 자주 바뀌고 있는 데서 알 수 있다. 이를테면 대호의 기준이 우왕 원년에는 20칸 이상이었으나, 3년에는 10칸으로 바뀌었으며[108] 조선초에는 40칸으로 변하였다.[109] 이는 노동력의 수요량에 따라 대호의 기준도 달라진 때문인데 우왕 3년에 비해 조선초의 경우 4배로 그 기준이 늘어나고 있는 것이 그 예이다.

지방의 경우, 비록 우왕 원년 2월 외방의 민호도 경중에 따라 3등호로 분간하도록 하고 있지만, 사료 ②의 기록과 같이 공민왕 때 농민들로부터 3등호를 기준으로 增斂의 액수를 달리 하여 징수하고 있는 데서 그 이전부터 지방에도 3등호제가 시행되고 있었음을 알 수 있다. 지방의 경우는 양전 문제가 선행되어야 하는 만큼 경중에 비해 시간이 훨씬 많이 걸리기는 하겠지만, 어쨌든 갑인년 양전시 자산과세가 적용되었음은 앞에서 지적한 바와 같다.

한편 고려 후기 토지과세가 참작되었다 하더라도 인정을 내는 토지의 기준규모가 어느 정도인지 그 구체적인 실체를 파악하기는 어렵다. 조선초의 경우는 8결을 단위로 1夫를 내도록 제도화되어 있었다.[110] 하지만 처음에는 요역의 부과단위가 5결을 1字丁으로 하는 것이었는데, 성종 2년(1471)에 8결단위로 바뀌었다고 한다.[111] 그러나 성종대 이후 8결 단위의 요역제가 성립된 이후에도

108) 《高麗史》 권 81, 志 35, 兵 1, 兵制 신우 3년 4월.
109) 《世宗實錄》 권 67, 세종 17년 3월 무인.
110) 《經國大典》 권 2, 戶典 徭賦.
111) 《成宗實錄》 권 9, 성종 2년 3월 임진.
조선 전기 요역징발의 부과단위에 대한 변화에 대해서는 姜制勳, 〈朝鮮初期 徭役制에 대한 재검토-徭役의 種目區分과 役民規定을 중심으로-〉(《歷史學報》

전조운반의 요역에는 5결 단위의 방식이 시행되고 있었다. 이런 사실은 '8結出1夫'의 원칙이 모든 요역종목에 동원되는 원칙이 아님을 보여 주고 있다.[112]

그런데 夫의 개념은 인정을 가리키는 말이지만, 조선 후기에서는 8결의 田土를 의미하는 말이기도 한데 이는 조선 후기에 한정된 것만이 아니라고 한다.[113] 이러한 부의 개념과 연결될 수 있는 말이 고려에서의 '丁'이 아닌가 한다. 고려시기 요역노동에 동원되는 인정은 丁夫 혹은 丁匠의 용례와 같이 '정'으로 불려지고 있었다. 게다가 고려 후기에는 정의 의미가 변질되어 토지를 뜻한다는 지적이 주목된다.[114]

이런 점을 고려해 볼 때 경상도의 토지는 조운하는 데 경비가 많이 드니 족정과 반정의 토지에 7결과 3결을 '加給'해서 세금에 보충하자는 공민왕 11년(1362) 밀직제학 白文寶의 건의는[115] 시사하는 바가 있다. 여기서의 가급은 실제로 토지를 지급해 주는 것이 아니라 17결의 족정은 7결을 감해서 10결을, 8결의 반정은 3결을 감해서 5결 만큼의 토지에 세금을 부과한다는 의미이다.[116] 고려에서 족·반정 계열의 토지는 반정이 압도적이라는 측면을 고려하면, 조선 성종대 전조의 운반이 5결 단위로 이루어지고 있었던 점과 연결해 볼 때 주목할 만하다. 따라서 고려 후기 요역부과의 단위는 5결을 기준으로 作丁하고 있었던 것이 아닐까. 이러한 추론은 우왕 14년(1388) 田租수취와 관련하여 20결·15결·10결로 세분화하여 作丁방식을 정하고 있다든지,[117] 공민왕 5년 역적의 토지를 '計結爲丁'하여 군인에게 지급하고 있던 사례도 참고된다.[118]

물론 여말선초의 이행과정에서 토지생산력의 발달을 감안해야겠지만, 이미 언급한 바와 같이 결의 성격이 절대면적이 아니라 생산량에 따라 면적단위가 변화하고 있었으므로 그다지 큰 차이는 없을 것이다. 조선 전기 요역단위

145, 1995), 63~68쪽 참조.

112) 尹用出, 〈15·16세기의 徭役制〉(《釜大史學》 10, 1986), 13쪽.
姜制勳, 위의 글, 77~80쪽.

113) 李榮薰, 〈朝鮮後期 八結作夫制에 대한 연구〉(《韓國史硏究》 29, 1980), 80~81쪽.

114) 金琪燮, 《高麗前期 田丁制 硏究》(釜山大 博士學位論文, 1993), 175~185쪽.

115) 《高麗史》 권 78, 志 32, 食貨 1, 租稅 공민왕 11년 密直提學 白文寶 上箚子.

116) 金琪燮, 앞의 책, 184쪽.

117) 《高麗史》 권 78, 志 32, 食貨 1, 田制 祿科田 신우 14년 7월 大司憲 趙浚等 上書.

118) 《高麗史》 권 81, 志 35, 兵 1, 兵制 공민왕 5년 6월 下敎.

의 변화를 감안해 본다면, 고려 후기에 있어서도 노동력 징발의 규모에 따라 作丁制의 방식이 편의에 따라 운영되었던 것이 아닌가 한다. 이런 점은 앞에서 살펴본 바와 같이 경중에서 노동력의 징발단위가 자주 변하고 있었던 것과 맥을 같이 하는 것으로 보인다.

한편 이와 아울러 지적해 두어야 할 것이 있다. 다시 말하면 이처럼 요역징발의 수취기준이 인정다과에서 자산이 적용되는 형태로 변질되어 갔던 이면에는 요역징발의 기능을 가지던 고려 전기 9등호제 성격의 변화도 내포되어 있다. 즉 세제수취에서 차지하는 호등제의 의미가 고려 전기 9등호제의 소멸과 더불어 점차 희석되어 가는 것이 아닌가 한다. 위에서 제시한 사료들은 모두 요역제와 호등제의 변화를 통해 수취기준의 변모를 살피는 데 참고가 되는 사례들이다. 그런데 사료 ②의 기사에서 3등호는 민호로부터 과렴을 징수하는 내용이며, 사료 ④는 경중에서 군인을 징발하는 내용이다. 군인의 징발은 인신지배라는 측면에서 요역과 동일한 성격을 지니지만, 고려 전기에는 백정호와 구별된 족정·반정호로부터 인정을 차정하는 형태로서 직역체계와 요역체계로 구별되어 있었다. 이외 충렬왕 17년(1291)에 원에서 보내 온 江南米를 방리의 대·중·소호에게 각각 3섬·2섬·1섬씩 나누어주었던 예에서 알 수 있듯이[119] 고려 전기 호등제가 요역징발의 기능만을 담당했던 데 비해, 후기에는 노동력 징발 이외에 보다 다양한 기능을 가지고 있음을 알 수 있다. 요컨대 고려 중기 이래 세제수취로서의 호등제의 역할이 점차 소멸되어 가고 있는 듯하다.

이와 같은 것은 중국의 사례도 참조된다. 이를테면 중국에서의 호등제는 宋代까지 존속하였지만, 그 기능은 향촌에서 직역을 차정하는 데 기능하였을 뿐이며 세액수취의 의미는 사라졌다고 한다. 송대에 나타나는 '定戶'의 용례가 당제와 같이 세제수취를 위한 것이 아니라 단순히 호를 정한다는 의미를 가지는 것뿐이라고 하는 점은[120] 매우 주목된다. 그 단적인 이유는 송대에 이르러 일반과세가 토지를 대상으로 하게 됨으로써, 호등제는 인신을 파악하

119) 《高麗史》 권 80, 志 34, 食貨 3, 賑恤 水旱疫厲賑貸之制 충렬왕 17년 6월.

120) 船越泰次, 〈唐代戶等制雜考〉(《日野開三郎博士頌壽紀念論集 中國社會·制度·文化史の諸問題》, 中國書店, 1987), 213~214쪽.

는 직역 차정의 기능만 할 뿐 세제수취에서의 역할은 더 이상 할 필요가 없게 된 것이다.

고려에서 호등제의 의미는 군인이나 요역 등 인신을 징발하는 역할을 하고 있지만, 송대와 같이 단순히 '호를 정한다'는 의미의 호등제로 이행하고 있는 것으로 본다. 더구나 호등제의 편성이라는 측면에서 볼 때, 고려 후기가 송대 초기와 유사한 발달단계에 있기 때문이다.121) 고려 후기와 송제의 차별성이라면, 고려에서는 요역의 징발이 토지과세라 하더라도 아직 호등제가 제반 분야에서 다소 기능을 하고 있다는 점이다. 이는 고려 후기 사회가 아직 완전히 토지과세로 이행하지 못한 측면을 반영하고 있는 것이다.

비록 고려 후기 전개된 자산과세는 호등제를 매개로 실현됨으로써 조선 성종 2년(1471)에 성립된 명실상부한 計田法과는 단계적 차이는 있지만, 다음의 두 가지 측면에서 의의가 크다. 하나는 인정의 다과에 의해 요역을 징발하던 9등호제가 가옥의 칸수 내지 토지과세에 따른 3등호제로 재편될 수 있을 만큼, 고려 후기 사회가 세제 전반에 있어서 토지를 과세대상으로 할 수 있을 정도로 토지의 생산성이 높아졌다는 것이다. 요컨대 인정을 기준으로 징발되던 요역은 토지과세로 자리를 넘겨주게 되는 반면, 수취대상에 있어서 군역만이 인정을 과세대상으로 자리잡게 되었다. 백정농민층이 고려 후기 이래 군역의 주된 담당자로 등장하는 것은 이러한 역제변화에 기인하고 있는 것이다.

또 다른 하나는 지속적으로 조선왕조에 계승되고 있다는 점이다. 조선초의 요역징발 기준은 태조 2년(1393)부터 토지과세가 등장하며, 적어도 정종 즉위 이후에는 확고히 자리잡게 된다.122) 이 때 시행된 계전법은 조선왕조의

---

121) 송대의 경우 호적의 작성에서 토지와 호구를 분리하여 파악하고 있으며, 호등제의 구분기준이 토지로 정착되면서 토지와 함께 가옥의 間架稅가 나타나고 있다(曾我部靜雄, 앞의 책, 347쪽). 고려 후기에도 호적작성에서 토지와 호구가 분리되어 기재되었고(金英夏·許興植, 〈韓國中世의 戶籍에 미친 唐宋 戶籍制度의 影響〉, 《韓國史硏究》 19, 1978, 45쪽), 지방에서 토지과세가 시행되면서 경중은 가옥의 칸수가 과세대상으로 등장하였다.

122) 일반적으로 조선 토지과세가 시행된 시기는 세종 17년이며, 그 이전에는 計田法과 計丁法·折衷法 등 기준이 자주 변화하였다는 견해가(有井智德, 앞의 책) 받아들여져 왔다. 그러나 이와 달리 정종대 이미 토지과세가 확립되었다는 견해가 제시되기도 하였다(姜制勳, 앞의 글, 65쪽).

성립과 더불어 갑작스럽게 나타난 것이 아니고 고려 후기 토지과세의 전개를 바탕으로 가능한 것이었다. 이러한 것은 비록 고려와 달리 5등호이기는 하지만, 세종 17년(1435) 호적작성에서[123] 고려 후기의 이원적 호등제의 구분을 채택하여 지방은 토지를 기준으로 하고 京中은 가옥의 칸수로 하고 있는 데서도 확인할 수 있다.

〈李貞熙〉

3. 농업기술의 발전

1) 농법의 발전

전시과체제의 붕괴와 농장의 발달로 특정 지워지는 고려 후기 경제적 변동의 근본적인 원인은 생산력 발전으로 인해 야기된 경제구조상의 모순 때문이라 하겠다.[1] 당시의 생산력 발전의 정도를 수치로 정확히 밝힐 수는 없지만 생산력의 발전을 가능하게 했던 농업기술상에는 여러 가지 변화들이 나타나고 있었다.

우선 수리시설의 발전을 들 수 있다.[2] 고려시대의 수리 관계 기록들을 살

---

123) 《世宗實錄》 권 67, 세종 17년 3월 무인.

1) 고려 후기 사회경제적 변동의 원인을 생산력의 발전에서 기인하는 것으로 파악한 연구는 다음과 같다.
金容燮, 〈高麗時代의 量田制〉(《東方學志》 16, 延世大, 1976).
姜晉哲, 〈高麗時代의 地代에 대하여〉(《震檀學報》 53·54, 1982).
浜中昇, 〈高麗前期の小作制とその條件〉(《歷史學硏究》 507, 1982).
魏恩淑, 〈12세기 농업기술의 발전〉(《釜大史學》 12, 1988).
그러나 이들 논자들의 입장은 조금씩 다르다. 金容燮과 魏恩淑은 생산력 발전의 내용을 고려 전기에는 평전에만 주로 시행되던 상경농법이 후기에 들어와 산전에까지 널리 보급되어 가는 것으로 파악하는 데 비해, 姜晉哲은 휴한법에서 상경농법으로의 발전으로, 浜中昇은 불안정한 연작단계에서 안정적인 연작단계로의 이행으로 파악하였다.

2) 魏恩淑, 위의 글, 83~95쪽 참조

펴보면 12세기를 중심으로 주로 후기에 집중되어 나타나고 있다. 그 중에서도 크게 두 가지로 대별되는데 한 형태는 산곡 간의 물을 막아 조성된 수리시설인 제언의 보수와 수축이며, 또 다른 형태는 연해안 저습지와 간척지를 개발하기 위한 河渠工事와 防川·防潮堤 공사이다.

제언의 보수와 수축에 관한 실례는 문종연간에 翰林學士 李靈幹의 주청에 의해 南大池를 다시 수축한 것과[3] 현종 연간과 인종 21년(1143)에 碧骨堤를 보수한 것,[4] 의종 24년(1170)에 무너진 南川堤를 방리의 장정을 징발하여 고친 것,[5] 무신집권기에 重房裨補로서 班主가 府兵을 동원하여 수축한 重房堤,[6] 그리고 명종 연간에 司錄 崔正份에 의한 恭檢池의 수리[7] 등이다. 이외에도 지역적으로 명시되어 나타나지 않지만 다음의 명종 연간의 下制를 통해 볼 때 이 시기에 제언의 증·보수 사업이 전국적으로 전개되었을 가능성을 유추해 볼 수 있다.

> (명종) 18년 3월에 制를 내리기를 '때를 맞추어 농사를 장려하고 힘써 제언을 수축하고 저수하며 관개하여 논밭을 묵히지 않도록 하여 백성들의 식량을 넉넉히 할 것이며, 또 뽕나무·닥나무·밤나무·잣나무·배나무·대추나무 등 과일 나무에 이르기까지 모두 때를 맞추어 심어 많은 이익을 얻도록 할 것이다'라고 하였다(《高麗史》 권 79, 志 33, 食貨 2, 農桑).

이 명종 18년(1188)의 교서는 무신정권 성립 이후 광범하게 전개되었던 농민항쟁에 대한 수습책의 일환으로 내려진 일련의 조처 가운데 하나였다.[8] 아마도 위에서 든 명종 때 최정빈에 의한 공검지 수리도 그 일환이 아니었을까 한다. 이러한 권농차원의 향촌안정책이 고려 후기의 사회모순 해결의 근본적인 대책은 되지 못했다 하더라도 어느 정도의 생산력 발전을 가능케 하여 농민안정에 이바지했을 것으로 짐작된다. 그렇기 때문에 이러한 형태의

3) 《新增東國輿地勝覽》 권 43, 黃海道 延安都護府 山川.
4) 《新增東國輿地勝覽》 권 33, 全羅道 金堤郡 古跡.
5) 《高麗史》 권 19, 世家 19, 의종 24년 6월 경술.
6) 《新增東國輿地勝覽》 권 13, 京畿 豊德郡 古跡.
7) 《新增東國輿地勝覽》 권 28, 慶尙道 尙州牧 山川.
8) 朴宗基, 〈12, 13세기 農民抗爭의 原因에 대한 考察〉(《東方學志》 69, 1990), 139~146쪽.

국가적 관심은 고려 후기를 거치는 동안 지속되었을 가능성이 있다. 그것은 비록 실시되지는 못했다 하더라도 공민왕 때에 현령·감무를 登科士流로 임명하여 권농을 책임 지우고 제언의 개·보수를 주도하도록 건의되고 있는 데서도 알 수 있다.[9)]

또 다른 형태의 수리시설로써 특히 12세기 이후에 들어와 특징적으로 보이는 것이 연해안 저습지와 간척지 개발을 위한 하거공사, 방천·방조제 공사이다. 인종 21년에 張文緯에 의한 樹州(경기도 부평)에서의 저습지 배수를 위한 溝渠공사,[10)] 의종대의 林民庇에 의한 溟州(강릉)에서의 漑田을 위한 浚渠사업,[11)] 의종 6년(1152) 李文著에 의한 洪州(홍성)에서의 渠준설,[12)] 의종 14년 吳元卿에 의한 靈光에서의 방조제수축,[13)] 명종 연간에 崔甫淳에 의한 齊安(해주)에서의 간척지개발과 安南大都護府(전주)에서의 방조제수축에 의한 간척지개발,[14)] 몽고침입시 金方慶에 의한 葦島에서의 방조제공사와[15)] 守山堤 보수,[16)] 고종 43년(1256)의 梯浦·瓦浦·狸浦·草浦 등에서의 방조제 수축에 의한 左·右屯田의 설치,[17)] 李元尹에 의한 梁州(양산)의 저습지개발[18)] 등이 바로 그러한 사례이다. 이상의 사례들은 주로 국가의 권농책의 일환으로 수령들에 의해 대부분 주도된 것으로 보이지만, 12세기 이후의 연해안 저습지나 간척지 등은 재력을 가진 지배층이나 소농민들에 의해서도 사적으로 개간되었다.

전시과체제의 붕괴 이후 고려 후기에 들어와 지배층의 물적 토대 가운데 중요한 부분을 차지하게 된 것 중의 하나가 賜給田이다. 이 사급전은 고려 후기 농장형성의 중요한 한 요인이 되었던 것으로 이해되고 있다.[19)] 그런데

---

9) 《高麗史節要》 권 27, 공민왕 8년 12월.
10) 〈張文緯墓誌銘〉(《韓國金石文追補》, 亞細亞文化社, 1963), 96~97쪽.
11) 《高麗史》 권 99, 列傳 12, 林民庇.
12) 〈李文著墓誌〉(《朝鮮金石總覽》 上, 朝鮮總督府, 1919), 402~403쪽.
13) 〈吳元卿墓誌銘〉(《韓國金石文追補》), 172~173쪽.
14) 〈崔甫淳墓誌〉(《朝鮮金石總覽》 上), 455~459쪽.
15) 《高麗史》 권 104, 列傳 17, 金方慶.
16) 《新增東國輿地勝覽》 권 26, 慶尙道 密陽都護府 古跡.
17) 《高麗史節要》 권 17, 고종 43년 2월.
18) 崔 瀣, 《拙藁千百》 권 1, 送安梁州序.
19) 姜晋哲, 〈高麗의 農莊에 대한 一硏究〉(《史叢》 24, 1980).

이 사급전은 전시과체제의 붕괴로 인해 전시분급이 어려워진 상황 아래에서 지배층의 물적 토대를 마련해 준다는 의미도 있지만, 몽고병란 이후 전쟁복구의 일환으로 국가에서 閑田개발을 장려한다는 의미도 있었다. 원래 한전은 주인 없는 황무지를 의미하나 사패를 빙자하여 '有主付籍之田'을 탈점하는 까닭에 사회 문제화되었던 것이다.[20] 이 한전 중에는 원래 경작지였으나 방기된 陳田도 있고 그야말로 신개간지도 포함되었을 것이다.

사급전에 의한 개간인지는 확인되지 않지만 安牧에 의한 坡州西郊의 황무지 개간이 그 대표적인 경우라 하겠다.[21] 안목은 파주서교의 황무지를 개간하여 토지를 넓히고 그것이 손자 安瑗으로까지 이어져 수만 경에 이르는 농장과 백여 호의 노비를 소유하였다. 파주서교의 황무지는 임진강 하류의 저습지대였던 것으로 생각된다. 특히 안원이 소유하고 있었던 노비 백여 호는 고려후기 농민층 분화과정에서 창출된 몰락농민층도 다수 포함되었을 것으로 보이는데, 어쨌든 고려 후기에서 조선초에 걸치는 농장경영의 전형적인 모습을 보여주는 것이라 하겠다. 이러한 저습지개간의 경우 외에도 재력이 있는 지배층은 상당한 자본을 필요로 했던 연해안 간척지개발에도 참여했을 것으로 짐작된다.

이와 같이 지배층에 의한 저지개발만 있었던 것이 아니라 소규모이기는 하나 소농민들에 의해서도 연해지역의 저지개발이 이루어지고 있었다. 공민왕대에 왜구침입에 대한 방비책으로 偰長壽가 상서한 내용을 살펴보면,[22] 연해지역이 토지가 비옥한 관계로 많은 농민이 연해지역에서 거주하고 경작하다가 왜구의 피해를 입고 있다고 하였다. 그러나 피해를 입는다 해서 산간지역으로 옮기는 것도 옳은 방책이 못되었다. 왜냐하면 산간지역의 토지는 한정이 있어 농민을 먹여 살리지 못하기 때문이다. 그러므로 그대로 연해지역에 거주케 하면서 왜구를 방비할 계책을 주장하고 있다. 소농들에 의해서도

浜中昇, 〈高麗後期の賜給田について〉(《朝鮮古代の經濟と社會》, 法政大學出版局, 1986).

20) 《高麗史》 권 78, 志 32, 食貨 1, 田制 經理.

21) 成 俔, 《慵齋叢話》 권 3.
姜晋哲이 말하는 경영형 농장의 대표적인 경우라 할 수 있다(姜晋哲, 앞의 글, 1980).

22) 《高麗史》 권 112, 列傳 25, 偰長壽.

연해지역이 개발되어 간 증거라 하겠다.

이와 같이 고려 후기에 들어와 진행되고 있는 연해안 저습지나 간척지개발의 추세는 조선시대에 들어와서 더 활발해지고 있음은 이미 지적되고 있는 바이다.[23] 이러한 양상은 15세기의 《農事直說》에도 그대로 반영되어 나타나고 있다. 《농사직설》에는 '草木茂密處'와 '沮潭潤濕荒地'의 개간방법에 대해 서술되어 있는데 산전개간에 해당되는 전자보다는 저습지개간에 해당되는 후자에 대해 훨씬 많은 비중을 두어 설명하고 있다.[24] 《농사직설》에 삼남지역의 농민들이 현실적으로 행하고 있던 농법을 수록하고 있다는 점을 염두에 둘 때 농민층에 의한 저지개발이 상당했음을 알 수 있다.

역사적으로 볼 때 농경지의 개발과정은 구릉과 평야가 맞닿은 지역에서 시작하여, 점차 구릉지역으로 확대되고, 그 이후 토목기술의 상당한 발전과정을 거쳐 비로소 연해안지역이 개발된다고 한다.[25] 고려 후기에 들어와 앞에서 살펴본 것과 같이 전기의 산전개발과는 달리[26] 연해안 저지대로 농경지가 확대되어 나가는 것은 그에 상응하는 토목기술의 발전이 따라 주었을 것임을 짐작케 한다. 비록 성공하지는 못했지만 이 시기에 운하개착공사가 시도되었다.[27] 泰安과 瑞州의 경계에 있는 炭浦와 倉浦를 연결하기 위한 운하공사가 인종대에 처음 시도된 이래 의종과 공양왕대에까지 계속적으로 이루어지고 있었다.[28] 비록 기술상의 한계로 인해 실패하였지만 그러한 시도 자체가 토목기술의 발전을 반영한 것이라 할 수 있다.

---

23) 조선 전기의 연해안 개발에 대해서는 다음의 연구가 있다.
李泰鎭, 〈16세기 沿海地域의 堰田개발〉(《韓國社會史硏究》, 지식산업사, 1986).
———, 〈15, 6세기 韓國 사회경제의 새로운 동향:低地 개간과 인구 증가〉(《東方學志》 64, 1989).
———, 〈15, 6세기의 低平, 低濕地 開墾 동향〉(《國史館論叢》 2, 1989) 참조.

24) 《農事直說》 種稻.

25) 渡部忠世, 《アジア稲作の系譜》(法政大學出版局, 1983), 234~238쪽.

26) 전기의 산전개발에 대해서는 魏恩淑, 〈高麗時代 農業技術과 生産力 硏究〉(《國史館論叢》 17, 1990), 13~15쪽 참조.

27) 李平來, 〈高麗後期 水利施設의 확충과 水田개발〉(《역사와 현실》 5, 1991), 162쪽.

28) 《新增東國輿地勝覽》 권 19, 忠淸道 泰安郡.
《高麗史》 권 116, 列傳 29, 王康.
《高麗史節要》 권 9, 인종 12년 7월 · 권 11, 의종 8년 10월 및 권 35, 공양왕 3년 7월.

고려 후기의 수리사업의 발전과정에 대해 또 하나 주목해야 할 것은 수리 규모의 축소이다. 고대의 제언들은 지금 남아 있는 자료에 의하면 대체로 국가적 규모의 사업으로 행해지던 대규모 수리시설로 보인다. 신라 원성왕 6년(790)에 행해진 벽골제 증축에는 全州 등 7州로부터 인부가 징발되고 있으며,[29] 동왕 14년(798；唐 貞元 14)의 永川 菁堤修治 사업에도 전국 각지에서 法功夫 14,140인이 동원되고 助役으로 切火·押梁 두 군에서 인원이 동원되고 있다.[30] 조선시대의 기록이지만 벽골제의 증수에 전라도의 각 군에서 民丁 1만 명이 동원되고 있는 것을 보면 앞의 원성왕 6년의 것도 그와 비슷한 규모가 아니었을까 한다.[31] 또한 고부군의 訥堤 중수에도 11,580명이 동원되는 대역사였음을 볼 때[32] 고대 수리시설의 규모를 짐작케 해준다.

이들은 인력동원에서도 대규모였을 뿐만 아니라 여러 지류의 물을 모아 저수하여 관개하는 과정에서 자연히 주변 여러 군현의 이해가 엇갈릴 수밖에 없었을 것이다. 상주 공검지의 경우, 공검지가 상주에 위치하고 있는 것이 아니라 실제로는 상주의 속현이었고 상주보다도 상류에 있었던 함창현에 위치하고 있었다. 그러한 관계로 인해 함창현은 농지가 수몰된 것이 많을 뿐 아니라 관개의 이익은 하류에 있는 상주민에게로 돌아가 함창현민의 불만은 대단히 컸던 것으로 보인다.[33] 이와 같이 한 현의 일방적인 희생 아래 제언이 축조될 수 있었던 것은 당시 지방제도와의 연관성에서만 이해가 가능하다. 즉 함창현이 상주의 속현인 까닭에 그러한 제언축조가 가능했던 것이다. 이처럼 여러 군현의 이해가 결쳐 있던 대규모 수리시설일수록 군현세에 따라 이해가 엇갈릴 수밖에 없었다.

그러나 고려 후기에 들어와 나타나는 속군현의 승격과 부곡제 해체 등의 일련의 지방제도의 변화는 더 이상 군현세에 따른 희생이 강요되는 형태의 수리사업 추진을 불가능한 것으로 만들었다. 지방제도가 더욱 정비되는 조선

29) 《三國史記》 권 10, 新羅本紀 10, 원성왕 6년 정월.
30) 李基白, 〈永川菁堤碑 貞元修治記의 考察〉(《新羅政治社會史硏究》, 一潮閣, 1974), 292~296쪽.
31) 《新增東國輿地勝覽》 권 33, 全羅道 金堤郡 古跡.
32) 《世宗實錄》 권 3, 세종 원년 2월 경자.
33) 《新增東國輿地勝覽》 권 29, 慶尙道 咸昌縣 山川.

초기에 와서 국가주도의 대규모 제언의 보수와 수축이 대부분 실패로 돌아가 결국 군현단위에서 독자적으로 수리사업을 시행하는 방향으로 나갔던 것도 바로 그러한 이유에서였다.[34]

앞의 제언관계 사료에서도 나타나듯이 제언의 경우 남대지·벽골제·공검지 등 예로부터 있어 왔던 시설보수에 주력하였고, 신축의 경우 중방제나 남천제 정도에 그치고 있다. 그렇다고 해서 제언의 신축이 없지는 않았을 것이라고 생각되는데 사료에 나타나지 않는 것은 국가적 규모의 대규모 사업이 점차 사라져 갔기 때문일 것이다.

조선초의 경상도지방에 국한된 것이지만 제언관계 기록을 가장 상세히 남기고 있는《慶尙道續撰地理志》를 살펴보면 고려시대에 주현, 속현이었던 곳을 막론하고 관개면적이 10결 전후의 소규모 제언이 상당수 존재했음을 알 수 있다. 물론 이 제언들이 모두 조선초에 들어와 갑자기 축조된 것은 아니었을 것이다. 고려 후기 이래 군현단위의 수리규모의 소규모화 현상은 주군현뿐 아니라 속군현 등에서도 독자적인 수리사업을 추진하여 경제적 성장을 달성했을 것이며 이러한 경제적 성장이 밑거름되어 주읍으로의 승격이나 속군현 토성의 上京從仕에 의한 중앙진출도[35] 가능하게 되었으리라 생각된다. 즉 고려 후기의 속군현의 주읍으로의 승격, 부곡제 지역의 소멸 등 지방제도의 변동은 수리사업의 발전 등과 같은 농업생산력의 발전에 따른 이들 지역의 경제적 성장에서 기인하는 바 크다 하겠다.

고려 후기에 들어와서 나타나는 수리시설의 발달과 농업지대의 연해안 저지대로의 확장은 농법상에 있어서도 그에 상응하는 발전이 예상된다. 특히 수전농법에 있어서 많은 발전이 있었던 것 같은데 그 반영이 新種子의 출현이다.[36] 고려뿐 아니라 11세기를 전후해서 중국·일본·타이 등지의 연해안 저습지대가 거의 동시에 개발되고 있는데, 여기에 공통적으로 나타나고 있는 것이 환경적응력이 강한 稻種으로서 인디카형 赤米種의 출현이라고 한다.[37]

34) 菅野修一,〈李朝初期農業水利の發展〉(《朝鮮學報》119·120, 1986), 341~348쪽.

35) 李樹健,〈高麗後期 支配勢力과 土姓〉(《韓國中世社會史硏究》, 一潮閣, 1984).

36) 이에 대해서는 魏恩淑, 앞의 글(1988), 95~102쪽 참조.

37) 飯沼二郞,〈東, 東南アジアのイナ作史における十一世紀〉(《世界農業文化史》, 八坂書房, 1983), 227쪽.

이 도종은 한발과 저습에 대한 적응력이 강해서 특히 저습지대와 산간지대의 冷水지역, 척박토양의 湧水田과 용수시설이 부족한 旱魃田에서 재배되고 있었다 한다. 이러한 종자로서 중국에 등장한 것 중의 하나가 북송의 眞宗이 大中祥符 5년(1021)에 福建省으로부터 도입해온 占城稻이다. 이 종자는 원래 진종이 江淮兩浙의 三路지역의 한발에 대비하기 위해 도입한 것이나 그 후 강남농업의 전개에 큰 역할을 하였다.[38] 바로 이 점성도가 연해안 저습지대가 개발되어 가기 시작하던 12세기 이후의 고려사회의 농업사적 요청에 의해 저습지개발에 적당한 도종으로 도입된 것이 아닐까 한다.

고려시대의 사료에는 직접적으로 나타나지 않지만 원으로부터 몇 차례에 걸친 강남미의 도입이 있는 것을 보면[39] 당시 중국에 널리 퍼져 있던 점성도의 도래는 충분히 예상할 수 있다. 그러한 증거가 조선시대의 농서에는 반영되어 있다.[40] 일제시대의 조사자료에 의하면 우리 나라에서 인디카형 적미종[41]의 분포지역은 낙동강하류인 밀양·김해·진주 등 경남의 거의 전역과 경북 일부지역, 충남 서천·청양, 전남 구례·순창, 경기도 가평, 평북 태천 등 거의 한반도 전역에 걸쳐 나타나고 있다. 이들 지역들은 주로 연해안이나 강 주변이었다는 것을 염두에 둘 때 저습지역의 개발을 위한 도종임을 충분히 알 수 있다.

이와 더불어 강남 도종의 일종으로 蟬鳴稻와 같은 旱稻種의 도입도 보이고 있다.[42] 선명도는 晉代 郭義恭의 《廣志》에 나타나는 종자로서 도작법이 근본적으로 달라지는 송대 이후에는 이러한 종자가 소멸되기 때문에 고려 후기의 사료에 선명도가 보이는 것은 고려 후기까지도 도작법이 송 이전의 휴한단계를 벗어나지 못했다는 것을 증명하는 것이라는 주장도 있다.[43] 그러나 淸代의 지

---

38) 加藤繁, 〈支那における占城稻栽培の發達に就いて〉(《支那經濟史考證(下)》, 東洋文庫, 1952).
周藤吉之, 〈南宋に於ける稻の種類と品種の地域性〉(《宋代經濟史硏究》, 東京大學出版會, 1962).

39) 《高麗史》 권 80, 志 34, 食貨 3, 賑恤 충렬왕 17년 6월·18년 6월·21년 4월.

40) 徐浩修, 《海東農書》 권 2, 穀名 山稻.
徐有榘, 《林園經濟志》 本利志 권 7, 穀名攷 山稻.

41) 이것이 점성도의 末裔라고 한다(原史六, 〈朝鮮に於ける一印度型稻の殘存〉, 《農業及園藝》 17-6, 1942).

42) 李奎報, 《東國李相國集》 권 14, 古律詩 得蟬鳴稻.

43) 李泰鎭, 〈畦田考〉(앞의 책), 70~71쪽.

방지인 廣西省의 《思恩府志》에서도 선명도의 존재가 확인되는 것을 보면[44] 선명도는 송대 이후에 사라진 것이 아니라 강남농법이 발전하면서 조도종으로서 발전된 농법에 스스로를 적응시키면서 계속적으로 재배되었던 것으로 보인다.

그러므로 고려 후기의 문집에 나타나는 선명도는 이전부터 우리 나라에 존재한 것이 아니라 선명도의 원산지가 중국 강남지역이었다는 것을 염두에 둘 때 고려 후기에 점성도와 더불어 도입된 강남미의 일종으로 보아야 할 것이다. 특히 이러한 조도종의 도입은 早·晩稻種의 다양한 분화와 함께 이에 따른 다양한 도작법의 발전을 가져왔지 않았나 한다. 또한 기후조건상 조도의 필요성이 있었던 북부지역에까지 도작지역을 확대시키는 역할도 담당했을 것이다.

《농사직설》에는 種稻法으로 早稻水耕直播法·晩稻水耕直播法·乾耕法·揷種法(移秧法)이 순서대로 기재되어 있다. 이것으로 미루어 15세기까지 가장 보편적인 도작법은 수경직파법이었다. 이앙법의 경우 수리시설의 미비로 인해 경상도와 강원도 일부지역에서만 행해졌다고 한다.[45] 조선초가 이러한 상황이라면 고려시대에도 이앙법이 도작법으로 존재하기는 했으나 극히 제한된 일부지역에서만 행해졌을 것으로 보기도 한다.[46] 고려 후기에도 이앙법이 행해졌음을 전해주는 사료는 다음과 같다.

> (공민왕) 11년에 密直提學 白文寶가 箚子를 올려 말하기를 '江淮의 백성들이 농사를 지으면서 수해와 한재를 근심하지 않은 것은 수차의 힘 때문입니다. 우리 나라 사람들은 논을 다루는 자는 반드시 크고 작은 도랑을 파서 물을 댈 뿐이요 수차로 물을 쉽게 댈 수 있다는 것을 알지 못합니다. 그러므로 논 아래에 물웅덩이가 있고 그 깊이가 한 길도 못되는데 그 물을 내려다 볼 뿐 감히 퍼올리지 못합니다. 그래서 낮은 땅은 물이 항상 괴어 있고 높은 땅은 풀이 무성해 있는 것이 십중팔구나 됩니다. 마땅히 계수관에게 명령하여 수차를 만들게 하고 그 만드는 법을 배우게 한다면 민간에 전해 내려갈 수 있게 될 것입니다. 이것이 가뭄의 해에 대비하고 황무지를 개간하는 데 있어서 제일의 계책입니다. 또 백성들이 下種(직파)과 揷秧(이앙)을 겸해 쓰면 역시 한재를 막을

44) 飯沼二郎, 앞의 글, 233쪽.

45) 金容燮, 〈朝鮮後期의 水稻作技術〉(《朝鮮後期農業史硏究》 Ⅱ, 一潮閣, 1971).
宮嶋博史, 〈朝鮮農業史上における十五世紀〉(《朝鮮史叢》 3, 1980).
李鎬澈, 《朝鮮前期農業經濟史》(한길사, 1986).

46) 金容燮, 위의 글, 9~11쪽.

수 있고 곡식종자를 잃어버리지 않을 것입니다'라고 하였다(《高麗史》 권 79, 志 33, 食貨 2, 農桑).

즉 백문보는 중국 강남지방의 농민들이 이용하는 수차를 도입하여 旱荒에 대비할 것을 주장하면서 또 농민들로 하여금 下種과 揷秧을 겸하게 하여 한발에 대비하고 종자의 유실을 방지할 것을 건의하고 있다. 직파법은 가뭄이 들 경우 유리하나 종자의 유실이 많고 이앙은 종자의 유실은 적으나 가뭄에는 불리하다는 것을 알 수 있다. 그렇다면 당시의 농민들은 종자의 유실이 적은 이앙법을 선호했다는 뜻이고 정부에서는 한발이 들어 농사를 망칠 것을 염려하여 직파와 이앙을 겸할 것을 장려했을 것이다. 그러나 정부측의 의도와는 달리 직파법에 비해 제초의 측면에서든, 단위면적당 생산성의 측면에서든 유리했던 이앙법은 상당히 확산되었을 것으로 보인다. 위의 백문보 차자 외에도 비가 오지 않아 농가에서 이앙을 못해 많은 사람이 굶주렸다는 기록이나[47] 들녘에서 이앙가가 울려 퍼지고 있다는 시의 내용[48] 등에서 볼 때 물론 한계가 있었던 것은 분명하나 이앙법이 지역에 따라서는 꽤 일반화되었던 것이 아닐까 한다.

12세기 이후 저습지나 연해안 개발을 통해 수전지역이 확대되어 감에 따라서 수도작법도 다양한 발전을 했을 것이라 짐작되지만, 특히 몽고와의 오랜 기간의 전쟁 등은 많은 노동력을 감소시켜 이것을 만회할 수 있는 농법이 발전될 수밖에 없었을 것이다. 특히 노동력 절감에 유리했던 이앙법은 농민층이 한발에 의한 失農의 위험을 감수하면서도 선호할 수밖에 없었다. 이렇게 볼 때 고려 후기의 도작기술은 선진지역의 경우 이미 《농사직설》 단계에 도달했던 것으로 생각된다. 이와 더불어 시비법에 있어서도 발전이 보이고 있다.[49]

그 고을 僧正이 鎭川驛路에서 도둑에게 해를 당하고 겨우 숨만 붙어 있었다. 驛吏가 그를 보고 그 까닭을 물으니 승정이 말하기를 '내가 베 약간 필을 가지고 어떤 사람의 집으로 가는데 밭에 거름주던 일꾼들(糞田役人)이 술을 마

---

47) 崔 瀣, 〈三月二十三日雨〉(《東文選》 권 4, 五言古詩).

48) 朴孝修, 〈星來靑雲樓上偶題〉(《東文選》 권 16, 七言律詩).

49) 魏恩淑, 앞의 글(1988), 102~109쪽.

시는 것을 보았으며 어떤 곳을 가다가 어떤 사람이 김매는 것을 보았다. 그리고 얼마쯤 가는데 어떤 사람이 뒤에서 큰 소리로 말하기를 '나는 김매는 사람이다. 불러서 이야기하려 하였는데 대답하지 않는 것은 무슨 까닭이냐' 하더니 대답할 겨를도 없이 나를 치고 베를 빼앗아 갔다' 하였다. … 선생이 거름준 밭의 주인(糞田主)에게 물어 말하기를 '내가 들으니 네가 일군들에게 술을 먹일 적에 승정이 지나가니 승정의 베에 대해 말한 자가 있다고 하는데 숨기지 말라'하였다(鄭道傳, 《三峯集》 권 4, 行狀 高麗國奉翊大夫檢校密直提學寶文閣提學上護軍榮祿大夫刑部尙書鄭先生行狀).

이 사료는 정운경이 충혜왕 복위 5년(1344)에 福州判官으로[50] 있을 때 승려를 죽인 범인을 색출한 내용이다. 여기에서 주목되는 것은 糞田役人과 糞田主이다. 내용상으로 보아 분전주와 분전역인의 관계는 주종관계로 보이지 않으며 분전시에 일시적으로 노동력을 차용한 것으로 생각된다. 그렇다면 분전주는 농번기에 분전역인과 같은 노동력을 차용할 수 있었던 富農이나 小農上層으로 보이고, 분전역인은 일시적으로 농번기에나마 노동력을 팔아야 했던 당시 광범위하게 창출되고 있었던 몰락농민층, 즉 傭作貧農이 아니었나 한다.

또 하나 주목할 것은 위의 사료에 보이는 분전의 실태이다. 《농사직설》의 시비체계를 살펴보면 수전에서의 시비와 한전에서의 시비가 뚜렷이 구분되어 있다.[51] 수전의 경우 糞, 新土, 莎土, 牛馬糞, 連枝杼葉(鄕名 加乙草), 人糞, 蠶沙 등을 初耕과 再耕사이에 분전하고 있다. 이들은 대체로 腐熟되지 않은 거름으로서 수전의 저습한 토양에 넣어 糞耕함으로써 골고루 시비하는 효과뿐 아니라 부숙을 촉진시키는 효과를 가지고 있다. 그러나 수전의 경우 수경일 때만 그렇고, 건경이나 旱稻일 때에는 한전시비와 마찬가지로 파종시에 熟糞과 尿灰 등을 써서 糞種을 행하고 있다. 한전에는 기경시에 분전이라 할 수 있는 火糞과 豆科綠肥에 해당하는 掩耕을 하고 있는데, 그 외에는 대체로 파종시에 숙분과 뇨회 등을 분종하고 있다. 그러나 麻田의 경우에는 初耕 후

50) 여기서의 福州는 경상도 안동을 가리킨다(《高麗史》 권 57, 志 11, 地理 2, 安東府).
51) 李泰鎭, 〈14, 15세기 農業技術의 발달과 新興士族〉(앞의 책).
閔成基, 〈朝鮮時代의 施肥技術〉(《朝鮮農業史硏究》, 一潮閣, 1988).
李鎬澈, 앞의 책.
김용섭, 〈농사직설의 편찬과 기술〉(《애산학보》 4, 애산학회, 1986).

와 파종 후에 우마분을 분전하고, 大小麥田의 경우에는 파종 후에 廐肥를 분전하고 있다. 한전에서는 糞灰 등의 완전히 부숙된 乾糞이 사용되는 것은 토양 자체가 수전과 달리 건조하기 때문이었을 것이다.

이렇게 볼 때 앞의 사료에서 분전주가 따로이 분전역인을 동원하여 특별히 분전을 행하였다면 한전에서의 糞種처럼 파종과 시비작업이 따로 분리될 필요가 없는 것이라던가 火糞이나 掩耕을 의미하는 것 같지는 않다. 문맥상 최소한 여기서의 분전은 수전에서의 분전이나 대소맥전에서의 파종 후의 구비를 의미하는 것이 아닐까 한다. 분전되고 있는 시비의 내용은 앞에서 본 바와 같이 수전의 경우 신토·사토와 같은 토분이나 연지저엽과 같은 생초분과 인분·잠사·우마분 등의 분이었다. 특히 우마분은 마전과 만도수경전, 이앙전의 기비로서 수·한전을 가리지 않고 사용되고 있는데 이것은 生糞이 아니라 堆肥糞이었다 한다.[52] 또한 수전에 사용되었던 '糞'이라고 표기된 것도 내용상 牛馬廐糞이 아닐까 추정되고 있다.[53] 맥전에서의 追肥인 廐肥도 우마구분이었음을 볼 때 《농사직설》 단계에서는 수·한전을 막론하고 가장 많이 이용되고 있는 것은 우마구분임을 알 수 있다.

그렇다면 당시의 농가경영에 있어 우마의 소유는 수·한전 모두에 있어 耕地用으로만이 아니라 시비라는 차원의 의미에서도 대단히 중요했음이 분명하다. 중국의 경우[54] 구비법 즉 踏糞法은 《齊民要術》에 첨가되어 있는 唐代의 기록으로 보이는 〈雜說〉에 처음으로 소개되고 있다. 이 때의 답분은 小畝 300묘를 가진 中農을 표준으로 하여 쓴 것이지만 소 한 마리가 월동하여 만들 수 있는 답분은 겨우 6묘만을 시비할 수 있었기 때문에 보편적이었다 할 수 없겠다. 그 후 元代의 《王禎農書》에는 시비 가운데 답분이 가장 보편적으로 이용되고 있을 정도로 변화를 보이고 있다 한다. 그렇다면 고려 후기에는 《제민요술》 단계에서처럼 답분이 극히 일부분만 사용된 단계를 훨씬 넘어 수·한전을 막론하고 상당히 이용되고 있었지 않았나 한다.

소를 소유할 수 있었던 부농의 경우 이러한 농법발달을 기반으로 부를 축

---

52) 閔成基, 위의 책, 232쪽.
53) 閔成基, 위의 책, 233~234쪽.
54) 米田賢次郎, 〈中國古代の肥料について〉(《滋賀大學學藝學部紀要》 13, 1963).

적하여 신분상승을 도모하기도 하였을 것이다. 충렬왕대에 들어와 마련된 納粟補官制와 같은 것은 그러한 것을 합법화시켜 주고 있다.[55] 그러한 사례로 대표적인 것이 명종연간의 私奴 平亮의 경우이다.[56] 少監 王元之의 婢壻였던 평량은 免賤하여 산원동정직까지 얻고 있는데 그것이 '務農致富'에 의하였다고 한다. 이 '무농치부'야말로 농업기술의 발전이 사회적인 신분변동까지를 야기한 근본원인이 되었음을 입증하는 것이라고 하겠다.

〈魏恩淑〉

2) 목면의 재배

우리 나라에서 목면 관련기록으로 가장 빠른 것은 신라 경문왕 9년(869)에 당나라에 대한 進獻品의 하나로 白氎布를 보낸 경우이다.[1] 이 백첩포는 고려 혜종 2년(945) 고려에서 後晉에 보낸 공물 가운데에도 보이고 있다.[2]

전 세계의 면품종은 6종류가 있는데, 중국에 들어온 것은 두 종류였다. 하나가 亞洲棉(木棉, Bombax tree)으로 원산지는 인도이며 월남·버마를 거쳐 海南·云南 등으로 전파된 것이 있고, 다른 하나는 非洲棉(草棉, Gossypium)으로 원산지는 아프리카이고 중앙아시아를 거쳐 중국서북으로 전해졌다 한다. 전자로 짠 직물을 桐華布라 하고, 후자로 짠 직물을 백첩포라고 한다.[3] 실제 우리 나라에 전해진 것은 목면이 아닌 초면종인데 앞에 든 백첩포는 바로 초면직물을 말하는 것이라고 볼 수 있다.

그런데 이 시기 목면 관련사료는 위에서 든 사례 외에는 찾아볼 수가 없기 때문에 신라말 고려초에 중국에의 진헌품이 과연 우리 나라에서 생산된

---

55) 《高麗史》 권 80, 志 34, 食貨 3, 賑恤 納粟補官之制.
56) 《高麗史》 권 20, 世家 20, 명종 18년 5월.

1) 《三國史記》 권 11, 新羅本紀 11, 경문왕 9년 7월.
2) 《高麗史》 권 2 世家 2, 혜종 2년.
3) 澤村東平, 《朝鮮棉作綿業の生成と發展》(朝鮮纖維協會, 1941), 7~8쪽.
中國農業遺産硏究室 編, 《中國農學史(下)》(科學出版社, 1984), 32~33쪽.

것인지 의심하는 견해도 있다.[4] 그러나 설령 신라말 고려초의 백첩포가 우리 나라에서 재배된 면화로 짠 직물이었다 하더라도[5] 그것은 결코 일반화되었다고 볼 수는 없을 것 같다. 아마도 목면은 고려 이전에 이미 전래된 것 같으나 재배에 성공하지 못했다고 보는 것이 옳을 듯하다.[6]

중국의 경우도 면화가 알려진 것은 漢代에서 六朝에 걸치는 시기였지만 정작 널리 확산된 것은 宋末 元初였다. 黃道婆라는 여자에 의해 取子車·繰絲車 등의 직기들이 널리 대중화되면서였다고 한다.[7] 短纖維였던 목화를 수작업에만 의존하여 직포하기란 지극히 힘들었기 때문에 일반에의 대중화는 씨를 분리하고 실을 방적할 수 있는 그와 같은 機器의 출현이 아니면 불가능하였던 것이다.

현재 우리 나라의 목면도입은 공민왕 13년(1364)에 文益漸이 원으로부터 목면씨를 가지고 온 것을 최초로 보는 것이 일반화되어 있다.[8] 지금도 이것을 사실로 받아들이고 있을 뿐 아니라 당대에도 그러했던 것 같다. 즉 우왕 원년(1375년)에 문익점을 목면도입의 공으로 典客主簿에 임명하고 있으며,[9] 조선에 들어와서도 태종 원년(1401)에 목면전래의 공으로 그의 아들에게 벼슬을 내린 것에서도[10] 알 수 있다. 이들에 대한 관직수여 등의 표창은 국가의 목면보급의 의지와도 맞물려 있었던 것으로 생각되는데 그렇다면 보편적으로 알려진

---

4) 경문왕대의 백첩포는 국내산이 아니라 우연히 외국으로부터 수입되어 진귀품으로 唐에 進俸된 것으로 보고 있으며, 고려 초기 혜종대의 기록도 중국연해 제항의 중개무역에 의해 수입된 것으로 파악하고 있다(澤村東平, 위의 책, 7~20쪽).

5) 閔吉子는 《翰苑》 蕃夷部 高麗條 "高驪記云 其人亦造錦 紫地纈文者爲上 次有五色錦次有雲布錦 又造白疊布 …"를 인용하여 이미 고구려에도 목면이 직조된 것으로 파악하고 있다(閔吉子, 〈織物의 種類에 關한 硏究〉, 《敎育論叢》 6, 國民大, 1986, 111쪽).

6) 朴性植, 〈麗末鮮初의 木綿業에 대하여〉(《大丘史學》 17, 1979), 62쪽.

7) 天野元之助, 《中國農業史硏究》(御茶の水書房, 1979), 482~498쪽.

8) 목면전래에 대하여 가장 자세하게 전하고 있는 사료 중의 하나인 《太祖實錄》의 기사에 의하면 문익점이 원에서 고려로 돌아와 고향인 진주에서 목면을 재배하기 시작한 때가 至正 24年 甲辰年(1364)이라고 한다(《太祖實錄》 권 14, 태조 7년 6월 정사).

9) 《太祖實錄》 권 4, 태조 7년 6월 정사.

10) 《太宗實錄》 권 1, 태종 원년 윤3월 경인.

것처럼 조선시대에 들어와 정책적인 목면보급이 있었던 것이 아니라 이미 고려말부터 국가는 정책적으로 목면보급에 힘썼던 것으로 보아야 할 것이다.[11)]

그런데 과연 문익점이 목면의 최초 도입자인가는 의문이 아닐 수 없다. 왜냐하면 문익점 이전에도 원나라와의 인적·물적 교류를 통해 목면이 고려에 들어올 가능성이 충분히 있었기 때문이다.

李穡이 남겨 놓은 〈詠木綿布〉[12)]라는 시에 의하면 원과의 교류를 통한 목면종자의 유입은 얼마든지 가능했음을 알 수 있다. 이 시는 이색이 충목왕 4년(1348)에서 충정왕 3년(1351)에 걸쳐 원나라의 국자학에 유학하고 있을 당시를 회상하면서 읊은 것이다. 여기에서 강남출신인 葉孔昭는[13)] 이색에게서 苧根을 구하고 그는 목면종자를 보내겠다고 하였다. 이색에게 저근을 구한 것은 이색의 고향이 모시로 유명한 韓山이었기 때문이 아닌가 한다.

그러므로 문익점이 아니라도 원에 왕래하면서 목면의 가치를 인식한 사람들에 의해 도입되었을 가능성은 얼마든지 있다고 할 수 있다.[14)] 이미 원과의 교류를 통해 목면은 상당량 수입되고 있었다. 원 황제의 사여품이라는 형식을 통하거나[15)] 사행무역[16)]등을 통해서도 들어왔기 때문에 당연히 신소재로서의 목면은 문익점 이전에도 고려에 꽤 알려졌을 것으로 생각된다. 그런데도 문익점이 굳이 최초의 목면도입자로 인식된 것은 앞에서도 언급했지만 단섬유였던 목면의 직포가 대중화되기 위해서는 기기의 보급이 전제되어야 하는데 그와 같은 기기의 도입과 보급을 목면재배와 더불어 시도했던 이가 바로 문익점과 鄭天益 등이었기 때문일 것이다.[17)]

---

11) 崔永好, 〈高麗末 慶尙道地方의 木綿 보급과 그 주도세력〉(《考古歷史學志》 5·6, 東亞大, 1990), 253쪽.
12) 李 穡, 《牧隱詩藁》 권 10, 詠木綿布.
13) 葉孔昭에 대해서는 周藤吉之, 〈高麗末期より朝鮮初期に至る織物業の發達〉(《淸代東アジア史硏究》, 日本學術進興會, 1972), 467쪽 참조.
14) 周藤吉之에 의하면 목면종자는 문익점이 고려에 가지고 들어온 공민왕 13년 이전에 이미 강남으로부터 해상교통을 통해 들어오지 않았을까라고 한다(周藤吉之, 위의 책, 463~469쪽).
15) 《高麗史》 권 31 世家 31, 충렬왕 22년 12월.
16) 《高麗史》 권 115, 列傳 28, 李崇仁.
17) 《高麗史》 권 111, 列傳 24, 文益漸.
《太祖實錄》 권 14 태조 7년 6월 정사.

그런데 목면이 누구에 의해 주도적으로 도입, 보급되었나 하는 것도 중요하지만 또 하나 유의해 보아야 할 것은 공민왕 13년(1364)이라는 시점이 목면도입의 원년으로 인식되고 있는 점이다.

고려의 직물수공업은 중기 이후 견직물·저직물·마직물 등에 걸쳐 전반적인 발전이 이루어지고 있었다. 그러나 이러한 발전은 몽고와의 전쟁과 원의 수탈 등으로 인해 왜곡되게 되었다. 원제국의 등장은 아시아에서 유럽대륙에 걸친 일체의 정치적 장애를 제거하고 육상교역로를 열었기 때문에 그 이전시기와는 비교할 수 없는 대외무역의 발전을 이룩하였다. 원간섭기의 고려도 말단이나마 그 교역구조에 참여할 수 있었다. 그 결과 원간섭기의 고려는 전시기에 비해 대외무역이 크게 발전하였고 국내의 유통경제도 활성화되었다. 그러나 원간섭기 유통경제의 발전이 반드시 고려사회경제의 정상적인 발전으로 이어진 것으로 보이지는 않는다. 특히 직물수공업의 경우 원과의 교역이 가능하였던 견직물과 특히 모시의 특수는 일부의 지배층과 그들과 결탁한 상인층에는 부를 가져다 주었을런지 모르겠지만 대부분의 농민을 피폐하게 만들었다.[18]

그러나 원나라의 쇠퇴는 원나라를 중심으로 한 교역구조에 커다란 변동을 초래했을 것이다. 반원정책이 표면화되고 명나라가 등장하는 공민왕대에 들어와 특히 모시 관련사료는 현저히 줄어들고 있다. 이것은 원나라가 쇠퇴하면서 지금까지의 모시 특수가 상당히 타격을 받았으리라는 것을 짐작케 한다. 그러면서 원나라 시장을 대상으로 했던 견직물이나 모시 중심의 직물생산체계는 조정되지 않을 수 없었다. 농민들도 원나라로부터의 요구가 줄어들면서 강압적인 수탈구조에서 벗어날 수 있었다. 바로 이러한 시점에 있었기 때문에 새로운 의료였던 목면에 관심이 돌아갈 수 있었던 것이다. 이것은 원간섭기에도 여러 차례의 개혁정치가 행해졌으나 한계가 있을 수밖에 없었고 본격적인 개혁정치가 시도될 수 있었던 것은 공민왕대 이후부터였다는 사실과도 무관하지 않을 것이다.[19]

---

18) 魏恩淑, 〈고려후기 직물수공업의 구조변동과 그 성격〉(《韓國文化硏究》 6, 釜山大, 1993), 212~233쪽.
19) 권영국, 〈14세기 전반 '개혁정치'의 내용과 그 성격〉(《역사와 현실》 7, 1992).

이 목면의 전래는 피폐해 있던 농가경제에 커다란 활력소가 되었다. 고려 중기 이후에 발전을 보이고 있는 견직물과 모시는 결코 대중적 의료가 되지 못하였고 우선적 수탈대상이 되었기 때문에 일반 농민들의 잉여창출에 직접적인 기여를 했다고는 보기 힘들다. 또한 가장 대중적 의료였던 마의 경우는 조선초까지도 세역을 권장하고 있는 실정이었다.[20]

우리 나라는 목면도입 이전에 일반 서민들의 동절기 의복이 어떤 것이었는지 연구된 것이 거의 없다. 그런데 우리와 사정이 비슷했을 일본에서는 서민들은 겨울철에는 마포를 누빈 옷을 입거나, 그렇지 않으면 보온성이 적은 마포를 추울 때에는 여러 겹을 껴입고 겨울을 날 수밖에 없었다고 한다. 그래서 자연히 추위로 질병에 걸려 해마다 많은 빈민들이 사망하거나 고생을 했으며,[21] 또한 신축성이 적은 麻는 피부에 잘 붙지 않기 때문에 한기를 막기 위해서는 다듬이질을 계속하여 섬유를 부드럽게 해야 했다고 한다.[22]

우리 나라도 사정이 비슷했을 것으로 짐작되는데 방적이나 직포 이외에도 다듬이질처럼 쉴 틈 없이 계속해야 했던 작업은 가족들의 의복을 전담하고 있던 여성들에게는 엄청난 노역이었음에 틀림없다. 덧붙여 해마다 국가에 부담해야 하는 稅布생산까지 포함한다면 직조기술의 완만한 발전을 염두에 둔다 하여도 실제로 일반농가에서 자가소비나 貢布 이외에 상품화하기 위해 생산한다는 것은 사실상 거의 불가능하였다고 생각된다.

이것에 비해 목면은 직물이 가진 보온성으로 인해 서민들에게는 겨울을 따뜻하게 지낼 수 있게 했을 뿐 아니라 또한 연작이 가능하였다.[23] 그러나 무엇보다도 목면이 가진 경제성은 다른 어떤 직물을 직조하는 것보다 훨씬 노동시간을 단축할 수 있었다는 데 있다. 보다 구체적인 자료를 통해 이를 살펴보기로 하자.

비록 일제시대에 조사된 자료이지만 면과 다른 직물의 조제 및 방적과정에서의 노동생산성을 비교하면 다음 〈표〉와 같다.[24]

---

20) 《農事直說》 種麻.

21) 武部善人, 《綿と木綿の歷史》(御茶の水書房, 1989), 45~48쪽.

22) 永原慶二, 《新. 木綿以前のこと》(中央公論社, 1990), 46~48쪽.

23) 《農桑輯要》에서도 목면은 연작이다. 우리 나라의 면작에 관한 최초의 기록으로 보이는 《四時纂要》 種木綿法의 기록에도 연작이다(閔成基, 〈『四時纂要』 種木綿法과 朝鮮棉作法〉, 《朝鮮農業史硏究》, 一潮閣, 1988).

〈표〉 각 직물의 조제 및 방적과정의 노동생산성 비교

종 류	1 일 생 산 량			
	調製飼育(g)	同 比 率	紡 績(g)	同 比 率
綿 絲	658.75	1.00	264	1.00
麻 絲	815.25	1.24	55.5	0.21
苧 絲	1136.25	1.73	60	0.23
絹 絲	52.5	0.08	60	0.23
紬 絲	47.25	0.07	31.125	0.12

위 〈표〉를 통해 목면이 같은 대중적 의료였던 마와 비교해 얼마만큼 노동시간을 절약할 수 있었는지 분명히 알 수 있다.

면의 조제과정은 수확하여 목화송이를 말린 후 씨아기로 씨와 솜을 분리하고 활로 틀어 솜을 부풀게 하는 과정까지이다. 마의 경우는 수확 후 구덩이를 파고 거기에 돌을 넣어 불을 지펴서 돌을 달군 후 그 위에 삼단을 놓고 풀이나 거적을 덮어 물을 끼얹으면서 그 증기를 이용하여 삼을 찌고, 식기 전에 껍질을 벗겨 잿물에 빨아 검은 물을 빼고 햇볕에 말리기까지의 과정이다. 이 과정까지는 마가 면에 비해 생산량이 약간 더 상회한다고 할 수 있지만 이 과정에서 마는 면과는 달리 남자의 노동이 총노동의 약 63%를 점하고 있음을 감안해야 할 것이다.[25]

방적과정은 면은 솜을 수숫대에 말아 손가락 굵기의 고치를 만들고 이것을 물레에 자아서 실을 뽑게 된다. 마는 삼 껍질을 물에 축여 손톱으로 길게 째고, 짼 삼을 삼톱 등으로 훑어 살을 뺀 뒤 일일이 한 올씩 끼워 허벅지에 대고 비벼서 연결하기까지의 과정이다. 그런데 이 방적과정에서 같은 양의 실을 만드는데 면은 마의 1/5의 노동시간밖에 소요되지 않음을 앞의 〈표〉에서 알 수 있다.

수확 후 방적까지의 이러한 노동시간의 단축은 다른 직물이 모두 원시적인 수작업에 의존하고 있음에 비해 목면은 씨아·활·물레 등의 機器를 사용하고 있다는 데 큰 차이가 있기 때문이다. 조제에 걸리는 시간은 마와 면

24) 이 〈표〉는 澤村東平, 《近代朝鮮の棉作綿業》(未來社, 1985), 140쪽의 도표를 참고하여 생산량을 g으로 산출하여 재작성한 것이다.

25) 澤村東平, 위의 책, 126쪽.

이 거의 비슷했다고 하므로[26] 방적까지의 이러한 월등한 노동생산성은 목면이 도입되자마자 급속히 확산될 수 있었다고 한다.[27]

이러한 직물업에 있어서의 노동생산성의 향상은 직물업에 있어서의 배 이상의 생산력발전을 의미하는 것이다. 그리고 직물에 있어서의 이와 같은 노동생산성의 향상은 같은 노동시간으로 마직에 비해 단연코 많은 생산이 가능하였기 때문에 농가경제에는 상당한 도움이 되었으리라는 것을 능히 짐작할 수 있다.

직물업에 있어서의 이러한 생산력발전은 경제구조상에도 많은 파급효과를 가져왔다. 목면생산이 늘어나면서 면포는 15세기 후반기부터는 麻布로부터 正布의 자리를 넘겨받았고,[28] 특히 군역이나 요역·공부에 대한 면포로의 대납현상이 광범위하게 나타나기 시작한 것이다.[29] 고려 후기에도 부분적으로 그러한 현상이 없었던 것은 아니었다.[30] 하지만 그것이 제도로서 완전히 정착되지 못한 것은 여러 가지의 원인이 있었겠지만 원간섭기의 각종 직물의 엄청난 수탈과 함께 당시 직물의 주종을 이루었던 견·저·마 등이 노동시간을 많이 요구하는 것이었으므로 직물생산량에 있어서의 한계도 한 원인이었을 것으로 생각된다.

요역과 군역·공부 등에 대한 포납화는 농가경영이 米·棉作을 중심으로 전업화되어 감을 의미하는 것이고 이에 따라 소농민은 농업경영에 있어 한층 제고된 자율성과 생산성을 확보할 수 있었던 것이다. 바로 소농민경영의

---

26) 澤村東平, 위의 책, 141~147쪽.

27) 일본에서도 목면이 도입되자마자 단기간 내에 마를 대체하게 된 가장 큰 이유가 직조과정에서의 노동시간의 현격한 단축 때문이었을 것이라고 한다(永原慶二, 앞의 책, 46~48쪽).

28) 宋在璇, 〈16世紀 綿布의 貨幣機能〉(《邊太燮博士華甲記念史學論叢》, 三英社, 1985).

29) 田川孝三, 《李朝貢納制の研究》(東洋文庫,, 1964).
李泰鎭, 〈軍役의 變質과 納布制의 實施〉(《韓國軍制史》 近世朝鮮後期篇, 陸軍本部, 1968).

30) 이에 대해서는 다음의 연구가 참고된다.
李惠玉, 〈高麗時代의 庸(役)制 研究〉(《梨花史學研究》 15, 1984).
李貞熙, 〈高麗後期 役收取의 實態와 變化〉(《釜大史學》 9, 1985).
金東哲, 〈高麗末의 유통구조와 상인〉(《釜大史學》 9, 1985).
權寧國, 〈14世紀 権鹽制의 成立과 그 運用〉(《韓國史論》 13, 서울大, 1985).

안정이 달성될 수 있는 기초가 마련된 것이었다. 이러한 생산력의 기초에서 원간섭기 이후의 농가경제의 피폐는 상당 정도 회복되고, 여말선초 농가의 직물생산은 마·면 교체를 전면적으로 시행하게 되었다.[31]

여말선초를 거치는 역사발전의 추세가 소농민경영의 자립성 제고에 있었다고 한다면 소농민의 자립을 가능케 해준 것은 농업생산력의 발전과[32] 더불어 바로 이 목면이었다. 이러한 경제적 가치를 지닌 것이었기 때문에 비록 삼남지방을 중심으로 한 것이기는 하나 10년이 못되어 전국에 퍼졌다는 말이[33] 나올 정도로 급격히 확산될 수 있었던 것이다.

〈魏恩淑〉

4. 수공업과 염업

1) 수공업

고려시대 수공업은 크게는 官廳手工業·所手工業·寺院手工業·民間手工業으로 나눌 수 있다.[1] 전기에는 관청·소 수공업이 중심을 이루었으나, 후기에는 이들 수공업이 쇠퇴하고 사원·민간수공업이 발달하였다.

---

31) 오랜 전통을 가지고 전국 각지에서 광범위하게 진행되어 오던 마직업은 14세기 말에 삼남지방에서부터 면직업이 급속히 발전하게 되자 면화재배가 불가능한 북부지방에서 주로 발전하였다. 그리고 북부지방은 견직업도 남부지방에 비해 상대적으로 발전하여 조선시대에는「南綿北布」「南綿北絲」라는 지역적 분업을 가져와 농촌가내수공업은 자가수요나 공물생산만을 위한 것이 아니라 시장을 위한 상품생산으로 발전하고 있었다(홍희유,《조선중세수공업사연구》, 과학백과사전출판사, 1979 ; 지양사, 1989, 218~224쪽).

32) 李泰鎭,〈14·15세기 農業技術의 발달과 新興士族〉(《東洋學》9, 檀國大, 1979 ;《韓國社會史研究》, 지식산업사, 1986).
———,〈高麗末·朝鮮初의 社會變化〉(《震檀學報》55, 1983 ; 위의 책).

33)《太祖實錄》권 14, 태조 7년 6월 정사.

1) 劉敎聖,〈韓國商工業史〉(《韓國文化史大系》Ⅱ, 高麗大 民族文化研究所, 1965).
姜萬吉,〈手工業〉(《한국사》5, 국사편찬위원회, 1975).
徐明禧,〈수공업〉(《한국사》14, 국사편찬위원회, 1993).

(1) 관청수공업

관청수공업은 왕실·관청의 수요품, 군수품, 조공품 등 지배층의 수요를 충족하기 위한 것이었다. 따라서 그 수공업품은 전문성이 높고 수준도 뛰어났다. 관청수공업은 중앙·지방의 관청이 수공업장을 설치하고 工匠을 징발하여, 제품을 만드는 체제로 운영되었다.[2)]

중앙 관청수공업은 수도 개경의 중앙관청에 소속된 수공업장이 중심이 된 국왕·귀족의 생필품·사치품, 중앙관청의 필요품, 군수품, 국가행사의 필요품 등을 주로 생산하였다. 관리체계의 최고 담당기관은 工部(工曹)였다. 공부는 충렬왕 원년(1275)에 폐지되었다가, 24년(1298)에 공조로 명칭을 바꾸어 다시 설치되었다. 그러나 또 다시 폐지되었다가 공민왕 5년(1356)의 관제개혁 때 다시 설치되었다.[3)] 중앙 관청수공업은 직능에 따라 繕工寺, 軍器寺 등 14개 부서로 분화되어 있었다.[4)] 이들 관청은 그 비중에 따라 판사(정3품)~승(정9품)에 의해 지휘, 통제되었다. 행정관리 체계는 신분적 위계질서가 철저하였으며, 그 등급은 단순히 생산의 규모나 중요성에 의해 규정되는 것은 아니었다. 기본적으로 어느 계층의 수요품을 생산하는가에 따라 규정되었다.[5)]

중앙 관청수공업은 정부의 수요에 따라 분류되었고, 각 관청마다 각종 공장이 전속되어 있었다.[6)] 공장에게는 일종의 호적과 같은 工匠案(百工案牘)이 작성되어, 이 안에 의해 공장의 공역 동원이 이루어졌다. 공장안은 공장에 대한 국가의 파악과 역 수취를 위해 작성되었다. 공장은 왕경과 지방으로, 지방은 각 출신 지역별로 공장안에 등록·편제되었다. 그러나 고려시대에는 조선시대처럼 경·외공장 같은 법제적 구분은 없었다.[7)]

---

2) 홍희유, 《조선중세수공업사연구》(과학백과사전출판사, 1979 ; 지양사, 1989, 85~86쪽).
金炫榮, 〈고려시기의 所에 대한 재검토〉(《韓國史論》 15, 서울大, 1986), 108쪽.
안병우, 〈고려시대 수공업과 상업〉(《한국사》 6, 한길사, 1994), 111쪽.
姜萬吉, 위의 글, 184~187쪽.

3) 金東旭, 《韓國建築工匠史硏究》(技文堂, 1993), 71쪽.

4) 리용태, 《우리 나라 중세과학기술사》(과학백과사전출판사, 1990), 78쪽.

5) 홍희유, 앞의 책, 86~88쪽.
徐明禧, 앞의 글, 419~421쪽.

6) 姜萬吉, 앞의 글, 184쪽.

관청수공업의 공정은 세분화되어 있었다. 군기감의 경우 공장의 업종은 皮甲匠·牟匠 등 13종이나 되었다. 이처럼 업종이 다양한 것은 분업체계를 갖추고 있었기 때문이다.[8] 공장은 관청에만 예속되어 있는 것은 아니었다. 관청수공업장에 동원되는 일정 기간의 공역일을 제외하고는 자기 영업을 할 수 있었다. 공역에 종사할 경우에도 지급되는 대가가 고려 후기로 올수록 점차 임노동적인 성격으로 변하였다. 예를 들면 고종 36년(1249) 강화도에 있던 정부를 개경으로 옮기기 위한 궁궐 복구공사에 종사한 공장에게 은 20근·포 200필을 지급하였다.[9] 원종 15년(1274)에는 원의 요청으로 일본원정 전함 300척을 건조하였는데, 이 때 동원된 공장과 인부 30,500명에게 3개월 급료로 34,312석 5두를 지급하였다.[10] 이들은 부역의 형태로 동원되었지만 일정한 노임을 받고 있었음을 알 수 있다.[11]

공장은 취업기간과 기술수준에 따라 지유승지·지유부승지·지유행수·지유·행수교위·행수부위·행수대장·행수부장 등 다양한 칭호를 가지고 있었다. 일반 공장은 이들의 지휘를 받고 있었다.[12] 공장의 구체적인 모습은 韓仲敍를 통해 잘 알 수 있다.

한중서는 강종 2년(1213)에는 高嶺寺 飯子, 고종 9년(1222) 靑林寺 銅鐘, 고종 25년(1238)에는 神龍寺 小鐘과 神泉寺 반자, 그리고 고종 39년(1252)에는 安養社 반자 등을 주조하였다. 그는 侍衛軍士→匠→大匠의 순으로 승진하였으며, 고종 25년에는 別將同正이란 동정직도 가지고 있었다.[13] 상층 수공업자에게 직위를 준 것은 생산의욕을 높이고 일반 수공업자에 대한 통제와 감독을 강화시키는 데 일정한 역할을 하도록 하기 위해서였다.[14] 비록 동정

---

7) 姜萬吉, 위의 글, 188쪽.
洪承基, 〈高麗時代의 工匠〉(《震檀學報》 40, 1975), 66쪽.
徐聖鎬, 〈高麗前期 지배체제와 工匠〉(《韓國史論》 27, 서울大, 1992), 90~93쪽.
8) 안병우, 앞의 글, 113쪽.
9) 《高麗史》 권 23, 世家 23, 고종 36년 4월 병진.
10) 《高麗史》 권 27, 世家 27, 원종 15년 2월 갑자.
11) 姜萬吉, 앞의 글, 187~188쪽.
12) 白南雲, 《朝鮮封建社會經濟史(上)》(改造社, 1937 ; 하일식 옮김, 백남운전집 3, 이론과 실천, 1993, 81쪽).
13) 朴敬源, 〈高麗鑄金匠考－韓仲敍와 그의 作品－〉(《考古美術》 149, 韓國考古美術史學會, 1981).

직이지만 有品官 진출이 근본적으로 금지되어 있던 공장에게 동정직 제수는 작지 않은 명예였다. 물론 모든 공장에게 유품직이 내려지지는 않았을 것이다. 공장에 대한 賞이나, 경제력을 바탕으로 한 유품직의 획득, 또는 중앙공장의 지방이주나 지방공장의 출신지역 이탈이 증가하는 추세 속에서, 이에 대한 국가의 대응책 등으로 동정직이 수여되었을 것이다. 이러한 이탈 추세가 늘어남에 따라 전기 수공업체계는 크게 동요되지 않을 수 없었다.[15)]

관청수공업장의 생산활동은 시장생산이 아니므로, 작업기간이 길수록 민간수공업의 발달을 저해하였다. 중앙집권력과 관청수공업 관리체계가 약해짐에 따라 일부 수공업자는 지방에 흩어져 독립적인 수공업자로 전환되어 갔다. 관청수공업이 쇠퇴함에 따라 중앙관청에서는 필요한 물품을 거의 모두 시전에서 구입하는 상태가 되었다. 이리하여 충렬왕 22년(1296)에는 중찬 洪子藩에 의해 지방에 나가 있는 개경의 鍮銅匠을 기한을 정하여 개경으로 돌아오게 할 것이 건의될 정도로[16)] 이 무렵 개경의 관영수공업에 부역해야 할 경공장들은 지방의 주현에 많이 나가 있었다. 이러한 공장의 출신지역 이탈은 이미 무신집권기 이래로 심화되어 있었다.

지방 관청수공업장은 지방의 주요 수공업지역에 설치된 것으로서 錦綺坊·雜織坊·甲坊 등이 있었다. 금기방은 고급 비단이나 일반 견직물, 잡직방은 여러 잡직물, 갑방은 가죽제품 또는 능라비단을 짜는 수공업장이다.[17)] 그러나 금기방 등 지방 생산조직은 지방 관청수요를 위한 것이라기보다는 중앙 관청수요를 위한 것이었다. 지방관청 자체의 수요를 위한 수공업장도 있었으나, 그 수나 규모는 미미하였다.[18)]

충선왕 3년(1311) 이전에 동경(경주)에는 갑방이란 창고가 있었는데 이 창고는 백성에게서 능라를 수탈하여 저장하는 창고였다고[19)] 한다. 경주의 수공

---

14) 徐明禧, 앞의 글, 421쪽.
15) 徐聖鎬, 〈高麗 武臣執權期 商工業의 전개〉(《國史館論叢》 37, 1992), 106~107쪽.
16) 《高麗史》 권 84, 志 38, 刑法 1, 職制 충렬왕 22년 5월.
17) 홍희유, 앞의 책, 92쪽.
———, 《조선상업사-고대·중세-》(과학백과사전종합출판사, 1989), 75쪽.
18) 徐明禧, 앞의 글, 421~422쪽.
19) 《高麗史》 권 107, 列傳 20, 權昍.

업장인 갑방이 금기능라 등의 생산기구가 아니라, 중앙에 납부하는 능라 등 공물을 민에게서 수취하여 보관하는 창고로 변한 것은 지방 관청수공업의 쇠퇴 양상을 잘 보여주는 것이다. 한편 이러한 갑방의 쇠퇴는 일반농민의 능라 직조기술의 성장에 반비례하는 것이었다. 은병을 가지고 민간의 능라를 강제적으로 매득하는 것도 민간수공업 성장을 반영하는 현상이다.[20]

京市에서는 綾·羅·絲·絹·紗·綃 등 다양한 견직물이 판매되고 있었다. 경시에서의 판매가 활발하게 된 것은 국내 견직물 수요가 증대함에 따라 나타난 현상이었다. 고려말에는 대소 신하가 사·라 등 의복을 입는 것을 금지하고 검소함을 강조하였다. 또한 귀천을 막론하고 다른 나라의 물건을 다투어 구입한다고 하면서, 工商賤隷가 사·라·능·단을 입는 것을 금하여 사치풍조를 없애고 신분질서를 엄하게 하도록 하였다.[21] 이러한 양상은 이 시기 고급 견직물 수요층이 매우 확대되어 갔음을 역설적으로 보여주는 것이다. 중앙 관청수공업이 쇠퇴함에 따라 개경의 권세가 사이에는 自家에서 고급 견직물을 만드는 경우도 생겼다. 黃綾布를 자가 생산한 崔怡의 경우가 그 대표적인 예가 될 것이다.[22]

(2) 소 수공업

《新增東國輿地勝覽》에 의하면 고려시대 所는 金·銀·銅·鐵·絲·紬·紙·瓦·炭·鹽·墨·藿·瓷器·魚梁·薑所 등 15 종류가 있었다.[23] 소 생산품은 금·은·구리·철 등 광산물, 비단·종이·먹·도자기 등 수공업품, 소금·미역·생선 등 해산물, 차·생강 등 특수농산물 등으로 나눌 수 있는데, 이 가운데 자기·염·어량·곽소가 비교적 큰 비중을 차지하고 있었다.[24]

---

20) 홍희유, 앞의 책(1979), 93쪽.
北村秀人, 〈高麗時代の絹織物生産について〉(《人文硏究》 37-9, 大阪市立大, 1985), 65~66쪽.
안병우, 앞의 글, 126쪽.
21) 《高麗史》 권 46, 世家 46, 공양왕 3년 5월 무술 및 권 85, 志 39, 刑法 2, 禁令 공양왕 3년 3월.
22) 北村秀人, 앞의 글, 70~74쪽.
23) 《新增東國輿地勝覽》 권 7, 京畿 驪州牧 古跡 登神莊.
24) 徐明禧, 앞의 글, 430~431쪽.

소의 기본적 특징의 하나는 현지성이 요구되는 특산물이나 수공업품의 생산지라는 점이다.[25] 소는 전라·충청도 지역에 집중 분포되어 있었다. 이렇게 이 두 지역에 집중된 것은 유리한 생산조건과 해로를 통해 개경에 쉽게 연결될 수 있는 교통상의 이점 때문으로 보인다.[26]

소 수공업은 국가나 지배계급의 수요를 충당해줄 수 있어야 했다. 따라서 소는 종래 그런 기능을 가지고 있던 지역을 중심으로 설정되었으며, 그 지역을 일정하게 확보하기 위해 법제적으로 주민을 소민으로 규정하였다.[27] 소제도는 특정산물의 안정적 수취라는 국가 의지에 의해 설치·운영되었지만, 지방 특산물을 구조적으로 수탈하면서 다른 지역과 분리·지배하는 것이므로 피지배층의 유통경제 발달에 일정한 장애가 되었다.[28]

고려 후기 수공업체제에서 생긴 중요한 변화의 하나는 소의 해체에 따른 소 수공업의 붕괴현상이다. 이는 중앙관청의 통제를 받던 소가 후기에 들면서 권력기관이나 권세가들에게 예속되어 부역을 면제받는 지역으로 전환되어 갔기 때문이다.[29] 그러나 이미 12세기 이래 국가의 과중한 수탈과 권세가의 탈점으로 所民의 유망을 초래하여 소제도는 붕괴되고 있었다.[30] 예종 3년(1108)의 한 기록에 의하면, 동·철·자기·지·묵소 등에 대한 別貢 수탈이 심하여 장인들이 도망하므로, 각 소의 별공·상공을 다시 작정할 것을 요청하였다.[31] 소가 붕괴되어가자 이를 해결하기 위해, 소민에게 잡역이나 기타 부역을 면제해 주는 조치를 취하기도 하였지만 이것은 근본적인 대책이 되지 못하였다. 따라서 소제도에 의존한 수공업체제는 새로운 방식을 강구해야 했다. 그것은 소민의 역을 일반 군현민의 역으로 대체하는 것이었다. 소민의 역을 지던 부류들은 대개 12세기 이후 유이민화한 군현민들로 특정 '干'이라

---

25) 金炫榮, 앞의 글, 113쪽.

26) 朴宗基, 《高麗時代 部曲制硏究》(서울大 出版部, 1990), 5~8쪽.

27) 蔡尙植·金琪燮, 〈북한의 한국중세사 연구동향과 문제점-고려시기를 중심으로-〉(《民族問題論叢》 2, 釜山大, 1991), 252쪽.

28) 蔡雄錫, 〈高麗前期 貨幣流通의 기반〉(《韓國文化》 9, 서울大, 1988), 104쪽.

29) 金炫榮, 앞의 글, 118~119쪽.

30) 北村秀人, 〈高麗時代の「所」制度について〉(《朝鮮學報》 50, 1969), 60쪽.
안병우, 앞의 글, 126~127쪽.

31) 《高麗史》 권 78, 志 32, 食貨 1, 田制, 貢賦 예종 3년 2월.

지칭되던 층이었다.[32]

은소의 경우를 보면, 은 생산체제는 12세기 이후 큰 발전을 맞이하였다. 국내 유통경제의 발달, 대외무역의 증가, 원에 의한 각종 공물의 징수 등으로 은 수요와 유통이 크게 확대되었다. 은 유통의 확대에 따른 은 수요의 급증은 은소에 대한 과중한 징수로 이어져 은소민이 은소를 이탈하여 은소가 해체되는 원인이 되었다. 따라서 군현민에게 은역이 전가되었다.[33] 철소의 경우 역시 일반 군현민에게 역을 전가시키고 監務로 하여금 鐵場을 관리하는 철장제를 시도하였다.[34]

소 수공업은 12세기 이후 쇠퇴하여 갔다. 국가의 수취와 소민의 저항이 중요한 요인이 되었지만, 소 지역 밖의 수공업생산이 발전한 것도 중요한 원인이었다.[35] 소 수공업자가 점차 독립수공업자로 전환되어 간 것은 고려 후기 상품생산과 유통의 발전을 촉진시키는 데 크게 이바지하였다.[36]

요컨대 소는 고려 후기 이후 점차 해체·몰락의 길을 걷다가 15세기초에 완전히 해체되어 군현에 통합되고, 소에 예속된 수공업자는 독립적·전업적 수공업자로 전환하였다.[37]

(3) 사원수공업

고려시대는 불교가 국교화하여 사원이 국가나 귀족의 보호를 받았다. 사원은 종교 도량이지만 방대한 寺領이 있어 미곡을 집적하였고, 우수한 수공업품을 생산하였다. 처음에는 자체 수요를 위해 운영하였으나 생산이 늘어

---

32) 北村秀人, 앞의 글(1969), 60쪽.
金炫榮, 앞의 글, 126~128쪽.
안병우, 앞의 글, 127쪽.
徐明禧, 〈高麗時代「鐵所」에 대한 硏究〉(《韓國史硏究》 69, 1990), 21~23쪽.

33) 田炳武, 〈高麗時代 銀流通과 銀所〉(《韓國史硏究》 78, 1992).

34) 徐明禧, 앞의 글(1990), 26쪽.

35) 李炳熙, 〈高麗時期 經濟史 硏究의 動向(1989~1993)〉(《韓國史論》 23, 國史編纂委員會, 1993), 321~322쪽.

36) 홍희유, 앞의 책(1989), 74쪽.

37) 홍희유, 앞의 책(1979), 170~217쪽.
남원우, 〈15세기 유통경제와 농민〉(《역사와 현실》 5, 1991), 72쪽.

나자 일반 수요품까지 조달하게 되었다. 특히 직포·제와·제염·양조업 등이 발달하였다.[38] 충렬왕 때 한 여승이 제국대장공주에게 白苧布를 바쳤는데, 가늘기가 매미날개 같고 꽃무늬를 넣어 짠 것으로, 공주가 상인에게 보였지만 모두 전에 보지 못한 것이라 하였다. 이처럼 사원에서는 花文苧布와 같은 뛰어난 직물을 직조하였으며 기술도 이전보다 크게 향상되었다.[39] 사원에서 짠 직물은 주로 승려의 의복, 왕실·귀족 헌납품, 조공품 등으로 이용되었다.

기와류는 사찰 건축용 기와에 사용되었으며, 특히 유리와 제조술이 뛰어났다. 제와기술이 발달하여 민간제품보다 우수한 것이 생산되었다. 제와업은 조선시대로 연결되었는데, 조선 초기 製瓦場인 別瓦窯는 승려에 의해 운영되었다.[40] 제와기술의 뛰어남은 승려 六然의 사례에서 잘 볼 수 있다. 충렬왕 3년(1277)에 왕은 승려 육연을 강화에 보내어 유리와를 굽게 하였다. 그는 廣州와 義安(경상도 창원)에서 흙을 가져다,[41] 黃丹을 많이 사용하여 구웠는데 南商(南道商人)이[42] 판매하는 것보다 품질과 색상이 뛰어났다고 하였다.[43] 품질과 색상이 뛰어난 것은 질좋은 광주와 의안의 흙을 사용한 때문인 면도 있지만, 그보다는 특히 황단을 사용했기 때문인 것 같다. 황단은 鉛丹(Minium, Pb_3O_4)으로 용융점이 낮아, 유리의 주성분인 산화규소(SiO_2)와 결합하여 용융

38) 姜萬吉, 앞의 글, 193~194쪽.
李載昌, 《高麗寺院經濟의 硏究》(亞細亞文化社, 1976), 55~63쪽.
朴龍雲, 《高麗時代史(上)》(一志社, 1985), 240쪽.

39) 《高麗史》 권 89, 列傳 2, 后妃 2, 齊國大長公主.
劉敎聖, 앞의 글, 1039~1040쪽.

40) 劉敎聖, 위의 글, 1038~1039쪽.
姜萬吉, 〈別瓦窯考-朝鮮時代의 製瓦業發展-〉(《史學志》 1, 檀國大, 1967).

41) 홍희유, 앞의 책(1979), 127쪽에서는 광주와 의안의 두 지역으로 구분하였다. 그러나 徐明禧, 앞의 글(1993), 431쪽과 李相瑄, 〈高麗 寺院의 商行爲 考〉(《誠信史學》 9, 1991), 25쪽에서는 廣州의 義安土로 보고 있다.

42) 劉敎聖, 앞의 글, 1040쪽에서는 南道商人으로, 金東哲, 〈고려말의 流通構造와 상인〉(《釜大史學》 9, 1985), 217·220쪽에서는 남도상인·전라도상인으로 파악하였다. 그러나 리용태, 앞의 책, 118쪽과 陳高華, 《元史硏究論稿》(中華書局, 1991), 107쪽에서는 중국의 남쪽상인으로, 손영종·조희승, 《조선수공업사(1)》(공업출판사, 1990), 345쪽에서는 송나라 상인으로 파악하였다.

43) 《高麗史》 권 28, 世家 28, 충렬왕 3년 5월 임진.

점을 낮추면서 녹으므로 표면을 매끄럽게 하고 기공을 작게 하여 물의 침투를 막는 효과가 있었다.[44]

사원에서 만든 수공업품은 품질이 우수하여 상업발달에 중요한 역할을 하였다. 그러나 사원은 종교적 지위나 권력을 배경으로 抑賣抑買 등 강제교역의 주도적 역할을 하고 있었다. 그러므로 충선왕 원년(1309)에 소금전매제를 실시할 때, 사원의 염분도 중요한 개혁대상이 되었다. 충선왕 4년에 僧人推考都監을 세워 승려의 상행위를 금지시켰고 충숙왕 3년(1316)에도 관직이 있는 자와 승려의 상행위를 금지시켰으나, 사원의 상업활동을 막지 못하였다. 이후에도 승려의 상행위가 계속 국가의 논의 대상이 되었지만 이러한 조처에도 불구하고 사원의 상업·수공업·고리대 등은 여전히 성행하였다.[45]

(4) 민간수공업

민간수공업은 관청수공업에 비해 질이 떨어지고 생산체계의 전문성도 결여되어 있었다. 그러나 조공품·생필품의 생산을 중심으로 한 민간수공업은 광범위하게 존재하였다.[46] 후기에 들어 관청·소 수공업의 붕괴로 많은 장인들이 독립수공업자로 전환하여, 민간수공업을 발전시키는 중요한 계기가 되었다. 민간수공업의 발전은 농업생산력 발달로 인한 잉여의 형성과 그것을 기반으로 성장한 부호나 재지세력 등 새로운 사치품 소비층의 출현에 힘입은 바 컸다. 민간수공업 발전은 또한 13세기 말의 貢物代納制 출현 등에 힘입어 더욱 발전하였고, 도시와 지방의 유통경제의 발달을 촉진시켜 민간상업이 발전하는 계기도 마련하였다.[47]

지방 민간수공업자 중에는 전업적인 수공업자가 상당히 있었다. 유동장·금장·나장·능장·금박장 등이 대표적이다.[48] 이들은 지방관청의 수공업품

---

44) 金東哲, 앞의 글, 217~218쪽.
45) 姜萬吉, 앞의 글(1975), 202~203쪽.
　　안병우, 앞의 글, 136~138쪽.
46) 金炫榮, 앞의 글, 108~109쪽.
47) 魏恩淑, 〈고려후기 직물수공업의 구조변동과 그 성격〉(《韓國文化硏究》 6, 釜山大, 1993), 204~207쪽.
48) 徐明禧, 앞의 글(1993), 435~436쪽.

생산에 동원되었으며 평소에는 민간에 필요한 물품을 생산하였다. 충렬왕 22년(1296)에 중찬 洪子藩은 당시 鍮銅匠이 지방에 많이 살고 있는데, 주현의 관리가 유동을 거두어 그릇을 만듦으로 민간의 그릇이 날로 줄어들고 있다면서, 그 대책으로 유동장에게 기한을 정하여 개경으로 돌아오게 할 것을 건의하였다.[49] 이처럼 개경의 관청수공업에 부역해야 할 공장이 지방 주현에 많이 나가 있었다. 지방의 전업적 수공업자는 유기장 외에 농기구를 만드는 冶匠을 비롯하여 도기장 등이 있었다. 개경 유동장의 활동영역이 13세기말에 지방으로 확대되는 양상은 지방 유기수요가 증대함에 따라 지방수요에 대한 생산만으로도 생계를 유지할 수 있었기 때문이었다.[50]

후기에 들어 지방의 민간수공업품 수요가 늘어나는 양상은 그릇의 수요에서 잘 볼 수 있다. 공양왕 3년(1391) 房士良은 구리나 철로 만든 그릇의 사용을 금하고 대신 자기나 목기로 만든 그릇을 사용할 것을 주장하였다.[51] 이러한 건의가 나오게 된 것은 일반민들까지 철기·유기 그릇을 사용할 정도가 되었으며 자기 생산능력 또한 민간수요에 부응할 수 있었기 때문이다.[52] 전라도 康津縣 大口 자기소와 같은 어용·관용 도자기를 생산하던 도요지에서도 교환을 전제로 한 민수용 '장내기'형 사발·대접·접시 등을 다량 생산할 정도로 고려 후기 도자기 요지의 80% 이상이 판매를 전제로 한 뚝배기형 도자기를 생산하고 있었다.[53]

지방의 도자기 생산은 11세기 후반 이후 확대되고 있었다. 이러한 양상은 1983~1984년에 완도해저에서 발굴·인양된 도자기에서 잘 볼 수 있다. 30,701점의 출토 도자기 중 대접류가 2만여 점, 접시류가 1만여 점으로 대부분이 식생활용품이었음이 주목된다. 이들 도자기는 전라·경상·제주도 등 남해안 일대의 지방의 관청·사원·토호의 생활용 그릇으로 공급되었다고 보여진다.[54]

---

49) 《高麗史》 권 84, 志 38, 刑法 1, 職制 충렬왕 22년 5월.
50) 姜萬吉, 앞의 글(1975), 190쪽.
金東哲, 앞의 글, 213쪽.
徐聖鎬, 앞의 글(1992b), 105쪽.
51) 《高麗史》 권 85, 志 39, 刑法 2, 禁令 공양왕 3년 3월.
52) 權丙卓, 《傳統陶磁의 生産과 需要》(嶺南大 民族文化硏究所, 1979), 114쪽.
金東哲, 앞의 글, 213~214쪽.
53) 權丙卓, 위의 책.

이처럼 후기에는 도자기·유리와·유기제품 등에 대한 민간수요가 증가하여 갔다. 민간수요품 유통은 州縣市 중심의 국지적 유통 외에 당시의 상업발전 속에서 船商 등에 의해 보다 확대된 범위에서 이루어져 갔다.[55]

민간수공업 내에 전업적 수공업이 일부 발달하고 있었지만, 중심은 역시 농촌 가내수공업이었다. 가내수공업은 자가수요와 공물 납부용 생산이 주류를 이루었다. 가내수공업으로는 베·모시·비단을 짜는 직조업과 대자리·종이 수공업 등이 발달하였다. 직조물은 상품으로 널리 유통되었으며 베는 현물화폐로서 중요한 의의를 지니고 있었다. 직조업과 시장과의 관련성의 강화는 직조업 발전을 자극하는 요인이 되었다.[56]

견직물은 絹·紬·綃·縑·綺·綾·羅·織金·錦 등 다양한 형태가 있었다. 그 가운데서도 羅가 가장 널리 사용되었다. 견직물은 왕복과 백관복 등의 의류가 가장 큰 비중을 차지하였다. 통교국에 대한 증여물, 신하에 대한 하사품, 관리 녹봉, 군수품 등 재정적 용도에도 충당되었다.[57] 견직물 생산의 발전에 하나의 획기를 이룬 것은 12세기 무렵이었다. 인종연간에는 林景和로 하여금 중국 五代 사람 孫光憲의 《孫氏蠶經》을 이두로 번역하여 양잠진흥의 계기가 되도록 하였다. 중국 잠서의 도입에 의한 양잠기술의 발달은 견직물 생산의 발전을 촉진시켰다.[58]

고려 후기 직물업은 원간섭기라는 시대적 상황과 결부되어 매우 왜곡·변질되었다. 왕실이나 권세가들은 원과의 견직물 교역에 주력하였다. 그러나 抑賣抑買 등 강제교역을 통한 수탈로는 공급에 한계가 있었다. 따라서 권세가와 상인들은 관청·소 수공업에서 이탈한 장인들을 적극 포섭하여 견직물

---

54) 文化財管理局, 《莞島海底遺物》(1985).
尹龍二, 《韓國陶瓷史硏究》(문예출판사, 1993).

55) 徐聖鎬, 앞의 글(1992b), 108쪽.

56) 姜萬吉, 앞의 글(1975), 192~193쪽.
徐明禧, 앞의 글(1993), 436~437쪽.

57) 趙孝淑, 《韓國 絹織物 硏究-高麗時代를 中心으로-》(世宗大 博士學位論文, 1993), 127~128쪽·162쪽.
魏恩淑, 앞의 글, 192쪽.
北村秀人, 앞의 글(1985), 42~43쪽.

58) 北村秀人, 위의 글, 46~48쪽.
魏恩淑, 앞의 글, 198~200쪽.

등을 생산하고, 이를 이용한 대외무역을 통해 부를 축적하였다. 권문세족의 경제적 기반은 농장과 함께 전기적 상업자본이 중요한 비중을 차지하였다. 권세가 및 이들과 결탁한 상인층을 중심으로 한 견직업의 발전은 마직업 발전을 상당 부분 침식한 위에서 비정상적으로 발전한 것이었다.

원의 수탈품 중 특히 주목되는 것은 모시이다. 고려의 모시로는 가늘기가 매미날개 같고 花紋이 섞인 최고급 花文苧布가 유명하였다. 모시 수탈이 심한 것은 元 국내의 모시가격이 높았고, 고려모시 품질이 상대적으로 좋았기 때문이었다. 원의 모시 수탈로 원간섭기에는 일종의 모시 特需가 일어났다. 권세가들은 이에 편승하여 많은 이득을 보았다. 화문저포와 같은 질 좋은 모시의 생산은 주로 사원을 중심으로 이루어졌으며, 권세가들은 사원과 결탁하여 직물수공업을 통해서도 많은 이득을 얻었다. 하지만 이러한 모시 특수현상은 麻의 경작비율을 축소시켜 무전농민을 속출시키는 중요한 요인이 되었다.[59]

피폐한 농가경제 회복에 큰 활력소가 된 것은 목면의 전래였다. 목면 보급은 경상도 지역을 중심으로 확대되었다. 보급 주도세력이나 이들과 혈연적·지연적인 관계를 가진 일족들의 본관지나 원거주지를 중심으로 보급·재배되면서 점점 다른 지역으로 확대되어 갔다.[60] 목면은 보온성이 높아 농민생활의 안정을 가져오고 연작이 가능하며, 다른 직물보다 노동시간이 단축되는 등 효용성과 경제성이 뛰어났다. 여말선초에 농촌 직물생산에서 '麻綿交替'가 일어나면서, 소농민의 자립을 제고시키는 데 중요한 역할을 하였다.[61] 목면재배의 성행은 의생활 변화를 가져온 것만은 아니었다. 면포가 교환과 부세납부에서 마포를 밀어내고 正布·常布로서 자리잡게 되어 농가소득 증대에 크게 이바지하였다.[62]

직조수공업의 발달은 직조·염색 기술의 발달에 의해 상호 규정되고 있었다. 원대에 유행하던 元曲 〈漁樵記〉에서 고려의 뛰어난 염직물이 소재로 읊

59) 魏恩淑, 위의 글, 217~233쪽.
60) 崔永好, 〈高麗末 慶尙道地方의 木綿 보급과 그 주도세력〉(《考古歷史學志》 5·6, 東亞大 博物館, 1990).
61) 魏恩淑, 앞의 글, 237~242쪽.
62) 남원우, 앞의 글, 71~72쪽.

어질 정도로, 고려의 염직 기술은 정평이 있었다. 崔滋는 〈三都賦〉에서 당시 사람들이 '불면 날 듯하고 안개같이 얇고 고운' 직물을 입었다고 읊었다. 이것은 고려 염직의 우수성을 보여주는 좋은 예라고 할 수 있다. 치자나무·산뽕나무·地黃·紅花·朱紅·蘇木·紫草 등 식물성 염료를 이용하여 다양한 색상을 염색하였다. 충렬왕 때 직조된 花文苧布는 당시 직조·염색 기술의 발달수준을 보여주는 단적인 예라고 하겠다. 모시는 화문저포·織文苧布·細苧布·文苧布·紋苧布 등 다양하고도 우수한 품질이 생산되었다. 현존하는 염직 실물자료는 대부분 佛腹藏遺物들이다. 이 유물 가운데 織金으로 만든 유물이 남아 있는 것이 주목된다. 직금은 직물 조직 사이에 금실을 끼우면서 짜는 방법으로, 당시 공예의 각 방면에서 널리 쓰이던 嵌入法의 일종이다. 직조업의 직금, 도자기의 상감, 금속공예의 銀入絲, 목공예의 나전기법과 같이 고려의 가장 특징적인 시문기법인 감입법이 거의 같은 시기에 유행하는 시대적 특징을 보이고 있는 점이 주목된다.[63]

고려 후기에 민간수공업이 발달함에 따라 전업적 수공업자들이 늘어나고 명산지가 형성되었다. 직조업은 청주의 雪綿, 안동의 명주실, 京山의 黃麻布, 海陽의 黃紵布, 평양과 경주의 견직업 등이 유명하였다. 제지업은 전주의 名表紙가 유명하였으며, 안동은 돗자리수공업, 양산은 참대가공업으로 유명하였다. 민간수공업은 직조·돗자리·제지·참대가공 등 다양한 분야에서 지역적으로 발달하고 있었으며, 이러한 지역적 분업의 성립은 지방상업을 발전시키는 촉매역할을 하였다.[64] 그러나 아직은 억매 등 강제교역에 의해 발전이 저지되고 있는 한계를 지니고 있어 비록 민간수공업이 발전했다 하더라도 조선시대처럼 場市 발달을 동반한 발전단계는 아니었다.[65]

〈金東哲〉

63) 張慶姬, 〈14世紀의 高麗 染織 硏究〉(《美術史學硏究》 190·191, 1991).
趙孝淑, 〈高麗時代 織造手工業과 織物生産의 實態〉(《國史館論叢》 55, 1994).
64) 홍희유, 앞의 책(1979), 146~147쪽.
———, 앞의 책(1989), 75쪽.
안병우, 앞의 글, 129쪽.
65) 蔡尙植·金琪燮, 앞의 글, 251~252쪽.

2) 염 업

(1) 고려 전기 소금의 생산과 유통

가. 소금의 생산체제

고려 전기에 소금의 생산은 일찍부터 농업에서 분리되어 소금생산에 종사하는 전업적 생산자에 의해 주로 행해졌다. 물론 이 밖에 연해지역에서는 농업생산에 기반을 두면서 소금생산을 겸행하는 半農半鹽 형태의 생산자도 상당수 있었을 것이다. 전업적 소금생산자는 일반 民戶와 구별되어 鹽戶로 파악되었으며 이들 염호 가운데 일부는 鹽所에 편제되어 소금을 생산하였다.

즉 일반적으로 이해되고 있는 바와 같이 고려시대 수공업은 관청수공업·민간수공업·소 수공업의 체제로 이루어지고 있었다. 그 가운데 소 수공업에서는 아무 곳에서나 생산이 불가능한, 즉 현지성이 요구되는 물품의 생산을 담당하였다.[1] 따라서 현지성이 요구되는 물품의 하나인 소금 역시 국가의 수요에 충당하기 위해 소 수공업의 형태로도 생산되었다. 국가에서 요구하는 우수한 품질의 소금생산에 적합한 자연조건을 갖춘 연해지역에 염소가 설치되어 소금의 생산이 이루어졌던 것이다.[2]

그런데 이처럼 고려 전기 소금의 생산체제를 염소제로 이해한다면 당시 모든 소금 생산자와 생산시설이 염소로 편제되었다고 보아야 할 것이다. 그

---

1) 《新增東國輿地勝覽》 권 7, 京畿 驪州牧 古跡 登神莊.
신라가 州郡을 세울 때 田丁과 戶口가 縣이 될 수 없는 곳에는 鄕을 두기도 하고 部曲을 두기도 하여 소재읍에 소속하게 하였다. 고려 시대에도 所라는 것이 있었는데, 金所·銀所·銅所·鐵所·絲所·紬所·紙所·瓦所·炭所·鹽所·墨所·藿所·瓷器所·魚梁所·薑所의 구별이 있었으며 각기 그 물품을 바쳤다.

2) 지금까지 고려시기 所제도에 관한 연구의 대부분은 고려 전기 전반적인 수공업 생산체제를 소체제로 이해하고 있다. 이러한 연구경향과 관련하여 고려 전기 소금의 생산체제 역시 鹽所制로 파악되고 있다. 즉 고려 전기에 소금의 생산은 염소라 불리는 특정행정구획의 주민인 염호에 의해 신분적·세습적·집단적인 역으로 행해졌다고 이해하거나(北村秀人, 〈高麗時代の「所」制度について〉, 《朝鮮學報》 50, 1969), 염소를 국가 중앙부에 직결된 특수행정구획으로 보는 것에는 동의하지 않지만 염소가 고려 전기 염생산의 대부분을 차지하였던 것으로 보기도 하였다(姜順吉, 〈忠宣王의 鹽法改革과 鹽戶〉, 《韓國史硏究》 48, 1985).

러나 과연 고려 전기 모든 수공업 생산지역이 모두 소체제 속에 편입되었겠는가는 의문이다. 왜냐하면 염소의 경우를 볼 때 고려시기 염소의 수와 선초에 파악된 염산지 수 사이에는 너무나 큰 차이가 있기 때문이다.

이미 소제도가 소멸된 후인 조선 초기의 자료이기는 하지만 염소의 수가 《世宗實錄地理志》에 145개, 《東國輿地勝覽》에 245개가 나타나 있다. 보다 많은 수의 소가 파악된 《동국여지승람》을 기준으로 할 때 고려시기에는 적어도 250여 개 이상의 소가 있었음을 추측할 수 있다. 전체 소의 종류가 15개 정도로 알려지고 있으므로[3] 이 가운데 염소가 차지하는 비율을 1/15 내지 1/10 정도로 추정할 때 염소의 수는 20 내지 30여 개가 되는 셈이다.

그런데 《세종실록지리지》에 나타나는 조선 초기의 소금 산지의 수는 경기 45, 충청 45, 경상 39, 전라 60, 평안 30, 함길 15로 모두 234곳이다. 물론 고려에서 조선에 이르는 기간 동안 증가된 염산지의 수를 고려해야 하겠지만 고려시기 염소의 수와 선초에 파악된 염산지의 수 사이에는 너무나 큰 차이가 있다.

또한 소 수공업 생산의 성격과 관련하여 고려 전기 전체 수공업에서 차지하는 소 수공업의 위치를 고려할 필요가 있다. 지금까지의 연구에 의하면 소는 광범한 계층을 대상으로 물품을 생산한 것이 아니라 극히 한정된 계층, 즉 왕실이나 국가기관의 수요품을 생산하여 이를 모두 국가에 공납했던 것으로 이해되고 있다.[4]

그 근거로 전라도 康津縣 소재의 瓷器所인 大口所·七良所 등의 窯址에서 발견된 도자기 파편 가운데 일상 생활품은 거의 없다는 점을 들고 있다. 즉 당시 자기소에서는 일반민을 위한 도자기는 생산하지 않았다는 것이다. 그러나 이에 대해 당시 자기소에서 생산된 자기의 종류, 제작 수법, 자기의 빛깔 등의 측면에서 살펴볼 때 생산물 중 대부분은 교환을 전제로 한 민수용 청자였음을 주장하는 연구도 있다.[5]

---

3) 《新增東國輿地勝覽》 권 7, 京畿 驪州牧 古跡 登神莊.

4) 北村秀人, 앞의 글.
朴宗基, 《高麗時代 部曲制硏究》(서울大 出版部, 1990).

5) 權丙卓, 〈高麗後期 陶磁器所의 經營形態〉(《大丘史學》 15·16, 1978).

또한 당시 전국에 산재해 있던 자기소들 가운데서 강진 소재의 대구소·칠량소 등에서는 왕실이나 국가기관의 수요품을 생산하였지만 나머지 자기소에서는 일반 민수품을 생산하였을 가능성도 있다. 따라서 소 생산물의 일부는 공납의 형태로 국가에 납부하고, 나머지는 사회적 수요의 충족을 위해 공급하였다는 견해도 있다.[6]

그러나 일반적으로 소는 수공업 생산의 기술수준이 낮고 원료의 생산지가 편재되어 국가에서 필요로 하는 물품을 안정적으로 확보하는 것이 어려웠던 때에 나타난 것으로 이해해야 할 것이다. 즉 국가는 우수한 품질의 국가수요품을 안정적으로 확보할 필요성에서 종래부터의 수공업품이나 특산물의 생산지역을 소라는 특수생산집단으로 편제하여 이들을 파악·지배하였던 것이다.

따라서 소는 기본적으로는 국가수요에 충당하기 위한 양질의 물품이 생산되는 지역이나 생산이 가능한 지역에 설정되었던 것으로 보아야 할 것이다. 이렇게 볼 때 고려시기의 염소도 전체 염산지 가운데서 우수한 품질의 소금이 생산되는 일부 지역에만 설치되었을 것이고, 당시 전체 염생산체제 가운데에서 일부분을 차지하였을 뿐이었다.

한편 염소에 편제되지 않은 대부분의 소금 생산자는 일반 군현에 소속되어 소금생산에 종사하였다. 이들은 같은 군현민이지만 농업을 주로 하는 일반 민호와는 구별되는 鹽戶로 파악되어 국가에 매년 일정액의 염세를 납부하는 부담을 지는 한편 일반 민간의 수요를 위한 소금을 생산하였을 것으로 생각된다.

소의 소속과 관련하여 종래 연구에서는 소가 국가 중앙부, 즉 왕실이나 중앙관청에 직속된 특수행정구역으로 이해되어 왔다.[7] 그러나 최근의 연구에서는 군현이 부담해야 할 특정의 貢物을 생산하는 데 적합한 조건을 갖춘 군현 아래의 일반 촌락으로 이해되고 있다.[8] 즉 소는 일반 행정구역과 독립

6) 權丙卓, 위의 글.
姜順吉, 앞의 글.
손영종, 《조선수공업사》(1) (과학백과사전출판사, 1990).

7) 北村秀人, 앞의 글.
홍희유, 《조선중세수공업사연구》(과학백과사전출판사, 1979 ; 지양사, 1989).

된 별개의 행정구역이라기보다는 군현을 구성하는 여러 촌락들 가운데서 특정의 국가 수요품 생산에 적합한 자연적·사회적 제조건을 갖춘 지역이었던 것이다.[9] 이처럼 특수물품 생산지인 소는 고려 초기 군현제 정비과정에서 일반 촌락과 함께 군현의 하부단위로 편성되었다.

따라서 鹽所 역시 군현 내의 촌락 가운데서 국가에 부담해야 할 貢物인 소금을 생산하는 데 알맞은 조건을 갖춘 연해지역으로 군현제 정비과정에서 성립된 것으로 볼 수 있을 것이다. 그러나 염소 가운데는 촌락을 이루지 못하는 작은 규모, 즉 단순히 수공업제품이나 특산물을 생산하는 곳이나 장소의 의미를 지닌 것도 많았을 것으로 보인다.[10]

염호의 소금생산 방식은 鹽盆 등 비교적 간단한 생산설비와 가족노동에 의거한 소규모 생산이었던 것으로 생각된다. 즉 고려 전기에서 후기에 이르는 동안 소금생산 방식에서 커다란 변화는 일어나지 않았던 것으로 보이므로 고려 후기 榷鹽制 실시 당시의 염생산 방식과 비슷하였을 것이다.[11]

고려 전기에 국가는 염업에 대해 생산자로부터 일정액의 鹽稅를 징수하는 징세제를 실시하였다. 따라서 염호는 국가에 매년 일정액의 소금을 염세로 납부하고 남은 소금은 자유로이 처분하여 생계를 유지하였다. 염소에 편제된 염소민 역시 일반 염호와 마찬가지로 일정액의 소금을 공물로 납부하고 나

---

8) 朴宗基, 앞의 책.
姜順吉, 앞의 글.

9) 朴宗基, 위의 책.

10) 고려 전기의 所는 아직 지방 행정단위로까지는 파악되지 못하고 단순히 특정 물품이나 수공업품을 생산하는 곳의 의미에 불과하였으나 고려 후기로 가면서 비로소 향·부곡과 동격의 위치, 즉 향·부곡과 함께 임내 또는 특정행정단위로서의 지위를 확보하게 되었다고 본 견해도 있다(金炫榮, 〈고려시기의 所에 대한 재검토〉, 《韓國史論》 15, 서울大, 1986).

11) 그러나 고려 전기 鹽所에서의 소금생산은 염소의 주민인 鹽所民(鹽戶)에 의해 신분적·세습적·집단적 役으로 행해졌다고 보는 견해(北村秀人, 앞의 글)와 개별적 세대들로 구성된 자연호가 아니라 수공업 생산에 직접 참가할 수 있는 장정 노동력으로 구성된 법적인 수세단위인 편호들에 의해 분업과 협업체제로 생산이 이루어졌을 것으로 보는 견해도 있다(홍희유, 앞의 책). 후자의 경우 자연호에 기초한 개별적인 세대단위의 호로서는 생산이 어려웠던 조건에서 일정한 장정 노동력으로서 협업노동에 기초하여 생산을 하지 않으면 안되었기 때문에 일부 특수한 부분을 제외하고는 대체로 편호제에 의해 노동력이 편성되고 그에 기초하여 공물 수탈이 진행되었던 것으로 본다.

머지 소금은 자유로이 처분하였을 것으로 생각된다.

그러나 일반 염산지에 비해 우수한 품질의 소금이 생산되는 염소의 경우 국가에 의해 보다 많은 통제를 받았고, 수취면에서도 보다 무거운 부담을 졌을 것이다. 특히 우수한 제품이 나오는 일부 염소는 국가에 의해 그 생산과 처분 등 경영활동을 엄격히 통제받았을 가능성도 있다.[12] 이처럼 대부분의 소는 국가로부터 일정한 간섭은 받았지만 경영활동은 자율적으로 진행하여 일정량을 공물로 바치고 나머지는 처분하여 생계비로 충당하는 민간수공업의 성격을 띠고 있었다.

이들 염호는 소금생산을 전업으로 하였으므로 농업생산은 극히 보조적인 생계수단의 역할을 하였을 것으로 생각된다.[13] 소금의 생산은 강수량이 적고 일조시수가 많은 봄과 가을에 집중되었으므로 농업생산과 그 시기가 일치하였다. 뿐만 아니라 煮鹽활동 자체는 물론 자염에 필요한 연료의 조달 등에 막대한 시간과 노동력이 소요되어 소금생산과 농업활동을 겸한다는 것은 사실상 불가능한 일이었다. 따라서 농업생산은 일부 염호에 의해 극히 부분적으로 행해졌을 것으로 생각된다.

전기의 염생산체제는 12세기 이후 사회변동에 따라 변화되어 갔다. 사원이나 권세가들에 의해 鹽盆의 奪占이나 私置가 심화되었고, 일반적인 소체제의 붕괴와 함께 鹽所도 해체되어 갔다. 특히 소체제의 해체는 수공업 생산력의 전반적인 발전에 따라 소제도 유지의 필요성이 소멸되는 것과 밀접한 관련이 있었다.[14] 이전에는 소라는 극히 제한된 지역을 중심으로 생산되던 양질의 국가 수요품이 이제는 생산 기술의 발전과 생산지의 확대로 소 이외의

12) 중앙집권력이 강하였을 때는 소에 대한 국가의 통제가 강화된 반면 직영하는 대상은 상대적으로 적었을 것이고, 중앙집권력이 약화되었을 때는 통제는 약화된 대신에 왕실·관청의 직영은 상대적으로 많았을 것으로 보는 견해도 있다(손영종, 앞의 책).

13) 그러나 所民의 경우 자신들에게 부과된 특정의 역에 집단적으로 동원되었고, 나머지 기간은 대부분 본래의 생업인 농업생산에 주력하였다고 보는 견해도 있다(朴宗基, 앞의 책).

14) 일반적으로 소체제가 해체되는 요인으로, 소에 대한 과중한 부담으로 인한 소민의 저항과 지방제도의 개편에 따라 일반군현으로 승격하거나 직촌화하는 것 등이 지적되고 있다.

지역에서도 생산이 가능하게 되었기 때문이다.

고려 중기 이후 새로이 등장하는 常徭·雜貢 등의 稅目은 전반적인 수공업 생산기술의 발전에 따라 종래 소에서 부담하던 각종 물품의 생산과 공납이 점차 일반 주현으로 옮겨간 결과 나타나게 된 것으로 볼 수 있을 것이다.

이처럼 12세기 이후 권세가들에 의한 염분의 탈점 등으로 국가의 鹽稅 수입이 감소하고, 전반적인 수공업 생산력의 발전에 따라 소의 존재의의가 상실되면서 鹽所制가 붕괴되는 상황에서 충선왕은 재정확보를 위한 방법으로 종래의 徵稅制와 염소제에 대신해 새로이 榷鹽制를 시행하게 되었던 것이다.

나. 소금의 유통

고려 전기 소금의 유통에 관한 기록이 거의 남아있지 않아 자세한 내용은 알 수 없다. 고려 전기에 국가는 소금생산자인 鹽戶로부터 일정액의 염세를 징수하는 제도, 즉 징세제를 실시하였기 때문에 염호는 염세 이외의 나머지 소금을 팔아 생계비용을 마련하였다.

당시의 염호가 농업생산으로부터 완전히 분리된 전업적인 소금생산자라고 할 수는 없지만 그들의 주된 생계는 농업생산에서보다는 소금생산에 의존하였으리라 생각된다. 따라서 염호가 생산한 소금 가운데 염세를 제외한 나머지 부분은 상품으로 전화되어 일반 소비자에게 판매되었을 것이다.

소금의 전매제가 실시되기 이전 시기에 소금의 판매를 업으로 하는 상인의 존재가 나타나는 것으로 보아[15] 소금의 생산지나 집산지에서 소금을 수집하여 소비자들에게 공급하는 鹽商이나 행상이 광범하게 존재하여 소금의 자유로운 유통이 행해지고 있었음을 알 수 있다.

또한 후대의 자료이긴 하지만 〈惠商公局序〉를 통해서도 고려말에 이미 많은 負商들이 전국적으로 활동하고 있었던 흔적을 볼 수 있다.[16] 즉 공양왕 때 국가는 부상들로 하여금 황해도 寧丁浦의 소금을 운반하게 하였고, 또 당시에는 부상들이 전국적으로 활동하고 있었다. 공양왕 때에는 소금 전매제가

15) 《高麗史》 권 128, 列傳 41, 叛逆 2, 李義旼.

16) 〈惠商公局序〉 苧産八區商務社左社 所藏.

시행중이었으므로 사적인 소금의 생산이나 판매가 금지되고 있었다. 따라서 이 때 부상으로 하여금 운반하게 한 소금은 전매제하에서 염호가 납부한 貢鹽이었을 것으로 생각된다.

전매제하에서 공염은 연해 각 군현의 鹽倉에 수집되어 소금이 생산되지 않는 내륙 군현이나 京師로 운반되어 국가에 의해 판매되고 있었는데, 부상이 공염의 운반을 담당하였다는 것은 이들이 이미 전매제 시행 이전부터 소금의 유통과정에 일정하게 관여하고 있었음을 보여주는 증거라 생각된다. 이러한 사실들을 통해 고려 전기에는 지방의 시장을 중심으로 자신의 생산물을 직접 판매하는 생산자와 시장을 순회하며 상권을 연결하는 부상 등에 의해 일용생필품과 함께 소금도 활발히 거래되고 있었음을 알 수 있다.

한편 鹽稅로 국가에 수납된 소금의 일부도 일반인에 판매되어 국가재정 수입에 충당되었던 것 같다. 국가에 수납된 염세는 우선 왕실이나 국가기관의 수요에 충당되었고, 구황과 진휼을 위해 각 군현의 창고에 저장되었다.[17]

국가수요를 충당하고 남은 소금은 일반민에게 판매되었다. 이 때 소금의 유통이 어떠한 과정을 통해 이루어졌는지 자세한 내용을 알 수 없으나 都鹽院이란 국가기관이 존재했던 것으로 보아[18] 이 기관이 염세의 수납과 처분을 관장하였던 것이 아니었나 생각된다. 도염원이 언제 설치되고 그 기능이 무엇이었는가에 대한 기록은 남아 있지 않으나 문종 때에 錄事·記事 등의 관속이 정해졌으며, 그 후 충선왕 때 三司·軍器寺 등과 함께 民部에 병합되고 있음을 볼 수 있다.

고려의 관제는 대개 당·송의 것을 기본으로 하여 정비된 것이기 때문에 도염원에 관한 구체적인 내용을 알기 위해서는 먼저 송의 도염원에 관해서 살펴볼 필요가 있다. 송의 도염원은 국가재정을 담당하는 三司의 부속기관의 하나로 설치되었다. 송의 삼사는 鹽鐵部·度支部·戶部의 3部로 구성되어 각 부는 각기 다른 직무를 분담하였는데 이 가운데서 염철부는 소금이나 차의 전매를 비롯한 商稅·鑄錢·군기 제조·하천 수리·제사 시설 등을 관장하

17) 《高麗史》 권 80, 志 34, 食貨 3, 賑恤 水旱疫癘賑貸之制 靖宗 5년 4월.
18) 《高麗史》 권 77, 志 31, 百官 2, 諸司都監各色.

였다. 송의 도염원은 염철부와 관련된 삼사의 부속기관으로서 解州의 池鹽을 받아들여 경사나 東京 諸州에 판매하는 직무를 담당하였다. 요컨대 송의 도염원은 삼사의 부속기관으로 경사에 설치되어 지방에서 생산된 소금을 받아들이고 이것을 판매하는 소금의 전매를 담당한 기구였다.

이러한 기능을 가진 송의 도염원과 고려의 도염원을 비교해 볼 때 비록 그 명칭은 같았다 할지라도 그 소속이나 기능에는 많은 차이가 있었다. 먼저 송의 도염원은 삼사의 부속기관의 하나였는데 비해 고려의 도염원은 삼사의 부속기관이 아닌 독립기관이었다. 즉 고려의 삼사는 송의 삼사와 같이 3부로 구성되지 않았고, 또 부속기관도 전혀 갖고 있지 않았다. 이는 고려의 제도가 송의 관제를 모방하였지만 고려에서는 3성 6부, 제사의 정부기구가 정상적으로 운영되어 일반 재무행정을 호부에서 관장하고 있었으므로 삼사는 그 기능이 약화되고 기구의 편성도 단순하게 되었기 때문이다.

또한 송의 도염원은 소금의 전매를 담당한 기관이었는데 비해 고려의 도염원은 소금의 전매와는 관계가 없는 기관이었다. 즉 충선왕 이전에는 소금의 전매제가 시행된 흔적을 찾아볼 수 없기 때문에 고려의 도염원이 소금의 전매에 관한 직무를 수행하였다고는 볼 수 없다. 이처럼 고려의 도염원이 송의 도염원과 같이 소금의 전매에 관한 직무를 담당하지는 않았지만 그것과 비슷한 기능을 수행하였을 것으로 생각된다.

즉 충선왕 원년(1309) 3월에 소금의 전매제가 실시될 때 전국의 鹽盆을 民部에 귀속시킴과 동시에 도염원도 민부에 병합하게 하였던 사실로 미루어 볼 때 고려 전기의 도염원이 전국의 염분과 그로부터 거두어들인 염세를 관장한 기관이 아니었나 한다. 전매제 실시 이전에 소금에 관한 직무를 담당한 기관으로 도염원 이외에 다른 기관의 존재를 찾을 수 없고, 또 전매제가 시행되는 충선왕 때까지 독립관청으로 존속했던 것으로 보아 도염원이 전국의 염분과 그로부터 거두어들인 염세를 관장한 기관이었을 것으로 생각된다.

도염원 이외에 소금과 관련되는 기관으로 개경과 서경에 鹽店의 존재가 보이는데[19] 이들 역시 염세를 관장했던 기관으로 보인다. 고려시기 염점의 기능에 관한 자료가 없어 자세한 내용을 알 수 없으나 조선초 서북면도순문사가 평양부의 土官제도에 대해 보고한 내용을 통해 염점이 貢鹽을 관장하는 기관이었음을 알 수 있다.[20] 조선 초기 평양부에 설치되었던 염점은 이미 고려시기부터 존재했던 것으로 고려시대에도 같은 기능을 수행하였을 것으로 생각된다. 즉 염점은 개경에 있는 도염원의 관할 아래 서북면지역에서 거둬들인 염세를 국가기관의 수요에 따라 공급함과 동시에 나머지는 일반민에게 판매하여 국가 재원에 충당하였을 것이다. 당시에는 수도인 개경을 비롯하여 서경·남경·동경 등 큰 도시는 행정중심지로서 각 지방으로부터 수납되는 조세·공물 등이 집중되어 활발한 교역이 이루어지고 있었는데, 鹽稅의 경우도 염점이 설치되어 그러한 기능을 수행하였던 것으로 보인다.

지금까지 살펴본 것처럼 전매제가 실시되기 이전인 고려 전기에는 염호가 매년 일정액의 염세를 국가에 바치고 남은 소금을 직접 소비자에게 판매하거나 염상에 판매하는 형태로 소금의 유통이 이루어졌고, 한편 개경이나 서경과 같이 염세(貢鹽)가 집중되는 대도시에서는 공염을 관장하는 국가기관인 염점 등에 의해 일반 소비자들에 판매되었다.

(2) 고려 후기 소금 전매제의 실시

가. 전매제의 성립

12세기 이후 鹽所制가 붕괴되고 궁원이나 사원을 비롯한 권세가들에 의해 鹽盆이 탈점되어 국가의 鹽稅 수입이 크게 감소하였다. 이러한 상황에서 충선왕은 소금에 대해 종래의 徵稅制에 대신하여 새로이 專賣制를 시행하였다.[21] 충렬왕 24년(1298)에 처음 즉위한 충선왕은 곧바로 소금의 전매제도를

19) 《高麗史》 권 77, 志 31, 百官 2, 西京 명종 8년 4월.
《高麗史節要》 권 19, 충렬왕 2년 윤3월.

20) 《太宗實錄》 권 11, 태종 6년 6월 계해.

21) 고려 후기 소금 전매제에 대하여는 다음과 같은 연구가 있다.
孫弘烈, 〈高麗時代의 鹽業制度〉(《淸大史林》 3, 1979).
權寧國, 〈14세기 榷鹽制의 成立과 運用〉(《韓國史論》 13, 서울大, 1985).
姜順吉, 앞의 글.
洪鍾佖, 〈高麗後期 鹽業考〉(《白山學報》 30·31, 1985).

실시하려 하였으나 즉위 후 7개월 만에 퇴위함으로써 그 뜻을 이루지 못하였다.[22] 그러나 그 후 10년 만에 복위한 충선왕은 비로소 소금의 전매제를 시행할 수 있었다.

충선왕이 소금 전매제를 시행한 가장 큰 목적은 부족한 국가재정을 확보하기 위한 것이었다. 12세기 이후 권세가들에 의한 토지겸병과 인구집중의 결과 국가의 재정수입이 크게 감소하였고 30여 년에 걸친 대몽전쟁으로 국가재정은 더욱 궁핍해졌다. 뿐만 아니라 대몽전쟁 이후 일본원정에 소요되는 경비는 고려의 재정지출을 증대시키는 큰 요인이 되었으며, 또한 고려왕실의 빈번한 親朝에 따르는 경비와 고려국왕의 원나라에서의 생활에 드는 비용도 엄청난 것이었다. 이에 충선왕은 재정개혁을 단행하는 한편 새로운 재정정책을 수립하여 부족한 재원의 확보를 꾀하였는데[23] 소금의 전매제는 바로 이러한 재원확보책의 하나였다. 특히 당시 원나라에서 실시되고 있던 榷鹽制는 충선왕으로 하여금 고려에서도 각염제를 실시하게 하는 데 결정적인 역할을 하였던 것으로 생각된다.

중국의 경우 해안선이 짧아 소금의 생산지가 극히 제한되었기 때문에 소금의 전매조건이 매우 유리하였다. 따라서 先秦시대부터 소금으로부터의 수익은 국가의 중요한 재원으로 주목되었으며 齊나 秦이 패권을 잡을 수 있었던 재정적 기초도 鹽利에 있었다. 그러나 역사상 처음으로 소금에 대한 전매법을 실시한 것은 漢 武帝 때였다.[24]

이처럼 漢代에 이르러 소금의 전매제가 처음 실시되었지만 이후 중국의 역대 왕조들은 소금의 전매제도를 시행하지 않았다. 唐왕조 역시 소금의 '禁榷不行'을 기본 방침으로 삼았다. 이것은 山澤의 이익을 만민에게 개방한다는 전통적인 聖政 이념과 함부로 제도를 '改更新設'하여 민을 혼란하게 하지

---

22) 《高麗史》 권 79, 志 33, 食貨 2, 鹽法 충렬왕 24년 정월.
23) 朴鍾進, 〈忠宣王代의 財政改革策과 그 性格〉(《韓國史論》 9, 서울大, 1983)
24) 한 무제는 연이은 外征과 토목사업 등으로 궁핍해진 재정상태를 타개하기 위해 소금의 생산과 판매에 관한 모든 권리를 국가가 장악하여 막대한 鹽利를 독점하는 것에 의해 재정을 유지하였다(影山剛, 〈前漢朝の鹽の專賣制〉 1・2, 《史學雜誌》 75-11・75-12, 1966 및 藤井宏, 〈漢代鹽鐵專賣の實態〉, 《史學雜誌》 79-2・79-3, 1970).

않는다는 중국적인 정치사상 때문이었다. 또한 당왕조 초기에는 재정규모가 작고 조직도 간결하여 직접세 이외의 간접세를 필요로 하지 않았다.

그러나 安史의 亂 이후 만성적인 재정궁핍 상태가 계속되어 부족한 재원을 보충하기 위해 第五琦·劉晏 등에 의해 다시 각염제가 실시되기에 이르렀고, 그 결과 소금으로부터의 수입이 급증하여 중앙 세입의 과반수를 차지하는 제1의 중요 재원이 되었다.[25]

五代의 혼란을 수습하여 중앙집권적인 정치통일을 완성한 송왕조는 국가경제의 조정에 뜻을 두고 소금에 대해서도 당·5대의 鹽法을 집대성하여 생산과 유통체제를 크게 정비하였다.[26] 이것은 그 후에도 계승되어 원·명의 염법에 큰 영향을 주었다.

元代에는 빈번한 대외원정과 통일 후의 대규모 賜與, 토목사업 등에 막대한 경비가 지출되어 일찍부터 鹽利가 중시되었다. 원이 남송을 멸망시키기 이전에는 소금의 생산지가 북중국에만 제한되어 생산액이 적었지만 남송의 멸망을 계기로 강남 연해지방이 원의 세력권으로 들어옴에 따라 소금생산은 급격히 증대되었다. 그리하여 원 세조 至元 말년 무렵에는 소금으로부터의 재정수입이 총세입의 2/3에 달하게 되어 각염제의 성패가 국정의 존부를 좌우할 만큼 염세수입이 중요한 재정부문을 차지하기에 이르렀다.[27] 이처럼 염세 수입이 원의 재정상에서 중요한 역할을 담당하던 시기에 원에서 생활했던 충선왕은 鹽利의 중요성에 대해 깊이 인식하였을 것이다.

충선왕의 在元 기간인 원의 世祖~成宗代는 각염제가 정비되어 가던 시기였다.[28] 이 때 원의 수도인 大都에서 생활하던 충선왕은 원의 여러 문물제도

25) 日野開三郎, 〈兩稅法成立以前において唐の榷鹽法〉(《社會經濟史學》 26 - 2, 1960).

26) 河上光一, 〈北宋代淮南鹽の生產構造と收鹽機構〉(《史學雜誌》 73 - 12, 1964).
吉田寅, 〈北宋において河北榷鹽論について〉(《東洋史學論集》 3, 東京敎育大, 1954).
辛 徹, 〈北宋時代東南鹽の官賣法の推移に就いて〉(《東方學》 34, 1967).
———, 〈北宋時代官賣法下末鹽鈔の現錢發行法について〉(《東洋史硏究》 36 - 3, 1977).

27) 田山茂, 〈元代の榷鹽法について〉(《史學硏究》 9 - 2, 1937).

28) 원 세조는 즉위초 혼란한 질서를 회복하고 재정의 기초를 확립하기 위해 주력하였는데, 특히 鹽法의 정비를 시도하여 종래 鹽榷課稅所가 酒·鐵·茶와 함께 소금을 관장하던 것을 轉運鹽使로 하여금 소금만을 따로 분리시켜 담당하게 하

를 직접 접할 수 있었다. 당시 고려는 심한 재정난에 허덕이고 있었기 때문에 충선왕은 재정난를 극복하는 방법으로 원의 각염제를 주목하였을 것이다. 이는 충선왕이 즉위와 동시에 가장 먼저 소금의 전매제를 시행하였던 사실로부터도 짐작할 수 있다.

소금 전매제 시행의 또 하나의 목적은 대몽전쟁 이후 원세력을 배경으로 새로이 등장한 신흥권력층의 세력약화를 위한 것이었다. 무신란 이후 문벌중심의 귀족사회가 붕괴되면서 새로운 지배세력이 등장하였는데, 특히 이들 중에는 여원관계 정립 이후 원세력을 배경으로 정치·경제적 기반을 넓힘으로써 신흥권력층이 된 자들이 많았다. 이들은 원과의 결탁관계를 통해 경제력을 확대하고 정치권력을 강화하면서 왕권에 위협적인 세력으로 등장하였다.[29] 이러한 시기에 왕위에 오른 충선왕은 이들 권문세족을 억압하고 왕권을 강화하기 위해 일련의 정치개혁을 시도하였다.[30]

특히 재정기구의 개편과 신설을 통한 국가와 왕실 재정기구의 강화, 典農司 설치에 의한 賜給田租의 公收 등은 왕권을 강화함과 동시에 권세가들의 세력기반을 약화시키려는 조처로 주목되는 사실이다.[31] 소금 전매제의 시행도 이러한 개혁들과 같이 권세가 세력의 억압이라는 차원에서 나타난 정책의 하나로 이해할 수 있을 것이다. 즉 충선왕은 소금의 전매제를 실시하여 권세가들의 중요한 경제기반의 하나인 鹽盆을 국가가 관리함으로써 재정난을 해결함과 동시에 그들의 세력기반을 약화시키려 하였던 것이다.

그러나 소금 전매제 실시의 가장 직접적인 목적은 부족한 국가재원의 확보에 있었기 때문에 전매제의 시행을 위해서는 소금생산의 발전과 그것을

였다. 그 후 각지의 경략이 진전되고, 특히 남송 멸망 이후 문물제도의 정비에 따라 팽창하는 막대한 경비의 충당을 위해 鹽法은 더욱 정비되어 세종 말년에서 成宗 大德 4년(1300)에 걸쳐 완성된 榷鹽制는 원말까지 거의 그대로 계승되었다(田山茂, 위의 글).

29) 閔賢九, 〈高麗後期의 權門世族〉(《한국사》 8, 국사편찬위원회, 1974).

30) 李起男, 〈忠宣王의 改革과 詞林院의 設置〉(《歷史學報》 52, 1971).
朴鍾進, 앞의 글.
권영국, 〈14세기 전반 개혁정치의 내용과 그 성격〉(《14세기 고려의 정치와 사회》, 민음사, 1994).

31) 朴鍾進, 위의 글.

기반으로 하여 얻어질 수 있는 전매수입이 전제되어야 하였다. 고려 후기 소금 전매제의 시행은 소금이 상품으로 널리 생산되고 그로부터 일정한 전매수익이 보장될 수 있을 정도로 소금생산이 발전하고 있었던 사정이 배경이 되었던 것이다.

고려시대의 소금생산은 후삼국의 혼란기를 거치면서 파괴되었던 생산력이 점차 회복되고 제염기술이 변화하는 등 국초 이래 꾸준한 발전을 보이지만 특히 12세기 이후 큰 발전을 이루는 것으로 생각된다. 즉 12세기 이후에는 소금생산이 크게 발전할 수 있는 여러 가지 사회경제적인 조건들이 마련되고 있었다. 먼저 12세기 이후 점차 증대되어 온 流民은[32] 소금의 생산과정에 필요한 많은 노동력의 공급을 가능하게 하였으며, 특히 궁원이나 사원을 비롯한 권세가들에 의한 염분 경영이 확대될 수 있는 좋은 조건이 되었다. 宮院·寺院 및 권세가들은 국가로부터 鹽盆을 賜與받거나[33] 信徒들로부터 시납을 받기도 하였지만,[34] 고려 중기 이후 점차 진전되는 대토지겸병과 함께 경제력이나 권력을 배경으로 사사로이 염분을 설치하거나 奪占을 통해[35] 염분의 소유를 확대하였다. 이들은 국가로부터 사여받은 염분에 대해서는 염세를 수취하였고, 私置하거나 탈점한 염분은 奴婢 등의 노동력을 동원하여 직접 경영하였을 것이다.

12세기 이후 유민의 증가는 대규모 소금생산에 필요한 많은 노동력의 공급을 가능하게 하여 권세가들에 의한 대규모 경영이[36] 발전할 수 있는 조건

32) 채웅석, 〈12, 13세기 향촌사회의 변동과 '민'의 대응〉(《역사와 현실》 3, 1990).
박종기, 〈12, 13세기 농민항쟁의 원인에 대한 고찰〉(《東方學志》 69, 1990).

33) 《高麗史》 권 93, 列傳 6, 崔承老.

34) 松廣寺 소장 문서 중 〈國師當時大衆及維持費〉라는 문서에 의하면 參政事인 崔怡가 왕의 안녕을 기원하면서 寶城郡 임내 南陽縣에 있는 鹽田 7곳과 昇平郡 吐叱村에 있는 염전 6곳을 修禪社에 시납한 사실을 알 수 있다.

35) 《高麗史》 권 7, 世家 7, 문종 10년 9월.

36) 대규모 경영이란 작업장의 크기는 대규모이지만 그 전체가 하나의 공정을 분업과 협업에 의해 유기적으로 결합된 조직체를 구성하여 일괄적인 생산공정을 실현하였던 것은 아니고, 단지 여러 개의 비슷한 규모의 생산설비(鹽盆)가 합쳐진 집합체로서, 생산공정은 각 생산설비마다 개별적으로 수행되는 것이었다. 이는 대규모 鹽盆이나 煮鹽용구 등의 제작에 따르는 기술적 한계 때문이었다고 생각된다. 따라서 이러한 기술적 제약 때문에 대규모 경영에서도 특별히 우수한 능률을 가진 대규모 용량의 염분이 설치되어 생산성이 높은 작업이 행해졌다고

으로 작용하였다. 그리하여 이러한 조건을 바탕으로 이들에 의한 염분의 탈점이나 새로운 염분의 설치가 늘어나고 있었다.[37] 이처럼 12세기 이후 증대되고 있던 유민은 소금생산에 충분한 노동력을 제공할 수 있게 되어 그 생산이 더욱 확대되는 좋은 조건이 되었던 것이다.

유민은 고려의 전성기로 일컬어지는 문종대부터 이미 나타나기 시작하여 토지겸병이 진전되는 12세기 이후 더욱 증가하였으며, 장기간에 걸친 대몽전쟁으로 인해 만성화되었다. 유민의 대부분은 농장에 흡수되었지만 권세가들이 경영하는 제염장에도 흡수되어 소금생산을 위한 노동력이 되기도 하였을 것이다. 고려 중기 이후 궁원이나 사원 및 권세가들이 염분의 소유를 확대시킬 수 있었던 배경에는 바로 그들의 대규모 염분 경영을 가능하게 해준 노동력으로서 유민의 증대라는 사회적 조건이 있었던 것이다.

유민의 증대라는 사회적 조건의 성숙과 함께 대몽전쟁 전후 소금의 생산지도 양적으로 확대되었다. 대몽전쟁 기간 중 다수의 인민이 山城이나 海島로 入保하여 새로운 농지를 개간하거나[38] 농법을 개량하였으며,[39] 농지를 얻지 못한 피난민들은 어업이나 제염업 등 비농업적 산업으로 전업하였다.[40] 특히 제염은 그 원료가 무한하고 생산도 용이하여 쉽게 선택할 수 있는 생계수단이 되었을 것이다. 이에 따라 섬을 중심으로 한 연해지방은 농경지의 개간과 함께 소금 생산지도 새로이 개발되거나 확대되어 갔던 것이다.

나. 전매제하의 소금의 생산과 유통

가) 소금의 생산

전매제의 시행을 위해 국가는 종래 국가기관이나 개인에게 절급했던 鹽盆에

보기는 어려울 것이다.

37) 《高麗史》 권 79, 志 33, 食貨 2, 鹽法 충렬왕 24년 정월 및 충선왕 원년 2월.

38) 《高麗史》 권 104, 列傳 17, 金方慶.
《高麗史節要》 권 17, 고종 43년 12월.

39) 金容燮, 〈高麗時期의 量田制〉(《東方學志》 16, 延世大, 1975).
李泰鎭, 〈14·5세기 農業技術 발달과 新興士族〉(《東洋學》 9, 檀國大, 1979).
宮嶋博史, 〈朝鮮農業史上において15世紀〉(《朝鮮史叢》 3, 1980).
浜中昇, 〈朝鮮前期小作制とその條件〉(《歷史學硏究》 507, 1982).
魏恩淑, 〈高麗時代 農業技術과 生産力 硏究〉(《國史館論叢》 17, 1990).

40) 《新增東國輿地勝覽》 권 12, 京畿 江華都護府 形勝 崔滋 三都賦.

대한 수세권을 환수하는 한편, 모든 염분을 民部에 소속시켜 관리하게 하였다. 전매제 시행의 주요 목적은 생산이나 유통을 국가의 관리로 하고 그로부터의 전매수익을 국가가 수취하는 데 있다. 따라서 소금 전매제 시행에서 가장 먼저 취한 조치는 전국의 모든 염분을 국가에서 관리하도록 하는 것이었다.[41]

이와 함께 충선왕은 각 군현으로 하여금 민을 징발하여 염호로 삼았다.[42] 이 때 염호로 징발된 군현민은 그 동안 소금생산에 종사해 왔던 연해 군현민, 즉 鹽所民을 비롯한 전업적 소금생산자와 반농반염의 형태로 소금생산에 종사해 왔던 자들이었을 것으로 생각된다.[43] 어느 정도의 제염기술이 요구되는 소금생산에서 제염활동과 전혀 무관한 군현민을 새로이 징발하여 염호로 삼았다고는 보기 어렵기 때문이다.

전매제 시행 당시 국가에 의해 파악된 전국의 염분과 염호의 수는 다음 <표>와 같다.

〈표〉 각 도별 염분 및 염호의 수[44]

	양 광	경 상	전 라	평 양	강 릉	서 해
염 분 수	126	174	126	98	43	49
염 호 수	231	195	220	122	75	49

위 〈표〉에서 볼 수 있듯이 전국 염분의 70% 이상이 양광·경상·전라도에 집중적으로 분포되어 있다. 이는 下三道가 위치한 서·남해안 지역이 소금생산에 유리한 자연조건을 갖추고 있었던 것과 밀접한 관련이 있다. 즉 조수 간만의 차이가 크고 갯벌이 넓을 뿐 아니라 일조시수도 많아 다른 지역에 비해 일찍부터 제염업이 발달하였고 그에 따라 많은 염분이 분포되어 있었던 것이다.

---

41) 《高麗史》 권 79, 志 33, 食貨 2, 鹽法 충선왕 원년 및 충숙왕 5년 5월조 참조.

42) 《高麗史》 권 79, 志 33, 食貨 2, 鹽法 충선왕 원년 2월.
《世宗實錄》 권 117, 세종 29년 9월 임자.

43) 이전의 鹽所民과 逃亡戶, 권세가 등이 招匿하였던 자들을 새로이 징발하여 충당하였을 것으로 보는 견해도 있다(姜順吉, 앞의 글).

44) 《高麗史》 권 79, 志 33, 食貨 2, 鹽法 충선왕 원년.

전매제 아래 생산부문의 경영은 일반적으로 국가가 국가소유의 생산시설에서 徭役의 형태로 동원한 노동력을 직접 사역하여 생산하는 관영의 형태와 민간 생산자에게 일정한 자립성을 부여하여 생산과정을 맡기고 국가는 생산된 소금만을 관리하는 민영의 두 가지 형태로 구분된다. 고려의 전매제에 많은 영향을 주었던 것으로 생각되는 원 전매제의 경우는 소금의 산지에 따라 관영과 민영의 두 가지 형태를 병행하여 실시하였다. 즉 소금의 산지가 한정되어 국가의 직접 경영이 용이한 解池의 顆鹽에 대해서는 중앙 관청의 감독 아래 부근 民戶로부터 撈鹽戶를 징발하여 그들로 하여금 採鹽하게 하고 工賃을 지급하는 관영의 형태를 취하였고, 산지가 광범하여 국가의 직영이 곤란한 연해의 末鹽에 대해서는 생산지마다 설치된 鹽場에 제염을 업으로 하는 亭戶를 배치하여 매년 지정액의 소금을 생산하게 하고 생산량에 따라 대가를 지급하는 민영의 형태를 택하였다.[45]

그러나 고려 전매제의 경우는 염호에 의한 민영이 생산부문의 기본 형태였다고 생각된다. 국가에 의해 징발된 염호는 자기 소유의 염분에서 생산에 필요한 경비와 제염도구 등을 자신이 직접 부담하여 생산하였다. 즉 국가는 소금의 생산과정에서 염호에 대한 일정한 자립성과 주체성을 인정하고, 다만 생산된 소금의 유통부문만을 관리하였던 것이다. 당시 고려 정부의 어려운 재정으로는 민간으로부터 염분 등 생산시설을 모두 매입하거나 새로 설치하고 생산경비를 직접 부담하여 생산하는 국가 직영은 사실상 불가능하였기 때문이다.

이 때 鹽戶의 생산형태는 주로 자기노동과 가족노동에 의거하는 소규모 생산이 기본이었던 것으로 생각된다. 즉 전매제가 시행되고 있던 충혜왕 때 강릉도안무사에 임명된 安軸이 관동지방을 巡按하면서 쓴 〈鹽戶〉라는 시에 의하면 늙은 노인이 자손들을 거느리고 소금생산에 종사하고 있는 모습을 볼 수 있다.[46] 또한 조선초 세종대에도 5명의 鹽漢을 하나의 생산단위로 묶어 1坐의 염분에 분정하고 있는 것[47]을 볼 때 당시 하나의 제염공정에 필요

45) 田山茂, 〈元代の権鹽法について〉(《史學硏究》 9-2, 1937).
46) 安 軸, 《謹齋集》 권 1, 詩 塩戶.
47) 《世宗實錄》 권 77, 세종 19년 6월 임오

한 노동조직, 즉 기본적 생산규모는 5명 정도의 노동력으로 구성되는 소규모 생산이었음을 알 수 있다. 전매제 실시 이전에도 기본적 생산형태는 소규모 생산이었으며 전매제 시행을 통해서도 생산형태의 근본적인 변화는 일어나지 않았던 것이다.

그러나 종래 궁원이나 사원 및 권세가들이 경영하던 일부 제염장에서는 다수의 노동력을 동원하는 대규모 경영형태도 있었을 것으로 생각된다. 그러나 대규모 경영도 보유하는 생산설비의 수에 따라 소규모 경영으로 분할하는 것이 가능하였으며, 이 경우에도 생산성에서 양자 사이에 질적으로 결정적인 차이는 없었다고 생각된다.

전매제하에서 염호는 매년 일정액의 소금을 생산하여 국가에 납부할 의무를 지고 있었다. 염호가 국가에 납부하는 소금은 貢鹽이라 불렸는데[48] 그 액수가 어느 정도였는지는 알 수 없다. 전매제 실시 이전 염호가 부담하던 염세는 생산액의 일부였지만 전매제하의 공염은 염호의 전 생산액에 해당되는 것이었다. 아마도 국가가 책정한 공염액은 염호의 능력 범위내에서 1년간 생산할 수 있는 최대량이었을 것이다. 따라서 염호의 공염 부담은 일반농민의 부담에 비해 훨씬 과중한 것이었고, 염호는 매년 지정된 공염액을 채우기에 급급하였다.[49] 더구나 공염이 군현을 단위로 차정된 염호의 수에 따라 일괄적으로 부과되었기 때문에 한 염호가 도망하는 경우에는 나머지 염호에게 그 부담이 전가되었다.[50]

한편 염호는 공염의 생산이라는 특정한 역을 부담하고 있었기 때문에 일반민이 부담하는 田稅·徭役 등의 부담은 면제되었던 것으로 보인다.[51] 전매제하에서는 소금의 사적인 생산이나 거래가 엄격히 금지되었으므로 염호는 전매제 이전처럼 소금을 처분하여 생계비를 조달할 수는 없었고, 따라서 염호에게는 공염의 대가가 지급되었을 것으로 생각된다.

조선초 세종 때의 각염제 시행논의에서 소금생산자로 하여금 생산한 소금

48) 《高麗史》 권 79, 志 33, 食貨 2, 鹽法 충숙왕 12년 10월 및 공민왕 5년 6월.
49) 安 軸, 《謹齋集》 권 1, 詩 塩戶.
50) 《高麗史》 권 79, 志 33, 食貨 2, 鹽法 충숙왕 12년 10월 下敎.
51) 《世宗實錄》 권 77, 세종 19년 5월 경인 및 권 109, 세종 27년 9월 무인.

을 모두 관에 납부하게 하고 대신 그 대가인 料를 지급하여 생계비로 삼게 하려고 했던 사실로[52] 미루어 볼 때 고려시대에도 비슷한 방법이 행해지지 않았나 한다. 즉 전매제 이전의 염호는 생산한 소금 가운데 일부를 염세로 납부하고 나머지는 처분하여 생계비용으로 충당하였으나 전매제 실시 이후에는 생산한 소금을 공염으로 모두 국가에 납부하고 대신 국가로부터 그 대가를 지급 받아서 생계를 유지하였던 것이다. 이처럼 전매제하의 염호는 기본적으로 공염의 대가로 생계를 유지하였으나 토지를 소유한 일부 염호는 농업생산을 통해서도 생계를 보충하였을 것으로 생각된다.

고려시대 제염방법이나 기술수준에 대해서는 자료가 전혀 남아 있지 않기 때문에 선초의 자료를 통해서 간접적으로나마 유추해 볼 수밖에 없다. 고려후기에서 조선 초기에 이르는 동안 소금의 생산방법이나 기술수준에서 획기적인 변화나 발전이 있었다고 생각되지 않기 때문에 선초 자료들에 나타나는 제염방법이나 기술이 고려 후기의 그것과 큰 차이가 없었다고 보아도 좋을 것이다.

조선초의 제염방법은 소금생산지의 입지조건에 따라서 동해안지역에서 주로 행해지던 海水直煮式과 서·남해안지역에서 주로 행해지던 鹽田式 제염법의 두 가지로 구분되고 있었다.[53] 즉 조수와 간만의 차가 작고 해안의 경사가 급하여 염전의 설치가 어려운 동해안지역에서는 바닷물을 바로 끓여 소금을 만드는 방식이었는데 반해, 조수와 간만의 차가 크고 해안의 경사가 완만한 서·남해안지역은 염전의 설치가 용이하여 주로 염전을 이용하는 방식이었다.

해수직자법은 가장 오래된 제염법으로 釜와 같은 煮鹽用 용구의 출현과 함께 보급된 가장 낮은 단계의 제염법이었다. 이러한 해수직자법은 고대 제염법의 주류를 이루었다. 그러나 삼국시대 중반 이후 철제농기구의 개량과 같은 농업기술에서 이룩된 성과가 소금생산에도 이용됨으로써 종래 소금생산의 주류를 이루어 왔던 해수직자식은 점차 염전식 제염법으로 발전하였다. 막대한 노동력과 시간이 드는 염전의 조성이나 耕區작업 등에 牛力을 이용한 犁

52) 《世宗實錄》 권 77, 세종 19년 5월 경인 및 권 109, 세종 27년 8월 무진.
53) 《世宗實錄》 권 109, 세종 27년 8월 무진.

耕具가 사용됨으로써 염전의 개발이나 경구작업이 훨씬 쉬워지게 되었다.

그 결과 통일신라기 이후 고려시기에는 서·남해안지역을 중심으로 염전식 제염법이 널리 보급되었고,[54] 마침내 조선초에는 입지조건에 따라 동해안의 해수직자식과 서·남해안의 염전식 제염방법으로 구분되기에 이르렀던 것으로 보인다. 서·남해안의 염전식 제염법은 조선초까지는 無堤鹽田式이 지배적이었다.[55] 무제염전식은 월 2회의 조업밖에 할 수 없고 조업 중에 강우가 있으면 다음 大潮 때까지 휴업을 해야하는 결점을 가지고 있었다. 따라서 이 제염법은 거의 언제나 제염이 가능한 유제염전식보다 기술적으로 뒤지는 것이었다. 무제염전식은 염전이 처음 개발되기 시작하는 삼국시대 중엽 이후 점차 보급되기 시작하여 선초에 이르면 서·남해안지역을 중심으로 널리 행해지고 있었던 것으로 보인다.

나) 소금의 유통

염호에 의해 생산된 소금은 각 염호가 소속된 군현의 鹽倉에 수집되었다. 염창은 충선왕대 전매제 시행과 함께 연해 군현의 염산지에 설치되었다.[56] 염창에 수집된 소금은 京中으로 운반되어 판매되고, 일부는 당해 군현민들과 소금이 생산되지 않는 내륙 군현으로 운반되어 판매되었다. 전매제를 실시하는 가장 중요한 목적은 국가재정 수입의 확보이다. 따라서 소금의 전매제에서도 당시 국가는 소금의 생산부문뿐만 아니라 유통부분까지 장악하여 재정수입의 증대를 꾀하였다.

일반적으로 각염법에서 소금의 판매방식은 官賣法과 通商法으로 구분되었다. 관매법은 국가가 직접 판매하는 방식인데 비해 통상법은 전매세를 납입한 상인에게 판매를 허용하는 방식이다. 당시 고려의 각염제에 큰 영향을 준

---

54) 통일 신라기인 9세기 말에 만들어진 谷城 大安寺 寂忍禪師塔碑의 비문 끝부분에 鹽盆 43결이란 기록이 나타나는 것으로 보아 당시 소금 생산에서 鹽田이 중요한 생산수단이 되고 있었음을 알 수 있다. 여기서 鹽盆이 結로 표시된 것은 鹽盆과 鹽田을 모두 포함하는 넓은 의미의 염생산 시설을 가리키는 용어로 사용되었기 때문이라 생각된다(〈大安寺寂忍禪師照輪淸淨塔碑〉,《朝鮮金石總覽》上, 朝鮮總督府, 1919, 120쪽).

55) 염전식 제염방식은 염전의 구조에 따라 유제염전식과 무제염전식으로 구분되는데 자세한 설명은 山口精 編,〈製鹽業〉(《朝鮮産業誌》, 1910) 참조.

56)《高麗史》권 79, 志 33, 食貨 2, 鹽法 공민왕 19년 12월.

것으로 생각되는 원의 각염법에서는 관매법과 통상법이 병용되고 있었으나 일반적으로 상인에게 소금의 판매를 맡기는 통상법이 주로 행해졌고, 국가기관이 직접 판매를 담당하는 관매법은 豪家의 불법행위가 심한 소금 생산지 부근에서만 시행되었다.[57]

이에 반해 고려의 경우는 국가가 소금의 판매를 직접 담당하는 관매법을 실시하였다. 즉 연해군현의 경우는 군현민이 직접 염창에 가서 구입하게 하였고, 내륙군현에서는 소비자가 본관 관사에 포를 먼저 납부하고 소금을 지급받게 하였으며, 경중에서는 4곳에 설치된 염포를 통해서 매매하게 하였다. 이처럼 지역에 따라서 구체적인 판매방식에는 차이가 있었으나 어느 경우이든 국가가 직접 판매를 담당하여 민간상인의 개입을 허용하지 않고 있었다.

이처럼 고려의 전매제가 원과는 달리 국가의 철저한 관리 아래에서 행해졌던 이유는 소금 산지가 3면에 걸쳐 있어 私鹽의 단속이 어려웠고, 또한 권세가나 사원 등의 세력이 강하여 통상법을 허용할 경우 이들에 의한 사염의 제조와 사거래의 위험이 더욱 커질 수 있기 때문이었다.

다. 소금 전매제의 폐지

충선왕 원년(1309)에 처음 실시된 소금의 전매제는 얼마 지나지 않아 여러 가지 문제점들이 노출되었다. 우선 생산부문에서 생산의 감소와 그에 따른 공급부족 현상이 나타났다. 그 결과 전매제가 시행된 지 10년도 채 안된 충숙왕 5년(1318)에 鹽價布만 납부하고 소금은 지급 받지 못하는 사례가 10에 8, 9나 될 정도였다.[58] 그리하여 공민왕대 이후가 되면 소비자는 소금을 지급받지 못하고 염가만을 납부하게 되어 염세가 새로운 세목으로 등장하게 되었다.[59] 이러한 소금 공급의 부족현상은 염호의 도산으로 인한 생산의 감소와 왜구의 침략에 따른 생산의 마비, 그리고 권세가들의 염분 탈점 때문이었다.

원래 염호는 각 군현별로 그 수와 공염액이 정해져 있었는데 과중한 부담

57) 田山茂, 앞의 글.
58) 《高麗史》 권 79, 志 33, 食貨 2, 鹽法 충숙왕 5년 5월 下敎.
59) 《高麗史》 권 80, 志 34, 食貨 3, 賑恤 災免之制 공민왕 5년 6월.

으로 인해 날로 도산하였다.[60] 게다가 管鹽官들은 도망한 염호의 공염액을 잔존 염호에게 부가함으로써 그들마저 도산의 위기에 처하게 되었다. 이에 국가는 도망간 염호를 추쇄하여 본역에 돌리게 하고 추쇄하지 못한 염호의 공염 부담분을 면제해 주는 조치를 취했으나[61] 염호의 도망을 방지하는 근본적인 대책은 되지 못하였다.

또한 공민왕 20년(1371) 무렵부터 우왕대에 걸쳐 심화된 왜구의 침략은 염호의 공염 생산과 수송을 어렵게 하였고,[62] 권세가들에 의한 염분의 탈점[63] 역시 국가 지배하의 염분의 감소를 가져와 소금의 부족현상을 더욱 심화시켰다. 특히 권세가들에 의한 염분의 소유와 탈점은 전매제 실시 이후에도 계속되었다. 각염제 실시와 함께 전국의 염분을 모두 민부의 관리로 소속시켰지만 여전히 상당수의 염분이 권세가들의 수중에 남아 있었다. 더구나 공민왕대 이후 정치 기강이 극도로 문란해짐에 따라 토지와 함께 많은 염분이 권세가들에 의해 불법적으로 탈점되었다.[64]

한편 소금의 유통부문에서는 판매를 담당한 관리들의 부정으로 인해 정상적인 소금의 매매가 이루어지지 못하였다. 더욱이 생산부문에서 소금의 공급부족은 관염관들의 부정행위를 조장하여 판매되는 소금은 모두 권세가에게 돌려지고 일반민의 소금 구입은 사실상 불가능하였다.[65] 이를 계기로 소금의 사거래가 성행하여 각염제의 유지를 위협하였다. 그 결과 소금의 전매제는 유명무실해져 그 명목만 남게 되었으며, 이에 조선왕조는 각염제를 폐지하고 징세제로 전환하여 고려말 이래 성행해 온 사염의 존재를 양성화하기에 이르렀다.[66]

〈權寧國〉

---

60) 《高麗史》 권 79, 志 33, 食貨 2, 鹽法 충숙왕 12년 10월.
61) 위와 같음.
62) 《高麗史》 권 80, 志 34, 食貨 3, 賑恤 災免之制 공민왕 5년 6월.
63) 《世宗實錄》 권 117, 세종 29년 9월 임자.
64) 《文宗實錄》 권 4, 문종 즉위년 10월 경신.
65) 《高麗史》 권 79, 志 33, 食貨 2, 鹽法 충숙왕 8년 3월·후8년.
66) 劉承源, 〈朝鮮初期의 鹽干〉(《韓國學報》 17, 1979).

5. 상업과 화폐

1) 국내상업

고려 후기의 국내상업은 수도 개경의 市廛을 중심으로 한 도시상업과 지방의 농장이나 농촌·어촌을 중심으로 한 지방상업을 중심으로 발전하였다.

(1) 도시상업

도시상업의 중심은 개경의 시전이었다. 개경의 시전 규모가 어느 정도였는지는 구체적으로 알 수 없다. 그러나 예종 7년(1112) 9월 京市樓 북쪽 行廊 65칸, 명종 7년(1177) 10월 시전 38칸이 불탔다는 기록으로 보아, 시전의 건물 규모가 꽤 컸음을 알 수 있다.[1] 고려 후기에 시전의 규모가 크게 늘어난 것은 희종대인 13세기 초이다. 희종 4년(1208) 7월 광화문에서 십자가에 이르는 도로 좌우에 大市 장랑 1,008楹을 개축하였다.[2] 기둥을 뜻하는 '영'이 장랑 길이인 '칸'의 의미로도 사용되었으므로,[3] 시전을 1,008칸이란 대규모로 확장하였다는 것을 알 수 있다.

원종 11년(1270) 강화도에서 개경으로 수도를 옮긴 후 30여 년이 지나 개경 시전을 다시 정비하였다. 충렬왕 33년(1307)에는 시가 양쪽의 장랑 200칸을 다시 만들기로 하였다.[4] 이 공사는 건의가 있은 지 1여 년 후인 충선왕 즉위년(1308) 8월에 완성되었다.[5] 시전 증축은 그 후에도 계속되어 우왕 3년(1377)에는 새로 시전의 동랑을 지었다.[6] 이처럼 13세기초 1,000여 칸으로 개축

---

1) 《高麗史》 권 53, 志 7, 五行 1, 예종 7년 9월 을축·명종 7년 10월 임신.
홍희유, 《조선상업사-고대·중세-》(과학백과사전종합출판사, 1989), 70쪽.

2) 《高麗史》 권 21, 世家 21, 희종 4년 7월 정미.

3) 北村秀人, 〈高麗時代の京市の基礎的考察-位置·形態を中心に-〉(《人文研究》 42-4, 大阪市立大, 1990), 40쪽.

4) 《高麗史》 권 32, 世家 32, 충렬왕 33년 6월 병오.
홍희유, 앞의 책, 98쪽.

5) 《高麗史》 권 33, 世家 33, 충선왕 즉위년 8월 을미.

6) 《高麗史》 권 133, 列傳 46, 신우 3년 5월.

된 이후 시전의 증개축은 계속되었다. 시전의 지속적인 증개축은 도시상업 발달을 반영하는 현상인 동시에 도시상업 발달을 촉진시키는 상승작용을 하였다.

13세기 이후 이처럼 시전의 증개축이 지속적으로 이루어진 이유는 무엇일까. 그것은 시기마다 특별한 이유가 있었을 것이다. 그런데 희종 때의 시전 개축은 특히 최씨무신정권의 경제기반 확대책의 일환으로 이루어진 점이 주목된다. 崔忠獻은 정권수립 과정부터 京市와 밀접한 연계를 가지면서 이를 적극 이용하였다. 최충헌의 私邸는 시전 거리에 있었는데 정권을 장악하면서 경시와의 관계를 더욱 강화하였다. 그런 움직임의 하나가 희종 4년 경시 장랑의 전면적 개축이었다. 양반의 坊里役이 이 공사에서 비롯되었다고 할 정도로 시전 개축은 대규모적인 공사였다. 수만 명이나 되는 방대한 私兵을 기반으로 정권을 유지하기 위해서는 상당한 재원이 필요하였기 때문에 경시를 적극 이용하였던 것으로 보인다.[7)]

시전이 최씨정권의 재정확보책의 일환으로 적극 이용된 것은 시전의 상업적 효용성이 그만큼 높았기 때문이다. 시전을 중심으로 한 도시상업의 발달은 12세기 이후 수리시설 발달, 신종자 보급, 시비술 발달, 새로운 토지개간 등 농업생산력 발달을 중심으로 한 사회 전반적인 발전의 결과였다.[8)] 도시상업의 발달은 개경의 인구집중과도 관련이 있었다. 12세기 이후 농민층분화의 심화로 몰락농민이 증가하였는데 몰락농민 가운데 농업에 흡수되지 못한 소위 '유수무뢰배'는 상업·수공업이나, 도둑질과 약탈, 소·말의 밀도살 등을 하면서 생활하였다.[9)] 도시의 인구증가는 농민층분화의 결과만은 아니었다. 고려 후기에는 鄕藥醫術의 발달 등에 의해 인구가 전반적으로 증가하는 추세였다.[10)]

---

7) 北村秀人, 〈崔氏政權の成立と京市〉(《人文硏究》 44-12, 1992), 28~34쪽.
 田炳武, 〈高麗時代 銀流通과 銀所〉(《韓國史硏究》 78, 1992), 82쪽.

8) 魏恩淑, 〈高麗時代 農業技術과 生産力 硏究〉(《國史館論叢》 17, 1990).
 안병우, 〈고려후기 농업생산력의 발달과 농장〉(《14세기 고려의 정치와 사회》, 민음사, 1994).

9) 채웅석, 〈고려 중·후기 '무뢰(無賴)'와 '호협(豪俠)'의 행태와 그 성격〉(《역사와 현실》 8, 1992), 237~240쪽.

10) 李泰鎭, 〈高麗後期의 인구증가 要因 生成과 鄕藥醫術 발달〉(《韓國史論》 19, 서울大, 1988).

도시 인구증가의 결과 13세기 전반 개경의 호수는 10만 호에 이른다고 할 정도였다.[11] 10만 호는 다소 과장된 수치라고 생각되지만 13세기 당시 개경의 번화함을 충분히 상정해 볼 수 있다.[12] 도시의 인구증가는 상품수요를 증대시켜 도시상업을 발달시키는 중요한 계기가 되었을 것이다. 도시상업의 발달에 대하여 李仁老는 개경에는 만물이 모여들어 물건을 쉽게 구하므로 文房四寶 등 값진 물건도 귀하게 여기지 않는다고 묘사하였다.[13] 이처럼 고려 후기에는 각 관청에서도 필요한 물건을 시전에서 구입해 쓰고 있었으며[14] 지방의 공물이나 각종 상품이 개경에 모여들었기 때문에 구할 수 없는 물건이 없을 정도로 도시상업은 활발하였다.

도시상업의 발달은 경시를 관장하는 京市署의 직제 변화에도 반영되고 있었다. 경시서는 경시의 물가 감시, 가격 공정, 쌀 매매의 감독과 가격 공정, 상평창 쌀의 매매 등 경시 전체의 상업활동을 감독하고 있었다.[15] 경시서 직제는 문종전시과(1076)에 의하면, 令(정7품, 11科) 1명, 丞(정8품, 14과) 2명과 吏屬인 史 3명, 記官 2명으로 구성되었다. 충렬왕 24년(1298)에는 령이 權參으로 승진하고, 충렬왕 34년(1308)에는 승이 3명으로 증가하는 등 직제가 점차 확대·강화되었다. 이러한 양상은 도시상업의 발달을 전제로 한 것이었다. 13세기말~14세기초 직제가 다시 강화·개편된 시점이 충선왕의 1·2차 개혁과 일치하는 점이 주목된다.[16]

충선왕은 즉위교서에서 각 관청의 필요한 물건을 조달할 때 시전에 대한 수탈이 심하므로 이를 시정하고 반드시 대금을 지급하라고 하였다.[17] 복위교서에서는 迎送·國贐·宴禮 때 각 관청에서 文契를 허위로 발급하여 시전을

---

11) 《高麗史》 권 102, 列傳 15, 兪升旦.
《高麗史節要》 권 16, 고종 19년 6월.
12) 北村秀人, 앞의 글(1990), 33쪽.
13) 李仁老, 《破閑集》 上.
14) 《高麗史節要》 권 21, 충렬왕 22년 2월.
15) 北村秀人, 앞의 글(1990), 48쪽.
16) 金東哲, 〈고려말의 流通構造와 상인〉(《釜大史學》 9, 1985), 225~226쪽.
白南雲, 《朝鮮封建社會經濟史(上)》(改造社, 1937 ; 하일식 옮김, 백남운전집 3, 이론과 실천, 1993, 325쪽).
17) 《高麗史》 권 84, 志 38, 刑法 1, 職制 충렬왕 24년 정월.

수탈하는 폐단이 많으므로 이를 시정하라고 하였다.[18] 두 차례의 시전 보호책은 도시상업의 발달에 큰 도움을 주었을 것이다. 불법 유통을 금지하고 도시상업의 원활한 발달을 위해, 감독관청인 경시서의 직제를 개편·강화한 것이다. 시전이 관청이나 권세가들의 수탈 대상이 된 배경에는 그에 상응하는 도시상업의 발달이 이루어지고 있었기 때문이다.[19]

충선왕의 개혁정책 중 도시상업과 관련하여 주목되는 점은 충선왕 원년(1309)에 실시된 소금전매제이다. 12세기 이후 鹽所가 점차 붕괴되어 궁원·사원을 비롯한 권세가들이 염분을 탈점하여 국가의 염세 수입이 감소하자, 국가 재정난을 극복하기 위해 징세제 대신 전매제를 실시하였다. 개경에 4개의 鹽鋪를 두어 소금의 화매를 실시하고 民部로 하여금 관리하게 하였다. 고려 전기에도 관영상공업을 통해 국가가 생산과 유통을 직접 관장하여 이익을 취하였으나 전매제는 실시하지 않았다. 국가가 직접 생산·유통과정을 장악하는 전매제 실시는 고려 후기 상업의 특징적인 모습의 하나이다. 그러나 전매제는 소금 공급의 부족, 관리의 부정, 권세가·상인 등의 사염의 제조와 유통의 성행 등에 의해 정상적으로 운영되지 못하고 유명무실하게 되었다.[20]

개경의 도시상업이 사원·관청·권세가 등에 의해 장악되고 있었던 실태는 충목왕 원년(1345) 李穀이 쓴 〈長安寺重興碑〉에 나타난 장안사의 경우를 통해 잘 알 수 있다.[21] 강원도 장안사는 전라도 咸悅·仁義·扶寧, 경기도 幸州, 황해도 白州·平州, 경기도 安山 등지에 1,050결의 토지를 가진 대농장주로서 通州 林道縣에 鹽盆도 1곳 가지고 있었다. 도시상업과 관련하여 주목되는 것은 개경에 京邸 1구를 가지고 있고, 시전 30칸을 타인에게 세주고 있는 점이다. 경저는 중앙과 지방의 연락기관으로 경저에는 京邸主人(京主人)이 있었다. 경주인은 경저를 경영하면서 지방의 모든 일을 알선하였다. 고려시대 경주인은 명종 8년(1178) 조성된 金堤郡 金山寺 향로의 명문에 처음 나타난다.[22] 경주인은 고려 후기에는 공물대납업자로서 중요한 역할을 하였다.

---

18) 《高麗史》 권 79, 志 33, 食貨 2, 借貸 충렬왕 34년 11월.
19) 金東哲, 앞의 글, 226쪽.
20) 權寧國, 〈14세기 榷鹽制의 成立과 運用〉(《韓國史論》 13, 서울大, 1985).
21) 李 穀, 《稼亭集》 권 6, 金剛山長安寺重興碑.
周藤吉之, 〈高麗朝の京邸·京主人とその諸關係〉(《朝鮮學報》 111, 1984), 15쪽.

공물대납은 중기부터 나타나기 시작하여 원간섭기 이후 일반화되었다.[23) 대납제는 부세수취 과정에서 발생한 편법이었다. 그러나 대납제는 수공업과 유통경제의 발달을 전제로 하여야 가능한 것이었다. 대납제는 공물을 수집·비축할 수 있을 정도로 생산·유통구조가 성장하고, 대납상인의 자본축적이 있어야 가능하기 때문이다.[24) 고려 후기에는 공물대납업의 발달로 관청관리, 謀利之徒, 貨殖之徒, 郡人住京者(京主人) 등이 대납업자로 등장하였다. 이들은 공물을 선납하고 민으로부터 몇 배의 이식을 취하였다. 고려 후기에는 새로운 상인층으로 공물대납 상인이 출현하였다. 공물대납제의 기반은 개경의 도시상업과 각 지방과 연결되는 유통구조 속에서 이루어졌다. 공물대납제의 발생은 생산·유통구조의 발전 위에서 이루어진 산물이며 동시에 생산·유통구조의 발달을 촉진시키는 역할을 하였다.[25) 그러나 공물대납은 지방관이나 중앙관청의 관리와 결탁하여 농민들을 중간 수탈하는 기반 위에서 이루어진 한계를 가지고 있었다.[26)

경저는 장안사만 아니라 다른 사원들도 가지고 있었을 것이다.[27) 장안사가 시전 30칸을 세준 양상은 다른 사원도 마찬가지였을 것이다. 따라서 사원은 지방상업뿐만 아니라 도시상업에서도 주도적인 역할을 하였다.

그러나 도시상업에서 주도적 역할을 한 것은 사원이나 권력가뿐만 아니라 왕실도 도시상업에 적극 개입하여 경제기반을 확대시켜 나갔다. 충혜왕은 그 대표적인 경우이다. 충혜왕은 義成倉·德泉庫(倉)·寶興庫에서 포 48,000필을 내어 시전에 점포를 차렸다. 이들 창고는 모두 왕의 사적 재정기관이었다. 충혜왕이 이렇게 많은 포를 내어 시전에 점포를 차린 것은 도시상업의 발달

---

22) 李光麟, 〈京主人研究〉(《人文科學》 7, 延世大, 1962), 238~242쪽.

23) 권영국, 〈14세기 전반 개혁정치의 내용과 그 성격〉(《14세기 고려의 정치와 사회》), 430~431쪽.
한편 안병우는 의종 원년(1147) 양계 지방의 군자를 운반하는 과정에서 부세대납이 처음 나타났다고 하였다(안병우, 〈고려시대 수공업과 상업〉, 《한국사》 6, 한길사, 1994, 132쪽).

24) 姜晉哲, 〈韓國學硏究 半世紀 中世史〉(《震檀學報》 57, 1984), 42쪽.

25) 金東哲, 앞의 글, 208~212쪽.

26) 朴鍾進, 〈高麗末의 濟用財와 그 性格〉(《蔚山史學》 2, 1988), 6~11쪽.

27) 周藤吉之, 앞의 글, 15쪽.

을 반영하고 있는 것이다. 충혜왕은 측근상인들에게 상업을 시키고 반대급부로 무반직 벼슬을 주었다. 銀川翁主는 원래 단양대군의 婢였으며, 상인인 아버지 林信과 함께 사기그릇을 팔았다. 충혜왕의 총애를 입어 옹주로 책봉되자 사람들은 '沙器翁主'라고 불렀다. 이 사실은 충혜왕이 임신으로 대표되는 상인세력과 밀접한 관련이 있음을 보여주는 일례라 하겠다. 충혜왕은 왕실전용 마굿간 확충을 위해 민가 100채를 헐어 부지를 넓히고 부속관사도 새롭게 세우는 등 말에 대한 여러 가지 사업을 추진하였다. 이것은 국내외적 상업활동을 뒷받침할 운송수단인 말을 확보·관리하려는 조치의 일환이었다.[28] 충혜왕은 복위 후에는 즉위할 때와는 달리, 사적 경제기반의 확충을 위해 노력하였다. 국내상업과 원과의 무역을 통해 재원을 확보하는 한편 보홍고·內廐 등의 기관을 설치하여 자신의 경제기반으로 삼았다.[29]

한편 고려시대 시전건물은 개경의 광화문에서 십자가에 이르는 南大街의 길 양쪽에 건물을 지어 일정한 간격으로 칸을 나눈 구조였다. 시전건물은 본래 국가가 지어서 상인에게 세를 받고 빌려주는 형태였다.[30] 그러나 장안사의 경우처럼 시전건물은 상당수가 사원이나 권력가들에 의해 독점되어 있었으므로, 상인들은 이들로부터 건물을 임대하여 쓰기도 하였을 것이다.

시전은 어용상업으로서 국가의 보호 아래 일정한 특권과 특혜를 누렸다. 시전상인은 市廛行廊稅를 납부하지만, 시전건물에서 영업하는 자체가 특권이었다. 시전상인은 조세와 공물로 받은 물자를 불하 받거나 위탁 판매하여 이익을 보는 특혜도 받았다. 재난을 당하였을 때 도움을 받는 경우도 적지 않았다. 시전상인은 이러한 특권·특혜와 함께 국가의 필요 물품을 제때에 구입하여 납부하거나 국가의 강압적 요구에 응해야 하는 의무도 져야 했다. 그리고 관청·관원들로부터 물건값을 받지 못하는 등 적지 않은 중간수탈을 당하기도 하였다.[31]

고려시대 시전이 어떻게 조직·운영되었는지 구체적으로 알 수 있는 자료

28) 충혜왕의 상업활동은 전병무, 〈고려 충혜왕의 상업활동과 재정정책〉(《역사와 현실》 10, 1993), 234~238쪽을 참고하였다.
29) 박종진, 〈고려후기 재정 운영의 변화〉(《14세기 고려의 정치와 사회》), 257쪽.
30) 강만길, 《한국 상업의 역사》(세종대왕기념사업회, 1975), 28쪽.
31) 홍희유, 앞의 책, 72쪽.

는 거의 없다. 각 시전이 어떤 물건을 팔았으며, 조선시대 시전처럼 상품별로 시전 명칭이 불려졌는지도 분명하지 않다. 이것은 동업자 조직과 직결되는 문제이나 분명하지 않다. 조선시대 시전의 禁亂廛權과 같은 것을 가졌는지도 분명하지 않다.[32)]

고려시대 시전의 실체에 대해서는 조선 태종 10년(1410)에 사헌부가 올린 上書 내용이 매우 시사적이다. 工匠이 店肆가 없으면 생업에 전념할 수 없으므로 舊京에 있을 때(舊京之時)에 布帛·毛革·器皿 등은 점사를 나누어 판매하고(分店大市), 소·말도 일정한 장소에서 매매했으며 그 밖의 미곡류는 각자의 거처에서 판매하였는데, 천도한 이후 운종가에 잡처하면서 남녀 구별이 없이 상고가 섞여 있으므로 경시서에 명하여 구경의 제도에 따르도록 건의하였다.[33)]

이 상서 내용 중 특히 '구경지시'에 布帛·毛革·器皿·官服·鞋靴·鞭勒 등을 '分店大市'했다고 한 것이 주목된다. 이것은 시전 구성이 업종별로 나누어져 있었다는 것이므로 고려말 개경의 시전은 업종별로 구성되었다는 중요한 근거가 되었다.[34)] 한편 '구경지시'를 고려말이 아닌 조선 건국 후 한양으로 천도하기 이전인 1392년 정월~1394년 10월 사이로 보고 이 때 개경 시전을 중심으로 한 도시유통구조에 중요한 개편이 있었다고 보기도 한다.[35)]

이 기사와 관련하여 태조 3년(1394) 정월 경시서에서 각 시전은 시전의 명칭과 그 이름 밑에 판매하는 물건을 그린 간판을 각 장소에 걸어서 서로 구

---

32) 강만길, 앞의 책, 28~29쪽.
한편, 박상호는 동업조합화가 이미 이루어졌으며, 조선시대 육의전과 같은 특권적인 시전상업이 이루어졌다고 하였으며(朴祥鎬, 〈高麗時期의 國內商業〉, 建國大 碩士學位論文, 1988, 31~32쪽·43쪽), 안병우도 업종별 전문화 추세에 따라 단일 상품을 파는 시전이 생겨났다고 보았다(안병우, 앞의 글, 1994b, 131쪽).

33) 《太宗實錄》 권 19, 태종 10년 정월 을미.

34) 田川孝三, 《李朝貢納制の硏究》(東洋文庫, 1964), 550쪽.
朴祥鎬, 앞의 글, 31쪽.
박상호는 이 기사와 관련하여 충혜왕 후5년(1344)의 馬市의 존재(《高麗史》 권 89, 列傳 2, 后妃 2, 曹國長公主)에 주목하였다. 그러나 마시의 존재를 업종별 시전의 지표로 삼기에는 무리가 따른다. 한편 홍희유는 고려시대 시전의 명칭이 조선 초기와 꼭 같았는가는 확인할 수 없으나, 그와 유사한 명칭을 가진 품목별 시전이 존재한 것만은 명백하다고 하였다(홍희유, 앞의 책, 71쪽).

35) 金東哲, 앞의 글, 229~230쪽.

별되도록 할 것을 청한 것이 주목된다.[36] 이러한 간판을 걸어서 서로 구별되도록 하게 한 구체적인 내용은 분명하지 않으나 고려말의 개경 시전이 업종별로 구분되어 있었다면 태조 3년에 경시서에서 이런 조처를 취할 필요는 없었을 것이다.[37]

고려시대 시전이 설령 업종별로 구성되어 있었다고 하더라도 조선시대와는 일정한 차이가 있었을 것이다. 왜냐하면 조선시대와는 달리 고려시대에는 국가에서 직접 경영하는 관영상공업이 있었기 때문이다.[38] 조선시대 '一物一廛'의 시전과 유사한 '分店大市'의 형태가 14세기말에 개경의 시전에서 등장하고 있다. 도시상업에서의 이러한 새로운 변화는 고려 후기 이후의 상품경제 발달의 산물이었다.[39]

수도 개경에는 시전상업과 함께 도시주민을 대상으로 한 장시가 발달하였다. 장시의 발달은 도시의 인구증가와 밀접한 관련이 있었다. 그 규모는 영세하지만 일반 주민의 생활과 밀접한 관련을 가진다는 점에서 도시상업에서 중요한 비중을 차지하고 있다. 장시가 발달함에 따라 점차 도성 밖으로 확대되었다. 禮成江 하구의 後西江·碧瀾渡·錢浦 등지를 중심으로 발전하였다. 벽란도는 조세와 공물의 통행처일 뿐 아니라 무역과 상업의 중심지로 크게 발달하여 벽란도와 개경 사이에는 새로운 상업지구가 형성되었다.[40] 도시의 인구증가와 장시의 발달은 도시 근교 농촌의 미나리·생강·채소 등 상업작물의 재배를 촉진시키는 계기가 되었다.[41]

(2) 지방상업

고려 후기 지방상업의 가장 기초적인 공간은 場市이다. 장시는 농민·영세 수공업자 등 직접 생산자층의 제품 생산과 교역에 바탕을 둔 교환시장이

---

36) 《太祖實錄》 권 5, 태조 3년 정월 무오.
37) 金東哲, 앞의 글, 228~232쪽 참조.
38) 홍희유, 앞의 책, 71쪽.
39) 金東哲, 앞의 글, 232쪽.
40) 홍희유, 앞의 책, 76~78쪽.
안병우, 앞의 글(1994b), 131~132쪽.
41) 朴祥鎬, 앞의 글, 20~22쪽.

다. 장시는 관아 근처에 서는 州縣市로서, 조선 전기의 장시와는 단계적 차이가 있었다. 장시는 농민·영세 수공업자 외에 관리 등 여러 층과 남녀노소 등 모든 층이 교역하는 곳이었다. 장시는 개시지역, 교역참여자, 장날 등의 면에서 완전한 농촌시장으로 성립하지는 못하였다.[42)]

지방상업에서는 행상, 특히 船商의 활동이 활발하였다. 선상은 어염·미곡·도자기 등을 판매하는 비교적 규모가 큰 전업상인으로 전국의 상권을 연결시키는 데 중요한 역할을 하였다.[43)] 남·서해안의 울주·김해·나주·진도·제주·은진 등과 동해안의 원흥 등은 선상 활동의 중심지였으며 대동강·예성강·한강·임진강·금강·낙동강 등을 이용한 상업활동도 활발하였다. 내륙과 연해의 수로·해로를 이용한 선상의 활동은 무신집권기 이후 더욱 발전하였으며 지방 장시를 발전시키는 중요한 요인이 되었다.[44)]

李詹은 경상도 蔚州에 대해, 땅이 기름지고 어염이 많이 생산되어 부자가 많았는데, 경인년(충정왕 2; 1350) 이후 매년 倭寇의 침입을 받아 가난한 자는 다른 곳으로 떠나고, 부자는 이익을 탐하다 피해를 크게 당하였다고 기술하였다. 부자들이 많아 왜구의 중요한 약탈대상 지역이 되었던 것이다. 울산 출신 부호의 구체적인 예로는 충렬왕 때 찬성사를 지낸 朴球를 들 수 있다. 박구는 울주 소속의 부곡민으로 선대가 부상이었다. 울산은 藿所가 위치할 정도로 미역 등 수산물이 풍부하여, 동해와 남해를 잇는 연안 상업의 중심지였다. 박구의 선대도 울산지역의 상업적 기반을 토대로 부상으로 성장한 것으로 보인다.[45)]

제주도는 전라도 상인뿐 아니라[46)] 송상이나 일본상인들이 수시로 왕래하

---

42) 李景植, 〈16世紀 場市의 成立과 그 基盤〉(《韓國史硏究》 57, 1987).
43) 金東哲, 앞의 글, 220~222쪽.
44) 홍희유, 앞의 책, 84~87쪽.
金三顯, 〈고려후기 場市에 관한 연구〉(《明知史論》 4, 1992), 83~85쪽.
45) 《新增東國輿地勝覽》 권 22, 慶尙道 蔚山郡 古跡 古邑城 李詹 記文.
《高麗史》 권 104, 列傳 17, 金方慶 附 朴球.
李貞信, 〈고려시대의 상업-상인의 존재형태를 중심으로-〉(《國史館論叢》 59, 1994), 129쪽.
具山祐, 〈羅末麗初 蔚山地域과 朴允雄-藿所의 기원과 관련하여-〉(《韓國文化硏究》 5, 釜山大, 1992), 46~47쪽.
46) 《高麗史》 권 13, 世家 13, 예종 8년 6월 경술.

는 등 국내상업과 대외무역을 연결시켜 주는 중심지였다. 송상인과 일본상인의 빈번한 왕래로 야기될 비상상태에 대비하여 국가에서는 防護別監을 특파해야 할 필요가 있었으나 사정이 여의치 못하여 원종 원년(1260) 2월에는 濟州副使 羅得璜으로 하여금 防護使를 겸하게 하였다.[47] 금강 유역의 은진현 市津浦도 선상들의 출입이 빈번한 지방상업의 중심지였다.[48]

육상은 말·수레를 이용하거나, 손에 들고 등에 지고 다니면서 행상을 하였다. 육상의 활동과 관련하여 주목되는 것은 교통의 요지에 설치된 院의 발달이다. 원을 세운 주체는 국가·승려·개인 등 다양하였지만 중심이 되는 주체는 승려였다. 14세기말 경주와 울산 사이에 설치된 德方院은 어염상인이나 나그네를 위해 승려가 설치한 것이다.[49] 사원은 원을 장악함으로써 유통구조에서 지배적인 위치를 차지하는 것이 용이하였다.[50] 한강 하류의 沙平院은 13세기에 이미 상업의 중심지로 발전하였다. 사평원의 정경에 대해 李奎報는 큰 길은 나그네의 말짐·등짐으로 붐비고, 강가는 장사배·나룻배가 늘어서 있다고 묘사하였다.[51] 공민왕 23년(1374) 관직을 사직한 趙云仡은 상주에 은거하다, 우왕 6년(1380)에 경기도 광주 古垣(薑村) 강촌으로 옮긴 후 板橋院과 사평원을 重營하여 院主를 자칭하였다. 조운흘은 경제활동에 유리한 지역에 은거하여 사평원 등을 중영하여 상업에 종사했다고 보여진다.[52]

그러나 고려 후기, 특히 충정왕 2년(1350) 이래 빈번해진 왜구의 창궐로 漕倉·漕船이 약탈당하는 등 여러 요인에 의해 조운은 정상적으로 운영되지 못하였기 때문에 陸運을 강화하지 않을 수 없었다. 공민왕 5년(1356)에는 각 요충지에 院館을 세워 육운으로 세곡을 수송하려고 하였다. 그러나 왜구의

李齊賢, 《益齋亂藁》 권 4, 詩 小樂府.

47) 《高麗史節要》 권 18, 원종 원년 2월.

48) 《新增東國輿地勝覽》 권 18, 忠淸道 恩津縣 山川.
田壽炳, 〈朝鮮 太宗代의 貨幣政策－楮貨流通을 中心으로－〉(《韓國史硏究》 40, 1983), 40쪽.
홍희유, 앞의 책, 86쪽.

49) 權 近, 《陽村集》 권 13, 德方院記.

50) 李炳熙, 《高麗後期 寺院經濟의 硏究》(서울大 博士學位論文, 1992), 106~109쪽.

51) 李奎報, 《東國李相國集》 권 10, 古律詩 題沙平院樓.

52) 《高麗史》 권 112, 列傳 25, 趙云仡.
안병우, 앞의 글(1994a), 313쪽.

침략이 계속되고 육로 수송도 한계가 있어 성과를 거두지 못하자, 동왕 20년(1371)에는 다시 원관을 수리하고 땔감을 비축하여 行旅에 편하게 하도록 하는 조치를 취하였다.[53] 이와 같은 계속적인 육운 활성화 시책으로 원이 발달하게 되어 육상의 활동을 촉진시키는 계기가 되었다.[54] 교통 요지에 자리잡은 일부 원은 상업발달에 따라 그 자체가 상업중심지로 발전하기도 하였다.[55]

고려시대의 유통경제는 지방상업과 도시상업, 국내상업과 대외무역, 생산자 중심의 교환경제와 지배층 중심의 교환경제로 이원화되어 있었다. 이런 구조 속에서 사원·궁원·양반·토호 등 지배세력은 교역을 명분으로 농민의 잉여생산물을 사적·독점적으로 수탈하였다. 이들은 强與·强賣·强買·强市·反同·互市 등으로 표현되는 부등가 교환을 통해 세포·능라·대자리 등 고급 수공업품은 물론, 초피·송자·인삼·봉밀·황납·종이·쌀·콩 등까지도 강제 매매하였다.[56] 이미 11세기 중엽에 표면화된 이러한 강제교역은 당시 발달한 대외무역과 연결되어 생산자층의 잉여축적과 그에 기반하는 유통경제의 발달을 억제하였다.[57]

권세가·관리·사원 등의 抑賣抑買는 원간섭기에 더욱 일반화되었다. 지배층은 강제교역을 통해 농민의 잉여생산물을 흡수하였으며 大府寺·迎送都監·國贐色·宴禮色 등 국가기관 역시 재정확보를 이유로 시전상인에 대한 억매를 강요하였다. 이렇듯 억매형태의 교환경제가 일반화된 배경에는 농민의 잉여생산 축적을 가능하게 한 농업·수공업의 발전이 있었기 때문이다.[58]

지방상업의 강제교역 가운데 주목되는 것은 사원의 상업활동이다. 종교적 지위와 권력을 이용한 사원의 상업활동과 고리대는 대단하였다.[59] 사원은

---

53) 《高麗史》 권 39, 世家 39, 공민왕 5년 6월 을해 및 권 80, 志 34, 食貨 3, 賑恤.
54) 金三顯, 앞의 글, 91~92쪽.
최재경, 〈조선시대 원(院)에 대하여〉(《嶺南史學》 4, 1975).
55) 홍희유, 앞의 책, 80쪽.
56) 李景植, 앞의 글.
57) 채웅석, 〈12, 13세기 향촌사회의 변동과 '민'의 대응〉(《역사와 현실》 3, 1990), 55~56쪽.
58) 권영국, 앞의 글, 436~438쪽.
박종진, 앞의 글(1994), 263~265쪽.

자체에서 생산하는 농산물과 수공업품을 판매하였으며, 사람이 많이 모여드는 곳이므로 교역 장소로도 중요하였다. 사원과 농민과의 교역은 양자의 상하관계로 억매억매라는 강제교역이 많았다. 사원은 공물대납에도 참여하였으며 佛事를 구실로 농민의 재화를 흡수하였다. 뿐만 아니라 사원은 많은 말을 소유하였고 숙박시설인 院을 운영하여 유통망도 장악하였다.[60]

사원은 파·마늘의 생산, 제염, 축산, 고리대, 양조 등 다양한 형태의 상업과 수공업에 관여하면서 지방상업의 주도적 역할을 하였다.[61] 그러나 사원의 상행위는 권력과 경제력, 종교적 지위를 이용한 강제매매와 고리대적 수탈로 부작용이 많아 계속 개혁의 대상이 되었다. 사원뿐 아니라 관원, 특히 지방관도 강제교역의 한 주체였다. 이들은 부임할 때 고가의 물품을 가지고 가서 강제로 팔아 이익을 취하였다. 다양한 형태의 강제교역과 농장을 매개로 하는 유통기구의 존재, 사원 중심의 지방상업 등은 장시를 중심으로 하는 생산자층의 유통경제 발달을 억제하는 구조적인 요인이었다.[62]

(3) 고려 후기 상업의 발달과 신분제의 변동

고려 후기에는 중앙의 권력자가 아니면서 부를 축적한 자들이 등장하였다. '豪强兩班'·'富戶'·'富民'·'富實之家' 등으로 표현되는 이들은 원간섭기에 원을 배경으로 탈점·농업경영·유통경제·고리대 등을 기반으로 부를 축적한 富戶層이다. 이들 부호층의 성장 가능성과 재산축적 과정은 농업생산력 발달과 유통구조의 발달 추세와 궤를 같이 하였다.[63]

이들 외에 지방사회의 새로운 세력으로 등장한 品官層이 있었다. 이들은 자신의 부를 기반으로 고리대를 통해 토지를 탈점하거나, 유통경제에 적극 참여하여 경제적 기반을 확대시켜 나갔다. 국가재정 보충을 위해 충렬왕 원

59) 朴龍雲, 《高麗時代史(上)》(一志社, 1985), 240쪽.
안병우, 앞의 글(1994b), 137쪽.
60) 李炳熙, 앞의 책, 100~109쪽.
61) 李相瑄, 〈高麗 寺院의 商行爲 考〉(《誠信史學》 9, 1991), 6쪽.
62) 안병우, 앞의 글(1994b), 136~138쪽.
63) 洪榮義, 〈高麗後期 富戶層의 存在形態〉(《擇窩許善道先生停年紀念 韓國史學論叢》, 一潮閣, 1992).

년(1275)에 처음 실시된 納粟補官制는 이들 부민들이 신분을 향상시킬 수 있는 합법적 통로였다. 지방사회의 정치·경제적 실력자는 대개 전직관원이나 검교·동정직자인 '有職居外者'와 향리였다. 이들 유력자는 고려 후기 사회경제적 변동과정에서 농업·상업·고리대 등을 통해 부를 축적하고, 그 부를 바탕으로 신분을 향상시켰다.64)

상인들도 경제력을 바탕으로 납속보관제 등을 통해 신분상승을 꾀하였다. 원간섭기에 왕실이나 권력층이 국내상업과 대외무역에서 주도적인 역할을 하면서 이들과 결탁된 어용상인들의 정치·경제력이 강화되었다. 따라서 상인들 사이에도 분화가 일어났다. 충렬왕 15년(1289) 요동지역에 기근이 들어 군신들에게 쌀을 거둘 때 부상들에게도 대·중·소호로 나누어 각각 3석·2석·1석씩을 징수하였다. 부상들은 5~8품의 관료와 동일한 과렴의 대상이었다. 상인들은 첨설직 등을 통해 신분상승을 하였으며, 천호직(종2품~4품)을 받거나 밀직부사(정3품)까지 승진하는 경우도 있었다. 특히 왕실이나 권력층과 결탁되어 있는 상인들은 반대급부로 관직을 받고 이들의 측근세력이 되었다. 南宮信·林檜·尹莊·林信 등은 그 대표적인 경우이다. 상인들은 권력층과 혼인 등의 인적 관계를 맺으면서 신분향상을 하기도 하였다.65)

상인·수공업자·노비·향리·잡류 등의 관직진출이 늘어나 신분질서를 무너뜨리고 있었다.66) 신분제의 동요는 사치풍조를 조장하여 사회적 문제를 야기시켰다. 사치풍조의 만연에 대해, 공양왕 3년(1391) 중랑장 房士良은 거리에는 왕의 옷을 입고 왕비의 장식을 한 노비가 가득하다고 하면서 工商賤隷가 비단옷을 입고 金銀珠玉으로 장식하는 것을 일체 금하여 사치풍조를 막고 신분질서를 바로잡을 것을 주장하였다.67) 고려 후기 상품화폐경제의 발달에 따라 빈익빈 부익부에 의한 빈부의 격차로 신분분화가 심화되어 갔다. 13세기에 林椿이

---

64) 朴恩卿, 〈高麗後期 地方品官勢力에 관한 硏究〉(《韓國史硏究》 44, 1988).
65) 홍희유, 앞의 책, 103~104쪽.
金東哲, 앞의 글, 233~237쪽.
안병우, 앞의 글(1994b), 147~152쪽.
李貞信, 앞의 글, 130~132쪽.
66) 《高麗史》 권 84, 志 38, 刑法 1, 職制 신우 14년 8월.
《高麗史節要》 권 32, 신우 9년 2월.
67) 《高麗史》 권 85, 志 35, 刑法 5, 禁令 공양왕 3년 3월.

쓴 《孔方傳》에서는 동전이 생겨난 이후 사회경제적 변화를 풍자적으로 묘사하고 있다. 이러한 작품은 고려 후기 상품화폐경제의 발달에 따른 사회경제적 변화 속에서 나온 것이었다. 고려 후기 신분제 변동은 무신정권기와 원간섭기라는 정치적 변동과 상품화폐경제의 발달이란 경제적 변동의 산물이었다.68)

〈金東哲〉

2) 대외무역

(1) 원과의 무역

고려 후기에는 원의 간섭을 받는 특수 상황에서 주로 원과 교역하였다. 고려는 원과 단일한 정치·경제권에 속하였을 뿐 아니라 원을 통해 세계시장과 연결되어 있었다.1) 양국간의 무역은 크게 朝貢貿易, 公貿易·互市貿易, 私貿易, 密貿易으로 나눌 수 있다.2)

가. 조공무역

일반적으로 한중간의 외교관계 속에서 전개된 경제교류는 貢物과 回賜 형태로 이루어졌으나 여원관계는 특수하였다. 고려가 원에 정치적으로 강하게 예속되어 있었기 때문에 조공관계는 호혜적이 아니라 고려의 일방적인 희생을 강요하였다. 賀正使·聖節使·千秋使 등 각종 사신을 통하여 고려가 원에 바친 공물의 내용과 규모는 구체적으로 알 수 없지만 공물의 양은 많은 데

---

68) 홍희유, 앞의 책, 101~104쪽.
朴菖熙, 〈高麗後期 身分制 變動〉(《國史館論叢》 4, 1989).

1) 안병우, 〈고려시대 수공업과 상업〉(《한국사》 6, 한길사, 1994), 138쪽.
2) 麗元貿易의 성격을 범주화한 것으로 홍희유는 공무역(국가 또는 국왕의 이름으로 국가의 직접적인 장악하에 하는 무역)과 사무역(관리나 상인들이 개별적으로 하는 무역)으로 구분하였으며(홍희유, 《조선상업사－고대·중세》, 과학백과사전종합출판사, 1989), 전해종은 관무역·일반무역·밀무역으로 구분하였다(全海宗, 〈麗·元貿易의 性格〉, 《東洋史學硏究》 12·13, 1978). 그리고 장동익은 국가 대 국가, 국가와 개인, 개인과 개인의 무역으로 유형화하였다(張東翼, 《高麗後期外交史硏究》, 一潮閣, 1994).

비해, 반대급부인 회사는 이에 상응하지 못하였다.[3]

고려와 연합하여 강동성에서 거란족을 격파하고 고종 6년(1219) 형제관계를 맺은 후, 원은 군사적 우위를 바탕으로 매년 많은 貢物을 강요하였다. 고종 8년에는 수달피 1만 령, 가는 명주 3,000필, 가는 모시 2,000필, 솜 1만 근, 龍團墨 1,000정, 붓 200자루, 종이 10만 장, 紫草 5근, 紅花・藍筍・朱紅 각 50근, 雌黃・光漆・桐油 각 10근을 요구하였다.[4]

이러한 수탈은 원과의 우호관계가 체결된 원종대 이후에도 계속되었다. 황실・황족에 대한 공물뿐 아니라 재상들에게도 國贐(國信) 명목으로 선물을 바치는 것이 관례였다. 이외에도 정치적 간섭을 할 때나 고려측의 필요에 따라 황제나 재상들에게 별도의 많은 공물을 바쳤다. 사행 중 원 지방관에게 선물을 바치기도 하였다.[5]

공물 수탈은 주로 남송이나 일본 정복에 필요한 말과 군량을 확보하는 과정에서 이루어졌다. 원종 15년(1274)에 비단 3만여 필, 충렬왕 6년(1280)에 2만 필을 보내 쌀과 교환하였다. 고려는 이 비단을 각 도에 강제로 할당, 판매하여 군량을 확보하였다. 충렬왕 때에는 國贐馬라는 명목으로 원에 말을 보냈는데, 이 또한 각 도에 강제 할당해 거둔 것으로 기한 안에 말이 도착하지 않으면 사심관에게 선납하도록 하여 많은 폐단을 일으켰다.[6]

공물의 주요 품목은 금・은・구리・철 등 광산물, 箭羽・環刀 등 무기, 도자기・金畵옹기・화문석・龍席・竹簟・金鐥・酒鍾・眞紫羅・黃漆・종이・藏經紙 등 수공업품, 비단・무늬모시・가는 모시・布帛 등 의류, 곡물・인삼・海菜・건어・건포・쇠고기 등 농수산물, 해동청・鷂・鶻・말・野稚 등 동물, 불화・대장경 등 문화재 등이었다.[7] 공물 중 가장 피해가 심한 것은 식량과 해동청・요・골 등 각종 동물의 요구였다. 해동청 등의 확보를 위해 鷹坊이

---

3) 張東翼, 위의 책, 133~134쪽.
4) 《高麗史》 권 22, 世家 22, 고종 8년 8월 갑자.
全海宗, 《韓中關係史硏究》(一潮閣, 1970), 48쪽.
———, 앞의 글, 49쪽.
5) 張東翼, 앞의 책, 133~136쪽.
6) 안병우, 앞의 글, 138~139쪽.
7) 金渭顯, 〈麗・元間의 物貨交流考〉(《人文科學硏究論叢》 7, 明知大, 1990).
張東翼, 앞의 책, 136쪽.

널리 설치되었다. 그 결과 응방은 원 세력을 등에 업고 각종 특권을 행하여 많은 폐해를 일으켰다.[8] 원의 과다한 공물 요구로 농민들은 국가와 원에 대한 이중 부담을 지게 되었다.[9]

동부 이슬람지역과의 무역으로 은 부족이 심각해진 원은 이를 보충하기 위해 고려에 과중한 은 공물을 요구하였으며 개인 차원에서도 선물 등의 명목으로 많은 은을 요구·수탈하였다. 원은 고려의 은산지에 관리를 파견하여 채굴하기도 하고 원 화폐인 보초 유통을 통해서도 많은 은을 수탈하였다. 이와 같은 다양한 형태의 은 수탈로 고려는 심한 경제적 타격을 받았다.[10]

조공관계는 형식상으로는 다른 시기와 유사한 점이 많았다. 그러나 실질적으로는 원의 압제는 조공관계와는 차원이 다른 것이었다. 조공관계는 의례에 중점을 둔 상호관계라 할 수 있다. 그러나 여원관계는 원의 일방적 지배성이 강한 관계로서 양국의 조공관계는 그런 지배관계에 종속되어 있었다.[11]

나. 공무역·호시무역

원은 고려와의 접촉 초기인 원종 2년(1261) 7월, 巴思答兒의 건의로 압록강 서쪽 강변에 호시를 열기로 하였다.[12] 이를 위해 동년 10월에는 阿的迷失과 焦天翼을 파견하여 호시, 즉 榷場을 설치한다고 전하였다.[13] 그러나 호시는 원종 3년(1262) 정월 곧 철폐되고 말았다. 그 후 다시 塔察兒에 의해 호시 재개가 요구되었지만 허용되지 않았다.[14] 따라서 양국간에 필요한 물건을 거래하기 위하여 설치된 호시는 2~3개월 만에 폐지되고 말았다. 뿐만 아니라 호시가 열렸던 기간조차 특기할 만한 호시가 행하여졌다고 보기도 어렵다. 그러므로 양국간에는 제도상으로 공인된 호시무역은 거의 이루어지지 않았다

---

8) 內藤雋輔, 〈高麗時代の鷹坊について〉(《朝鮮學報》 8, 1955).
張東翼, 위의 책, 137~138쪽.

9) 張東翼, 위의 책, 138쪽.

10) 田炳武, 〈高麗時代 銀流通과 銀所〉(《韓國史硏究》 78, 1992), 96~97쪽.

11) 全海宗, 앞의 책, 50쪽.

12) 《元史》 권 4, 本紀 4, 世祖 中統 2년 7월 계해.

13) 《元史》 권 208, 列傳 95, 高麗, 世祖 中統 2년 10월.

14) 《元史》 권 5, 本紀 5, 世祖 中統 3년 정월 경오 및 권 208, 列傳 95, 高麗, 世祖 中統 3년 정월.

고 보는 것이 타당할 것 같다. 정치적 종속관계로 인해 원은 필요한 물자를 경제외적 방법, 즉 필요 물자를 고려에 통고하여 징수하는 고압적인 수탈책을 통해 획득할 수 있기 때문에 호시무역은 필요하지 않았을 것이다.[15]

호시는 성립되지 않았지만 양국간에 공적 거래가 없었던 것은 아니다. 국가 차원의 필요한 물자는 사신을 통해 교역하였기 때문이다. 대표적인 예로는 충렬왕 21~22년(1295~1296) 무렵 강남 福建行省에 周侍郞을 파견하여 각종 물품을 판매한 것이라던가, 충렬왕 29년(1303) 國學學正 金文鼎이 10哲의 초상과 文廟祭器를 구매해 온 것, 그리고 충숙왕 원년(1314)에 국자감원을 강남에 파견하여 1만여 권의 서적을 구입해 온 것 등을 들 수 있다. 호시도 성립되지 않고 조공무역 또한 호혜적이지 않았기 때문에, 서적·역서·병기 등 선진문물이나 군비상 필요한 물자는 원에 사신을 보내 요청하거나 구입하였다.[16]

다. 사무역

사무역은 주로 왕, 사신, 사신의 수행원, 상인, 지배세력 등에 의해 이루어졌다. 종전부터 왕실과 지배층은 무역을 통해 이익을 추구하였지만, 특히 원간섭기에는 빈번한 왕실 교류에 따라 왕실이 무역 주체로 등장한 것이 주목된다. 뿐만 아니라 왕실은 자기 자본으로 어용상인을 이용하여 적극 무역에 참여하였다.[17]

충렬왕은 4년(1278) 前大將軍 尹秀를 파견하여 북경에서 말을 사오게 하였으며,[18] 왕비 제국대장공주는 松子·인삼 등을 강남에 팔아 큰 이득을 보기도 하였다.[19] 특히 충혜왕은 개인적으로 재산을 모으는 데 비상한 관심을 쏟았다. 그는 복위 3년(1342) 南宮信을 보내어 포 2만 필과 금·은·보초를 가지고 幽州·燕州에서 교역하게 하였으며[20] 이듬해 3월에는 부자인 大護軍 林檜·前護軍 尹莊 등 십여 인에게 內庫의 재화를 주어 원에 가서 팔게 하였다. 또 9월에는 상인들을 원에 보내 內帑金으로 장사하게 하고, 이들에게 장군직을 주었다.[21] 이러한

15) 全海宗, 앞의 글, 44~45쪽.
張東翼, 앞의 책, 141쪽.
16) 張東翼, 위의 책, 141~144쪽.
17) 안병우, 앞의 글, 139쪽.
18) 《高麗史》 권 28, 世家 28, 충렬왕 4년 5월 신축.
19) 《高麗史》 권 89, 列傳 2, 后妃 2, 齊國大長公主.
20) 《高麗史》 권 36, 世家 36, 충혜왕 후3년 3월 병신.

상업활동은 자신의 정치기반을 안정시키기 위한 왕권강화책의 일환이었다.[22]

당시 왕실의 사무역은 국내상업과 연계되어 이루어지고 있는 것이 주목된다. 충혜왕은 앞에서 언급하였듯이 義成倉·德泉庫·寶興庫의 포 48,000필을 내어 시전에 점포를 차렸으며 상인 林信의 딸을 銀川翁主로 맞이하였다.[23] 충혜왕이 임신의 딸을 은천옹주로 맞이한 배경은 임신의 상업적 기반 때문이었을 것이다. 임신은 이로 인해 大護軍에 임명되어 왕의 측근이 되었다. 충혜왕은 유통경제의 발달에 편승하여 임신이나 남궁신과 같은 상인·폐행세력에게 장군직을 제수하여 측근세력으로 삼아 이들을 이용하여 국내상업이나 대원무역을 주도하였다. 왕실은 가장 많은 잉여를 축적할 수 있는 위치에 있었으므로, 국내외 상업에서 주도적 역할을 하였다. 권세가들도 국내외 상업에 적극 참여하였다. 그들은 주로 사행무역에 편승하거나 노비를 시켜 무역하는 방식을 취하였다.[24]

왕이 원을 방문할 때는 많은 수행원이 따라 갔다. 수행원의 규모는 시기에 따라 달랐지만 이전에 비해 크게 증가하였다. 충렬왕 10년(1284)에 왕과 공주·세자가 원에 갈 때 따라 간 신하는 1,200여 명, 가지고 간 물품은 은 630여 근, 저포 2,440여 필, 楮幣 1,800여 정이었다.[25] 동왕 22년(1296) 왕과 공주가 원에 갈 때도 신하 243명, 傔從 590명, 말 990필이 따라 갔다.[26] 대규모 수행원은 사행을 기화로 사적인 교역을 하였고 상인들 역시 이들과 결탁하여 사무역을 하였다.[27] 왕실의 비호를 받는 일부 어용상인들은 왕실 자본을 이용하여 무역하였으며 간혹 원의 官錢을 빌려 장사하는 상인도 있었다.[28]

양국간의 교통로는 육로·해로의 두 통로가 있었다. 정복국가인 원은 신속

---

21) 《高麗史》 권 36, 世家 36, 충혜왕 후4년 3월 신미·9월 병술.
22) 金塘澤, 〈高麗 忠惠王과 元의 갈등〉(《歷史學報》 142, 1994), 11~13쪽.
23) 《高麗史》 권 36, 世家 36, 충혜왕 후3년 2월 무오 및 권 89, 列傳 2, 后妃 2, 銀川翁主.
24) 전병무, 〈고려 충혜왕의 상업활동과 재정정책〉(《역사와 현실》 10, 1993), 240~241쪽.
25) 《高麗史》 권 29, 世家 29, 충렬왕 10년 4월 경인.
26) 《高麗史》 권 31, 世家 31, 충렬왕 22년 9월 정해.
27) 안병우, 앞의 글, 140쪽.
28) 《高麗史》 권 31, 世家 31, 충렬왕 21년 윤4월 기미.

한 군대 파견과 물자조달을 위해 사방에 驛站을 건설하고, 그 관리에 많은 노력을 기울였다. 고려도 국왕이나 사신의 원 행차를 위해 북부나 만주지역에 거점을 만들었다. 육로는 북경~개경 편도가 도보로 약 1개월 정도 걸렸다.[29] 해로는 산동반도의 登州 → 옹진반도의 북로와, 강남 명주(영파) → 봉래 → 회하입구 → 흑산도 → 서해안 → 개경의 남로가 있었다. 북로의 경우 등주 → 옹진반도의 직선 항로와, 등주 → 중국 동쪽 연안 → 발해안 → 서해안 → 개경의 항로가 있었다. 해로는 일본정벌을 위한 군량미 수송을 위해 개척·이용되었으나, 여원관계가 긴밀해지면서 기근 구제를 위한 식량을 비롯하여 인적·물적 수송에 많이 이용되었다. 해로는 풍향 등에 따라 차이가 있지만 남북 항로 모두 보통 편도 2~3일 정도 걸렸다. 해로는 위험하고 원의 수도가 북쪽에 있었기 때문에 인편의 왕래나 간단한 화물은 주로 육로를 이용하였다. 해로는 시간 단축이나 무겁고 양이 많은 물품을 빨리 운반하기 위해 주로 이용되었다.[30]

원 상인이 고려에 진출한 것은 송대보다는 많지 않았다. 충렬왕 21년(1295)에는 廣寧府 출신 상인 11명이 고려에서 상행위를 하다 법을 어겨 제주도에 유배된 적이 있었다. 또 泉州상인 孫天富·陳寶生 등이 해외무역에 종사하면서 고려에 왕래한 적이 있었다. 이러한 예로 보아 원 상인들도 상당수 고려에 와서 무역한 것 같다.[31] 많은 고려인들 역시 원에 가서 활동했던 것 같다. 원 수도 연경의 조운 집결지인 通州 관내의 宛平縣에는 고려인 집단 거주지인 高麗莊이 있었다. 고려장은 唐代의 新羅坊과 유사한 것으로, 여기에 거주하는 고려인은 원에서 무역에 종사하였던 것으로 여겨진다.[32]

상인들 사이에 무역이 활발하게 이루어진 것은 관세 규정을 통해서도 알 수 있다. 원의 해외무역 최전성기에는 泉州·上海·澉浦·溫州·廣州·杭州·慶元의 7곳에 市舶司가 설치되어 무역항 기능을 하였다. 그 후 천주·광주·경원의 3곳으로 줄었다가, 다시 昆山 太倉이 새로운 중요한 무역항 역할을 하였다. 여원

29) 張東翼, 앞의 책, 142쪽.
30) 陳高華, 〈元朝與高麗的海上交通〉(《震檀學報》 71·72, 1991).
張東翼, 앞의 책, 142~143쪽.
31) 陳高華, 위의 글, 351쪽.
張東翼, 위의 책, 146~147쪽.
32) 張東翼, 위의 책, 148쪽.

간의 무역항으로는 경원(浙江省 寧波)이 가장 중요한 기능을 하였다. 경원은 원래 明州로 송·고려간의 가장 중요한 무역항이었다. 천주도 송대뿐 아니라 원대에도 가장 중요한 무역항의 하나였다. 천주상인 손천부·진보생 등은 장기간 무역에 종사한 상인으로, 고려 외에 若闍婆·羅斛 등지에까지 가서 무역을 하였다.[33]

원은 市舶制에 따라 수입화물에 대해 1/10~1/15의 '抽分'을 거두었는데 이것은 시박세이고, 이외에도 1/30의 商稅를 거두었다. 양자를 내어야 원 국내에서 상업을 할 수 있었다. 충렬왕이 21~22년 무렵 강남에 周侍郎을 파견하여 무역할 때, 시박사에서 추분을 3/10세로 거두려 하자 江浙行省右丞 史耀는 고려 화물에 대해 1/30세를 적용할 것을 주장하였다. 시박세는 면제하고 상세만 거두는 것으로, 원 국내 화물과 같이 우대하는 것이었다. 이 주장이 실현되었는지 알 수 없으나 양국간의 무역에 일정한 관세가 적용되고 있음을 알 수 있다. 고려에 대한 우대 관세규정으로 보아 강남으로 수출하는 물자가 적지 않았던 것 같다.[34]

수출품은 차·화문석·묵·종이·그릇·모시·삼베·비단·송자·행인·말·인삼·茯笭·石溜璃·熊掌·笠 등이 중요하였다. 특히 화문석과 松葉으로 만든 柯山墨, 등잔용 석유리, 종이, 중국 龍泉窯에 비견되는 고려자기, 모시·삼베·비단 등은 중국인이 선호하는 기호품이었다. 수입품은 絲綢·서적·玉器·향료 등이 중요하였다. 향료는 주로 동남아나 아라비아에서 산출되는 것이었다.[35]

원과의 교역으로 고려의 많은 물자가 유출되었다. 충렬왕 22년(1296) 중찬 洪子藩은 소·말 유출이 민생을 저해한다 하여, 상인들에 의한 소·말 유출을 금지하도록 하였다. 이처럼 물자 유출은 초기부터 큰 사회적 문제가 되었다.[36] 소·말과 함께 금·은 같은 귀금속도 많이 유출되었다. 특히 은은 왕의

---

33) 陳高華, 앞의 글, 349~357쪽.
張東翼, 위의 책, 146~147쪽.

34) 陳高華, 위의 글, 355쪽.
한편 장동익은 관세인 3/10의 抽分은 면제하고, 1/30의 시박세만 거둔 것으로 보았다. 또 사요에 대해서는 福建行省 平章政事 史曜라 하였다(張東翼, 위의 책, 149쪽).

35) 陳高華, 위의 글, 349쪽·357~358쪽.
張東翼, 위의 책, 148쪽.

36) 金光哲, 〈洪子藩研究－忠烈王代 政治와 社會의 一斷面－〉(《慶南史學》 1, 1984).

빈번한 원 방문을 위한 경비나 무역품의 결제수단으로 사용되었다. 은본위제인 중국은 10세기 중반 이후 약 3세기 동안 동부 이슬람지역으로 은이 대량 유출되어, 만성적으로 은 부족 상태에 빠졌다. 원이 보초 등 지폐제를 채택한 것도 은 부족에 따른 조치였다. 중국 은의 유출에 편승하여 고려 은도 원으로 대량 유출되어 국가재정을 고갈시키며 고려경제에 큰 타격을 주었다.37)

라. 밀무역

밀무역은 사신들의 원 행차에 편승하여 주로 사신들이나 호종원, 이들과 결탁된 상인들을 중심으로 이루어졌다. 대표적인 사례로는 원종 4년(1263)의 禮賓卿 朱英亮·郎將 鄭卿甫의 밀무역사건을 들 수 있다. 주영량과 정경보는 원종 4년 4월 수달피 500장, 명주 100필, 백저포 300필, 表紙 500장, 奏紙 1,000장을 가지고 원에 파견된 사신이다.38) 그런데 이들은 귀국 후에 사행길에 뇌물을 받고 상인 17명을 데리고 가서 큰 장사를 한 것이 발각되어 처벌되었다. 즉 17명의 상인에 대해서는 銀甁 170개, 眞絲 700근을 몰수하고 섬에 귀양보내졌으며, 주영량에게는 은 9근, 정경보에게는 은 7근을 벌금으로 징수하고 섬으로 귀양보냈다.39) 상품화폐경제가 발달하여 대외무역이 확대됨에 따라 왕실과 사행관료, 그리고 이들과 결탁한 상인들의 사무역은 더욱 확대되었으며, 이에 따라 밀무역도 더욱 성행하였다. 이처럼 밀무역이 성행하자 원에서는 사신을 따라온 徒從들이 도중에 군읍에 머물러 매매하는 것을 금하였다. 특히 원종 12년(1271)에는 원 중서성에서 글을 보내 앞으로 병기나 말의 밀무역을 금한다고 통고하였다. 이러한 밀무역 금지조치가 시행된 것은 당시 밀무역이 상당히 성행하였음을 반증하는 것이다.40)

盧鏞弼, 〈洪子藩의 「便民十八事」에 대한 연구〉(《歷史學報》 102, 1984).
안병우, 앞의 글, 140~141쪽.

37) 愛宕松男, 〈斡脫錢とその背景－十三世紀モンゴル元朝における銀の動向〉(《東洋史硏究》 32-1·32-2, 1973).
李泰鎭, 《朝鮮儒敎社會史論》(지식산업사, 1989), 98~99쪽.
田炳武, 앞의 글(1992), 94~95쪽.
———, 앞의 글(1993), 238쪽.
안병우, 위의 글, 141쪽.

38) 《高麗史》 권 25, 世家 25, 원종 4년 4월 갑인·8월 갑자.

39) 《高麗史》 권 25, 世家 25, 원종 4년 12월 임술.

(2) 다른 지역과의 교역

가. 중국 강남과의 교역

14세기 중엽 원이 쇠퇴하면서 강남지역에는 張士誠·方國珍 등 지방할거 세력이 대두하였다. 이들은 연해안 무역항을 점거하면서 경제력을 증대시키기 위해 고려와의 무역을 도모하였다. 《高麗史》에 의하면 공민왕 7~14년(1358~1365) 사이에 장사성과 그 소속 집단에서 17차례 사신을 파견하였다. 가장 중요한 목적은 무역 진흥이었다. 방국진은 공민왕 7~13년에 걸쳐 5차례 사신을 파견하였는데 목적은 마찬가지였다. 태창항(江蘇省 太倉)은 원대 해운발전으로 형성된 항구로서 장사성과 고려를 연결시켜 주는 중요한 창구였다. 방국진이 고려와 왕래할 수 있었던 것도 무역항인 경원을 장악하고 있었기 때문이다. 고려에서도 출판업의 중심지인 강남에 사신을 파견하여 서적을 구입하는 등 수 차례 사신을 파견하였다. 그러나 공민왕 16년(1367)에 방국진이 주원장에게 투항함으로써 방국진과 고려와의 관계는 끝나버렸다.[41]

나. 명과의 교역

공민왕 17년(1368) 明나라가 건국되자 고려는 친명외교로 전환하였다. 우왕 10년(1384) 만주에 설치된 定遼衛가 명의 칙명을 받아 압록강을 건너와 무역하기를 청하자 고려는 義州에 한해서만 互市하는 것을 허락하면서, 금·은·소·말의 교역은 금하였다.[42] 명으로의 사행이 늘어나면서 사신들의 밀무역이 증가하였다. 한성부윤 柳爰廷의 경우 앞서 사신갔을 때 밀무역을 한 것 때문에, 공양왕 3년(1391) 사헌부의 탄핵을 받아 관직을 삭탈당하고 귀양죄에

---

40) 《元史》 권 103, 志 51, 刑法 2, 職制 下.
《高麗史》 권 27, 世家 27, 원종 12년 3월 정축.
全海宗, 앞의 글, 52쪽.
홍희유, 앞의 책, 116쪽.
張東翼, 앞의 책, 147~148쪽.

41) 《高麗史》 권 39, 世家 39, 공민왕 7년 5월 경자·7월 갑진.
홍희유, 앞의 책, 120쪽.

42) 《高麗史》 권 135, 列傳 48, 신우 10년 10월 계유.
田壽炳, 〈高麗朝의 商業發展要因에 관한 硏究〉(《大田大論文集》 4, 1985), 18~19쪽 참조.

처해졌다.[43] 공민왕대 이후로 사신들의 밀무역이 성행하였기 때문에 중국인들로부터 고려 사신은 사대를 빙자하면서 실제는 무역을 하러 온다는 빈축을 사기까지 하였다.[44]

밀무역은 사신과 사행원뿐 아니라 이들과 결탁된 상인들에 의해서도 주도되었다. 명은 금·은·소·말을 공물이나 무역품으로 요구하였다. 고려는 과렴 등의 방법으로 일부 요구에 응하였으나 전적으로 따를 수는 없었다. 그러나 상인들은 요양·심양지역을 중심으로 상업하면서 이를 대량으로 유출시켜 이익을 취하였다. 그 때문에 국내에는 노쇠한 당나귀와 노새만 남게 되었다고 할 정도였다. 금·은·소·말·모시·삼베 등의 밀무역 증가로 심각한 경제적 타격을 받게 되자, 우왕 때는 금·은·소·말의 수출을 제한하였다. 이러한 조치에도 불구하고 밀무역이 늘어나자 공양왕 3년에는 軍資少尹 安魯生을 西北面察訪別監으로 삼아 밀무역 단속을 강화하였다. 그리고 상인이 사사로이 금·은·소·말 등을 가지고 명에 가서 매매하는 것을 금하는 것을 공식 선포하였다. 이는 무역으로 인한 물자유출을 막으면서 취약해진 국내산업을 보호하려는 조치였다.[45]

다. 일본과의 교역

일본과의 교역은 사절의 왕래를 통한 進奉貿易이 중심이었다. 일본사절의 명칭은 일본국사·살마주사·대마도사·일기도구당관 등 다양하였다.[46] 11세기 중반에서 12세기 중반에 걸쳐 일본 對馬島·壹岐島·大宰府(博多)·薩摩 등지의 사자·상인들의 왕래로 고려와의 교역은 꽤 활발하였다. 그래서 송－고려－일본 사이에 이른바 連鎖관계가 맺어졌다.[47] 대마도의 고려에 대한 진봉의 개시는 1160(고려 의종 14)년 이후 특히 1169년 무렵이다. 당시 대재부

43) 《高麗史節要》 권 35, 공양왕 3년 12월.

44) 《高麗史節要》 권 33, 신우 14년 6월.
田壽炳, 앞의 글, 14쪽.

45) 《高麗史》 권 135, 列傳 48, 신우 10년 10월 계유·권 46, 世家 46, 공양왕 3년 5월 무술·기유 및 권 85, 志 39, 刑法 2, 禁令 공양왕 3년 3월·5월.
葉泉宏, 《明代前期中韓國交之硏究(1368~1488)》(商務印書館, 1991), 52쪽.

46) 李鉉淙, 〈高麗와 日本과의 關係〉(《東洋學》 7, 檀國大, 1977).

47) 川添昭二, 〈中世の對外關係〉(《日本史研究の新視点》, 日本歷史學會編, 吉川弘文館, 1986), 117쪽.
森克己, 〈日宋麗連鎖關係の展開〉(《史淵》 41, 九州大, 1949).

최고책임자인 大貳 平賴盛은 日宋貿易을 위한 안전한 항로의 확보와 고려와의 교역을 통한 경제적 이익을 위해 고려와 우호관계를 맺었다.[48)]

이러한 진봉무역의 성격에 대해서는 여러 견해가 제기되어 있다. ① 공적 관계가 아닌 私獻貿易,[49)] ② 형식은 조공무역과 유사하나 개인적 사헌무역,[50)] ③ 대마도의 고려무역에 대한 단순한 호칭,[51)] ④ 사적인 상업적 관계가 아닌 지방행정적 기관의 차원을 넘은 구체적인 내용을 가진 공적 관계[52)] 등이다. 그 성격을 어떻게 보든지 12세기말에서 13세기 중엽까지 양국은 대마도의 진봉을 매개로 우호적인 관계를 유지한 것은 분명하다.[53)]

그러나 이러한 우호적 관계는 왜구의 창궐로 변하지 않을 수 없게 되었다. 고려시대에 왜구가 처음 보이는 것은 고종 10년(1223) 5월에 왜구가 金州(김해)를 노략질했다는 기록이다.[54)] 이후에도 왜구의 침입은 계속되었다. 특히 고종 13년에는 松浦黨이라는 구주지역 왜구가 수십 척의 병선을 이끌고 금주 등 남부지역을 침략하여 민가를 부수고, 은기 등 재물을 약탈하였다.[55)]

이 사건에 대해 이듬해에 全羅州道按察使는 大宰府當使에게 왜구의 난동을 항의하는 첩장을 보내면서 이를 겸창막부 장군에게 곧 통지할 것을 요구하였다. 이에 대재부당사인 大宰少貳 武藤資賴는 고려측의 항의에 사과하면서, 약탈에 가담했던 90명을 체포하여 고려국사의 면전에서 참수하고 이 사실을 막부에 보고하였다. 하지만 일본 조정은 나라의 수치라고 하면서 그의

48) 李 領, 〈中世前期の高麗と日本 －進奉關係を中心として－〉(《地域文化硏究》 8, 東京大, 1994).

49) 森克己, 〈鎌倉時代の日麗關係〉(《朝鮮學報》 34, 1965).
———, 〈日・宋と高麗との私獻貿易〉(《朝鮮學報》 14, 1959).

50) 鈴木靖民, 〈日本と高麗の貿易〉(《セミナー日朝關係史》 Ⅰ, 井上秀雄編, 櫻楓社, 1969), 133쪽.

51) 靑山公亮, 《日麗交涉史の硏究》(明治大, 1955).

52) 李 領, 앞의 글.

53) 李 領, 위의 글.

54) 《高麗史》 권 22, 世家 22, 고종 10년 5월 갑자.

55) 田中健夫, 〈中世海外貿易の性格〉(《日本經濟史大系》 2, 東京大出版會, 1965), 286쪽.
田村洋幸, 《中世日朝貿易の硏究》(三和書房, 1967).
大山喬平, 〈中世の日本と東アジア〉(《講座 日本歷史》 3, 東京大出版會, 1984), 29～30쪽.

처사를 비난하였다. 무등자뢰의 이러한 대응책에 대해《高麗史》에서는 고종 14년(1227)에는 일본에서 국서를 보내어 왜구의 침략을 사과하면서 종전대로 다시 수호하고 互市할 것을 청원하였다고 하였다.[56] 무등자뢰가 고려측 요구에 전부 응하는 적극적인 조치를 취한 것은, 앞서 平頼盛과 마찬가지로 자신이 일송무역의 담당자이며 현지 책임자로서 송을 왕래하는 선박의 안전한 항로를 확보하는 동시에, 고려와의 무역을 통한 이익을 얻기 위해서는 우호관계를 유지할 필요가 있었기 때문이었다.[57]

이러한 조치에도 불구하고 왜구의 약탈은 지속되었다. 원종 4년(1263) 2월에는 경상도 熊神縣 勿島를 침입하여 조운선을 습격하여 미곡 120석과 세포 43필을 약탈하고, 돌아가면서 椽島를 습격해 식량 등을 약탈하였다. 이에 대해 고려는 4월 洪泞·郭王府 등을 사신으로 파견하여 항의하고 왜구 통제를 요구하였다. 그리고 진봉선에 대해서는 定約대로 연 1회·2척으로 제한하는 무역 통제책을 강화하였다. 진봉선은 金州의 객관에서 영접하였다.[58] 원종 원년 고려가 원과 강화를 하고, 원종 7년 정월 1일 일본의 入朝를 재촉하는 원의 국서와 고려 첩장을 가진 고려 사신이 대재부에 도착하였다. 이것은 일본

56)《高麗史》권 22, 世家 22, 고종 14년 5월 을축.
川添昭二, 〈鎌倉時代の對外關係と文物の移入〉(《岩波講座 日本歷史》6, 1975), 53~54쪽.
———, 〈中世における日本と東アジア(上)〉(《福岡大學綜合硏究所報》147, 1992), 77~78쪽.
李 領, 앞의 글.

57) 田村洋幸, 앞의 책, 8쪽.
大山喬平, 앞의 글, 29~30쪽.
李 領, 위의 글.
川添昭二, 위의 글(1992), 77~78쪽.
杉浦亮治, 〈アジアの中世－倭寇禁壓使節を通しての日麗關係〉(《歷史硏究》12, 愛知縣立藝大, 1964), 32~33쪽.

58)《高麗史》권 25, 世家 25, 원종 4년 4월 갑인.
靑山公亮, 앞의 책, 22쪽.
中村榮孝,《日鮮關係史の硏究(上)》(吉川弘文館, 1965), 20쪽.
田村洋幸, 위의 책, 21~22쪽,
———, 〈高麗における倭寇濫觴期以前の日麗通交〉(《經濟經營論叢》28-2, 京都産業大, 1993), 82~83쪽.
羅鍾宇,《韓國中世對日交涉史硏究》(圓光大 出版局, 1995), 132~133쪽.

이 원으로부터 정식으로 외교문서를 수리한 최초의 사건이었다.[59] 이를 기점으로 고려와 일본과의 관계는 급속히 악화되었다. 그러다가 충렬왕 즉위년(1274)과 7년, 2차례에 걸친 원과 고려의 일본침략을 계기로 양국간의 수호관계는 단절되고 말았다.[60] 이러한 정치적 상황과 함께 왜구의 침략이 빈번해짐에 따라 양국간의 교역은 단절되고 말았다.

라. 유구와의 교역

유구와 고려가 국가 차원에서 국교를 처음 맺은 것은 창왕 원년(1389) 8월에 유구국 中山王 察度가 玉之를 사신으로 파견하여 신하의 예를 칭하면서부터이다. 이 때 찰도는 왜에 의해 약탈되어 유구에 팔려간 고려인을 송환하겠다고 하면서, 유황 300근·소목 600근·호초 300근·甲 20부를 방물로 바쳤다. 하지만 유구가 사신을 보내어 교류를 희망한 배경은 그해 2월에 경상도 원수 朴葳가 대마도를 정벌한 데 대해 위압감을 느낀 때문인 점도 있었다.

유구는 일본과 중국의 중간에 위치하여 무역상의 많은 이익을 취하고 있었다. 고려가 대마도를 정벌하자 고려를 재인식하여 무역상의 이익을 얻고자 국교를 요청한 것 같다. 고려는 유구와의 교섭 전례가 없어 대응에 고심했지만 먼 곳의 사행을 박대하는 것은 예의가 아니라 하여 전판사 陳義貴를 영접사로 삼아 접대하였다. 그 후 典客令 金允厚·副令 金仁用을 유구에 보내어 고려인을 환송하겠다는 후의에 사의를 표하면서, 鞍子 2·銀鉢匙箸 각 2·銀盞盃 각 1·黑麻布 20필·虎皮 2령·豹皮 1령·滿花席 4장·箭 100매·畵屛 1부·畵簇 1쌍을 예물로 보냈다. 그 후 고려가 망하자 양국간의 통교는 지속될 수 없었지만 유구와의 관계는 조선건국 후에도 지속되었다.[61]

〈金東哲〉

59) 田中健夫, 앞의 글, 287쪽.

60) 《高麗史》 권 114, 列傳 27, 羅興儒.
李 領, 앞의 글.

61) 《高麗史》 권 137, 列傳 50, 신창 원년 8월.
閔丙河, 〈麗末 鮮初의 琉球國과의 關係〉(《國際文化》 Ⅲ-2, 成均館大, 1966), 6~7쪽.
青山公亮, 〈琉球中山國と高麗國との通好〉(《日本歷史》 43, 1951), 18~19쪽.

3) 화폐의 유통

고려시대의 화폐는 물품화폐와 금속화폐로 나눌 수 있다. 물품화폐는 베나 쌀이, 금속화폐는 주로 동전이 사용되었다. 금속화폐는 동전뿐 아니라 고액의 銀瓶이 통용되었다. 원간섭기에는 원의 寶鈔가 유입되어 큰 영향을 주었으며 고려말에는 楮貨制를 채택하려는 움직임이 있었다.

(1) 포 화

布貨는 가장 오랫동안 주요한 교환수단으로 사용되었던 화폐이다. 직물은 폭이 대체로 일정하므로 升數가 많을수록 고급이다. 승수가 많은 것을 細布, 적은 것을 麤布라 하였다. 升(綜)은 經絲 80縷를 표시하는 단위이다. 포화로는 麻布 五升布(종포)가 일반적으로 통용되었다.[1] 보통 정도의 품질인 5승포는 14세기에는 소은병의 가치를 표시하는 척도로 사용되었다. 종전부터 납세를 통해 규격화된 5승포가 14세기에는 주된 가치척도로서 일반적인 등가물의 위치를 차지한 것이다. 다양한 포 가운데 5승포의 마포만이 포화가 된 것은 납세수단으로 품질이 균일화되었기 때문이다. 5승포가 공인 포화가 된 것을 기반으로 공민왕과 공양왕 때의 화폐개혁론은 은전과 5승포, 저화와 5승포의 겸행론을 주장하였다.[2] 하지만 고려 후기에는 포화의 질이 점점 떨어져 2~3승의 추포가 대량 유통되었다.[3]

5승포의 유통이 부진하고 추포 사용이 늘어나자 상품유통이 부진하고 물가가 등귀하는 등 여러 가지 사회문제가 일어났다. 이에 공민왕 6년(1357)부터는 포를 관청에 납부하여 표인한 후 매매할 수 있도록 하고, 은전의 주조와 함께 5승포를 병용하도록 하였다.[4] 이러한 조치에도 불구하고 추포 통용

---

1) 金柄夏, 〈李朝前期의 貨幣流通 －布貨流通을 中心으로〉(《慶熙史學》 2, 1970), 29~32쪽.
崔虎鎭, 《韓國貨幣小史》(瑞文堂, 1974), 21쪽.

2) 須川英德, 〈高麗末から朝鮮初における貨幣論の展開－専制國家の財政運用と楮貨－〉(《朝鮮社會の史的展開と東アジア》, 武田幸男編, 山川出版社, 1997).

3) 金柄夏, 〈高麗時代의 貨幣流通〉(《慶熙史學》 3, 1972), 30~31쪽.
崔虎鎭, 앞의 책, 21쪽.

은 여전하여 공양왕 3년(1391) 3월 중랑장 房士良은 楮幣를 만들어 화폐로 삼고 추포 사용을 금할 것을 주장하였다.[5] 그러나 추포는 농민들의 소규모이면서도 항상화·등가화된 교환시장에 적합한 화폐였다. 따라서 추포 사용의 확대는 상업권 속에 영세 농민층이 새로 편입되어 가는 현상으로서 상업 유통의 범위가 확대되어 가는 면도 내포하고 있다.[6]

(2) 은병과 소은병

숙종 6년(1101) 주조된 銀甁은 고려말까지 본위화폐로서, 보조화폐인 포화와 함께 통용되었다. 12세기 이후 매매·뇌물·조세대납·물가표시 등의 주요 수단으로 은 유통이 늘어나면서 구리를 섞는 盜鑄현상이 발생하여, 은병 가치가 떨어졌다. 질 나쁜 은병이 유통되고 질 좋은 은병은 축재수단으로 사용되었다. 고려 후기에는 은의 해외유출이 심해 국가보유 은이 부족하였기 때문에 은병을 새로 주조하기가 어려웠다.[7]

구리가 섞인 악화은병의 가치를 안정시키기 위해, 충렬왕 8년(1282)에는 은병을 쌀로 환산하는 折米率이 정해졌다. 개경은 은병 1개에 쌀 15~16석, 지방은 18~19석으로 교환율을 정하고, 경시서가 그 해 농사의 풍흉에 따라 조절하도록 하였다.[8] 이듬해는 감찰사에서 종래 쌀 20석하던 은병 값을 10석으로 개정하려고 하였으나 시전상인 등이 매매를 거부하여 종전대로 가격을 실시하였다.[9] 13세기 후반 은병 가격은 대개 쌀 20석 내외였다. 종전보다는

---

4) 《高麗史》 권 79, 志 33, 食貨 2, 貨幣 공민왕 5년 9월.
5) 《高麗史》 권 79, 志 33, 食貨 2, 貨幣 공양왕 3년 3월.
6) 宋在璇, 〈16世紀 綿布의 貨幣機能〉(《邊太燮博士華甲紀念史學論叢》, 三英社, 1985), 427쪽.
李景植, 〈16世紀 場市의 成立과 그 基盤〉(《韓國史硏究》 57, 1987), 52쪽.
7) 李能植, 〈麗末鮮初의 貨幣制度〉(《震檀學報》 16, 1949), 147쪽.
田炳武, 〈高麗時代 銀流通과 銀所〉(《韓國史硏究》 78, 1992), 104쪽.
안병우, 〈고려시대 수공업과 상업〉(《한국사》 6, 한길사, 1994), 145쪽.
8) 《高麗史》 권 79, 志 33, 食貨 2, 市估 충렬왕 8년 6월.
金柄夏, 앞의 글(1972), 33~34쪽.
崔虎鎭, 앞의 책, 32쪽.
權仁赫, 〈朝鮮初期 貨幣流通 硏究-特히 太宗代 楮貨를 中心으로-〉(《歷史敎育》 32, 1982), 86쪽.
9) 《高麗史》 권 84, 志 38, 刑法 1, 職制 충렬왕 22년 5월.

값이 하락하였으나 여전히 고액이어서, 일반민보다는 귀족이나 상인을 중심으로 유통되었다. 특히 권세가의 민에 대한 강제교역의 중요한 수단으로 많이 이용되었다.[10] 민간뿐 아니라 조정에서도 구리를 합주했기 때문에 은병 가치는 계속 하락하였다. 그래서 충숙왕 15년(1328) 12월에는 上品瓶은 賓布 10필, 貼瓶은 布 8~9필로 값을 정하여 강력히 시행하려고 하였다. 그러나 구리가 많이 섞여 민간에서 따르지 않으므로 잘 시행되지 않았다.[11]

이처럼 고려 후기에는 은병이 상품은병과 첨병의 두 종류로 유통되었고, 개경과 지방이 가격 차이가 있었으며, 또한 은병 가격이 점점 하락하였다. 이처럼 은병의 종류와 가격이 변하고 있는 것은 유통경제와 관련하여 주목되는 현상이다. 이는 유통경제의 발달에 따라 은 1근으로 만든 은병은 너무 고액이어서 유통구조상에서 불편하며, 또한 원간섭기에 은 유출 증가에 따른 은 부족으로 은병의 질이 계속 저하되면서 나타나는 현상이기도 하였다.[12]

충혜왕이 즉위한 후 처음 취한 경제조치가 小銀瓶의 주조였다. 충혜왕은 원년(1331) 4월에 소은병을 발행하고 구은병 사용을 금하였다. 소은병의 크기는 구은병보다 작지만 1개당 5승포(종포) 15필로 책정하였다. 충숙왕 15년(1328)의 상품은병이 종포 10필이었으므로 약 1.5배 오른 셈이다.[13] 부족한 재정을 마련하기 위하여 은병의 크기를 축소하면서도, 전보다 가격을 높게 책정하여 부등가교환을 추진한 것이 아닌가 한다. 충혜왕은 함량이 부족한

李能植, 앞의 글, 152쪽.

10) 《高麗史》 권 79, 志 33, 食貨 2, 市估 충렬왕 9년 7월.

11) 《高麗史》 권 79, 志 33, 食貨 2, 市估 충숙왕 15년 12월.
金柄夏, 앞의 글(1972), 34쪽.
崔虎鎭, 앞의 책, 32쪽.

12) 전병무, 〈고려 충혜왕의 상업활동과 재정정책〉(《역사와 현실》 10, 1993), 247쪽.

13) 《高麗史》 권 79, 志 33, 食貨 2, 貨幣 충혜왕 원년 4월.
金柄夏, 앞의 글(1972), 34쪽.
崔虎鎭, 앞의 책, 32쪽.
그러나 李能植은 《高麗史》 권 79, 志 33, 食貨 2, 貨幣 공민왕 5년 9월조에 은병 1근 값이 100여 필이라고 한 것에 근거하여 소은병의 가치가 구은병에 비해 약 1/7 정도 축소되었다고 하였다(李能植, 앞의 글, 154쪽).

소은병을 유통시켜 그 차액을 도모하고, 구은병 사용을 금지시켜 권세가들이 은병을 함부로 주조하여 교역하는 것을 막고 유통경제를 직접 장악하려고 하였다.[14] 즉 국가가 소은병의 地金價值 이상을 일방적으로 선언함으로써 소은병의 주조 이익을 차지하려는 의도가 내포되어 있었다.[15]

소은병 주조는 은의 부족에 의한 것이지만 은병 사용에 대한 요구가 증가한 것을 반영한 것으로 화폐유통의 일정한 발전을 보여주는 것이다. 그러나 소은병도 성공적으로 유통되지는 못하였다.[16] 소은병도 주조 후 곧 위폐가 나오고 점차 구리의 합주가 증가하였다. 소은병은 은병인지 구리인지 구별할 수 없을 정도로 나빠져 고려말에는 거의 유통되지 않았다. 다만 일부 지방에서 조선초까지 유통되었다.[17]

(3) 쇄은과 은전

충숙왕 15년(1328)에 資贍司에서는 은병 주조 때 구리의 盜鑄로 인해 '銀少銅多'한 저질의 은병이 통용되고 있음을 지적하고 있다. 하지만 심한 도주는 개인뿐 아니라 국가에 의해서도 행해지고 있었다. 질 나쁜 은병이 유통되고 은의 심한 대외유출로 국가가 보유한 은이 부족했기 때문에 은병을 새로 주조할 수도 없게 되자 이의 대안으로 碎銀을 만들어 유통시켰다.[18] 쇄은은 은병 한 개 무게의 은괴로서, 절단하여 사용할 수 있는 화폐였다. 일정한 중량과 순도를 가진 쇄은은 천칭의 저울추와 같은 기능을 하다가 점차 일반적인 칭량화폐로 통용되었다. 농장이나 상업활동을 통해 부를 축적한 부호층은 은을 축적하고 이를 바탕으로 사사로이 쇄은을 사용하였다.

---

14) 전병무, 앞의 글(1993), 247~248쪽.
15) 井上正夫, 〈高麗朝の貨幣－中世東アジア通貨圈を背景にして〉(《靑丘學術論集》2, 한국문화연구진흥재단, 1992), 208쪽.
그러나 은의 순도가 높아졌기 때문에 소은병의 가치가 오른 것으로 파악하기도 한다(金柄夏, 앞의 글, 1972, 34쪽 및 崔虎鎭, 앞의 책, 32쪽).
16) 안병우, 앞의 글, 145~146쪽.
17) 金柄夏, 앞의 글(1972), 34쪽.
崔虎鎭, 앞의 책, 32~33쪽.
18) 權仁赫, 앞의 글, 86~87쪽.
안병우, 앞의 글, 145쪽.

쇄은이 언제부터 사용되었는지 알 수 없으나 충렬왕 13년(1287) 쇄은에 구리를 합주하는 것을 금한 사실에서 이미 충렬왕 무렵에는 널리 유통되고 있었다고 보여진다. 쇄은은 은병의 보조화폐였으나 은병을 대신하여 주도적 화폐가 되었기 때문에 따라서 국가의 화폐관리 기능을 크게 약화시켰다.[19]

쇄은에도 구리를 합주하는 경향이 나타났다. 충렬왕 13년 4월에 쇄은과 구리의 합주를 금하는 법령을 내렸지만 효과가 없었다. 공민왕 5년(1356) 9월 화폐개혁을 하려고 각종 화폐의 득실을 논할 때, 쇄은을 정식화폐로 채용하자는 논의까지 대두된 것으로 보아, 쇄은이 은병을 대신하여 널리 유통되었음을 알 수 있다.[20] 공민왕 5년 9월 간관의 말에 의하면, 이 무렵 쇄은을 다시 화폐로 사용하자는 논의가 대두되었는데 쇄은은 각인되지 않아 화폐로 적당하지 않으므로 표인한 은전을 만들어 사용하기로 하였다. 은전은 은병이나 布가 조악하여 거래에 혼란을 일으켰기 때문에 안정된 가치를 가진 매개물의 필요에 따라 발행되었다. 開元(당의 연호)과 崇寧(송의 연호)이라는 명문이 새겨진 은전이 발굴된 적이 있다. 이 은전은 공민왕 5년에 은전 발행이 논의되었을 당시의 것이라고 보여진다. 중국화폐를 모사하여 만든 것 같으나[21] 널리 유통되지는 않은 듯하다. 그렇지만 소은병 절반 가치의 은전을 주조한 것은 은화 유통이 점차 일반민의 수요에 따라가게 된 것을 반영하는 현상으로 보인다.[22]

은병·쇄은 등의 은화는 화폐로서 큰 비중을 차지하고 있었다. 은화는 유

---

19) 李能植, 앞의 글, 147~152쪽.
權仁赫, 위의 글, 86~87쪽.
안병우, 위의 글, 145쪽.

20) 《高麗史》 권 79, 志 33, 食貨 2, 貨幣 충렬왕 13년 4월·공민왕 5년 9월.
李能植, 위의 글, 151~152쪽.
金柄夏, 앞의 글(1972), 34쪽.
崔虎鎭, 앞의 책, 33쪽.

21) 《高麗史》 권 79, 志 33, 食貨 2, 貨幣 공민왕 5년 9월.
金柄夏, 위의 글, 34~35쪽.
崔虎鎭, 위의 책, 33쪽.
井上正夫, 앞의 글, 208쪽.

22) 홍희유, 《조선상업사-고대·중세-》(과학백과사전종합출판사, 1989), 95쪽.

통구조에서는 물론 토지·주택 등 부동산 매매에 사용되었으며, 특히 원과의 무역이 활발해지면서 결제수단으로 널리 유통되었다.[23] 은병이나 쇄은 등이 널리 유통되자 수요가 증가하여 盜鑄현상이 나타났다. 은병 도주에 대한 대책은 숙종 이후 예종·충렬왕·충숙왕·충혜왕·공민왕대에 계속 제기되었으나 이를 금지시켜 물가를 안정시키지는 못하였다.[24]

(4) 원의 보초

원간섭기에 들어와 화폐사에서 주목되는 현상은 원의 지폐가 유입되어 사용된 점이다. 전함 건조비 등 명목으로 유입된 寶鈔는 처음에는 단순한 軍票의 성격을 띠고 있었다. 그러나 여원연합군의 일본침략 준비를 계기로 점점 원 경제권에 통용되는 공통 화폐적 성격이 농후하게 되었다.[25] 특히 은 부족으로 인한 은화 주조의 곤란은 원 경제권에 포섭된 경제현실과 상호 작용하여 보초를 유통시키게 되었다.

보초가 언제 고려에 유입되었는지는 분명하지 않다. 충렬왕 2년(1276) 3월에 낭장 李仁을 원에 보내 행궁의 비용을 청구하였고 또 은을 가져가 보초와 바꾸게 하였으므로, 이 때 이미 유입되고 있음을 볼 수 있다.[26] 충렬왕 13년(1287)에는 원의 至元寶鈔와 中統寶鈔가 유입되었다. 원에서는 5·10·20·30·50·100·200·300·500문, 1·2관문의 11종 지원보초와 10·20·30·50·100·200·300·500문, 1·2관문의 10종 중통보초가 통용되었다. 고려에는 어떤 보초가 유입되었는지 분명하지 않으나, 지원보초 1관을 중통보초 5관의 가치로 통용시켰다.[27] 원은 또 至大銀鈔를 만든 후, 충선왕 원년(1309) 行省郞 中忻豆를 보내어 지대은초도 사용할 것을 통고하였다.[28] 그러나 곧 지원보초와 중통보초가 다시 사용되었으므로 지대은초는 거의 통용되지 않

23) 홍희유, 위의 책, 96~97쪽.
田炳武, 앞의 글(1992).
24) 田炳武, 위의 글, 246쪽.
25) 李能植, 앞의 글, 154쪽.
26) 《高麗史》 권 28, 世家 28, 충렬왕 2년 3월 갑술.
27) 《高麗史》 권 79, 志 33, 食貨 2, 貨幣 충렬왕 13년 4월.
한국은행 발권부, 《韓國貨幣史》(1966), 15~16쪽.
28) 《高麗史》 권 33, 世家 33, 충선왕 원년 10월 신미.

은 것 같다.[29] 그 후에도 원은 여러 차례 지원보초와 중통보초를 보내왔고, 고려도 원에 보초를 보내어 서적 등을 구입하였다.[30]

보초는 왕과 관료들 사이의 贈答, 왕이나 승려 등의 원 왕래 비용, 군사비 조달, 연회 비용 등 다양한 용도로 사용되었다.[31] 보초는 왕실을 비롯한 지배층 사이에 확산되어 고려 경제에 큰 변화를 초래하였다. 고려는 정치적 간섭뿐만 아니라 경제적으로도 원 보초 통용권 속에 편입되게 되었다. 보초 통용은 고려 물자의 유출을 가져오고 물가를 폭등시키는 원인이 되었다.[32] 보초 소지자들은 주로 귀족층이나 무역상인들이었다. 그러나 원의 몰락으로 보초는 휴지나 다름없이 되어 버려, 보초 소지자들은 큰 경제적 타격을 받았으며 나아가 이러한 타격은 권문세족의 정치적 몰락의 한 원인이 되기도 하였다.[33]

한편 고려말에는 명의 화폐도 유입되었다. 명의 화폐가 어느 정도 유통되었는지는 분명하지 않다. 명의 화폐와 고려의 포를 환산하기가 어려워, 공양왕 2년(1390) 6월 이후에는 명전 1관을 포 5필로 환산하도록 규정하였다. 이러한 교환비율이 규정된 사실에서 명전도 포와 함께 유통되었다고 보여진다.[34]

(5) 저 화

원 간섭에서 벗어난 후 새로이 화폐의 유통질서를 마련하기 위해 화폐제가 본격적으로 검토되었다. 공민왕 5년(1356) 9월 도당에서는 각 관서로 하여금 화폐제를 의논하도록 하였다. 이에 간관이 은전과 5승포의 병용을 주장하였다.[35] 은병은 너무 고가여서 민간에서 사용하기 어렵고, 동전은 오랫동안

---

29) 한국은행 발권부, 앞의 책, 15쪽.
30) 《高麗史》 권 34, 世家 34, 충숙왕 원년 6월 경인.
31) 井上正夫, 앞의 글, 203쪽.
須川英德, 앞의 글.
32) 張東翼, 《高麗後期外交史硏究》(一潮閣, 1994), 139쪽.
33) 魏恩淑, 〈고려후기 직물수공업의 구조변동과 그 성격〉(《韓國文化硏究》 6, 釜山大, 1993), 214쪽.
34) 《高麗史》 권 79, 志 33, 食貨 2, 貨幣 공양왕 2년 6월.
井上正夫, 앞의 글, 200~204쪽.
小葉田淳, 〈高麗朝貨幣史考〉(《經濟史硏究》 20, 1931), 2쪽.
奧村周司, 〈高麗の貨幣流通について－朝貢との關連性－〉(《早稻田實業學校硏究紀要》 10, 1975), 159~161쪽.

사용하지 않아 갑자기 사용하면 비난이 일어날 것이며, 쇄은은 표시가 없어 국가가 관리할 수 없기 때문이었다. 은전 주조에 소요되는 은 확보를 위해 은 생산지 주민에게 부역을 면제해 주고, 민간 소장 은기를 수납하여 은전으로 만들어주는 방안이 아울러 제안되었다. 이것은 다양한 화폐를 통일하고 은과 포라는 소재 가치에 근거한 화폐가치의 안정에 주안을 둔 주장이었다.[36] 그러나 이 주장은 시행되지 못한 것 같다. 은화를 본위화폐로 하기에는 은 보유량이 충분하지 못하였기 때문이다.[37]

화폐제 논의는 공양왕 3년(1391) 楮貨발행론으로 재개되었다. 저화제는 은이 부족한 상태에서 채택할 수 있는 유력한 대안이었다. 게다가 명의 금·은 조공 요구를 피할 수 있는 방법도 되었다. 은병은 동의 합주로 가치가 떨어지고, 2~3승의 추포가 널리 통용되어 물가의 등귀 등 사회적 문제가 야기되자, 공양왕 3년 3월 중랑장 房士良은 시무 11조를 건의하면서 추포 사용의 금지와 함께 관의 주전과 저화제 실시를 주장하였다.[38]

방사량의 제의가 있은 지 4개월 후인 동년 7월, 도평의사사가 저화제 문제를 다시 제기하였다. 弘福都監을 해체하고 資贍楮貨庫를 두어 송의 會子나 원의 寶鈔를 모방한 저화를 인조하여 5승포와 함께 유통하도록 하였다.[39] 그러나 다음해 4월, 시중 沈德符 등의 상언으로 자섬저화고는 해체되어 인판은 소각시키고 저화는 모아 종이를 만들게 하였다. 공민왕 때부터 시작된 화폐제 개혁론은 쇄은·포화 등 국가의 품위보장을 거치지 않고 유통되던 화폐에 대하여 국가가 발행권을 재장악함으로써 품위를 안정시키려는 의도의 일환이었다.[40] 그러나 저화는 발행 당시부터 반대론이 강하여 유통과정에 투입되기도 전에 종이로 환원되어 버렸다.[41] 도평의사사에서 저화제를 실시할 것

---

35) 《高麗史》 권 79, 志 33, 食貨 2, 貨幣 공민왕 5년 9월.
36) 須川英德, 앞의 글.
37) 안병우, 앞의 글, 146쪽.
38) 《高麗史》 권 79, 志 33, 食貨 2, 貨幣 공양왕 3년 3월.
田村專之助, 〈高麗末期に於ける楮貨制採用問題〉(《歷史學硏究》 7-3, 1937), 39쪽.
안병우, 위의 글, 146~147쪽.
39) 《高麗史》 권 79, 志 33, 食貨 2, 貨幣 공양왕 3년 7월.
40) 須川英德, 앞의 글.
41) 井上正夫, 앞의 글, 209쪽.

을 제의한 공양왕 3년 7월에는 이성계가 요직에서 사퇴한 때이고 심덕부도 관직에 없었다. 그러나 저화제 폐지를 의결한 다음해 4월에는 이성계 등이 도평의사사의 요직을 차지하면서 신왕조 수립 계획을 하고 있던 때였다.[42] 저화 발행이 구세력의 경제력 부활에 이용될 수 있는 가능성이 있는 이상, 저화 발행은 중지되지 않을 수 없었던 것이다.[43]

조선 태종 원년(1401) 4월 河崙의 건의로 사섬서가 설치되어, 다음해 1월에 저화 2,000장이 처음으로 발행되었다.[44] 저화 발행은 태종이 정치·군사권을 장악한데 이어 경제권까지 장악하려는 중앙관제 정비과정의 일환으로 실시되었다.[45] 그러나 저화는 정부의 기대처럼 유통되지 않았다. 태종 3년(1403) 9월 사섬서를 혁파하고 저화 사용을 중지하였다. 그 후 의정부에서 저화의 재유통을 건의하여 태종 10년 7월에 사섬고를 설치하고 10월에 재발행하였으나 마찬가지로 잘 유통되지 않았다.[46]

〈金東哲〉

42) 金柄夏, 앞의 글(1972), 40쪽.
崔虎鎭, 앞의 책, 36쪽.

43) 須川英德, 앞의 글.

44) 《太宗實錄》 권 3, 태종 2년 정월 기축.

45) 南富熙, 〈朝鮮初期 楮貨流通과 商·工業硏究〉(《慶南史學》 2, 1985), 7~8쪽.

46) 李鍾英, 〈朝鮮初 貨幣制의 變遷〉(《人文科學》 7, 延世大, 1962), 296~300쪽.
田壽炳, 〈朝鮮 太宗代의 貨幣政策－楮貨流通을 中心으로－〉(《韓國史硏究》 40, 1983), 47쪽.

집 필 자

한국사 19
고려후기의 정치와 경제

편찬간행 **국사편찬위원회**

초판1쇄 2003년 11월 30일
2쇄 2013년 6월 4일

번각발행 **탐구당**

등록일 1950년 11월 1일
등록번호 서울 제 03-00993 호

주소 서울특별시 용산구 한강대로 62 나길 6
전화 (02) 3785-2211(대표)
팩스 (02) 3785-2272
홈페이지 www.tamgudang.co.kr
전자우편 tamgudang@paran.com

ISBN 978-89-8236-585-0
978-89-8236-566-9(세트)

값 17,000 원